厚德博學
經濟匡時

匡时 金融学系列

|第3版|

公司并购与重组导论

李 曜 编著

上海财经大学出版社

图书在版编目(CIP)数据

公司并购与重组导论 / 李曜编著. —3 版 . —上海：上海财经大学出版社,2019.9
(匡时·金融学系列)
ISBN 978-7-5642-3373-0/F·3373

Ⅰ.①公… Ⅱ.①李… Ⅲ.①公司-企业兼并-高等学校-教材②公司-企业重组-高等学校-教材 Ⅳ.①F276.6

中国版本图书馆 CIP 数据核字(2019)第 192308 号

责任编辑：台啸天
封面设计：张克瑶
版式设计：朱静怡

公司并购与重组导论(第 3 版)

著 作 者：李曜 编著
出版发行：上海财经大学出版社有限公司
地　　址：上海市中山北一路 369 号(邮编 200083)
网　　址：http://www.sufep.com
经　　销：全国新华书店
印刷装订：上海叶大印务发展有限公司
开　　本：787mm×1092mm 1/16
印　　张：29.25
字　　数：571 千字
版　　次：2019 年 9 月第 3 版
印　　次：2019 年 9 月第 1 次印刷
定　　价：59.00 元

前　言

公司并购与重组，在今天中国经济体系中的重要性，与十三年前已经不可相比了。《公司并购与重组》的这门课程是讲述企业利用资本市场进行扩张、收缩或者变革的活动，以金融要素为贯穿其中的主线。这里谈谈这门课程的三个特征：

其一，学科定位于公司金融学的重要衍生分支。

一门科学是由具体的各个学科组成的，分类对于科学和学科的学习都十分重要。要在所属科学的树木上找到学科的分支位置，学习才能纲举目张、融会贯通。这门课程是位于"经济学—金融学—公司金融—并购重组"这样一个分类体系中的。翻开当代任何一本主流的《公司金融》(Corporate Finance)教科书——无论罗斯(Ross)、布雷利(Brealey)，还是德马佐(DeMarzo)等国外学者的教材，还是朱武祥、张春、刘曼红、郭丽虹等国内学者的教材，"公司并购和重组"皆是在公司金融主体内容之后延续探讨的"专门话题"(special topics)之一，且往往放在第一位（有的教材把并购、重组破产分开作为两个话题），也就是说大家都同意并购与重组属于公司金融学最重要的具体应用专题之一，是大树主干的一个强壮分支。

《公司并购与重组》是整个公司金融学科体系内的精彩篇章。深究现代公司金融学的内容，都以"企业与金融市场的关系"这样一条红线连结，特征是站在企业的视角，研究企业与银行、企业与资本市场、企业与企业的资金往来关系，核心原则如货币时间价值、一价定律、无套利定价原则等贯穿始终。公司并购重组领域，无疑是这些思想、原则和方法的一个具体应用。比如在对被并购目标企业的价值评估上，现金流折现、APV、WACC等方法可以应用到不同对象企业估值，实物期权方法也可以对成长性企业进行估值等；在收购融资方式上，资本结构理论可以解释并购双方的动因与绩效；公司治理理论则一直将并购重组作为企业外部治理主要机制之一，称为"公司控制权"市场，等等。这样，本门学科就与公司金融学主要内容建立起联系，并从主干学科的发展中汲取营养。

其二，该学科与其他经济学、管理学有众多交汇融通。

《公司并购与重组》这门课程除了依赖公司金融学发展之外，还特别强调借鉴经济学、管理学、法学乃至心理学等学科知识和方法的综合运用。在并购重组的各个领域，举凡上述学科的原理皆可找到应用之处，诸如并购动因问题上解释横向并购的规模经济、企业集群效应;并购绩效中的协同效应来源;产权拍卖中的博弈理论;反垄断法对并购的规制;反收购立法中的合法性分析与法庭判决;破产重组中的司法程序等,无不存在经济学、管理学、法学等其他学科研究方法的用武之地,这些领域无不闪耀着其他学科的思想光芒。

其三,该学科处于不断发展演变中。

本书界定的公司兼并(merger)、收购(acquisition)是指一家公司获得了另一家公司的控制性股权,从而两家公司合并为一家(称为兼并)或者一家公司处于另一家的控制之下(称为收购),然后将双方企业的战略、产品、销售、财务、研发等活动进行整合。公司重组(restructuring)是指公司对资产、负债、权益等进行重新安排,以增加企业价值。具体的重组活动包括资产剥离、上市、分立、股份回购、管理层收购、员工持股、债务重组、破产重整等。由于国有企业改革和资本市场的创新发展,重组成为我国企业改革中运用最多的词汇之一,公司重组概念范畴也在不断扩展。

在本书2006年第一版、2010年第二版出版以后,我国公司并购重组的法律环境不断取得进展。国务院于2014年3月颁布《关于进一步优化企业兼并重组市场环境的意见》,对并购重组的制度环境加强政策保障。《公司法》于2013年、2018年分别进行了修订,《证券法》于2014年8月完成了修订,《企业会计准则》体系于2007年开始实施,2014年新增了一些具体准则。中国证监会在2014年11月分别修订实施《上市公司收购管理办法》和《上市公司重大资产重组管理办法》,对于并购重组领域提供了基础性政策规则。另外在诸如涉及并购重组的信息披露、股份回购、股权激励等具体问题上,证监会均出台了新的操作性政策规则;商务部2009年颁布了《关于外国投资者并购境内企业的规定》等文件。2018年,中国证监会对上市公司并购重组委员会进行了制度改革,以加强对上市公司并购重组的审核。以上法律、监管体制、政策、规章等诸多变迁,说明中国企业的并购重组处于不断变革的法律政策环境中。

以上的学科特征和学科发展背景,都要求教材不断更新。

首先,本教材的三版内容与我对并购重组课程的教学体验和总结有关。我从2006年开始从事该课程的教学,至今已有十三个年头。教材的内容是不断教学实践的丰富和提炼。其次,一个必须说明的个人经验是:三个版本的教材也是我人生中目前为止的三次国外访学游历后的逐次成果之一。(1)2002~2003年,我作为中国—加拿大两国政府互换访问学者(CCSEP项目)在加拿大多伦多大学罗特曼管理学院做访问研究,师从迈伦·戈登(Myron J Gordon)先生,其间旁听学习了罗特曼学院的公司并购MBA课程。我把从中学到的目标企业价值评估的赢取计划(earnout)、融资支付中的夹层基金(mezzanine fund)、要约收购中的预收购(toehold)、并购竞价谈判等内容放在了本书第一版中。(2)2009~2010年,我作为国家留学基金青年骨干项目访问学者,在英国诺丁汉大学著名的管理层收购研究中心(CMBOR)访学,其间学习了该中心主任、世界著名的公司治理与管理层收购研究专家迈克·怀特(Mike Wright)教授的"公司重组与治理"这门课程,对杠杆收购、管理层收购、私募股权等有了更深入的了解。这些内容放入了本书第二版中。(3)2018～2019年,我被遴选为中美富布莱特基金研究学者,前往美国波士顿学院的卡罗尔管理学院进行访问研究,邀请者伊迪·霍奇基斯(Edith Hotchkiss)教授是著名的公司破产、重组专家。期间我对于公司破产重整、债转股、委托书收购等进行了文献研读和学术研究,有关内容放入了本书第三版中。

出版第三版,目的是反映国内外最新的并购重组理论与实践,使读者对学科基本理论和实践做法均有比较全面的掌握,对重要的理论问题和文献有所了解。本书所要达到的目标定位——这是一本学习、研究并购重组的权威入门级教材,但同时又具备一定的理论延展性,站在本书的基础上,可以进一步深入本学科中更为狭小、聚焦的领域。

本书第三版有如下特色:(1)更新了并购重组的政策法规,涵盖了自2010年以来我国涉及并购重组法规和监管政策的变化。(2)更新了全书的案例和专栏,全书在委托书收购、要约收购、公司重整、反收购、累积投票制度等方面,更新了大约40个案例和专栏。大部分的专栏具有一定的学术性,反映了学术领域的经典或者前沿研究。(3)新添了业绩补偿、并购双方财务成本收益分析、最优换股比例等内容。(4)新增了每章后面的实践题,目的是增强学生的动手能力。这些实践题目均为现实背景,需要学生手工通过Wind、CSMAR等数据库或者网络下载数据资料等,进行分析性动手练习,答案属于开放性质。(5)对各章习题做了增补更新。

第三版由我个人撰写、修改补充并审定。

感谢中美富布莱特基金、国家留学基金青年骨干项目、中国加拿大两国政府互换访问学者项目、上海财经大学本科课程建设项目等给予的相关资助,这些项目资助有利于我完成了本书的写作。

我国并购重组的市场方兴未艾,朝气蓬勃,如同早晨八九点钟的太阳。西方并购重组历久弥新,跨越两个多世纪,已有比较丰富的理论和实证研究积累。东西方的相互理解和融合,才能推陈出新,探索符合各自现实的并购重组道路。我坚信,随着我国经济的不断成长,政策的不断演变,企业并购重组的内容会不断创新,理论研究也将不断得到发展。

一本好的教材,识别的标准是什么？我以为,学生毕业时舍不得丢掉的教材,就是好教材。毕业生们为减轻前行路上的行囊,大部分教材都会成为二手书或者被丢掉,毕业的时候必须在众多的书本中反复比较,总会出现几本舍不得丢的教材,带着它们,未来还有用。"成为毕业生舍不得丢掉的教材",就是我编写本书的目标。

当然,效果有待于检验。本书在体系编排和内容撰写上都一定存在着需要进一步完善的地方,敬请读者指正。欢迎读者馈赐宝贵意见至电子邮箱:liyao@mail.shufe.edu.cn。

李 曜
于美国波士顿栗树山
2019 年 6 月

目 录

前言 / 1

第一章 导 论 / 1
第一节　公司、股份公司、上市公司 / 1
第二节　公司兼并与收购 / 9
第三节　公司并购的基本类型 / 20
第四节　借壳上市 / 27
第五节　中外并购历史 / 30
本章小结 / 41
基本概念 / 42
复习题 / 42
实践性问题 / 43

第二章 公司并购的动因理论和效应分析 / 44
第一节　并购的动因理论 / 44
第二节　并购的效应分析 / 55
本章小结 / 61
基本概念 / 62
复习题 / 62
实践性问题 / 62

第三章 公司收购的程序和中介机构 / 64
第一节　公司收购的一般程序 / 64
第二节　中介机构在公司并购中的作用 / 77
本章小结 / 85
基本概念 / 85
复习题 / 85

实践性问题　/ 86

第四章　目标公司的选择与价值评估　/ 87
第一节　目标企业的选择　/ 87
第二节　净资产价值法　/ 93
第三节　市场比较法　/ 97
第四节　现金流量贴现评估法　/ 101
第五节　目标企业经典估值方法的比较与总结　/ 114
本章小结　/ 115
基本概念　/ 116
复习题　/ 116
实践性问题　/ 118

第五章　并购中的期权估值方法与财务分析　/ 119
第一节　企业价值的期权估值方法　/ 119
第二节　并购中期权估值方法的具体应用——赢取计划　/ 123
第三节　估值分歧下的调整方法　/ 131
第四节　并购中的业绩补偿协议　/ 136
第五节　并购支付对价的股东成本收益分析　/ 139
本章小结　/ 143
基本概念　/ 144
复习题　/ 144
实践性问题　/ 144

第六章　上市公司的收购方式　/ 145
第一节　协议收购　/ 145
第二节　要约收购　/ 158
第三节　委托书收购　/ 168
本章小结　/ 173
基本概念　/ 174
复习题　/ 174
实践性问题　/ 174

第七章　公司并购融资与支付方式的选择　/ 176

第一节　融资渠道及其选择　/ 176

第二节　公司收购的支付形式及其选择　/ 195

本章小结　/ 197

基本概念　/ 197

复习题　/ 197

实践性问题　/ 197

第八章　管理层收购与职工持股计划　/ 199

第一节　管理层收购产生的背景及现状　/ 199

第二节　我国的管理层收购背景和现状　/ 208

第三节　职工持股计划　/ 215

本章小结　/ 221

基本概念　/ 222

复习题　/ 222

实践性问题　/ 222

第九章　并购的财务会计政策与税收安排　/ 223

第一节　并购中的会计处理方法　/ 223

第二节　并购中的税负问题　/ 243

本章小结　/ 249

基本概念　/ 250

复习题　/ 250

实践性问题　/ 250

第十章　并购的信息披露与监管　/ 251

第一节　并购的信息披露制度　/ 251

第二节　并购监管制度　/ 260

本章小结　/ 268

基本概念　/ 269

复习题　/ 269

实践性问题　/ 269

第十一章　反收购策略　/ 271

第一节　概述　/ 271
第二节　反收购的法律手段　/ 272
第三节　反收购的经济策略　/ 275
本章小结　/ 292
基本概念　/ 292
复习题　/ 292
实践性问题　/ 292

第十二章　并购后的整合　/ 294

第一节　整合的风险与意义　/ 294
第二节　整合的内容与方法　/ 296
本章小结　/ 308
基本概念　/ 308
复习题　/ 309
实践性问题　/ 309

第十三章　跨国并购　/ 310

第一节　跨国并购概述　/ 310
第二节　跨国并购的相关问题　/ 316
第三节　外资并购我国企业　/ 322
第四节　中国企业的海外并购　/ 330
本章小结　/ 336
基本概念　/ 336
复习题　/ 337
实践性问题　/ 337

第十四章　公司资产与权益重组　/ 338

第一节　公司重组概述　/ 338
第二节　资产剥离　/ 344
第三节　股票回购和公司缩股　/ 349
第四节　公司分立　/ 366
第五节　双层股权结构化　/ 373

本章小结 / 379

基本概念 / 380

复习题 / 380

实践性问题 / 381

第十五章　公司债务重组 / 382

第一节　公司财务困境与预警 / 382

第二节　债务展期与和解 / 386

第三节　债转股 / 390

本章小结 / 396

基本概念 / 397

复习题 / 397

实践性问题 / 397

第十六章　公司破产与清算 / 399

第一节　公司破产 / 399

第二节　公司重整 / 413

第三节　公司清算 / 419

本章小结 / 428

基本概念 / 429

复习题 / 429

实践性问题 / 429

第十七章　并购重组与公司价值研究 / 431

第一节　并购重组创造公司价值的研究方法 / 431

第二节　国外研究成果 / 437

第三节　我国研究成果 / 445

本章小结 / 451

基本概念 / 452

复习题 / 452

实践性问题 / 452

参考文献 / 453

第一章 导 论

第一节 公司、股份公司、上市公司

一、公司

(一)公司的概念及分类

1. 公司的概念及特征

公司是依照公司法组建并登记的由多个出资人出资组成的、以营利为目的并具有法人资格的经济实体。因各国公司法对设立公司的要求不同,公司的法律概念也不尽相同。从组织形式而言,一般各国的公司法规定了有限责任公司、股份有限公司、无限公司等组织形式。

公司的特征如下:

(1)公司是以营利为目的的企业法人。按照市场经济要求,公司要谋求利润最大化,以获取经济利润为重要目标,社会公益事业一般不属于公司经营范围。

(2)公司实现了股东所有权与公司法人财产权的分离。即不再由所有者亲自经营自己的财产,而将其委托给专门的公司法人去经营,这是一个重大的历史进步。公司经营权和所有权的分离会提高经营水平、增加效益,并且在公司内部形成两个不同层次的利益主体即股东和公司法人。

(3)公司法人财产具有整体性、稳定性和连续性。整体性是指公司的财产不可分割,股东一旦投资就不能随意抽回出资,只能转让股份。这样公司财产不会因股东变动而出现波动,保持了一定的经营稳定性。同时股东个人生命已经不会影响公司的存续,股东变动不会影响公司法人财产权的行使。公司法人财产具有连续性,只要公司存在,公司法人就不会丧失财产权,因此公司的声誉大为提高。

(4)公司是由两人以上集资组成的经济组织,是一种偏重于"资合"特征的企业。这一方面使公司与一人出资的独资企业区别开来;另一方面公司的财产是由股东出资转化而来的,股东及其权利是公司权利的来源,股东严格按照出资享有相应的股份权利,这种资合特征[①]与业主制、合伙制等"人合"企业的特征相区别。

(5)公司是按照法律进行登记注册的经济组织。设立公司要依法进行登记注册,最常见的公司设立原则有两种:一种是准则设立原则,即公司设立的必要条件由法律做出统一规定,凡是具备法定条件的就可以登记注册;另一种是行政许可原则,即公司的设立需依照法律规定,由国家行政机关审批。

(6)公司法人是一个永续性企业。公司的永续性是由公司财产的整体性决定的。个体、独资企业、合伙企业中一旦出现所有权人死亡或企业财产转让时,企业就不能长期延续下去,可能导致企业的解散。

此外,公司还面临双重征税的问题,即公司的收入要交公司所得税,股东的收入还要交纳个人所得税。

2. 公司的分类

公司种类繁多,按照不同的标准可进行不同的分类。如:

(1)按股东责任的不同,可分为无限公司、有限公司。

(2)按公司的信用标准不同,可分为人合公司、资合公司及人合兼资合公司(两合公司)。凡是公司经营活动着重于股东个人条件的,称为人合公司。它的信用基础在股东个人,而不在公司资本的多少,无限公司是典型的人合公司。凡是公司的经营活动侧重于公司资产数额的,称为资合公司,如股份有限公司。公司的经营活动兼具人的信用和资本的信用两方面的,称为两合公司。

(3)按公司股东特征以及股票流通转让方式分为非上市公司和上市公司。非上市公司是指公司股票由发起设立该公司的股东或者向非公开的特定募集对象进行募集,股票不能在证券市场上自由流通。上市公司是指公司股票进行公开募集(即向不特定对象进行募集),股票在证券市场上公开交易。

(4)按公司的从属性质可分为母公司和子公司。母公司是一种控制性公司,根据《我国企业会计准则——合并财务报表》的规定,母公司定义为"拥有一个或一个以上子公司的企业",将子公司定义为"被母公司控制的公司",将"控制"定义为"决定一个企业的财务和经营政策,并能据以从另一个企业的经营活动中获取利益的权力"。[②]母子公司的关系应根据交易或其他事项的实质和经济现实而不仅仅是其法律形式进行界定,并在财务报告中作出会计处理。因此,母子公司的确认并不能仅根据控股比例20%、30%或者某一特定比例来定义,关键判断原则在于一家公司是否拥有另一家

---

① 有限责任公司由于股东人数较少(限制在50人以内),具有一定的人合特征。
② 我国《企业会计准则第33号——合并企业财务报表》中对母子公司界定和合并报表范围作出了具体规定。我国的会计准则和西方国际会计准则体系在母子公司的界定上是一致的。

公司的财务或者经营的控制权,从而确定是否可以将子公司纳入母公司的合并报表。需要注意的是,子公司虽依附于母公司但仍是独立的法人。根据我国企业会计准则的要求,公布合并财务报表的母公司应合并所有子公司的财务报表。

(5)按照公司的管理系统可分为本公司和分公司。本公司即总公司,它是管辖公司全部组织的总机构,业务经营、资金调度、人事安排等均由总公司统一指挥安排;分公司是指总公司管辖的分支机构,分支机构不是独立的法人。

(6)按照公司的国籍可分为本国公司、外国公司和跨国公司。

(二)我国《公司法》的相关规定

我国《公司法》第二条规定:"本法所称公司是指依照本法在中国境内设立的有限责任公司和股份有限公司。"

1. 我国《公司法》规定公司应具有的特征

(1)公司是按照《公司法》规定设立的社会经济组织。在我国《公司法》颁布并实施之前成立的公司,只要完全具备了《公司法》的规定条件,也应视为依照《公司法》设立的公司。

(2)公司是以营利为目的的企业法人团体。企业在法律上可分为两种形态:一种是法人企业;一种是非法人企业。根据我国《公司法》第三条的规定,公司是企业法人,有独立的法人财产,享有法人财产权。公司以其全部财产对公司的债务承担责任。非法人企业的出资人一般对企业债务承担连带责任。

(3)公司的所有权归股东所有。公司股东按照拥有的资本价值或数额比例分配利润。一旦公司终止并进行清算,股东有权分得公司清算后的剩余资产净值。

(4)公司的决策权最终由股东共同控制。公司的最高权力机构为股东会或股东大会,公司生产经营管理活动在法人治理的规则下进行运作,而不受任何行政管理部门的干涉。

2. 我国《公司法》规定的公司为有限责任公司和股份有限公司

(1)有限责任公司。有限责任公司是指由2个以上50个以下的股东共同出资设立,股东以其出资额为限对公司债务承担有限责任,公司以其全部资产对其债务承担责任的企业法人。

我国有限责任公司有如下特征:①人资两合公司。所谓人资两合是指有限责任公司的设立和运作不仅是资本的结合,而且也是股东之间相互信任的结果。因此,《公司法》规定有限责任公司的股东最多不得超过50人,同时规定股东出资不得随意转让,如需转让须经股东会即其他股东的认可。②实行资本金制度。股东的实际出资构成资本,并以出资额量化股东在公司的权益。③股东人数的限制。我国《公司法》规定有限责任公司的股东为2人以上50人以下。只有国家授权投资的机构或国家授权的部门可以单独投资设立国有独资的有限责任公司。④不能公开募股,不能发行股票。⑤不必向社会公开披露财务、生产、经营管理等信息。

(2)股份有限公司。股份有限公司是指全部资本由等额股份构成并通过发行股票筹集资本,股东以其所认购股份对公司承担责任,公司以其全部资产对公司债务承担责任的企业法人。

二、股份有限公司

(一)股份有限公司及特征

股份有限公司,又称股份公司,在英、美等称为公开公司或公众公司,是指注册资本由等额股份构成,并通过发行股票(或股权证)筹集资本,公司以其全部资本对公司债务承担有限责任的企业法人。

股份有限公司有如下特征:

1. 资本划分为等额股份。股份有限公司的资本划分为若干等额股份,股权平等。股份公司通过发行股票筹集资本,股东按持股比例拥有相应的权利和义务。资本的股份化不仅适应了公司发行股票、募集社会资金的需要,同时也便于公司股本计算及股东权利的确定和行使。

2. 股东责任有限。股东对公司的债务仅以自己的出资额为限承担有限责任,股东的其他财产与公司债务无关。公司法人也仅以公司本身的全部资产为限对债务承担有限责任。股东对公司的所有权利和义务均体现在股票上,一旦公司破产解散清算时,债权人只能对公司财产提出要求,而无权对股东提起诉讼。

3. 股东人数不少于法律规定的最低限额,但无最高数额限制。各国法律对股份有限公司中股东最低限额都做了明确具体的规定,如我国《公司法》规定"应有2人以上200人以下为发起股东"。在发起人之外的股份有限公司的股东人数,可以无限扩大,这样能吸引更多的人投资。

4. 通过发行股票来筹集资本。股份有限公司可以采取公开向社会发行股票或者定向私募的方式来筹集资金,这为从事较大的事业筹集资金开辟了渠道。①

5. 股票不可退股,但可以自由转让,具有充分的流通性。这样能保证法人资产的完整性、稳定性,是公司经营稳定性和连续性的需要。股东可以通过转让股票来转移自己的权利和义务。

6. 公司管理实行两权分离。董事会接受股东大会的委托,监督公司财产的保值

---

① 马克思在《资本论》中写道:"假如必须等待积累去使某些单个资本增长到能够修筑铁路的程度,那么恐怕直到今天世界上还没有铁路。但是集中通过股份公司瞬间就把这件事完成了。"马克思:《资本论》第一卷,人民出版社1975,第688页。

增值,行使公司财产所有者职能,经理接受董事会聘任,负责日常的经营工作。

7. 实行财务公开原则。各国公司法一般都规定股份有限公司必须定期公布其财务状况和经营状况,定期将年度报告和财务报表等公之于众,以便加强社会公众对公司的了解和监督,保护股东和债权人的利益。

8. 有科学的管理体制。股东大会、董事会、总经理及经理层(有的国家还设有监事会)各自权、责、利明确,形成了相互制衡的高效运转的机制,从而保证了公司所有者、经营者、劳动者各方面的利益。

> **专栏 1-1　一定是一股一票制度吗?**
>
> 　　股份有限公司的股东拥有最重要的权利之一就是投票权。普通股投票权有两种基本的划分:一种是所有普通股投票权平等(即一股一票制,one-share-one-vote);另一种是非一股一票制,我们把这种对投票权进行不平等安排,将普通股划分为两种类型的资本制度,称为双层股权结构(dual-class capitalization),对应前一种的普通股资本制度称为单层股权结构。双层股权结构在实际运用中有以下一些具体情况:
>
> 　　1. 一股多票和一股一票共存。一股多票的股票,称为优级投票权股票(简称优级股票或超级股票),而一股一票的股票称为次级投票权股票(简称次级股票)。
>
> 　　2. 一股一票和一股零票(即无投票权股票)共存。
>
> 　　3. 普通股都是一股一票,但其中部分股票作为一个整体,只能选举董事会中的少数席位,这部分股票类别称为限制投票权股票。
>
> 　　将上述三种情况概括起来,可以说双层股权结构公司的普通股划分为两种类型:一种是拥有相对较多投票权或自由投票权的股份,称为优级股票或超级股票;一种是拥有相对较少投票权或没有投票权或投票权受限制的股份,称为限制股票。
>
> 　　在英国、瑞典、加拿大、丹麦、芬兰、以色列、法国、瑞士、意大利等国家,普遍存在着双层股权结构的上市公司。美国在20世纪80年代,少量双层股权结构的上市公司也开始逐渐出现在纽约证券交易所中,而在纳斯达克市场、美国证券交易所和场外市场中,双层股权结构公司则存在更早。2017年12月15日,中国香港交易所宣布修改主板上市规则,其中之一是允许同股不同权的企业到中国香港上市。要求新上市的同股不同权企业,必须是"新经济股",或者是已在美英上市的同股不同权企业,来中国香港做第二上市。规则修订后,中国香港证券市场正式允许同股不同权的企业上市。2018年7月9日,小米科技正式在中国香港交易所主板上市,成为中国香港上市制度改革后首个同股不同权的上市公司。①

---

① 关于"双层股权结构"是一个颇具争议的经济议题,参见本书第十四章第五节"双层股权结构化"。

(二) 股份有限公司设立的条件

根据我国《公司法》的规定,股份有限公司的设立应具备以下条件:

1. 发起人符合法定的人数。我国《公司法》规定,股份有限公司的发起人应在 2 人以上 200 人以下,其中须有过半数的发起人在中国境内有住所。

专栏 1—2 公司的发起设立和募集设立

1. 发起设立

发起设立是指由拟设立公司的人或发起人认购公司的全部股份或出资金额,不向他人招募资本的一种公司设立方式。它的设立程序较为简单,所以又称"简单设立"或"单纯设立"。设立有限责任公司,只能采取发起设立的方式;设立股份公司,则既可采取发起设立的方式,也可采取募集设立的方式。但我国目前规定股份有限公司只能采取发起设立方式。

2. 募集设立

募集设立是指由拟设立公司的人或发起人认购公司的部分股份或资本,其余部分向社会公开募集的公司设立方式。募集设立是股份有限公司可以选择采取的一种设立方式。由于其程序比较复杂,所以又称"复杂设立"。

募集设立与发起设立相比较,优点在于:一方面充分吸收社会的闲散资金,在短期内筹足公司所需的巨额资本;另一方面,全部资本不需要都由发起人提供,可缓解发起人出资压力,有利于公司成立。但募集设立公司的程序极为复杂,受到许多方面的制约,筹资成本较高。

---

2. 采取发起设立方式设立股份有限公司,注册资本为在公司登记机关登记的全体发起人认购的股本总额。[①]

3. 股份发行、筹办事项符合法律规定。如向社会公开募集股份时,须向国务院证券监督管理机构递交募股申请并报送有关文件,获得核准后可以发行股份。发起人向社会公开募集股份,必须公告招股说明书。发起人认购的股份不得少于公司股份总数的 35%。

4. 发起人制定公司章程,并经创立大会通过。

5. 具备公司名称,建立符合股份有限公司要求的组织机构。股东大会是股份有限公司的最高权力机构;董事会由 5～19 人组成,是公司股东大会的执行机构,对股东

[①] 在 2014 年 3 月 1 日经修订后执行的我国《公司法》中,取消了股份有限公司最低注册资本 500 万元的限制,并说明"法律、行政法规以及国务院决定对股份有限公司注册资本实缴和最低限额另有规定的,从其规定"。也即一般的股份有限公司无最低注册资本要求,但特殊行业比如银行等金融行业另有注册资本的最低规定。

大会负责。监事会是公司内部监督治理机构,监督公司财务和董事、经理的行为,成员不得少于3人,其中职工代表监事的比例不低于1/3。

6. 公司拥有固定的生产经营场所和必要的生产经营条件。

(三)股份有限公司的优点和缺点

1. 股份有限公司的优点如下:

(1)股份有限公司股东众多,股权比较分散,即便公司的非系统性风险较大,分散到每个股东身上也就较少了,因此有利于投资者分散风险。

(2)股份有限公司所有权和经营权的分离,有利于资本产权的社会化和大众化,使企业的经营管理处于社会大众的监督之下。

(3)股份有限公司是募集大规模资金的有效组织形式,为社会公众提供简便灵活的投资机会,同时为企业提供融资渠道,从而使那些需要大量资本的产业得以发展,为获得规模经济效益奠定了良好的基础。

2. 股份有限公司的主要缺点如下:

(1)定期的信息披露制度使得公司难以保守商业秘密。

(2)股东的分散化及股东对公司责任心的削弱,产生股东"搭便车现象"。公司管理层容易对公司实施控制和利用,管理层偏离股东利益产生代理成本,形成现实中的"内部人控制"现象。

(3)股份有限公司设立必须满足法定条件,程序复杂、严格,同时公司的日常活动也受到一定约束和限制。

三、上市公司

上市公司是指所发行的股票经一国证券监督管理部门批准并在证券交易所上市交易的股份有限公司。现代企业制度下,上市公司是组织最严密、规范化程度最高、监管标准最严格的企业组织形式。

(一)上市的条件

上市公司作为股份有限公司的一种特殊形式,除了必须具备股份有限公司设立条件及公开发行股票并进入证券交易所挂牌交易外,在我国还需符合以下条件:[①]

1. 股票经国务院证券监督管理机构核准已公开发行。

2. 公司股本总额不少于人民币3 000万元。

3. 向社会公开发行的股份占公司股份总数的25%以上;公司股本总额超过人民

---

① 本书引用的上市条件,针对主板上市公司。而我国、中小企业板、创业板以及2019年设立中的科技创新板市场,各自的上市条件有所不同。

币4亿元的,其向社会公众发行股份的比例为10%以上。

4. 公司在最近三年内无重大违法行为,财务会计报告无虚假记载。

5. 国务院规定的其他条件。

申请证券上市交易,应当向证券交易所提出申请,由证券交易所依法审核同意,并签订上市协议。公司必须公告其上市报告。上市公司还必须定期公布其财务状况和经营情况,每一会计年度内,每半年公布一次财务会计报告。

(二) 公司上市的利弊

1. 股份有限公司申请将股票上市的有利之处在于:

(1) 资本大众化、分散风险。股票上市后,会有更多投资者认购公司股票,公司可将部分股票出售给广大投资者,再将得到的资金用于投资生产。

(2) 提高股票的流通性。股票上市后便于投资者购买,资本市场极大地提高了股票的流动性和变现力。

(3) 便于筹措新资金。股票上市的过程中须经过有关机构的审查批准并接受相应的管理(如我国实行股票发行核准制和保荐制度),上市后执行各种信息披露和符合各种公众公司的治理规则等,这就大大增强了社会公众的信任,便于股票销售和流通。同时,由于社会公众一般认为上市公司实力雄厚,也便于公司采用股票之外的其他融资工具(如发行债券等)筹措资金。

(4) 提高公司知名度和声誉,有利于公司业务经营。上市公司为社会所知,并一般被认为经营优良,会带来良好声誉,提高公司信用等级,降低融资成本,并吸引更多的顾客,从而扩大经营规模。

(5) 便于确定公司价值。股票上市后公司股价有市价可循,便于确定公司的价值,有利于促进公司财富最大化,也有利于公司对管理层的绩效考核。

(6) 形成公司控制权转让市场,并有利于公司进行股权调整、资产重组等,形成资源配置的市场机制。

2. 股票上市对公司的不利之处在于:

(1) 股票申请上市的条件要求较高、程序复杂。

(2) 监管严格,信息披露要求高,公司负担较高的信息披露成本。各种信息公开的要求可能暴露公司的商业秘密,在激烈的市场竞争中给企业带来不利影响。同时上市也存在着上市费用以及其他成本费用开支。

(3) 若公司股票在二级市场上被特别处理(ST)或者被下市等,会影响公司的继续融资,并负面波及公司的生产经营。

(4) 股票的自由流动可能会稀释股东的控制权,频繁交易的股权转让市场也可能会影响公司的长期投资和研究开发活动等,从而不利于公司的长远利益。①

(三)我国上市公司基本情况

根据 Wind 数据库的统计,截至 2019 年 4 月底,我国沪深证券交易所上市公司总数 3 627 家,发行总股本 5.84 万亿股,总市值 55.5 万亿元。我国股份有限公司的上市情况(截至 2019 年 4 月 30 日)如表 1—1 所示。

表 1—1　　　　我国股份有限公司的上市情况(截至 2019 年 4 月 30 日)

境内上市公司	境内上市股票	A 股	B 股	总股本(亿股)	总市值(亿元)	流通股本(亿股)	流通市值(亿元)
3 627	3 709	3 610	99	58 429.45	555 258.1	50 097.63	455 270.34

资料来源:Wind 数据库。

第二节　公司兼并与收购

在西方文献中,表述为兼并、收购的词很多。一般而言,企业兼并和收购用 merger 和 acquisition 表示,许多学者把"企业兼并与收购"简称为"M&A",国内翻译简称为并购。

专栏 1—3　西方文献中的"并购"词语

在西方文献中,表述为兼并、收购、合并、联合、接管等的词汇很多,如 acquisition,annexation,amalgamation,consolidation,merger,takeover 等。尽管这些词语的含义有交叉,不过还是可以从严格意义上进行区分。

(1)Acquisition 一般是指一个经济实体控制另一个经济实体。

(2)Annexation 原指一国正式宣布对原不属于其管辖范围内的某一领土享有主权的正式行为,它是单方面的行为,通过实际占领而生效,并通过普遍的承认而合法化,实际是指领土的吞并。

(3)Amalgamation 指两个或更多公司的联合或合并,这种联合或合并的实现途径:①一个公司控制另一个公司。②两个或更多公司之间的合并。③原先的公司解散,成立新的公司来接管联合的经济实体。

---

① 有兴趣的学生可以增加阅读:关于 IPO 与公司研发投资的关系,Bernstein, Shai. "Does going public affect innovation?" *The Journal of Finance* 70, No. 4 (2015):1365~1403. 关于西方 IPO 市场的新变化趋势, Doidge, Craig, G. Andrew Karolyi, and René M. Stulz. "The US listing gap." *Journal of Financial Economics* 123, No. 3 (2017): 464-487.; Gao, Xiaohui, Jay R. Ritter, and Zhongyan Zhu. "Where have all the IPOs gone?" *Journal of Financial and Quantitative Analysis* 48, No. 6 (2013):1663~1692。

（4）Consolidation 指两个或两个以上企业合并为一新企业的行为，所有原来的各个企业都终止而成为一个新成立企业的组成部分。合并的目的在于巩固企业的市场力量。

（5）Takeover 指收购方完全在对方不知情的情况下或者双方达不成共同协商条件的情况下不顾被收购方的意思而强行夺取被收购公司的控制权的行为。中文一般翻译为"接管"。

（6）Merger 指两个企业合并为一家企业，中文一般翻译为"兼并"。具体见下面第一节内容。

注：以上名词解释词条来源于《大不列颠百科全书》《牛津金融与银行词典》和百度翻译。

一、公司兼并

（一）公司兼并的定义

1. 国外的相关定义。

《大不列颠百科全书》[①]对 merger 的解释为"两家或更多的独立企业合并组成一家企业，通常是由一家占优势的公司吸收一家或更多的公司"。

《大美百科全书》[②]对 merger 的界定为"在法律上指两个或两个以上的企业住址合为一个企业住址，一个厂商继续存在，其他厂商丧失其独立的身份。唯有剩下的厂商保留原有名称和章程，并取得其他厂商的财产"。

《牛津金融与银行词典》[③]对 merger 的定义为，"两个或更多个经济实体的合并，导致新的会计主体的产生。合并经济实体的股东平等地承担风险和分担报酬，同时不存在一方控制另一方的现象"。

2. 国内的相关定义。

我国《公司法》第 172 条规定，"公司合并可以采取吸收合并和新设合并。一个公司吸收其他公司为吸收合并，被吸收的公司解散。两个以上公司合并设立为一个新的公司为新设合并，合并各方解散"。

企业兼并本质上是一种吸收合并，是在市场经济中相关独立法人通过市场购买或者其他有偿转让的形式获取其他法人的股权或资产，从而实现产权转移的经济行为。

---

① 大不列颠百科全书[M]. 北京：中国大百科全书出版社，1999.
② 大美百科全书[M]. 上海：外文出版社，1994.
③ 牛津金融与银行词典[M]. 上海：上海外语教育出版社，2001.

企业兼并的方向主要有三种：横向兼并、纵向兼并和混合兼并。无论采用哪种兼并方式其实质表现为：

(1)公司整体成为交易的标的物。在企业兼并活动中，企业整体作为特殊的商品成为交易标的物，交易的是企业的整体价值包括有形资产价值和无形资产价值。

(2)通过资本市场有偿转让来实现。公司兼并所要求的外部环境是一个完善的资本市场。在整个交易过程中，通过市场如专业资产评估机构来实现对企业有形资产、无形资产、负债的估价；通过订立合同的方式出售标的；由资本市场提供适当的支付渠道和支付保证形式。

(3)改变企业的基本状况。兼并是市场对资本的再分配，以实现资源的有效配置。在成功的公司兼并中，存续企业通过兼并企业或扩大了生产规模，或抢占了市场份额，或取得了新的技术、人才，使自己的力量壮大，更具有发展前景和势头；相反，目标公司被取而代之，本身不再具有独立经营能力和法人地位。

(4)法律关系的变化。兼并的目标就是吸收、合并目标公司的资产，以实现产权转移。兼并完成后，存续企业继续经营生产活动，但其法律地位有所更改，如注册资本的变更、法人代表的变更、经营范围的变更等；而目标企业因失去或被改变实体，丧失了法人地位。因此，兼并的显著性特征是被兼并企业法人地位的丧失，其法人资格被取消，这种取消不是以被兼并企业的破产为代价，产生的社会不良影响较少。

(二)企业兼并的作用

兼并是企业在市场经济发展中的自然行为，作用可以从微观和宏观两方面考虑。

1. 对微观企业主体的作用

(1)兼并是企业适应市场竞争的需要。竞争刺激企业规模化发展，而兼并是帮助企业短期内实现规模扩大的有效方式。兼并完成后，随着产品品种、数量的增加，绝对规模的扩大，有利于提高兼并方企业的市场占有率和产品竞争力。

(2)兼并促进企业进入新的行业。通过兼并进入新的行业，可以在短期内获得稳定的原料来源、技术人员、销售渠道和多年积累的经营经验等，能使企业以最少的成本投资获得最大的收益。另外由于兼并并不扩大行业内的生产能力，可以防止产能过剩和经营中的价格战。

(3)兼并可使企业降低投资风险。企业通过兼并特别是纵向兼并和混合兼并实现供应链整合和多元化经营，避免经营环境对某一行业的不利影响而导致企业投资和经营整体失败。

(4)兼并使得企业实现资源的有效互补。兼并后，兼并者和被兼并者可以实现管理经验、市场、专有技术、品牌等方面资源的共享和互补；统一的经营管理可以降低采购成本、营销费用等,获得规模效应,提高企业生存和发展能力。对企业的上游原材料供应商或下游经销商的兼并,能整合产业链,降低企业的相关成本、费用,获得产品价格优势。

[案例1—1] 兼并的作用

美国生产万宝路香烟的菲利普·莫里斯公司鉴于20世纪60年代美国烟草市场的衰败实施经营战略转移。1969年兼并米勒啤酒公司,推出低能量啤酒;1987年兼并通用食品公司,推出低脂肪食品;1988年兼并卡夫食品公司,成为仅次于雀巢的世界第二大包装食品公司。通过混合兼并,菲利普·莫里斯公司成功进入了饮料、食品等行业,并且使企业的战略重心转移到食品行业,从而实现了将企业从一个单纯的烟草公司转型建成为一个拥有大量利润的、有烟草产品的食品公司的战略转移。

2. 兼并对整个社会的作用

(1)兼并的积极效应

①有利于资本的自由流动和有效配置。兼并促使资本的有效流动,可以迅速实现产业资本的配置,优化产业结构。兼并有利于生产要素的合理流动,促进社会资源最佳配置。

②兼并降低了行业内的平均成本,节约资源。兼并带来产业集中和生产集中,促进规模经济、减少过剩产能、降低生产成本,减少社会资源浪费。

③减少社会动荡。兼并可以避免破产引起的人员失业和财产损失,尽可能减少社会负担。

(2)兼并的负面影响

①兼并改变原先行业的竞争格局,势力范围被重新分配,兼并可能形成垄断而限制竞争。

②兼并形成垄断后会限制技术扩散效应的发挥,同时垄断厂商会遏制市场的活力。

③垄断高价会损害消费者乃至整个社会的福利。

二、公司收购

(一)收购的定义及特征

1. 公司收购的定义

收购是指一家公司在证券市场上,用现金、股票或其他证券收购另一家公司的股票或资产,以获得对该公司的控制权的行为。其中购买方成为收购公司(acquirer),另一方称为目标公司(target)。① 收购的结果可能是收购目标公司全部股权或资产,将其吞并(此时即为兼并);也可能获得较大一部分股权或资产以实现控制权,也可能是获得一小部分股权,但拥有公司的控制权。

根据收购对象的不同,收购可以分为股权收购或资产收购。股权收购是指一种购买目标公司股份的投资方式,通过购买发行在外股票或认购新股实现对目标公司的经营控制权。资产收购是一种购买目标公司资产的行为,这种行为的目的是获取某项具有使用价值的资产,而被收购方只是出卖部分资产并不影响其继续经营。股权收购和资产收购二者的主要区别是股权收购完成后,收购方成为目标公司的股东,而资产收购中收购方并不成为其股东。本书所论的收购主要是股权收购。

2. 上市公司收购的定义

中国证监会于2014年11月修订后的《上市公司收购管理办法》规定:收购人可以通过取得股份的方式成为一个上市公司的控股股东,可以通过投资关系、协议、其他安排的途径成为一个上市公司的实际控制人,也可以同时采取上述方式和途径取得上市公司控制权。收购人包括投资者及与其一致行动的他人。②

> **专栏1—4　上市公司控制权、一致行动人的概念**
>
> 在我国《上市公司收购管理办法》中,明确规定了上市公司控制权的界定。具体在第八十四条中,列明了下列五种情形之一,为拥有上市公司控制权:
>
> (一)投资者为上市公司持股50%以上的控股股东;
>
> (二)投资者可以实际支配上市公司股份表决权超过30%;
>
> (三)投资者通过实际支配上市公司股份表决权能够决定公司董事会半数以上成员选任;
>
> (四)投资者依其可实际支配的上市公司股份表决权足以对公司股东大会的决议产生重大影响;
>
> (五)中国证监会认定的其他情形。
>
> 掌握控制权的主体包括:控股股东、实际控制人及其一致行动人,因此"控制权拥有者"的概念,相比"控股股东、实际控制人"等的概念范围更广。

---

① 收购方还可以称为出价公司(bidder)、进攻公司、袭击者(raider),目标公司还可以称为被收购公司(acquired)等。

② 我国《上市公司收购管理办法》第5条。

> 判断上市公司控制权主体的拥有者,必须掌握"一致行动"及"一致行动人"的概念。一致行动,是指投资者通过协议、其他安排,与其他投资者共同扩大其所能够支配的一个上市公司股份表决权数量的行为或者事实。在上市公司的收购及相关股份权益变动活动中,有一致行动情形的投资者互为一致行动人。在并购中,一致行动人应当合并计算其所持有的股份。
>
> 如无相反证据,投资者有下列情形之一的,为一致行动人:
>
> (一)投资者之间有股权控制关系;
>
> (二)投资者受同一主体控制;
>
> (三)投资者的董事、监事或者高级管理人员中的主要成员,同时在另一个投资者担任董事、监事或者高级管理人员;
>
> (四)投资者参股另一投资者,可以对参股公司的重大决策产生重大影响;
>
> ......
>
> 以上共12种可能情形,构成一致行动关系。(具体参见《上市公司收购管理办法》第83条)
>
> 来源:中国证监会《上市公司收购管理办法》。

[案例1—2] 识别控股股东的一个案例——华东数控公司控制权的演变

以下为一个上市公司的案例,来说明其公司控制权所有者的变化。2008年6月12日,华东数控(代码002248)在深圳证券交易所中小板上市,在其招股说明书中就"控股股东、实际控制人简介"部分的内容写道:

汤世贤、高鹤鸣、李壮及刘传金共计持有发行人股份4 842.142 1万股股份,占发行人总股本53.80%。自发行人前身威海华东数控有限公司设立以来至今,汤世贤、高鹤鸣、李壮、刘传金实际通过一致行动实施了对有限公司及发行人的控制、管理,为发行人控股股东、实际控制人。华东数控(002248)公司的股票发行上市前的股东结构如表1—2所示。

表1—2 华东数控(002248)公司的股票发行上市前的股东结构

股东名称	股份性质	持股数量(股)	持股比例
山东省高新技术投资有限公司	国有法人股	31 578 579	35.09%
汤世贤	自然人股	25 680 733	28.54%
高鹤鸣	自然人股	13 438 820	14.93%
威海顺迪投资担保有限公司	法人股	10 000 000	11.11%

续表

股东名称	股份性质	持股数量（股）	持股比例
李壮	自然人股	4 727 481	5.25%
刘传金	自然人股	4 574 387	5.08%
合计		90 000 000	100%

因此，该公司控制权拥有者为：汤世贤、高鹤鸣、李壮、刘传金四人，他们共同拥有对公司的控制权。

据2018年年报披露：2015年11月5日上述四人签署了《解除一致行动协议》，一致行动关系终止后，大连高金科技发展有限公司成为公司第一大股东，持股比例16.46%，但并不能控制公司的股东大会，公司暂无控股股东及实际控制人。之后的2017年和2018年，威高国际医疗投资公司分别以竞拍、大宗交易等方式持股比例达到17.51%，成为公司单一持股5%以上的股东。2018年7月31日，威高国际医疗投资持有的股份表决权对临时股东大会决议产生重大影响，并通过本次股东大会决定了公司董事会半数以上人选。因此，威高医疗投资成为华东数控的控股股东，威高医疗投资的实际控制人陈学利成为上市公司的实际控制人。华东数控(002248)2018年报中的前五大股东如表1—3所示。

表1—3　　　　　华东数控(002248)2018年报中的前五大股东

股东名称	股东性质	持股数量	持股比例
威海威高国际医疗投资控股有限公司	境内非国有法人	53 825 800	17.50%
山东省高新技术创业投资有限公司	国有法人	15 090 687	4.91%
汤世贤	境内自然人	14 497 363	4.71%
彭汉光	境内自然人	6 157 524	2.00%
李梅芳	境内自然人	4 434 000	1.44%

来源：公司上市公告书和2018年年报。

3. 公司收购的特征

(1)公司收购是为达到对目标公司经营控制权的一种企业经营行为。收购方可以通过收购目标公司足够多的股份，实现对公司经营管理权的控制，达到按自己意愿经营企业的目的。

(2)公司收购的主体可以是自然人，也可以是法人，根本目的都是取得目标公司的控制权，实现协同利益和超额收益。

(3)收购需要达到一定的比例，才能获得目标公司的控制权。控股分绝对控股和相对控股两种形式。绝对控股是指收购公司占有被收购公司51%以上的股份;而相对控股是指收购公司持股比例不足51%、但成为目标公司的最大股东或者成为实质上掌握公司经营决策、财务决策等重要决策权的股东。

(4)收购往往有一定程度的溢价。收购方一般以溢价来获得控股权,以实现控股权收益。在美国资本市场上,经验表明,当企业资产市价与资产重置价值的比例(即托宾的 Q 值)为 0.5～0.6,此时进行收购企业比新投资设立企业更受投资者欢迎,虽然收购价格高于市场价格,但只要企业资产的收购价低于资产的重置价值,收购方仍然可以获得经济利益。

> **专栏1—5 托宾的 Q 值理论**
>
> Q 值理论是美国经济学家、1981年诺贝尔经济学奖获得者詹姆斯·托宾(James Tobin)教授提出的。所谓 Q 值理论或 Q 比率,就是一项资产或一个企业现有资本市场的价值同其重置成本价值相除的比值:
>
> $$Q = \frac{目标企业/资产的资本市场价值}{目标企业/资产的重置价值}$$
>
> 如果 $Q>1$,则目标企业的市场价值高于其资本的重置成本价值,因而建立新的厂房和设备(按重置成本计算)比较便宜,拟收购方应该购买新的厂房设备等进行投资。另一方面,如果 $Q<1$,相对于新建厂房购买设备等重置资本成本而言,目标企业的市场价值较低。收购方可以便宜地购买目标企业,从而获得其已有资产。显然 $Q<1$ 时,购并方案合算;反之 $Q>1$ 时,新建企业合算。例如,如果 Q 比例为 0.6 且并购支付的溢价为 50%,可以得出收购价格为:$0.6 \times 1.5 = 0.9$。这意味着收购价格仍比收购资产的当前重置成本低 10%。Q 值理论可以为企业并购中的价值估值的有效性提供一个广阔的基础。[①]

(二)企业收购的作用

企业收购是一种积极的资本运营方式,不但可以实现企业的超常发展,还有助于社会生产要素的重新配置,减少社会资源的浪费。

1. 收购在微观层面上的作用

(1)公司收购可以实现公司的超常发展。通过市场收购,能快速实现企业发展战略,达到对资产的重新整合、重组,增强企业的经营活力,迅速提高企业生产经营能力。

[①] 在学术研究中,托宾 Q 值被认为是有前瞻性的业绩指标,而且能较好地反映公司的无形资产价值和成长性,而基于会计数据的财务指标只是历史数据的记录,不具有前瞻性,且易被经理操纵。很多研究者认为托宾 Q 值作为公司业绩指标要优越于会计指标。

(2) 增加企业经济规模、扩大资本总量。收购方通过收购掌握另一家或多家企业的经营控制权,获得更多资产支配权,会使企业的规模扩大,资产总量增加,综合实力提高。

(3) 提高企业经营、竞争实力。收购使企业资产得到调整和补充,优化资本结构,实现规模经济效益。

(4) 收购带来的竞争机制促使企业加强公司治理,迫使经营者提高经营业绩,实现高投资回报率,争取股东的支持,从而制约企业的内部人控制现象。[①]

2. 收购在宏观层面上的作用

(1) 收购有利于生产要素在全社会范围内重新配置。目标公司常常经营管理不善、整体运营差、综合业绩低,生产要素不能得到有效使用,造成社会资源的浪费。公司收购实现生产要素的最佳配置,收购完成后收购方一般委派经营管理专家进行资源整合,推行良好的经营管理模式,优化、激活现有的生产要素,扭转目标公司的经营业绩。

(2) 公司并购有助于减少重复建设、减少资金低效率运转。收购方的统一管理,避免了行业内的产能过剩,提高总体投资回报率。

正是因为并购具有的重要作用,在现代企业发展史上,所有的大型成功企业都经历过并购。可以用美国经济学家、诺贝尔经济学奖获得者乔治·斯蒂格勒的经典文字总结如下:"一个企业通过兼并其竞争对手的途径成为巨型企业,是现代经济史上的一个突出现象……几乎没有一家美国大型企业主要是靠内部扩张起来的,而都是通过某种程度、某种方式的并购而成长起来的。"[②]

[案例1-3]　海尔文化激活休克鱼——海尔兼并青岛红星电器厂

张瑞敏于1998年3月成为第一位登上哈佛商学院讲台的中国企业家。他当时带去演讲的案例就是"海尔文化激活休克鱼"。

1995年之前,青岛红星电器厂是一个非常著名的洗衣机厂,曾经是国内同行业的前三名,后期由于管理不善,到1995年初期它已经资不抵债,亏损达到1亿多元,3 500多名职工基本上处于失业状态,厂里生产的洗衣机常常在发出去之后又被退货。当时青岛市政府做出决定:让海尔兼并红星电器厂。对于海尔来说,这是一个非常重大的兼并事件。在1995年之前,海尔还没有开始大规模扩张,也没有对外兼并企业。当时海尔的经理层对红星电器做了全面分析,发现红星洗衣机总厂第一不缺资

[①] 收购兼并在公司金融理论上被称为公司控制权市场(the market for corporate control),主要是指并购形成一个控制权的转让市场,使得无效、代理成本高的经理层被淘汰,而新的管理层则必须为股东价值最大化而经营企业。控制权市场的概念是来自于Manne(1965)的文献,目前已经成为并购的另一种学术性称法。

[②] George Stigler. Monopoly and Oligopoly by Merger[J]. *American Economic Review*,40,1950,23—34.

金,第二有现代化的整个生产流程设备,第三也不缺技术力量。那么它失败在什么地方呢?就在一点——管理模式和企业文化。海尔决定用无形资产——文化——来盘活红星电器厂。海尔对红星电器厂整个的收购战略是:

①制定的目标是用两到三年的时间使红星电器厂成为同行业的老大;

②兼并的策略是用文化、用管理的输入来激活红星电器厂;

③做资源整合,利用海尔的文化和红星电器厂的现有资源进行组合。

决定兼并之后,海尔迅速派出第一批人进驻红星电器厂。那么这第一批进入红星电器厂的是什么样的人?总裁?财务人员?仓库的盘货员?都不是。海尔派出的第一批人是海尔文化中心的人,他们做的第一件事情就是文化先行。现任海尔集团的总裁杨绵绵、最高首席执行官张瑞敏,曾经几次亲自到红星电器厂给所有的员工讲企业的价值观和文化。因为张瑞敏和杨绵绵相信,在10年的时间里,海尔已经积累出海尔独特的文化,海尔人认同的价值观以及海尔独特的管理理念。

第一,以市场为中心,告诉全体职工我们卖的是信誉,要先卖信誉后卖产品;

第二,发动所有的员工找问题,降低成本,增大盈利;

第三,给员工们定出自己未来的发展目标,即用两到三年的时间成为洗衣机行业的老大。

三个月后红星电器厂扭亏为盈,第5个月盈利150万元。仅仅两年时间,红星电器厂洗衣机总厂就成为洗衣机行业的第一名。这就是海尔兼并红星电器厂的非常著名的案例,这个案例后来被载入哈佛商学院的案例库。

三、兼并和收购的联系与区别

兼并和收购本质上都是企业产权交易,具体可以区分如下:

(一)从形式上看

兼并中,兼并方接受目标公司产权后,目标公司丧失了法人资格或改变法人实体,兼并完成之后目标公司从法律上不再存在。而收购中,收购方获得部分股票达到控股目的,或者只达到重大影响状态,收购方掌握了目标公司的部分所有权和经营控制权,收购完成后原目标公司的法人实体资格还保留。

(二)从行为上看

兼并与收购一般都发生于企业与企业之间,且多从企业战略发展角度上进行。区别在于:兼并体现双方共同的志愿,意思表示一致,并且通过谈判协商寻求双方满意的结果。因此兼并往往是善意的,所以被称为善意购并。而收购可能是收购方单方面意思的表示,被收购方处于被动的地位,所以可能遇到目标公司的抵抗,此时被称为敌意收购。当然收购也存在双方协同合作的情形,此时为善意收购。

(三)从目标上看

兼并、收购的共性都是谋求获得目标公司的股权或者资产权,以达到对目标公司的控制,实现买方公司的发展战略。二者差异在于:兼并的范围广、目标明确,其目标和范围是目标公司的全部股权和资产,兼并的目标不一定是上市公司,任何企业均可以自愿进入兼并交易市场。而收购目标在于获取控制权,一般只发生在资本市场上,目标公司一般是上市公司。当然也存在上市公司收购非上市企业。

(四)从程序上看

兼并、收购在程序上都需要相关监管部门的审批和备案,并可能会被要求接受反垄断部门的审查监督。购并合同必须经过股东大会批准并且在规定时间内向政府有关部门办理变更登记、注册后,购并行为才成立。二者执行中的区别在于:兼并一般是善意的,一般在达成协议后才公开声明,而且兼并方仅需在兼并完成后向外界公布而不必透露更多细节。而收购过程中由于涉及上市公司,在收购进程的准备、开始、中间和结束等各个阶段都要向有关证券监管部门申报,而且要持续地进行信息披露,公布收购的比例、收购价格及收购目的等。

(五)从责任上看

无论兼并还是收购完成后,收购方都需要承担出资责任。区别在于:兼并完成后,目标公司的资产、债权、债务一并转移给兼并方,兼并方承担了目标公司所有的权利、债务及相关责任,需要解决诸如法律诉讼、合同纠纷、员工去留等问题。而在收购中,收购方成为目标公司的股东之后,对目标公司的债务不承担连带责任,仅以自己的出资额为限承担责任和风险。

在后文中,本书统一采用"兼并收购"、简称"并购"的称法,而不再作出区别,仅在确实需要区别的时候,才分别采用兼并或者收购的用语。

四、合资与战略联盟

(一)合资

合资(joint venture)是指企业之间通过达成出资协议,共同出资成立一家公司,互相提供某些资源以完成一个特定的业务目标。比如,一家公司提供资金,另一家公司提供设备或者技术。合资公司形成后,合资方将按照预先安排的比例分配利润。

合资公司在石油公司中非常常见,并常以一家东道国公司与一家跨国石油公司合作的形式成立。通过合资合作,发展中国家的东道国公司可以获得它所需的技术设备,而发达国家的跨国石油公司也可利用东道国公司拥有的石油资源以及良好的政治关系。在我国改革开放后的初期,中外合资企业是利用外资发展我国汽车制造、保险、资产管理等行业的重要手段。

(二)战略联盟

战略联盟(strategic alliance)是企业除了合资之外的另一种合作形式,它是指由两个或两个以上有共同战略利益和对等经营实力的企业,为达到拥有市场、共同使用资源等战略目标,通过各种协议、契约而结成的优势互补、风险共担、生产要素相互流动的一种松散的合作模式。

专栏1—6 战略联盟的形式

战略联盟的双方可以在这些方面进行合作:(1)签订研发协议。为了某种新产品或新技术,合作各方汇集各方优势联合开发,加快开发速度、共担开发费用,提高了成功可能性。(2)定牌生产。比如甲方拥有知名品牌但生产力不足,乙方拥有剩余生产能力,则乙方可为甲方定牌生产。(3)特许经营。通过特许的方式组成战略联盟,比如甲方具有重要无形资产,可以与其他各方签署特许协议,允许使用甲方的品牌、专利或专用技术,从而形成一种战略联盟。品牌拥有方不仅可获取收益,并可利用规模优势加强无形资产的维护,受许可方当然利于扩大销售、谋取收益。(4)共享客户资源,扩大客户基础。比如航空联盟(现有的星空联盟、天合联盟等)。各个加入联盟的独立航空公司共享一些航线代码,组成航空战略联盟,使得航空公司可以为自己的客户提供全球飞行网络。再比如便利店与银行的战略联盟关系。在遍布我国台湾地区的7—11便利店、全家便利店等内,均放置有当地的中国信托银行、世华银行等银行的ATM机器,这属于为银行客户和便利店客户提供交叉服务,是银行和连锁便利商店的战略联盟。

合资和战略联盟是并购的替代方式,它们并不涉及公司控制权的变更,本质上不属于并购,但也可以获取与并购一定程度上类似的协同收益等。

第三节 公司并购的基本类型

并购的种类很多,按不同的分类标准可以划分为许多不同的类型。

一、横向并购、纵向并购和混合并购

根据并购双方所属行业划分,可以将并购划分为横向并购、纵向并购和混合并购。

(一)横向并购

横向并购(horizon merger)是指具有竞争关系的、经营领域相同或生产产品、提供服务相同的同一行业企业之间的并购。

横向兼并的目的在于扩大生产规模,实现规模经济;减少竞争对手,控制市场份额或影响同类产品市场定价;消除重复建设,并提供系列产品。横向并购的结果是资本在同一生产、销售领域或部门之间的集中,有利于达到新技术条件下的最佳规模经济。横向并购的缺点是,可能会破坏竞争,出现行业垄断,从而降低社会福利。因此许多国家都密切关注并限制可能导致垄断的大规模横向并购的发生。

[案例1-4] 抖音与Musical.ly合并

抖音是今日头条旗下的一款将用户定位于中国一、二线城市年轻人的短视频产品,其核心用户同北美知名短视频社交产品Musical.ly一样,多是90后的年轻人。抖音在国内拥有较为良好的市场和用户群体,且与Musical.ly的发展方向、产品定位相似。Musical.ly于2014年登陆北美市场,其主打年轻用户短视频社交,在全球范围内每天活跃用户数超过2 000万。2017年11月10日,今日头条宣布全资收购Musical.ly,收购金额接近10亿美元。交易完成后,抖音将和Musical.ly进行合并,在技术、产品等多方面进行深入合作,但双方将保持品牌独立性。通过与Musical.ly的合并,抖音将进一步扩大其用户群体,有利于其全球信息分享平台的搭建,并发挥品牌协同效应。

(二)纵向并购

纵向并购(vertical merger)是指生产和销售的连续性阶段中互为购买者或销售者的企业间的并购,即生产和经营上互为上下游关系的企业间的并购。购并双方处于生产同一产品、不同生产阶段的企业,往往是原材料供应者或产品购买者。

从收购方向看,纵向并购包括向前并购和向后并购两种。向前并购是指收购一家供应企业以解决企业原材料及半成品的来源问题。向后并购是指收购一家经销商或零售商,有利于接近最终消费者以解决销售问题。纵向并购主要发生在加工制造业。纵向并购的优点是:有助于加强生产过程中各个环节的配合,实现协作化生产;加快生产工艺流程,缩短生产周期,节约运输和库存费用,减少能源和资源浪费;也可以扩大生产规模,减少设备成本费用、实现规模经济。从现代企业理论理解,纵向并购扩大了企业的有效边界,使得原本发生在企业之间的市场交易行为转化为企业内部行为,这样做的结果是节约了交易成本[①]。

---

① 罗纳德·科斯(Ronald Coase)在1937年著名论文《企业的性质》中提出交易成本概念,并发展为交易成本理论以及构成了后来的新制度经济学的基础。其根本论点认为:自由市场价格机制的交易成本相对偏高,厂商机制可以节约交易成本。所以,纵向并购等于是扩大了企业的范围、边界,将原来存在交易的上下游企业纳入到一个企业内部,从而可以节省交易成本。

[案例1—5] 双汇收购斯密斯菲尔德

2013年9月,我国最大的肉类加工企业——双汇国际成功收购美国也是全球最大的生猪养殖企业斯密斯菲尔德。这是一起成功的纵向并购案。

双汇国际是中国最大的肉类加工企业,也是中国最大的肉类上市公司双汇发展的控股股东。史密斯菲尔德是全球最大的生猪养殖和猪肉加工企业、美国最大的猪肉制品供应商。因此,双汇通过收购史密斯菲尔德,获得国外猪肉资源,有利于减轻双汇的原材料供应压力,对中国的猪肉供应亦有战略意义。同时,在我国对食品安全日益关注的背景下(2011年曾爆发双汇"瘦肉精"案),双汇通过将史密斯菲尔德品牌引入中国,从而实现销售"放心猪肉"。此外,双汇缺乏附加值较高的中高端肉制品,而史密斯菲尔德在这方面拥有丰富技术开发经验。通过此项收购,双汇可以获得后者成熟的技术开发中高端肉制品,提高利润。

这宗交易的关键是中国的下游生产公司获得了美国的原料供应,因此顺利获得美国外国投资委员会的许可。海外并购是中国企业"走出去"的重要形式,随着经济全球化程度越来越高,中国企业整合全球产业链网络的商业需求日益强烈。

(三)混合并购

混合并购(conglomerate merger)是指并购企业既非竞争对手,也非客户或供应商,在生产和职能上无任何联系的两家或多家企业间的并购。

混合并购是为了通过收购兼并实现多元化发展战略,以减少仅在一个行业经营所带来的特有风险,并且混合并购能够使企业快速进入更具成长性的行业,提高企业整体盈利能力。通过集中化的行政管理和先进财务手段的运用,实现规模经济和范围经济。混合并购与横向并购最大的区别在于,不会受到反垄断法规的限制。目前混合并购已经成为跨国公司并购的重要形式。

[案例1—6] 格力电器的多元化并购之路遇阻

2016年,格力电器尝试通过混合并购探索企业多元化发展道路。"在这里向大家宣布,格力电器从专业化的空调企业进入一个多元化的时代。"2016年7月23日,格力电器董事长董明珠如是说,首次宣布格力进入多元化时代。这意味着,格力电器自成立以来一直坚持的空调制造单一主业格局被打破。10月,格力电器公布收购新能源汽车制造商—银隆汽车的议案。

格力走上多元化并购之路的原因在于:格力电器在空调市场上的发展逐渐逼近天花板,单一品牌已经难以给企业带来更多的市场和利润。在市场不断变化以及需求的不断升级下,为了顺应时代发展,格力在2016年7月份宣布进军多元化。"你们以后可能用的是格力的手机,遥控着家里的电器,回到家里享受格力给你带来的温度,同时走出去坐上我们格力的银隆汽车。"手机、智能装备和新能源汽车并列成为格力的三大新战略方向。"无论是专业化还是多元化,决定企业成败的关键是专注。格力因为专注,实现了从专业化到多元化。"董明珠如此表示对于企业多元化的信心。

但是,在2016年10月召开的格力电器股东大会对收购银隆汽车的投票中,纲领性方案被股东否决,收购银隆的计划流产。在股东大会上,中小股东的投票是反对的主力军。

2019年1月的股东大会上,格力宣布"空调永远是格力的主业,这个主业是不可能放下的"。在格力电器产业规划中,在空调、生活电器、高端装备、通信设备这四大板块中,空调依然是主业。

二、协议收购和要约收购

根据并购方式划分,可以将并购划分为协议收购和要约收购。

(一)协议收购

协议收购,一般是由收购方和目标公司董事会进行谈判,达成并签订书面转让股权协议,经过股东大会同意后生效,双方应向证券监管部门报告并公告。由于我国上市公司的国有股和法人股比例高、股权相对集中,因此协议收购成为我国上市公司并购的主要形式。[①] 协议收购一般是善意收购,易于取得目标公司的理解和合作,可以降低收购风险和成本。

(二)要约收购

要约收购是指收购方通过向目标公司的管理层和股东发出购买其所持公司股份的书面意思表示,并按照要约收购公告中所规定的收购价格、收购条件、收购期限及其他规定事项,收购目标公司股份的收购方式。长期以来我国资本市场上这种形式很少被采用。但是要约收购在发达国家资本市场属于非常普遍的收购形式。在我国资本市场完成股权分置改革并实现全流通后,要约收购正在成为一种基本的收购形式。

[案例1-7] 我国第一起资本市场要约收购——南钢股份的要约收购

2003年3月12日,民营企业复星集团及其关联下属企业复星产业投资和广信科技,与上海证券交易所上市公司南钢股份(沪市代码600282)的母公司南钢集团合资成立南京钢铁联合有限公司(简称南钢联合)。南钢集团将其持有的南钢股份70.95%的股份作为出资注入南钢联合公司,占股权比例40%,复星集团等以现金出资,占股权比例60%,由于在合资之后,上市公司实际控制人将由江苏省国资委转变为民营企业复星集团的控制人郭广昌等,由此构成了上市公司南钢股份的控制人变

---

① 在2007年我国资本市场股权分置改革完成之前,国有股和法人股不能在市场上自由流通,因此通过证券市场公开收购上市公司流通股并获得控制权的可能性极小。

更,由此触发了要约收购。4月9日,南钢联合发出了对南钢股份的要约收购提示性公告。确定要约价格法人股、流通股各为3.81元/股和5.86元/股。6月12日,南钢联合发出正式要约收购书,进入要约收购阶段。其中强调仅是履行要约收购义务,不以终止上市为目的。7月12日,要约期结束。结果无一股东接受南钢联合的收购要约,即零预受,零撤回。

此案例是我国资本市场第一例正式的要约收购案,它反映了当时我国资本市场要约收购的特点:不以下市为目的,属于强制要约收购行为。由于要约价格较低,流通股东通过接受要约而实现股权退出的可能性非常小。

三、善意并购和敌意并购

根据双方的意图,并购可以划分为善意并购和敌意并购。

(一)善意收购

善意收购,又称友好并购,是收购方事先与目标公司的管理层商议并经其同意后,目标公司主动向收购方提供公司的基本经营资料等,并且董事会、管理层一般会规劝公司股东接受收购要约,从而完成收购行为的一种收购方式。采用善意收购的形式,由于能够得到目标公司管理层和股东的配合和支持,可以降低收购成本和风险,成功率较高。但是收购方可能要牺牲自身利益(比如继续雇用目标公司管理层和员工、支付规模庞大的经济补偿金)来获取目标公司的合作,同时商谈过程会耗费大量的时间。

(二)敌意收购

敌意收购,也称恶意收购,指收购方在目标公司管理层对收购意图并不知晓或持反对态度的情况下,对目标公司强行收购的行为。对收购方来说,敌意收购优点在于,掌握完全的主动权,收购行为迅速、时间短,能够控制收购成本。缺点在于,不能得到目标公司的有效配合,难以获得真实经营资料,会加大收购风险,而且收购价格往往较高。因此,敌意收购下要求收购方事前制定详细的收购计划并严格保密且快速实施。

四、杠杆收购和非杠杆收购

根据收购资金来源划分,可以将并购划分为杠杆收购和非杠杆收购。

(一)杠杆收购

杠杆收购是指收购方只支付少量的自有资金,主要利用目标公司资产的未来经营收入进行大规模的融资来支付并购资金的一种收购方式。杠杆收购有以下特征:

1. 收购方自有资金相对较少,一般占收购总价款的10%~15%左右。

2. 绝大部分收购资金来源于各种债务融资。贷款方及发行债券的购买者来自银行等金融机构、信托、私募基金、家族理财办公室、富有的个人等,甚至可能是目标公司的股东(比如允许分期付款)。

3. 偿还收购债务的资金主要来源于目标公司未来的现金流。

4. 收购融资的债权人只能向目标公司求偿,而无法向真正的借款者(收购方)求偿,因为债券发行主体或者借款的债务人只是一个"壳公司"[①],在并购完成后壳公司一般就和目标公司合并了,债务主体就是目标公司。

杠杆收购 20 世纪 60 年代首先出现于美国,并在随后的第四次并购浪潮中盛行。在 21 世纪第一个十年中重新兴起,目前仍然十分活跃。杠杆收购使得一些规模较大的企业可能成为收购的目标。

[案例 1-8] 英国宝姿日化(Boots)的杠杆收购

2007 年,英国最大的日化公司 Alliance Boots 被国际著名私募股权基金 KKR 联合企业管理层进行了管理层收购(属于杠杆收购的一种),收购股权的成本是 110 亿英镑,标志着欧洲历史上最大的杠杆收购诞生了。由于收购前 Alliance Boots 是上市公司,因此这也成为英国金融时报 300 指数成分股公司中首个被 PE 基金杠杆收购下市的案例。更因为该公司的 Boots 品牌化妆品是英国家喻户晓的本土品牌,关系着人民的日常生活,因此该杠杆收购被广泛关注。公司被 PE 基金收购后,进行了大刀阔斧的改革:(1)重整了供应链体系、大力降低库存、加速现金流转;(2)裁减了部分员工,关闭了一些地区配送中心和杂货便利店,以提高效率;(3)将诺丁汉市的分配中心变更为全英国的供货管理中心;(4)进行国际化扩张,收购了德国、土耳其等地的批发商,将 Boots 产品在欧洲大力推广,Boots 还与我国的广州日化公司进行合作,中国市场成为其下一步拓展的目标等等一系列举措之下,公司销售收入和利润均实现了两位数的增长。不过,从 2007 年被收购至私募基金退出之间的 5 年里,该公司已经换了三任 CEO。2012 年,KKR 和管理层通过股权出售而非 IPO 实现了部分退出,将 Alliance Boots 的股权转售给了美国本土最大的医药连锁便利店企业 Walgreens,KKR 获得现金和收购方 Walgreens 的股权,合计回报率达到 3 倍以上。

(二)非杠杆收购

非杠杆收购是指收购方主要以自有资金来完成收购的一种收购形式。但非杠杆收购并不意味着收购公司不用举债即可承担收购价款,在实践中,几乎所有的收购都会利用贷款,区别只是借贷数额的多少而已。

---

① 在杠杆收购中,实际的收购发起者是如私募股权基金、企业管理层等,收购主体即发出要约的收购方是由私募股权基金等成立的收购投资公司,这些公司除持股目标企业外并无其他经营业务,所以属于收购"壳公司"或"平台公司"的定位。

五、现金购买资产式并购、现金购买股票式并购、以股票换资产式并购和以股票换股票式并购

根据出资方式划分,可以将并购划分为现金购买资产式并购、现金购买股票式并购、以股票换资产式并购和以股票换股票式并购。

(一)现金购买资产式并购

现金购买资产式并购是指购买方通过使用现金购买目标公司的财产以实现并购,收购完成后目标公司成为有现金无生产资源的空壳。该种方式的优点是等价交换、交易清楚,不会产生纠纷,主要适用于产权清晰、债权债务明确的目标公司。

(二)现金购买股票式并购

现金购买股票式并购是指收购方通过使用现金在股票市场上或通过协议转让收购目标公司的股票以实现控制权的一种收购形式。这是一种简便易行的并购方式,但要受到有关证券法规信息披露制度的制约,而且公开收购价格较高,会增加收购成本。

(三)以股票换资产式并购

以股票换资产式并购是指收购方向目标公司发行自己的股票以交换目标公司的资产从而达到收购目标公司主要资产目的的一种收购方式。在这种并购中,目标公司一般在并购完成后解散,收购方用目标公司的资产重新组建新的公司。目标公司的原管理人员和职工一般得以保留。

[案例1—9] 清华同方采用股权交换方式合并鲁颖电子

1999年6月,经中国证监会批准,清华同方与鲁颖电子采用股权交换的方式正式合并,这是我国首起上市公司以股权交换方式完成的吸收合并,在我国证券市场历史上产生了很大影响,对证券监管部门、会计准则制定机构等也提出了诸多前所未有的问题。

根据1998年10月30日清华同方与鲁颖电子公司董事会共同发表的《关于清华同方股份有限公司吸收合并山东鲁颖电子股份有限公司预案的说明》,双方约定的合并基准日为1998年6月30日。

清华同方自1997年起在上海证券交易所挂牌上市,主要经营计算机产品及销售、网络软件集成与信息服务、人工环境工程及设备。鲁颖电子则属于电子元件行业,主要生产瓷界电容器、螺旋滤波器和网络电容器,其社会流通股权证在山东省企业产权

交易所挂牌。[①]

清华同方向鲁颖电子股东定向发行人民币普通股，按照1∶1.8的换股比例（即1股清华同方普通股换取1.8股鲁颖电子股份），换取鲁颖电子股东所持有的全部股份，鲁颖电子的法人地位消失。合并后，清华同方原有的所有股东占存续公司（即合并后的清华同方）的91.63%，鲁颖电子的原股东占8.37%。清华同方将以鲁颖电子经评估后的净资产出资，与其他企业共同投资设立新注册的山东清华同方鲁颖电子有限公司，仍在原地（即山东沂南县）注册，新注册的公司成为清华同方控股的子公司。换股比例的确定采用每股净资产加成法，即以双方在合并基准日（1998年6月30日）经审计的每股净资产为基础，适当考虑合并双方的未来成长性及所拥有的无形资产等其他反映企业价值的因素，计算预期的增长加成系数，最终确定换股比例。1998年6月30日清华同方与鲁颖电子经审计的每股净资产分别为3.32元和2.49元，清华同方的预期增长加成系数为35%，换股比例为[3.22×(35%+1)]÷2.49=1.8。

（四）以股票换股票式并购

以股票换股票式并购是指收购方直接向目标公司股东发行收购公司发行的股票，以交换目标公司的股票，交换的数量应至少达到收购公司能控制目标公司的足够表决权（否则称为反向收购，也即下文的借壳上市）。收购完成后，目标公司仍然存在。采用以股票换股票式并购方式，收购方可以减少现金支出，还可以利用收购公司较高的股价低成本地收购其他企业，以实现企业快速成长。

第四节 借壳上市

一、借壳上市的定义

借壳上市又称买壳上市，是指非上市公司购买一家上市公司一定比例的股权来获得上市公司的控制权，然后将自己的业务及资产注入上市企业，从而实现间接上市的目的。由于历史上受所有制、业务类型、盈利能力、排队审批时间等各种因素的困扰，我国一些民营企业直接成功上市较为困难，成本太高，因此借壳上市成为一些企业的较佳选择。

---

① 这里提及的山东省企业产权交易所，实际性质是地方的股权交易中心或交易市场，是我国多层次资本市场体系中的第四个组成部分。证券交易所市场属于主板市场，创业板、科创板等属于二板市场、全国性中小企业股份交易市场（别名"新三板"）属于三板市场，地方的股权交易中心属于四板市场。目前国内部分省市拥有股份交易的四板市场。

二、借壳上市的模式

借壳上市主要有三种模式：一般模式、置换模式和定向发行模式。

1. 一般模式

一般模式的操作流程包括三个步骤：买壳、清壳和注壳。

买壳主要有两种方式：一是收购国有股或法人股，这种收购方式的困难较大，要得到股权的持有人和主管部门的同意。场外收购或称协议转让是我国买壳上市行为的主要方式。二是在二级市场上直接购买上市公司的股票，但收购成本较高。

清壳是指上市公司将其部分或者全部资产进行剥离出售，即对上市公司的壳进行清理。清壳后上市公司本身已经没有资产或者只有少量资产。

注壳是指上市公司向非上市公司（即收购方）收购其全部或部分资产，从而将非上市公司的资产注入上市公司，实现借壳上市。

2. 置换模式

置换模式是将一般模式的清壳和注壳两个步骤合并成资产置换一个步骤。资产置换是指非上市公司的资产和上市公司的资产进行置换，通过置换，上市公司原有资产被置出，实现清壳，同时非上市公司资产注入上市公司，实现注壳。

3. 定向发行模式

定向发行是指上市公司向非上市企业定向发行股份，非上市企业用资产支付购买股份的对价。通过购买定向发行的股份，非上市企业获得上市公司的控制权，实现买壳，同时用非上市企业的资产支付对价使得这些资产注入上市公司，实现注壳。

[案例1—10] 安徽出版集团的借壳上市

2008年9月20日，科大创新（上市代码600551）发布公告称，科大创新股份有限公司关于发行120 303 040股普通股股份购买资产和安徽出版集团有限责任公司收购报告书并豁免要约收购义务申请，已于9月17日获得中国证监会核准。安徽出版集团因此将直接持有公司61.92%的股权，成为公司的控股股东和实际控制人，中国科学技术大学下属的中科大资产经营公司（简称科大控股）持有科大创新30.67%的股份将减至为11.68%，退居第二大股东。

本案例中，科大控股持有科大创新30.67%的股份，安徽出版集团拥有安徽教育出版社100%的股权；安徽科学技术出版社100%的股权；安徽文艺出版社100%的股权；安徽美术出版社100%的股权；黄山书社100%的股权；安徽少年儿童出版社100%的股权；安徽画报社100%的股权；安徽电子音像出版社100%的股权等。置入的资产为安徽出版集团的上述资产，资产评估值为16.8亿元。

科大创新向安徽出版集团定向发行1.22亿股股票，每股发行价13.88元，安徽出版集团以其拥有的上述 16.8 亿元置入资产支付股票的对价。定向发行完成后,安徽出版集团持有科大创新 61.92% 的股份,科大控股持有科大创新的股份下降到 11.68%。安徽出版集团成为科大创新的控股股东,实现出版、印刷等文化传媒类资产的上市。分析如图 1—1 所示。

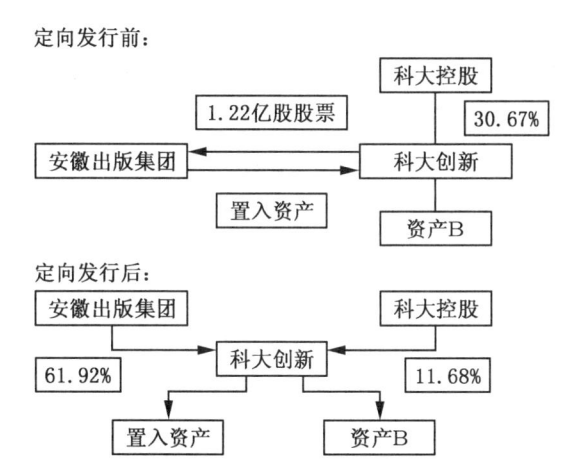

资料来源:科大创新发行股份购买资产报告书。

图 1—1　安徽出版集团的借壳上市前后资产关系

[**案例 1—11**]　**三六零公司作为境外中概股回归 A 股市场**

2017 年,三六零公司借壳江南嘉捷,成功回归 A 股上市,是借壳上市的一个经典案例。其中经历了美股私有化下市、拆除 VIE 结构、接受国内上市辅导、借壳回归 A 股等一系列过程。

2014 年来被借壳的企业江南嘉捷(沪市代码 601313)主营的电梯、自动扶梯业务盈利和成长性不容乐观。而同时 Qihoo 360(即三六零)在美国纳斯达克市场股价持续下滑。不过三六零回归国内资本市场最根本的原因是,信息安全已上升到国家战略高度。

1. 重大资产出售——清壳

江南嘉捷将截至 2017 年 3 月 31 日拥有的全部资产、负债等一切权利与义务转至江南嘉捷的全资子公司嘉捷机电,出售净资产公允价值为 187 179.75 万元。这一步骤的重要作用在于"清壳"。

2. 重大资产置换及发行股份购买资产——置换资产及定向发行股票

将嘉捷机电 90.29% 的股权转让给金志峰等原公司控制人等,交易作价为 169 000 万元,方式为全部现金转让。同时,向三六零全体股东转让嘉捷机电 9.71% 股权,交易价格为 18 179.75 万元。这部分股权与三六零全体股东拥有的三六零

100%股权的等值部分进行置换,等值部分抵消后,置入资产(三六零100%股权)剩余差额部分为 5 023 462.58 万元,由江南嘉捷定向发行股份 63.6 亿股、价格 7.89 元/股、总值 502.35 亿元的方式向三六零全体股东购买其持有的资产。通过增发后。周鸿祎直接和间接控制了重组后上市公司 63.70%的股份,成为上市公司的实际控制人。

3. 业绩承诺。三六零原股东给予全体上市公司股东重组后三年的盈利承诺。

2018 年 2 月,江南嘉捷正式更名为"三六零"并更新股票代码为 601 360。借壳上市的市场绩效惊人。股票价格自 2017 年 11 月 7 日复牌以后,实现连续 19 个交易日涨停。股价从 9.67 元涨至最高 66.50 元,借壳上市后的总市值最高达到 4 498 亿元,相对于三六零在美股退市时的私有化市值估值 93 亿美元,涨幅近 6 倍。

借壳上市,未来一段时间可能成为中概股企业回归 A 股所偏好的途径,并导致"壳"资源价值的炒作。

第五节 中外并购历史

一、西方企业的七次并购浪潮

从 19 世纪末到现在,以美国为代表的西方发达国家共经历了七次并购浪潮。

(一)第一次并购浪潮:横向并购(1897~1904 年)

第一次企业并购浪潮发生于 19 世纪末到 20 世纪初,被认为是西方并购历史上最重要的一次并购浪潮。在此次并购浪潮中,西方国家企业出现了垄断,形成了成熟的现代工业体系。1904 年美国股市发生狂跌,标志着这次并购高峰的结束。

1. 第一次并购浪潮的起因

(1)第一次并购浪潮是适应电气革命带来的生产社会化的必然要求。

18 世纪以蒸汽机为标志的第一次产业革命使人类进入了机器大工业时代,19 世纪下半叶,以电力的应用为标志的第二次产业革命使人类跨入了电气时代。此时,企业内部的原始资本积累已不能满足社会化大生产发展的要求,客观上要求集中大量的资本来发展先进的机器设备和社会化大生产。

(2)资本市场的形成和完善促进了第一次并购浪潮的形成。

美国 1863 年成立了纽约股票交易所,其后费城股票交易所、波士顿股票交易所等都为工业类企业的股票上市流通提供了便利,为并购提供了新途径。

(3)金融机构的大力支持

企业并购过程中银行等金融机构发挥了巨大作用。它们一方面提供并购活动所需的资金,另一方面作为中介机构提供咨询、顾问等中间服务,促进了企业并购活动的发展。随着并购的发展,形成了一个新的职业阶层——投资银行,逐渐在并购中发挥主导性的作用。

2. 第一次并购浪潮的特征

(1)同产业间的横向并购形成垄断组织,是最显著的特点。同行业内部优势公司实现对劣势公司的并购整合,组成托拉斯(trust),形成具有垄断地位的大企业。一方面,采用新技术、扩大生产规模,以达到新科技条件下的最佳经济规模;另一方面,降低行业内竞争,使得垄断厂商可以凭借垄断地位获得超额垄断利润。

(2)普遍是大公司吸收兼并小公司。

(3)企业规模、实力的扩大,推动了生产专业化和规模化的发展,完成了传统企业组织结构向现代企业制度的转化,促进了企业所有权和经营权的分离,形成了新的职业阶层——职业经理人。

(二)第二次并购浪潮:纵向合并(1916~1929年)

第二次并购浪潮是第一次世界大战后经济繁荣的结果,美国1929年股市狂跌和《克莱顿法》的颁布实施结束了第二次并购浪潮。

1. 第二次并购浪潮的起因

(1)战后经济重建的需要

第一次世界大战结束后,西方发达国家经济建设增加了对先进生产技术的强烈要求。科学技术突飞猛进的发展,导致了一批新兴行业如汽车工业、化学工业、电力工业等,这些资本密集型产业增加了对大规模资本的需求,企业间的并购是解决资本扩张的有效途径。

(2)产业发展的需要

政府产业政策的实施和行业发展的需要,促使西方产业结构由轻工业为主向重工业为主转变。重工业发展对资本的需求,掀起了第二次并购浪潮。

2. 第二次并购浪潮的特征

(1)纵向并购是第二次并购浪潮最大的特征。纵向并购使一些优势企业对与本企业生产环节、经营过程相关的企业兼并整合,从而形成纵向生产销售一体化格局。

(2)在第二次并购浪潮中,出现了产业资本和金融资本的相互结合和渗透,产生了一种新的资本——金融资本。如洛克菲勒公司控制花旗银行、摩根银行创办美国钢铁公司等,都是产业资本与金融资本融合形成金融寡头的典型。

(3)国家资本参与并购。在此时期,某些国家为了一定的目的,出面并购一些关系民生和国家经济命脉的企业或投资控制、参股一些企业形成国家垄断资本,提高国家对经济的直接干预和调控能力。如德国政府出巨资将一些工业企业并购改造，以发展军事力量。

(三) 第三次并购浪潮：多元集团化时代(1954～1965 年)

第三次并购浪潮发生于第二次世界大战后资本主义经济复苏时期。

1. 第三次并购浪潮的起因

第二次世界大战以后，西方国家都进行了大规模固定资产的投资，经济实力得到了加强。科学技术的迅猛发展，兴起了一系列新兴行业，如电子计算机、激光、宇航、核能和合成材料等，产业结构面临新一轮调整。新兴部门的兴起，客观要求产生强大垄断企业，以集中大量原材料、劳动力和资金等生产要素，进行大规模生产和科学技术研究。第三次并购浪潮正是科学技术进步、生产力发展、经济繁荣相互作用、相互促进的必然结果。

2. 第三次并购浪潮的特征

(1) 混合并购是第三次并购浪潮的主要形式。企业并购形式的转换，既有执行反垄断法的原因，又与科学技术不断发展、计算机广泛应用、现代商学院教育等能够实现混合企业有效管理等因素有关。

(2) 企业并购规模越来越大。第三次并购浪潮中企业并购多发生在大型企业之间，是一种"大鱼吃大鱼"的并购。如 1951～1968 年美国最大的 1 000 家公司中有将近 1/3 被并购，其中一半以上被最大的 200 家公司并购。到 1968 年，1950 年时最大的 200 家公司中有 27 家被并购，其中 22 家是被最大的 200 家公司合并的。

(3) 银行间并购加剧，资本更加集中，银行在经济中发挥作用日益重大。如美国 1970 年资产在 10 亿美元以上的银行增加到 80 家，其中 7 家资产超过 100 亿美元。

(四) 第四次并购浪潮：杠杆收购时代(1981～1989 年)

第四次并购浪潮也称为第一次私募股权投资浪潮，这次并购中融资规模较大、并购形式多样化、范围遍布全球。

1. 第四次并购浪潮起因

(1) 第三次并购浪潮中混合并购失败是本次并购浪潮发生的诱因之一

第三次并购浪潮中大量企业通过混合并购实现企业发展战略转移，期望通过多元化经营获取更多利润，但是由于缺乏相应的管理方式，经营者无法有效控制混合公司的复杂组织结构，以至无法形成核心竞争力，混合并购的弊端开始逐渐显现，多元化的大型企业甚至无法经营下去，普遍希望进行结构重组。

(2) 世界经济产业结构的大调整

科学技术日益更新，新产品、新工艺涌现，要求新兴产业之间进行调整，同时分工国际化带来的世界范围内产业布局调整也促进了这次并购的形成。

2. 第四次并购浪潮的特征

(1)以私募股权基金为代表的金融机构广泛介入。① 公司治理水平的提升取代产业发展的需要,被认为是推动这次并购浪潮的深层原因。由于目标公司的治理缺乏效率、损害股东价值,私募股权投资机构便会联合投资银行、垃圾债券发行公司等金融机构,发起对目标公司的敌意收购。

(2)"小鱼吃大鱼"并购方式是显著特征。通过金融机构借债融资实行并购,并且出现了垃圾债券等融资工具,可以帮助收购公司用杠杆融资方式筹集巨额资金。因此小公司收购大公司成为一种普遍现象。

(3)这次并购的方式多样化,横向并购、纵向并购和混合并购被综合加以运用。

(4)开始出现跨国收购。西方国家的资本输出方式发生了变化,海外直接投资之外,企业通过资本市场进行收购也成为资本输出的方式。

(五)第五次并购浪潮:跨国并购时代(1992～2000年)

信息技术革命、经济自由化、贸易壁垒降低、全球私有化趋势促进了第五次并购浪潮在全球范围内的发展。

1. 第五次并购浪潮的起因

互联网信息技术革命带来了科学技术的快速发展,光纤等新技术的运用,创造了远程通信方式,降低了信息交流成本,客观上推动了并购浪潮的兴起。同时,西方国家政府在公共政策方面如垄断管制上发生了改变,刺激了并购的发展。如美国克林顿政府上台后,一改以往对收购的严格限制,在反垄断方面采取低调态度,放松了政府对并购的管制;鼓励对医疗保健、国防工业等企业的并购;美国新电信法生效及取消银行业跨州经营限制等,促进了美国电信业、银行业等领域的并购行为。

2. 第五次并购浪潮的特征

在第五次并购浪潮中,参与并购的企业规模巨大,"强强联合",分享技术成果和资金,获得市场,提高企业竞争力。典型的如1999年美国在线和时代华纳公司的合并。在经济全球化趋势下,跨国公司战略转移布局调整,使跨国并购得到进一步发展。

(六)第六次并购浪潮:超大型跨国并购和私募股权基金的收购浪潮(2004～2007年)

1. 第六次并购浪潮的起因

经济全球化的进一步发展,全球大宗商品价格的循环上涨,对资源的争夺日趋激烈,促进了第六次并购浪潮在全球范围内的发展。

---

① 第四次并购浪潮中,这些主导收购的机构并未获得私募股权基金的称呼,当时被称为"杠杆收购组织"或"杠杆收购协会"(leverage buyout organization, leverage buyout association)等。由于LBO的广泛争议性,在21世纪第二次杠杆收购浪潮爆发时,这些投资机构普遍将自身称为"私募股权"(private equity)。

2. 第六次并购浪潮的特征

跨国并购已经超过绿地投资成为跨国公司对外直接投资的主导方式。2008年以来,国际市场全球并购进一步发展。诸如2007年全球第二大铁矿石公司必和必拓对全球第三大铁矿石公司力拓价值发出1 736亿美元的巨额收购要约,加拿大媒体巨头汤姆森公司以170亿美元收购英国路透集团,2008年美国微软欲以466亿美元的现金加股票方式要约收购雅虎。

同时,21世纪初在美国以及全世界范围内涌现出了第二次杠杆收购浪潮(相对于20世纪80年代的第一次浪潮),或称为私募股权投资浪潮更准确。在2006—2007年,私募股权基金的融资规模和收购交易均创造了历史纪录,远远超过了第一次浪潮。直到2008年全球金融危机爆发,PE基金的活动开始减少。

在21世纪以来的私募股权投资浪潮中,展现了如下特征[①]:(1)针对上市公司下市的PTP交易[②]大幅度下降,只占全部收购交易价值的10%,目标企业的平均收购价值也大幅度下降。而非上市公司针对包括私有企业和大型公司分支机构的收购显著增加,成为PE基金收购的主体,占到全部交易价值的80%、交易数目的90%。(2)收购对象包含了信息技术、传媒、电信、基础设施、金融服务、健康医疗等新行业,而传统的收购对象如制造业、零售业的比重显著下降。(3)二次收购(secondary buyout)成为并购市场的重要现象。二次收购即PE基金将被投资的企业重新出售给其他PE基金,从而实现自身的退出。(4)最大的交易价值来自大型企业出售分支机构。(5)从2005—2007年中期,私募股权市场爆发性增长,PE基金的活动扩大到世界其他国家特别是亚洲国家。

(七)第七次并购浪潮处于积聚力量期(2010年至今)

2008年全球金融危机之后,世界经济处于恢复增长期。就并购重组活动而言,在经济强劲时期的并购交易在并购后两年内会损害收购方的利益价值,而疲软时期的交易则有助于提高整体股东回报。疲软时期交易的整体股东回报率比强劲时期的交易高出将近9%,并且通常能够产生正回报。[③] 因此,一方面基于经济恢复增长的因素,另一方面基于内在的战略驱动因素如对增长和收益的追求、整合实现协同发展以及并购驱动的商业模式变化等,全球的并购浪潮正在积聚孕育中。这期间的并购活动呈现以下特征:

1. 频现全球的大额并购交易

---

① 李曜. 私募股权投资浪潮及其前沿研究问题[J]. 证券市场导报,2010(6),pp. 4—13.
② PTP(public to private),即将上市公司下市。这是传统私募股权基金即杠杆收购的典型业务模式。
③ 参见2017年9月美国波士顿咨询公司发布的报告《2017年并购报告:科技并购的复兴》(https://www.bcg.com/publications/2017/)。

单笔交易额大于 100 亿美元的特大型并购频发,如 2015 年全球单笔交易大于 100 亿美元的特大型并购交易额达到了历史最高的 1.4 万亿美元。特大型并购的参与方多为全球著名跨国企业,是各个行业巨型航母企业之间的整合。巨额的并购事件对一些行业原有的市场竞争格局产生了巨大冲击,行业巨头通过大规模并购整合强化了竞争乃至垄断优势。如 2017 年美国迪士尼通过换股的方式以约 524 亿美元收购了 21 世纪福克斯的核心业务,中国化工集团以 430 亿美元收购瑞士先正达公司 100% 股权等。

2. 在并购交易的支付方式中,现金支付一直占据主导地位

据统计数据显示,2013~2017 年,全球并购交易中现金支付方式占比一直在 70% 以上;而全部股票支付占比略有下降,从 14.9% 下降至 13%;"现金+股票"混合支付的方式从 9.3% 上升至 14.6%。[①] 在并购交易中,目标企业股东仍然偏好现金支付,以规避收购企业股价波动带来的风险。

3. 基于股东积极行动的并购重组出现于全球

随着全球并购浪潮的再次出现,股东积极主义行动开始普遍出现于美国以外的其他区域。2011~2017 年,亚洲、欧洲和澳大利亚报告的股东积极主义行动由 80 起迅速上升至 282 起[②],该趋势表明各国公司治理结构、机构投资者投资理念都发生了重要变革,全球并购市场格局产生了深刻影响。

4. 科技驱动全球并购新趋势

当今世界的科学技术不仅属于科技公司,几乎所有行业都受到科学技术的影响,先进的科学技术从供应链到客户订单为公司带来长远的改变。越来越多的公司认识到,应该具备一定的科学技术以快速推动商业发展,提供个性化商品和服务。最好的方式则是从其他公司收购相关科技,重点在于工业 4.0、云计算及其解决方案、移动技术和软件应用供应商等,这推动了跨行业的技术并购。

二、我国企业并购发展的历程和现状

(一)我国企业并购发展的历程

从改革开放以来,我国企业并购发展的历程可划分为五个阶段。

1. 萌芽阶段(1978~1988 年)

改革开放后最早出现企业并购的城市是河北省保定市。当地政府采用了大企业带动小企业、优势企业并购劣势企业的调整方式,在 1984 年 7 月,保定机械厂兼并了

[①] 转引自摩根大通《2018 全球并购展望》,https://www.jpmorgan.com/cm/BlobServer/2018 年全球并购展望.PDF。

[②] 同上。

保定针织器械厂,成为改革开放后我国企业并购的第一案。此后保定市又促成了9家优势企业对10家劣势企业的并购。随后,从保定到武汉、南京、上海、北京等,到1987年全国大多数城市都发生了企业并购。

1988年5月武汉市率先成立了中国第一家企业兼并市场,一年之内在保定、南京、福州、成都、深圳等地类似机构相继建立。产权市场的普遍发展为并购方式的多样化创造了条件。这段时间内的一个并购明星是中国第一汽车集团公司(下称一汽集团)。自1986年开始,一汽集团以资产折股的方式并购长春市、吉林市等地的4家企业,以投资参股方式并购青岛汽车厂,以偿还债务方式并购东北齿轮厂,到1988年,一汽集团已有144家成员企业。

2. 起步阶段(1993~1996年)

进入20世纪90年代以来,产权交易市场得以快速发展,到1994年,全国已有20多个地方产权交易市场。20世纪90年代初,上海、深圳证券交易所的成立,中国证券市场迅速成长起来,上市公司数量和交易量急剧增加,使公司并购由不自觉行为向自觉行为发展。股份制和证券市场的发展,为一家公司通过购买份额而控股另一家公司提供了可能。

1993年9月,深圳宝安集团通过上海证券交易所大量购买上海延中实业股份有限公司的股票,成为其第一大股东,这是国内首起通过股票市场收购一家上市公司的案例。此后,发生了深圳万科试图控股上海申华实业公司、深圳天极股份试图控股上海飞乐音响等事件。1994年底,珠海经济特区恒通置业股份有限公司以每股4.30元价格协议收购上海棱光实业股份有限公司1 200万国家股,占总股本的35.5%,成为棱光实业的第一大股东,开创了以协议收购国家股的方式收购上市公司的先河。

1994年后,并购重组活动开始加快,但并购规模小,资产重组动机主要是通过买壳或保壳获取融资渠道,重组方和被重组方多为国有企业,以股权划拨为主,目标企业通常陷入财务困境,重组后往往发展后劲不足。

[案例1—12] "宝延之争"拉开我国公司通过资本市场并购的序幕

1993年9月30日,人们被一个消息惊呆了:"宝安要收购延中了!"中国的证券市场翻开了新的一页。令许多企业、金融界人士为之兴奋的事情在中国股市出现了——这便是收购。

一、宝安收购延中的过程

1993年9月6日,延中开盘9.20元,收盘9.45元,成交量371 600股,价升量增,走出长期低迷徘徊的8.8元盘局,而且明显有庄家进驻迹象,吸筹建仓明显。

9月17日,延中股价最高摸至9.89元,成交量异常放大,达1 020 900股。此后,主力机构加快购买速度,在10元以下大量吸进筹码。

9月21日,延中股价突破10元大关,当日成交量达1 304 400股。

9月24日,延中股价飙升,摸高至11.88元,成交量达5 057 900股,创短期内新高。延中的走强,引起了所有投资者的关注,大批炒手和机构也开始大举入市将价位不断拉升,29日收盘价为12.05元。

9月30日,延中以12.11元开盘,10点过后即升至12.58元,11点跃过13元。11时15分,市场传出消息,由于机构持有的延中普通股已超过5%,上交所令延中暂时停牌,延中股价瞬间跌至12.92元。9月30日中午,宝安上海公司第一次正式公告,宝安公司已持有延中普通股5%以上。下午开盘后,延中股价开始疯涨,最高达19.99元,成交量为9 663 600股,再创近期天量。

10月4日,宝安集团上海公司再次公告,宣称宝安已实际持有延中总股本的16%,成为延中的第一大股东,而且宝安公司将继续购进并长期持有延中股票。

10月5日,宝安集团在上海举行新闻发布会,重申宝安无意与延中发生对立,宝安收购延中的目的是要做延中的第一大股东,参与延中的经营管理。

10月6日,宝安集团与延中公司领导层首次面对面接触。宝安上海公司总经理何彬表示参与延中的管理和决策,并提出要了解延中的经营和财务状况。延中董事长则认为,此次"大陆首例收购是一件对股份制有贡献的事情",但必须在法律规定的范围内进行,延中公司将不排除通过诉讼程序来维护自身权益,并已聘请香港宝源投资有限公司有关专家作为公司的反收购顾问,谋划反击行动。

10月7日,延中态度明朗的第一个交易日,股价从21.98元飙升到42.2元。[①] 到8日,出现大幅震荡,收市大幅回落至24.00元。

10月22日,"宝延事件"终于有了结果。中国证监会等监管部门宣布:宝安上海公司通过在股票市场买入延中股票所获得的股权是有效的,但宝安上海公司及其关联企业在买卖延中股票的过程中存在着违规行为,中国证监会对宝安公司进行了惩戒。

二、反思

宝延收购与反收购大战在中国证券发展史上具有较为深远的影响:(1)"宝延之争"说明中国的企业开始了真正的资本式运作道路,符合现代企业的要求,也为今后企业国际化打下了良好的基础。(2)收购方宝安公司的收购策略是经过深思熟虑的,不是盲动,也不是行政干预的结果,而是企业根据自身发展需要的自发行为;而延中的反收购也是为维护自身利益,但其传统经营观念仍有许多值得改进的地方。(3)中国证券行业发展还处于初级阶段,许多规章制度不够完善,不具备实践性,造成两家企业各

---

① 当时我国股票交易市场并无涨跌停幅度限制。1996年12月16日起,沪深证券交易所才对所有上市股票及基金交易实行10%的涨跌幅限制。

持己见,纷争不断。说明我国的并购市场处于初级阶段,相关法规制度建设任重道远。

3. 快速兴起阶段(1997~2001年)

在此阶段,并购重组成为一股浪潮。兴起以协议收购和区域性重组为主的资产重组浪潮。资产重组常常被滥用,"财务报表式重组"十分常见。股价操纵、掏空公司等不当行为常常与上市公司资产重组相伴随。在这一时期,不少重组未能在整体上推进上市公司的持续发展。以上海证交所1998年发生并购重组的ST、PT类上市公司重组为例,重组前1年的1997年的净资产收益率平均为-38%,重组当年1998年为9%,1999年为14%,但随后2000年、2001年的净资产收益率为1%和-17%。[①]

4. 规范发展阶段(2002~2006年)

1999年7月,《证券法》正式颁布实施,中国证券市场开始进入有法可依的阶段。2002年,证监会颁布《上市公司收购管理办法》《关于向外商转让上市国内公司国有股和法人股有关问题的通知》等规章制度,逐步建立较为完整的并购法律法规体系,使控制权市场逐步走向成熟。

从2002年开始,沪深A股市场上市公司股权交易快速增加,总体规模和单笔交易规模都有较快增长。2005年,沪深两市共有294家上市公司发生股权转让,交易总金额达到243亿元人民币。

5. 股改后的新阶段(2007年至今)

2006~2007年完成的股权分置改革,成为推动上市公司并购重组的重要因素。并购目标从保壳、保配股融资能力等逐步转向建立大型企业协同战略。同时,制度环境上,我国已经建立起一整套较为完整的法律制度框架,包括修订或新颁布的《证券法》《外国投资者对上市公司战略投资管理办法》《上市公司收购管理办法》《关于外国投资者并购境内企业的规定》《企业会计准则》《上市公司重大资产重组管理办法》等。2013~2017年我国企业并购市场的总体情形如表1—4所示。

表1—4　　　　　　　2013~2017年我国企业并购市场的总体情形

特　征	2013年	2014年	2015年	2016年	2017年
交易金额(万亿元)	1.56	2.62	3.16	3.21	3.3
交易数目(个)	2 479	4 145	6 981	5 208	8 048

数据来源:投中集团CVSource数据库。

从近年中国企业参与的并购交易来看,交易规模持续增长,根据投中集团旗下金融数据产品CVSource统计显示,2017年中国境内外并购重组交易金额高达3.3万亿

[①] 胡汝银:"中国上市公司控制权市场与公司治理",上海证券交易所主办《第八届公司治理论坛——控制权市场与公司治理》研讨会,2009年12月。

元,交易数目 8 048 例,其中境内并购 2 608 起,披露金额的并购案例总交易规模为 12 496.09 亿元。2016~2017 年按交易金额排序的我国前十大企业并购交易如表 1-5 所示。

表 1-5 2016~2017 年按交易金额排序的我国前十大企业并购交易 单位:亿元

序号	2017 年并购交易	交易金额	2016 年并购交易	交易金额
1	国电电力与中国神华合并	666.47	中国化工收购先正达	2 857.58
2	深圳地铁收购万科股权	663.70	中油资本重组上市	755.09
3	万科收购广东国际信托资产	551.00	渤海金控收购 KAC 股权	671.59
4	360 借壳江南嘉捷	504.16	万科收购前海国际股权	456.13
5	中远海控收购东方海外股权	492.31	海航组团收购希尔顿股权	440
6	融创收购万达部分资产	438.44	顺丰借壳上市	433
7	白药控股收购云南白药	395.71	天海投资收购 MI 股权	395.28
8	长实集团收购 DUET 全部股权	368.20	万达电影收购万达影视	372.04
9	海航集团等收购海航财务公司	321.20	青岛海尔收购 GE 部分资产	354.44
10	国电南瑞收购普谊特高压等公司	266.80	中国海外发展收购中信部分资产	310
	合　计	4 667.99	合　计	7 045.15

数据来源:MergerMarket,Capital IQ。

(二)我国公司并购现状及特征

1. 并购范围、规模日益扩大

我国企业并购的初期,发生在保定、武汉的并购资产规模在百万元以内,而且买卖双方多是同一地区。到 1993 年,仅上海、武汉、成都等 16 个城市转移资产总计达 60 多亿元,并购范围向跨地区、跨行业发展,规模日益扩大,如一汽收购沈阳金杯 51%的股份,出资额高达 5 亿元。而当前企业并购已经走出国门,成为国际并购领域的重要力量。

2. 政府积极参与、作为主导力量

我国国民经济长期以来是以国有企业为主体,国有企业的最终控制人是政府,在公司并购特别是涉及国有企业的并购中,政府发挥关键作用。我国历史上发生的一些大规模并购重组活动,都是政府长期酝酿的一些行业整合,如 2001 年以来的民航大重组、中国电信南北分家、石油化工南北分家、广电系统大重组等,这些重组涉及金额几百亿甚至上千亿元,都是政府主导的行业格局重构。

3. 并购方式多样化

在我国公司并购起步期,大多是承担债务式或出资购买式。随着公司制企业发展和证券市场发育,投资控股、品牌运作、无偿划拨、相互持股、债转股等购并方式大量出现,尤其上市公司股权收购逐渐成为企业并购的重要形式。如1993年"宝延之争"成为国内首起通过股票市场收购另一家上市公司的案例;2003年南钢集团将南钢股份的股权对南钢联合注资成就了中国资本市场第一例公开要约收购等。在股权分置改革完成后,2010年以来上市公司并购重组方式日益丰富:由协议收购、出售资产、坏账剥离过渡到外资并购、资产置换、举牌收购、买壳上市、要约收购、整体上市等。大宗股权转移特别是控股权转移的并购不断增加,反映中国资本市场通过并购重组拓展业务和实现行业整合的战略功能在不断增强。

4. 壳资源效应明显,绩差公司往往成为并购目标

目前上市公司仍然是资本市场上的稀缺资源,并被形象地称为"壳资源"。不少企业为实现企业发展战略,解决资金短缺等问题,将借壳上市作为进入资本市场的最佳途径,因此绩差公司容易成为并购重组的目标。

5. 无形资产价值受到重视和新经济产业股权转让活跃

一些优势企业充分发挥自己在品牌、技术、管理、文化等方面的优势,以无形资产盘活有形资产,提高并购绩效,成功实现了企业的低成本扩张。A股市场股权转让交易主要发生在传统产业领域。而近年来,新经济产业的股权转让日趋活跃。A股市场的并购重组交易正在发挥推动宏观经济转型升级的作用。

6. 并购动因多元化和对公司治理的约束力不断提升

我国并购市场起步阶段,并购的直接动机和目的就是拯救亏损国企,减少财政负担。随着并购市场发展,企业并购动因呈现多元化,如获取优良资产、提高竞争力;或收购壳资源,解决融资渠道;或进入新行业,实现多元化战略等。

并购所形成的公司控制权市场对公司治理的影响主要归结为两个基本功能:管理惩戒功能和股东治理功能。通过上市公司股权转让过程中股东控制格局的调整,实现了控制权市场治理效力的发挥。

7. 并购范围国际化

早在1988年,首钢公司并购了美国麦斯设计公司,成为我国企业并购外国公司的第一案例,同年中国国际信托投资公司收购了美国特拉华州的凤凰钢铁厂。进入新世纪后,我国企业并购已出现国际化趋势,部分优质企业进入国际并购市场,寻求企业发展机会。如2004年联想公司以12.5亿美元的价格(并承担5亿美元债务)并购美国国际机器商用公司(IBM)的个人计算机分部,2017年美的集团完成对德国工业机器人企业库卡集团的要约收购,等等。

在2008年西方金融危机爆发后,我国企业海外并购的规模呈现前所未有的增长。在2015年供给侧结构性改革持续深化、以及"一带一路"倡议不断推进中,我国企业需

要通过寻找先进技术和品牌迅速提升自身实力,由此催生了大量的境内外并购交易。

(三)我国企业并购存在的问题

1. 上市公司并购效率有待进一步提高

在长期内,并购效率相对低下,并购后上市公司经营业绩呈现先升后降态势,经营业绩改善的可持续性程度较低。

2. 控制权交易未充分发挥优化产业组织和调整产业结构的作用

并购重组活动的重要经济功能就是促进产业集中度提高,调整产业结构,发挥规模经济的作用。我国目前大部分产业的集中度过低,资源配置效率不高,企业核心竞争力不足。行业和地区的条块分割依然严重,地方保护主义和本位主义对跨地区、跨行业的并购构成重重障碍,限制上市公司通过战略并购活动提升行业集中度。上市公司以业务结构的战略性调整和行业整合为目的的并购重组在逐步增加,但以资产套现、制造股市轰动效应和再融资为目的的并购重组仍为数不少。

3. 需强化控股股东义务和中小股东利益保护、加强对内幕交易和股价操纵的监管与打击力度

在我国企业并购中,需要强化控股股东在控制权转让过程中的法律责任,有效地防止利益冲突和对中小股东利益的损害。加强少数股东权利的保护,使少数股东在利益受到侵害后拥有更多的救济途径。

同时,需要加强信息披露的日常监管,打击虚假披露行为,强化上市公司信息披露责任,加大上市公司违规成本。完善处罚机制,将公司处罚与责任人处罚相结合,重点加大对相关责任人的处罚力度。对内幕交易和股价操纵等不当行为进行有效监管和有力惩处[①]。

本章小结

公司是由多个出资人出资组成的,以营利为目的,具有法人资格的经济实体。公司的组织形式可以划分为有限责任公司、股份有限公司、无限公司等;而股份有限公司,又称股份公司,是指注册资本由等额股份构成,并通过发行股票筹集资本,公司以其全部资本对公司债务承担有限责任的企业法人。上市公司是指所发行的股票经国家授权证券管理部门批准在证券交易所上市交易的股份有限公司。在现代企业制度下,上市公司是组织最严密、规范化程度最高、监管标准最严格的企业

---

① 如 2017 年 3 月,中国证监会决定对证券市场违法违规者的典型鲜言进行严厉惩处。因在上市公司并购过程中操纵股票价格、不及时披露持股比例超 5%、以及进行虚假披露上市公司控制权等,鲜言被按照没一罚五的比例处以 34.7 亿元的罚没收入,是截至目前我国证券市场金额最大的处罚案。同时,鲜言等 11 名当事人被处以终身证券市场禁入。

组织形式。

企业兼并和收购通常用 acquisition 和 merger 表示,简称为 M&A(merger and acquisition),国内通常译为并购。企业兼并是一种吸收合并,是在市场经济中独立法人通过市场购买或者其他有偿转让的形式获取其他法人的资产,从而实现产权转移的经济行为。收购是指一家公司在证券市场上,用现金、债券或股票收购另一家公司的股票,以获得对该公司控制权的行为。兼并、收购本质上都是企业产权交易形式。

并购的种类很多,按不同的分类标准可以把兼并收购划分为许多不同的类型,如根据并购双方所属行业划分为横向并购、纵向并购和混合并购;根据并购方式划分为协议收购和要约收购;根据并购意图划分为善意并购和敌意并购;根据收购资金来源划分为杠杆收购和非杠杆收购;根据出资方式划分为出资购买资产式并购、出资购买股票式并购、以股票换资产式并购和以股票换股票式并购等。

从 19 世纪末到现在,西方发达国家共经历了七次明显的并购浪潮。第一次浪潮典型特征为横向并购;第二次浪潮典型特征为纵向合并;第三次浪潮典型特征为集团化混合并购;第四次浪潮典型特征为杠杆收购;第五次浪潮典型特征为跨国并购;第六次并购浪潮典型特征为超大型跨国并购和私募股权基金的收购浪潮。第七次浪潮典型特征为科技并购、基于股东积极行动的并购等。我国从改革开放以来,企业并购发展历程可划分为五个阶段。随着我国经济的快速发展,我国企业并购已呈现并购动因多元化、行为市场化、范围国际化等趋势。

基本概念

公司	有限责任公司	股份公司
上市公司	兼并	收购
公司控制权	一致行动人上市公司收购	横向并购
纵向并购	混合并购	协议收购
要约收购	善意并购	敌意并购
杠杆收购	非杠杆收购	以股票换资产式并购
以股票换股票式并购	合并	吸收合并
借壳上市		

复习题

1. 请阐述公司、有限责任公司与股份有限公司的定义及各自的特征。

2. 箭牌集团(the William Wrigley Jr. Company)是世界上最大的口香糖制造商,其首席执行官小威廉·里格利(William Wrigley Jr.)是公司创始人的儿子。箭牌集团有两类股票:普通股和 B 股。1995 年,该公司已发行的普通股有 9 120 万股,每股享有 1 张选票,已发行的 B 股有 2 510 万股,每股享有 10 张选票。里格利家族直接持有或通过信托持有的普通股有 2 210 万股,B 股有 1

290万股。请问里格利家族控制的所有选票占公司投票权的比例是多少?

3. 请指出公司兼并、收购的概念含义及其区别与联系。

4. 请按不同标准对并购的各种类型进行划分,并分别总结不同并购类型的特征。

5. 分析国际上的七次并购浪潮形成的背景及其呈现的不同特征。

6. 请指出战略联盟与收购之间的联系与区别。

7. 为什么上市公司的壳资源会有价值?借壳上市主要有哪几个步骤?

8. 在并购历史上,为什么并购会以"浪潮"(waves)的方式发生?根据经验总结发现在每一次的并购浪潮中,并购会出现"产业集聚"(industry cluster)的现象,即在某些产业中集中出现并购。这种现象的原因是什么?[①]

实践性问题

1. 请利用 Wind 数据库下载我国上市公司的实际控制人信息,并对实际控制人的数据进行统计描述。并回答问题:(1)为什么存在"没有实际控制人"的公司?(2)在同一个行业中,此类"没有实际控制人"的公司与有实际控制人的对比公司有何差异?比如以银行业公司为例进行分析。

2. 请以我国资本市场近年来因内幕交易、虚假信息披露、操纵股价等被证券监管机构严厉处罚的并购重组中案例(如 2017 年以来涉及多伦股份、慧球科技的鲜言案;涉及恒康医疗的谢风华案等等),讨论并购重组中容易出现证券违法违规问题的原因以及如何防控此类风险。

---

① 请同学参考阅读以下文献:Andrade, Gregor, Mark Mitchell, and Erik Stafford. New evidence and perspectives on mergers[J]. *Journal of economic perspectives*, 2001(2):103~120.

第二章 公司并购的动因理论和效应分析

第一节 并购的动因理论

一、西方企业并购的动因理论

并购理论产生于并购实践,反过来推动并购实践的发展。在西方历史悠久的公司并购史中,学者从不同层面对公司并购活动进行了分析和探讨,并提出了许多假说。根据学者 Weston、Chung 和 Siu 等人的研究和总结[①],下面对西方具有代表性的并购理论做一介绍。

(一)效率理论

效率理论(efficiency theory)认为,企业并购活动能够给社会利益带来一个增量,能够提高并购双方的效率。这个理论有两方面含义:一是公司收购活动有利于提高管理层的经营业绩;二是公司收购将带来某种形式的协同效应。效率理论分为以下几个子理论:

1. 效率差异化理论

通俗地说,效率差异化理论(differential managerial efficiency)就是如果 A 公司管理层比 B 公司管理层更有效率,在 A 公司收购了 B 公司之后,B 公司的效率被提高到 A 公司的水平,效率差异化理论认为并购的原因在于交易双方管理效率存在差异。效率差异化理论表明效率高、且有额外管理能力的企业将收购效率低的企业,该理论能够较好地解释行业内的企业购并行为,因此成为横向并购的理论基础。不同企业间的效率差异化表现在多方面:管理效率差异、技术效率差异、市场效率差异、资源等投入产品效率差异等。

---

① 并购动因理论的总结主要借鉴了 Weston、Chung 和 Siu 三人合著的《接管重组与公司治理》(第四版),北京大学 2006 年影印版。本书作者进行了重新整理。

效率差异化理论有三个基本假设：

第一，收购方企业有剩余的管理资源，并且这些资源存在规模经济，那么通过并购行为可以使剩余的管理资源得到充分的利用。

第二，目标公司管理非效率可以经过外部经理人的介入和增加管理资源的投入而得到改善。

第三，收购方企业受制于行业需求状况的限制，在行业内进行增量生产能力的扩张是不可能的。

2. 无效率管理者理论

无效率管理者理论（inefficient management）认为现有企业管理层未能充分利用既有资源达到潜在绩效，如果外部控制集团介入，通过更换目标公司管理层而使管理更有效率。无效率的管理者或者是未能发挥其经营潜力，或者是不称职的管理者，另一个管理团队可以更有效率地对该企业资产进行管理。无效率管理者理论能为从事不相关业务公司间的混合并购活动提供理论基础。

该理论假设：一是被收购企业的股东无法更换管理者，因此必须通过代价高昂的并购来更换无效率的管理者；二是收购完成后，目标公司的管理层将会被替换。

3. 协同效应理论

协同[①]效应理论（synergy effect）包括经营协同理论和财务协同理论。可以简化理解为"1＋1＞2"的价值增值效应。经营协同（operating synergy）是假设在行业中存在着规模经济的潜在要求，通过并购后，企业成本支出在更大的产出规模上得到分摊，因此可以相应提高企业利润率。经营协同效应理论中还存在优势互补理论，如企业并购公告中常常会这样写道：公司 A 在研究和开发方面有很强的实力，但是在市场营销方面较为薄弱；而公司 B 在市场营销方面实力很强，但在研究开发方面能力不足，因而两个公司的合并可以互为补充。财务协同（financial synergy）是指收购兼并能够给企业在财务方面带来种种效益，但是这种协同不是在企业管理能力的互补上，而是存在着投资机会、资金成本和内部现金流等方面的互补性。

4. 多元化理论

多元化理论（pure diversification）认为，当企业面临的经营风险越来越大时，为了降低非系统风险，企业不应该把所有的资本都投入到一个行业领域，而应该实行多元化战略。企业多元化经营的途径一是通过内部扩张；二是通过外部的收购兼并。外部的收购兼并能够迅速达到跨行业多元化经营的目的，大幅度降低进入新行业的障碍和

---

① 在中文语境中，协同是"协调两个或者两个以上的不同资源或者个体，协同一致地完成某一目标的过程或能力。"有谐调一致、团结统一、互相配合等含义。在西方语境中，协同就是有序，对立面就是混沌和无序。

风险。此外,多元化经营战略还可以使企业的人力资本、品牌、技术等资源得到充分的利用。该理论可以解释混合并购行为,如在20世纪60年代美国第三次并购浪潮中,多元化理论推动形成了一批大而全的庞大混合型企业。

5. 战略规划理论

战略规划的理论基础在于通过并购活动可以实现企业战略转移。并购是实现企业发展战略的重要手段。战略规划不仅与经营决策有关,也与公司的环境和顾客有关。并购的战略规划理论隐含了规模经济或挖掘出公司目前未充分利用的管理潜力的可能性。通过并购活动进行调整的速度要快于内部发展的调整速度。

专栏 2—1　"科尔尼曲线"描述的产业并购规律

科尔尼(Kearney)是一家1926年诞生于美国芝加哥的国际著名管理咨询公司。在其合伙人Deans等人2004出版的著作《科尔尼并购策略》中,根据53个国家、24个行业、25000家上市公司的信息,对世界企业的整合行为进行了规律性研究,总结认为任何一个产业均呈现S型的四个发展阶段,称为"科尔尼曲线"。其中并购贯穿于产业发展的每一个过程中。(1)开创阶段。市场完全分散或者集中度极低,第一批兼并者开始出现。企业必须采取一切积极措施,如通过扩大规模、全球扩展、对技术和创新的知识产权进行保护以提高行业进入壁垒,来捍卫其先行者(first-mover)优势。(2)规模化阶段。企业规模开始越来越重要,产业领导者开始出现并且领导着产业整合。随着行业的快速整合,第二阶段中的前三位大公司将拥有15%～45%的市场份额。(3)集聚阶段。这是一个大规模兼并和收购的时期。经过第二阶段的残酷竞争,第三阶段的公司着力于核心业务的扩展,并继续大踏步地超越竞争对手。行业中前三位公司将控制35%～70%的市场,行业里仍然会有5～12家主要竞争者存在。企业的目标是成为全球行业巨头之一。(4)平衡与联盟阶段。大公司会与其他巨头建立联盟,因为这一阶段增长已经非常困难。在此阶段,行业的集中度上升到一定高度后会保持稳定,甚至会略微有些下降,一般而言,此阶段居于行业前三位的公司占据了市场70%～90%的份额。总之,所有的产业都是全球的,并购整合是必然的、不可避免和不可逃避的,长期的成功依赖于顺着产业曲线上行,未来属于善于外部扩张的大师。[1]

---

6. 价值低估理论

价值低估理论(under valuation)认为收购活动发生的主要原因是目标公司价值

---

[1] [加]丁焕明. 科尔尼并购策略:从产业整合实践中提炼出来的操作指南[M]. 北京:机械工业出版社, 2004.

被低估,即目标公司的市场价值因种种原因而未能反映出其真实价值或潜在价值。原因主要有三点:

(1)目标公司经营管理潜能未能得到充分发挥;

(2)收购方拥有有关目标公司真实价值的内部信息,外部资本市场未能反映内部信息;

(3)由于通货膨胀造成资产的市场价值小于其重置价值,即托宾 $Q<1$。

7. 内部化理论

内部化理论是指企业为避免市场不完美(imperfect market)、市场摩擦存在大量交易成本等的影响而把优势保持在企业内部。即若收购方和目标公司发生市场交易成本过高,就想办法通过并购进行合并,将市场上的讨价还价行为转化为企业内部的组织权威分配资源行为的一种理论。

内部化理论是跨国公司理论研究的一个重要转折。在此之前,西方学者研究发达国家企业海外投资的动机与决定因素主要是从市场结构分析出发,内部化理论则转向研究各国企业之间的产品交换形式、企业国际分工与生产的组织形式,并论述由于外部市场机制的不完全,导致企业内部分工与生产组织形式的变革。例如,通过企业水平或垂直一体化经营,将多阶段分工生产置于统一的管理体制之下,通过企业内部产品和生产要素如资金、信息等的调拨,以避免过高市场交易成本的影响。不难发现,内部化理论是指导纵向兼并活动的重要理论。

专栏 2—2　内部资本市场理论下的企业并购

企业内部资本市场理论属于新制度经济学中企业理论的一部分,自 20 世纪 70 年代初提出该理论以来,其研究逐步规范化,已成为理解企业内部资金配置最重要的理论(Alchian,1969;Williamson,1970,1975)。该理论认为,单一企业因缺少内部资本市场的调节,必须通过外部资本市场进行投融资。由于信息不对称等问题的存在,企业必须承担较高的交易成本并面临较大的投资风险。而企业集团通过内部资本市场进行投融资,具有信息和激励的优势,从而可以更有效地配置内部资源。

在外部资本市场不发达、存在信息不对称和代理成本的情况下,企业通过兼并、收购和重组等方式组建集团企业、形成内部资本市场,对缓解企业的融资约束和提升投资效率具有积极的意义。不过,我国证券市场曾经出现的诸如托普系、鸿仪系、德隆系等,通过并购构造系族企业、形成内部资本市场,却成为被实际控制人作为利益输送的渠道。[①]

[①] 杨棉之.内部资本市场、公司绩效与控制权私有收益——以华通天香集团为例分析[J].《会计研究》,2006(12):61~67。

(二)信息讯号传递理论

信息讯号传递理论(information and signaling)认为,并购行为向证券市场传递目标公司股价被低估的信息。该信息可以分为两种形式:一种是关于目标公司股票价值被低估的信息,促使资本市场对这些股票进行重新估价。另一种信息是收购会激励目标公司的管理层更改经营策略、提升企业价值,这就是所谓"背后鞭策"的解释。目标公司需要外部动力(来自外部资本市场的收购行为)来促进价值的重新提升。

信号理论说明特别的行动会传递重要信息。斯潘斯(1973)最初基于劳动力市场建立了该理论,劳动力的教育水平不仅是受过更多训练的信号,也是具备较高天赋的信号。信号的基本性质在于信号的使用对于某些人有利,而对另一些人却不利,信号的使用传递了有意义的和正确的信息。

信号的发布可以多种形式包含在收购与兼并活动中,比如公司收到收购要约这一事实可能会传递给资本市场这样信息:目标公司拥有至今为止尚未被认识到的额外价值、价值被低估,或者企业未来的现金流将会增长。

[案例2-1] 君安证券公司对深万科发出"改革倡议"[1][2]

深万科(股票代码000002)是我国上市公司并购市场中的先行者,在中国上市公司第一起并购案宝安收购延中发生(1993年9月)后不到两个月,1993年11月10日万科便发动了收购申华的战役,但没想到几个月后就面临针对自身公司的收购委托书争夺(proxy contest)。

1994年3月30日发生了由君安证券发起的代理权之争,君安称受4位合计持有万科10.73%的法人股东委托,发出《改革倡议》,对万科的经营提出4点建议和5点倡议,主要内容是:质疑"万科的竞争实力在哪儿?它的贸易没有拳头产品,股权投资本身无法形成竞争优势,工业产品中没有全国名牌,文化经营没有形成规模效益,真正有点优势的是它的物业管理,而物业管理本身是不赚钱的,单独形不成经营气候。能够形成行业竞争优势的只有万科的房地产。目前看来,万科的房地产并不具有竞争优势"。因此,君安证券倡议:改组公司的产业结构,收缩工业、贸易和股权投资业务,保留已在业内具有较高声誉的文化经营业务,重点发展大中城市住宅开发和写字楼出租等房地产业务。君安证券要求对万科实施重大改组,并称将推荐8~10名董事候选人进入万科董事会,当时君安证券自己仅持有3.17%的万科股权,主要依靠的是前四大股东的代理投票权。

---

[1] 刘峰、魏明海. 公司控制权市场问题:君安与万科之争的再探讨[J]. 管理世界,2001(5):187—204.
[2] 王石. 道路与梦想[M]. 北京:中信出版社,2006.

1994年4月3日万科董事会发表声明,称君安证券有限公司超越授权范围,理由是:其一,缺乏足够的授权委托手续;其二,仅拥有3.17%的股份,无权提出8~10名董事候选人;其三,对未委托授权的股东,征集受委托权,没有法律依据。并指出《改革倡议》披露的有关信息已经对股民产生误导。而与此同时,君安征集的委托权阵营也出现分化瓦解。两个法人股股东(新一代和海南证券)临阵变卦,转而支持万科管理层。4月4日,君安和万科的法人代表在深圳证券交易所的调解下握手言和,股票代理权之争告一段落。

君安证券对深万科的改革倡议,实际上是中国资本市场第一例委托书收购,具有重要的创新意义。君安证券的股票投票权的委托书收购虽然失败了,但是深万科此后走上了一条专业化经营的道路,公司剥离了非核心业务,将主业集中于城市房地产业,并最终成为中国资本市场上房地产行业的第一龙头股。

君安证券的改革倡议实际上是对上市公司管理层发出的一种信号,要求公司改变经营策略,选择确定并聚焦于主业。

(三)代理问题与管理者主义

代理问题(agency problem)产生的基本原因在于委托人和代理人之间的利益冲突,导致委托人、代理人在签订和执行合约的过程中产生的成本,包括签约成本、监督成本以及违约造成的损失。

1. 通过控制权市场解决代理问题,降低代理成本

并购接管通过要约收购或代理投票权之争,可以使外部管理者取代现有的管理层,从而取得对目标企业的决策控制权。因此公司管理者始终处于受到潜在威胁的地位,这促使管理人员必须努力工作,不断提高管理效率,才能保住现有的地位。从这个角度看,收购减少了股权分散带来的管理层代理问题。

2. 管理者主义

与收购可以解决代理问题的观点相左的是,管理者主义(managerialism)认为收购活动只是代理问题的一种表现形式,而不是解决办法。穆勒(1969)[①]用管理者主义来解释混合兼并问题,认为管理者有扩大企业生产规模的动机。他假定管理者的报酬是公司规模的函数,因此管理者往往采用较低的投资回报收益率不断对外收购以扩大企业规模。与代理理论不同,管理者主义理论认为代理问题并没有因公司并购市场的存在而被解决,反而并购活动只是代理问题的一种表现形式而已。

---

① Mueller,D. C.. A theory of conglomerate mergers,Quarterly[J]. *Journal of Economics*,1969(8):643~659。

(四) 自由现金流量假说

自由现金流量假说(free cash flow hypothesis)源于代理成本问题。詹森(1986)[①]认为,存在于管理者和股东之间的自由现金流(free cash flow)支出冲突相关的代理成本是并购活动的主要原因。自由现金流量是指公司的现金在支付了所有净现值(NPV)为正的投资项目后的剩余现金流。詹森认为,公司若想有效率和实现股东价值最大化,自由现金流量就必须支付给股东。自由现金流量的支出降低了管理者所控制的资源量,从而削弱了他们的权力。另外当管理层为投资寻求新的资本而进行外部融资时,就会受到资本市场的约束。

詹森还认为,债务的监控职能在那些产生大量的现金流量、面临着低增长或规模收缩的企业中更为重要,如在杠杆收购中产生的大量债权可以降低目标企业的代理成本。拥有大量自由现金流量的公司倾向于产生代理成本,所以也就容易成为收购特别是敌意收购中的目标公司。

(五) 市场势力理论

市场势力(market power)理论认为,企业并购行为的主要动因在于借助并购可以减少竞争对手,从而增强企业对市场的控制力,提高市场占有率并保持长期获利机会。以增强市场势力为动机的并购行为,一般发生在以下几种情况下:(1)当行业生产能力过剩、供过于求时;(2)国际竞争使国内市场遭受强烈的威胁和冲击时;(3)法律使企业间的各种合谋及垄断行为成为非法时。当然,只有通过横向兼并或纵向兼并的有效整合,在提升市场份额的同时又能实现规模经济或协同效应时,这一假说才能成立。

[案例2—2] **我国啤酒行业的竞争、并购与市场争夺**

一、20世纪70年代后期～80年代末期:大量进入时代

由于啤酒行业进入障碍低,我国各市县纷纷投资啤酒厂,啤酒企业数量和产量迅速扩张,啤酒产量每年以30%以上的高速度持续增长。1988年已形成813家啤酒企业,产量656.4万吨,仅次于美国、德国。但地域上高度分散,企业规模非常小,大多是1万～2万吨。

二、20世纪90年代初期～1998年:两极分化时代

啤酒总产量以20%的速度继续增长,1995年产量1 568.6万吨,一跃成为世界第二啤酒生产国。产业竞争格局上,各省市形成了若干地方著名品牌,全国啤酒企业分化出三个层次。以青岛啤酒、燕京啤酒和珠江啤酒三大国有集团为第一层次;地方名牌啤酒企业为第二层次,绝大多数不是上市公司;其他市县啤酒企业为第三层次。其

---

① 参见 Jensen, M. C.. Agency cost of free cash flow, corporate finance and takeovers, *American Economic Review*, 1986(5):323～329. 詹森并以石油公司来论证自由现金流引发了代理成本。

间,啤酒行业产业集中度仍然很低。1998年,500多家啤酒企业中,年产啤酒超过5万吨的有104家;年产10万吨以上的有44家,产量占全国总量的48.4%;年产20万吨以上有18家;超过50万吨的只有青岛啤酒和燕京啤酒;没有一家超过100万吨。燕京与青啤两家产量之和也只占到全国产量的5%左右。而美国7大啤酒公司占全美总产量的95.5%,美国第一大啤酒企业AB公司年产1 400万吨,占美国市场份额的48%;排名第二的米勒公司年产量近700万吨,市场占有率为22%。日本四大啤酒公司几乎包揽全日本的啤酒生产。

由于啤酒消费进入稳定增长状态,啤酒生产能力呈现过剩,竞争激烈,全行业盈利能力下降,出现大面积亏损。少数企业凭借规模、技术、工艺、管理优势和良好的营销能力,在激烈的竞争中获得可观的收益水平。如排名前两位的燕京啤酒和青岛啤酒,1998年合计拥有资产约占啤酒行业的10%,完成产量虽然占全国总产量的6.8%,但利润指标所占比重高达37.6%。1994~1998年的4年中,啤酒产量增加了573万吨,企业数量减少了156家,企业平均产量提高86%。

三、1998~2002年:兼并收购时代

国内几大啤酒集团产能规模及全国市场布局进入战略竞争时代。1998年开始,青岛、华润和燕京三大啤酒集团开始在全国进行大规模的资本圈地行动,拉开了全国市场战略竞争和行业整合进程。三大集团奉行相同的战略——通过并购地方品牌企业,使产能区域扩张和全国市场战略布局并行。三大集团收购当地企业后,将自己的管理机制、先进技术、产品配方、营销经验等输出到被收购企业中,但在产品销售中仍然使用受到当地消费者偏爱的地方品牌。例如,青岛啤酒早在1994年开始在全国范围并购。至2001年底,青岛啤酒先后并购了全国40多家啤酒企业,包括北京五星啤酒和部分外资企业,1999年产量达到100万吨,2001年猛增到200万吨。华润啤酒自1993年控股沈阳雪花啤酒后,2001年收购全国产量排名第4位的四川兰剑(拥有四川10家地方啤酒企业,占2000年四川省啤酒产销量的85%)。近年来,三大啤酒集团的产能规模位次不断更替。燕京啤酒1995~1998年产量和市场占有率全国第一;1999~2000年,青岛啤酒升为第一,燕京啤酒退居第二,华润第三。2001年,华润啤酒跃居第一。

四、第四阶段:目前进入营销竞争时代

整合完成后,将形成青岛系、燕京系和华润系三大企业集团垄断国内啤酒市场的局面。进入营销竞争时代,以实现产能利用率和市场份额最大化。这一阶段消费驱动的营销竞争异常激烈,广告和营销费用增加,销售信用放宽,应收账款规模和期限增加,利润率和经营现金流可能下降。

(六)税负考虑

税收制度有时也会鼓励企业间的并购,主要体现在以下几方面:

1. 营业亏损和税收抵免的延续。一个存在利润的企业并购有累计亏损和存在税收减免的企业,实现利润向亏损企业的转移,从而实现合法的避税。

2. 利用资本利得来代替一般收入。这种收购行为主要发生在成熟企业与成长企业之间,使成熟企业本来应纳税的现金流量转化为成长企业的财务费用支出,成熟企业获取成长企业未来的价值增值和资本利得。

(七)行为公司金融学的解释

行为金融学基于心理学的基础对传统金融学提出了质疑:(1)心理现象使决策者不能理性行事;(2)资本市场证券价格经常偏离理性基础价值。由此衍生出公司管理者非理性、资本市场投资者非理性等逻辑分析。行为公司金融学是行为金融学的分支,它沿着行为金融学的两种非理性逻辑,研究它们对公司投资、融资、股利乃至并购等的影响。在并购重组领域里,行为公司金融学的并购动因解释可以分为:(1)非理性的管理者对公司并购重组决策的影响;(2)非理性的证券价格对公司并购重组决策的影响。

1. 自负假说与赢者的诅咒

自负(hubris)假说认为资本市场有很高的效率,股价反映了所有相关信息(公开和非公开),生产性资源的重新配置无法带来收益,且无法通过公司间的重组和并购活动来改善经营管理。理查德·罗尔(1986)[①]假定管理者由于野心、自负或过分骄傲而在评估并购机会时,会犯过分乐观的错误,最终收购失败。罗尔自称自负假说相对于其他理论而言,该假说的假设为零。此外,这一假说不要求管理层有意识的追求自身利益,管理者可以有良好的意图,但在判断中会犯错误。罗尔的自负假说后来在实践中被多次验证,即收购消息被传出后,收购方股价不涨反跌。

"赢者的诅咒"(winner's curse)一词,原用于在一项资产拍卖中出价者出价过高导致最终亏损的现象。[②] 对于并购来说,特别是在投标竞价的要约收购中,赢者的诅咒也可以提供解释:这是由于收购方对自我经营能力过于乐观、以及竞价过程中的不理智所造成的后果。

[①] Roll, Richard, The hubris hypothesis of corporate takeovers[J]. *Journal of Business*, 1986(5):197~216。

[②] 理查德, H·泰勒. 赢者的诅咒——经济生活中的悖论与反常现象[M]. 北京:中国人民大学出版社 2007。

专栏 2—3　巴菲特谈并购协同效应的陷阱（synergy trap）[①]

世界最著名的证券投资家沃伦·巴菲特每年给伯克希尔·哈撒韦公司的股东写一封来信。在1981年的给股东信中，他谈及当时兴盛的并购，引用格林童话的故事进行了生动的阐述。这实际上是从行为金融学的角度解释管理层的自负引起了众多失败的并购。以下为信中的内容：

"显然许多管理人员深受他们幼年听到的一个童话故事的影响。许多管理者被过度地笼罩在那童年时代故事的光环中：被施展了魔法而变成青蛙身躯的英俊王子，受到美丽的公主一记亲吻便立即恢复原来的英姿。因此，他们确信，他们的管理之吻也将创造目标公司的盈利奇迹……

投资者总能以现行青蛙的价格购买青蛙。如果不是投资者资助那些想要为她们亲吻青蛙的权力获得成倍报酬的公主们的话，这些亲吻则必须有真正的轰动作用。我们观察了许多亲吻，却很少有奇迹出现。然而，许多管理公主们仍然对其亲吻的未来潜力保持着信心——甚至其公司后院已深陷在毫无反应能力的青蛙包围之中，还是如此……

我们偶尔也以很低的价格购买青蛙，并将结果编入过去的报告之中。很显然，我们的亲吻并不奏效。我们在与一些王子们进行交易时干得很成功——但是他们在我们买的时候已经成为王子。至少我们的亲吻没有把他们变成青蛙。最后，我们有时也成功地以青蛙的价格买了可以容易认定为王子的部分权利。"

注：上述信中的"我们"是指巴菲特担任董事长的伯克希尔·哈撒韦公司。

2. 股价驱动的并购

当证券市场股票定价存在错误时，即收购方的股票估值过高、目标方的股票估值过低时，并购就发生了。美国著名学者 Shleifer 和 Vishny（2001）在一篇经典文献"股价驱动的并购"中详细解释了股票市场的定价对不同时期美国公司的并购行为特征的影响。[②] 他们认为美国公司在20世纪60～70年代的多元化并购、80年代的杠杆并购和90年代中后期的业务相关企业的换股并购行为等，都是由于股票市场定价偏差、进而公司管理者做出了理性反应。

这种股价驱动的并购解释，认为资本市场定价是不理智的，企业管理层行为是理智的，仍然属于行为公司金融学的解释。

[①] 沃伦·巴菲特，劳伦斯·坎宁安. 巴菲特致股东的信[M]. 北京：机械工业出版社 2018.
[②] Shleifer, Andrei, and Robert W. Vishny. Stock market driven acquisitions[J]. *Journal of financial Economics*, 2003(3): 295～311.

二、我国企业并购的其他动因

除了上述一般动因之外关于我国上市公司收购的其他动因,根据历史情况可以补充如下:

1. 我国上市公司股权结构中,大股东具有超强控制权,大股东通过并购以获取控制权收益来实现自身利益最大化,[①]已经成为我国上市公司并购的重要动因之一。由于历史上我国证券市场的监管力度存在欠缺和对投资者的法律保护有限,大股东通过控制上市公司所获得的控制权收益更明显。

2. 内部人(包括大股东、利益相关者等)利用并购中的信息优势,在二级市场进行内幕交易或者操纵股价的行为,是国内部分企业进行并购的外部动因。由于利用信息优势进行投机性收购带来的收益,能够补偿公司并购中溢价的支出及其他一系列并购成本,这对收购方来说是一种补偿机制,也是国内部分企业盲目扩张、大肆并购的一项重要动因。

3. 管理者主义者动机,对我国上市公司实施并购行为产生了重要影响。由于管理层可以通过并购扩大公司规模增加薪酬收入,管理层对自身利益最大化的追求,是推动我国上市公司并购的又一项动因。

此外,各级政府的积极参与客观上推动或者限制了并购活动的发生。政府干预企业并购的动机和特征表现如下:

(1)通过并购消除亏损的扶贫动机。最普遍的情况之一是"拉郎配",以行政手段干预优势企业的并购行为,要求优势企业接管劣势企业,由此造成优势企业负担加重,甚至最终拖垮优势企业。另一种政府常见行为是把并购视为亏损企业、破产企业的退出机制,采用无偿划拨的形式,将原亏损企业所有的债权债务关系都转移至优势企业。

(2)通过兼并转换经营机制。政府希望优势企业并购弱小、亏损企业,以此来转换亏损企业的经营机制,提高企业竞争力。

(3)政绩工程。政府官员为了自身政绩,提出不切实际的企业并购整合计划,组建大型企业集团。这种出于政绩工程创造出的大型企业集团很难具有竞争力,很容易再次面临分拆的结局。

(4)体制障碍。我国经济中还存在条块分割和地方保护主义现象,政府部门为了

---

① 大股东通过控制权获得自身的利益,而损害了其他中小股东的利益,这种控制权利益被称为"控制权的私有利益"(private benefit of corporate control)。Grossman 和 Hart(1988)最早提出"控制权私利"概念并进行了系统研究,认为公司股东拥有投票权和现金流权利,现金流权是股东所得到的股息的现值(即控制权的共享收益),另一部分是控股股东所享有的私人利益(即控制权的私有收益),非控制性股东不能获得,并量化了这部分私利的大小。Johnson(2000)提出的"掏空"/"隧道挖掘"行为逐渐成为控制权私利的具体表现,如控制股东通过如资产出售、转移定价、额外的经理报酬、贷款担保等对中小股东进行利益侵占。

各自狭隘的部门、地方利益设置并购障碍,限制外地企业并购本地企业,阻碍了资源在市场中的自由流动。

第二节 并购的效应分析

在现实经济生活中,企业并购的动因在并购以后以各种不同的具体形式表现出来,客观上形成了诸多效应。这些效应是:经营协同效应、财务协同效应、企业扩张效应、市场势力效应、企业战略动机效应。

一、经营协同效应

经营协同效应是指企业通过并购使整体经营活动效率提高。经营协同效应由规模经济(economy of scale)和范围经济(economy of scope)组成。

1. 规模经济

企业的规模经济通常由工厂规模经济和企业规模经济两个层次组成。

企业并购对工厂规模经济带来的好处是:(1)企业通过对工厂的资产补充和调整,达到最佳经济规模的要求,使工厂保持尽可能低的生产成本。(2)在保持整体产品结构的前提下,并购可以使各个工厂实现产品单一化生产,从而避免由于产品品种转换带来的生产时间浪费,达到专业化生产的要求。(3)解决由于专业化带来的一系列问题。企业间通过并购特别是纵向并购,可以有效解决由于专业化引起的各生产流程的分离,将它们纳入同一工厂中,可以减少生产过程中的环节间隔,降低操作成本、运输成本,充分利用生产能力。

规模经济的另一个层次是企业规模经济,通过并购将更多工厂置于一个企业的领导下,可以带来一定程度的规模经济。(1)节省管理费用。由于收购可以减少管理部门及人员,分摊到单位产品上的管理费用可以相应降低。(2)使不同的产品和服务由同一销售渠道来推销,从而达到节约营销费用的目的。(3)集中足够的经费用于研究、开发、设计和生产工艺改进等方面,迅速推出新产品,采用新技术。(4)扩大企业规模,提高应付风险的能力,以适应外部环境的变化。

2. 范围经济

范围经济是指利用一些具体的技能,或利用生产具体产品或提供服务的资产,来生产相关的产品和提供相关的服务。例如,美国宝洁(Proctor & Gamble)公司为日常消费品生产巨头,利用其被高度评价的市场营销手段来推销医药产品和个人护理的全套系列产品。日本本田公司利用其内燃机的技术开发了汽车、摩托车、除草机、扫雪机等系列机器设备。

[案例2—3] 美的集团收购库卡机器人目标是实现经营协同效应

2017年1月6日,美的集团公告称,已完成要约收购德国库卡集团股份的交割。之前,美的宣布成功要约收购库卡81.04%股份,加上原持有的13.51%,合计占库卡总股本的94.55%。此后这笔交易陆续通过了中国、德国、墨西哥、美国等地区的反垄断审查,收购正式完成。对于美的来说,收购库卡有利于美的实现三大战略。

第一,收购库卡有利于美的推进"智能制造＋智慧家居"的战略。通过"工业机器人"模式,可以全面整合提升公司智能制造水平,同时以工业机器人带动伺服电机等核心部件、系统集成业务的快速发展。库卡在机器人技术方面具有全球领先优势,美的可以充分借鉴库卡集团在工业机器人与系统解决方案领域领先的技术实力,提升智能制造水平和发展智慧家居。

第二,收购库卡有利于美的深入布局机器人产业。凭借库卡集团在工业机器人与系统解决方案领域领先的技术实力与美的在中国家电制造、销售及市场推广方面的专长积累,美的集团与库卡集团将通过优势互补与协同效应,开拓包括工业机器人在内的多领域机器人市场。

第三,收购库卡有利于美的拓展物流业务。库卡集团的三大主要业务之一——瑞仕格是全球知名的仓储和配送中心的自动化解决方案供应商。中国已经成为全球快递行业最大的市场,瑞仕格将协助美的集团发展第三方物流业务,提升自动化物流仓储运输效率。

从库卡的角度,一方面,美的平台有利于帮助其打开中国市场。目前库卡集团的主要收入来自欧美,亚洲和其他地区的收入仅占总收入的20%,布局较机器人同行业竞争对手相对落后,因此与美的合并,能够迅速补足短板。另一方面,收购也能保持库卡公司独立的治理结构。美的并购后,库卡能保持集团管理层及核心技术人员的稳定和业务的独立性。

二、财务协同效应

财务协同效应主要表现在以下几方面。

(一)通过并购实现合理避税的目的

1. 对于不同类型的资产所征收的税率是不同的,企业可以利用股息收入与利息收入、营业收入和资本收益,以及不同资产间所适用税率的不同,通过收购的会计处理来达到合理避税的目的。

2. 企业可以利用税法中亏损递延税款条款来达到避税的目的,减少纳税业务。亏损递延税款条款是指如果某公司在一年内出现了亏损,该企业不但可以免除当年的所得税,它的亏损还可以向后递延,以抵消后几年的盈余,企业根据抵消后的盈余缴纳所得税。因此,如果某企业在一年内亏损严重,或该企业连续几年不曾盈利,企业拥有相当数量的累计亏损时,这家企业往往会被作为并购目标,通过盈利企业和亏损企业之间的并购,以充分利用在纳税方面的优势。[①]

3. 企业并购中资金的支付有不同的形式,例如当收购方采用可转债这种形式融资时,一方面可以享受利息抵税的好处,另一方面可以充分利用财务杠杆获得收益。

(二)降低融资成本

企业可以通过并购来提高企业的知名度,增强融资能力,从而达到降低融资成本的目的。特别是当目标企业的信用等级、规模低于收购方企业时,并购可以降低目标企业的融资成本。

(三)预期效应

预期效应是由于并购使证券市场对企业的股票评价发生改变而对股票价格产生影响,又称市场估值调整效应。例如,企业通过股权支付形式收购较低估值的企业,可以提高合并后的每股收益,提升股票价格,增加股东财富。收购方企业可以通过并购那些市盈率(P/E)较低、净利润较高的公司,来提升自己企业的盈利能力,让股价保持持续上升的势头。预期效应在美国历史上1965~1968年的第三次并购浪潮中表现得非常明显,在该次并购浪潮中,收购方的市盈率一般都高于目标公司的市盈率。

[案例2—4] 广药集团通过并购实现了综合协同效应

广州药业集团(简称广药)走的是低成本扩张与国际化之路,没有进行大面积兼并,而是围绕公司战略进行有选择性的合作。2001年广药收购ST白云山是广药发展中重要的一个步骤。白云山A(股票代码000522)因业务多元化、业绩下滑、负债累累,在1999年4月被深交所给予ST处理。截至2001年上半年,它的总资产为18.2亿元,而净资产仅为7 733万元,资产负债率高达95.75%。2001年12月27日,广州市财政局将持有的ST白云山10 890万股国家股(占公司总股本的29.09%)全部无偿划转给广药集团,广药集团入主ST白云山,经过一系列债务重组和资产重组,白云山清除了不良资产,减轻了财务负担。2002年4月,白云山摘帽。

对于广药,白云山的意义非比寻常。广药的主要产品是中药,销售区域以华南为主,而白云山主打西药,销售遍及全国市场。两者并购,无疑具有资源互补的意义。在并购白云山后,广药集团发挥集团优势,取得的协同效应如下:

财务协同:广药集团旗下的有些下属企业向银行贷款8亿多元,而另一些企业则

---

① 据我国《企业所得税法》第十八条规定,"企业纳税年度发生的亏损,准予向以后年度结转,用以后年度的所得弥补,但结转年限最长不得超过五年。"国家为了鼓励一些企业改制重组,税收政策对一些符合规定条件的企业原来的亏损,可以由改制后的企业弥补。

在银行存款 7 亿多元,实行资金整合后,由集团统一调配资金,通过银行委托贷款、内部借贷等方式,一年便可从存贷款利息差中节省出数千万元。

采购渠道协同:集团所属各企业原来在采购药材原料和药用包装材料时,没有发挥集团优势,量小而分散,难以拿到优质价廉货品,改由集团下属药材公司集中统一采购后,大大降低了采购成本,节省了大量资金。据统计,2005 年第一季度集团节省药用包装材料费用 400 万元。

销售渠道协同:广药下属的广州市医药有限公司,是华南地区最大的医药商业批发公司,但过去该公司不热心销售本集团下属企业的产品。通过加大集团产品的力度,该公司将销售本集团企业产品的比例从 3% 提高到 10%。

广告代理协同:集团成员企业所有广告业务由下属一家广告公司统一代理,通过批处理与媒体谈判,一年广告费用可以节省 2 000 多万元。

三、企业扩张效应

与通过企业内部积累投资扩张相比,通过并购来实现企业扩张有如下几个优点。

(一)规避进入新市场的壁垒

企业进入新市场时存在各种壁垒,通过并购进入新市场可以有效地防止或避开这些壁垒,各种进入壁垒表现如下:

(1)企业进入一个新的行业时,面临着现有企业的激烈反应,若以小规模方式进入,又会面临着成本劣势。

(2)产品用户从一种产品转向购买新商品时,必须支付高昂的转置成本,这些成本使新企业难以占领市场。

(3)某些资本密集型行业要求巨额投资,进入新领域的企业存在较大风险,在筹资方面有一定的困难。

(4)由于原有企业与销售渠道之间长期存在密切关系,企业要进入新市场时必须打破原有企业对销售渠道的控制,才能获得有效可靠的销售渠道。

(5)由于原有企业拥有专门的生产技术、取得原料的有效途径、优越的地理环境、积累的经验等,这些使新企业在激烈的竞争中处于不利地位。

企业若通过投资新建方式进入新行业时,除了上述进入壁垒以外,还必须考虑新增生产能力对行业供求关系的影响。如果新增生产能力很大,行业内部可能出现过剩生产能力,引发价格战。而在运用并购方法时,并不会增加行业生产能力,短期内行业内部竞争结构将保持不变,引发价格战的可能性就比较小。

(二)减少企业发展的投资风险和成本,缩短投入产出时间

投资新建方法涉及的不仅仅是增加生产能力,企业要花费大量的时间和财力获取

稳健的原料来源,寻找合适的销售渠道、开拓和争夺市场,这些不确定因素将使得企业面临很大的经营风险。通过并购,可以利用原有企业的原材料来源、生产能力、销售渠道和已占领的市场,大大降低发展过程中的不确定性,降低投资风险和成本,也大大缩短了投入产出时间差。

(三)充分利用经验曲线效应

所谓经验曲线效应,是指企业的生产单位成本随着生产经验的增多而不断降低的趋势。成本下降的主要原因在于学习效应、专业分工带来工人作业方法和操作熟练程度的提高、专用设备和新技术的应用、对客户需求和市场规律的进一步理解、某些专门技术如精益生产方式等。

由于"经验"是在企业的生产过程中形成和积累下来的,企业与经验形成了一种固有联系,企业无法通过复制、聘请其他企业雇员、购置新技术和新设备等手段来获取这种经验,这就使拥有经验的企业具有了成本上的竞争优势。企业若采用投资新建的方式进入新的行业,不具备经验优势,其成本通常高于原有企业,在激烈的竞争中,新企业可能会由于成本过高而引起巨额亏损。企业通过并购发展时,不仅获得原有企业的生产能力和各种资产,还获得原有企业的经验。经验曲线效应对混合并购有着特别重要的作用,通过混合并购,混合一体化的各个部分可以实行经验分享,形成有利的竞争优势。

四、市场势力效应

市场势力效应(market power)是指企业的产品在市场上所占的份额,形成了对市场的控制力。这种控制力既能给企业增加利润,又能保持一定的竞争优势。企业并购可以提高企业的市场控制权利,实现市场势力效应。

(一)横向并购

横向并购对市场势力的影响主要是通过行业集中来进行的。横向并购的明显效果是实现规模经济和提高行业集中度。

横向并购通过改变行业结构,使并购后企业增强了对市场的控制力,但也容易形成垄断,因此一直是各国反垄断法监管的重点。

(二)纵向并购

企业通过纵向并购可以加强对原料、销售渠道及客户的控制,相应地降低对供应商和买主的依赖程度,提高讨价还价能力,迫使供应商降低价格来同其他供应商进行竞争,还可迫使买主接受较高价格来同其他买主进行竞争,提高企业对市场的控制力。

纵向并购往往导致连锁反应。一个控制了大量关键原料或销售渠道的企业,可以通过对原料和销售渠道的控制,有力控制竞争对手的活动。因此,即使纵向一体化不存在明显的经济效益,为防止被竞争对手所控制,当一家企业率先实行纵向并购时,其余企业出于防卫目的,也必须考虑实行纵向一体化。

(三)混合并购

混合并购大多以隐藏的方式增大市场势力。一种是企业通过混合并购进入的、往往是与并购方原有产品相关的经营领域。在这些领域中,他们使用与主要产品一致的原料、技术管理手段或销售渠道,通过混合并购使收购方企业对原有供应商和销售渠道的控制加强了,从而提高了他们对主要产品市场的控制。另一种是更为隐藏的方式。企业通过混合并购增加了绝对规模,使企业拥有相对充足的财力,同原市场的竞争者进行价格战,采用低于成本的定价模式迫使竞争者退出这一领域,达到独占某一领域的目的。由于混合并购企业涉及很多领域,从而对其他相关领域中的企业形成了强大的竞争威胁。

以上三种形式的并购都可以增加企业的市场势力,但比较而言,横向并购的效果最为明显,纵向并购次之,而混合并购则主要是间接的效应。

[案例2—5] 万豪收购喜达屋的市场势力效应

万豪国际集团(Marriot International)是全球首屈一指的酒店管理公司,旗下拥有4 100家酒店、19个酒店品牌。万豪国际集团在纽约证券交易所上市。喜达屋集团(Starwood Hotels & Resorts)是全球最大的饭店及娱乐休闲集团之一,以其饭店的高档豪华著称。同时它拥有一项行业领先且备受赞誉的客户忠诚计划—SPG(喜达屋优先顾客)俱乐部,会员可获得积分并将其兑换成客房住宿和航班等,且无日期限制。喜达屋也是纽约交易所上市公司。并购之前,喜达屋的业绩下滑超预期,股东希望通过出售增加收益。

万豪长期运作于美国本土市场,海外业务拓展速度不及竞争对手。到2015年,海外客房占比仅达到26%。在收购喜达屋之后,万豪可以直接收获喜达屋北美地区以外的675家酒店,大幅提升其在海外尤其是亚太地区的市场份额,并进一步强化自己的客户忠诚计划和分销网络,提高总收入。

2016年9月,喜达屋股东以每股21美元现金、再加0.8股万豪国际普通股的对价,被万豪收购下市。现在的万豪国际集团,成为全球酒店业第一个客房数量突破百万的巨无霸,规模将远超排在第二位的希尔顿酒店。当酒店的规模达到100万间客房以上后,万豪能够摆脱类似携程、Expedia之类的在线旅行社(OTA)[①]的挤压,由此可每年节省两亿美元运营成本,建立起强大的竞争壁垒和市场规模优势。

---

① 即online travel agency的简称,中文即线上旅行社。

五、企业发展战略动机效应

所谓发展战略动机,是指企业一方面不断开发新产品适应产品生命周期,另一方面制定长远的发展战略,有意识地通过企业并购的方式进行产品和行业的转移。因此也可以称为战略并购。

例如,在 1989 年底发生的震惊美国的日本索尼公司并购美国最大电影制片厂哥伦比亚影片公司的案例。索尼公司的战略很清楚,它要借哥伦比亚公司雄厚的制片能力和胶片库存来占领高清晰度彩色电视和录像机市场。索尼公司曾由于"软片"的不足,致使其首创的录像机在竞争中被淘汰,被迫退出这一重要市场。因此索尼在美国的一系列并购活动是为占领 21 世纪的视听器材市场做准备。从财务角度而言,这种为战略目的进行的并购往往使企业的短期整体盈利水平下降。近年来企业出于战略动机进行的并购活动越来越多,表现在以下几个方面[①]:

(1)企业通过并购有效占领市场。随着国际贸易的发展,贸易保护主义有所抬头,在这种情况下,并购就成了占领或反占领某一地区市场的有力武器。如德国西门子公司为了阻止日本进入西欧的计算机市场,不惜花巨资并购了一系列的西欧计算机软件和硬件公司,以防被日本企业收购。

(2)企业通过并购能够实现经验共享和互补。其经验不仅包括经验曲线效应,也包括企业在技术、市场、专利、产品、管理等方面的特长和优秀的企业文化。企业通过并购可以在以上方面实现利益共享或取长补短,实现互补效应。

(3)企业通过并购能获得科学技术的竞争优势。企业在成本、质量上的竞争往往是科学技术上的竞争,企业通过并购行为获得先进的生产技术和产品技术优势,实现跨越式发展。

本章小结

并购理论产生于并购实践,反过来又推动并购实践的发展。企业并购的动因是一个多因素的综合平衡过程。在西方历史悠久的公司并购史中,学者从不同层面对公司并购活动进行了分析和探讨,提出了许多假说。效率理论认为,企业并购活动能够给社会利益带来一个增量,能够提高并购双方的效率。信息讯号传递理论认为,目标公司股价被低估的信息是作为要约收购的结果而产生的。自由现金流量假说源于代理成本问题,管理者和股东之间在自由现金流支出方面存在的冲突,进而导致管理层的代理成本是并购活动的主要原因。市场势力理论认为,企业并购行为的主要

---

① 同本节第三点的企业扩张效应相似。但企业扩张效应主要是横向并购,而企业发展战略动机效应主要是混合并购和纵向并购。

动因在于借助并购可以减少竞争对手从而增强企业对市场的控制力,提高市场占有率并保持长期获利机会。税收制度有时也会鼓励企业间的并购。

企业并购后,主要有以下五方面效应影响:经营协同效应,指通过企业并购使企业的整体效率提高所产生的效应;财务协同效应,指在企业财务上取得的一些利益;企业扩张效应,指通过并购来实现企业快速扩张;市场份额效应,指企业借并购扩大产品在市场上所占份额,增强企业对市场的控制力;企业发展战略动机,指企业制定长远的发展战略,有意识通过并购的方式进行企业发展重心的转移。

基本概念

效率差异化	无效率管理	协同效应
Q 理论	内部化理论	信息讯号传递理论
代理理论	自负假说	自由现金流量假说
市场势力理论	经营协同效应	规模经济
范围经济	经验曲线效应	财务协同效应
市场份额效应	企业发展战略动机	

复习题

1. 简要说明在并购动因理论中的各种效率理论。
2. 举例说明企业并购中的财务协同效应与经营协同效应。
3. 从行为公司金融理论出发,对西方学者提出的管理层并购的自负假说作一评论。
4. 比较一下企业并购中的企业扩张效应与企业发展战略动机效应的区别与联系。
5. 结合历史和现实,谈谈当前我国企业并购的动因与效应。

实践性问题

熊猫金控(沪市代码600599)公司前身为2001年在上海证券交易所上市的浏阳花炮,后曾更名为熊猫烟花。2008年北京奥运会开幕式上的"大脚印"、2010年上海世博会上的"火树银花"等特型烟花演出,留给世人无数美好回忆。2014年,该公司正式开始产业转型。通过并购的方式,将互联网金融、文化传媒等转变为公司的主要业务和盈利来源。2015年4月20日,公司公告称,通过现金方式收购P2P平台"你我贷"51%的股权,同时正式更名为"熊猫金控"。2015年起,互联网金融业务的营收和利润就远远超过了传统的烟花产品,并占据了72%的利润。2016、2017年,互联网金融对上市公司利润的贡献度更是高达90%。从2017年开始,公司业绩大幅下滑。

2018年,熊猫金控相继剥离了P2P、小贷等互金业务。但公司面临着巨额兑付和主业剥离后产业空洞化困局。2018年11月12日,熊猫金控再次公告称,公司拟溢价4.4倍以11.55亿元的交易对价购买新三板公司欧贝黎55%股权,谋求转型新能源。此时,距离熊猫金控上一次转型互联网金融仅仅时隔四年。

请结合案例分析:通过并购实现战略转型,能够实现成功吗?

第三章　公司收购的程序和中介机构

第一节　公司收购的一般程序

一、一般公司的收购程序

一般公司的收购程序主要分为准备、实施、整合三个阶段。

（一）准备阶段

收购前的准备阶段是整个收购工作的起点,是并购双方谈判的基础。收购前的准备主要包括详细的市场调查、客观实际的行业分析、全面周详的专项报告等。

1. 选择收购时机

并购的宏观研究判断最重要的是对产业的研究和判断。产业研究判断的精髓在于:在适当的时候进入一个适当的行业。美国著名的管理咨询公司波士顿咨询公司提出的增长占有率矩阵模型,可以用于参考制定收购战略,见表3-1和图3-1。

表3-1　　　　　　　企业战略类型及主要实施方式

整体战略	战略细分	实施方式
稳定发展战略(金牛业务)	企业以基本的产品或服务满足顾客的要求	维持发展
扩张战略 问题业务:扩大市场规模,提高市场占有率 明星业务:提高效率,降低资金投入 金牛业务:多元化发展	一体化战略: 　纵向一体化 　横向一体化 多元化战略: 　同心多元化 　混合多元化	兼并收购
放弃战略(瘦狗业务)	调整、放弃弱势业务	减资、剥离、分立、整体出售、破产、清算

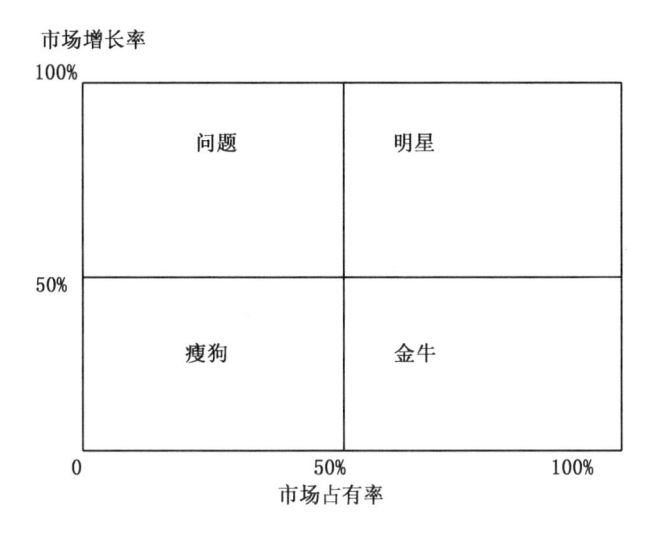

图 3-1　增长占有率矩阵模型

专栏 3-1　波士顿咨询公司的增长—占有率矩阵

波士顿咨询公司的增长—占有率矩阵分为四部分,每一部分代表一种产品或业务。当市场占有率和市场增长率都较低时,这种产品或业务称为"瘦狗",一般来说,这种产品只能产生少量的现金,处在成熟或饱和衰退期。当产品具有较高的市场占有率和低的增长率时,这种产品称为"金牛",一般能够为公司带来大量现金而不需要大量的固定资产和运营资本投入。当产品具有高市场增长率而低市场占有率时,称为"问题"类产品,一般公司必须大量投资以便提高公司的市场占有率,这种产品可能正处于生命周期的开始阶段。当产品具有较高的市场增长率和较高的市场占有率时,称为"明星"产品。公司应该通过并购实现向金牛、明星业务的发展。

---

2. 聘请中介机构

企业并购的复杂性和专业性,使中介机构成为其中不可缺少的角色,尤其是投资银行的积极参与,为并购提供了高质量的专业服务。除投资银行外,并购的中介机构还包括专业并购咨询公司、会计师事务所、律师事务所等。选择中介机构的原因是:中介机构可以向企业提供潜在的收购对象;参与与目标公司的谈判;帮助企业拟定收购方案;指导和协助办理股权转让手续;在并购过程中提供相关咨询等。

3. 目标公司调查

收购方在根据发展战略和中介机构的意见初步确定目标公司后,可以组织由企业管理人员、财务顾问、律师、会计师等组成的审评队伍，对选定的目标公司作进一步细致的审查和评价。这个过程称为尽职调查（due diligence）。尽职调查的目的是发现和分析可能影响收购成功的所有问题，尽职调查的结果对评价目标公司的价值和兼并的可行性非常重要。尽职调查的主要内容有：

(1) 目标公司基本情况

目标公司基本情况包括：①公司的名称、法定地址、公司章程、经营范围、上市时间、历史沿革、股权结构、信用等级、主要股东及董事、出售目的以及所在产业的最新发展变化趋势等；②主要的生产线及使用情况、主要产品、产品定价、营销组织、竞争对手、广告费用、公共关系等主营业务及营销情况；③主要项目、研究开发计划与预算、开发能力、拥有专利等研究开发情况。

(2) 产业战略分析

产业战略分析主要是为了解目标公司运营的市场特征和趋势，把握目标公司在市场上的地位、市场的发展趋势，以及目标公司未来在市场上的地位。产业战略分析的内容主要包括产业结构、产业增长、同行业竞争对手及有关情况、主要客户及供应商、劳动力及有关情况、政府管制制度、专利、商标及版权等。

(3) 财务资料分析

财务会计资料分析包括对财务报表、资产、负债、或有负债、股东权益、会计政策、财务预算及执行结果、通货膨胀或紧缩对公司经营和财务状况的影响、财务比率等方面的分析。收购公司通过进一步的财务资料分析，了解目标公司在过去的财务运营情况，并且和行业基准比较，以便评价公司在未来改变业绩的前景。

(4) 法律调查

法律调查的关键领域包括公司的资格、反垄断、员工、保险和环境问题等。

①对目标公司法律调查的主要内容是：目标公司的主体资格、资质证书及相关并购交易的批准和授权；目标公司章程是否对并购存在一些特别规定；目标公司的各项财产权利是否完整无瑕疵，如土地使用权、房产权、商标权利、专利等；目标公司的合同、债务文件的审查，是否存在限制性条款，特别是当目标公司控制权改变后合同是否依然有效；公司资产抵押、担保情况等；目标公司正在进行的诉讼等。

②反垄断问题可能对公司收购有非常显著影响，任何存在的和被公开宣称的并由第三方（如行业协会）和政府基于反垄断考虑而提出的质疑，都将可能严重影响未来交易的可行性。收购公司应该慎重评价收购可能导致的反垄断风险。

[案例3—1] 根据《反垄断法》对并购的法律调查

2008年9月3日，我国香港上市H股公司汇源果汁发布公告称，可口可乐公司全资附属公司大西洋实业（Atlantic Industries）以约179.2亿港元收购汇源果汁集团股份有限公司全部已发行股份及全部未行使可换股债券。可口可乐提出的每股现金作价为12.2港元,较汇源停牌前收盘价4.14港元溢价1.95倍。如果此次交易完成,汇源果汁将成为大西洋实业的全资附属公司,并将撤销汇源股份的上市地位。可口可乐是全球最大软饮料制造商,拥有中国软饮料市场15.5%的份额,是百事可乐的两倍。"汇源果汁"为中国最大的果蔬汁生产商。2008年第一季度汇源占我国高浓度果汁市场56.1%的份额。2008年9月19日,可口可乐称已将申请材料递交商务部。2008年11月19日,可口可乐补齐材料,商务部正式进入反垄断调查程序。

外资企业并购香港上市的内地企业,满足以下两个条件之一即达到申请商务部反垄断审查的标准:双方上一年在全球范围内的营业额合计超过100亿元人民币,并且双方当年在中国境内的营业额均超过4亿元人民币或者双方上一年在中国境内的营业额合计超过20亿元人民币,并且双方当年在中国境内的营业额均超过4亿元人民币。可口可乐对汇源果汁的收购行为,已经远远超过了上述规定所要求的标准。反垄断审查分为两个阶段,第一阶段审查在30日之内。如果在完成第一阶段审查以后,商务部认为该并购案影响市场竞争的可能性比较大,就会进入第二阶段审查,为期90天,必要时可再延长60天。2009年1月6日,反垄断审查进入第二阶段,说明商务部认为该案件影响市场竞争的可能性较大。2009年3月18日,商务部正式宣布,根据《反垄断法》禁止可口可乐收购汇源。

可口可乐并购汇源案是我国自2008年8月《反垄断法》正式实施之后首个根据该法律被否决的并购案例。

③保险政策及环境因素。有经验的风险管理人员和法律人员,应该确定目标公司保险覆盖的范围,以防未保险的风险使目标公司破产。环境方面的因素是指揭示目标公司营业中的环境保护和应该履行的义务。

(5)目标公司的组织、人力资源和劳资关系

组织、人力资源和劳资关系具体包括:组织系统图、组织结构及其与公司业务发展是否一致;管理团队对并购的态度、是否会留在公司;劳动合同和劳资关系,养老、医疗等社会保险金的缴纳等。

专栏3-2 并购中的一份尽职调查提纲

一、企业基本情况、发展历史及结构

主要包括:法定注册登记情况、股权结构、下属公司、重大的收购及出售资产事件、经营范围等。

二、企业人力资源

主要包括:管理架构(部门及人员)、董事及高级管理人员的简历、薪酬及奖励安排、员工的工资及整体薪酬结构、员工招聘及培训情况、退休金安排等。

三、市场营销及客户资源

主要包括:产品及服务、重要商业合同、市场结构、销售渠道、销售条款、销售流程、定价政策、信用额度管理、市场推广及销售策略、促销活动、售后服务、客户构成及忠诚度等。

四、企业资源及生产流程管理

主要包括:生产设备及使用效率、研究及开发、采购策略、采购渠道、供应商、重大商业合同等。

五、经营业绩

主要包括:会计政策、历年审计意见、过去三年的经营业绩、营业额及毛利详尽分析、经营及管理费用分析、非经常项目及异常项目分析、各分支机构对整体业绩的贡献水平分析等。

六、公司主营业务的行业分析

主要包括:行业现状及发展前景、中国特殊的经营环境和经营风险分析、公司在该行业中的地位及影响。

七、公司财务情况

主要包括:过去三年的资产负债表分析、资产投保情况分析、外币资产及负债、历年财务报表的审计师及审计意见、过去三年的财务预算及执行情况、固定资产、或有项目、无形资产(专利、商标、其他知识产权)等。

八、利润预测

主要包括:未来两年的利润预测、预测的假设前提、预测的数据基础、本年预算的执行情况等。

九、现金流量预测

主要包括:资金信贷额度、贷款需要、借款条款。

十、公司债权和债务

主要包括:(1)债权基本情况明细、债权有无担保及担保情况、债权期限、债权是否提起诉讼。(2)债务基本情况明细、有无担保及担保情况、抵押及质押情况、期限、债务是否提起诉讼。

十一、公司的不动产、重要动产及无形资产

主要包括:土地权属、房产权属、车辆清单、专利权及专有技术以上资产抵押担保情况等。

> 十二、公司涉诉事件
> 主要包括:作为原告诉讼事件、作为被告诉讼事件等。
> 十三、其他有关附注
> 主要包括:公司股东、董事及主要管理者是否有违规情况、公司有无重大违法经营情况、上级部门对公司重大影响事宜等。
> 十四、企业经营面临主要问题
> 主要包括:困难或积极因素、应对措施等。

4. 制定初步收购方案

通过对目标公司的审查和评价,在中介机构的指导和参与下,收购方就可以根据自身的优势和特点,针对目标公司的实际情况拟定初步收购方案。初步收购方案主要包括以下内容:(1)收购方的基本经营情况和收购战略。(2)目标公司的基本情况。(3)收购方式、收购价格、支付方式及时间。(4)收购后对目标公司的整合计划。(5)公司管理架构的调整及员工的安排。(6)目标公司未来的发展战略规划及前景分析。

(二)实施阶段

初步收购方案拟定之后,并购就可以进入实质性的实施阶段。实施阶段是公司并购程序中的核心阶段,是并购能否成功的关键所在。

1. 与目标公司谈判

准备工作完毕后,并购双方就要走到一起进行谈判。谈判是并购中一个非常重要并且需要高度技巧的环节。通过谈判主要来确定交易的方式、支付方式和金额,并明确买方能够提供的特许条款和税收抵免的范围。实际工作中,如果收购方和目标公司就股权转让的基本条件和原则达成一致意见,即可签订收购意向协议书,将目标公司锁住,防止其寻找其他买家。

收购意向书通常只能表明并购双方的合作意向,而没有法律约束力,但可以表达双方的诚意,并在以后的谈判中相互信任,以节约时间和金钱。并购意向书一般包括以下几方面内容:(1)确定并购双方就出售和购买并购企业资产或股权事宜达成合作意向。(2)商定有关买卖的形式和价格以及买卖价格的计算方法。(3)确定今后的日程安排。(4)目标公司的主要管理层和职工在企业被收购后的处置安排。(5)详细调查的范围、日程和顺序。(6)约定在一定期间内不与其他企业进行并购的交涉和洽谈。(7)确定该意向书无法律约束力。(8)约定只能通过股东会、董事会或类似机构的决议方能批准并购条件和合同的详细条款。(9)约定保守双方情报资料的秘密,以及合同不成立时互相返还情报资料。(10)约定意向书的有效期限和该期限内双方应为签订最后的正式并购合同而努力。

2. 确定收购价格、支付方式

收购意向书签订之后,收购方就可以聘请中介机构对目标公司的财务报表进行审计,也可以利用以前注册会计师已出具的审计报告及相关资料,并在此基础上对目标公司的全部资产进行评估,以审计结果和评估报告作为收购价格定价的基本依据。定价策略包括三个问题:(1)确定目标企业可以接受的最高价格;(2)确定目标企业可以接受的最低价格;(3)如何通过双方的讨价还价,在两个价格之间达到均衡。最终成交价格还要通过投资银行帮助企业通过谈判来决定。在实践中,影响价格的因素还有企业核心竞争力、市场占有率、企业并购后增加的现金流、企业并购后对自身原有股权回报率的影响、并购的支付工具等。

收购价款的支付方通常有现金支付、股权支付、债权支付、混合支付等。股权支付一般采取收购方增发新股,以新发行的股票交换目标公司股票的方法。债权支付指收购方用自己拥有的对目标公司的债权作为交易的价款,实质上是卖方以股权抵债,能够把收购与清理债务有机结合起来。

3. 签订转让协议

当并购双方在中介机构的协助下,就收购价格、支付方式、生效的条件和时间、双方的权利和义务、风险控制、违约责任等完全达成一致意见后,就可以签订并购转让协议。收购协议的内容一般包括:

(1)收购的主要条款或条件

①收购方与出让方的名称;②转让标的;③拟转让资产或股权的数量;④收购价款;⑤价款支付方式与时间;⑥股权交割方式与时间;⑦双方的义务;⑧违约责任;⑨争议的解决对策。

此外,签订转让协议时,还要注意明确以下几个问题:交易完成的条件、中止交易的条件、限制条款、索赔条款及承诺保障条款。

(2)收购完成后章程等有关事项的变更

收购的条款只是在收购过程中发挥作用,收购完成后的一些规定或有关章程的变更,也应事先约定。例如公司名称的重新确定、公司董事会成员的变更、公司管理人员的更换、产品名称的保留和更替等。比如,美的和库卡并购案例中,针对德国政府对于企业机密技术外流的担心,双方在2016年6月签订的《投资协议》内容共5条,强调尊重库卡品牌和知识产权,并购不涉及技术转让,双方订立了隔离防范协议,对库卡集团的商业机密和客户数据保密,以维持库卡与其客户、供应商的稳定关系等。

4. 报批和信息披露

在我国企业并购中,股权转让涉及国有股(国家股和国有法人股),要由目标公司向国有资产管理部门和省级人民政府提出转让股份申请,获批后再向国资委提交报告,获批准后,双方根据批复文件的要求,对协议相关条款进行修改,正式签订股权转让协议。此外涉及相关产业还要经过具体部门如商务部等的批准。

5. 办理股权交割手续等相关法律手续[①]

(1)收购方履行付款义务后,协议双方可派授权代表到证券登记结算机构办理转让股权的交割手续。办理股权交割手续须提交的文件包括:股权转让协议、相关部门的批复文件、协议双方同意办理股权交割手续的授权委托书、股权出让方出具的股权转让金收款凭证和到账银行的凭单、协议双方的营业执照及法定代表证明文件。

(2)到相关部门登记备案。如合并后公司名称发生变化,新名称要重新注册和公司法人在工商、税务部门进行变更登记备案。

(3)按约定条款进行注资或偿债。根据双方的协议和并购文件,需要注资的公司应立即将资金划转到位,或者需要偿债的公司应立即与债权人取得联系,偿还应有的债务。

股权交割及相关法律手续完成后,公司收购的法定程序即告结束。

(三)整合阶段

并购完成之后,进入整合阶段(integration)。收购方向目标公司的全体高级管理人员解释并购后的发展计划,界定各自的职权范围。收购方的会计人员还要解释收购方对财务报告的要求等。完成这些程序之后,就可以开始按事先确定的目标进行整合,从公司资产、组织结构、企业文化、管理体制到业务流程、销售网络等各个方面进行一体化整合。美国学者拉杰克斯(Lajoux)对世界上15位并购专家和研究机构对并购失败原因的研究结果进行归纳分析,得出如下结论:在并购失败的已知原因中,整合不利占50%,估价不当占27.78%,战略失误占16.66%,其他原因占5.56%,[②]由此可见,整合在整个收购过程中处于举足轻重的地位。

整合阶段的主要工作包括:

1. 进驻目标公司

收购方提议召开临时股东大会,根据目标公司股权变动情况,修订公司章程,明确收购方的控股地位,对目标公司董事会、监事会进行改组,成立新的董事会、监事会,任命新的总经理等高管人员,为整合工作的全面开展奠定组织基础。新的管理层成立后应尽快走出过渡期,带领整个公司走向新的发展道路。

2. 经营整合

[①] 这里是以股权协议转让为例,对于市场上的要约收购、直接购买等并不涉及转让协议等。

[②] [美]亚历山德拉·里德·拉杰克斯. 丁慧平,孙先锦 译. 并购的艺术:整合[M]. 中国财政经济出版社,2001.

经营整合是公司并购后整合的最重要环节,主要内容包括在稳定客户、供应商关系的基础上,调整公司的经营政策和重新确定公司的经营重点,将目标公司的发展轨迹纳入整体经营战略,取得 1+1>2 的整合效果。并购后需要对生产要素进行有机整合,对于不需要的资产应及时变现或转让,而一些尚可使用但需改造的资产或流水线应尽快改造。通过整合使并购以后的生产要素发挥出最大的效应,最终实现盘活资产存量、提升公司市场竞争力的目的。由此可见,对于那些资产不相关、产业关联度小、跨行业的公司并购,要特别注重资产整合的效用问题。

[案例 3—2] 经营整合是企业并购成功之道

虽然我国企业并购历史上的德隆系最后因为资金链断裂而坍塌,但是它在产业整合、资产重组方面的经验是十分值得借鉴的。1993 年德隆参与新疆屯河改制,并最后将屯河于 1996 年上市。此前屯河是一个单一的水泥行业企业,德隆介入以后,经过产业整合退出了水泥行业,进行了新兴农业——番茄产业(所谓红色产业),企业的产业战略得到提升。德隆当时重组的企业几乎全是国有企业,通过完全买断、重组、合作、国有股保留等各种各样的形式,在集团企业之间形成联盟关系,以达到协同效益。整合过程最重要的一点也是最难的一点就是求同存异的过程。德隆的合作伙伴之间不是你死我活的争斗,而是合作竞争关系,合作企业间存在彼此优势的互补性和依存关系。

德隆的主要做法是两方面:一是输出完整的企业发展战略,二是培育提升企业的产业核心竞争能力。产业整合仅仅是开始,而提升价值才是目标。深入行业研究是进行提升价值的基础。德隆的投资理念在于发现和创造产业价值,强调现有资源入手进行延伸。在新疆屯河案例中,德隆进入之前就对食品行业(番茄酱等相关产品)做了大量的研究,发现该产业是个朝阳产业,从而达到以小胜大,对屯河进行了成功的产业整合。

3. 债务整合

债务整合是指通过改变目标公司的资本结构、偿债期限结构等,以达到降低债务资本、减轻偿债压力的目的,以获得财务协同效应。合理的偿债期限结构,可以避免由于现金流量不足不能按时偿还到期债务的风险。调整企业偿债期限结构,具体可通过与债权人沟通、改变债务的偿还期限或扩大长期负债、偿还短期债务等途径,实现降低债务成本、减轻偿债压力。

4. 组织制度整合

组织制度整合是指并购后的双方企业在组织机构和制度上进行必要的调整或重建,以实现企业的组织协同。并购后重建企业的组织指挥系统,以保证企业有健全的制度和合理的组织结构,从而实现重组双方最佳的协同效应,降低内耗,提高运作效率。调整企业组织结构一般包括：(1)企业内部各职能部门及职权的增减和分配；(2)各个部门之间的横向联系、纵向沟通等所涉及的调整；(3)基层各生产经营单位的调整等。

5. 人力资源整合

现代企业的竞争很大程度上是人才的竞争，因此人事整合通常是关系并购成败的关键因素。

(1)并购的领导小组。双方企业需要组建一个并购的领导小组。一般由双方企业管理层共同成为并购领导小组成员，并共同担任并购后企业的管理职位。因为并购后，双方管理层很容易产生敌意，这就需要收购企业的高层管理者具备有韧性的和启发式的领导艺术。如果对并购后企业新管理层的处理过于草率，缺乏权威，结果必然是部门之间矛盾重重。

(2)稳定人力资源政策。并购后目标企业常常出现人才流失现象，因此，留住人才、稳定人才、整合人才以减少人员震荡，就成为人力资源整合管理的首要问题。收购方企业要明确对人才的态度，同时还应采取实质性的激励措施。

(3)加强沟通。并购后双方的员工都会有一些顾虑，此时，沟通便成为解决员工思想问题、提高士气的重要方式。

[案例3—3] 人力资源和组织整合的重要性

2005年联想并购IBM PC业务之后，并购整合随后开始。首先，联想人力资源部门详尽地学习了IBM公司的整套人力资源管理体系，发现IBM做得很好，有很多值得借鉴的地方。新联想继承并改进了IBM的岗位序列及薪酬管理体系之后，才在真正意义上有了一套行之有效的人力资源岗位和专业序列管理方法。

之后联想进入实质性的全球组织整合阶段。第一，将全球的产品业务和营销部门包括资源投入决策、产品开发和损益管理等职责，整合为一个新的全球产品集团，由美国高管Fran O'Sullivan领导，这个组织负责开发和经营所有联想品牌产品，包括并购过来的Think品牌产品。第二，将供应链的各个环节整合起来——从采购到产品交付组成新的全球供应链组织，由中国的高管刘军负责。第三，构建新的区域组织结构，在原有的3个大区基础上增加到5个大区包括美洲区、欧洲及远东、亚太地区、印度区和中国区。特别重要的是在中国将原IBM的Think业务和原联想业务的运营完全整合起来，只有中国区是中国人领导，其他4个区域完全由外国人领导。

联想并购IBM PC业务之后，第一次整合后的全新组织架构基本延续了IBM组织架构的设计特色。

6. 文化整合

企业文化是一个以核心价值观为主的由七个因素构成的生态体系，这七个因素是核心价值观、战略、结构、制度、技能、人员和作风。企业文化整合从广义上讲就是企业生态系统的再造,其中战略、结构、制度、作风的整合事关全局。

企业文化整合是影响公司并购战略与长期经营业绩的关键要素,也被看作影响并购成功的最终标志。无论是跨国并购还是国内并购都会面临文化的障碍。文化是企业的长期积累和沉淀,不可能在短期内有较大的改变,但通过加强交流和沟通,能够建立相互的尊重和理解,促进相互适应。

[案例3-4] 并购整合的失败案例——上汽集团跨国收购韩国双龙汽车

2005年1月27日,上汽向双龙汽车的债权团支付了5 900亿韩元,获得双龙汽车48.9%的股份,成为双龙汽车最大股东。次年通过证券市场交易增持双龙股份至51.3%。作为我国第一家走出国门进行汽车业并购的企业,上海汽车与拥有五十多年历史的韩国双龙一起迈进了一个新时代。

但自上汽收购双龙以来,上汽作为大股东和双龙工会在劳资问题上一直矛盾不断。韩国企业的薪酬模式和员工雇佣模式不同于中国企业,而上汽集团显然没有意识到这一点。上汽在人工成本方面所做出的种种努力安排始终无法得到工会的认可。工会的反对浪潮一直没有平息,仅2005~2006一年半的时间里,就经历了3次双龙工会罢工。在双方商业文化尚未获得有效融合而且上汽没有实际掌握企业管理权的时候,上汽撤换了双龙的高层管理人员,无疑加剧了中韩双方的矛盾与纠纷。

另外,跨国经营包含巨大法律风险,法律明确了现代国际商业活动的游戏规则,而知识产权法更具地域性特征。上汽对韩国的知识产权法律制度和产业政策并非十分熟悉,导致并购后饱受质疑,陷于被动。2009年2月6日,韩国法院宣布双龙进入破产重组程序,这意味着双龙的大股东上汽失去了对双龙的控制权。2011年,双龙汽车被印度马恒达公司收购。

总之,对于汽车行业来说,文化、工会势力、法律保护等是整合过程中面对的最大挑战。同样是汽车行业并购,戴姆勒—克莱斯勒的九年联姻最终失败,主要原因之一也是美国的牛仔文化和德国的贵族文化难以融合。

二、上市公司并购程序

上市公司并购是指投资者依据法定程序,公开收购股份有限公司已经依法公开发行的股份,以达到对该公司控股的目的。

(一)前期准备阶段

1. 形成收购决策

经过前期调查后,收购方形成初步的收购意见,经董事会通过形成收购决议。

(1)收购目标的选择确定

收集目标公司的有关信息资料,包括招股说明书、上市公告书、年度报告、中期报告、重大事件临时公告以及各媒体的报道与评论等;研究分析目标公司的股本结构与主要股东构成情况,确定实施并购的可能性;研究分析目标公司的财务状况,了解其资产质量,估算公司实际价值与并购成本;研究分析目标公司的产业结构、收益构成与经营业绩,估计并购后实施资产整合与重组的可能性与难度;分析目标公司的市场定位与市场表现,结合二级市场的整体趋势,探讨目标公司二级市场维护与运作的可能性;与目标公司股东接触,了解其出让股权的意向与目的,判断在实施并购过程中股权出让方的配合诚意;收购方财务顾问向并购方提供关于目标公司的并购可行性建议报告。

(2)寻求政府部门的支持和建议

根据并购的报批程序,了解出让方的主管部门、当地证券管理部门、国有资产管理部门以及当地政府审批股权转让事宜的倾向和意见,并寻求有关方面的支持。当并购可能会涉及反垄断方面问题时,收购方要积极与政府相关部门沟通并争取其对并购的指导。

2. 制定详细的收购策划

(1)聘请收购专家或投资银行参与策划。投资银行、并购专家的积极参与,有助于冷静和审慎考虑并购时机和目标公司,并注重制定关于应对目标公司反收购的措施,处理可能随之产生的法律事务和行政事务。

(2)制订详细的资金筹措计划。公司要制定一项详细的资金筹措计划,以应付并购的每一步骤和环节,确保资金来源。

3. 注意保密和安全

在收购开价宣布之前,要明确知情人范围,划定相关人员的保密责任,签订保密合同,明确各自的责任和义务,尽量将由于泄密而造成的可能损失减少到最低程度。

(二)收购实施阶段

上市公司的收购实施阶段一般是:发动初期,秘密购买少量目标公司的股票;中期突然宣布收购意向;后期双方激烈的收购与反收购争斗(此处指敌意收购)。

1. 获得一定份额的股票

在并购目标公司之前,收购方一般会预先购买小部分股票作为下一步整体报价的跳板。预先收购这小部分股票在西方并购实践中称为试收购(toehold)。[①] 通常试收购可通过第三者选择最佳时机在证券市场上谨慎吸纳目标公司的股票,要尽量分散购

[①] 收购者的试收购行为有多种考虑因素,如希望降低将来的收购成本,或是使自己在将来的谈判中处于较为有利的地位、能够作为股东参与目标公司股东大会并获取有关资料,或者仅仅是希望通过将股票出售给其他的竞购者而获利。

买以免引起目标公司的注意而启动反收购计划。不同国家的法规对这种收购都有限制,比如英国的有关法律规定,在 7 天内收购小部分股份的最高数额为 10%,而我国《证券法》规定投资者预计持有、控制一个上市公司已发行股份超过 5%,应当及时履行信息披露义务,提交持股变动报告书。

2. 明确收购意向

(1)收购方发布公告

在收购方得到一定量的股份后,可以确定比较有利的报价时间。收购方在确定好出价时间,就向目标公司所有股东和社会公众明确其收购意向。当此项收购为善意收购时,收购方会得到目标公司董事会的支持,收购成功机会将大大提高;当为敌意收购时,目标公司也会发布通告,宣布对进攻方的质疑和可能采取的反收购措施如实施金降落伞计划、毒丸计划等。

(2)继续收购实现控股

宣布收购意向只是启动收购程序后的一个必经阶段,实现对目标公司的控制权才是收购的目的。善意收购中,因为有目标公司的积极配合,收购会十分顺利,可以达到双赢的目标;敌意收购要想实现收购目标,需要不懈的努力和机智的策略等。

3. 双方公布相关资料

在此过程中,收购方要说明收购成功对目标公司股东的好处,而在敌意收购中,目标公司致力于反收购,也需说明敌意收购可能对企业带来的损害。

(1)收购方说明收购意图及目标公司的前景

在收购过程中,收购方处于主动地位且具有明确的目的性,当收购目标公司的股份达到一定的比例时,收购方就要主动发布相关资料,说明收购意图,同时指出对目标公司未来发展的规划,便于目标公司的股东根据市场形势的变化做出自己的选择。

(2)敌意收购中目标公司反收购理由及措施

目标公司的董事会、经理层等如果选择不合作态度,自然会采取积极有效的应对措施,及时组织人力和物力做好反收购准备,选择适当的时机宣布反收购理由,还有必要将其应对措施及方案告诉本公司股东。

(三)要约收购实施阶段

要约收购是指当收购者在持有目标公司股份达到法定比例,继续进行收购,依法向目标公司所有股东发出全面或部分收购要约方式进行的收购。要约收购过程一般包括要约条件的确定、要约的文本提交、要约公告发布等。

第二节　中介机构在公司并购中的作用

中介机构作为并购活动的策划者和直接参与者,在并购过程中起着不可或缺的作用。本节分别就投资银行、会计师事务所、律师事务所、投资顾问公司作简单介绍。

一、投资银行

(一)投资银行的定义及业务范围

一般来说,投资银行业务由广到窄,可以有四个定义:第一,投资银行业务包括所有的金融市场业务;第二,投资银行业务包括所有资本市场的业务;第三,投资银行业务只限于证券承销、交易业务和兼并收购业务;第四,投资银行业务仅限于证券承销和交易业务。目前被普遍接受的是第二个定义。但这个定义是动态的,正如著名的投资银行家罗伯特·库恩(Robert Kuhn)所言:"投资银行业务是一个有机过程——经常在变化、发展、进化,任何书籍都无法精确而详尽。"

现代投资银行的业务范围主要有:(1)证券发行承销,指在一级市场上以承销商的身份依照协议包销或代销发行人的股票、债券等有价证券。(2)证券经纪交易,是指投资银行在二级市场上扮演着市商、经纪商和交易商的三重角色,创造一个流动性极强的二级市场,并维持市场价格的稳定。(3)企业并购,是指在并购市场上作为财务顾问,为参与并购的双方提供服务。(4)项目融资,是指利用有关各方的关系,在项目融资中作为中介人,进行项目评估、融资方案设计、有关法律文件起草、有关的信用评级等工作。(5)资产管理,是指利用自己的理财经验和专业知识,接受客户的委托,代客户理财或管理资产。(6)风险投资和私募股权,是指担任基金管理人,对新兴公司在创业期和拓展期或者对成熟企业进行杠杆收购。

(二)投资银行在并购中的作用

投资银行在公司并购中的作用体现在两方面:一是在公司并购中扮演产权投资者的角色;二是在公司并购中扮演财务顾问角色。其中,并购策划和财务顾问才是投资银行的特点。

1. 投资银行作为收购方的财务顾问,其具体职责和作用体现为:

(1)指导和参与收购方经营战略和发展规划的制定,帮助收购方明确收购目的,拟定收购标准。

(2)发现收购机会,寻找一个合适目标。

(3)从收购方的战略和其他方面评估目标公司,给出公允价值的出价建议。

(4)为交易设计适当的融资结构,包括要约价格、支付方法和融资渠道。

(5)研究收购活动对收购方的影响,评估财务及经营等协同效应,分析财务上可能出现的问题及补救措施。

(6)在收购中提供谈判技巧和策略的建议。

(7)做好攻关和舆论宣传工作,游说目标公司的股东、管理层、职工接受收购方案,争取政府部门、监管机构和社会公众的支持。

(8)设计目标公司股东能有效接受的收购方案,帮助收购方理解方案,并向目标公司推荐。

(9)收集来自股票市场上有关机构对收购要约及条件的态度和反馈。

(10)帮助准备各种收购文件、利润预测、股东通知和新闻通讯稿,确保准确无误。

(11)提供收购后对目标公司的整合建议和方案,协助收购方实现收购目标。

2. 投资银行作为被收购方的财务顾问,因收购类型的不同而有所差异。

在善意收购情况下,投资银行的主要作用表现如下:

(1)收集、分析和评估潜在收购方情况,帮助选择最合适的对象,确定可接受的价格范围。

(2)与注册会计师、律师一起帮助被收购人审查、分析收购方提供的收购方案,并提出修改意见。

(3)向被收购方董事会提供专业意见,确保收购价格及条件对被收购方股东是公平的,制定谈判方案并参与谈判,促成双方达成收购协议。

(4)预测、分析各有关当事人包括外部的证券分析人员、机构投资者及信用评估机构等对收购的反应。

(5)监督交易的完成。

在敌意收购情况下,投资银行的主要作用表现如下:

(1)帮助收集收购方的有关资料,发现幕后的收购者,调查、分析和估测其收购目的和可能采取的措施,监视其行动。

(2)协助被收购方董事会对收购要约价格做出评判;分析公司发展的前景,寻找收购条件中不合理之处,协助管理层做好股东的工作,争取股东继续持股。

(3)依据现行法律法规中关于企业并购的有关规定,寻找收购方的法律漏洞及缺陷,运用法律武器实施反收购。

(4)帮助被收购方筹措资金用于反收购,或者帮助寻找其他潜在的友好收购者充当"白衣骑士",参与并购的竞价。

(三)投资银行在并购活动中的收费

1. 按照报酬的形式划分

(1)前端手续费。大型投资银行在接受客户委托订立契约时,通常要求预付一定费用。前端手续费有两种意义,对投资银行来说,可以补偿其机会成本的损失,同时又是委托方对于并购项目抱有坚定意志的证明,因此投资银行才能放心而认真地进行筹划工作。

(2)成功酬金。并购成功后由委托人支付,它是对投资银行的服务支付费用的最普通方式。

2. 按照计费方式划分

(1)固定交易佣金。无论交易金额是多少,投资银行都是按照某个固定比例收取佣金。固定比例一般由投资银行和客户谈判确定,并购交易的金额越大,固定比例越低。

(2)累退比例佣金。即投资银行的佣金随交易额的上升而收费比例下降。累退比例佣金又称雷曼公式(Lehman Formula)。雷曼公式适合于买方支付财务顾问费用时采用;逆雷曼公式适合于卖方付费时采用(见表3—2)。

表3—2　　　　　　　　　　假设的累退比例佣金

购并交易的金额	佣金比例(%)
第一个100万美元	5
第二个100万美元	4
第三个100万美元	3
第四个100万美元	2
超过400万美元部分	1

如果一个并购项目的交易金额是800万美元,则按照雷曼公式计算支付给投资银行的佣金为:

$100×5\%+100×4\%+100×3\%+100×2\%+400×1\%=18$(万美元)

以雷曼公式为基础,投资银行可以与客户协商对交易额等级和佣金比例进行调整,如以每300万美元作为一个等级等。采取雷曼公式类型的收费模式,主要是为了促使财务顾问作为受托方与委托方产生激励相容、目标一致,解决受托方的代理成本问题。

(3)固定比例加奖励金。投资银行与客户事先对并购交易的金额做出估计预测,按此估计交易金额收取固定比例佣金,如果并购的发生金额低于估计额,则给予累进比例佣金作为奖励。对于作为并购方顾问的投资银行来说,成交金额越低,获得佣金比例越高。

专栏 3—3　并购中的公允价值报告

在一项并购中,买卖双方往往都会提供关于并购支付对价也即目标企业价值的"公允价值报告"(Fairness Opinion,FO)。在美国的上市公司并购市场上,在1994~2003的十年里,目标企业在80%的并购交易中公布了至少一份FO,收购企业在37%的并购交易中公布了至少一份FO。在复杂性高、不确定性更大、规模更大、采用股票作为支付对价的并购交易中,以及收购方的董事会人数少、外部董事比例高等情形下,更可能会出现FO。

关于并购中公允价值报告发挥的作用,有两种理论假说:法律保护和提高交易质量。第一种法律保护假说的背景是,在一项损害股东价值的并购发生后,收购方和目标公司股东可以对管理层、董事提出法律诉讼。并购各方通过聘请财务顾问发布公允价值报告,使得董事会/高管层免于事后被股东诉讼的风险,起到法律保护作用。第二种提高交易质量假说,是指财务顾问确实通过尽职调查,提供了支付对价属于公允的判断,有利于交易完成。

学者的研究发现:对于目标方来说,FO的主要作用是提供了法律保护。是否发布FO,对于目标方公司的股价、交易完成等均无显著影响。对于收购方来说,FO的主要作用是提高了交易质量。发布了FO的收购方,平均支付溢价相比无FO的收购低4.3%,并更可能促使交易完成。但资本市场对拥有FO的并购,宣布窗口期的收购方股价异常收益更低(低2.3%)。这说明投资者对于FO仍然持一定的怀疑态度,因为这些FO绝大部分为财务顾问发出,而财务顾问主要是依赖于并购交易完成后收取服务佣金。相比提供并发布FO的少量费用而言,投资银行的财务顾问佣金才是主要的。因此,FO背后存在着可能的利益冲突性。投资银行为了促成交易,而宣布并购对价是公允的。资本市场对于非财务顾问商给出的FO,股票异常收益则没有出现显著降低。另外,声誉更高的投资银行、多个财务顾问商等给出的多份FO,都有助于减少利益冲突。[1]

二、会计师事务所

在资本市场上,会计师事务所是站在社会公开的立场上对有关公司的债务、资产、盈利状况等进行审计,主要职责就是资产评估、财务审计、资信评价、财务顾问咨询和培训等。会计师事务所出具有关的审计报告,对投资者、企业以及整个资本市场产生

---

[1] 请有兴趣的同学进一步阅读:Kisgen, Darren J., Qian, Jun "Qj", and Song, Weihong. Are Fairness Opinions Fair? The Case of Mergers and Acquisitions. *Journal of Financial Economics*[J]. 2009(2):179~207.

重要影响。会计师事务所一般采用合伙制,通过无限责任制或者声誉机制的约束,促使各注册会计师做到真正为投资者、受托人、社会公众的利益进行独立、公正的服务。

若在一个项目中同时需要进行财务审计和资产评估时,每家会计师事务所只能从事其中一项工作,以保证各项工作的独立开展,并通过相互制约来维持工作报告的公正性。会计师事务所在企业并购中的作用如下。

1. 并购初级阶段

在并购的初级阶段,注册会计师应配合投资银行等做好对收购目标公司的尽职调查工作,对目标公司进行财务分析,对目标公司的财务状况如偿债能力、营运能力、盈利能力等做进一步分析,写出分析报告,为初步收购方案的拟订提供依据。

2. 并购过程中

参与并购双方的谈判工作,向收购方提供财务咨询;签订收购意向书后,对目标公司会计报表进行审计,出具审计报告,并对目标公司的财务状况、经营成果和现金流量情况的真实性、合理性和正确性做出评价。对目标公司的全部资产进行评估,确定实际价格,为最后的收购价格提供依据;根据收购方的情况进行税收筹划,选择合适的支付方式和支付时间。

3. 整合阶段

在收购完成后,协助投资银行为收购方拟订整合方案,并对债务重组等后续整合工作从会计财务和税收处理等方面提出可行的措施和办法。

三、律师事务所

律师事务所的工作直接关系到投资者、公司和社会公众的利益,是资本市场的重要参与者。在发达国家,律师事务所和会计师事务所类似,一般也是实施合伙制度,主要目的是通过无限责任制或者声誉机制的约束,有效促使律师为投资者、受托人和社会公众的利益而独立、公正地履行自己的职责。

律师事务所在并购中的作用如下:

1. 了解委托方的收购意图,参与拟定收购计划,从法律角度对收购的可行性进行初步评估。

2. 根据委托方的收购意图,进行相关法律调查和法律审计。

(1)对目标公司进行法律调查,审查工商登记资料,对目标公司的法律主体资格予以确认。

(2)审查转让方是否合法持有目标公司的股权,拟转让股权是否存在质押等情况,转让方是否签署包含禁止或限制公司股权转移的合同、协议或文件等。

(3)审查目标公司的贷款协议、企业债券、抵押合同、担保合同、代理合同、特许权使用合同等,查明是否存在当目标公司控制权变化时,需提前履约支付义务、解除担保或终止使用权等相关权利的规定。

(4)审查目标公司的纳税情况,查明有无偷税、漏税、欠税情况以及提供合理的税收规划,享受合法的税收优惠政策。

(5)审查目标公司的人力资源状况与相关劳动雇佣合同,协助收购方做好人力资源整合工作。

(6)审查目标公司章程、董事会及股东大会决议等,查明有无影响收购的条款和规定。

(7)参与收购的谈判,向收购方提供相关法律咨询。

3. 与投资银行、会计师等协作帮助收购方达到目标

(1)配合收购方聘请的财务顾问、注册会计师等审查目标公司各项财产权利的合法性和完整性,有无时效和相关权利限制(是否存在租赁、抵押、留置等情况)。

(2)与收购方的管理层及其聘请的投资银行、注册会计师一起就收购中涉及的重大法律问题进行磋商,发现和克服其中的法律障碍。

(3)与投资银行、注册会计师一起协助收购方对目标公司从股本结构、经营、财务和管理等方面进行规范调整,消除隐患。

4. 负责起草和修改收购过程中的各种相关法律文件,负责起草对政府有关部门如财政部、国资委、证监会的申请报告等。

5. 按照有关规定,对收购事项出具法律意见书。

四、证券投资咨询公司

(一)证券投资咨询公司及其主要业务范围

证券投资咨询公司是为证券市场投资者提供咨询服务、接受投资委托、代理投资者管理资产的中介机构,公司的业务范围主要有以下几方面:

(1)接受政府、证券管理部门、有关业务部门和境外委托,提供宏观经济和证券市场研究报告和对策咨询建议。

(2)接受境内外投资者委托,提供投资分析、市场法规等方面业务咨询服务。

(3)接受公司委托,策划证券发行与上市方案。

(4)接受有关企业或证券经营机构委托,策划有关重组事务方案,担任财务顾问。

(二)证券投资咨询公司在并购中的作用

证券投资咨询公司主要为各种类型的合并或收购,以及参与合并或收购的交易主体提供财务顾问服务。在收购中既可以为收购方服务,也可以为出让方服务,还可以

成为目标公司董事会的独立财务顾问。

1. 为收购方服务

帮助收购方搜寻目标,进行尽职调查,设计和评价收购方案,与出让方沟通,协助实施并购方案,控制目标公司。

2. 为出让方服务

制作推介目标公司的推介报告,寻找、选择受让方,设计交易方案,与受让方沟通,协助实施交易方案。

除上述服务之外,还可以协助收购方或出让方制作相关的申报文件、协助向有关政府部门报批及履行其他法律规定的手续,以最终实现收购或出让目的。

五、我国中介机构在企业并购中的作用及其发展趋势

在西方国家,中介机构特别是投资银行参与企业并购是一大特征。但在我国,由于体制和法律因素的制约,中介机构在企业并购中所起的作用有待充分发挥。从金融中介的角度看,我国的金融体系偏于传统的信贷业务,侧重于发展商业银行,缺乏足够的产权交易中介,不利于交易成本的降低和资产流动性的增强。

(一)我国商业银行在企业并购中的作用及发展趋势

长期以来我国商业银行存在重信贷等表内业务的现象,业务主要集中在传统的存、贷、汇业务上,利用自身强大的信息优势为企业并购提供咨询顾问业务即所谓中间业务,只是近些年来的新现象。2008年银监会发布政策,允许符合条件的商业银行开办并购贷款业务,并对商业银行并购贷款经营进行规范,以支持和满足企业和市场日益增长的合理并购融资需求。该政策文件对企业并购整合给予了积极推动作用。2009年1月,国家开发银行与中信集团、中信国安签署中信集团战略投资白银集团项目并购贷款有关合同,并发放贷款16.315亿元。此笔贷款是自银监会政策发布后国内第一笔实现资金发放的并购贷款。2015年2月,银监会发布修订后的《商业银行并购贷款风险管理指引》,提高了并购贷款占一项并购交易金额的比例、延长了贷款期限。

总之,我国商业银行加强其在企业并购中所起的作用是发展趋势之一。商业银行应当充分利用自身的信息优势为企业并购提供诸如财务顾问、投资顾问、战略重组和代理中间业务等服务,以增强国际竞争力,拓展收入来源。目前我国国有控股商业银行和股份制商业银行均已经设立了投资银行部。

(二)我国投资银行在企业并购中的作用及发展趋势

从国际范围来看,投资银行业务包括传统型、创新型和引申型三类。传统型业务主要包括证券发行和代理买卖等业务,创新型业务主要指投资银行所参与的企业并购、资产重组等业务,引申型业务主要包括资产管理、风险管理和直接投资等业务。

以传统的业务特征来衡量,我国的证券公司就是我国的投资银行,证券公司所涉及的业务领域,主要集中在一级市场的承销业务和二级市场的经纪以及自营业务,并购业务则涉及甚少。在我国,国家控股上市公司的所有者缺位问题仍然存在,在公司并购时往往存在产权障碍,交易的定价并不完全由市场因素确定。在这样的体制背景下,投资银行难以发挥其作用。我国的投资银行自身资本金规模较小,难以为并购提供融资并承受企业并购中可能出现的巨大风险;作为财务顾问,投资银行本身需要配备一定量的律师、注册会计师、资产评估师等来参与企业并购事务,目前存在着人才缺口。

(三)其他中介机构所起的作用及发展趋势

同国外相比,我国中介机构在上市公司并购中所起的作用尚存在差距。一方面,这些中介机构本身不够完善,规模偏小,为上市公司所能提供的服务种类较少且从业人员的职业素养有待进一步提高。另一方面,我国特有的体制因素(企业并购具有政府主导型特征)也制约了中介机构在上市公司并购中的作用。上市公司控股权的更替大多数只能在场外的产权交易市场上以协议的方式转让而不是在股票二级市场上通过股票收购来完成。这种非市场交易方式下的公司并购,使得中介机构的资产评估、法律咨询等服务无法充分体现。

中介机构不能充分参与企业并购,短期来看可能会节省一部分中介费用,但长期来看,由于企业并购中不可避免地存在着信息不对称,这种缺乏第三方中介参与的并购,会给并购完成后的整合带来很大风险。较之中介费用,这种信息不对称的成本要大得多。中介机构的参与可以大大降低企业并购中信息不对称的成本。[①]

2008年,中国证监会颁布实施《上市公司并购重组财务顾问业务管理办法》,将财务顾问机构纳入统一的监管体系。明确规定:涉及为上市公司的重大收购、重组(股权结构、资产和负债、收入和利润等具有重大影响的并购重组活动)提供交易估值、方案设计、出具专业意见等专业服务的证券公司、证券投资咨询机构、其他中介机构[②]等,必须由中国证监会核准资格并接受监管。2014年修订后的《上市公司收购管理办法》中明确规定,"收购人进行上市公司的收购,应当聘请在中国注册的具有从事财务顾问

[①] 一个经典例子是2004年我国企业TCL集团收购法国企业阿尔卡特,TCL竟然事先没有聘请专业的咨询公司参与收购方案设计,以致在后续经营过程中遇到了阿尔卡特的工会、员工劳资等诸多意料不到的问题。事后TCL的决策者李东生非常后悔。进行国际并购而不聘请专业财务顾问,这只能说是早年中国企业为并购交出的"学费"。

[②] 在《上市公司并购重组财务顾问业务管理办法》中,规定其他中介机构中的"资产评估机构、会计师事务所、律师事务所或者相关人员从事上市公司并购重组财务顾问业务,应当另行成立专门机构"。

业务资格的专业机构担任财务顾问"。同时,对于作为被收购方的上市公司董事会应当聘请独立财务顾问提出专业意见,专业意见针对收购人的主体资格、资信情况及收购意图进行调查,对要约条件进行分析,对股东是否接受要约提出建议。[①]

因此在我国资本市场上,但凡涉及以上市公司为目标的收购,均需要买卖双方聘请财务顾问。而以非上市公司为目标的收购,是否聘请财务顾问,则是由企业自主决定。

本章小结

按照目标企业是否上市,将收购程序划分为一般的场外收购程序和上市公司收购程序。场外收购又称协议收购,是指收购者通过交易所以外的协商方式与被收购公司的股东签订收购股份的协议,从而达到控制目标公司的目的。收购的程序主要分为准备阶段、实施阶段、整合阶段三个阶段。上市公司并购是指投资者依照法定程序公开收购股份有限公司的股份以达到对该公司控股的目的。

中介机构作为并购活动的策划者和直接参与者,在并购过程中起着不可或缺的作用。如投资银行在公司并购中扮演财务顾问角色;会计师事务所对目标公司进行财务分析,为确定目标公司提供依据,向收购方提供财务咨询,对债务重组提出可行的措施和办法,为做好财务整合提供帮助等;律师事务所从法律角度对收购的可行性进行初步评估,根据委托方的收购意图,进行相关法律调查和法律审计,出具并购的法律意见书等;此外投资咨询公司在并购过程中也发挥着重要作用。

基本概念

增长—占有率矩阵模型	协议收购	要约收购
尽职调查	雷曼公式	逆雷曼公式
整合	投资银行	财务顾问
会计师事务所	律师事务所	证券投资咨询公司

复习题

1. 在企业并购中,如何选择企业的并购战略?试用波士顿矩阵方法进行分析。
2. 企业并购的初始阶段应该做哪些准备?请详细阐述尽职调查的内容。
3. 与潜在目标公司进行接触时,为什么信息的保密是重要的?在何种情况下,潜在的收购者会

[①] 参见我国《上市公司收购管理办法》第9条和第32条。

将其意图公布于众?

4. 收购完成后的整合为什么重要?为什么整合失败是导致最终并购失败最主要的原因?

5. 谈谈你对提高我国中介机构如财务顾问等在公司并购活动中作用的看法。

实践性问题

在国内上市公司并购财务顾问市场中,存在年度交易量、交易数目等排名。请登录 Wind 数据库下载并购重组财务顾问市场份额数据,观察并分析主要的财务顾问商的名称和排名变化。

另外,在国际并购市场上同样存在按交易量、交易数目等对财务顾问商的排名。请登录布隆伯格数据库页面(https://data.bloomberglp.com),下载最新的全球并购财务顾问数据,并观察全球各大区域并购财务顾问商的排名。

第四章 目标公司的选择与价值评估

第一节 目标企业的选择

目标公司的选择,是兼并收购中的第一任务,只有正确选择收购对象,才可能有的放矢,成功完成收购。目标公司的选取往往采取先选行业、后选企业的程序。在行业确定后,再寻找行业中的具体目标企业。目标企业的最后确定受多方面因素的影响,比如股本结构、股本规模、财务状况、法律条件、税收、企业文化等。

一、行业分析

(一)行业基本情况分析

企业所处行业的状况,对经营和发展有着重要的影响。行业分析一般包括以下内容:

1. 行业的总体状况。即行业所处的生命周期、行业在国民经济中的地位以及国家对该行业的支持政策等。

2. 行业的竞争结构状况。根据哈佛商学院波特教授的竞争优势理论[①],在一个行业中存在着五种基本的力量:潜在的加入者、代用品生产者、供应者、购买者和行业内现有的竞争力量,这五种力量形成了行业的结构状况,它们分布的不同决定着一个行业的竞争程度和盈利能力。行业的竞争结构状况,对企业的经营有着重要的影响,可能一个企业经营得再好,但其所处的行业竞争结构不好,这个企业也很难获得好的回报。

3. 行业内的战略集团状况。行业内各竞争者可按不同战略地位划分为不同的战略集团,一个行业中各战略集团所处的位置、相互关系对行业内的竞争有很大的影响。如果一个行业中各战略集团分布合理,企业是否处于战略集团的有利位置,对企业经

---

① 迈克尔·波特. 陈小悦 译. 竞争优势[M]. 北京:华夏出版社,2001.

营十分重要。

分析行业基本状况对于并购是非常重要的,直接决定了并购后企业的发展潜力。一般发展潜力较大的行业中发生并购的机会比较多。比如目前我国信息技术产业、机械制造、生物技术/医疗健康等行业发生的并购案例都比较多。

(二)并购双方所属行业分析

按照前面章节阐述,根据并购双方所属行业的相关关系,上市公司的收购可以分为纵向收购、横向收购和混合收购三种。选择目标企业时,应考虑其业务与收购方业务的关系,最大限度发挥并购后的协同效应。选择互补业务(纵向并购)的企业主要集中在加工制造业和与此相联系的原材料、运输和销售等行业,其相互关系一般是上下游的企业,这样可以节约中间成本,以增强企业的市场竞争力。选择平行业务(横向并购)的企业一般是为了达到扩大销售和产能的目的,通过资本在生产和销售领域或部门间的集中,扩大生产规模,发挥规模效应,达到新条件下的最佳经济规模。选择交叉业务(混合并购)的企业可能是因为企业本身的管理能力或财务能力有剩余,为了发掘新的经济增长点而并购其他行业的企业。

总之,寻找并购目标时必须考虑行业的背景情况,如果两企业不能很好地融合,就算目标企业再好,仍然可能使并购失败。

[案例4-1] 德国安联集团并购德国第三大银行德累斯顿银行

随着金融业的发展和金融企业规模的急剧膨胀,混业经营已经成为金融寡头们的共同选择。2001年7月,德国最大的保险公司安联集团和第三大商业银行德累斯顿银行缔结了混业"婚姻":安联以240亿欧元收购了德累斯顿银行大部分股份,使其总资产达到了1万亿欧元。安联CEO舒尔特·诺勒曾满怀信心地对公众表示:"我们期望双方全面合作的第一年就能创出增长收益。安联与德累斯顿银行合并的优势将在5年之内完全体现出来。我们的客户、雇员和股东们会从中获得长期的收益。"

兼并德累斯顿后,安联却发现银行经营风险对自己来说是一个全新课题。德累斯顿银行所借贷的许多小公司在当时不景气的国际环境下纷纷宣告破产,安联保险不得不用其自有资金去弥补银行经营中的亏损,从而导致自有资本金下降,信用等级随之被下调。另外,分属于保险和银行两类客户互相渗透的方式,也没有得到德国法律的支持。

就在诺勒还在执迷于他那伟大的交易计划时,安联核心的保险业务遭遇到了前所未有的打击。受世界经济疲软和突然下滑的国际投资市场及全球性债务拖欠浪潮的影响,2001年国际股市普遍大跌,同时安联保险集团的保险费、手续费等收入明显减少,导致安联保险集团的股价一年中下降了60%以上。不利的经济环境不但给保险业务造成了沉重负担,也严重打击了安联的资产管理业务。让诺勒后悔的是,本来拥有庞大资产的安联集团,在并购之后将资金的 30% 都用作资产投资,另外大部分资金更是花在了流通渠道等的建立上。这样一旦市场不景气,可自由支配的资金便捉襟见肘,根本无法抵御市场风险,这家欧洲巨型保险公司由此进入了自第二次世界大战以来最困难的时期。

2002 年,安联公司共亏损 25 亿欧元,其中 9.72 亿欧元来自德累斯顿银行。2002 年前 9 个月售出的 51 万份养老金保险合同中,只有 7.4 万份是通过德累斯顿银行售出的。由于德累斯顿银行的持续亏损,安联背上了沉重的包袱。

德累斯顿银行是业绩优良的企业,但安联保险和德累斯顿银行的并购还是失败了。这一案例说明了跨行业并购的巨大风险。

二、公司分析

(一)股本规模、结构、股东性质分析

在现代企业制度中,公司股本的规模和结构是非常重要的,往往决定了一家公司被收购的难易程度。分析目标公司的股本规模和结构,有助于我们判断收购的可能性。

就股本规模而言,小盘股公司更容易被收购。市值较大的上市公司往往令收购方很难获取足够的资金进行收购,大规模的收购活动也容易造成股市的动荡。对于股本规模和市值较大的上市公司,场外协议收购的情况比较多,因为通过协商决定的收购价格往往较市场价格为低,降低了收购成本。

对于股本结构来说,股权集中度越低,收购方实现控股所需的股份就越少,收购越容易成功。反之,股权集中度越高,收购方挑战大股东的地位,收购难度越大。因此,在选择目标公司时,控股股东的持股比率是主要的考虑因素之一。需要注意的是,控股股东并不简单的就是在前十大股东中名列第一的股东,而应考虑关联企业共同控制一家企业的状况(即第一章第二节中提到的"一致行动人")。有时排名靠后的几家股东可能属于一个权力系统,因此并非是第一大股东掌握着公司的控制权。这时如果对情况没有深入了解,就匆忙进行收购,可能陷入困境而最后不得不退出,这在北京中燕的并购重组案例中体现得非常明显。

[案例 4—2] 北京中燕并购案例

北京中燕探戈羽绒制品股份有限公司(以下简称北京中燕,沪市代码 600763)自 1996 年 10 月上市以来,由于主业滑坡、缺乏利润来源、潜亏严重、无法给投资者回报等问题,需要资金雄厚、有管理经验的公司介入帮助北京中燕起死回生。

1999 年 8 月,北京国际经济合作公司(以下简称国合公司)受让了北京中燕原第一大股东中燕集团 3 800 万股股份,该股份占公司总股本的 23.7%,转让额共计 5 548

万元。此后,国合集团成为北京中燕的第一大股东,原第一大股东中燕集团还持有 2 500 万股股份。1999 年 9 月 2 日,公司召开董事会,审议通过王保忠先生为公司总经理,并聘任了其他高级管理人员。重组似乎正在顺利进行。但国合公司真正进入北京中燕之后才发现,真正的第一大股东并非自己。由于其他几家大股东和中燕集团的历史渊源,第二大股东中燕集团实际上仍控制着北京中燕。国合集团改组董事会的意愿受到了其他股东的抵制。在 1999 年 10 月 9 日召开的股东大会上,否决了 9 月 2 日董事会通过的增补部分董事和 9 月 3 日监事会通过的增补部分监事议案。北京中燕董事会不仅否决了国合公司提名的 4 名董事候选人的提案,重新提出了与国合公司没有关联的 4 名董事候选人名单,还将刚就职三个月的由国合公司推举的 4 名高级管理人员解聘。此决议激怒了国合公司,国合公司在支付了 1 000 多万元部分股权转让款后,中止了继续付款,并将中燕集团告上了法庭。国合公司因为事先对于北京中燕股东的详细情况并没有深入的调查,此次重组以失败告终。

目标公司的选择与股东属性也有很大的关系。稳定性股东(主要是创业家族、有业务关系的企业,以及银行、养老基金、保险基金等稳定性较强的机构投资者),其掌握的股权具有长期性、控制性、稳定性等特点,因而不易被收购。即使股权转让,也以协议转让居多。而流动性股东(主要是个人股东、私募基金、共同基金等流动性较强的投资者),其掌握的股权具有短期性、盈利性、流动性等特点,而容易被收购。因此,稳定性股东占主体的公司,收购发生频率和收购成功率均很低,日本的上市公司大量存在财阀集团内部或者财阀间的交叉持股,稳定性股东居多,因此并购重组市场非常不发达,即为典型的例子。

(二)股票市场价格分析

股票价格的高低决定了收购成功与否。价格越高,付出的成本越大。特别是如果目标公司的市场价格被高估,势必影响日后收购公司的收益,所以股票价格被低估的公司有利于被收购,而股票价格被高估的企业一般不会成为收购的目标。

(三)财务状况分析

目标公司的财务状况直接影响上市公司收购后的后续经营效果。如果目标公司财务信息失真或者被刻意隐瞒,那么收购方极易跌入"财务陷阱"。所以收购方要谨慎分析目标公司的财务状况,超越财务报告的局限性,对或有事项及期后事项给予应有的关注,以稳健的态度来对待潜在的风险。

例如,在我国并购历史早期 1994 年浙江康恩贝收购上市公司浙江凤凰的案例中,在协议受让股权时,康恩贝对目标公司浙江凤凰的资产质量和财务状况缺乏必要的审计与评估。1994 年浙江凤凰的股权协议转让价格为每股 2.02 元,当时公司的每股净资产为 1.84 元,因而是以净资产溢价 9.78% 而定价。公司披露的 1993 年每股收益为 0.04 元，按此计算股权转让价格的市盈率达 50.5 倍，可见定价不低。但是并购完成以后，出现了以下问题。第一，浙江凤凰作为沪市最早上市的"老八股"之一，上市时整体资产质量不高，不良资产未剥离。第二，它上市后，并未建立起现代企业制度，依然沿袭国有企业旧机制运作，致使投资决策失误。从股市募集的资金非但没有形成新的利润增长，反而造成了亏损。据公司 1996 年年度报告披露：1991～1994 年先后投资近 8 000 万元的脂肪醇、凤凰城等项目均未能产生预期收益。凤凰城每年增加利息支出 300 余万元。脂肪醇自 1992 年投产至今，连年亏损，累计达 3 000 余万元，成了公司一大包袱。第三，公司的潜在亏损在股权转让时未做清理。据 1996 年公司年度报告称，公司历年累积的未计入当年损益的待处理财产净损失就达 1 289.62 万元。1996 年核销该损失金额，当年亏损金额 5 687.31 万元，其中待处理财产损失占 22.68%。因此，康恩贝收购浙江凤凰的成本非常高。

一般情况下，收购方都会聘请会计师事务所对目标公司进行财务尽职调查，聘请好的会计师事务所至关重要。收购公司应该对目标公司做进一步的比率分析，以了解目标公司过去的财务运营情况，并且和行业基准相比较（常用财务指标见表 4—1）。对收购公司来说，对目标公司财务绩效的全面可靠了解是非常关键的，并且要和战略方面联系起来，以评价公司未来业绩改变的前景。

表 4—1　　　　　　　　　　　　　常用的财务比率

比　率	等　式	作　用
短期偿债能力指标		
流动比率	流动资产/流动负债	反映短期偿债能力
速动比率	（流动资产－存货）/流动负债	反映不动用库存时短期资产的变现能力
资产经营效率指标		
营业周期	存货周转天数＋应收账款周转天数	评价企业购入存货、投入生产、销售收回等各环节管理状况的综合性指标
存货周转率	销售成本/平均库存	取得的存货变为现金所需时间
应收账款周转率	销售收入/平均应收账款	反映年度内应收账款转为现金的平均次数
流动资产周转率	销售收入/平均流动资产	反映流动资产周转速度
总资产周转率	销售收入/平均资产总额	反映资产总额周转速度
长期偿债能力指标		
资产负债率	负债总额/资产总额	反映总资产中有多少是通过借债筹得的，一定程度上反映了企业的风险程度

续表

比率	等式	作用
产权比率	负债总额/股东权益	反映债权人提供的资本和股东提供的资本的相对关系
有形净值负债率	负债总额/(股东权益－无形资产净值)	更为谨慎、保守地反映企业清算时债权人投入的资本受到股东权益保障的程度
已获利息倍数	息税前利润/利息费用	衡量企业偿付借款利息的能力
盈利能力指标		
销售净利率	净利润/销售收入	衡量销售盈利水平,可以与过去同期相比较来确定发展趋势
销售毛利率	(销售收入－销售成本)/销售收入	表示每一元销售收入扣除销售成本后有多少可用于各项期间费用和形成盈利
资产净利率	净利润/平均资产总额	表示单位资产的盈利水平,可以反映企业资产利用的综合效果
净资产收益率	净利润/平均净资产	反映普通股投资的收益率,也称权益报酬率

(四)法律分析

对目标企业法律方面的分析主要集中在以下几个方面:

1. 审查企业的组织章程。应注意对收购、兼并、资产出售方面的认可,公司章程中对出售股份、资产出售等是否有投票认可限制;企业章程中有无特别投票权的限制等。

2. 审查财产清册。应审查企业对财产的所有权以及财产投保状况。

3. 审查对外书面合约。应注意在目标企业控制权发生转移后这些合约是否依然有效。

4. 审查企业债务。应注意债务的偿还期限、利率及债权人对其是否有限制。

5. 审查诉讼案件。应对企业过去的诉讼案件和所有诉讼进行审查,看是否有对企业经营有重大影响的诉讼案件。

(五)文化包容度分析

收购过程中被收购企业的文化因素也是决定一项收购是否成功的重要因素。企业只有在收购过程中加强文化的整合,才能实现协同效应。如果双方企业文化差异太大,将对收购后公司的整体运营产生负面效果。不同企业的文化整合方式主要有以下几种:

1. 吸纳式文化整合模式。指被收购方完全放弃原有的公司文化,全盘接受新的价值理念和行为模式。这种模式的收购方一般具有极强且优秀的企业文化,比如海尔集团。一般横向式收购较多的采用吸纳式的文化整合。

2. 分离式文化整合模式。即收购方对被收购方的原有文化基本无改动,在文化上保持独立。运用这种模式的前提是收购双方均具有较强的企业文化,企业员工不愿企业文化有所改变。如果收购双方是处于不同行业或者不同国家,一般会采取这种模式。比如法国雷诺汽车收购日本尼桑汽车、我国吉利汽车收购瑞典沃尔沃汽车等。

3. 渗透式文化整合模式。指收购双方在文化上相互渗透,都进行不同程度的调整。这种模式适合于收购双方的企业文化强度相似,且彼此都欣赏对方企业文化的情况。如果收购双方都是多元化企业,一般选择这种整合模式。被收购方将被允许保留部分企业文化,同时双方努力寻求多方面的协同效应。

4. 文化消亡式整合模式。指被收购方既没有接受收购企业的文化又放弃了原有的文化。采用这种模式的原因是,收购方为了达成收购的目的而故意使目标企业变成一盘散沙,以便控制被收购企业。如果收购企业的目的是将目标企业拆散出售,则可能导致目标公司文化消亡。

(六)其他因素分析

企业的研究开发能力、企业的经营管理策略以及税收都是必须要考虑的因素。企业的研究开发能力直接关系到企业发展的后劲。衡量一个企业的研究开发能力可以从两个方面进行:一是考察产品创新情况、专利拥有量;二是考察研究开发支出。

确定了目标公司之后,接下来的任务就是要对目标公司进行估价,以确定收购的成本,同时作为收购支付的根据。常用的方法有净资产价值法或调整账面价值法、市场比较法、市盈率法、现金流量评估法、赢取计划等期权定价法等。下面几节将结合案例详细介绍这几种定价方法。

第二节 净资产价值法

净资产价值法,是以公司的账面净资产作为基础来评估公司的价值。净资产即企业的总资产减去总负债的差额。这种方法的准确性依赖于公司资产负债表的准确性。所以当采用这种方法来对目标企业的价值进行评估时,收购方应当委托会计师事务所审查目标公司资产负债表的真实性即进行会计审计。由于资产负债表的编制必须严格依照企业会计制度和会计准则的规定,所以该方法得到的公司价值具有一定的可靠性和客观性,可以重复验证。

但是由于这种方法反映的是公司财务状况的静态数据,只代表了过去和现在的情况,而不具有前瞻性,所以并不能完全反映企业的真实价值。有时账面价值与公司的市场价值相差甚大,导致账面价值没有什么意义。这主要是由于会计制度的历史成本计量原则引起的,公司的许多资产因为时间原因产生了巨大增值,但是却没有体现在账面上。因此,使用净资产价值法时,必须根据目标企业的实际情况,对目标企业的账面价值进行调整。例如对商誉的处理,当一个目标企业由于经营良好,信誉卓著,形成了较高的市场占有率,如果采用账面价值法对其进行评估时,它的账面价值会大大低于市场价值;另外一些目标企业为了掩盖其经营状况欠佳的情况,通过减值准备等会计政策选择,使资产的账面价值与其实际经济价值相背离。所以对净资产的调整就极为重要。例如,可以采用加成系数对公司净资产进行调整。公司的真实净资产就等于公司账面净资产乘以(1+加成系数)。加成系数主要考虑公司主要的固定资产潜在价值、盈利能力和业务成长性等方面。这种对账面净资产进行调整的估值方法,也称为调整账面价值法。

在评估企业净资产时,即使注册会计师出具了无保留意见的审计报告,仍有一些需要注意的问题。这些问题包括:(1)对于应收账款的回收可能性,最好亲自去客户处调查清楚。(2)对于有价证券等短期投资项目,应注意其市值是否低于账面价值。(3)企业资产中若有外币资产,应注意汇兑损益。(4)对于负债应详细核对,看是否有漏列。

历史上由于国家股和法人股不能上市流通,我国上市公司控制性股份的转让一般就以净资产作为买卖价格的基础。案例4—3华联一百的合并案例中,非流通股的定价就是典型的调整账面价值法的应用。

[案例4—3] 华联一百的吸收合并

第一百货(证券代码600631)与华联商厦(证券代码600632)是两家同时于1992年6月13日向社会公开发行股份,并同时于1993年2月19日在上海证券交易所挂牌交易的上市公司。两公司的经营业务均以百货零售为主,经营效益在国内同行处于领先水平。由于加入WTO后,国际零售巨头纷纷登陆中国,所以壮大中国零售业的实力是当务之急。于是,上海零售业的两大巨头第一百货和华联商厦走到了一起,合并成立了百联股份,以发挥规模优势。

2004年4月8日,第一百货与华联商厦同时公告两公司进行吸收合并,并将合并基准日定为2003年12月31日。以下条款是该次吸收合并的关键内容:

1. 第一百货以吸收合并方式合并华联商厦,合并完成后华联商厦的法人资格注销,其全部资产、负债、权益并入第一百货。合并后存续公司为第一百货,但是合并完成后存续公司更名为上海百联集团股份有限公司(以下简称百联股份)。

2. 本次合并区别非流通股和流通股设定两个折股比例,其中华联商厦与第一百货非流通股折股比例为1∶1.273,华联商厦与第一百货流通股折股比例为1∶1.114。

3. 本次合并设定现金选择权。第一百货与华联商厦的股东可于 2004 年 4 月 28 日通过指定的证券公司营业网点提出现金选择权申请,将股权转换成现金。第一百货与华联商厦非流通股现金选择权价格为合并基准日的每股净资产,分别为 2.957 元和 3.572 元;第一百货与华联商厦的流通股现金选择权价格为董事会召开前 12 个月每日加权平均价格的算术平均值上浮 5%,分别为 7.61 元和 7.73 元。

4. 本次合并采用权益结合法的会计处理方法,合并基准日为本次合并的审计基准日,即 2003 年 12 月 31 日。

表 4-2 是两公司的主要财务数据,表 4-3 是两公司合并前的基本财务指标比较。

表 4-2　　　　　　　第一百货和华联商厦合并前后的主要财务数据

项　目	第一百货（合并前）	华联商厦（合并前）	百联股份（合并后）	零售业行业（平均数）
总资产(万元)	367 311.372 0	229 798.536 5	597 083.248 0	149 157.887 7
资产负债率	49.70%	30.26%	42.27%	55.92%
总股本(万股)	58 284.793 9	42 259.986 1	110 102.729 5	22 904.237 9
流通股(万股)	18 831.338 0	12 446.708 3	32 696.971 0	10 174.090 0
主营业务收入(万元)	266 429.815 8	150 104.026 5	416 533.842 3	143 659.520 5
主营业务利润(万元)	55 756.716 6	29 057.550 2	84 814.266 8	22 975.208 4
利润总额(万元)	12 495.303 8	9 567.313 0	22 008.466 5	4 028.458 5
净利润(万元)	7 000.250 7	8 366.600 9	14 966.146 5	2 195.794 9
经营活动现金流量净额(万元)	28 807.802 2	7 136.427 8	35 944.230 0	7 475.935 2

注:表中的数据均是指合并报表数据。其中,资产负债表类项目的时点为 2003 年 12 月 31 日,利润表类项目的时间段为 2003 年度。

资料来源:《上海市第一百货商店股份有限公司吸收合并上海华联商厦股份有限公司合并报告书》和国泰安 CSMAR 数据库。

表 4-3　　　　　　　第一百货和华联商厦合并前的基本财务指标比较

财务指标	第一百货(合并前)	华联商厦(合并前)
总资产收益率	1.91%	3.64%
净资产收益率	4.06%	5.54%
近三年平均净资产收益率	3.72%	6.46%
税后每股收益(元)	0.12	0.198
每股净资产(元)	2.957	3.572

续表

财务指标	第一百货（合并前）	华联商厦（合并前）
每股未分利润（元）	0.11	0.39
销售净利率	2.63%	5.57%
每股经营活动现金流量净额（元）	0.49	0.17
每股价格（元）	9.27	9.53
市盈率	77.18	48.14
负债比率	49.70%	30.26%
考虑房产升值后的每股净资产（元）	6.62	8.188

注：每股价格指2004年4月6日的股价，市盈率是每股价格与税后每股收益的比值。除了每股价格、市盈率和近三年平均净资产收益率，其他指标都是指合并基准日2003年12月31日当年的财务数据。

由于存在流通股和非流通股两种股份，所以这次合并采用了两种折股比率。即流通股折股比率和非流通股折股比率。

$$\text{流通股折股比率} = \frac{\text{华联商厦董事会召开前30个交易日加权股价均值} + \text{华联商厦每股未分配利润}}{\text{第一百货董事会召开前30个交易日加权股价均值} + \text{第一百货每股未分配利润}} \times (1+\text{加成系数})$$

$$= \frac{8.91+0.39}{8.69+0.11} \times (1+5.4\%) = 1.114$$

$$\text{非流通股折股比率} = \frac{\text{被合并方每股净资产}}{\text{合并方每股净资产}} \times (1+\text{加成系数}) = \frac{3.572}{2.957} \times (1+5.4\%) = 1.273$$

流通股的定价主要采用市价加成的方法，非流通股的定价采用本章提到的净资产加成定价的方法。加成系数主要考虑合并双方主要的商用房地产潜在价值、盈利能力和业务成长性，其中，盈利能力指标主要考察合并双方最近三年以税前利润计算的加权净资产收益率的算术平均值。业务成长性主要考察三年主营业务收入增长率的平均值。差值为华联商厦相对应的数据减去第一百货相对应的数据，比值为差值除去第一百货相对应的数据。加权值为比值乘以权重。

加成系数的确定见表4—3。

表4—4　　　　　　　　　　　加成系数的确定

指标		数值	差值	比值	权重	加权值
每股房地产增值	第一百货	2.311				
	华联商厦	3.573	1.242	0.534	35%	0.187

续表

指　　标		数值	差值	比值	权重	加权值
净资产收益率	第一百货	6.15%				
	华联商厦	7.37%	1.16%	0.189	35%	0.066
业务成长性	第一百货	−2.55%				
	华联商厦	−4.24%	−1.69%	−0.663	30%	−0.199
						0.054

资料来源：华联商厦和第一百货吸收合并的有关公告文件。

这个案例中非流通股的定价采用了调整账面价值法的方法，其中关键在于加成系数的确定。从基本财务指标可以看到，华联商厦的净资产收益率和每股收益要高于第一百货。每股房地产的增值方面，华联商厦的数字超过第一百货较多。这个案例说明，账面净资产没有反映合并双方的房地产价值、盈利能力和业务成长性情况，所以根据两家公司的具体财务数据和房地产评估价值等，确定了华联商厦相对于第一百货的加成系数为5.4%。

第三节　市场比较法

一、市场比较法的基本思想

市场比较法是指收购方在评估目标企业时，选取若干在产品、市场、获利能力、未来业绩增长能力和风险等方面较类似公司或者较近发生的类似收购案例作为参照样本，然后再根据其他一些财务指标进行调整，最后确定目标企业市场价值的一种方法。其理论依据是资产评估中的"替代原则"。这种方法要求有一个交易活跃的并购市场，否则参照案例很难找到，同时这个公司所在行业必须有大量类似企业，所以这种方法的局限性很大。

使用这种方法，首先要确定评估目标公司所需要的指标。然后根据这些指标寻找相似的公司以确定参照物，最后比较参照物和目标公司的差异并根据这些差异及其大小调整目标公司的价值。市场比较法通常有以下两种方式：

1. 参照公司的股价。以参照公司最近的平均股价乘以目标公司的总股本，作为目标公司的价值。

2. 参照公司过去的收购价格。如果有相似的公司过去被收购，这种方法是最好的方法。因为这种方法最能反映目标公司的真实价值。但这种方法也最难以应用，因为实际工作中往往很难找到经营项目、财务绩效、规模等相似的参照公司刚好被收购。

若目标公司为非上市公司,其股本流动性较差,变现能力弱。因此,采用类比法确定被评估企业的价值时,如果将上市公司的价值作为非上市公司价值的参照物时,必须将这两类股本流动性差异带来的价值影响考虑进去,在计算被评估企业价值的基础上,减去合理的流动性折价,以反映非上市公司的并购价值。所以:

被评估企业的价值=被评估企业相应的市场价值+合理的市场溢价-合理的流动性折价

二、市盈率等参数作为估值指标

市场比较法的一种具体应用是采用市盈率作为估值指标。也即找出合适的参照公司样本,然后以该参照企业的市盈率作为评估基础,对目标企业价值进行评估。

(一)模型原理

市盈率即价格和每股收益的比率,它反映了股票市场价格与股票收益的关系,反映了该股票的风险性。市盈率包括历史市盈率和未来市盈率(也称动态市盈率)两种。前者反映了股票价格与历史收益的比率,而后者反映了股票价格与预期收益的比率。

运用市盈率估价的模型如下:

目标企业每股价值=参照/可比企业平均市盈率×目标企业每股盈利

该方法的关键是找出参照公司,然后用目标公司的每股盈利乘以参照企业的平均市盈率,以此计算目标企业的市场价值。

影响市盈率高低的因素有哪些呢?根据不变增长的股利折现模型(constant growth dividend discount model,也称Gordon模型):

$$股权价值 = \frac{下一期预期股利}{股权成本-增长率}$$

两边同时除以每股净利润:

$$市盈率 = \frac{股利_1/每股净利润_0}{股权成本-增长率}$$

$$= \frac{每股净利润_0(1+增长率)\times 股息支付率/每股净利润_0}{股权成本-增长率}$$

(式中下标1表示第一年,0表示当前年度)

可知,

$$市盈率 = \frac{股息支付率\times(1+增长率)}{股权成本-增长率}$$

这个公式表明,市盈率由企业的盈利增长率、股息支付率和风险(股权资本成本)

所决定。这三个因素类似的企业才会具有类似的市盈率。参照可比企业应该是这三种指标都类似的企业,而同行业的企业并不一定都具有这种类似性。

以上得出的结果为历史市盈率。如果把公式两边同时除以预期下期的每股净利,其结果称为预期市盈率:

$$预期市盈率=\frac{股息支付率}{股权成本-增长率}$$

(二)模型的适用性

市盈率模型的优点在于:计算数据容易取得,并且计算简单;市盈率把价格和收益联系起来,直观地反映投入和产出的关系;模型涵盖了风险补偿率、盈利增长率、股利支付率的影响,具有很高的综合性。由于市盈率更多地体现市场公众对公司的未来成长预期,因此公司的风险性、成长性和资产盈利水平等特征也能很好地体现在这一统计数据中。其缺陷为:如果市盈率是负值,市盈率法就失去了意义。另外市盈率除了受企业本身基本面的影响外,还受到整个经济景气程度的影响。在宏观经济繁荣时市盈率上升,在宏观经济衰退时市盈率下降。如果目标企业是周期性行业的企业,则企业价值波动过大。另外,随着网络、IT等新兴产业的兴起,传统市盈率定价法在很多企业已经不再适用。因为新兴产业类公司的盈利模式、状况和传统产业公司存在很大差别,在一段时期内它们的发展往往会有巨大变化,存在很大风险性。

鉴于传统市盈率定价法的这些缺陷,对这种方法可以做一些修正,以更准确地评估企业的价值。具体有以下几种:

1. P/E/G 估值法

P/E/G 估值法对传统的市盈率计算公式进行了修正,适用于高速增长的行业。G 为公司未来 3～5 年的盈利增长率。运用该模型需要两个前提假设:(1)公司经营收入持续高速增长。(2)预期盈利增长率远大于资本折现率。

2. EV/EBITDA 倍数定价法

即 EV/EBITDA 作为替代市盈率的估值指标。EV(enterprise value)为企业价值,EBITDA 为息税折旧摊销前利润。EBITDA 倍数成为国际资本市场上对公司进行估值的一个重要指标。因为在企业会计报表中净利润和净资产值等受到公司税率、利息费用和折旧等可调整因素的影响[①],因此直接使用建立在净利润基础之上的市盈率进行比较,会造成最终定价存在一定程度的失真。而 EBITDA 不考虑公司税率、利息费用、折旧摊销等因素,反映公司经营利润,因此与市盈率估价法相比,EV/EBITDA 倍数法考虑了更多的因素,采用该模型对企业价值进行评判往往具有更高

---

① 因为不同企业的折旧、摊销、利息费用等会计政策不同或者管理层的有意调整,不同性质企业的所得税率可能不同,导致即使相同行业、相近规模的公司之间的净利润缺乏可比性。

的准确性。

3. **价格/销售收入估值法。**

该指标也称为市销率或市售率。用每股价格与每股销售额计算出来的市销率,可以反映出某些新兴市场、新兴行业的公司潜在价值。因为一些新兴企业在发展初期并没有净利润或营业利润,无法计算市盈率甚至 EV/EBITDA 指标。在竞争激烈的环境中,市场份额在决定公司生存能力和未来盈利水平方面的作用越来越大,新进入者(first mover)拥有先发优势。这种情况下市销率是评价公司股权价值的一个重要指标。

[案例 4—4] 市盈率定价法案例分析

并购方:青岛海尔股份有限公司

目标方:海尔空调有限公司

并购发生日:2000 年 9 月 11 日

2000 年 9 月 12 日,青岛海尔股份有限公司(以下简称青岛海尔)发表公告称将以 20 亿元的价格收购海尔空调公司 74.45% 的股权,收购完成后,青岛海尔对海尔空调的持股将达 99.95%。与国内上市公司并购中一贯倾向于以账面净资产值定价方法不同的是,青岛海尔此次并购海尔空调有限公司采用的是市盈率定价法。并购双方资产负债对比如表 4—5 所示。

表 4—5　　　　　　　　　并购双方资产负债对比　　　　　　　　　单位:元

	青岛海尔股份有限公司			海尔空调有限公司		
项目	2000 年 6 月 3 日	1999 年 12 月 31 日	1998 年 12 月 31 日	2000 年 7 月 31 日	1999 年 12 月 31 日	1998 年 12 月 31 日
总资产	3 792 590 880	3 780 550 806	3 392 305 196	2 493 240 818	1 820 404 902	1 385 495 185
总负债	776 071 828	966 339 008	1 384 301 757	1 941 136 678	1 590 211 252	1 173 557 723
净资产	2 761 662 842	2 583 016 840	1 810 260 845	552 104 139	230 193 649	211 937 461

资料来源:2000 年山东汇德会计师事务所对两公司出具的无保留意见审计报告。

在公告中指出目标公司的收购定价如下:

市盈率法定价＝海尔空调公司 2000 年预测净利润 4.38 亿元×6.25 倍市盈率×74.5%股权＝20(亿元)

根据山东汇德会计师事务所出具的(2000)汇所审核字第 5—011 号盈利预测审核报告,海尔空调公司 2000 年预测将实现净利润 438 915 890.61 元,2001 年度预测将实现净利润 537 854 500.00 元。因此运用市盈率定价法就可以得出此次收购的标的价格。但是在相关的公告中,却没有透露关于 6.25 倍市盈率的得来途径和方式,只是给了个双方既定的数值。对于此次使用市盈率定价法是否合理,我们可以通过相应的分析来说明问题。2000年上半年主要空调制造商利润、费用比率及产品市场占有率如表4—6所示。

表4—6　　2000年上半年主要空调制造商利润、费用比率及产品市场占有率　　单位：%

	海尔空调	美的电器	格力电器	春兰股份	科龙电器
主营业务利润率	35.98	17.89	26.23	30.07	24.70
费用比率	26.65	12.15	22.28	14.48	20.3
营业利润率	9.39	5.75	4.78	15.76	4.89
品牌机市场占有率	27.6	13.3	5.8	6.7	5.5

资料来源：相关上市公司2000年中报等。

在这里，我们用这四家较有代表性的空调器上市公司的平均市盈率来模拟整个行业的平均市盈率（见表4—7）。

表4—7　　空调类上市公司2000年上半年底的平均市盈率

	美的电器	格力电器	春兰股份	科龙电器
平均市盈率	30.9	45.2	44.5	140.2

资料来源：相关上市公司2000年中报等。

由于科龙电器的市盈率偏差较大，我们剔除科龙电器的指标，得出行业平均市盈率为40.2倍，即使考虑非上市的流动性折价，和海尔公布的6.25倍市盈率相差还是比较大的，说明海尔空调的估值严重偏低。因此，这例并购实际上是为了实现国有产权的流动，有其特殊性，6.25倍市盈率的定价说明有些非市场性的因素起着重要的作用。

第四节　现金流量贴现评估法

现金流量贴现法（discount cash flow model，DCF）是预测企业未来的每期现金流以及资本成本，然后把每期现金流以相对应的资本成本为贴现率进行贴现，再将各期贴现值加总的价值，作为企业价值的一种评估方法。该方法的基本思想是增量现金流量原则和时间价值原则，也就是任何资产的价值是其未来产生现金流量的现值。时至今日，由费雪创立，经莫迪利安尼和米勒发展、完善的企业价值现金流量折现方法仍然是企业价值评估的主流方法。特别是20世纪60年代资本市场理论、资产组合理论突飞猛进的发展，资本资产定价理论（CAPM）、套利定价理论（APT）已经揭开了金融资产风险和收益之间的对应关系，从而为人们能精确估计企业的资本成本扫除了障碍。

这种方法最初被用于固定资产的预算决策中,所以后来被引进到企业价值评估中,现在被认为是最科学的评估方法之一。其模型的基本公式为:

$$PV = \sum_{t=1}^{n} \frac{CF_t}{(1+r)^t}$$

其中,n 为资产的使用年限,CF_t 为 t 年的现金流量,r 为包含了预计现金流量风险的折现率,PV 为资产的现值。

不同资产的现金流量的具体表现形式不同。债券的现金流量是利息和本金,股票的现金流量是股利,投资项目的现金流量是增量财务现金流。而各个现金流量所对应的贴现率是不同的,因为风险越大,贴现率越大。因此,公式中分母的折现率要与分子的现金流相匹配。所以这个模型的关键在于找出现金流及其对应的贴现率。

企业可以看作由若干个投资项目组成的复合项目或者说是一个项目组合。因此,企业价值评估和一般资产的评估就有许多相似之处,它们都有现金流和风险,而且是未来连续产生的。但是,企业与实物资产又有区别,是一种特殊的资产,存在许多不同,主要有如下三点:(1)资产的寿命是有限的,而企业是可以永续经营的,因此要处理无限期现金流折现的问题。(2)典型的项目投资有稳定的或下降的现金流,而企业通常将收益再投资并产生增长的现金流,现金流分布有不同特征。(3)项目产生的现金流属于投资人,而企业产生的现金流仅在企业管理层决定分配时才流向所有者。

现金流贴现模型十分依赖于贴现率的选择,一个百分点的差异将导致完全不同的结果。确定贴现率的方法主要有:

(1)选择收购方的加权平均资本成本作为基数,然后向上进行适当的调整。

(2)选择收购方过去的资产收益率为基数,然后向上进行适当的调整。

(3)使用当前对未来利息率的预期作为基数,然后根据产业、公司和财务结构等风险因素向上进行适当调整。

(4)以目标公司的加权平均资本成本作为基数,然后根据风险因素向上进行调整。

总之,必须根据实际情况选择合理的贴现率才可能得出合理的企业价值。

在完成企业的价值评估后,还需要对模型进行敏感性分析,即判断各个主要参数对于最后企业价值的影响程度。一般把经营情况根据好、中、坏分为三种情况,然后估计各种情况下参数的不同数值,分别计算出最后的企业价值对于这个参数变化的敏感度或弹性。如果有的参数敏感性太高,说明模型对于这个参数的反应非常灵敏,需要更加仔细考虑这个参数的选值。

下面介绍几种经典的现金流估值模型。

一、拉佩玻特模型

美国西北大学阿尔弗雷德·拉佩玻特(Alfred Rappaport)建立了这个模型,又称贴现现金流量法。他在其《创造股东价值》一书中,精心设计了一个可在计算机上使用的公司估价模型。其理论依据是,无论购买企业还是购买资产,均须根据预期未来的现金流量进行现在的支出。拉佩玻特方法的重要意义在于,论述了如何应用财务模型来制定战略计划和提高股东的收益。

然而,该方法也有缺陷。盈利能力是以销售利润率来衡量的,但是销售利润率不是对不同行业间公司盈利能力进行横向比较的好指标,因为各行业的资本密集度不同。一个周转率相对较高的行业,如商品批发和零售业,销售利润率较低,但资本盈利能力较强。因此,销售利润率并不能作为综合盈利能力的衡量标准。下面先具体介绍这个模型。

(一)各个参数的估计

1. 现金流量

现金流量分为企业实体现金流量、股权现金流量和债务现金流量,贴现现金流模型把自由现金流量定义为企业实体自由现金流量,它将企业整体(包括股东和债权人)作为企业实体自由现金流量的索取者。

$$实体自由现金流量=经营现金净流量-资本支出$$

其中经营现金净流量指企业经营活动取得的息前税后利润,加上折旧与摊销等非付现费用。资本支出是指固定资本等长期资本的增加额和营运资本的增加额。营运资本即流动资产减去流动负债。

该模型对实体现金流的预测如下:

$$CF_t = S_{t-1}(1+g_t)(p_t)(1-T_t) - (S_t - S_{t-1})(f_t + w_t)$$

其中,CF 为企业实体现金流量;S 为销售额;g 为销售额年增长率;p 为销售利润率;T 为所得税率;f 为销售每增长一元所需追加的固定资本投资;w 为销售每增长一元所需追加的营运资本投资。

追加的固定资本投资即长期资本增加额,追加的营运资本投资即流动资产增加额减去流动负债增加额。

2. 预测期

一般做法是逐期预测现金流量,直到其不确定程度难以做更进一步的预测。一般将预测期定为5年或10年。更准确的方法是一直预测到公司追加投资的报酬率等于资本成本率时为止。

在预测期后,折旧刚好可以维持公司的生产能力,公司实现零增长。所以,预测期后的残值等于预测期后第一年以后开始的现金流量年金的现值。预测期后的残值可用永续年金折现模型估计。

3. 贴现率

估计贴现率或加权平均资本成本。首先需要对各种长期资本要素的成本进行估计,包括普通股、优先股和债务等。一般资本资产定价模型法可用于目标企业估计历史股本成本。

$$R_i = R_f + \beta_i \times (R_m - R_f)$$

其中,R_i 为第 i 种股票的预期收益率,R_f 为无风险收益率(如国库券收益率),R_m 为股票市场的必要收益率,β_i 为第 i 种股票的贝塔系数,$(R_m - R_f)$ 为股票市场的风险报酬率,$\beta_i \times (R_m - R_f)$ 为第 i 种股票的风险报酬率。

对目标企业并购前预期的股本收益,需要根据并购后目标企业的 β 系数的可能变化加以调整。估计债务成本则更加困难,因为债务通常不进行交易,可将各种借贷中实际利息支付作为债务成本的近似值,然后减去债务的税后效应。类似的问题也出现在优先股中。估计了各单个要素的资本成本后,即可根据收购方企业预期的并购后目标公司的资本结构,计算加权平均资本成本。

$$WACC = \sum K_i \times b_i$$

其中,K_i 为各单项资本成本,b_i 为各单项资本的权重。

一般的模型只计算股权成本和债务成本,所以加权平均资本成本可以写为:

$$WACC = (1-b) \times K_e + (1-t) \times b \times K_b$$

其中,t 为公司所得税税率,b 为负债占总资产的比率,K_e 为股权成本,K_b 为债务成本。

(二)计算现金流现值,估计购买价格

$$公司价值\ PV = \sum_{t=1}^{N} \frac{CF_t}{(1+WACC)^t} + \frac{V_N}{(1+WACC)^N}$$

其中,CF_t 为 t 时期内目标企业现金流量;V_N 为 N 时刻目标企业的残值,即假设预测期之外企业零增长时企业在 N 时刻的价值,V_N 一般采用永续年金的现值公式,为预测期之后的每年稳定不变的现金流除以贴现率计算得出;$WACC$ 为加权平均资本成本。

[案例 4－5] **Rappaport 模型应用举例——米特勒公司收购兰诺公司**

收购方企业米特勒公司,是一家从事工业品包装和材料处理市场的制造商和批发商,而目标企业兰诺公司,是一家从事工业品包装的开发企业。所以兰诺公司和米特勒公司是同一行业的公司,属于横向兼并的范畴,并购目的显然是为了扩大产业规模,发挥规模效应,以增加行业竞争力。收购前两公司的财务状况如表 4－8、表 4－9 所示。

表 4—8　　　　　　　　　　　两公司的损益表　　　　　　　　　　单位：百万美元

	米特勒	兰诺
销售额	600.00	50.00
经营成本	522.00	42.50
经营利润	78.00	7.50
债务利息	4.50	0.40
税前收益	73.50	7.10
应交所得税	36.00	3.55
净收入	37.50	3.55
流通在外的普通股	10.00	1.11
每股收益	3.75	3.30
每股股息	1.30	0.64

表 4—9　　　　　　　　　　　两公司的财务状况　　　　　　　　　　单位：百万美元

	米特勒	兰诺
净流动资本	180.00	7.50
有价证券	25.00	1.00
其他资产	2.00	1.60
财产、厂房、设备	216.00	20.00
减去累计折旧	−95.00	−8.00
	328.00	22.10
负担利息的债务	56.00	5.10
股东权益	272.00	17.00
	328.00	22.10

(1) 预测未来现金流

根据这些数据和具体的情况预测兰诺公司在米特勒公司控制下最可能的经营情况，我们的预测如表 4—10 至表 4—12 所示。

表 4—10　　　　　　　兰诺公司基本经营状况预测　　　　　　单位：百万美元、百万股

项　目	年　份		
	1～5	6～7	8～10
销售额增长率(g)	0.15	0.12	0.12
销售利润率(p)	0.18	0.15	0.12
所得税率(T)	0.46	0.46	0.46
追加的固定资本投资(f)	0.20	0.20	0.20
追加的流动资本投资(W)	0.15	0.15	0.15

表 4—11　　兰诺公司销售收入增长率和销售利润率的敏感性预测

方案	销售额增长率(g) 年份 1~5	6~7	8~10	销售利润率(p) 年份 1~5	6~7	8~10
保守的	0.14	0.12	0.10	0.17	0.14	0.11
最可能的	0.15	0.12	0.12	0.18	0.15	0.12
乐观的	0.18	0.15	0.12	0.20	0.16	0.12

表 4—12　　根据 Rappaport 公式预测兰诺公司未来十年的现金流　　单位：百万美元

项目	年份 1	2	3	4	5
销售额	57.50	66.12	76.04	87.45	100.57
—经营成本	47.15	54.22	62.34	71.71	82.47
=经营利润	10.35	11.90	13.70	15.74	18.10
—现金所得税	4.76	5.48	6.30	7.24	8.33
=税后经营利润	5.59	6.42	7.40	8.50	9.78
—追加的固定资本投资	1.50	1.72	1.99	2.28	2.63
—追加的流动资本投资	1.13	1.29	1.49	1.71	1.97
=从经营中获得的现金流量	2.96	3.41	3.92	4.51	5.18

项目	年份 6	7	8	9	10
销售额	112.64	126.15	141.29	158.25	177.23
—经营费用	95.74	107.23	124.34	139.26	155.96
=经营利润	16.90	18.92	16.95	18.99	21.27
—现金所得税	7.78	8.70	7.79	8.74	9.78
=税后经营利润	9.12	10.22	9.16	10.25	11.49
—追加的固定资本投资	2.41	2.70	3.03	3.39	3.80
—追加的流动资本投资	1.81	2.03	2.27	2.54	2.85
=从经营中获得的现金流量	4.90	5.49	3.86	4.32	4.84

此外，我们还需要计算预测期十年之后公司价值的残值，我们假设预测期之后，公司以永续不变增长率永续增长，所以其残值计算如下：

$$\text{残值} = \frac{\text{第 11 年税后经营利润}}{\text{贴现率}} \times \text{第 10 年的贴现系数} = \frac{11.48}{0.13} \times 0.2946 = 2602(\text{万美元})$$

(2) 计算资本成本

　　　　无风险收益率　　　　0.088
　　　　股票市场风险补偿率　0.052
　　　　β 系数　　　　　　A=1.0　　　B=1.25
　　　　债务成本　　　　　　A=9.5%　　B=10%

普通股权益成本＝0.088＋1.25×0.052＝15.3%

税后债务成本＝(1－0.46)×10%＝5.4%

表4－13　　　　　　　　　　　兰诺公司的资本成本

项　目	权　数	成　本	加权后的成本
债务	0.23	0.054	0.012
普通股权益	0.77	0.153	0.118
资本成本			0.13

可以得出，兰诺公司的加权平均资本成本为13%(如表4－13所示)，现在需要加总贴现现金流得出公司的总价值(如表4－14所示)。

表4－14　　　　　　　　　　兰诺公司的总价值　　　　　　　　　　单位：百万美元

年份	从经营中获得的现金流量	现值	累计现值
1	2.96	2.62	2.62
2	3.41	2.67	5.29
3	3.92	2.72	8.01
4	4.51	2.76	10.77
5	5.13	2.81	13.59
6	4.9	2.35	15.94
7	5.49	2.33	18.27
8	3.86	1.45	19.72
9	4.32	1.44	21.16
10	4.84	1.43	22.59
残值	11.48	26.02	48.61
加当前经营中不需要的有价证券			1
公司总价值			49.61
减去债务			5.1
最高可接受的现金价格			44.51
每股最高现金价格			40.1

兰诺公司最高价格为4 451万美元，或每股40.10美元。而兰诺公司目前股票价格每股25美元。所以，收购方米特勒公司可以支付每股40美元，超过市价15美元，可获得13%的收购报酬率。

企业价值的评估完成后，一般还需要对其进行敏感性分析，即考察各个参数变量的变化对于最后收购价格的影响程度。

二、股东权益折现模型

以上的Rappaport模型实际上把企业的资金供给者均作为最终剩余索取者，那么未来企业自由现金流量的折现值就是企业的价值。但如果仅把股东看作剩余权利的最终索取者,则企业的价值仅仅是股东权益的价值。股东的未来收益既可以指股东获得的红利和资本利得,又可以定义为股东得到的自由现金流量。对股东收益的不同定义可以得到不同的评估模型。

(一)股利折现模型

$$每股股票的价值 = \sum_{t=1}^{t=\infty} \frac{D_t}{(1+r)^t}$$

其中:D_t 为第 t 期每股股票红利;r 为股票的必要回报率。

预期的每股红利可根据对预期股利增长率、股利支付率的假设得出。股票的必要回报率 r 可以通过 CAPM 或 APT 模型估计得出,并可以随着期限 t 的变化而变化。[①]

(二)股东权益自由现金流量折现模型

我们这里定义股东可以得到的现金流为:

FCFE(free cash flow to equity)＝企业实体现金流量－债权人现金流量
　　　　　　　　＝息前税后营业利润＋折旧与摊销－资本支出
　　　　　　　　　－营运资本增量－税后利息的支出
　　　　　　　　　＋有息债务净增加

债权人现金流量＝税后利息－有息债务增加

FCFE 代表了企业向股东提供股利的能力。在实践中,企业所支付的股利往往和 FCFE 不相等。股权现金流模型有以下三种:

1. 永续增长的股权自由现金流量模型。

适用于评估拥有固定或稳定增长率的公司价值。其基本模型为:

$$P_0 = \frac{FCFE_1}{r-g}$$

其中,$FCFE_1$ 为第 1 期末预期的股东自由现金流,r 为企业的权益成本,g 为企业 FCFE 的固定增长率。

2. 两阶段的股权自由现金流量模型。

适用于评估期内第 1 期(到 n 年为止)增长很快,而第 2 期($n+1$ 年以后)直至以后维持稳定增长速度的公司价值。其基本模型为:

$$P_0 = \sum_{t=1}^{n} \frac{FCFE_t}{(1+r)^t} + \frac{FCFE_{n+1}}{(r-g)(1+r)^n}$$

[①] 威廉姆斯、戈登和夏皮罗、莫迪利安尼和米勒、马尔基尔等人扩充了这个模型,有兴趣的读者可以参考相关文献。

3. 三阶段的股权自由现金流量模型

适用于评估企业经历了初始高增长阶段(n_1 年以前)、增长率下降的转换阶段(n_2 年以前)和稳定增长阶段(n_2 年以后)的公司价值。基本模型为：

$$P_0 = \sum_{t=1}^{t=n_1} \frac{FCFE_t}{(1+r)^t} + \sum_{t=n_1+1}^{t=n_2} \frac{FCFE_t}{(1+r)^t} + \frac{P_{n_2}}{(1+r)^n}$$

其中，P_{n_2} 为 n_2 期后企业在第 n_2 期的现值。

当股利支付和 FCFE 有很大的差距时，FCFE 方法比股利折现模型的方法就要优越多了。一般来讲，FCFE 方法所得到的企业价值会高于股利折现法的结果。对这种差异的普遍解释是企业控制权的溢价。如果新的股东拥有这个企业，他们就会改变企业的股利政策，用股利模型衡量的企业价值就会产生一个很大的飞跃。这就是拥有大量现金流量的企业容易受到"袭击"的原因。因此，在企业的股利不等于企业的 FCFE 的情况下，应用这两个模型时，应根据企业控制权市场的具体状况来选择究竟使用哪一个模型。如果一个企业的控制权在资本市场转移的可能性较大（即发生并购的可能性比较大），那么运用 FCFE 方法较好，反之则选择股利折现模型。

三、现金流折现模型的新发展

现金流折现模型发展至今，仍然存在诸多的局限性，主要表现为：

(1)模型假定的前提条件是资本市场的充分竞争和无摩擦。

(2)企业现金流过于简单化，没有考虑企业其他的特性比如管理能力的价值等。

(3)不能衡量项目之间的相互依赖性或外部溢出效应。因为有些项目之间可能会产生某种协同效应，从而使项目的整体价值增加，而现金流方法的简单相加却不能反映这种特性。

针对以上现金流折现模型的局限，西方学者对现金流折现模型方法进行了相应的改进，主要产生了调整现值法、蒙特卡罗模拟法、决策树分析法等。

(一)调整现值法

为弥补现金流折现估值方法的不足，斯图尔特·梅耶斯(Stewart Myers)于 1974 年首先提出了衡量企业价值的调整现值法(adjusted present value)。在企业估价过程中，可以根据现金流量的不同事项把企业投资或经营分割为几个部分，分别计算每部分的价值，最后相加得出企业的总价值。企业的现金流有两大类：基础现金流和相关财务活动现金流。前者指与经营活动直接相关的现金流，如企业利润、营运资本支出、长期资本支出等；后者指与理财活动有关的现金流，包括利息避税、股票发行成本、套期保值等财务活动中发生的现金流入和流出等。调整现值法的估价公式为：

$$企业价值 = 基本价值 + 理财活动带来的价值影响$$

其中，基本价值指假设企业所有的资本均为权益资本（即全股权融资企业），而未来收益预期按权益资本成本折现得出企业价值。理财活动带来的价值影响则包括了利息避税、财务困境成本等对企业价值产生影响的部分。

调整现值法的基本步骤为：

1. 假设目标公司的现金流量全部由权益资本获得，求得基础现金流量（经营活动产生的现金流量和投资活动产生的现金流量）和相应的折现率，然后得出现值 M。

2. 考虑债务筹资方式等理财活动对现金流量的影响，计算筹资行为产生的相关财务现金流量和相应的折现率，然后求得现值 N。

3. 将 M 和 N 相加，即为目标公司现金流量总现值。

4. 根据管理层的需要做相关的调整。[①]

调整现值法的意义在于，不仅能够解决企业资本结构日益复杂的问题，而且对于企业经营管理也具有重要意义。因为将价值分割开来计算的方法，能够较为严格地区分各个职能部门对企业价值的贡献，使企业能够更为准确地把握业务发展方向。Rappaport 的现金流折现模型需要假设企业的加权资本成本在未来不变，但现实中这一前提条件并不一定能够保证（如企业更改资产负债率），这样就会导致加权资本成本折现模型的失灵。调整现值法（APV）作为对加权资本成本折现现金流法的改进，并不要求企业的加权资本成本保持不变，但要求对不同性质与来源的资本（如股权和各种负债——银行贷款、债券、租赁融资等）预知其规模，并选用不同的折现率进行折现，因此总体而言，APV 方法计算比较繁杂。不过随着计算机软件等现代信息技术的发展，越来越多的企业已开始采用这种方法。

（二）蒙特卡罗模拟法

随着计算机技术的发展，蒙特卡罗模拟法在企业价值评估领域的应用也越来越广泛，原因是它可以在不确定条件下对企业价值进行评估。该方法的基本原理是，预先假定企业一些价值评估的基本参数的概率分布，利用计算机对这些参数进行随机取样，然后按照给定的参数之间的方程式或等式关系，计算得到企业的现金流量，并最终通过现金流折现得到企业的价值。该过程经计算机重复多次随机抽样，最后得到企业价值的取值及其概率分布，也可算出企业价值的期望值。

但计算机模拟毕竟还是代替不了现实，其中最重要的一点就是运行蒙特卡罗模拟时，企业各价值参数的概率分布不可能有准确的估计，所以得出的企业价值的模拟值只能是一个参考。

---

① 详细案例见 Timothy Luehrman，"APV: a better tool for valuing operations"，*Harvard Business Review*，May-June，1997。另在 Ross 等《公司理财》（第 7 版）中对于 RJR-Nabisco 杠杆收购案例分析中，收购方 KKR 对目标公司 RJR-Nabisco 的估值方法就采用了调整现值法。

专栏 4—1　蒙特卡罗模拟法的 Excel 应用

　　蒙特卡罗模拟法要求给出参数值所服从的分布函数,这是运用此方法的关键。一般需要用到随机过程的内容,数学要求较高。这里假设参数服从均匀分布,从而简化模拟过程,以使读者认识蒙特卡罗模拟的基本原理。

　　假设 A 公司经营期限为三年,每年可能的收入及其概率如表 4—15 所示。

表 4—15　　　　　　　　　　　　　　　　　　　　　　　　　　　　单位:万元

第一年		第二年		第三年	
概率	收入	概率	收入	概率	收入
0.2	1 000	0.3	1 800	0.3	2 000
0.6	1 500	0.6	2 000	0.5	2 300
0.2	2 000	0.1	2 200	0.2	2 500

　　假设折现率为 10%。假定我们需要获得公司三年现金流的净现值。

　　第一步,我们建立输入区。输入区为我们已经知道的信息。输入区结果如下。

1. 输入区——初始参数	
贴现率	10%

2. 输入区——反函数变换表					
year 1		year 2		year 3	
0	1 000	0	1 800	0	2 000
0.2	1 500	0.3	2 000	0.3	2 300
0.8	2 000	0.9	2 200	0.8	2 500

　　我们之所以如此建立反函数变换表,是因为我们这里要用到 VLOOKUP 函数和 RAND 函数。RAND 函数随机生成一个在 0～1 之间均匀分布的数,而 VLOOKUP 函数(查找值,表区域,返回结果列号)会寻找某一数值在表格中对应的位置。例如,如果输入的查找值为 0.3,函数给出的是小于等于 0.3 的最大值对应的返回值。在上表中,小于 0.3 的数字有 0.2、0,它返回的是 0.2 对应的 1 500。

第二步,我们建立输出区——中间结果。这里我们使用 VLOOKUP 函数生成我们需要的销售收入。因为目前我们知道了各年度销售收入的概率分布,所以我们通过随机生成一个 0~1 之间的数,利用这个数(实际为销售收入分布的概率值)和销售收入的分布函数,就可以反向找到销售收入值。例如生成 0.3,我们知道销售收入为 1 500。因为 1 500 对应的概率区间为 $0.2 \leqslant P \leqslant 0.8$。

首先,我们定义查找值,通过 RAND 函数实现,接着,我们定义表区域。最后,我们定义返回表区域的第二列,也就是我们的销售收入。

表区域定义方法如下。

Year1、Year2、Year3 分别为其下面对应的表格的表头名称(选中下面六个数据格,在左上角的表头名中填入 Year1 然后回车,即可)。这样,我们获得了输出区中间结果。图中,第一年 2 000 数据是利用 VLOOKUP(RAND(),year1,2)函数获得的。

3. 输出区——中间结果			
	第一年	第二年	第三年
现金流	2 000	2 000	2 000

第三步,我们建立输出区——最终结果。我们利用 NPV(贴现率,表区域)计算得到净现值。结果如下表:

4. 输出区——最终结果	
净现值(百万元)	5 199.10

第四步,确定试验次数,进行模拟实验。

任选两列进行模拟实验,假设我们在第 H、I 列进行 1 000 次模拟实验。首先,在 H4:H1003 建立 1～1 000 为次数。令 I4 等于输出区的净现值,这里直接引用函数而不是数值,如果你的净值为 B6,就令 I4＝B6。之后选择 H4:I1004,选择"数据"——"模拟运算表",单击"输入引用列的单元格",再单击选中任意空白表格如 K1,单击"确定"按钮后,就可以在实验区完成模拟实验。

这里既然是 1 000 次模拟,在第 8 行以下用省略号,表示还有很多行。

H	I
4. 实验区	
次数	净现值
	0
1	4 519.159
2	4 744.553
3	4 290.008
4	4 894.816
5	4 519.159
6	4 744.553
7	5 349.361
8	4 744.553
……	4 744.553

第五步,根据具体问题建立统计区。假设需要求均值,则在单元格内输入"＝AVERAGE(I5:I1004)",假设需要求标准差,则在单元格内输入"＝STDEV(I5:I1004)"。我们可以获得如下表格:

5. 统计区	
1 000 次模拟净现值均值	4 688.996 99
1 000 次模拟净现值标准差	333.737 705
1 000 次模拟净现值最大值	5 514.650 64
1 000 次模拟净现值最小值	3 899.323 82

第六步,建立图形。我们可以建立以横坐标为净现值、纵坐标为概率(频率)的图形。首先,需要确定步长,步长为两个数据之间的间隔。假设我们在横轴上需要 32 个点,步长为(1 000 次模拟最大值－1 000 次模拟最小值)/30。如下图(节选),其中,刻度 1 对应的数值为 1 000 次模拟最小值,后来每一刻度为上一

刻度加上步长。在频次栏,我们需要用到 FREQUENCY 函数,具体使用方法不再赘述。用频次除以 1 000 得到频率,也就是我们模拟得到的概率。

根据上述数据,以刻度栏为横轴,频率栏为纵轴,绘制柱形图可以得到如下图形。可以看出,大部分数据集中于 4 761。如果需要更具体的统计指标,只需要在统计区加入相应的统计函数即可。

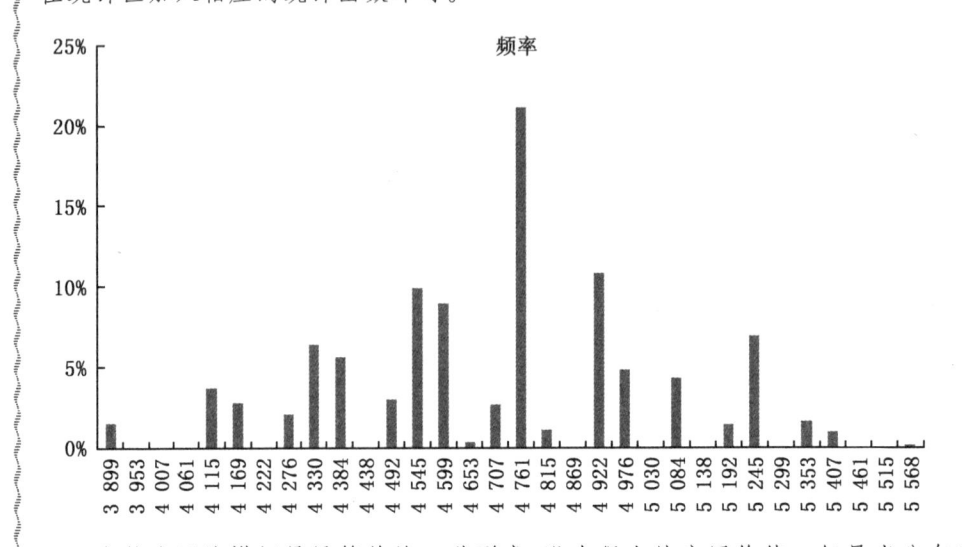

当然这里的模拟是最简单的一种形式,没有很大的应用价值。但是当分布函数比较复杂时,这种方法的优势就可以显现出来了,它为不确定情况下公司价值的评估提供了有效的定价方法。

第五节 目标企业经典估值方法的比较与总结

我们可以对企业估值的乘数指标方法和现金流折现方法,总结如下。

净资产重估法(RNAV):适用于①房地产等账面资产变化频繁的行业;②酒店、房地产、商业等。

市盈率(PE):适用于连续稳定盈利、周期性较弱的行业,并且β值接近1,如公共服务业等。

市净率(PB):适用于①周期性强、拥有大量固定资产并且账面价值相对较为稳定的行业,如钢铁、航空、化工、建材等;②流动资产比例高的行业,如银行、保险;③绩差及重组公司(比如 ST 类的上市企业)但 PB 存在的缺陷很明显:①账面价值受企业会计政策选择的影响,若各企业执行不同的会计政策,PB 失去可比性;②服务性行业、高科技企业等的净资产与企业价值关系不大。

PEG 法:反映预期增长率对公司价值的影响,适合于成长性较高的企业,如高科技企业、生物医药、网络软件开发等;对于科创板、创业板等公司适用。

现金流折现(DCF):现金流稳定的企业,如各类运营商(高速公路、电信)等。

EV/EBITDA:适用于①充分竞争的行业;②拥有巨额商誉的公司(可避免商誉减值带来的价值冲击);③净利润亏损、但毛利(主营业务利润)、营业利润并不亏损的公司;④单一业务或子公司较少的公司;⑤排除了不同所得税率、资本结构、折旧摊销等的影响。

市销率(PS):①销售收入相对稳定、波动性小、且具有微利特点或者亏损,如零售行业;②因为销售收入不会出现负值,也不会受到折旧、存货、非经常性收支等影响,市销率指标不易被操纵。缺点在于:对价格政策和企业战略变化敏感;不能反映企业成本。

市值/储量法:关注产量、资源等的拥有情况,适用于资源类行业(如煤炭、矿山),以及如酒店企业(房间数)、一些新兴 IT 行业(注册用户数)等。不同行业的估值指标和方法如表 4-16 所示。

表 4-16　　　　　　　　　　不同行业的估值指标和方法

行　业	行业特点	适合的估值方法
公共服务业	盈利相对稳定、周期性较弱	市盈率、现金流折现
钢铁、航空、航运等	周期性较强、拥有大量固定资产且账面价值较为稳定	市净率、现金流折现
银行、保险	流动资产比例高	市净率
房地产、商业、酒店业	注重资产账面价值与实际价值的差异	重估净资产法、市净率
信息技术企业(TMT)、生物医药	成长性高	PEG
资源类行业:煤炭、矿业等	关注产量和资源拥有情况	市值/储量、市盈率、实物期权
商业零售行业	微利性	市销率、现金流折现
高速公路运输、电信运营等	经营注重稳定性	EV/EBITDA、现金流折现

本章小结

本章和下一章的主要内容为目标公司的选择和企业价值的评估。这两章是实务性较强的一章,涉及怎样选择并购目标和给目标企业定价的问题。本章主要讲述经典的企业估值方法:市场比较法和现金流折现法。

目标公司的选择一般分为两步:选择行业和选择企业。行业分析指选择并购目标所属的行业,根据并购目的选择平行行业还是上下游的行业。除此之外还要分析该行业现在是否有发展潜力,是否适合并购。然后就是选择行业中的具体目标公司。影响目标公司选择的因素主要有股本规模和股本结构、股票市场价格、财务状况、法律因素、文化因素等。在目标公司的选取中,投资银行和咨询机构发挥着重要的作用。

并购中最重要问题之一就是对企业进行定价,合理的定价有利于并购的顺利进行。公司的价值评估分为净资产价值法或调整账面价值法、市场比较法与市盈率法、现金流量评估法、企业价值的期权评估方法等。其中现金流量评估法是最合理的一种评估方法,被业界广泛使用。

基本概念

净资产价值法	加成系数	市场比较法
市盈率法	EBITDA	现金流量折现法
自由现金流量	Rappaport 模型	股权自由现金流量
调整现值法(APV)	蒙特卡罗模拟法	

复习题

1. 调整账面价值法中的调整系数(加成系数)一般怎样计算?由哪些因素构成了增长加成系数?

2. 运用现金流量评估法时,预测现金流量有哪几种方法?分别代表什么含义?

3. A公司的财务结构相当稳定,处于理想的负债比率25%。预计净收益、资本性支出、折旧和营运资本追加额都以每年6%的增长率增长。已知当前公司每股收益为3.15元,每股资本性支出为3.15元,每股折旧为2.78元,每股营运资本追加额为0.5元,公司股票的β值为0.9,国债利率为7.5%,市场风险溢价为5.5%。试用股权现金流量(FCFE)模型估算当前公司的股票价值。

4. 某上市银行2007年每股收益0.123元,预计今后10年为高速增长阶段,预计的净资产收益率为25%,预期红利支付率为30%,β值为1.4。10年后转为稳定增长阶段,预计每股收益的增长率为10%,预期净资产收益率为20%,β值为1.1,长期国债利率为6%,市场风险溢价为5.5%。试用市盈率法估计该银行的股价。[提示:公司的内部增长率=ROE×(1-股利支付比率)。]

5. R公司2015年预计的损益及资产负债情况如下:

2015年预计资产负债表 单位:万元

	年 初	年 末
流动资产	525	600

续表

	年 初	年 末
固定资产	500	600
累计折旧	75	105
固定资产净值	425	495
其他长期资产	400	425
长期资产合计	825	920
资产总计	1 350	1 520
流动负债	250	265
其中无息负债	50	55
长期负债	400	500
其中无息长期负债	100	200
股本	700	700
保留盈余	0	55
负债及股东权益总计	1 350	1 520

2015 年预计利润及利润分配表

单位：万元

一、主营业务收入	500
减：主营业务成本	200
二、主营业务利润	300
减：折旧	30
长期资产摊销	10
营业和管理费用（不含折旧和摊销）	100
财务费用	10
三、营业利润	150
加：投资收益	0
补贴收入	0
营业外收入	0
减：营业外支出	0
四、利润总额	150
减：所得税（所得税率30%）	45
五、净利润	105
加：年初未分配利润	0

续表

六、可供分配利润	105
减:应付普通股股利	50
七、未分配利润	55

请分别计算 R 的企业实体现金流量、债权人现金流量和股东现金流量。

实践性问题

1. 1988 年夏,美国上市企业 RJRNabsico 公司的股票价格在 55 美元附近。公司负债 50 亿美元。公司的 CEO 和管理层宣布进行管理层收购,出价每股 75 美元进行要约收购。Kohlberg, Kravis and Roberts(KKR)加入竞争,出价每股 90 美元。11 月底,KKR 最终以每股 109 美元出价,总价 250 亿美元,赢得目标公司。这是截至当时历史上价值最大的 LBO 案例。请查阅 Ross 等的公司理财(第 7 版)等资料,运用 APV 方法推算出 KKR 的收购价格。

2. 请登录 Wind 数据库或者国泰安 CSMAR 数据库,下载一家公司的并购事件公告,分析该公告中对目标公司的估值方法和数据。研究该估值方法的合理性和可能的不足。

第五章　并购中的期权估值方法与财务分析

第一节　企业价值的期权估值方法

从布莱克(Black)和斯科尔斯(Scholes)在1973年提出了著名的期权估值公式之后,期权定价的思想就进入了企业估值的领域,利用期权思想来对投资项目和企业估值,被称为实物期权(real option)方法。利用实物期权的视角分析企业价值的方法在布莱克和斯科尔斯最初的论文中就提出来了。其主要逻辑为,如果投资者拥有一家有限责任企业,从股东的角度看,不妨把企业的价值当成是一种基础资产为企业的总资产、执行价格为到期负债价值的看涨期权。

看涨期权的定价公式为:

$$C = SN(d_1) - Ke^{-rt}N(d_2)$$

其中,

$$d_1 = [\ln(S/K) + (r + 1/2\sigma^2)t]/\sqrt{\sigma^2 t}, d_2 = d_1 - \sqrt{\sigma^2 t}$$

公式中,S代表当前股价,可以用企业净资产的价值或者未来股权收益所带来的现金流折现值来代替;K代表执行价格,可以用负债的到期价值来代替;r是无风险利率,可以用相同期限的国债利率来代替;σ代表股票收益率的标准差,可以用股票的历史波动率来衡量;t为期权的到期时间,可以用投资期限来代替。

利用实物期权进行估值时,一个简单明了的例子是估算一个企业进行两阶段投资,在第二阶段投资不明确的情况下,估算第一阶段投资的项目价值。简单地说,如果未来的发展状况不明朗,投资者可以先投入一笔资金进行第一阶段投资或购买一家企业,当未来情况明朗的时候,再决定是否进行第二阶段投资。比如,我们可能觉得无线宽带行业非常有发展前景,但如果我们等到该行业盈利模式非常成熟的时候再进入,通常就分享不到什么收益了。因此,先期投资一家无线宽带企业,对市场进行学习和探索就很有必要。因此,当我们进行第一期投资的时候,就存在一个期权的价值——第一期投资所带来的"学习和探索的价值"。通常,我们可以把第二期投资的现值当作

S,进行第二期投资的时间当作 t,第二阶段投资成本的现值当作 K,第二阶段投资价值的波动性当作 σ。那么我们就能计算出第一阶段投资决策时所内含的期权价值(也就是可以选择进行第二阶段投资的权利)。比如,一家企业按照净现金流折现方法得到的价值为 1 000 万元,而购买了该企业从而获得的第二阶段投资的期权价值为 300 万元,那么即使投资者用 1 200 万元的价格购买该企业,也是非常值得的。[①]

不过,这种基于 BS 期权定价公式的实物期权估值方法不一定就好,因为 BS 公式假设作为期权标的股票的价格变动服从伊藤过程,就是 $dS(t)=\mu(t,s)+\delta(t,s)dB$,其中漂移率为 $\mu(t,s)$,而干扰强度为 $\delta(t,s)$,dB 表示布朗运动。简单地说,如果股价的变动服从伊藤过程,那么时间越长,未来股价与目前股价的差别就越大,其中漂移率就是衡量这种变化有多快的一个参数。不过股价的变动之所以还呈现出变动性,是因为股价的变动还受到一个布朗运动的干扰。其中干扰强度就是用来衡量这种干扰大小的参数。布朗运动为一种不规则的运动,本期的变动不受前期变动的影响。而且在每一个有限期内这种变动的大小服从正态分布,期限越长正态分布的方差也就越大。

以下为利用实物期权对企业价值评估的案例。

[例5—1] 现在 A 公司要收购 B 公司,收购前两家公司的价值为:A 公司总资产市值 800 万元,B 公司总资产市值 200 万元;两公司价值中各有一半为债务——5 年期零息票债券,另一半为股本。A 公司的零息债券面值 400 万元,B 公司的零息债券面值 100 万元。公司风险为:$\sigma_A=30\%$,$\sigma_B=20\%$。两公司的现金流相关系数为 -1,无风险利率为 5%。

A 公司资产负债表			B 公司资产负债表		
资产	800	负债	400	资产	200	负债	100
		股票	400			股票	100
	800		800		200		200

当公司的价值超过了承诺支付给债权人的数额时,股东将获得承诺支付给债权人数额之后的剩余数额,而债权人获得了承诺支付的数额。当公司的价值少于承诺支付给债权人的数额时,股东将一无所获,而债权人获得了公司的价值。公司的股票价值本质上是一种依存于未来企业价值的期权。由题意,我们已经知道并购前两公司的市场价值,公司负债期限为 5 年,可以认定为公司期权到期时间,协议价格 K 为公司负债的价值,S 为公司当前的价值。债券的市场价值为公司的市场价值扣除股票市场价值之后的价值。

---

① 因为 1000+300-1200=100>0,是一个净现值为正的投资。

根据 BS 模型，

(1) 并购前 A 公司股票和债券的价值计算如下：

$K=400, S=800, T=5, d_1=1.741, N(d_1)=0.9592; d_2=1.071, N(d_2)=0.8578$

公司股票的价值为：$C_0=SN(d_1)-Xe^{-rt}N(d_2)=500(万元)$

公司债券的价值为：$800-500=300(万元)$

(2) 并购前 B 公司股票和债券的价值计算如下：

$K=100, S=200, T=5, d_1=2.333, N(d_1)=0.9902; d_2=1.885, N(d_2)=0.9703$

公司股票的价值为：$C_0=SN(d_1)-Xe^{-rt}N(d_2)=122(万元)$

公司债券的价值：$200-122=78(万元)$

(3) 并购前两公司的总价值为：$800+200=1000(万元)$，两公司股票的总价值为 622 万元，两公司债券的总价值为 378 万元。

(4) 并购后两公司股票和债券的价值计算如下：

假定这是一次纯粹的为降低风险的并购，所以并购后公司的总价值不变，为 1 000 万元。因为两公司现金流的相关系数为-1，所以：

并购后公司的总风险为：$0.8 \times 30\% - 0.2 \times 20\% = 20\%$

其他条件不变的情况下 $d_1=2.333, N(d_1)=0.9902; d_2=1.885, N(d_2)=0.9703$

公司股票的价值为：$C_0=SN(d_1)-Xe^{-rt}N(d_2)=612(万元)$

公司的债券价值为：$1000-612=388(万元)$

对照并购前两公司的总价值，股票的总价值下降了 10 万元，债券的总价值上升了 10 万元。

[例 5—2] A 公司是一个颇具实力的制造商。管理层估计某种新型产品可能有巨大发展，计划引进新型产品生产技术。

考虑到市场的成长需要一定时间，该项目将分两期进行。第一期 2019 年末开始投资，投资额为 1 200 万元，2020 年投产，生产能力为 50 万只，相关现金流量如下：

时间(年末)	2019	2020	2021	2022	2023	2024
税后经营现金流量		160	240	320	320	320

第二期 2022 年年末开始投资，投资额为 2 500 万元，2023 年投产，生产能力为 100 万只，预计相关现金流量如下：

时间(年末)	2022	2023	2024	2025	2026	2027
税后经营现金流量		800	800	800	650	650

公司的风险必要报酬率为10%,无风险利率为5%。

要求:

(1)计算不考虑期权情况下方案的净现值。

(2)假设第二期项目的决策必须在2022年底决定,该行业风险较大,未来现金流量不确定,可比公司的股票收益率标准差为14%,可以作为项目现金流量的标准差,要求采用布莱克—斯科尔斯期权定价模型考虑项目的期权价值后,再次计算第一期项目净现值为多少,并判断应否投资第一期项目。

解:(1)

项目第一期的计划　　　　　　　　　　　　　　　　单位:万元

时间(年末)	2019	2020	2021	2022	2023	2024
税后经营现金流量		160	240	320	320	320
折现率($i=10\%$)		0.909 1	0.826 4	0.751 3	0.683	0.620 9
各年经营现金流量现值		145.456	198.336	240.416	218.56	198.688
经营现金流量现值合计	1 001.456					
投资支出	1 200					
净现值	−198.544					

项目第二期的计划　　　　　　　　　　　　　　　　单位:万元

时间(年末)	2019	2022	2023	2024	2025	2026	2027
税后经营现金流量			800	800	800	650	650
折现率($i=10\%$)			0.909 1	0.826 4	0.751 3	0.683	0.620 9
各年经营现金流量现值			727.28	661.12	601.04	443.95	403.585
经营现金流量现值合计	2 131.419 3	2 836.975					
投资支出($i=5\%$)	2 159.594	2 500					
净现值	−28.174 7	336.975					

在不考虑期权价值的情形下,两期项目的净现值为−198.544+(−28.175)=−226.719(万元),当然拒绝投资该项目。

(2)在考虑期权价值后,再次计算第一期项目的价值:

本题关键是确定布莱克—斯科尔斯期权定价模型中的两个参数S_0和X,S_0是第二期项目在第一期项目 0 时点的价值，X 是第二期项目的投资额。本例中 $S_0=2\,131.419\,3$（万元），$X=2\,500$（万元）。其他变量或者已知，或者很容易确定。剩下的问题就是代入公式求解期权价值。

$$d_1=\frac{\ln[S_0/PV(X)]}{\sigma\sqrt{t}}+\frac{\sigma\sqrt{t}}{2}$$

$$=\frac{\ln(2\,131.419\,3/2\,159.594)}{0.14\times\sqrt{3}}+\frac{0.14\times\sqrt{3}}{2}$$

$$=0.067\,3$$

$$d_2=d_1-\sigma\sqrt{t}=0.067\,3-0.14\times\sqrt{3}=-0.175\,2$$

$$N(d_1)=0.526\,8,N(d_2)=1-0.569\,5=0.430\,5$$

$$C_0=S_0[N(d_1)]-PV(X)[N(d_2)]$$

$$=2\,131.419\,3\times0.526\,8-2\,159.594\times0.430\,5$$

$$=193.126\,5(\text{万元})$$

因此，考虑实物期权后的第一期项目净现值=193.126 5－198.544＝－5.417 5（万元），仍然为负值，所以不应选择第一期项目。

第二节　并购中期权估值方法的具体应用——赢取计划[①]

传统的企业价值评估方法都和企业的整体发展趋势是不相关的，但是在现实世界中，经济环境的变化瞬息万变，这种静态的评估方法很难对企业做出非常合适的评估。下面我们介绍一种在企业并购中运用的企业价值的期权评估方法，西方称为"earn out"计划，中文可翻译为"赢取计划"[②]。该方法是实物期权估值方法的一种具体应用。

一、赢取计划简介

赢取计划是一项合约规定，收购方对目标企业购买价格的一部分在收购完成时不支付给目标企业股东；在收购完成后，根据目标企业未来的财务业绩或其他绩效指标完成情况，将这部分金额给予或有支付。中小企业一般经营历史较短，波动性较大，企

[①] 本节内容节参考了李曜. 收购兼并中的激励性支付技术——赢取计划. 经济管理[J]. 2003(12).
[②] 关于 earnout 的翻译，国内还有称为"盈利能力支付计划"等，参见：陈涛，李善民. 并购支付方式的盈利能力支付计划探讨. 证券市场导报[J]. 2015(9):16～20.

业未来的现金流不确定。在收购兼并中小企业时,买卖双方必然会对企业未来的价值持不同的意见而无法对收购价格达成一致。这时可以安排一项特殊的支付合约——赢取计划——来实现交易。赢取计划中约定的财务业绩或其他绩效指标构成了触发条件,只有触发条件被触发,买方才需要支付现金或股票于卖方。

赢取计划最早是从规模较小、私人拥有的目标公司开始的,但近年来发展迅速,一些大的公司包括上市公司的收购中也采用了赢取计划。

赢取计划的主要优点包括:

1. 解决收购双方的价值评估不一致的矛盾。采用赢取计划最主要的原因就是买卖双方对目标企业的内在价值评估不一致。一般来说,买方的评估值会低于卖方的评估值,赢取计划的目的就是填平双方估价的差异。对于卖方来说,如果目标企业被收购后,表现优异,并且超过了绩效合约规定的触发值,绩效合约就会要求买方支付附加的金额给予卖方。这样通过未来业绩调整支付的方法,赢取计划解决了双方对企业价值评估不一致的矛盾。

2. 保留住目标公司原有的股东和经理。由于在科技型或创业型的中小企业中,目标企业的股东往往也是经理或者关键管理人员,这些股东对于公司未来的发展是起决定性作用的。赢取计划把这些股东的利益和公司的利益联系在一起,有利于留住这些关键人员,保证企业的持续增长。

赢取计划在具体实践时还需要解决若干实际问题,否则会使绩效合约的效果大打折扣。这些问题包括:

(1)并购后企业的整合。在并购完成后,如果目标企业完全整合入收购方即成为收购方的一部分,那么赢取计划是无法发挥有效作用的。因为整合后企业的销售、成本、利润等决策不再独立,这样目标企业的管理层就失去了对原目标企业的控制。所以,要使赢取计划发挥有效作用,就必须保证目标企业的独立性,或者用别的方法使其业绩不受收购企业整体的影响。

(2)业绩目标的具体设置。业绩支付合约中最重要的是业绩目标的设置。这个目标可能是一个计算公式或一组数值,设置的宗旨是要简单明确、易于计算且为双方认同。

(3)业绩目标设置过于激进。目标公司的管理层可能过于乐观,将业绩目标设置得过于激进。一旦实际经营中目标公司难以实现既定的业绩,赢取计划的存在反而会使管理层丧失工作动力。所以,实践中较好的方法是选择比较现实的业绩目标,同时将业绩目标分解,在支付金额上逐步递增,这样有利于保持目标公司管理层的持续动力。另外,也可以设置业绩目标的调整机制,用于反映经营环境的变化。

(4)支付金额过低。如果业绩目标完成,赢取计划没有提供足够的奖励给予管理层,那么这种激励机制的效果很小。

二、计划的设计

一项赢取计划的设计主要涉及支付的金额、考察期长短、业绩目标和如何支付等。

1. 赢取计划的支付金额设计

买卖双方须决定目标公司的购买价格中多少应在交易结束时以现金或股票形式支付,多少应在未来以赢取计划支付。一般来说,对目标企业估值较少的数值构成了固定支付部分的基础,而较高部分的估值与固定部分的差额构成了赢取计划的或有支付。我们把或有支付与整个收购价格(固定支付部分+或有支付部分)的比例称为赢取计划的支付比例。在实践中,如果该比例小于20%,一般赢取计划就不会采用了。因为买卖双方的估值差价不大,会通过进一步谈判达成全部固定支付的收购价格。而如果这部分比例超过了80%,说明双方估值相差太大,目标公司股东承担了大量的风险,一般也不易达成交易。所以一般赢取计划的支付比例为20%~80%。

2. 赢取计划的时间期限设计

时间期限根据计划支付比例不同而不同,计划支付比例越大,期限则越长。一般为1~5年,平均为3年。

从现金流折现角度来分析,赢取计划的期限越短,则未来支付金额的现值越高。但赢取计划的支付是或然发生的,所以期限越长,获得支付的可能性越大。从这个意义上说,赢取计划的期限越长、价值越大,这和赢取计划作为一项期权的本质特征是一致的。

3. 业绩目标的设计

赢取计划的业绩目标必须定义清楚,易于测算和实现,并为双方所理解。在实践中我们一般选择如下目标作为业绩目标:

(1)销售额。企业选择销售额作为业绩目标主要有两种情况:一种是并购结束后,买方希望将两个公司业务整合。因为除了销售额外,其他指标很难用来测算目标公司的经营情况。另外一种情况是在并购结束后,目标公司的管理层没有留下,此时销售额可以衡量出前任管理层所建立的品牌的真正价值。但在选择销售额作为目标的时候,要注意目标公司可能降低价格以扩大销售额。为防止这点,收购方可以要求目标公司必须盈利经营。而另一方面目标公司可能会强调由于收购方的制造能力或分销能力的不足而导致客户对目标公司的需求无法满足。此时,双方可在合约中规定收购方必须对目标公司的销售提供足够的资源。

(2)毛利。选择毛利指标(profit margin,即主营业务利润)可以避免公司的亏本经营。但目标公司管理层可能会担心在并购结束后收购方会转移一些营运费用于目标公司，从而损害目标公司业绩目标的实现。所以，业绩目标的计算公式中要说明双方如何确认管理费用、制造费用、销售费用等可能影响毛利的指标。

（3）税前利润。选择税前利润指标，必须要求目标公司的经营相当独立。因此在赢取计划的有效期间内，目标公司不能真正地整合进收购方。

（4）现金流量或者息税折旧摊销前利润（EBITDA）。如果收购方在收购时对目标企业的价值评估采用的是 EBITDA 乘数法，则在赢取计划的业绩目标选择上很可能也采用 EBITDA 指标。另外，当收购方现金短缺或者收购方强烈要求目标公司减少现金支出、关注现金流量的情况下，都可能选择现金流量类的指标。

（5）一些非财务指标类的触发事件。比如完成规定的产品开发、专利申请、销售发货或者特定合同。这些在技术类企业中很常见，因为这类事件的完成能极大地提高这些企业的价值。

实践中根据具体情况可以将这五种指标结合起来使用，比如分别给予某一指标一定的权重，然后加权计算总值。

4. 支付安排

在业绩目标公式确定之后，双方就要协商支付金额以及如何支付（现金或者股票等）的问题。一般金额的支付是逐步支付的。在目标公司还没有完成整个目标、但取得了重要的业绩时（比如已经完成了 50% 的业绩目标），赢取计划就可以开始给予支付了。然后随着业绩目标的增长，支付金额线性递增。如果年度业绩目标超额完成，一般会给予额外的奖金。或者允许将某一年度的超额完成部分用来抵补其他年度的亏空部分。也有的企业在赢取计划整个期间结束后，根据累积的总业绩完成情况，给予一次性的支付。

由于经营风险很大，收购方一般总是对赢取计划的最高支付金额进行封顶。相应地，目标公司股东会要求最低的支付金额以及超额完成时的奖金。

5. 经营整合性

事关赢取计划有效性的一个重要问题，就是并购后双方经营的整合程度问题。赢取计划必须清楚定义计划所测量的经营单位、目标公司的经营决策权归谁所有等。一般收购结束后，收购方会要求目标公司和收购方合作，至少是在某些产品上进行合作。目标公司股东或经理必须评估这些整合的部分对赢取计划的影响。比如，如果收购方是目标公司的主要客户，收购完成后，目标公司是否还能维持原来的获利程度（如同它把产品销售给其他第三方一样）。

一般经营整合度越低，赢取计划越有效。所以目标公司股东会要求在赢取计划期间内保证目标公司经营的独立性。但是，收购方通常会要求目标公司和收购公司进行经营整合。所以，赢取计划应该在实现收购方的战略目标和赢取计划本身目标之间进行折中选择。

6. 会计制度

对于目标公司来说，其会计制度对财务业绩的衡量十分重要。在收购完成后，一般目标公司的会计制度会选择和收购方一致。在赢取计划中，要明确规定目标公司的财务业绩是如何计算的，特别要注意的是，收购方不能将收购交易中发生的一些成本转移给目标公司。在赢取计划中，可以要求由会计师事务所提供目标公司独立的年度审计报告，并规定双方对财务数字发生争执时的解决机制。

对于收购方来说，一项并购的会计处理有购买法(purchase)和权益汇总法(pool of interests)两种基本方法。美国有关财务准则规定，如果一项并购中采用了赢取计划，会计处理方法必须采用购买法。在购买法的会计处理中，收购价格超过目标公司账面价值的部分，要在收购方会计报表中作为商誉摊销，这样会对收购方的财务业绩产生不利影响。而赢取计划的或有支付可能进一步增加目标公司的商誉价值，扩大对收购方财务业绩的不利影响。这是在购并中采用赢取计划的必然结果，除非放弃赢取计划。

7. 税收

赢取计划的支付金额可以为股票或者现金，因此会导致税收的不同对待。美国有关税法规定，在一个兼并(merger)类型的并购中，至少50%的支付金额用股票支付时，才能取得免税。在一个收购(acquisition)类型的并购中，所有的支付都必须用股票，才能取得免税。同时现行美国国内税务法则规定，在一项免税收购中，赢取计划的支付比例不得超过支付总金额的50%，赢取计划的有效期限不得超过5年。

8. 其他有关问题

(1) 目标公司的融资问题。目标公司在经营中可能要求收购方提供融资，收购方一般提供资金，并按照自己的资本成本要求目标公司承担资金费用。

(2) 企业管理计划。双方要协商确定在收购完成后，目标公司如何进行经营。目标公司的年度经营计划可能会参考收购方的年度计划，但要注意这不能对目标公司完成业绩目标有负面影响。

(3) 双方的控制权发生改变。如果未来收购方出售目标公司或者收购方自身的控制权发生改变，赢取计划的执行不能受到影响。比如有的赢取计划规定，当收购方出售目标公司时，此时的新买方必须将赢取计划中规定的尚未支付的资金支付给目标公司股东，作为新购买价格的一部分。

(4) 对收购方财务状况的影响。赢取计划作为一项或有负债，和其他或有负债的处理一样，都是记录在财务报表的注释中(即不直接计入财务报表)。

三、价值评估举例

对于一项赢取计划,如何评估其价值呢?我们可以举一个简单的例子来说明。

假设收购方 A 准备收购目标公司 B,A 根据现金流折现模型认为 B 价值 300 万美元,而 B 认为自己的价值为 500 万美元。双方谈判后决定采用赢取计划。首先双方协商在并购结束时的支付金额,原则是不能超过 A 对 B 的评估值,最后双方同意交易结束时先支付金额 200 万美元,其余部分由赢取计划支付。赢取计划的业绩目标选择为 B 的经营毛利,第一年为 25 万美元,随后每年递增 25 万美元。实际经营毛利超过规定目标的数值作为赢取计划的支付金额。赢取计划的期限是 5 年。另外已知 B 当前的销售额为 1 000 万美元。现在的问题是,这项赢取计划有多大价值呢?这项收购支付计划对双方是否公平呢?

表 5-1 和表 5-2 分别是 A 和 B 对赢取计划价值的估计。

表 5-1　　　　　　　并购中买方对赢取计划的价值评估　　　　　　　单位:万美元

	收购当年	第1年	第2年	第3年	第4年	第5年
销售额	1 000	1 050	1 102.5	1 157.6	1 215.5	1 276.3
销售增长率		5%	5%	5%	5%	5%
经营毛利		52.5	55.1	57.9	60.8	63.8
毛利率		5%	5%	5%	5%	5%
赢取计划目标值		25	50	75	100	125
年度赢取计划价值		27.5	5.1	0	0	0
赢取计划价值的现值(按5%折现率)	30.8					
交易结束时支付金额	200					
目标企业总价值	230.8					

表 5-2　　　　　　　并购中卖方对赢取计划的价值评估　　　　　　　单位:万美元

	收购当年	第1年	第2年	第3年	第4年	第5年
销售额	1 000	1 150	1 322.5	1 520.9	1 749	2 011.4
销售增长率		15%	15%	15%	15%	15%
经营毛利		115	132.3	152.1	174.9	201.1
毛利率		10%	10%	10%	10%	10%
赢取计划目标值		25	50	75	100	125
年度赢取计划价值		90	82.3	77.1	74.9	76.1
赢取计划价值的现值(按5%折现率)	348.2					
交易结束时支付金额	200					
目标企业总价值	548.2					

从表 5—1 和表 5—2 可以看出,同样的赢取计划,买卖双方的价值评估差别很大,这种差别主要来自双方对于决定赢取计划价值的几个主要参数的估计不同,本案例中就是销售增长率和毛利率两个参数变量。对于销售增长率,A 认为最可能的值是 5%,变化范围可能在[0%,10%]之间,而 B 认为最可能的值是 15%,变化范围在[10%,20%]之间。对于销售毛利率,A 认为最可能的值是 5%,变化范围可能在[0%,10%]之间,而 B 认为最可能的值是 10%,变化范围在[5%,15%]之间。在给出上述条件下,我们还可以代入参数变化范围的边界值,算出 A 认为的目标公司总价值范围为[200 万美元,331.6 万美元],而 B 认为的目标公司总价值范围为[289.2 万美元,760.6 万美元]。我们还可以考虑假设上述两个参数的分布情况(如假定为正态分布),利用蒙特卡罗模拟法,画出 A 和 B 分别认为的目标公司的总价值的分布图(这里省略)。[①]

正是由于双方对主要参数的分布预期不同,造成双方对赢取计划的价值以及由此对目标企业整体价值的评估不同。但正因如此,一项包含了赢取计划的收购支付方式,使双方都认为目标企业的价值落在了自己原先的估计范围内,双方都非常满意,达成了双赢效果。这种双赢效果可以用以下公式表示:

买方对目标企业的估值≥并购结束时的支付金额+买方对赢取计划的估值

卖方对目标企业的估值≤并购结束时的支付金额+卖方对赢取计划的估值

在实际应用赢取计划时,需要注意:①保持计划简单明确,易于测算,为双方所理解。为避免双方将来可能发生的争执,计划必须包括上面所列的基本内容条款。②赢取计划的重点应放在业绩目标的设定和测算上。③对于目标企业的出售方来说,要仔细考虑目标企业被并购后未来如何具体运作,以避免过于乐观,导致赢取计划无法成功。

在美国近十几年中的并购事件中使用赢取计划的比例约为 4%(Cain 等,2011),[②]但自 2001 年起使用频率明显提高。尽管采取赢取计划的数量占比并不大,但是其或有支付金额占使用该方案的并购交易总金额的比重却非常可观,Cain 等(2011)观察到的平均值约为 33%。谷歌、eBay、甲骨文等著名公司均频繁采用赢取计划进行收购。

[案例 5—1] 赢取计划作为支付对价——三花股份收购德国亚威科电器

2012 年 11 月 21 日,上市企业浙江三花股份有限公司(沪市代码 002050)公告称,

---

① 有兴趣的同学可以利用第四章第四节的蒙特卡洛模拟方法对本例子进行计算,分别模拟出 A 和 B 各自认为的目标公司价值的分布情况。

② Cain, Matthew D. David J. Denis, and Diane K. Denis. Earnouts: A study of financial contracting in acquisition agreements. [J]. *Journal of Accounting and Economics* 51, No. 1~2 (2011):151~170.

以 370 万～3677.5 万欧元之间的价格收购德国亚威科电器设备有限合伙公司相关资产。该交易令人关注的是其收购对价的支付方案——盈利能力支付计划（即赢取计划）。

三花股份对亚威科电器的收购对价为：约定在合同签署时点至 2015 年 6 月 30 日期间共分四期进行支付（即购买价款由四期价格根据适用情形累加计算得出），累计最高不超过 3 677.5 万欧元。整个支付计划将传统的一次性付款方式转变成按照未来一定时期内的业绩表现进行支付的交易模式，其中未来或有支付金额占总支付金额 90%，支付为现金方式，期限为 3 年。如下表：

购买价格 1	交割时	370 万欧元
购买价格 2	2013 年 7 月 31 日前	155 万欧元
购买价格 3	2014 年 6 月 30 日前	最多 957.5 万欧元
购买价格 4	2015 年 6 月 30 日前	最多 2 195 万欧元

除购买价格 1 为交割时支付，其余三项支付均设计了限制条件。核心针对的指标为 EBITDA。比如购买价格 4，根据下表支付：

EBITDA2014	奖励支付
＜700	0
[700, 800)	395
[800, 900)	495
……	……
[1 900, 2 000)	1 995
[2 000, 2 100)	2 095
＞=2 100	2 195

注：表中省略了中间的分类情况。第一列的 EBITDA 指标是按照 100 万欧元的间隔单位进行分类的。表中数字单位均为百万欧元。

该支付方案对于赢取计划的约定指标 EBITDA，还做出了具体规定。表中的 EBITDA 由初始值加上或减去正常化调整事项。初始 EBITDA 值是指息税折旧摊销前利润；EBITDA 正常化调整事项是指交易后德国三花（即收购后的亚威科电器）不能偏离原来卖方之前的正常经营模式和达成的商业计划，业务偏离对 EBITDA 影响将作为正常化调整事项进行调整，同时对于三花投入至德国三花的技术、生产、分配、服务等对 EBITDA 造成的影响也将作为正常化调整事项进行调整。这是一例赢取计划在并购中的具体应用。

第三节 估值分歧下的调整方法

在并购双方对目标企业估值存在分歧的情形下,所谓的估值调整就是通过预先设定合同,帮助双方事后把最开始估计错误的目标公司价值加以调整过来,以减少由于估值错误给收购方导致的损失。上一节阐述的赢取计划,实际上就是估值调整的一种方法。下面再讲述其他的调整方法。

一、协议收购价格的调整

在并购谈判中,尽职调查和谈判往往同时进行,而谈判的重点之一就是交易价格,所以很有可能在尽职调查完成前,双方已经达成了一个拟定的协议价格。但是,在随着尽职调查的进一步深入直至结束,企业真正的收购价格和协议价格之间应该会出现一些调整事项。因此,在确定协议价格的时候就应该确定收购价格的调整方式。通常这些条款包括但不限于:第一,审计基准日到资产移交日之间的净资产值的变化;第二,额外议定的资产减值准备或未入账的资产增值;第三,需要剥离的资产及负债;第四,对或有事项的特殊准备金;第五,整体的折价或溢价。

二、对赌协议[①]

对赌协议也称估值调整机制(valuation adjustment mechanism,VAM),是指在投资完成后,出资方可以根据之前约定的价值调整机制对之前的出价做出调整。它的实质为收购方和目标公司股东/管理层通过协议达成一个双方认同的公平标准,以这一标准对目标公司的管理层进行相应的股权奖励或者惩罚。如果并购者100%兼并目标公司,对赌协议就没有什么用了,因为目标公司的管理层已经不持有公司的股权,也就没有了对赌的筹码。在当前的私募股权投资基金(private equity)的投资中,对赌协议是一个常规做法。通过以上定义,我们可以发现,对赌协议实际上是赢取计划(earn out)的发展,和赢取计划本质上是一致的。不过对赌协议和赢取计划存在两点不同:①赢取计划是单向的激励,而对赌协议是双向的激励和惩罚机制,也即对赌协议存在惩罚机制,而赢取计划不存在惩罚机制;②赢取计划的支付主要是现金,而对赌协议的支付主要是股权。

对赌协议主要由两个部分组成:触发条件和股权调整数量。触发条件包括财务指

---

① 这里部分内容参考了黄嵩,李昕旸. 兼并与收购[M]. 中国发展出版社,2008.

标和非财务指标,具体指标可参照前一节赢取计划的指标,二者基本一致,在我国主要为财务指标。比如在摩根斯丹利投资入股蒙牛乳业时签订的对赌协议中规定,如果2003~2006年蒙牛乳业的每年业绩(净利润)复合增长率达不到50%,则管理层应将最多7 830万股、相当于蒙牛乳业当时已发行股本的7.8%转让给外资股东或者向其支付对应的现金,反之,则由外资股东向蒙牛的管理层支付同样数量的股权。

(一)对赌协议的定价

达成对赌协议的前提是协议对双方都有好处,也就意味着对赌协议对于企业和投资者在当期而言并没有实际的价值,未来的结局是双赢或双输。

对赌协议定价的核心是触发条件和股权交换的数量。触发条件可能多种多样,但对于投资方而言,触发条件的本质是其手中的股权能否达到某个价值。如果能够达到,则给予管理层奖励,否则就会要求投资者给予补偿。在初始投资入股时,投资者从管理者手中获得的关于企业的资料可以分为两个部分,一方面用来确定企业的价值,另一方面用来估计企业未来经营的成果。我们不妨沿用期权定价公式对股票价格变动规律的假设进行定价。

假设公司未来的价值服从一个伊藤过程 $dS(t)=\mu(t,S)+\delta(t,S)dB$,其中漂移率 $\mu(t,S)$ 实际上就是企业告诉投资者未来企业增长的速度,而干扰强度 $\delta(t,S)$ 实际上就是企业告诉投资者未来企业经营的稳定性。根据漂移率和干扰强度,如果约定的时间 t 给定,那么未来企业的价值就应该服从一个以 $S+\mu(t,S)$ 为均值(其中,S 为初始每股股权的价值),$\delta(t,S)$ 为标准差的正态分布。那么,如果交易双方在对赌协议中都不吃亏,则双方的期望收益和期望损失都相同。换个角度理解,如果对赌协议是公平的,那么,对赌协议对于企业和投资者在当期而言都没有实际的价值。也就意味着企业签订对赌协议时,必须使得协议规定的未来每股股权的市场价值 S_0 不能使得任何一方在签订合约时获利,签订协议时合约的价值为零。对管理层而言,每股股权价值大于等于 S_0 时期望获得的收益与每股股权价值小于等于 S_0 时期望的损失相等。用数学语言表达为 $E(S|S\geqslant S_0)=E(S|S\leqslant S_0)$。上述分析都是建立在每一股基础上,包括收益和损失,奖惩方式为若每股价值高于 S_0,管理层获得一股的股份,若每股价值低于 S_0,管理层支付一股股份,每股价值由具体财务指标确定。

$$\int_0^{S_0} xf(x)dx = \int_{S_0}^{\infty} xf(x)dx$$

其中,

$$f(x)=\frac{1}{\sqrt{2\pi}\sigma}\exp\left(-\frac{(x-u-S)^2}{2\sigma^2}\right)$$

经过简单的计算可以得到,

$$\frac{1}{\sqrt{2\pi}}\left[2\exp\left(-\frac{\left(\frac{S_0-\mu-S}{\sigma}\right)^2}{2}\right)-\exp\left(\left(\frac{\mu+S}{\sigma}\right)^2\right)\right]+$$

$$(u+S)\left[1+\phi\left(\frac{\mu+S}{-\sigma}\right)-2\phi\left(\frac{S_0-\mu-S}{\sigma}\right)\right]=0$$

其中,$\Phi(\cdot)$表示标准正态分布下的分布函数值,这样在理论上就可以求出S_0的数值。S_0代表每股股权价值达到多少时可以触发股权交换的发生。将S_0乘以总股数就是企业当时应该达到的价值,由此就可以制定出各种对赌协议的触发条件。

而且,这个公式还能帮助我们确定交换的数量。如果求出S_0,我们就可以计算出交易双方发生一股股权的期望收益$E(S^*)$和这种收益的方差$\text{Var}(S^*)$。随着股权交换数量的上升,期望收益$E(nS^*)=n\,E(S^*)$,呈直线上升;而价值的不确定性$\text{Var}(nS^*)=n^2\text{Var}(S^*)$。所以当股权数量增加时,留给交易双方的风险迅速上升。因此,交易双方不会任意扩大股权交换比例,而是会在一定的偏好下将股权转移的比例控制在一个比较小的范围内。至于交换的比例有多大,和双方的风险承受能力有关,也是谈判的产物。

(二)对赌协议的价值

从上面关于对赌协议定价问题的讨论中,我们发现对赌协议对于一个投资合同来说至少有两方面的价值:(1)对于企业的管理层,对赌协议是一个激励机制。如果管理层努力工作,让企业的价值确实获得提升,那么管理层就会得到额外股权的正激励。反之,如果管理者经营不善,将会受到股权的惩罚。(2)对于投资者而言,对赌协议有助于解决投资决策阶段的信息不对称问题。在投资决策阶段,企业家难免会夸大企业的增长速度和增长的稳定性,让投资者做出错误判断。对赌协议可以帮助投资者在投资后对企业价值进行调整。例如,如果企业报告了一个偏高的增长率,由定价模型公式可知,这将导致触发条件中的S_0较高,这样企业家的期望损失就会大于期望收益,从而对企业的管理层形成约束,迫使他们向投资者提供接近事实真相的信息。

但是现实中并不是所有收购合同中都存在对赌条款,因为对赌协议对双方也有着不利的影响。比如双方可能在条款的谈判中浪费大量时间,影响交易的速度。或者对赌协议可能给企业管理层造成巨大的精神压力,对他们的工作热情起到负向激励的作用。在一些对赌协议中,最终管理层失败。比如永乐电器管理层与摩根士丹利、鼎晖等投资者签订的对赌协议,由于企业管理层过于乐观、对赌协议带来的经营压力过大而无法实现,永乐电器选择被国美电器并购,而解除了之前的对赌协议。[①]

---

① 因为公司控制权变更的情形下,对赌协议即不被执行。

专栏 5—1　对赌协议的假设例子

以下为某假设的收购企业(甲方)投资入股目标公司(乙方),投资协议中约定的对赌协议条款:

第五条　经营目标

5.1　乙方(管理层)保证公司每年税后净资产收益率不低于10%,即每年度净利润不低于人民币833万元。乙方保证甲方(投资方)增资后第一年(即2008年)公司税后净资产收益率不低于15%,即年度净利润不低于1 250万元。

5.2　若甲方增资后第一年公司税后净资产收益率低于10%,即年度净利润低于人民币833万元的,乙方承诺无条件以人民币4 671.18万元的价格收购甲方持有的51%公司股份,并以其个人等值资产作为担保。

5.3　若甲方增资后第一年公司税后净资产收益率低于15%但高于10%,即年度净利润低于人民币1 250万元但高于833万元的,乙方应当根据以下公式将部分股份无偿转让给甲方:

无偿转让股份比例 = 4 246.53/[(4 080/1 250)×r + 4 246.53]×100% − 51%

(r为第一年公司税后净利润;833万元<r≤1 250万元。)

5.4　公司第一年税后净利润超过1 250万元,则超出部分作为奖金奖励给公司经营层。具体分配方法届时由总经理决定。

5.5　以上条款中税后净资产收益率和年度净利润以及其他财务指标根据甲、乙双方共同指定的第三方独立中介机构审计结论决定。

5.6　以上条款中所述经营目标的实现应以甲方完成其应尽义务,即以其自身资源促进公司的发展经营为前提条件。如因甲方原因公司未能完成上述营业目标,则乙方无须根据5.2、5.3条款对甲方予以补偿。

5.7　如果发生不可抗力事件,乙方免除在第5.1至5.3条款下承担的义务,同时也不享有第5.4条款下的权利。

该案例中,甲方投资4 246.53万元,乙方原所有者股权价值折算为4 080万元,所以甲方投资后占股权比例51%。

[案例 5—2]　执行对赌协议产生了股份赠予行为

勤上光电(深市代码002638)是一家于2011年11月在深圳证交所中小板上市的公司。在2009年,两次发生了控股股东与其他发起人股东之间的股份赠予行为。为什么控股股东要赠送股份给其他发起人股东呢?

在2008年勤上光电的股东大会上,母公司勤上集团将其所持8.6万股股份赠予勤上光电的发起人股东深圳创投公司。在2009年的第二次临时股东大会上,勤上集团再次将其持有勤上光电的189.7万股份分别赠予部分发起人股东,其中赠予深圳创投55万股,赠予广东通盈创业投资有限公司8.5万股,赠予天津达正元投资基金中心(有限合伙)32万股,等等。

勤上集团向上述股东赠予股份,实质是由于该等股东在取得勤上光电股份的过程中,勤上集团曾向该等股东对发行人的经营业绩等指标做出了承诺。由于发行人未能实现所承诺的业绩指标,勤上集团按约定将所持发行人的部分股份赠予该等股东,作为补偿。在两次赠予股份之后,勤上光电的全部股东已同意并确认,之前以任何方式所做出的关于发行人经营业绩、首次公开发行股票并上市、股份发行价格、股份转让、经济补偿等方面的承诺和保证均终止履行。

在企业上市前引入私募股权/风险资本(PE/VC)的过程中,签订以股份为对价的对赌协议是一种常见作法。这种协议在申请上市前必须终止,否则可能导致企业上市后股权结构的不稳定。

[案例5—3] 海富投资与甘肃世恒的对赌协议纠纷案

2007年10月,苏州海富投资有限公司作为一家股权投资企业,出资2 000万元入股甘肃世恒有色资源再利用有限公司。海富投资与被投资企业双方通过对赌协议约定,甘肃世恒2008年净利润不应低于3 000万元,否则甘肃世恒公司予以补偿。若甘肃世恒未履行补偿,海富投资有权要求关联企业香港迪亚提供赔偿。甘肃世恒企业的法人代表兼总经理陆波,也是香港迪亚的大股东和总经理。2008年,甘肃世恒全年仅完成2.68万元利润。按照对赌协议,甘肃世恒需赔偿海富投资1 998万元,赔偿金额的计算公式为:(1-2008年实际净利润/3 000万元)×2 000万元=1 998万元。

结果甘肃世恒拒绝履约,海富投资遂将甘肃世恒告上法庭。甘肃省高级法院判决对赌协议无效,海富投资上诉至我国最高法院。2012年12月19日,最高法院终审判决,要求甘肃世恒的关联公司——香港迪亚向海富投资支付协议补偿款1 998万元。

对此案例,法律界的解读是:1. 对于"估值调整协议"(即对赌协议)中被投资公司原股东出资完成估值调整给予法律支持,对于被投资公司出资完成估值调整给予法律否定;2. 对于"回购条款"中被投资公司原股东回购给予法律支持,对于被投资公司回购给予法律否定;3. 对于合约中的"保底条款"给予法律否定。

从法律环境看,要求被投资企业补偿股东的对赌协议不符合我国《公司法》的规定。在企业申请上市过程中,若未来执行对赌协议会造成企业股权及经营的不稳定甚至引起纠纷。因此,中国证监会不允许申请在境内资本市场上市的企业采用对赌协议。

第四节 并购中的业绩补偿协议

业绩补偿协议是指目标公司的原股东就标的公司未来一段期限内(承诺期)的经营业绩向收购方做出承诺,若承诺期满目标公司的实际经营业绩未达到承诺业绩标准,则由承诺股东向收购方进行补偿。

在上市公司重大资产重组中,上市公司出资/发行股份购买了重大资产。为避免控股股东利用自身的控制权地位,通过并购重组溢价侵蚀中小股东权益。在对购入资产进行估值时,要求采取业绩补偿的做法,这也属于一种估值调整机制。我国证监会于 2008 年 5 月颁布的《上市公司重大资产重组管理办法》中,首次在法律层面上详细规定了业绩补偿承诺的适用情形,为业绩补偿承诺在并购中的应用提供了法律依据。该办法规定"上市公司应当在重大资产重组实施完毕后 3 年内的年度报告中,单独披露相关资产的实际盈利数与评估报告中利润预测数的差异情况,并就未实现的盈利差异进行明确的补偿协议"。

《上市公司重大资产重组管理办法》通过强制的盈利预测披露和盈利预测差额补偿,初步构建了业绩补偿承诺机制,敦促上市公司审慎使用收益法进行并购资产评估,同时在抑制并购估值泡沫方面起到了一定的作用。

但并购是市场行为,强制要求所有的并购协议双方签订针对目标企业的业绩补偿承诺协议是不符合市场化原则的。因此,2014 年 3 月国务院在《关于进一步优化企业兼并重组市场环境的意见》中规定,兼并非关联企业不再强制要求签订业绩补偿承诺。至此,非关联并购取消了业绩补偿承诺。但为保证并购活动顺利完成,业绩补偿承诺在我国企业的并购重组中,目前仍被大量应用。随着并购活动的增长,并购估值方案中引入业绩补偿承诺的比例稳步提升,近年来稳定在 70% 左右。业绩补偿承诺已成为我国企业并购活动中一种常见的制度安排。

从属性上看,"业绩补偿协议"与"赢取计划"十分相似,但是二者存在以下区别:

(一)主动权差异

补偿协议的主动权上存在差异,并导致两者可操作性存在差异。业绩补偿协议的补偿方为标的资产的原股东方,因此主动权在于转让方。在实务操作中常出现补偿方无力支付(例如补偿方将获得的股权对价全额进行了股权质押融资,导致股份补偿难以执行)或不愿进行补偿的乱象。而在赢取计划中,由于支付方为标的资产的购买方,支付主动权在购买方。一方面标的资产业绩提升购买方支付的能力,另一方面掌握主动权也让购买方愿意支付或有的对价。因此在实务操作中,赢取计划的支付操作性更强,而业绩补偿承诺却可能会流于形式。

(二)风险应对范围差异

承诺指标上存在的差异,导致两者风险应对范围存在差异。业绩补偿承诺计划一般采用较为单一的净利润指标,更多应对内部经营风险。而赢取计划应对的风险范围更为广阔。

(三)方案复杂性差异

相较业绩补偿承诺,赢取计划的条款较为复杂,需在多种条件下对多个指标进行判断,使得条款拟定困难、执行难度大,并易产生纠纷。在后续实施过程中,还存在买卖方关于经营目标出现分歧的问题。卖方为获取更高的或有支付收益,更关注企业在承诺期内的短期盈利而忽视企业的长期发展,主并方与原股东方在承诺期内对经营和控制权的主导就成为博弈的焦点,这进一步增加了并购博弈的复杂性。上述原因导致赢取计划机制在国内外并购的使用范围有限。并购中的业绩补偿计划与赢取计划的特征比较如表 5-3 所示。

表 5-3 　　　　　　　　并购中的业绩补偿计划与赢取计划的特征比较

特征比较	业绩补偿协议	赢取计划
基本动机	避免收购方承担支付过高的风险、避免落入目标企业的估值陷阱	缓解交易双方对目标资产的估值分歧
运作机制	事前支付、事后调整	事前约定、事后支付
购买对价	固定购买价	固定支付+或有支付
约定指标	单一财务指标(净利润)	多样化指标(财务、非财务)
承诺方权利和义务	承诺方承担资产价格下跌的风险,不享受资产价格上升的收益	承诺方不承担资产价格下跌的风险,享受资产价格上升的收益
可操作性	补偿主动权在于目标方股东,可能较难执行,使得方案流于形式	支付主动权在收购方,事后支付容易执行
使用情况	我国上市公司并购中普遍执行	在高风险、高成长性、轻资产的信息技术、传媒等知识密集型企业,跨境并购,并购非上市公司等中执行

总结来看,业绩补偿承诺协议具有以下优点:信号传递效应,增加了优质企业被并购的可能性,同时对管理层具有激励效应,因此在并购中采用业绩补偿承诺,能够提升上市公司的并购绩效。

但是它也存在以下缺陷:第一,业绩补偿承诺到期后,上市公司财务绩效存在变脸的风险,即管理层可能更注重业绩承诺期内的经营绩效而忽视长期绩效,导致承诺期满后盈利能力下滑;第二,业绩补偿承诺使用单一净利润财务指标作为判断标准存在问题,盈余管理等手段可能使得财务指标失真。第三,并购增值带来的商誉价值波动。

非同一控制下企业合并中主并方应将并购对价大于可辨净资产公允价值的差额确认为商誉,2007年后我国上市企业财报中开始单独列报商誉。伴随2013~2016年的并购大潮,我国上市公司商誉规模迅速积累,其间的商誉金额年均增速达51.3%。由于商誉在后续计量中采用减值测试法。商誉减值准备一经确认,将直接抵减利润,因此将大大影响当期业绩。第四,并购后的目标资产实际业绩承诺不达标率在上升。根据Wind数据库的统计,不达标率由2013年的1.63%猛增至2017年的17.99%,2017共有213家上市公司重组事项后业绩不达标,其中18家公司的并购标的出现亏损。

综合来看,尽管业绩补偿承诺在我国各个行业的上市公司并购中普遍使用,但它存在的上述问题值得关注。

[案例5-4] 百花村重大资产重组中的业绩补偿协议及其执行

2010年,新疆能源企业百花村(沪市代码600721)通过购买关联股东的资产进行了重大资产重组。它以5.62元/股的发行价格向控股股东新疆兵团农六师国有资产有限责任公司等定向发行127 160 595股,购买控股股东持有的新疆大黄山豫新煤业有限责任公司51%的股权以及其他两项资产。就豫新煤业资产而言,根据天津华夏金信评估有限公司出具的资产评估报告,采用收益法(即现金流折现法)的评估结果作为全部股东权益价值的评估结论,农六师国有资产有限责任公司持有豫新煤业51%股权对应评估权益价值为22 571.896 2万元。根据证监会《上市公司重大资产重组管理办法》的相关规定,采用收益法进行评估并作为定价参考依据的,交易双方应当与上市公司就相关资产实际盈利数不足利润预测数的情况签订补偿协议。为此,百花村公司与农六师国有资产有限责任公司签订了《关于盈利补偿的协议书》及《补充协议》。

根据《补偿协议》,农六师国有资产有限责任公司承诺:豫新煤业2010~2013年净利润预测数分别为6 990.40万元、6 878.56万元、6 878.56万元、6 878.56万元。在交易完成当年及其后三个会计年度内,某一年度的净利润实现数低于同期净利润预测数,或测算期间届满时对豫新煤业51%的股权价值进行减值测试的结果为:减值额占其作价的比例大于已补偿股份数量总数占本公司向农六师国有资产有限责任公司非公开发行股份总数的比例,由百花村公司以1元人民币总价回购向农六师国有资产有限责任公司非公开发行股份的方式进行补偿。

由于产量和销售量减少,销售价格走低,从而致使豫新煤业未能完成2012、2013两年的盈利预测。2012年,豫新煤业实现净利润3 735.77万元,比2012年盈利预测数6 878.56万元减少3 142.79万元。2013年实现净利润5 905.58万元,比盈利预测数6 878.56万元少972.98万元。

依据《补偿协议》,测算农六师国有资产有限责任公司2012年和2013年度共需补偿上市公司的股份为3 299 179股,这部分股份在盈利预测期内已被锁定,且不拥有表决权和不享有股利分配的权利。在盈利预测期间结束后,经 2014 年百花村公司股东大会批准,以 1 元总价回购并注销了这部分补偿股份。

第五节 并购支付对价的股东成本收益分析

在确定目标企业的价值之后,需要对收购方的出价进行成本收益分析。这涉及买卖双方股东的利益。

1. 支付溢价

在一项并购交易中,收购方支付的价格一般超出目标公司的估价,称为支付溢价(premium)。溢价现象很普遍,一般介于 20%～40%。在出价时,收购方应先确定兼并所能创造的价值,这个价值称为协同收益[①]。

如用 V_B, V_T, V_C 分别代表并购公告前收购方、目标公司、和并购之后合并公司的股权价值,S 代表协同效应的价值即协同收益,C 代表收购方支付给目标公司的现金,则可以写出以下公式:

并购后公司的股权价值为:

$$V_c = V_B + V_T + S - C \tag{1}$$

如用 P_T 代表支付给目标公司股东的收购价,则收购溢价(premium)等于:

$$Premium = P_T - V_T \tag{2}$$

上面(2)式也就是目标方股东的收益。而收购方股东的收益(损失)为[②]:

$$收购方收益 = 协同收益 - 支付溢价 = S - Premium \tag{3}$$

因此,将 premium 移到等式的左方,可以发现:协同收益即是在收购方股东与目标公司股东之间进行分配,可表述为:

$$协同收益 = 收购方收益 + 目标公司收益 \tag{4}$$

在协同收益已知的前提下,可以确定收购方给出的最高收购价 P_{max},对于收购方来说,这也就是盈亏平衡的出价,即将协同收益全部分配给目标公司股东($S = Premium$),此时收购方收益为 0。

$$P_{max} = \frac{(V_T + S)}{n_T} \tag{5}$$

式中 n_T 代表目标公司的股份数量。下面举例说明在全现金收购、换股收购、混

[①] 协同收益,英语中称为 synergy effect, merger benefit 等,即本书第二章谈及并购动因时的并购协同利益。这是并购财务分析中的关键概念。

[②] 由于支付溢价可能超过协同收益,所以收购方也可能存在损失。

合收购(现金+股份)等三类情况之下,对买卖双方股东的成本收益分析。

[例5—3] 假设B公司收购T公司,两公司在收购信息公布前的数据如下:

类别	B公司	T公司
并购信息公告前的股价(元)	30	22
净利润(万元)	80	37.5
发行在外的股份(万股)	40	15
每股净利润(元)	2	2.5
市盈率	15	8.8
总市值(万元)	1 200	330

假设B公司支付给T公司的股票收购价格是每股30.8元(相对当前价格溢价40%),协同收益的现值[①]估计是100万元。

问:B、T买卖双方股东的收益/损失各是多少?

解:支付对价 $P_T = 15 \times 30.8 = 462$(万元)

支付溢价 $= P_T - V_T = 462 - 330 = 132$(万元)

收购方的收益(损失) $= 100 - 132 = -32$(万元)

因此,买方B的股东损失为−32万元,卖方T的股东收益为132万元,加总为100万元(即协同利益的价值)。若按每股计算,卖方公司股东的每股收益为132/15=8.8元/股,买方公司股东的每股损失为−32/40=−0.80元/股。

实际上根据(5)式,买方B公司所能支付的最高价格,也即盈亏平衡的收购价格为:

$$P_{max} = \frac{(V_T + S)}{n_T} = (330 + 100)/15 = 28.67(元)$$

由于买方支付了30.8元的收购价格,当然超过了盈亏平衡的收购价格,必然发生损失。

2. 换股收购

在换股收购交易中,收购价格应该等同于换股比例乘以合并后公司的每股价格,而不是收购前收购方的股价。如果交易全部由换股完成,假设 R 代表换股比例(即1股T公司股票可以交换 R 股收购方股票),m 代表收购方为合并目标企业所新增的股票数量($m = R \times n_T$),n_B 代表收购方发行在外的股份,合并后公司每股价格为:

---

① 之所以称为协同收益的现值,是因为本质上并购协同收益来自于企业合并后未来现金流量的增加值,将未来的各期现金流量增加值折现到当前,即是协同收益的价值。

$$P_C=\frac{V_C}{n_B+m}=\frac{V_B+V_T+S-C}{n_B+m} \qquad (6)$$

[例5-4] 在例5-3给出的两公司条件下,考虑T公司股东以每股本企业股票换得1.02667股B公司股票。请测算B、T公司各自股东的收益。

解:若以B公司目前的股价30元代入,则换股的对价为:1.02667×30=30.8元,似乎与例题5-3的结果相同。此题关键在于:当B公司收购T公司以后,两者将产生协同效应,B公司的股价将发生变化,所以首先需要计算B公司在考虑并购协同收益后的股价。

在此例中,$n=40$,$m=1.02667×15=15.40$,现金支付对价=0,协同收益仍假设为100万元,则:

$V_C=1\,200+330+100=1\,630$(万元)

$n+m=40+15.4=55.4$(万股)

$$P_C=\frac{1\,630}{55.4}=29.42(元)$$

$P_T=P_C×m=29.42×15.4=453.1$(万元)

溢价$=P_T-V_T=453.1-330=123.1$(万元)

换股的每股对价为453.1/15=30.21元,存在37.3%的溢价。双方股东的收益各自为:卖方T股东的收益=溢价收益=123.1万元,每股获利123.1/15=8.21元。买方B股东的损失为-23.1万元,每股损失-23.1/40=-0.58(元)。

3. 混合支付:现金和股票收购

如果交易由现金和换股共同完成,假设R代表换股部分的换股比例,P_{cash}代表现金支付部分的每股现金价格,合并后公司每股价格为:

$$P_C=\frac{V_C}{n_B+R×n_T}=\frac{V_B+V_T+S-n_T×P_{cash}}{n_B+R×n_T}$$

[例5-5] 假设仍在例5-3给出的两公司条件下,现在改变收购对价为混合支付:每收购一股T公司股票,B公司要支付15元现金以及0.541股自己的股票。协同效益仍假设为100万元,问:双方股东各自的收益?

解:$V_C=1\,200+330+100-15×15=1\,405$(万元)

$n+m=40+15×0.541=48.115$(万股)

$$P_C=\frac{1\,405}{48.115}=29.201(元)$$

支付给目标公司T的每股价格是:

$P_T=P_C×m+15×15=29.201×8.115+225=462$(万元)

或者每股支付的价格为462/15=30.80元。双方股东的收益各自为:目标公司T

的股东收益＝溢价＝462－330＝132万元；收购方 T 的股东损失为：100－132＝－32万元。

结果不难发现，15元现金加上0.541股股票的混合支付对价等同于例5－3中的30.8元的全现金对价收购。但是，从税收角度分析，混合支付更有优势，因为全现金收购是需要交纳资本利得税，而混合支付可以递延纳税。

> **专栏5－2 换股并购中的最优交换比例**
>
> 　　对于并购来说，核心的利益在于创造了协同价值。这个协同价值的收益需要在买卖双方股东之间分享。这一点在上面的财务分析中已经体现（见公式(4)）。下面我们用一个帕累托改进[①]的分析框架，来讨论换股吸收合并中的最优换股比例。
>
> 　　定义以下符号：P_B＝收购方的当前股票价格
>
> 　　P_T＝目标方的当前股票价格
>
> 　　N_B＝收购方的当前股票数量
>
> 　　N_T＝目标方的当前股票数量
>
> 　　V_B＝收购方单独存在时的股权价值＝$P_B N_B$
>
> 　　V_T＝目标方单独存在时的股权价值＝$P_T N_T$
>
> 　　S＝协同价值
>
> 　　Q_B＝协同价值/收购方股数＝S/N_B
>
> 　　Q_T＝协同价值/目标方股数＝S/N_T
>
> 　　R＝换股比例（每一目标方股票可以交换的收购方股票）
>
> 　　所以，根据上述定义，合并后企业的股权总市值：
>
> $$V_M = V_B + V_T + S = P_B N_B + P_T N_T + S$$
> $$\quad\,\, = P_B N_B + P_T N_T + Q_B N_B$$
> $$\quad\,\, = P_B N_B + P_T N_T + Q_T N_T$$
>
> 　　合并后企业的总股数：$N_M = N_B + R N_T$
>
> 　　合并后企业的股票每股价值：$P_M = V_M/N_M = V_M/(N_B + R N_T)$

[①] 帕累托改进是微观经济学中的一个名词，是指在不减少一方的福利时，通过改变现有的资源配置而提高另一方的福利。也就是改革中各方只有得益，而没有任何一方利益受损。

对于目标方股东而言,可接受的最低换股比例为:

对于目标方股东而言,他们可以接受的最低换股比例意味着他们的利益没有增加,但也没有减少。所以:

$P_T N_T = P_M R N_T$(当前的股份市值=交换以后的股份市值)

$P_T = R P_M = R V_M / (N_B + R N_T)$

$$P_T N_B + P_T R N_T = R(P_B N_B + P_T N_T + Q_B N_B)$$
$$= R P_B N_B + R P_T N_T + R Q_B N_B$$

$P_T N_B = R P_B N_B + R Q_B N_B$

$R = P_T / (P_B + Q_B)$

对于收购方股东而言,可接受的最大的换股比例为:

对于收购方股东而言,交换比例存在一个最大值,也即他们的利益没有增加也没有减少。所以,

$P_B N_B = P_M N_B$(当前的股份价值=交换后的股份价值)

$P_B = P_M = V_M / (N_B + R N_T)$

$P_B N_B + P_B R N_T = P_B N_B + P_T N_T + Q_T N_T$

$R = (P_T N_T + Q_T N_T) / P_B N_T$

$R = (P_T + Q_T) / P_B$

因此,最终的换股比例实际上位于这样一个区间:$[P_T/(P_B+Q_B), (P_T+Q_T)/P_B]$。当换股比例位于该区间内部时,并购是一个双方分享协同利益、共同获利的帕累托改进。

本章小结

期权评估方法本质上是实物期权的具体应用,是企业价值评估中最新的成果,较为复杂,但比现金流折现方法能够更真实反映企业的价值。本章主要介绍了并购实践中采用较多的赢取计划、对赌协议、业绩补偿协议等的内容。

并购中的财务分析是衡量双方股东成本与收益的重要内容,以现金、股票、混合等三种支付对价,介绍了分析股东成本收益的分析方法。对于全股份支付的换股吸收合并而言,根据帕累托改进的原理,可以推导出合理的换股比例区间。

基本概念

实物期权评估法　　　　　赢取计划(earnout)　　　　对赌协议(VAM)
业绩补偿协议　　　　　　换股比例区间

复习题

1. 赢取计划为什么在并购中得到运用，它的设计原理是什么？其中主要应注意哪些因素？
2. 对赌协议有哪些优点和缺点？在教材中案例[5-3]海富投资与甘肃世恒的对赌协议中，为什么最高人民法院会对对赌协议作出支持的判决？
3. 并购中的业绩补偿协议为什么会存在？它和赢取计划有何联系与区别？
4. 下表是两家公司的有关数据。B公司为收购方，T公司为目标企业。

类型	收购前企业B	收购前企业T	收购后企业B
每年盈利收入(元)	200 000	100 000	350 000
股票发行量(股)	50 000	10 000	?
每股盈利(元)	4	10	?
每股市场价格(元)	40	100	?
P/E	10	10	10
企业股票价值(元)	2 000 000	1 000 000	3 500 000

请根据上表信息，回答以下问题：

(1) 并购的协同价值是多少？
(2) 请填写表中的带？的空白栏。(提示：需要根据换股比例的合理区间，给出两种情形下的边界值)

实践性问题

1. 赢取计划在国内实务界也被称为盈利能力支付计划。请查阅中软国际收购和勤环球、分众传媒收购玺诚传媒、三花股份收购德国亚威科、神开股份收购杭州禾丰等近年来采用赢取计划的收购支付案例，进行分析。
2. 在重大资产重组中，采取业绩补偿协议已经是一个非常普遍的做法。请登录Wind数据库，检索业绩补偿协议的案例。结合教材的内容，讨论分析并购估值中采取业绩补偿协议的可能弊端。
3. 在中国上市公司的换股吸收合并中，到底有多少案例中采取了本书专栏5-2所示的合理换股比例区间的做法。请登录Wind数据库，检索分析国内换股吸收合并案例，并下载合并换股比例的数据。如果实践中普遍没有采用合理换股比例区间的做法，为什么会这样？

第六章　上市公司的收购方式

上市公司的收购方式一般有协议收购、要约收购和委托书收购三种类型。

第一节　协议收购

一、概述

协议收购指收购者在证券交易所之外以协商的方式,与被收购公司的股东签订收购其股份的协议,从而达到控制该上市公司的目的。协议收购主要依靠双方的协商解决,往往是善意的收购。由于股权结构的特殊性,我国上市公司收购大部分采用的是协议收购方式。

协议收购必须依照《公司法》《证券法》及相关的法律、法规规定,与被收购公司的股东协商进行股权转让,否则收购行为无效。比如我国《证券法》第 94 条规定:"采取协议收购方式的,收购人可以依照法律、行政法规的规定,同被收购公司的股东以协议方式进行股权转让。以协议方式收购上市公司并达成协议后,收购人必须在 3 日内将该收购协议向国务院证券监督管理机构及证券交易所作出书面报告,并予公告。在未做出公告前不得履行收购协议。"即收购活动应公正、公开,防止有人利用内部信息获取非正当收益。另外,采取协议收购方式收购公司的,应当委托证券交易结算机构保管收购协议转让的股票,并将一定的资金存放在指定的银行。

收购人通过协议方式在一个上市公司中拥有权益的股份达到或者超过该公司已发行股份的 5%,但未超过 30%的,应当在该事实发生之日起 3 日内编制权益变动报告书,向中国证监会、证券交易所提交书面报告,抄报派出机构,通知该上市公司,并予以公告。投资者及其一致行动人拥有权益的股份达到一个上市公司已发行股份的 5%后,其拥有权益的股份占该上市公司已发行股份的比例每增加或者减少达到或者超过 5%的,应当依照前款规定履行报告、公告义务。收购人拟通过协议方式收购一个上市公司的股份超过 30%的,超过 30%的部分应当改以要约方式进行;但符合收购办法规定情形的,收购人可以向中国证监会申请免除发出要约。收购人在取得中国证监会豁免后,履行其收购协议;未取得中国证监会豁免且拟继续履行其收购协议的,或者不申请豁免的,在履行其收购协议前,应当发出全面要约。[①] 以协议方式收购上市公司股份超过30%,收购人拟依据收购办法的规定申请豁免的,应当在与上市公司股东达成收购协议之日起3日内编制上市公司收购报告书,提交豁免申请及《上市公司收购管理办法》规定的相关材料,委托财务顾问向中国证监会、证券交易所提交书面报告,同时抄报派出机构,通知被收购公司,并公告上市公司收购报告书摘要。派出机构收到书面报告后通报上市公司所在地省级人民政府。收购人自取得中国证监会的豁免之日起3日内公告其收购报告书、财务顾问专业意见和律师出具的法律意见书;收购人未取得豁免的,应当自收到中国证监会的决定之日起3日内予以公告。

上市公司控股股东向收购人协议转让其所持有的上市公司股份的,应当对收购人的主体资格、诚信情况及收购意图进行调查,并在其权益变动报告书中披露有关调查情况。控股股东及其关联方未清偿其对公司的负债,未解除公司为其负债提供的担保,或者存在损害公司利益的其他情形的,被收购公司董事会应当对前述情形及时予以披露,并采取有效措施维护公司利益。在协议收购活动中,独立董事和董事会站在广大投资者的立场上对待整个收购过程,并切实监督大股东的行动,防止其做出侵害小股东权益的事情。

二、收购程序

以协议收购方式转让一个上市公司的挂牌交易股票,导致受让人获得或者可能获得对该公司实际控制权的,应按照如下的收购程序办理:[②]

协议收购的相关当事人应当向证券登记结算机构申请办理拟转让股份的临时保管手续,并可以将用于支付的现金存放于证券登记结算机构指定的银行。

以协议方式进行上市公司收购的,自签订收购协议起至相关股份完成过户的期间为上市公司收购过渡期(以下简称过渡期)。在过渡期内,收购人不得通过控股股东提议改选上市公司董事会。

收购报告书公告后,相关当事人应当按照证券交易所和证券登记结算机构的业务规则,在证券交易所就本次股份转让予以确认后,凭全部转让款项存放于双方认可的银行账户的证明,向证券登记结算机构申请解除拟协议转让股票的临时保管,并办理过户登记手续。

---

① 参见我国《上市公司收购管理办法》第13条和14条。
② 我国《上市公司收购管理办法》第四章"协议收购"。

收购人未按规定履行报告、公告义务,或者未按规定提出申请的,证券交易所和证券登记结算机构不予办理股份转让和过户登记手续。

收购人在收购报告书公告后30日内仍未完成相关股份过户手续的,应当立即做出公告,说明理由;在未完成相关股份过户期间,应当每隔30日公告相关股份过户办理进展情况。

三、信息披露

当发生收购行为时,公司的股东持股结构会发生变化,按照有关规定需要由持股变动信息披露义务人将相关信息进行公开披露。

信息披露义务人指持有、控制一个上市公司的股份数量发生或者可能发生变化达到一定比例,应当履行信息披露义务的股份持有人、股份控制人和一致行动人。股份持有人指在上市公司股东名册上登记在册的自然人、法人或者其他组织。股份控制人是指股份未登记在其名下,通过在证券交易所股份转让活动以外的股份控制关系、协议或者其他合法的途径,控制由他人持有的上市公司股份的自然人、法人或者其他组织。一致行动人的概念参见本书第一章第二节。

信息披露是证券市场有效运行和发展的基础,是证券监管制度的基石。收购人在达成协议后必须在3日内将该协议向国务院证券监督管理部门及证券交易所做出报告,并予以公告。在做出公告前不得履行收购协议。这是立法对收购方的信息披露要求。

当收购的透明度不高时,实践中经常出现当事人相互串通操纵股价、进行内幕交易等事件。因而加强信息披露方面的监管,将协议的有关情况予以公开,接受监管部门和投资者的监督,有利于保护中小投资者的利益和维护证券市场的公正。下面就协议收购中主要的信息披露文件做详细介绍。

(一)权益变动报告书[①]

投资者持有、控制一个上市公司已发行的股份达到5%时,应当按照规定履行信息披露义务,在该事实发生之日起3个工作日内提交权益变动报告书。在上述规定的期限内,该投资者不得再行买卖该上市公司的股票。权益变动报告书应当载明如下事项:

信息披露义务人的名称、住所;上市公司名称;信息披露义务人持有、控制股份的变动情况;持股变动方式;信息披露义务人前6个月就该上市公司股份进行的交易;中

[①] 在2006年9月修订后的《上市公司收购管理办法》之前,称为股东持股变动报告书,之后统一称为权益变动报告书。

国证监会、证券交易所要求予以载明的其他事项。

以下是一个具体的上市公司简式权益变动报告书。

[案例6-1] 南宁百货简式权益变动报告书

公告日期：2019年04月26日

上市公司名称：南宁百货大楼股份有限公司

股票上市地点：上海证券交易所

股票简称：南宁百货 股票代码：600712

信息披露义务人：南宁市富天投资有限公司

住所、通信地址：(略)

股份变动性质：增加

签署日期：二〇一九年四月

信息披露义务人声明、目录、释义(略)

第一节 信息披露义务人介绍

一、信息披露义务人基本情况

本次权益变动的信息披露义务人为南宁市富天投资有限公司，其基本情况如下：

企业名称：南宁市富天投资有限公司

住所：南宁市白沙大道109号龙光普罗旺斯凡尔赛庄园1栋四层407号

法定代表人：边峰

注册资本：人民币50 000万元

成立时间：2019年3月26日

统一社会信用代码：91450100MA5NNYW684

企业类型：有限责任公司(非自然人投资或控股的法人独资)

经营范围(略)

经营期限：长期

通信地址（略）

截至本报告书签署日，信息披露义务人股东信息如下：

深圳华利通投资有限公司 50 000 100%

二、信息披露义务人的董事、监事、高级管理人员情况(略)

三、信息披露义务人在境内、境外其他上市公司拥有权益的股份达到或超过该公司已发行股份5%的情况

截至本报告书签署日，信息披露义务人在境内、境外不存在拥有其他上市公司股份达到或超过该上市公司已发行股份5%的情况。

第二节 本次权益变动目的及决策

一、本次权益变动目的

本次权益变动前，信息披露义务人未持有上市公司股份。本次权益变动完成后，信息披露义务人将直接持有上市公司14.65%的股权，成为上市公司的第二大股东。信息披露义务人本次权益变动目的系看好上市公司未来发展前景。

二、未来12个月内信息披露义务人继续增持南宁百货或处置其已拥有权益的计划

截至本报告书签署日，信息披露义务人没有在未来12个月继续增持上市公司的明确计划，如果信息披露义务人有增持计划，信息披露义务人将严格按照有关法律法规的要求，履行相应的法定审批程序和信息披露义务。信息披露义务人承诺，在本次权益变动完成之日起12个月内不转让本次受让的上市公司股份。若将来信息披露义务人拥有权益的上市公司股份发生变动，信息披露义务人将严格按照有关法律法规的要求，依法执行相关批准程序和履行信息披露义务。

三、信息披露义务人做出本次权益变动决定所履行的相关程序

截至本报告书签署日，信息披露义务人唯一股东深圳华利通投资有限公司已签署《南宁市富天投资有限公司股东决定》，同意本次权益变动并由信息披露义务人与前海人寿签署《股份转让协议》。

第三节　权益变动方式

一、股份变动的方式

本次权益变动方式为协议转让。2019年4月25日，信息披露义务人和前海人寿签订了《股份转让协议》，根据《股份转让协议》，信息披露义务人以现金人民币708 406 635.36元受让前海人寿持有的上市公司股份79 775 522股，占上市公司总股本的14.65%，本次股权转让完成后，信息披露义务人持有上市公司14.65%股权，成为上市公司第二大股东。

二、本次权益变动前后信息披露义务人持股情况

本次权益变动前，信息披露义务人未持有上市公司股份。本次权益变动后，信息披露义务人将直接持有上市公司79 775 522股，占上市公司总股本的14.65%，成为上市公司的第二大股东。

三、《股份转让协议》的主要内容

1.《股份转让协议》的签订时间与签署双方 2019年4月25日，信息披露义务人与前海人寿签署《股份转让协议》。

2. 转让股份的种类、数量、比例、股份性质及变动情况。前海人寿将其持有的南宁百货79 775 522股普通股股份转让给信息披露义务人，占南宁百货总股本的14.65%，信息披露义务人按照《股份转让协议》约定的条款和条件受让前述股份及其

相关的股东权益。

3. 转让价格。每股转让价格为 8.88 元/股，标的股份转让价款合计为 708 406 635.36 元。

4. 股份转让价款的支付。经信息披露义务人与前海人寿协商一致，双方同意股份转让价款按如下方式支付：第一笔付款：自双方于中国证券登记结算有限公司上海分公司（简称"登记结算公司"）办理完毕标的股份过户至受让方名下相关手续之日起10日内，受让方应当向转让方指定的账户支付标的股份的转让总价款的 10%，第一笔股份转让价款为人民币 70 840 663.54 元；第二笔付款：自双方于登记结算公司办理完毕标的股份过户至受让方名下相关手续之日起 20 日内，受让方应当向转让方指定的账户支付标的股份的转让总价款的 10%，第二笔股份转让价款为人民币 70 840 663.54 元；第三笔付款：自双方于登记结算公司办理完毕标的股份过户至受让方名下相关手续之日起 90 日内，受让方应向转让方指定的账户支付标的股份的转让总价款的 80%，第三笔股份转让价款即剩余标的股份转让价款为人民币 566 725 308.28 元。

四、本次权益变动涉及的上市公司股份权利限制情况

本次拟转让的股份不存在被限制转让的情况，本次股份转让未附加其他特殊条件、不存在补充协议，协议双方未就股份表决权的行使做其他安排，信息披露义务人拟受让的上市公司股份不存在其他任何权利限制，包括但不限于质押、查封或冻结等权利限制情形。

第四节 前六个月买卖上市交易股份的情况

在本次权益变动事实发生之日前 6 个月内，富天投资不存在买卖南宁百货股票的情况。

第五节 其他重大事项

本报告书已按有关规定对本次权益变动的有关信息进行如实披露，不存在为避免投资者对本报告书内容产生误解而必须披露的其他信息，也不存在中国证监会或者证券交易所依法要求披露而未披露的其他信息。

第六节 备查文件

一、备查文件目录

（一）信息披露义务人工商营业执照；（二）信息披露义务人签署的《股份转让协议》；（三）中国证监会及证券交易所要求的其他材料。

二、备查地点

本报告书及上述备查文件已备置于上市公司办公地，以供投资者查询。（以下无正文）

信息披露义务人声明

本人以及本人所代表的机构承诺本报告不存在虚假记载、误导性陈述或重大遗漏,并对其真实性、准确性、完整性承担个别和连带的法律责任。

信息披露义务人:南宁市富天投资有限公司

法定代表人:边峰

签署日期:2019 年 4 月 25 日

简式权益变动报告书附表

上市公司名称	南宁百货大楼股份有限公司	上市公司所在地	广西南宁市
股票简称	南宁百货	股票代码	600712
信息披露义务人名称	南宁市富天投资有限公司	信息披露义务人注册地	广西南宁市
拥有权益的股份数量变化	增加 ☑ 减少 □	有无一致行动人	有 □ 无 ☑
信息披露义务人是否为上市公司第一大股东	是 □ 否 ☑	信息披露义务人是否为上市公司实际控制人	是 □ 否 ☑
权益变动方式(可多选)	通过证券交易所的集中交易 □ 协议转让 ☑ 国有股行政划转或变更 □ 间接方式转让 □ 取得上市公司发行的新股 □ 执行法院裁定 □ 继承 □ 赠予 □ 其他 □		
信息披露义务人披露前拥有权益的股份数量及占上市公司已发行股份比例	信息披露义务人持有南宁百货 A 股 0 股,占南宁百货总股本的益的股份数 0%。		
本次权益变动后,信息披露义务人拥有权益的股份数量及变动比例	变动种类:A 股;变动数量:79 775 522 股;变动比例:14.65%		
信息披露义务人是否拟于未来 12 个月内继续增持	是 □ 否 ☑ 信息披露义务人没有在未来 12 个月继续增持上市公司的明确计划,如果信息披露义务人有增持计划,信息披露义务人将严格按照有关法律法规的要求,履行相应的法定审批程序和信息披露义务		
信息披露义务人在此前 6 个月是否在二级市场买卖该上市公司股票	是 □ 否 ☑ 信息披露义务人前 6 个月未在二级市场买卖该上市公司股票		

专栏 6—1　简式权益报告书与详式权益报告书的区别

根据我国《上市公司收购管理办法》的规定,简式权益变动报告书编制的情形是:投资者及其一致行动人不是上市公司的第一大股东或者实际控制人,其拥有权益的股份达到或者超过该公司已发行股份的5%,但未达到20%的。具体的简式报告书内容包括:

(一)投资者及其一致行动人的姓名、住所;投资者及其一致行动人为法人的,其名称、注册地及法定代表人。

(二)持股目的,是否有意在未来12个月内继续增加其在上市公司中拥有的权益。

(三)上市公司的名称、股票的种类、数量、比例。

(四)在上市公司中拥有权益的股份达到或者超过上市公司已发行股份的5%或者拥有权益的股份增减变化达到5%的时间及方式。

(五)权益变动事实发生之日前6个月内通过证券交易所的证券交易买卖该公司股票的简要情况。

(六)中国证监会、证券交易所要求披露的其他内容。

"详式权益变动报告书"的编制情形是:投资者及其一致行动人拥有权益的股份达到或者超过一个上市公司已发行股份的20%但未超过30%的。除须披露前条规定的信息外,详式权益变动报告书还应当披露以下内容:

(一)投资者及其一致行动人的控股股东、实际控制人及其股权控制关系结构图。

(二)取得相关股份的价格、所需资金额、资金来源,或者其他支付安排。

(三)投资者、一致行动人及其控股股东、实际控制人所从事的业务与上市公司的业务是否存在同业竞争或者潜在的同业竞争,是否存在持续关联交易;存在同业竞争或者持续关联交易的,是否已做出相应的安排,确保投资者、一致行动人及其关联方与上市公司之间避免同业竞争以保持上市公司的独立性。

(四)未来12个月内对上市公司资产、业务、人员、组织结构、公司章程等进行调整的后续计划。

(五)前24个月内投资者及其一致行动人与上市公司之间的重大交易。

(六)不存在收购人负有数额较大债务,到期未清偿,且处于持续状态;或收购人最近3年有重大违法行为或者涉嫌有重大违法行为;或收购人最近3年有严重的证券市场失信行为;或收购人为自然人的,存在《公司法》第一百四十六条规定情形;或法律、行政法规规定以及中国证监会认定的不得收购上市公司的其他情形。

(七)能够提供相关文件。

前述投资者及其一致行动人为上市公司第一大股东或者实际控制人的,还应当聘请财务顾问对上述权益变动报告书所披露的内容出具核查意见,但国有股行政划转或者变更、股份转让在同一实际控制人控制的不同主体之间进行、因继承取得股份的除外。投资者及其一致行动人承诺至少3年放弃行使相关股份表决权的,可免于聘请财务顾问和提供相关文件。

(二)上市公司收购报告书

以协议收购方式收购上市公司的,收购人应当在达成收购协议的3日内,向中国证监会报送上市公司的收购报告书,同时抄报上市公司所在地的中国证监会派出机构,抄送证券交易所,通知被收购公司,并对上市公司收购报告书摘要做出提示性公告。《公开发行证券的公司信息披露内容与格式准则第16号——上市公司收购报告书》中对上市公司收购报告书的结构、收购人介绍、收购人持股情况、前六个月内买卖挂牌交易股份的情况、与上市公司之间的重大交易、资金来源、后续计划、对上市公司的影响分析、收购人的财务资料、其他重大事项、备查文件等内容都做了详细的规定。

收购报告书的目的就是要详细、规范地披露公司的信息,以使投资者全面了解收购双方的情况。以下是普天信息产业股份有限公司对上市公司邮通设备的收购报告书。普天集团将上市公司的国有股权通过行政划拨转让给自己的子公司——普天信息产业股份有限公司,因此上市公司的实际控制人并未发生改变,可以豁免要约收购。

[案例6—2] 中国普天信息产业股份有限公司上市公司收购报告书(摘要)

中国普天信息产业股份有限公司声明

本报告书系根据《公开发行证券的公司信息披露内容与格式准则第16号——上市公司收购报告书》编写。依据《证券法》《上市公司收购管理办法》的规定,本报告书已全面披露了中国普天信息产业股份有限公司所持有、控制的上海邮电通信设备股份有限公司股份(沪市代码600680,原简称"邮通设备",本次收购之后,简称"上海普天")。截至本报告书签署之日,除本报告书披露的持股信息外,中国普天信息产业股份有限公司没有通过任何其他方式持有、控制上海邮电通信设备股份有限公司的股份。

中国普天信息产业股份有限公司签署本报告已获得必要的授权和批准,其履行亦不违反中国普天信息产业股份有限公司公司章程或内部规则中的任何条款,或与之相冲突。本次收购需在获得国务院国有资产监督管理委员会批准之后方可进行;本次收购涉及触发要约收购义务,中国普天信息产业股份有限公司拟向中国证监会申请豁免要约收购义务,尚须取得中国证监会豁免要约收购义务。

本次收购是根据本报告所载明的资料进行的。除中国普天信息产业股份有限公司和所聘请的从事证券业务的专业机构外,没有委托或者授权任何其他人提供未在本报告中列载的信息和对本报告做出任何解释或者说明。

释义

本收购报告书中,除非另有所指,下列词语具有以下含义:

一、收购人介绍

(一)收购人基本情况

本次收购的收购人为中国普天信息产业股份有限公司。本公司注册地为北京市海淀区中关村科技园区上地二街2号,注册资本人民币19亿元。2003年7月23日,本公司经国家工商行政管理总局注册,领取《企业法人营业执照》,注册号为1000001003810。

本公司系依据《公司法》设立的股份有限公司。根据《企业法人营业执照》,经核准的经营范围为:移动通信及终端设备、数据通信、网络通信、计算机及软件、相关的配套元器件技术开发、生产、销售、服务;技术转让、咨询、服务;工程施工承包、工程规划、设计;实业投资。目前,本公司主要从事移动通信及终端设备、数据通信、网络通信、计算机及软件、相关的配套元器件技术开发、生产、销售、服务、工程施工承包、工程规划、设计。

根据公司章程规定,本公司的存续期限为永久存续。

本公司的税务登记证号码:京国税海字 110108710931555 号,京地税110108710931555000 号

本公司股东:普天集团

本公司通信地址:北京市宣武门西大街28号

邮政编码:100053

联系电话:63603044

电子信箱 wulidong@china-putian.com

(二)收购人股权结构

股东普天集团是国务院国有资产监督管理委员会管辖的中央特大型企业。公司成立于1980年,前身为中国邮电工业总公司,原先后隶属于邮电部和信息产业部。法定代表人为邢炜,注册资本为308 694万元,经营范围是主营:组织所属企业生产通信设备、邮政专用设备、通信线路器材及维修零配件、通信设备专用电子元器件、邮政通

信专用摩托车及零部件和本系统生产的其他产品的研制、批发、零售、代购、代销、展销（国家有专项规定的除外），本企业自产机电产品、成套设备及相关技术的出口，本企业生产、科研原辅材料、机械设备、仪器仪表、备品备件、零配件及技术的进口（国家规定的一类进口商品除外），开展本企业中外合资经营、合作生产、自营和代理除国家组织统一联合经营的出口商品和国家实行核定公司经营的进口商品以外的其他商品及技术的进出口业务；开展"三来一补"、进料加工业务，经营对销贸易和转口贸易。兼营：承包境外机电行业工程和境内国际招标工程，承包上述境外工程的勘测、咨询、设计和监理项目；上述境外工程所需的设备、材料出口；对外派遣实施上述境外工程所需的劳务人员；承包通信系统工程、与主营业务有关的设备维修、技术咨询、技术服务、信息服务、人员培训、小轿车销售；组织本行业内企业出国（境）参加、举办经济贸易展览会。

（三）收购人自设立以来受到的行政处罚、刑事处罚、重大民事诉讼或仲裁

本公司自设立以来未受到过行政处罚或刑事处罚，没有涉及与经济纠纷有关的重大民事诉讼或仲裁。

（四）收购人董事、监事、高级管理人员

本公司董事会由九名董事组成，其中独立董事二名。董事基本情况如下表（略）。

本公司监事会成员五人，其中独立监事二名。监事的基本情况如下表（略）。

本公司高级管理人员包括总经理一名、副总经理四名、财务总监一名，执行副总经理兼董事会秘书一名。基本情况如下表（略）。

上述本公司董事、监事、高级管理人员在自本公司设立以来未受过行政处罚、刑事处罚，或者涉及与经济纠纷有关的重大民事诉讼或者仲裁。

（五）收购人持有、控制其他上市公司5%以上的发行在外的股份的情况

截至本收购报告书签署之日，本公司通过持股99.07%的子公司普天东方通信集团有限公司间接持有在上海证券交易所上市的东方通信股份有限公司（股票代码600776、900941，以下简称"东信股份"）国有法人股共计36 000万股，占东信股份股本总额的57.32%；又通过普天东方通信集团有限公司间接持有在深圳证券交易所上市的珠海东信和平智能卡股份有限公司（股票代码002017，以下简称"东信和平"）国有法人股共计8 141.434万股，占东信和平股本总额的61.84%。

通过本公司持股56.75%的子公司宁波电子信息集团有限公司间接持有在上海证券交易所上市的宁波波导股份有限公司（股票代码600130，以下简称"波导股份"）国有法人股共计5 400万股，占波导股份股本总额的28.125%。

除此之外，收购人未持有、控制其他上市公司5%以上发行在外的股份。

二、收购人持股情况

（一）收购人持有上市公司股份情况

截至本报告签署日,本公司未持有上市公司的任何股份。本公司不能对上市公司股份表决权的行使产生影响。

(二)本次收购的基本情况

本次收购通过国有股权行政划转的方式进行,划出方为普天集团,划入方为本公司,普天集团和本公司皆为国有企业。划转股份的数量为 128 749 337 股,占上市公司已发行股本的 42.22%,股份性质为国有法人股。本次收购完成后,本公司将持有上市公司 128 749 337 股,占上市公司已发行股本的 42.22%。

本次收购的完成尚须具备以下条件:

1. 取得国家有关机关批准本次股权变动事宜,包括:

(1)国务院国有资产监督管理委员会做出国有股权变动的审核批复;

(2)商务部做出对本次股权变动的批准;

(3)贵会在异议期未对收购报告书提出异议;

(4)贵会豁免本公司要约收购义务。

2. 履行与本次收购相关的信息披露义务。

3. 到中国证券登记结算有限公司上海分公司办理股权过户手续。

本次收购除上述安排以外,本公司与普天集团就股权行使不存在其他安排。

由于此次收购上市公司的股份达到其已发行股本的 42.22%,根据《上市公司收购管理办法》的规定,应当向上市公司的所有股东发出收购其所持有的全部股份的要约。

本公司、普天集团皆为国有企业,并且本公司已经书面承诺:除非经中国证券监督管理委员会豁免,或者向本公司之关联方划拨/转让本公司所持有上市公司的股权,或者以该等股权为基础进行资产重组,在完成收购前述股份之日起一年内,本公司将不向任何其他第三方转让本次收购的股份。

本公司本次收购符合《上市收购管理办法》第四十九条规定的可以向中国证监会申请豁免的第(一)种情形,即:上市公司股份转让在受同一实际控制人控制的不同主体之间进行,股份转让完成后的上市公司实际控制人未发生变化,且受让人承诺履行发起人义务的,本公司将向中国证监会报送《要约收购豁免申请》。

三、备查文件

(一)公司企业法人营业执照和税务登记证

(二)法律意见书

(三)董事、监事及公司高管人员"前六个月持有或买卖股份的说明及证明"

(四)董事、监事及公司高管人员名单及身份证明

中国普天信息产业股份有限公司

授权代表：徐名文

2005 年 1 月 25 日

(三)被收购公司的董事会报告书

收到收购人的通知后，被收购公司董事会应当及时就收购可能对公司产生的影响发表意见。董事会的报告书应本着客观公正的原则，对公司的并购发表自己的意见。因为董事会对于公司的运行情况最为了解，所以董事会报告书代表了最权威的意见，投资者往往会根据董事会的报告做出自己的判断。

《公开发行证券的公司信息披露内容与格式准则第 18 号——被收购公司董事会报告书》对相关内容做出了相关规定，如被收购公司的基本情况、利益冲突、董事建议或声明、独立财务顾问意见、重大合同和交易事项及备查文件等内容。在协议收购中，被收购公司董事会应当就收购可能对公司产生的影响发表意见，并应当说明：是否已对收购人的资信情况、收购意图、后续计划等进行必要的调查及相关调查的情况；原控股股东和其他实际控制人是否存在未清偿对公司的负债、未解除公司为其负债提供的担保或者存在其他损害公司利益的情形；如存在前述情形的，原控股股东和其他实际控制人是否已经提出切实可行的解决方案；董事会对该方案的意见及是否已经聘请审计机构就有关事项进行专项核查并出具核查报告；独立董事应当对此单独发表意见。关于买卖双方聘请的财务顾问对收购对价和目标企业公允价值发布的评估报告书的讨论，请参见本书第三章的专栏 3－3。

四、现状和问题

目前我国上市公司的收购基本上采用的是协议收购，而美国等发达的资本市场，协议收购只是辅助手段，要约收购往往是主要形式。协议收购在我国占主导的原因主要有如下几点：

1. 协议收购是收购国有股、法人股的重要手段。

2. 协议收购是在证券交易市场外转让股权，不会对二级市场造成直接冲击，具有成本低、程序简单、成功率高等特点。

3. 协议收购一般都是善意收购，双方通过协议完成，能够得到目标公司董事会和管理层的配合，避免了收购与反收购的争夺。在我国，一般成功的协议收购上市公司都会得到当地政府等部门的支持。

4. 协议收购还可以作为重大资产重组的一种有效手段，达到"借壳上市"的目的。企业可以通过协议收购某上市公司的股份达到控股，然后施行资产注入，从而达到间接上市的目的（可参考本书第一章第四节）。另外收购非上市企业，只能是协议收购。

5. 协议收购可以解决股权种类分割的问题。我国有的上市公司同时存在几种股票——A股、B股、H股等,价格往往相差甚远,要以一种价格进行要约收购显然存在现实困难,而采取协议收购可以针对不同类型的股票进行不同价格的收购。

但是,协议收购的方式存在着一些弊端,主要体现在:

1. 通过协议收购获取上市公司控制权、或者收购资产的目的,可能是为了获得融资资格或保住上市企业"壳资源"避免退市等而进行的报表性重组。

2. 在上市公司协议收购中,行政干预行为比较普遍,"拉郎配式"的撮合现象较为多见。在我国经济转型时期的上市公司协议收购具有较强的行政色彩。协议收购特别是关联方转让股权的定价,并不能反映合理的市场真实价格。

总之,对协议收购存在的一些问题,如股权的价值评估、行政干预和地方本位主义的影响、在协议收购中如何保护中小股东利益、严控内幕交易等,需要逐步解决,以更好地发挥协议收购的积极作用。

第二节 要约收购

一、概述

要约收购(tender offer)是指收购方向目标公司的所有股东发出购买要约,表明收购方将以一定的价格在某一有效期内买入全部或一定比例的目标公司股票。根据法律对要约收购过程中收购人的收购义务的差异,要约收购可分为强制要约与主动要约。根据收购人要约股票的数量,可以分为全面要约和部分要约。

要约收购制度起源于20世纪50年代的英国,该制度为上市公司收购过程中维护广大中小投资者合法权益,以及强化管理层约束机制提供了有效的制度保障。要约收购既是国外成熟证券市场公司收购的典型方式,也是各国证券法调整的核心范畴之一。与协议收购相比较,要约收购要经过较多的环节,操作程序比较繁杂,使得收购人的收购成本较协议收购要高很多。

(一)主要国家和地区要约收购制度

由于设计目的的不同,各国要约收购表现形式也有较大的差异,主要表现在英、美两种要约收购制度的区别。

1. 英国要约收购制度

英国要约收购制度属于强制性的要约收购制度,规定收购人一旦持有目标公司的股份超过一定比例(30%),则收购人应当以特定的价格,在限定的时间内向目标公司的所有股东发出要约,从而使得目标公司中小股东能有机会将所持公司的股份按照与大股东相同的价格向收购人转让。英国要约收购制度一方面给予中小股东自由退出的选择权（转让或继续持有股份）；另一方面，也赋予了中小股东与大股东平等享有收购溢价（即控制权溢价）的权利。设置强制要约收购主要是因为收购人在收购成功后可能会以其控股地位侵害少数股东的利益。因此，为了保护中小投资者，有必要要求已获得控制权的收购人以不低于其为取得控股权所支付的价格，向其余的所有股东发出收购要约，为小股东提供一个退出的机会。

英国要约收购制度的准则主要是1968年由英格兰银行牵头成立的公司合并与收购委员会制定的《伦敦城收购与兼并准则》。该准则属于行业自律规范，没有法律强制执行力，其权威主要来源于成员的自觉遵守和对违反该准则的谴责，该准则的主要内容包括10条原则和37条规定。另外，为了弥补《伦敦城收购与兼并准则》的不足，英国公司合并与收购委员会于1980年又颁布了《大宗股份买卖条例》，建立了上市公司收购的预警制度。

2. 美国要约收购制度

美国要约收购制度属于自愿性的要约收购。收购人可自主发出要约，自行确定要约比例，但收购人在收购过程中应不断就收购人的背景、意图、计划等信息予以充分披露。美国的要约收购立法承认控制权股份转让的自由，因此未设定强制要约收购制度，而是通过强调有关当事人的信息公开义务和控股股东对其他小股东的信托义务，来保护中小股东的利益。

美国的要约收购立法分为联邦立法和州立法，前者主要是由美国国会于1968年制定的《威廉姆斯法案》，该法案并不是一个单独的立法，它是对美国国会1933年《联邦证券交易法》的修正案。《威廉姆斯法案》对要约收购保持一种中立的态度，不对一项收购要约进行价值判断，也不试图对有关的公司收购活动进行鼓励或者限制，而是力图贯彻信息公开和公平对待各方当事人的原则，为目标公司股东做出明智的决策创造一个良好的环境。

3. 大陆法系国家要约收购制度

德国、日本、法国等大陆法系的国家，由于股权结构、融资方式、商业理念与英、美等海洋法系国家存在较大的差异，因此，要约收购较少发生，一般是通过协议收购的方式实现上市公司控制权的转移。但是，随着经济全球化和欧盟一体化进程的推进，德国、法国等大陆法系国家的要约收购案例逐渐增加，这些国家对上市公司收购涉及的要约收购逐渐予以规范。1989年，欧共体提出了《公司收购第13号指令规则》，并于1990年修订后发布了该规则，用于协调欧盟国家的上市公司收购，规定一旦收购人持有目标公司的股份超过一定比例（33%），则收购人须履行全面要约收购义务。同样，随着资本市场对外开放，日本为了保护国内上市公司，防范外国企业的收购，也于

1971年对《证券与交易法》进行了修改,增加了要求实施公开要约收购等有关条款。[①]

(二)我国的要约收购制度

目前我国已逐步建立了较为完善的要约收购法律体系。在国家法律方面包括《公司法》和《证券法》,在部门规章方面主要包括由中国证监会颁布的《上市公司收购管理办法》及其配套的系列信息披露规则《上市公司股东持股变动报告书》《要约收购报告书》《豁免要约收购申请文件》等规范性文件,在行业自律方面主要包括由上海、深圳证券交易所以及中央证券登记结算公司等机构颁布的《上市公司要约收购业务指南》《关于对存在股票终止上市风险的公司加强风险警示等有关问题的通知》《上市公司收购登记结算业务指南》等自律性文件。

我国要约收购制度采取了富有中国特色的要约收购制度设计,在股权分置改革完成之前,允许在要约收购中针对挂牌上市交易股票和非上市股票采取两种不同价格,进行分类要约。2007年股权分置改革完成之后,要约收购的价格采取的是同一种价格。允许收购人采用自愿要约收购的方式,增持一定比例(不超过30%)的上市公司股份。在达到30%的强制要约门槛线时,发出强制要约也允许全面要约和部分要约两种情形。另外,还规定了强制要约的豁免条件。早期我国资本市场上发生的数起要约收购案例,往往流于形式,这是特殊原因导致的,目前我国的上市公司要约收购正逐渐走向规范化,在并购中发挥重要作用。

我国要约收购制度规定的具体内容[②]如下:

1. 要约收购的主体

上市公司收购的主体除了法人,自然人也可以参与公司的收购。这样上市公司的控股股东主体日益多元化,有利于企业经营实力的改进,同时促进二级市场上的收购活动更加活跃。

2. 强制要约收购的触发条件

通过证券交易所的证券交易,收购人持有一个上市公司的股份达到该公司已发行股份30%时,继续增持股份的,应当采取要约方式进行,发出全面要约或者部分要约。

3. 关于自愿收购要约的规定

持有、控制一个上市公司的股份低于该公司已发行股份的30%的收购人,以要约收购方式增持该上市公司股份的,其预定收购的股份比例不得低于5%,预定收购完成后所持有、控制的股份比例不得超过30%;拟超过的,应当向该公司的股东发出全面要约或者部分要约;符合有关要约收购豁免条件的可以向中国证监会申请豁免。

---

① 陈青,周伟. 中国上市公司的要约收购制度[J]. 经济管理,2004(1).
② 根据我国《上市公司收购管理办法》第23～46条内容。

4. 要约收购的价格

收购人进行要约收购的,对同一种类股票的要约价格,不得低于要约收购提示性公告日前 6 个月内收购人取得该种股票所支付的最高价格。要约价格低于提示性公告日前 30 个交易日该种股票的每日加权平均价格的算术平均值的,收购人聘请的财务顾问应当就该种股票前 6 个月的交易情况进行分析,说明是否存在股价被操纵、收购人是否有未披露的一致行动人、收购人前 6 个月取得公司股份是否存在其他支付安排、要约价格的合理性等。

5. 要约收购的支付

要约收购一般可以以现金、证券或者两者结合的方式支付对价。《收购办法》规定,当收购人以现金进行支付的,应当在做出提示性公告的同时,将不少于收购总金额 20% 的履约保证金存放在证券登记结算机构指定的银行账户,并办理冻结手续。收购人以依法可以转让的证券进行支付的,应当在做出提示性公告的同时,将其用以支付的全部证券交由证券登记结算机构保管;但是根据证券登记结算机构的业务规则不在保管范围内的除外。收购人取消收购计划,未涉及不当行为调查的,可以申请解除对履约保证金的冻结或者对证券的保管。

6. 要约收购的期限

收购要约的有效期不得少于 30 日,不得超过 60 日。但是出现竞争要约的除外。

另外,还有一些重要的规定:采取要约收购方式的,收购人做出公告后至收购期限届满前,不得卖出被收购公司的股票,也不得采取要约规定以外的形式和超出要约的条件买入被收购公司的股票;收购要约期限届满前 15 日内,收购人不得变更收购要约,但是出现竞争要约的除外。凡变更要约条件的,自变更公告生效日起收购要约有效期不足 15 日的,应当延伸至 15 日。

二、要约收购的一般程序

1. 收购方根据自己的情况确定要约收购的目的和要达到的目标,确定要约收购的战略,并通过董事会讨论。

2. 聘请中介机构研究讨论收购的可行性,并签订委托协议和保密协议。中介机构主要指财务顾问、律师事务所和会计师事务所。通常在收购一开始就要确定财务顾问,并在实际收购操作前签署委托协议和保密协议;而律师和会计师在此后根据项目的需要来确定。

3. 要约收购的准备:(1)要约人在发出收购要约时须制作出要约收购报告。(2)要约人聘请具有证券从业资格的中介机构对要约收购的真实性、准确性、完整性、充分性进行核查和验证。(3)要约人聘请具有证券从业资格的中介机构,对要约人履行收购要约的能力及非现金支付的可能性,进行分析并出具财务顾问报告。(4)要约人聘请具有证券从业资格的律师事务所及律师,对要约人发出要约的合法性出具法律意见。(5)向中国证监会及证券交易所报送要约收购报告及相关材料,同时报抄被收购公司所在地的中国证监会派出机构。(6)在要约人公告要约收购报告之前,如果相关信息已经在公共媒介传播,或者被收购公司股价发生异常波动,要约人应当立即将相关信息在中国证监会指定媒体上披露。(7)在此期间,收购人可以取消收购计划,但在12个月内不得对同一目标公司再进行要约收购。

4. 要约收购阶段:(1)中国证监会对要约收购人报送要约收购报告日起15日内未提出异议的,要约人可以在中国证监会指定媒体上公告要约收购报告。中国证监会对要约收购报告提出异议并要求要约人进行修改和补充的,异议期中止计算,待中国证监会收到要约人的修改或补充报告后恢复计算;要约人变更要约报告主要内容的,异议期重新计算。(2)要约人在公告要约收购报告的同时,通知被收购公司的董事会。(3)要约收购期限内,要约人变更要约条件,应当事先向中国证监会及证券交易所提出报告,同时抄送被收购公司所在地的中国证监会派出机构。中国证监会在3个工作日内未提出异议或者表示不会提出异议的,要约人可以公告。(4)变更要约条件以外,要约收购报告的基本内容发生其他实质性变化的,要约人应当在该事实发生之日起2个工作日内将所变更事实向中国证监会、证券交易所报告,同时抄报被收购公司所在地的中国证监会派出机构,通知被收购公司,并予以公告。

5. 被收购公司的反应:(1)自要约人公告要约收购报告之日起15日内,被收购公司董事会应当制作报告,同时每位非关联董事应当在该报告书中就要约事项向股东提出接受、拒绝或其他的建议。(2)被收购公司董事会应当在上述期限内向中国证监会和证券交易所报送董事会报告,同时抄报所在地的中国证监会派出机构,并予以公告。(3)被收购公司非关联董事应当聘请具有证券从业资格的中介机构,对被收购公司的财务状况进行公正、客观的分析,对收购要约是否公平合理,向非关联董事提供意见,并说明理由。该意见及理由应当与非关联董事的建议一并披露。

6. 要约收购的结束:(1)要约人应当在收购成功后立即办理结算和过户手续。(2)收购要约中约定了要约失败的条件,并且收购要约有效期内满足了失败条件的,要约人应当聘请具有证券从业资格的中介机构对要约失败出具意见,要约人应当通知证券登记结算机构立即撤销预受要约股份的登记,并依照前款做出报告、通知及公告。自中介机构意见公告之日起20日后上述资金方可解除冻结。(3)如果收购目标公司的股权成功超过了75%(对于总股本超过4亿股的上市企业,该比例为90%),则目标公司将下市。如果收购目标公司超过了90%以上,则目标公司的其余股东有权继续要求向收购人出售股份。(4)在收购要约有效期终止后的2个工作日内,要约人应当将要约过程和结果向中国证监会和证券交易所做出书面报告,通知被收购公司,同时抄报被收购公司所在地的中国证监会派出机构,并予以公告。

三、要约收购义务的豁免

所谓豁免要约收购,根据我国《上市公司收购管理办法》的规定,具体分为以下两种情况[①]:(1)免于以要约收购方式增持股份;(2)存在主体资格、股份种类限制或者法律、法规、中国证监会规定的其他特殊情形的,可以申请免于向被收购公司的所有股东发出收购要约。若未能获得豁免批准,则投资者及其一致行动人必须将持股比例减少到30%或者以下比例。

有下列情形之一的,收购人可以向中国证监会提出豁免以要约方式增持股份的申请:(1)收购人与出让人能够证明本次股份转让是在同一实际控制人控制的不同主体之间进行,未导致上市公司的实际控制人发生变化的;(2)上市公司面临严重财务困难,收购人提出的挽救公司重组方案取得该公司股东大会批准,且收购人承诺3年内不转让其在该公司中所拥有权益的;(3)中国证监会为适应证券市场发展变化和保护投资者合法权益的需要而认定的其他情形。

中国证监会在受理豁免申请后20个工作日内,就收购人所申请的具体事项做出是否予以豁免的决定。取得豁免的,收购人可以继续增持股份。

另外,要约收购还有简易程序豁免,此类情况为备案豁免。有下列情形之一的,当事人可以向中国证监会申请以简易程序免除发出要约:

(1)经政府或者国有资产管理部门批准进行国有资产无偿划转、变更、合并,导致投资者在一个上市公司中拥有权益的股份占该公司已发行股份的比例超过30%的;

(2)因上市公司按照股东大会批准的确定价格向特定股东回购股份而减少股本,导致投资者在该公司中拥有权益的股份超过该公司已发行股份的30%的;

(3)中国证监会为适应证券市场发展变化和保护投资者合法权益的需要而认定的其他情形。

下列情形之一的,相关投资者可以免于提交豁免要约收购(无论正式豁免还是简易豁免)的申请,直接向证券交易所和证券登记结算机构申请办理股份转让和过户登记手续:

(1)投资者取得上市公司向其发行的新股,导致其在该公司拥有权益的股份超过该公司已发行股份的30%,投资者承诺3年内不转让本次向其发行的新股,且公司股东大会同意投资者免于发出要约的;

---

① 我国《上市公司收购管理办法》第61~64条。

(2)在一个上市公司中拥有权益的股份达到或者超过该公司已发行股份的30%,自上述事实发生之日起1年后,每12个月内增加其在该公司中拥有权益的股份不超过该公司已发行股份的2%的;

(3)在一个上市公司中拥有权益的股份达到或者超过该公司已发行股份的50%的,继续增加其在该公司拥有的权益不影响该公司的上市地位的;

(4)证券公司、银行等金融机构在其经营范围内依法从事承销、贷款等业务导致其持有一个上市公司已发行股份超过30%,没有实际控制该公司的行为或者意图,并且提出在合理期限内向非关联方转让相关股份的解决方案的;

(5)因继承导致在一个上市公司中拥有权益的股份超过该公司已发行股份的30%的;

(6)因上市公司履行约定购回式证券交易协议导致投资者在一个上市公司中拥有权益的股份超过该公司已发行股份的30%的;

(7)因所持优先股表决权依法恢复导致投资者在一个上市公司中拥有权益的股份超过该公司已发行股份的30%。

从以上豁免申请和直接予以豁免的规定,可以看出国家对上市公司因财务困难发生的重组收购、定向发行等被动情况导致股东持股超过30%的情形都给予了一定的政策倾斜支持,体现了实质重于形式的监管政策方针,有利于真正保护中小股东的利益。豁免要约收购的目的就是为了收购过程更加顺利、活跃收购市场。

四、信息披露

要约收购和协议收购一样也必须遵守《上市公司收购管理办法》,信息披露中的信息披露义务人、权益变动报告书及公告等均与前面协议收购的相关内容一致,只是多了一项关于豁免要约收购义务申请文件的规定。

五、要约收购制度的中外比较

我国现行的要约收购与西方发达资本市场成熟的要约收购有很大的不同,主要体现在如下几个方面:

1. 要约收购目的差异。我国的强制要约收购主要是收购人依法履行程序义务,而不以终止目标公司上市地位为目的。若目标公司因全面要约而不再具备继续上市的资格,收购人将采取谋求其恢复上市的整合措施。而国外要约收购主要针对两类公司:一是目标公司价值被低估、市场交易不活跃的公司。二是目标公司与收购人之间存在较强的产业关联度。收购人收购目标公司,希望通过资源整合创造出新的价值。收购人通过要约收购,往往是以终止目标公司的上市地位作为收购的重要目标。

2. 要约收购价格差异。在我国的要约收购中,收购人对同一种类股票的要约价格,不得低于要约收购提示性公告日前 6 个月内收购人取得该种股票所支付的最高价格,其他并无强制性规定最低价。

我国在 21 世纪初期最早实施的一些强制性要约收购中,对挂牌交易股票的要约收购价格均较刊登要约公告前一交易日的价格低(比前 6 个月的股票均价高),而要约的信息披露后,股价急速上升,导致大幅高于要约价格,最终接受要约的股东极少,甚至为零。[①] 在国外,由于要约收购的目的是为了获取公司控制权或者终止目标公司的上市地位,一般要约价格均比当时的股票市场交易价格高出很多。另外,国外要约收购市场经常伴随着竞争性的要约出现,最初收购人的要约价格也因出现竞争要约而不断提高。

竞争性要约少、要约价格过低导致要约收购制度往往流于形式,这是我国要约收购制度亟待解决的问题之一。

3. 要约收购支付方式差异。我国收购人在要约收购中均采取现金方式。而国外上市公司要约收购中,运用股票、债券等有价证券支付方式日益增多,或者和现金混合使用,支付对价较为复杂。

[案例 6—3] 中国石化要约收购旗下四家上市子公司

一、收购方简介

收购方中国石化是以中国石油化工集团公司独家发起方式,于 2000 年 2 月 25 日设立的股份制企业。中国石化于 2000 年 10 月 18 日、19 日分别在中国香港、纽约、伦敦三地交易所成功发行上市,2001 年 8 月在上海证券交易所成功上市。截至 2005 年年末总股本为 867.02 亿股,其中中国石化集团公司持有国有股占总股本的 71.23%,未流通的其他法人股占 6.2%,H 股占 19.34%,国内公众股占 3.23%。

中国石化是一家一体化的能源化工公司。中国石化是我国最大的石油产品和主要石化产品的生产商和供应商,也是中国第二大原油生产商。截止到 2005 年年底,中国石化总资产规模为 5 206 亿元,净资产规模为 2 156 亿元,2005 年实现净利润 395.6 亿元。

二、被收购方简介

被收购公司齐鲁石化、扬子石化、中原油气、石油大明都是中国石化下属的控股上市子公司,其中中原油气和石油大明是以石油和天然气开采为主导业务的企业,扬子

---

① 如《上市公司收购管理办法》于 2002 年首次颁布以后,在 2003~2004 年我国依该法规最早实施的三例强制要约收购[南京钢铁联合有限公司要约收购南钢股份(600282);重庆东银实业有限公司要约收购江淮动力(000816);四川迪康产业控股集团股份有限公司要约收购成商股份(600828)]均以失败告终,结局均是无人或近乎无人(特别是流通股股东)接受要约,这表明中小股东仅获得了"程序性的保护",并没有获得"实质性的保护"。

石化和齐鲁石化是以石油化工产品为主营业务的企业。

三、收购过程

2006年2月15日,中国石化公布了收购旗下4家控股上市公司股权的收购要约。根据中国石化公布的《要约收购报告书摘要》,中国石化以现金方式回购齐鲁石化、扬子石化、中原油气、石油大明流通股的价格分别为10.18元、13.95元、12.12元、10.3元。相对上述4家公司2月7日停牌收盘价,溢价分别为24.4%、26.2%、13.2%、16.9%。如果目标公司的流通股股东全部接受要约,则收购方需要支付现金总计约143亿元。

2006年3月6日,中国石化宣布获得中国证监会对其要约收购4家上市子公司的无异议函。3月8日中国石化全面启动要约收购程序,收购期为30天。当要约期满时,若目标公司股权分布不再满足上市要求,即齐鲁石化、扬子石化、中原油气流通股比例小于总股本的10%,石油大明流通股比例小于总股本的25%时,要约生效。①

2006年4月5日,中国石化公告,公司向齐鲁石化、扬子石化、中原油气、石油大明的全体流通股东发出全面要约收购的要约期于4月6日届满。截至4月5日,4家公司的预售股份数已超过要约收购生效条件。4月6日之后,上述4家公司停止上市,其余未出售的余股可继续以要约收购价出售给中国石化。

截至2006年6月30日,随着余股收购的顺利进行,中国石化在这4家公司的持股比例已高达99.76%、99.81%、99.35%和99.2%,这4家公司基本上已成为中国石化的全资子公司。中国石化的要约收购成功完成。

四、后续安排

2007年2月28日齐鲁石化股东大会批准吸收合并方案,齐鲁石化并入淄博捷续化工有限公司(简称捷续化工),由捷续化工向除中国石化以外的其他齐鲁石化的股东(余股股东)支付相应数额的现金作为合并对价(仍为每股10.18元),2007年3月16日,中国证券登记结算公司将合并对价划付给余股股东制定的证券公司的资金账户。

五、收购动因

从中国石化的发展战略考虑,此次要约收购是为了达到以下目的:(1)整合下属上市公司资源,发挥协同效应,提升综合竞争实力。(2)减少管理层次,理顺管理体制。(3)兑现2000年在中国香港上市之前对国际资本市场做出的关于使下属上市公司退市的承诺(参见中国石化本次要约收购公告书)。此外,2005年开始的股权分置改革对中国石化要约收购启动也有直接的推动作用。因为如果4家目标上市公司被中国石化收购退市,

---

① 根据我国《证券法》的规定,上市公司流动在外的股票必须达到总股本的25%,对于总股本4亿股以上的上市公司,流通股票必须达到总股本的10%以上。所以只要流通在外的股票比例达不到以上要求,公司就不能维持上市地位,从而下市。

作为非流通股股东的中国石化就不用再向4家上市公司的流通股股东支付股改对价。因此本次要约收购的一个重要特征就是收购方以目标公司退市为目的。

[案例6-4]　浙民投天弘成功要约收购ST生化

发生于2017年底的浙民投天弘收购ST生化案，是我国资本市场上第一个成功以公开市场竞价要约收购方式获取上市公司控制权的案例，具有重要的标杆意义。

2017年6月21日，ST生化公司（深市代码000403）收到了一家民营投资企业——浙民投天弘送达的要约收购报告书等相关资料。要约方案要点如下：

本次要约起始日期为2017年11月3日，要约截止日期为2017年12月5日，要约收购期限共计33个自然日。要约收购范围为ST生化除浙民投及浙民投实业外的其他股东所持有的无限售条件流通股。要约类型为主动部分要约收购，要约收购目的旨在取得ST生化控制权，不以终止ST生化上市地位为目的。要约价格为36.00元/股，收购所需最高资金总额为26.97亿元，收购股份占已发行股份的比例为27.49%。

要约收购期届满后，若预受要约股份的数量少于61 320 814股（占ST生化股份总数的22.50%），则本次要约收购自始不生效，中登公司深圳分公司自动解除对相应股份的临时保管，所有预受的股份将不被收购人接受。若预受要约股份的数量不低于61 320 814股（占ST生化股份总数的22.50%）且不高于74 920 360股（占ST生化股份总数的27.49%），则收购人按照收购要约约定的条件购买被股东预受的股份；若预受要约股份的数量超过74 920 360股（占ST生化股份总数的27.49%）时，收购人按照同等比例收购预受要约的股份。计算公式如下：收购人从每个预受要约股东处购买的股份数量＝该股东预受要约的股份数×(74 920 360股÷要约期间所有股东预受要约的股份总数)。

截至浙民投天弘提出要约收购日，浙民投、其全资子公司浙民投实业分别直接持有ST生化无限售条件流通股6 529 358股和323 462股，合计占上市公司股份总数的2.51%。收购人、浙民投和浙民投实业构成一致行动人关系。

从要约接受的过程来看，自要约收购开始每日只有少数的股东接受要约，11月28日，共计909名股东的1 820万股票申请预受，占本次要约目标股份数量的24.3%，在振兴集团找来白衣骑士公告以高价转让控制权之后，更是出现了预受股份数总计1 263万股撤回预受的情况，股份净预受比例一度下跌至8%。白衣骑士佳兆业的竞争使得市场波诡云谲，直到要约期限届满前一天，净预受股数达到1 840万股，刚刚恢复到振兴集团宣布转让控制权之前，但仅占要约成功股份下限的24.56%，离要约成功距离很远。然而，在要约收购的最后一日，市场发生大逆转，突然出现大量股东接受要约，纷纷将手中持有的ST生化的股票卖给了浙民投，当天浙民投收到的预约股票数量高达近1.3亿股。最终本次接受要约的股份数量占要约股份的比例为

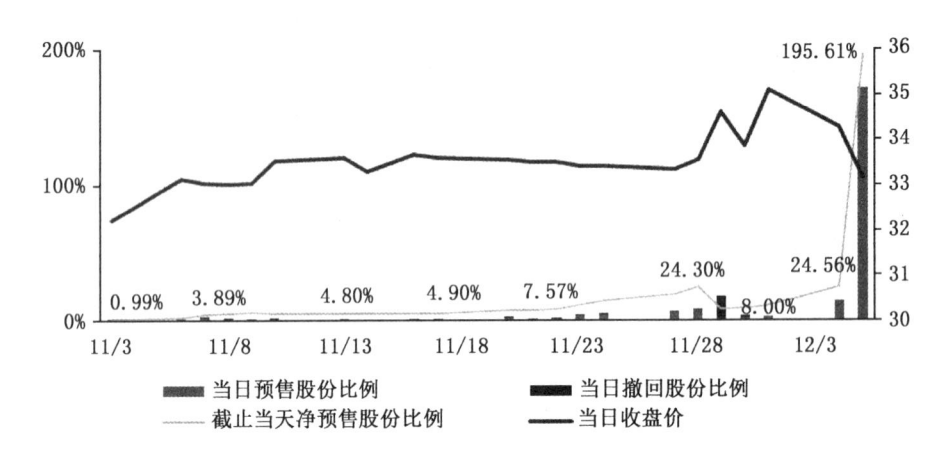

195.61%,从而宣告了浙民投天弘在这场要约收购中的最终胜利。

图6—1 要约收购期间ST生化股票的接受收购情况及股价变动

注：左轴为预受股份比例，右轴为股价。
资料来源：Wind数据库，浙民投—ST生化要约收购项目信息公示。

本次要约收购结束后，浙民投天弘及一致行动人合计持有ST生化81 773 180股股份，占ST生化股份总数的29.99%，低于《上市公司收购管理办法》中触发全面要约收购义务的持股比例30%，浙民投天弘成为ST生化的新控股股东。

第三节 委托书收购

委托书收购（proxy contest），实际是征集股东委托书竞争，即收购方以征集目标公司股东委托书（proxy）的方式，在股东大会上取得表决权的优势，通过推荐并选举代表收购方的董事、改组董事会，从而最终达到实际控制或者影响目标公司的目的。委托书收购成本低，本质上并非一种股权的转让（也可以理解并非一种收购行为），程序简单，适合股权较为分散的情况。委托书收购同时也可以与协议收购或要约收购方式同时使用。

委托书收购的意义在于：

1. 有助于中小股东联合起来，唤醒中小股东的主人意识，主动维护自己的权利。在没有委托书的情况下，中小股东只有"用脚投票"（即卖出股票）的方式去表达自己的观点。在有了委托书的情况下，中小股东可以联合起来，在不出售股票所有权的前提下，将投票权汇集和大股东一样参与企业决策，"用手投票"。

2. 对于完善公司治理，防止控股股东或者管理层损害中小股东利益有着积极的意义。委托书收购的存在,给予大股东/管理层一种现实危机感,使之不敢不顾中小股东的利益而谋求私利。

> **专栏 6—2　股东委托书征集竞争的发展情况与特征**
>
> 美国学者弗斯(2017)对美国股东委托书征集竞争的近三十年发展情况做了一个总结性的研究。
>
> 在美国的控制权市场上,近年来的一个发展趋势是:征集股东委托书(proxy contest)正逐渐替代了敌意收购(hostile takeover),成为约束管理层/董事的重要机制。这从近30年来美国资本市场上敌意收购和征集股东委托书的案例数量此消彼长的趋势变化,可以明显看出来(见图 6—2)。其中的原因在于:敌意收购受到上市公司反收购措施的限制、很多州出台了偏袒上市公司管理层的法律政策、垃圾债券市场的萎缩等,导致敌意收购减少;而征集委托书的收购则受到积极行动对冲基金的强大、股东可以自由表达意愿、股票市场流动性增加等因素的正面影响,日益成为收购市场上最重要的一种表达股东意愿的机制。
>
> 注:灰色柱状为敌意收购,黑色柱状为征集股东委托书。此中为美国资本市场的案例。
>
> **图 6—2　敌意收购与征集股东委托书的数量变化(1981~2008)**
>
> 征集股东委托书按照议案分为三种:1. 获取控制权,具体即指在董事会中获得绝对多数席位;2. 获得少数董事席位,不在于获得控制权;3. 提出有关议案,这与董事选举无关,一般与公司治理有关或者企业管理层未予反应在年报中的有关议案。从表 6—1 中可以看出,美国的征集委托书竞争,最多的是推举少数董事席位,占 39%,其次为提出有关议案,占 30%;获取控制权的董事席位,占 19%。

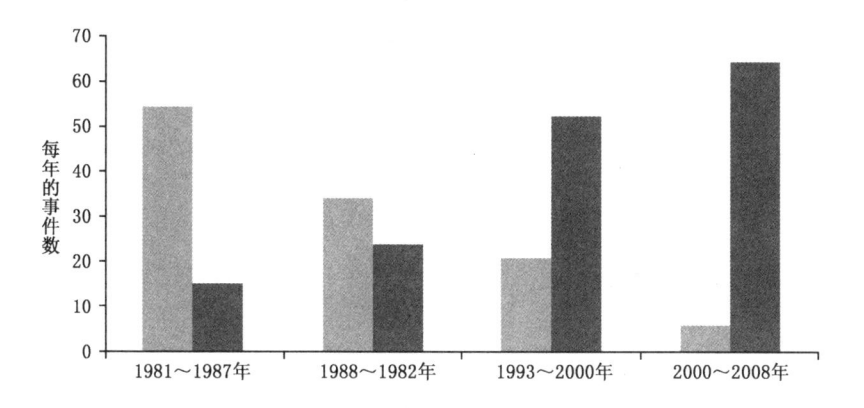

表 6—1　　　　　　　　征集股东委托书竞争的类型

类型	事件次数	占比
获取控制权	199	19%
非获取控制权	828	81%
其中：获得少数董事席位	398	39%
提出有关议案	120	12%
少数股东席位＋提出议案	310	30%

注：统计区间为 1994~2012 年期间，以美国上市公司为目标的征集委托书收购样本。

委托书的征集者（即持异议股东）最主要的是积极行动对冲基金，占比 57%。对征集行动结局的统计发现，持异议者的股东大约在 51% 的比例中能够实现目标，这是指两种情况：最后投票中获胜（占 26%）、最后未投票但是双方和解（占 25%），和解的结果一般是目标公司接受异议者提出的提案并给异议股东一定的董事席位。具体如表 6—2 所示。

表 6—2　　　　委托书征集者的类型、委托书征集竞争的结果

发起人类型	事件次数	占比	结局	事件次数	占比
积极行动对冲基金	602	57%	投票	503	47%
公司	121	11%	持异议者赢	274	26%
养老基金	2	0%	持异议者输	229	21%
公司前内部管理层和员工	120	11%	未投票	563	53%
股东群体	213	20%	和解	267	25%
总计	1 058	100%	撤销征集	158	15%
			目标企业下市或被收购	60	6%
			其他	78	7%
			总计	1 066	100%

注：统计区间为 1994~2012 年期间，以美国上市公司为目标的征集委托书收购样本。

另外，从证券市场上的股东收益看，在发出征集股东委托书之前的 2 年，目标公司股价的异常收益率（CAR）为 −10%，特别是前 1 年股价 CAR 下跌迅速。发出征集委托书后 2 年的股票异常收益率为 6.5%。这种股东财富的增加主要发生在异议股东的提案为改变公司战略、公司价值低估等两种情况下，而当股东征集议案内容为改变公司治理、改变资本结构、将目标公司出售等，股票的异常收益率不显著。

> 总体上看,征集股东委托书发挥了提升目标企业价值、改变目标企业战略的作用。由于主体的征集委托书的目的不是为了获取目标公司的控制权,而是为了施加对目标公司的影响,征集委托书可以认为不是一种控制权市场机制(market for corporate control),而是一种影响力市场机制(market for corporate influence)。
>
> (本专栏内容主要参考了 Vyacheslav Fos (2017) The Disciplinary Effects of Proxy Contests. Management Science 63(3):655—671. 有兴趣的同学可以进一步阅读原文。)

委托书收购的关键是取得广大中小股东的委托,所以媒体宣传极为重要,而且法律制度是否完善也是委托书收购成败的关键。1994年春,中国资本市场第一次发生了与委托书收购相似的事件,就是"君万股权之争"。2000年,又发生了"胜利股份之争"。1997年底颁布的《上市公司章程指引》对委托书收购进行了具体的规定,使得实践中运用这一方法有了指南。规定中指出,股东可以委托代理人出席股东大会和参加表决,而且该代理人可以不是公司的股东。股东委托代理人,必须签署授权委托书,对于该委托书应载明的事项,《章程指引》中做了详细的规定。除了代理人姓名、签发日期及有效期等内容外,着重在表决权上,即代理人可以行使股东的哪些权利。委托书由委托人授权他人签署的,还要经过公证。委托书及相关文件必须在股东大会召开前24小时送达公司的住所,或者召开会议通知中指定的地方。同时,《章程指引》还对临时股东大会的条件、程序、提案、提议及行使表决权的具体方法和程序做了详尽的规定,这为委托书收购提供了具体操作的依据和法律上的保障。

[案例6—5] 胜利股份的股权之争

1999年12月10日,山东胜利集团持有的3 000万股胜利股份(深市代码000407)的国家股被冻结。2000年1月10日,广东省拍卖事务公司受山东省高级人民法院委托举行股权拍卖。广州通百惠公司以3 339万元成交,每股价格1.06元,成为第一大股东。通百惠公司遂以第一大股东的资格为据,向胜利股份原董事会提出了入主胜利股份的要求,并提出了拟定的董事会成员名单。

但出乎通百惠意料的是,胜利股份董事会对他们的要求一口回绝。并在随后发布公告称其原第四股东胜邦公司通过协议受让其他几家公司所持有的胜利股份法人股,持股比例已跃升至总股本的15.34%,超过通百惠成为第一大股东。3月15日,胜邦公司和通百惠针锋相对地分别发布了继续增持胜利股份股权的公告。胜邦公司通过受让法人股和从二级市场购入流通股使持股比例增加到了17.35%。通百惠则再一次通过竞买,使持股比例增加了16.66%。

随着3月30日胜利股东大会的临近,在持股比例上居第二的通百惠公司开始了向市场公开征集流通股股东委托表决权(委托书),并单方面提出了新一届胜利股份董事会名单。而在此之前,胜利股份董事会也已提出了一份新董事会名单,其中通百惠方面的人选一个也没有。胜利股份董事会提出,将这两份名单在股东大会上表决,每一个投票表决人必须在这两份名单中选择一份。但是,在3月30日召开的股东大会上,胜利股份提出的这一方案遭到了大多数与会股东的反对以至于没有能够通过。3月31日,股东大会继续举行,在通百惠方面拒绝投票的情况下,选举产生了一个缺额的董事会。

5月29日胜利股份召开临时股东大会,出席股东大会代表25人,代表股权51.42%,符合公司法规定。通百惠弃权未参加投票。选举结果,董事会关于补选5名董事、1名监事候选人全部过半数赞成票通过。5名增加的董事会成员中,3名分别来自通百惠、山东大学(独立董事)和润华集团,2名来自职业经理。自此,胜利股份的股权之争以通百惠失败而告终。

在胜利股份的股权之争中,引人注目的是通百惠公司为了使自己拥有尽可能多的表决权,采用了在《中国证券报》等媒体上发布公告,公开征集流通股授权委托的形式,使自己手中所掌握的表决权出现了有效增加。3月17日,通百惠在媒体上刊出了广告,打出了"你神圣的一票决定胜利股份的明天"的口号,请流通股股东进行投票登记参加股东大会的选举,并提出了用网络概念武装胜利股份,建立石油化工网络商务平台,实现石化产品的在线和离线交易。同时还表示每一个流通股股东都可以将其表决权委托给通百惠。

通百惠的行动使委托书收购真正出现在我国股票市场上。通百惠的征集委托书行动,具有开创性意义,虽然收购最终失败了,但通百惠的这一行动受到了市场的广泛好评,也得到了大量胜利股份流通股股东的响应。

[案例6-6] 第三点对冲基金对坎伯尔汤料公司发动股东委托书收购

2018年9月,一家私募对冲投资基金管理企业"第三点"(Third Point)有限责任公司对老牌的美国上市公司坎伯尔汤料公司(Campbell)发动了股东代理投票权的争夺战。

第三点基金联合了坎伯尔公司的前董事、也是创始人家族成员的小乔治·斯特劳布里奇结成了联盟,共持有该公司约8.4%的股份。作为挑战者的第三点公司提出了整个董事会的新名单、以及公司战略调整方案。而作为守卫者的公司现有大股东和董事会,则针锋相对提出了自己的董事会名单和公司战略。现有的大股东和董事中有创始人的主要家族成员,持股超过40%。两份董事会名单完全不同、公司战略也有差异。在这样的控制权争夺战中,众多的其他机构股东和小股东需要决定——是将自己的股份投票权委托给第三点,还是委托给现有的董事会?

第三点有限责任公司,是一家作为"积极行动股东"的对冲基金管理人。这次发起的股东委托书战争,是第三点对冲基金近年来的首次委托书大战,也是其第一次尝试驱逐目标企业的整个董事会成员。第三点公司的CEO丹尼尔·勒布给目标公司董事会主席的信中写道:"如今,坎贝尔的股价比20年前低了20%。股票表现是现有董事会管理不善、浪费、缺乏远见的策略和无执行力的成绩单。如果能成功驱逐现有的董事会,这家激进的对冲基金认为,坎伯尔公司的所有潜在选择都可以摆到桌面上来。第三点的方案是,出售整个公司业务是"唯一合理的结果"。

而坎贝尔公司的现有董事会,在一份书面声明中说:"最近已经对公司的战略进行审查,认为公司的最佳前进道路是优化目前的投资组合,剥离某些业务、偿还债务,同时致力于降低成本"。董事会同时表示,愿意评估所有可能提高股东价值的备选方案。

坎贝尔是美国一家老牌的以罐头汤类食品起家的公司,正处于其150年历史的十字路口。因为越来越多的消费者已经放弃了与企业名称同名的罐装汤,公司也被迫转向新鲜食品,但绩效不显著。该公司宣布计划出售其国际业务和新鲜食品业务单位,占现有业务销售收入的1/5,并重新回归到北美的小吃、餐饮业务上。同时该公司表示不排除最终全面出售的可能。

由于业绩下滑,自2018年以来至委托书收购战前,坎贝尔股价已经下跌了17%。第三点管理着约180亿美元的资产,它经常投资处于变革边缘的、价值被低估的上市公司。第三点上一次发动的股东委托书收购战是在2013年针对著名拍卖行苏富比公司。在最后股东正式投票前一天,双方握手言和,第三点基金获得了苏富比公司的三个董事席位。

同样,这一次双方握手言和。第三点与坎贝尔的征集股东委托书竞争于2018年11月结束。第三点基金获得了两名董事席位,进入了坎贝尔的董事会,表示愿意和现有董事会成员一起寻找公司战略调整方案。

本章小结

本章主要介绍了上市公司收购的三种形式:协议收购、要约收购和委托书收购。

协议收购指收购者在证券交易所之外以协商的方式,与目标公司的股东签订收购其股份的协议,从而达到控制该上市公司的目的。协议收购是国内资本市场上主流的并购方式。

要约收购是指收购方向目标公司的所有股东发出购买要约,表明收购方将以一定的价格在某一有效期内买入全部或一定比例的目标公司股票。这种收购方式是西方成熟资本市场主要的收购方式。要约收购可以划分为强制要约和自愿要约、全部要约和部分要约等类别。目前国内资本市场上要约收购的比例在上升。

委托书收购即收购方以征集目标公司股东委托书的方式，在股东大会上取得表决权的优势，通过改组董事会，最终达到实际控制目标公司的目的。这种方式在中国并购实践中运用极少。委托书收购的价值主要体现在可以促使中小股东参与收购过程，从而行使中小股东的权利。

基本概念

要约收购	协议收购	委托书收购
豁免要约收购	简式权益变动报告书	详式权益变动报告书
全面强制要约收购	部分主动要约收购	自愿要约收购

复习题

1. 为何我国的企业并购主要采取协议收购的方式？请结合具体案例分析。
2. 协议收购和要约收购的信息披露主要涉及哪些内容，两者有何不同？
3. 上市公司的股东权益变动报告书的两种形式(简式、详式)的披露要求差异在什么地方？具体披露的内容有何差别？
4. 强制要约收购的触发条件是什么？强制要约收购的目的是什么？请比较中国、英国、美国等国家要约收购制度的差异。
5. 目前我国已经存在不少上市公司的强制要约收购，请结合实际案例分析要约收购在中国存在哪些问题？我国的强制要约收购能否实现保护中小投资者的目的？请提出你对中国要约收购制度的改进建议，请参考阅读张人骥、刘春江(2006)[①]。
6. 讨论本书案例6-3中国石化对下属子公司的自愿下市要约收购。重点分析收购方大股东中国石化集团和目标公司其他中小股东的利益。请参考阅读王怀芳、袁国良(2007)[②]。
7. 请描述委托书收购(实际是征集股东委托书)的具体过程，并结合案例评价这种收购方式的可行性和有效性。

实践性问题

1. 2013年3月5日，重庆啤酒(沪市代码600132)的控股股东嘉士伯香港公司推出部分要约收

[①] 张人骥,刘春江. 控股溢价、流通溢价与上市公司要约收购:南钢股份案例研究[J]. 管理世界,2006(2).
[②] 王怀芳,袁国良. 要约收购下的股东权益保护——中国石化要约收购下属子公司案例研究[J]. 管理世界,2007(2).

购预案计划:嘉士伯香港拟斥资近 30 亿元,以 20 元/股的价格向重庆啤酒上市公司全体流通股东要约收购 1.466 亿股股份(占总股本的 30.29%),若本次收购顺利实施,嘉士伯方面合计所持重庆啤酒股权比例将升至 60%,从而实现绝对控股。据披露,嘉士伯香港 3 月 4 日与重啤集团签署了股份转让锁定协议,约定重啤集团将以其持有的全部重庆啤酒股份(9 679.42 万股、占总股本 20%)接受嘉士伯香港的要约。最终,在走完各审核流程后,正式的要约收购公告书于 2013 年 11 月发出,并于 2013 年底成功完成收购。

请问:(1)为什么嘉士伯香港公司要采取主动部分要约的方式、而非股权协议转让方式获得公司控制权?

(2)并购套利(merger arbitrage)是对冲基金的事件套利策略之一,结合嘉士伯要约重庆啤酒的案例,复盘股票价格,分析是否存在并购套利的机会? 以及套利的风险点在什么地方?

2. 请结合本书案例 6-4 浙民投要约收购 ST 生化的案例,分析浙民投天弘要约收购 ST 生化的背后考虑因素,重点理解要约收购的相关规则与具体实践操作,并结合 ST 生化的反收购措施从而对收购方、目标方、第三方白衣骑士、ST 生化上市公司中小股东的各方行为及利益博弈进行深入的探讨。

第七章 公司并购融资与支付方式的选择

第一节 融资渠道及其选择

资金的来源往往决定了并购的成功与否,所以融资方式是并购的关键问题之一。对于企业来说,并购的资金可以从企业内部或者外部取得。从内部取得资金就是内部融资,是指通过销售商品或劳务获得资金。另一种融资来源是外部融资,指公司从外部的经济主体筹措资金。

内部融资总体来说优于外部融资,基于信息不对称假设的资本结构优序融资理论(pecking order theory),认为企业是按照"先内部融资、后外部融资"的顺序解决资金需求的。但是内部融资需要经过企业长时间积累才能得到,往往数量有限,受到种种限制。由于并购项目的资金需求一般较大,所以外部融资在并购中扮演了更重要的角色。外部融资渠道包括债务融资方式、权益融资方式、混合融资方式和其他特殊的融资方式。前两种是基本的融资方式,后面几种方式都是衍生而来。

一、债务融资方式

债务融资是指向外举债而获取资金的方式,其中包括向金融机构借款融资和发行债券融资。

(一)借款融资

借款融资,主要指企业根据借款合同或协议向商业银行等金融机构获得的借款,按偿还期的长短可分为长期借款和短期借款。银行借款作为企业资金的重要来源,无疑是企业获取并购融资的重要渠道。但由于并购的高风险性,商业银行向企业提供的往往是优先级别贷款。提供贷款的金融机构对被收购的资产或股权享有一级优先权,或收购方提供一定的抵押担保,以降低金融机构的风险。

借款融资具有以下优点:

1. 相对于发行股票、债券来说,其程序较为简单,可以迅速筹集到所需资金。

2. 中间费用包括发行费支出较少,资金成本低。

3. 银行一般可以组织为银团(syndicate),提供巨额的贷款资金,足以支持规模庞大的并购活动。

但是,这种融资方式也有它不利的方面:

1. 银行提供并购贷款一般需要固定资产进行抵押或者金融资产进行质押。而企业一般不可能拥有足够抵押/质押的资产,所以银行的并购贷款一般难以获得。

2. 要想从银行取得贷款,企业必须向银行公开其财务、经营状况,并在日后经营中受到银行的制约。

3. 当优先级别贷款不能满足要求时,其他的债务融资方式会因为风险的增加而要求提高资金的收益率,从而提高企业的融资成本。

除了商业银行的贷款融资之外,在西方,为了迅速解决企业并购中的临时融资需求,投资银行往往会提供一种"桥式贷款"(bridge loan),也称"过桥贷款",以解决收购资金的临时短缺问题。这种贷款一般没有抵押,期限通常较短。在我国的企业并购和重组中,近年来过桥贷款也有所利用,比如 2004 年为了推动"德隆系"重组工作的顺利进行,华融资产管理公司向德隆系控股的两家实业企业屯河股份和天一实业发放了总额为 2.3 亿元人民币的过桥贷款。其中向屯河股份提供了 2 亿元流动资金过桥贷款,专项用于甜菜收购;向天一实业提供了 3 000 万元流动资金过桥贷款,专项用于亚麻收购。贷款资金来源为华融公司自有资金。

股权质押借款又称股权租赁也在收购实践中得到了广泛的应用。股权质押借款是指收购方将股权质押给金融机构,然后从金融机构取得贷款的一种融资方式。这种操作方式在《中华人民共和国担保法》中已有专门规定,[①]目前已被上市公司广泛采用。特别是在管理层收购中可作为资金的融资方式。在此过程中,收购方将未来获取的目标公司股份质押给金融机构,然后换取收购的资金。融资的期限一般在 1~3 年,收购方将分期偿还。这种方式也被称作股权租赁,[②]它大大扩展了并购融资的来源,加速了并购的完成。

---

① 《中华人民共和国担保法》第 4 章第 2 节第 75 条,权利质押中规定依法可以转让的股份、股票可以质押。
② 谭颖卓. 创新并购融资的功臣:股权租赁[J]. 银行家,2003(4).

专栏 7—1　商业银行并购贷款的风险控制

2008年12月中国银监会正式发文允许符合条件的商业银行开办并购贷款业务。2015年2月,银监会发布新的《商业银行并购贷款风险管理指引》(以下简称《指引》),对原文件进行了更新。《指引》第四条对并购贷款的定义:是指商业银行向并购方或其子公司发放的,用于支付并购交易价款和费用的贷款。该政策文件强调:银行业金融机构要积极支持优化产业结构,按照依法合规、审慎经营、风险可控、商业可持续的原则,积极稳妥开展并购贷款业务,提高对企业兼并重组的金融服务水平。

由于企业并购的特殊性,《指引》强调并购贷款中存在着风险,需要加强风险控制。《指引》规定,商业银行全部并购贷款余额占同期本行一级核心资本净额的比例不应超过50%。商业银行应按照本行并购贷款业务发展策略,分别按单个借款人、企业集团、行业类别对并购贷款集中度建立相应的限额控制体系。

商业银行对同一借款人的并购贷款余额占同期本行一级核心资本净额的比例不应超过5%。并购的资金来源中并购贷款所占比例不应高于60%。并购贷款期限一般不超过7年。

《指引》同时指出,商业银行原则上应要求借款人提供充足的能够覆盖并购贷款风险的担保,包括但不限于资产抵押、股权质押、第三方保证,以及符合法律规定的其他形式的担保。以目标企业股权质押时,商业银行应采用更为审慎的方法评估其股权价值和确定质押率。

商业银行应在借款合同中约定保护贷款人利益的关键条款,包括但不限于:

(一)对借款人或并购后企业重要财务指标的约束性条款;

(二)对借款人特定情形下获得的额外现金流用于提前还款的强制性条款;

(三)对借款人或并购后企业的主要或专用账户的监控条款;

(四)确保贷款人对重大事项知情权或认可权的借款人承诺条款。

商业银行应通过一些关键条款约定,在并购双方出现以下情形时可采取的风险控制措施:(1)重要股东的变化;(2)重大投资项目变化;(3)营运成本的异常变化;(4)品牌、客户、市场渠道等的重大不利变化;(5)产生新的重大债务或对外担保;(6)重大资产出售;(7)分红策略的重大变化;(8)担保人的担保能力或抵质押物发生重大变化;(9)影响企业持续经营的其他重大事项。

商业银行应在借款合同中约定提款条件以及与贷款支付使用相关的条款,提款条件应至少包括并购方自筹资金已足额到位和并购合规性条件已满足等内容。商业银行应在借款合同中约定,借款人有义务在贷款存续期间定期报送并购双方、担保人的财务报表以及贷款人需要的其他相关资料。

> 对于并购贷款具体实践中有哪些风险因素、风险如何识别和控制、偿债危机发生后如何解决、信贷风险的具体量化指标与其计算、还款期限和结构设计、违约损失率的计量等,都是值得进一步研究的问题。

[案例7—1]　吉利收购沃尔沃的综合并购融资

浙江吉利控股集团有限公司是中国汽车工业近50年发展速度最快、成长较好的企业,沃尔沃在被吉利收购前属于福特汽车旗下的成员。吉利收购沃尔沃的对价接近110亿元人民币,面对高额的并购对价,吉利采取了多种并购融资方式——既包括内源融资,也包括债务融资方式和股权融资方式。

2010年,吉利CEO李书福在瑞典哥德堡与沃尔沃CFO路易斯·布斯签订了吉利并购沃尔沃的最终股权收购协议,并购支付对价为15亿美元,其中现金13亿美元,票据2亿美元。为尽快募得全部并购款项,吉利在2009年先后成立了北京吉利凯盛国际投资有限公司和北京吉利万源国际投资有限公司。随后,大连市国资委向吉利万源增资30亿元人民币,上海国资委旗下的上海嘉尔沃投资有限公司与吉利万源共同成立了上海吉利兆圆国际投资有限公司,以此为平台进行并购融资的设计。

吉利并购沃尔沃的融资渠道十分多元化,其中包括16.8亿元人民币自有资金,由吉利控股的全资子公司北京吉利凯盛提供;债务融资规模约28亿元人民币,分别为福特公司提供的卖方信贷2亿美元(约14亿元人民币)和中国建设银行伦敦分行提供的2亿美元(约14亿元人民币);股权融资规模约为64.2亿元人民币,包括来自大庆市国资委的30亿元人民币,上海市国资委的10亿元人民币及3.3亿美元(约24.2亿元人民币)和来自高盛认购吉利15.1%股权(吉利旗下香港上市公司与高盛资本合伙人签署战略投资协议,吉利汽车在可转债发行及认股权证获全面行权后,将获取25.86亿港元、约3.3亿美元的资金)。在吉利并购沃尔沃的交易中,内源融资占总融资金额的比例为15.3%,可见,在本次并购交易中内源融资发挥了重要作用。具体如表7—1和图7—1所示。

表7—1　　　　　　　　　吉利并购沃尔沃的融资方式

主要融资方式	金　额
内源融资	16.8亿元人民币(通过吉利凯盛提供)
债务融资	合计4亿美元(约28亿元人民币)
股权融资	大庆市国资委通过吉利万源出资30亿元人民币 上海市国资委通过上海嘉尔沃出资10亿元人民币 高盛认购吉利汽车15.1%股权、出资3.3亿美元(约24.2亿元人民币)

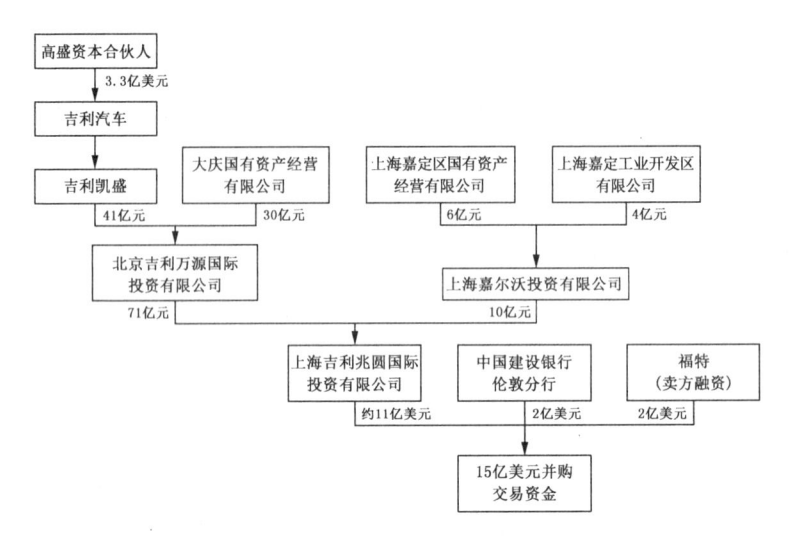

图 7—1　吉利并购沃尔沃融资结构

(二)债券融资

企业债券是指企业按照法定程序发行,约定在一定时期还本付息的有价证券。包括抵押债券、信用债券、垃圾债券等。

(1)抵押债券。即以某些实物资产或其他抵押品作为还本付息保证的债券。如果发行者到期不能还本付息,债券持有人有权处置抵押品来偿还。以这种债券进行融资,一般要求企业能够以固定资产或流动资产作为抵押。

(2)信用债券。是指不用企业的实物资产作为抵押,除了发行企业自己的信用担保以外,还可以由其他企业如母公司、组织或机构的信用担保的债券。并购中一般使用的是由收购方企业担保的、被收购企业发行的债券。这种债券一般只有信誉非常好的大型企业才有能力发行。

(3)垃圾债券。垃圾债券(junk bonds)或称非投资级债券(non-investment grade bonds),是指资信评级低于投资级或未被评级的债券,也称为高收益债券(high-yield bonds)。现代大规模的垃圾债券市场始于20世纪70年代后期,在敌意并购浪潮中垃圾债券起着重要的作用。

由于并购活动的风险很高,而目标企业优质资产的抵押权又被提供优先级贷款的银行获得,为了对次级债权的投资者承担的高风险提供高回报,垃圾债券作为一种新型的融资工具为并购特别是杠杆收购提供了重要的资金来源。垃圾债券一般由投资银行承销,保险公司、专门的私募股权基金等机构投资者作为主要的债权人。这种债券最主要有两个特点:一是高风险。垃圾债券以并购后的未来收益作为担保,具有很大的不确定性,风险很大;二是高利率。为吸引那些在资本市场上寻求高额收益的游资,必须提供与风险相匹配的高利率。

专栏 7—2　垃圾债券之父

在美国第四次并购浪潮中起推动作用的就是垃圾债券。

垃圾债券并非真正的垃圾,而是信用级别低的债券。垃圾债券最早起源于美国。美国两家著名的债券评级机构穆迪公司和标准普尔公司对美国和世界各国企业发行的债券进行评级,穆迪公司将 BBB 级或更高级别的债券称为"投资级",BB 级和以下的债券称为"投机级";标准普尔公司则是 Baa 级以上为"投资级",Ba 级以下为"投机级"。"投机级"表示的债券信用级别较低,风险较大,因此须付出更高的利率,成为所谓的垃圾债券。

垃圾债券市场的代表人物——迈克·米尔肯(Michael Milken),被认为是自 JP 摩根以来美国金融界最具有影响力的传奇人物。米尔肯认为,由于美国在第二次世界大战后逐步完善了许多监管措施,旨在保护投资者不会因为企业的破产或拖欠债务而遭到损失,因此可以假定:债券的信用等级越低,如不违约投资者得到的回报越高。垃圾债券在利率风险很大的时期反而能保持稳定,因为其回报是与公司的发展前景相连,而不是同利率挂钩。米尔肯认为购买垃圾债券比买股票或买高信用等级的公司债券风险要小,特别是在市场行情下跌或行情剧烈动荡的时候更是如此。但是,当时几乎没有人从事垃圾债券的交易,米尔肯认为垃圾债券被错误定价。1971 年,米尔肯在他的证券公司(Drexel Burnham Lambert,译为"德崇证券")设立了专门经营低级债券的高收益债券买卖部,经他手里购买的低级债券年收益率高达 50%。胆大的投资者逐渐被他说服,许多保险公司、退休基金见米尔肯的理论实际可行也跟进买入,渐渐地形成了垃圾债券市场。20 世纪 70 年代末,米尔肯进一步买卖已发行的垃圾债券,为中小企业承销低级债券和帮人收购所需要的低级债券。

到 20 世纪 80 年代末,米尔肯已成为真正的垃圾债券大王。由于听从米尔肯的意见购买的债券总能获得高额的收益,投资者对他的判断高度信任,只要他一个电话,就能筹措到上亿资金。他曾经夸口如果需要,他可以筹资买下世界上最大的企业之一通用电器公司。

米尔肯在金融界的影响如日中天。由于企业收购需要米尔肯配合,如果米尔肯同意为收购该项目包销融资垃圾债券,德崇证券公司就为客户发一封信,声明有高度信心为收购企业提供必需的资金。这封信的威力无比,一旦发出,没有一家目标企业能逃过被收购的命运。因此,目标公司的管理人员对米尔肯的信莫不胆战心惊。

> 但随着米尔肯的财富和他的事业迅速扩张,有投资者认为,他们在追逐米尔肯带来的财富机会时,受到了他的欺诈。1986年11月,美国司法部经过周密的调查,以证券欺诈的罪名起诉了米尔肯及其弟弟。1990年4月,米尔肯服罪,同意检察官提出的6项重罪指控。米尔肯被判处10年监禁、赔偿和罚款11亿美元,并且被禁止从事证券业。"垃圾债券之父"就这样结束了自己的证券生涯。

债券筹资的优点主要有:

1. 与股票筹资相比,债券利息是税前支付,具有抵税的功能,筹资成本较低。
2. 债券利息是固定的,所以不会因企业利润增加而增加企业的支出,因此能为股东带来财务杠杆收益。
3. 债券持有人不参与企业管理决策,因此发行债券不会造成原有股东控制权的稀释。
4. 有利于调整企业资本结构。

债券筹资的缺点主要有:

(1)债券期限固定,到期还本付息的压力较大。

(2)在我国资本市场,历史上债券筹资受到国家年度发行总规模额度控制和企业净资产等比例限制,筹资数额较为有限,难以满足企业收购资金的需要。目前我国债券市场状况正在改变。

(3)发行债券的程序较为复杂、时间周期较长。

二、权益融资

权益融资即股票融资,具体可分为普通股融资和优先股融资两种。

(一)普通股融资

普通股融资是最主要、最基本的一种股份,同时也是风险最大的一种股份。普通股融资的基本特点是投资收益(股息和红利)不是在购买时约定的,而是事后根据企业的业绩来确定的。对于并购企业来说,普通股融资具有如下优点:

1. 普通股融资不必支付固定的股利给股东,且没有固定的到期日,无需偿还本金。
2. 增发普通股,有利于提高公司信誉,降低举债成本,增加融资能力。
3. 发行普通股可以降低企业的资产负债率,维持一定的举债能力。

发行普通股的缺点如下:

(1)分散稀释企业的控制权。对外发行新股意味着将企业的部分控制权转移给了新股东。如果普通股发行过多,原有股东可能丧失控制权,企业将面临被收购的风险。[①]

(2)发行新股,如果未来盈余较好,容易使老股东利益受损。

(3)发行普通股的承销费用通常要比债券或优先股融资更高。

(4)由于普通股股利在税后支付,无法如债务融资一样取得税收抵免的优惠。

(二)优先股融资

优先股是股份公司专门为获得优先特权的投资者设计的一种股票。优先股一般预先约定股利收益率,持有优先股的股东没有选举权和投票权,但能优先领取股利和在公司清算时优先分配剩余财产。它实质上是以盈余分配等方面的优先作为放弃表决权的补偿,充分体现了权利与义务相对应的原则。

1. 从并购方考虑,发行优先股有如下优点:

(1)企业发行优先股的融资成本固定,可以将更多的未来潜在收益留给普通股股东。

(2)优先股一般没有到期收回本金的规定,不同于负债,优先股不会给企业带来未来偿还现金流的问题。

(3)通过发行优先股而非普通股融资,企业普通股股东可以避免和新投资者一起分享盈余、稀释控制权。

2. 发行优先股的缺点如下:

(1)优先股的税后资金成本高于负债的税后资金成本。

(2)由于优先股股东承担了较大的风险却只能获取固定的报酬,所以在发行时对投资者的吸引力远不如债券。

3. 当前股权融资在我国企业并购中的作用正在得以发挥。在实践中企业并购中采用的股权融资可以分为两种途径:

(1)增发新股或配股融资。增发新股包括公募增发和定向增发两类。公募增发是指上市公司在具备条件的情况下,经有关部门批准,向社会公众发行股票;定向增发是对战略投资者或少数特定股东发行股票。配股是指上市公司向原有股东按其持股比例发行新股。无论是增发新股还是向原股东配售新股,所筹集的资金都属于自有资金。这种方式实际上就是上市公司以股权募集用于收购的资金,支付给被收购方股东,是现金支付的一种。

(2)换股方式实现收购。根据换股方式的不同,可以分为增资换股、库藏股换股、

---

① 如上市公司定向发行股票导致原控股股东失去控制权,新定向认购的股东成为大股东,此种行为即为反向收购或借壳上市。

母公司与子公司交叉换股等。较常见的有定向增发新股。

定向增发新股指收购方向特定的投资者发行本公司股票，然后用新发行的股票替换目标公司的股票，以达到收购的目的。这种换股收购方式在成熟资本市场上比较常见，在我国资本市场也开始尝试。换股方式可以节约大量的现金，同时又没有现金收益，避免了目标公司股东的纳税问题。而且，目标企业的原股东也可以分享新企业所实现的价值增值。但这种方法的审批程序复杂，耗时长，容易为竞购对手提供机会，目标企业也有时间布置反收购措施。更重要的是，新股的发行会改变收购方企业的股权结构，而对股权价值产生影响。股价的波动也使收购成本难以确定，换股方案不得不经常调整。本书第四章案例4-3的第一百货与华联商厦合并的案例即是换股吸收合并的典型案例。

随着我国资本市场的发展以及企业并购规模的不断扩大，股权融资在企业并购融资中发挥的作用也日益重要。根据Wind统计数据显示，以并购完成为统计口径，2013年至2016年，我国上市公司在A股市场中通过定向增发的方式募集并购资金的企业数分别为10、17、21、16家，以定向增发的方式募集并购资金的融资规模分别为120亿元、213亿元、331.5亿元、267.3亿元。

[案例7-2] 中国电建集团整体上市

2012年，中国电力建设股份公司（沪市代码601669）向控股股东电建集团发行股份购买资产实现集团的整体上市。为购买电建集团旗下的中国水电顾问集团、北京设计院等8家子公司100%股权资产，即为筹集并购重组所需资金，上市公司中国电建采用了包括承接债务、非公开发行普通股方式、非公开发行优先股募集配套资金等三种融资方式。具体分析来看，标的资产评估值合计为171.66亿元，中国电建以溢价发行普通股的方式支付对价约146.66亿元，以承接债务的方式支付对价25亿元，同时以发行优先股方式配套融资20亿元，发行优先股避免了并购重组交易对每股收益的进一步摊薄。普通股和优先股均为上市公司定向母公司的私募发行。

三、混合型融资方式

混合型融资方式指既带有权益融资特征又带有债务特征的特殊融资方式，这种融资方式在西方并购中扮演了重要的角色。下面主要介绍两种混合融资工具：可转换债券和可交换债券。

（一）可转换债券

可转换证券指可以被持有人依据一定的条件将其转换为普通股的证券，具体包括可转换债券和可转换优先股两种。但实务中主要是可转换债券。由于可转换债券发行之初可为投资者提供固定的收益，相当于单纯投资于企业债券；而当公司普通股价格上升时,投资者又拥有自由交换普通股的权利,从而享受了普通股增值的收益。从投资者的角度看,转换溢价是值得支付的,可转换债券为投资者提供了一种有利于控制风险的投资选择。

可转换债券对并购方企业筹集资金,有以下优点:

(1)由于具有高度灵活性,企业可根据具体情况设计具有不同报酬率、不同转换溢价等条件的证券,以寻求最佳的长期筹资方式。

(2)可转换债券的票面报酬率一般很低,大大降低了企业的筹资成本,使企业获得廉价的资本供给。

(3)由于可转换公司债和可转换优先股等一般最终结果要转换为普通股,因此发行可转换债券可为企业提供长期、稳定的资本供给。

但是,可转换债券在并购方筹资方面存在以下缺点:

(1)当股票市价大涨而且大大高于转换价格时,发行可转换债券反而使企业蒙受了财务损失。一般企业会规定一个债券强制赎回条件以减少企业的融资成本。

(2)当普通股市价未如预期上涨时,可转换债券的转换就无法实现,这极可能断绝企业获得新的长期资金的任何来源。因为证券转换未能实现时,一方面投资者对企业的发展信心会降低,会导致企业新的转债或其他证券发行的困难。另一方面企业被迫到期偿还转债的本金利息。

(3)可转换债券的执行会导致原有控制权的稀释。

在并购市场上,可转债的应用主要是目标公司向收购方定向发行可转债,比如下面的案例7—3青岛啤酒向美国AB公司定向发行可转债的案例。在2005年股权分置改革的推动下,催生了分离交易可转换债券这种新型的融资工具。可转债开始在并购中发挥融资功能。2010年国务院印发的《关于促进企业兼并重组的意见》,首次提出"支持符合条件的企业通过发行股票、债券、可转债等方式为兼并重组融资"。现阶段我国供给侧结构性改革正在进行,企业并购浪潮呈现。随着2017年证券监管机构对上市公司定向增发融资的监管趋严,可转换债券因其灵活的募集方式开始成为我国企业并购重组的重要融资方式。

[案例7—3] **青岛啤酒向美国AB公司定向发行可转债**

2002年青岛啤酒分三次向世界最大的啤酒酿造商美国安海斯—布希公司(简称AB公司)发行总金额为1.82亿美元的强制可转换债券。该债券按协议规定将在7年内全部转换成股权,AB公司在青岛啤酒的股权比例将从之前的4.5%增加到9.9%,再到20%,并最终达到27%,所有增持的股权均为在中国香港联交所上市的H股。其主要条款及内容如下:

第一部分可换股债券的认购总金额为280 800 000港元(折合约人民币

297 648 000元),预计于2003年6月或以前支付,并于AB公司支付认购金额3个月后以每股4.68港元(折合约人民币4.96元)的价格强制转换成60 000 000股新H股股份。第一部分可换股债券为无利息债券。

第二部分可换股债券的认购总金额约为627 120 000港元(折合约人民币664 747 000元),与第一部分可换股债券认购金额一起支付,可于7年内以每股4.68港元(折合约人民币4.96元)价格转换成134 000 000股新H股股份,若于该7年期限内仍未转股,则于期限届满后即时自动进行转股。第二部分可换股债券的年利率为2%,但AB公司将在转股时偿还由青岛啤酒公司支付的利息以及相应的预扣税。

第三部分可换股债券的认购总金额为508 275 342港元(折合约人民币538 772 000元),预计于2003年及2004年内分期支付,AB公司于支付认购金额7年内,以每股4.45港元(折合约人民币4.72元)价格转换成114 219 178股新H股股份。若于该7年期限内仍未转股则于期限届满后即时自动转股。第三部分可换股债券的年利率为2%,但AB公司将在转股时偿还由青岛啤酒公司支付的利息以及相应的预扣税。

对可转股债券的转股条件简析如下:

第一,强制性转股的限制:若于该7年期限内仍未转股则于期限届满后即时自动转股。

第二,高于市价的转股价格:以2002年10月21日公司公告刊发前一个交易日青岛啤酒H股的股价3.575港元为准,第一部分和第二部分转股价格有30.91%的溢价,第三部分转股价格有24.48%的溢价。

第三,利率偿还:AB公司将在转股时偿还由青岛啤酒公司支付的利息以及相应的预扣税。

第四,转股后的股权限制:在本次发行可转换债券中,AB公司承诺当其行使转股权后,将超出20%股份的股票信托给独立的第三方受托人,该第三方受托人将按照公司现在第一大股东——青岛市国有资产管理办公室——的指令行使该部分股票的表决权。这样完成换股后,国家股将占公司总股本的30.5%,加上前述的信托安排,国家股持有人可行使的表决权将占公司总股本的37.5%。因此,在换股后国有资本将仍然保持相对控股地位,确保青岛啤酒民族品牌的国有控制权。

此外,由转债转换来的H股股份都有两年的禁售期。为更加巩固战略联盟,双方在这一《协议》中明确做出了在中国啤酒市场的不竞争承诺。伴随着第一批转股计划的实施,AB公司将会有两人进入青岛啤酒,一个进入董事会,一个进入专业技术委员会。

青岛啤酒定向发行可转换债券,达到了公司融资与战略并购的双重效果,实现了资本市场与产品市场的对接。这是因为,通过发行可转债,为公司融入了低成本的资金,而且还引入了 AB 公司这个战略投资者,实现双方在产品市场上的结合。AB 公司为青岛啤酒带来公司治理、生产技术和资金等战略资源。

通过可转换债券融资,将未来的战略性股权转让给外资,解决了目标公司 H 股因股价过低而造成的融资难问题,即外资作为最初的债权人、7 年后的第二大股东和战略伙伴而实现了并购。同时外资通过将未来的投票权信托给国有资产的第一大股东,而规避了外资收购民族消费品牌的收购障碍。随着我国资本市场的国际化进展,青岛啤酒通过定向发行可转换债券融资和吸引战略投资者,将不失为可操作性很强的收购手法。

[案例 7—4] 蓝色光标发行可转债融资收购美广互动等

蓝色光标是一家为大型企业和组织提供品牌管理与营销服务的专业公司,也是创业板第一家发行可转债进行并购融资的公司。2015 年 12 月,蓝色光标发行了期限为 6 年的可转换债券,募集资金总额 14 亿元,其中将 2.25 亿元用于收购项目,以支付美广互动 49% 股权的收购项目、蓝色方略 49% 股权的收购项目等。

对于蓝色光标而言,发行可转换债券进行并购融资的要求相对较低,仅需要 2 年连续盈利,可募资资金的规模与定向增发相似。蓝色光标的本次收购是其外延扩张、实施营销传播服务行业"全产业链"布局的关键步骤和国际化战略的重要组成部分。作为创业板第一家发行可转换债券的公司,其发行可转换债券作为并购融资方式的做法,为企业拓宽并购融资方式提供了借鉴价值。

(二)可交换债券

可交换债券(exchangeable bonds)是指由符合一定条件的上市公司股东作为发行人,以其持有的上市公司的股份作为担保或者抵押及交换标的而发行的公司债券。可交换债券的持有人可以根据规定在一定期限内,将其持有的债券交换成上市公司的股份。从本质上说,可交换债券也是一种可转换债券,是一种内嵌期权的金融衍生品。

一般而言,可交换债券的发行人为控股母公司,而转股标的为上市子公司。发行可交换债券未来进行交换的是母公司持有子公司的股票,是存量股,未来债券行权进行交换时并不会增加上市公司的总股本数。可交换债券的主要功能有三种:一是企业融资功能。由于可交换债券的发行人一般是集团公司等非上市公司,成为非上市企业融资的重要渠道;二是并购融资功能。主并方企业的母公司在符合一定条件下可以采用可交换债券的融资方式,然后将融资借贷给子公司用于并购;三是母公司股票减持功能。

从可交换债券的优点来看,第一,可交换债券为企业提供了一种成本较低的新型融资方式,同时赋予了债券持有人把债券转换为股票的权利,相当于是一种看涨期权。

因此,其利率水平要低于同期限、同等信用评级的普通债券。第二,在成熟的资本市场上,可交换债券比可转换债券更容易发售。可交换债券也存在一定的缺点,发行可交换债券进行融资,可能会导致母公司原本控股的上市子公司股权结构发生变化,甚至改变了上市公司的控制权。

2008年,中国证监会制定了《上市公司股东发行可交换公司债券试行规定》,但直到2014年12月,国内首单公开发行的可交换公司债券——宝钢集团2014年可交换公司债券才正式发行成功并在上交所上市。之后,可交换债券的数量和规模增长迅速,至2016年底我国发行可交换债券的数量达到90只,发行面额超过887亿元。

目前,可交换债券成了企业并购重组过程中备受关注的重要融资方式。

[案例7-5]　**兖州煤业收购联合煤炭中采用可交换债券进行融资**

2017年,兖州煤业以26.9亿美元收购力拓旗下的联合煤炭工业有限公司,收购对价超过180亿元人民币,获取了澳大利亚优质的煤矿资源。

本次收购案中的交易对手方是世界矿业巨头力拓,收购标的资产是力拓集团100%控股的孙公司联合煤炭。收购交易最终是通过兖州煤业的控股子公司兖煤澳洲实现的,收购完成后,兖煤澳洲将成为澳大利亚最大的独立煤炭运营商,兖州煤业的全球煤矿版图得到了扩张。

在收购过程中出现了竞价的插曲,起初签订的协议对价是23.5亿美元。在力拓股东大会临近之际,国际矿业巨头嘉能可对联合煤炭提出了竞争性的收购要约,出价25.5亿美元。之后兖州煤业迅速做出了反击,确定交易对价为24.5亿美元并且新增总额为2.4亿美元的无条件担保资源使用费,最终收购顺利完成。为了支付收购联合煤炭份交易对价,兖州煤业出现了26.9亿美元的融资需求。并购融资的来源比较多样化:既有定增等股权融资方式,也包括可交换债券等债务融资方式。具体分为三大部分:兖州煤业的控股股东兖矿集团获批发行80亿元的私募可交换债券(实际发行结果71.2亿元);兖州煤业通过定增方式募集70亿元;兖煤澳洲通过配股募集10亿美元(约68亿元)。

这里仅分析兖矿集团发行私募可交换债券这一融资方式。收购发生时,兖矿集团持有兖州煤业26亿股,占总股本的比例接近57%,较高的持股比例使得兖矿集团发行私募可交换债的筹资能力较强。

2017年4月21日,兖矿集团非公开发行可交换公司债券(第一期)完成,实际发行规模为40亿元,首年票面利率为2.00%,在债券存续期内后续年度票面利率以每年50基点(即0.50%)的幅度逐年递增。

2017年9月25日,兖矿集团第二期可交换债券发行完成,发行规模为人民币30亿元,期限为3年期,第1年票面利率为1.70%,第2年票面利率为2.20%,第3年票面利率为2.70%。

2018年4月4日,兖矿集团第三期可交换债发行完成,发行规模为1.2亿元,期限为3年期,第1年票面利率为2%,第2年票面利率为2.5%,第3年票面利率为3%,初始换股价格为15.70元/股。

兖矿集团可交换债券的发行不仅为兖州煤业的收购提供了资金支持,同时在方案设计上也充分考虑了能够继续保持对兖州煤业的控制权,对之后资源型企业的海外并购融资提供了重要的参考价值。具体如表7-2所示。

表7-2　　　　　　兖矿集团私募可交换债(第一期)融资基本情况

公司名称	兖矿集团有限公司
发行规模	40亿元人民币
债券利率	首年票面利率为2.00%,在债券存续期内后续年度票面利率在首年票面利率基础上以每年50BP(即0.50%)的幅度逐年递增
初始转股价格	13.26元人民币/股
转股期间	2017年10月23日至2020年04月20日(发行6个月后)
增信措施	发行人将其合法拥有的4.8亿股兖州煤业股份有限公司A股股票作为担保及信托财产

资料来源:公司公告。

四、特殊融资方式

(一)杠杆融资方式

杠杆收购(leverage buy-out,LBO)是指通过增加并购企业的财务杠杆去完成并购交易的一种并购方式。这种并购方式的实质是收购企业用少量自有资金,主要以借债方式购买目标企业的股权,继而以目标企业的资产或现金流来偿还债务的并购方式。杠杆收购通过精心的财务设计,可以使收购方在并购中的资本投资降到全部收购价格的5%甚至以下。也就是说,杠杆收购中的债务融资可以高达交易成本的95%,因而使得小鱼吃大鱼成为可能。

1. 杠杆收购的主要类型。按目标公司经理层是否参与对本公司的收购,杠杆收购可以分为管理层收购(management buy-out,MBO)和非管理层收购。管理层收购是指外部的股权投资者(典型如KKR、凯雷等)与管理层一起组成一个收购集团,与目标公司董事会在友好的气氛下洽商收购条款,达成后即实施杠杆收购。在管理层收购中,担任发起人(sponsor)的一般为私募股权基金,承担着融资、策划、交易谈判等工作。成功的管理层收购有赖于目标公司管理层与投资银行的友好合作。

2. 杠杆收购中的融资结构。在西方发达的资本市场上,融资结构的安排充分发挥了多样化的特点,呈现多层次的融资结构。这样可以吸引各种不同风险承受能力投资者的参与。一般来说,最顶层的是对收购后公司资产拥有最高求偿权的一级银行贷款,约占收购资金的50%~60%;中间主要是被统称为垃圾债券的从属债务,约占收购资金的20%~30%;最底层的则是收购者自己(私募股权机构、目标公司管理层等)投入的股本,约占收购资金的10%~20%。

处于融资结构最上层的优先债务主要是指对收购来的资产具有优先受偿权的一级银行贷款。由于其面临的风险最小,所以企业较容易获得,因而在全部杠杆收购中的比重最高。同时,其贷款的利率也最低。如果存在著名的大银行对杠杆交易进行贷款,说明本交易的信誉度高,也会更加吸引其他类型的融资。

处于中间层的从属债务,在杠杆收购融资结构中内容形式最丰富,其清偿顺序位于优先债务之后,因而风险也较高。其中一部分是银行提供的贷款,通常是以利率爬升票据形式出现,以满足并购企业在收购过程的临时资金需要。另外还包括夹层基金(详见本书第八章)。在此基础上,投资银行又为并购企业推出了一系列创新的融资工具如从属债券和延迟支付凭证等。由于这类证券风险较高,因而收益也较高,这种高风险的债券被称为垃圾债券。

股权资本是在杠杆收购融资结构中最小的一部分。股权资本的求偿顺序居于最后,因而风险最高,但收益也是最大的。通常情况下,为了保证并购后的控制权,股权资本一般不向其他投资者直接出售,仅局限于作为杠杆收购发起者的私募股权机构,以及在交易中发挥重要作用的公司管理层人员。

3. 杠杆收购融资的优缺点。杠杆收购的优点显而易见,就是收购方只需投入少量的自有资金便可能获得大额借款用以收购目标公司。采用杠杆收购融资方式,目标公司的负债率会极大提高,财务杠杆效应增强,从而给股东带来很高的收益率。同时负债率的提高也带来税收上的优惠,使税负降低。

当然,杠杆收购的风险也是明显的。企业资本结构中的负债率过高,会增加偿债压力。若企业在收购后经营不善,可能发生严重的财务危机,甚至导致破产倒闭。

由于杠杆收购的目的,是要用目标公司的资产或现金流来支持或偿还收购中的负债,因此,正确选择目标公司是重要的环节。目标公司的经营情况应在收购后具有良好的预期,应符合以下条件:

(1)拥有稳定连续的现金流量。
(2)资产负债率较低。
(3)拥有变现能力较强的非核心资产。
(4)具有较为宽余的降低成本、提升企业价值的空间。

(二)卖方融资方式

卖方融资(seller financing)是指卖方因种种原因急于出售资产或买方没有条件从贷款机构获得抵押贷款时,卖方愿意以低于市场利率为买方提供收购所需资金的一种融资方式。买方必须在完全付清贷款以后,才能得到该资产的全部产权。如果买方无力支付贷款,则卖方可以收回该资产。

比较常见的卖方融资,是给予买方分期付款条件。它是指双方完成交易后,收购方并不全额支付并购的价款,而只是支付部分价款,在收购的若干年内,再分期支付余下的款项。而分期支付的款项,是根据被收购企业未来若干年内的实际经营业绩而定的,业绩越好,所需支付的款项越高[1]。从融资角度看,由于支付期限的延长,缓解了收购方资金的支付压力。所以实际上分期付款是卖方向买方提供的一种融资。这种融资方式最早出现于一些亏损企业的并购案中,这些公司因获利不佳,卖方急于脱手,因而不得不采取这种有利于收购者的支付方式。

目标企业股东为买方提供的"卖方融资",可以免去买方为支付价款而寻求各种渠道融资所引起的成本增加和融资时间的耗费。对于卖方企业股东而言,由于价款分期收到,可以享受递延税负的好处,这一点也是卖方愿意提供融资的原因之一。这种低成本的收购方式有时可以用来减小双方的收购差价,因为买方考虑到卖方提供的融资,而愿意支付较高的收购价格。

但是这种或有支付的方式,给企业的后续经营也带来了较大的风险。由于卖方融资的支付期一般只有几年,目标企业的经营者可能会为了收购方未来获得更多的支付价款,而产生短期经营行为或者有意使用不科学的会计政策进行盈余管理等,从而危及企业的长远发展。所以收购方在制定未来或有支付条件时应慎重,尽量将目标公司的经营层和公司利益联系在一起。采取换股收购的方式是比较好的一种解决方式。总之,一定要合理避免经营层的短期行为。[2]

[**案例 7—6**] **中国移动 2002 年对国内 8 省市电信公司的收购**

作为中国第一家在海外上市的电信运营公司,中国移动在资本市场上一直表现得非常活跃。在此次收购之前,中国移动已经完成了 3 次收购项目,先后从母公司购得江苏等 11 个省区市移动通信公司,加上这次收购安徽等 8 省市移动通信公司以及成立时从母公司继承的广东、浙江等两省移动通信公司,中国移动已经囊括了 21 家省级移动公司,覆盖人口达到 10 亿人,用户规模超过 1 亿人。

为了完成对安徽、江西、重庆、四川、湖北、湖南、山西、陕西 8 个省市移动通信公司

---

[1] 这实际上是本书第 5 章第 2 节介绍的赢取计划。从融资的角度看,也可以理解为一种卖方融资方式。
[2] 未来或有支付中可能的经营者短期行为、道德风险等,可以参见本书第 5 章第 2 节对赢取计划设定目标的讨论分析。

的收购,中国移动延续了往次收购的复杂安排,先于5月10日在著名的国际避税地英属维尔京群岛设立了与上述八省同名的安徽(BVI)、江西(BVI)、重庆(BVI)、四川(BVI)、湖北(BVI)、湖南(BVI)、山西(BVI)、陕西(BVI)公司,由这些外资公司控股同名的移动通信有限公司,再由中国移动香港(BVI)收购这些省级BVI公司,最后由中国移动向自己的控股股东中国移动香港(BVI)收购各目标BVI公司的全部已发行股本。与历次收购相比,此次收购面临的外部环境最为严峻。在国际资本市场电信、网络等科技泡沫破灭背景下发起如此大规模的收购,首要的问题就是,在公开扩股融资无法实现的制约下,收购的资金缺口如何填补?

中国移动公开的收购协议对融资安排做了详细解释:本次收购资产的购入价为85.73亿美元,在收购完成时,中国移动将以现金(31.5亿美元)和向中国移动香港(BVI)有限公司(在英属维尔京群岛成立,为中国移动直接控股股东,是中国移动通信集团的全资附属子公司)发行股票(价值为26.23亿美元)的方式支付57.73亿美元的首期对价。余额28亿美元将在15年内延期向母公司支付(即母公司给予收购方的卖方融资)。此外由于中国移动还承担了8个目标公司的16.27亿美元的债务净额,本次收购中,8省市移动通信公司的企业股权价值达到102亿美元。

这种融资安排避开了在二级市场上公开向投资者发售股票,从而消除了投资者此前对这次收购的疑虑,中国移动股价在收购协议公布后略有上升。但是,这种融资方案实属不得已。中国移动本次延迟付款的部分,原本考虑以发行CDR(中国存托凭证)和人民币企业债券的方式来进行融资,但因有关部门审批手续尚未完成,目前暂无法发行,采取向母公司延期付款的方式只是一个过渡性的解决方案。由于缺少发行CDR和债券融资的支持,中国移动在本次收购中采用了高比例现金支付方式,共计31.5亿美元,约占本次收购金额的37%。其中,24亿美元由中国移动内部现金予以支付,同时中国移动与英国沃达丰公司签订认购股份协议,向其配售了价值7.5亿美元的普通股,用作支付收购部分现金对价,沃达丰的持股比例由2.18%上升为3.27%。在整个国际电信行业前途灰暗的背景下,沃达丰公司以现金增持中国移动股票是本次收购的一大亮点,这标志着双方战略联盟的关系更加密切。

(三)并购基金

并购基金(buyout fund)是私募股权基金的一种,主要用于并购获取标的企业的控制权,是一种专注于对目标企业进行并购和重大重组以实现价值增值的基金。并购基金常见的运作方式是通过重组等方式,实现企业下市后再上市或者未来出售给产业竞争者,从而获得丰厚的收益。

并购基金一般采用非公开方式募集,销售和赎回都是基金管理人通过私下与投资者协商进行。从目前数据看,国内并购基金的存续期一般为5~7年,并设定投资期和退出期。投资期一般在3~5年,退出期一般为两年,通过上市、转让出售、并购等方式实现退出。

2010年,国务院《关于促进企业兼并重组的意见》27号文提出:"积极探索设立专门的并购基金等兼并重组融资新模式,完善股权投资退出机制,吸引社会资金参与企业兼并重组。通过并购贷款、境内外银团贷款、贷款贴息等方式支持企业跨国并购。"证监会明确提出支持包括设立并购基金等并购类型融资模式的探索,弥补上市公司并购重组融资方式的匮乏,减少对发行股份融资方式的依赖程度。之后,以化解产能过剩及产业结构升级转型为主导的并购重组迎来了新的契机。为推动国内产业结构的调整、化解部分行业的产能过剩问题,加快企业并购重组的步伐,证监会、国资委、发改委等部委先后出台了相关政策,并购重组已经成为现阶段我国"调结构、稳增长"的战略路径,从融资的角度而言,进一步推动了包括并购基金在内的新型融资方式的快速发展。

2016年9月,证监会修订了《上市公司重大资产重组管理办法》,第九条再次指出,要加大金融对并购重组的支持力度,鼓励依法设立的并购基金、股权投资基金等投资机构参与上市公司并购重组。

与国外以PE机构为主导的并购基金模式有所不同,我国的并购基金大多采用了"产融结合"的参股型并购模式,即以上市公司为主导牵头建立并购基金,实现金融资本与产业资本的优势结合。这就是实务界所谓的"上市公司+PE"的并购基金模式。PE机构利用专业资本运作与资产管理能力为并购基金提供资金和技术支持,上市公司凭借良好的信誉和行业经验为并购基金的募集及后期的退出提供便利的渠道,双方实现优势互补和互利共赢。上市公司不直接作为普通合伙人,但是上市公司可以通过设立控股子公司的形式以普通合伙人的身份参与设立产业并购基金。

[案例7—7] 大康农业与天堂硅谷设立并购基金

2011年,湖南大康国际农业食品股份有限公司(深市中小板上市公司,代码002505)联合浙江天堂硅谷资产管理集团有限公司(我国著名的民营私募股权管理机构)的全资子公司恒裕创投设立了产业并购基金,开创了上市公司参与并购基金的新模式。

该农业产业并购基金——"长沙天堂大康基金"总规模为3亿元,存续期为5年,主要投资方向是以畜牧等农业产业。从出资结构来看,大康农业认缴基金总规模3 000万元,出资比例为10%。恒裕创投出资3 000万元,出资占比为10%,其余部分资金由天堂硅谷负责向社会自然人与机构投资者募集。双方约定,基金收购的项目在培育期满后,可以通过上市公司增发股票或者现金收购的形式将相关资产注入上市公司,大康农业具有购买基金资产的优先选择权。培育期满后,该并购基金有自主处置资产的权力。

该并购基金作为大康农业的产业链整合平台,在全国范围寻求优质农业产业资源及技术,为大康农业的产业扩张和并购提供资金支持。

[案例 7-8] 昆明制药联合平安证券设立医药行业并购基金

昆明制药集团股份有限公司是一家专注于医药生产的上市公司(沪市上市代码600422)。为了提高公司的投资效率,加快对外投资并购的步伐,2014年昆明制药与公司高管团队成立了昆明智博投资合伙企业(有限合伙),再与平安证券旗下唯一的投资平台——平安财智投资管理有限公司及其子公司平安智汇共同发起设立了医药产业并购基金。

该并购基金采取了有限合伙的组织形式,由昆明制药、昆明智博投资、平安财智、平安智汇等共同出资及募集设立,总规模5亿元。平安智汇为该并购基金的普通合伙人,出资500万元,占比1%,其余投资人均为有限合伙人。其中,昆明智博出资500万元,出资占比1%,昆明制药和平安财智分别均出资9 500万元,出资占比各为19%,剩余3亿元由募集所得。该并购基金的主要投资领域为制药企业或者医疗机构及各种类型的医院。

昆明制药谋求外延式发展,积极寻找适合于投资并购的优良项目的愿望较为强烈,在该并购基金成立之前,昆明制药曾拟收购湖南达嘉维康及向控股股东发行股份方式购买医药工业类资产,均以失败告终。此次与平安证券旗下直投企业的联合,意图实现"以产业寻求资本,以资本带动产业"的战略,加快对外投资的并购步伐。

除以上融资方式之外,在我国中小型企业、民营企业的并购融资中,还出现了一些有中国特色的并购融资方式:

1. 个人或团队承债收购。个人或多人组成一个团队,以每人的个人资产或信誉筹集一定的资金,一次或分批偿还本企业的全部或主要控制权。

2. 个人或团队以承包利润收购。承包人根据承包经营合同应得的利润转作为对企业的投资,经过若干年后逐步获得对企业的控制权。

3. 单位或社会集资收购。在企业出售时,单位职工或者其他投资者集资(类似第八章的职工持股和管理层收购),购买出售企业的净资产或股权,实现对企业的收购。

4. 买断工龄收购。主要是对于国有企业改制时,通常收购方通过对国有职工应享有的一些权益如住房、医疗、退休金等给予补偿(一般以工龄计算支付金额)而获得目标企业的股权。实际上是把企业对职工的一种负债转为职工对企业的股权。

第二节 公司收购的支付形式及其选择

在公司收购中,支付价款是完成交易的最后一个环节。实际上融资和支付是紧密相连、不可分割的。在上一节中已经涉及了许多支付的问题,本节主要讨论影响支付方式的因素和各种支付方式的利弊。

一、影响支付方式的因素

1. 股东的意见和要求。收购方案的最后通过必须得到双方股东大会的通过。收购方股东一般关注的是控制权稀释问题,所以一般情况下他们倾向于使用现金、资产置换等非股权的形式。只有收购方股票估值过高、显著溢价时或者当吸收合并后的企业面临较大的风险时,才愿意采用股权支付的形式。相应地,目标公司的股东立场相反。当目标公司未来前景明确、发展状况预期很好时,股东希望得到收购方的股票支付,反之则希望获得现金。

2. 企业的财务状况。如果收购方企业的现金流比较充足,财务状况良好,或股票的市值被低估时,可以采用现金支付的形式。反之,财务状况欠佳,财务风险较大,或股票市值被高估时,可采用股权支付的形式。[①]

3. 资本市场的完善程度。资本市场越成熟,各种金融工具越丰富,企业所能选择的支付形式就越多。

二、各种支付方式的优劣分析[②]

(一)现金支付方式

现金支付方式是并购市场上最基本的一种方式,现金支付又可分为一次支付和延期支付两种。一次支付是指一次性支付完约定的全部价款,而延期支付包括分期付款、开立应付票据等卖方融资行为。

现金支付的优点主要有:

1. 简单易行,且易为目标公司股东所接受,可以大大缩短并购的时间,迅速完成收购。特别是在存在竞争对手的收购市场上,迅速完成收购,不给对手安排对策参与

---

① 在西方并购研究的经典文献中,一些文献提出收购方股票市场的估值溢价直接导致了并购行为的发生,认为并购的发生是一种行为金融现象。例如 Shleifer, A., and R. Vishny(2003),参见本书第二章第一节关于并购动因中的"行为金融学"分析。

② 参考本书的第五章第五节"并购支付对价的股东成本收益分析"。

竞购的时间,同时使有敌意的目标公司猝不及防。

2. 采用现金支付,收购方可以有效防止股权的稀释,避免被反向收购。

现金支付的弊端主要体现在：

1. 采用现金支付,收购方必须在短期支付大量的现金。大量自有资金的流出会使未来经营所需的周转资金减少,给经营带来一定的困难和风险。如果使用的是借入资金,则会大大增加企业未来的支付压力,使公司财务风险增加,再融资的难度加大。

2. 目标公司股东收到大量现金后,账面上会出现大规模的投资收益,需要立即缴纳大量的资本利得税。如果采用延期支付或股权支付,则出售方可以推迟或减轻税负。

(二)资产置换方式

资产置换指收购方以实物资产、无形资产或收购方持有的其他股权资产作为支付手段,去换取目标公司的股权。其优点主要在于可以减轻收购方现金支付的巨大压力。但弊端也很明显,就是资产的价值评估问题。

(三)股权支付方式

股权支付方式是指收购方通过增发新股,以新发行的股票作为支付手段换取目标公司的股票,从而取得目标公司的控制权的一种方式。其优点在于：

1. 采用股权支付价款大大缓解了现金支付的要求,保证了生产经营活动的顺利进行。

2. 股权支付方式把目标公司股东的利益和收购方公司股东的利益联系在一起,共同分享收购后股价上升的收益或共同承担股价下跌的风险,有益于目标公司的经营。

3. 目标公司股东可以推迟纳税,减少税负。

其弊端主要体现在：

1. 发行新股会稀释收购方原有股东的控制权,若利润增长跟不上股本扩张则会降低收购后的每股收益,会影响老股东的利益。

2. 增发新股程序复杂,周期较长,可能会耽误有利的收购时机,也给目标公司布置反收购策略以充足的时间。

(四)混合支付方式

在实践中,很少采用单一的支付方式进行并购,一般会结合几种方式。因为各种支付方式有利有弊,而混合支付方式能扬长避短,综合各种支付形式的优势。

本章小结

本章主要介绍了公司并购的融资方式与支付方式。公司融资分为内部融资和外部融资两种。对于大规模并购而言,内部融资的资金数量有限,所以外部融资非常重要。外部融资主要分为债权融资和股权融资两种,随着金融创新的发展又产生了复合性的融资工具,如可转债、可交换债券、卖方融资等。其他特殊的融资方式如杠杆融资、卖方融资、并购型私募股权基金等在现代企业并购中也发挥着重要的作用。

我国目前上市公司并购的支付方式主要以现金为主,另外还有股权支付、资产置换、混合支付等支付方式。这些不同的支付方式各有优、缺点。一般并购中多采取混合支付方式。

基本概念

内部融资	外部融资	债权融资
股权融资	垃圾债券	可转换债券
可交换债券	杠杆收购	并购基金
过桥贷款	卖方融资	混合支付

复习题

1. 在企业并购融资中所指的内部融资主要来源是什么?其优点和缺点有哪些?请举例说明。

2. 什么是垃圾债券,其特点有哪些?为什么垃圾债券在西方历史上的企业并购中发挥了重要的作用?

3. 什么是可转换债券?什么是可交换债券?二者的区别是什么?结合本书案例7~3和7~5,分析二者在并购融资中的各自作用。

4. 什么是并购基金?并购基金为什么会在我国当前供给侧结构性改革中成为一种值得关注的金融工具?

5. 在企业并购中,影响支付方式的选择有哪些因素?各种不同的支付方式各有什么优点和缺点?

实践性问题

2016年底,山东省一家普通的民营上市公司西王食品(深市代码000639)在一次并购争夺战中虎口拔牙,逆袭击败国内外著名的KKR、鼎晖等众多私募股权基金,成功收购了全球最大的运动保健品公司加拿大 Kerr 公司。更加值得称道的是，在并购过程中"上市公司＋PE""内保外贷""定增＋私募可交换债"等多种金融创新工具被巧妙设计、环环相扣，最终西王食品成功实现了以 6.88 亿元人民币的自有资金，撬动了 39.32 亿元人民币并购交易的资本运作。该案例综合了近几年来我国并购金融发展过程中所出现的各种主流创新工具，具有重要的实践参考价值。

请查阅有关资料研究该案例，解释并购金融的各种方式：私募股权基金、可交换债、内保外贷等金融创新工具的基本概念以及运作方式。

第八章　管理层收购与职工持股计划

第一节　管理层收购产生的背景及现状

一、定义

管理层收购是杠杆收购的一种形式,指企业内部管理者通过外部融资购买本公司的股份,从而获得公司实际控制权的行动。广义的管理层收购还包括企业外部的管理者通过自有资金、外部融资等方式收购目标企业股权,获得该公司控制权,并取代原公司管理层的外部管理层收购(management buy-in,MBI)。在现实中,按照收购主体的不同,管理层收购可以分成以下四种类型:[①]

1. 典型的管理层收购(MBO),指完全由企业内部管理者融资进行的收购。

2. 外部管理层收购(MBI),指外部的企业管理者通过融资收购目标公司,并更换目标公司管理层。

3. 管理层与员工联合收购(employee-management buy-out,EMBO),由企业员工和管理层一起完成对企业的收购,管理层获得多数股份和控制权。

4. 外部投资者和管理者联合收购(investor-led buy-out,IBO),外部股权投资者(一般即私募股权投资机构)和目标公司管理层共同融资完成收购,私募股权投资机构等外部投资者取得企业控制权,在未来适当的时候,外部投资者通过向管理者或其他投资者转让股权退出企业。

二、起源与发展

管理层收购最早在20世纪60年代起源于英国,70年代以后出现于其他欧美国

[①] 本书对管理层收购的分类,参考了英国诺丁汉大学管理层收购与私募股权研究中心(CMBOR)的研究。现CMBOR研究中心已经整体迁入英国帝国理工学院,网址:https://www.imperial.ac.uk/business-school/research/the-centre-for-management-buy-out-research/。

家,但直到20世纪80年代这种股权收购模式才引起人们的重视。1980年英国经济学家迈克·莱特(Mike Wright)在研究公司的分立和剥离时,发现了一种独特的现象:在分立和剥离的企业中,有相当一部分被出售给了原先管理该企业的管理层。由于当时人们对这种现象尚未进行深入、系统的研究,只是笼统地将其称为"buy-out"。后来,对此类收购提供融资业务的英国工商金融公司(Industrial and Commercial Finance Corporation[①])将这种现象称为管理层收购(MBO),这一名称遂一直沿用至今。1983年3月,在工商金融公司和英国诺丁汉大学的联合倡导下,英国首届关于管理层收购的全国性会议在诺丁汉大学召开,引起了产业界和学术界的广泛关注,极大地促进了对管理层收购的深入研究。随后,莱特在英国诺丁汉大学成立了"管理层收购研究中心"(Center for Management Buy-out Research,CMBOR),建立了以英国及欧洲各国为主的管理层收购大型数据库,开展了大量研究工作,并定期出版有关刊物。此后,管理层收购的实践和研究在美国和欧洲大陆均获得了较快的发展。一些由计划经济向市场经济转型的东欧国家,在国有企业的转型中也在一定程度上采用了这种收购形式。

管理层收购的出现并非偶然,可以说是20世纪70年代西方发达国家企业改革、重组与分拆的结果。企业分拆是指大企业将部分非主导产业剥离出去,以便集中力量发展主导产业。第二次世界大战以后至20世纪70年代,企业发展的总趋势是不断寻求收购和兼并机会,扩大企业规模,很少出现企业分拆和剥离的现象。然而这种现象在20世纪70年代以后开始逆转,许多企业过于追求多元化经营导致规模过度膨胀、主营业务不清楚,企业的股票价值大幅下降。在这种情况下,企业不得不卖掉一些业绩不佳或辅助业务和子公司。在通常情况下,企业更愿意将其卖给子公司的经理层,因此产生了管理层收购。英国撒切尔夫人政府推行国有企业的私有化改革,推动了英国管理层收购的发展。20世纪80年代以后,管理层收购迅速成为一种全球化现象,在企业重组领域越来越占据不可忽视的地位。

不仅在传统的制造业,近二三十年来,西方主要发达国家的高新技术企业界也出现了管理层收购。特别是近年来,面对网络经济的迅猛发展,管理人员联合技术人员和职工以各种形式广泛拥有公司的所有权,已经成为新经济迅速发展的一个重要因素。

---

① 即现在著名的私募股权投资机构3i公司的前身。

三、管理层收购的动因

(一)降低代理成本

在现代企业制度下,由于企业所有权与经营管理权相分离,管理层事实上掌握着企业经营决策的控制权。尽管所有者与经营管理者的根本利益是一致的,但也存在着股东财富最大化与管理者个人效用最大化的矛盾,在股权较为分散的大型上市公司尤其如此。为了防止管理层的代理成本,股东不得不花费高昂的成本对管理者进行监督。实施管理层收购后,管理者自身变成了股东,代理问题随之得到较好的解决,代理成本自然能够得到有效降低。

(二)管理者实现创业尝试

管理层通过收购企业,改变工薪族地位,使自己成为公司的真正老板,不受约束地施展经营管理的雄心。同时职业经理所要求的远比工资、奖金高得多的经营回报,只有当其成为公司所有者时才可能。另外,职业经理往往只负责公司日常经营,战略规划和发展则是董事会的事,许多职业经理因此而怀才不遇,而管理层收购则满足了他们施展才华的要求。

(三)有效整合企业资源

大企业集团出于经营上的考虑,有时会将非核心的子公司或分支机构剥离出去,这时最愿意购买这些子公司的人,往往是最了解企业实际情况和发展潜力的内部管理者。家族企业缺少适合的家族内部继承人;卖主出于非财务目标的考虑——如卖给第三方往往会损害卖主形象或卖主希望尽快平稳出手;与集团分离后,新独立的企业与原母公司还需要保持一定的业务联系,等等。在上述这些情况下,集团公司/家族企业会优先考虑出售给子公司的管理层。

(四)防御竞争对手的敌意收购

管理层和员工收购可以提供有效而不具破坏性的保护性防御,当上市公司面临敌意收购的威胁时,通过管理层收购可以使企业避免被敌意收购。

(五)公营部门私有化

为了克服公有部门的运行效率低下,将之进行私有化改革在西方国家较为普遍。虽然公有部门私有化有多种形式,但管理层收购可以说是最有效、最灵活的一种。它一方面引入了资本市场的监督机制,另一方面又使管理者成为股东,激励了管理层经营的积极性,使管理层收购成为改变公有部门运行效率低下的一种制度性创新。东欧、俄罗斯等国家在向市场经济转型过程中,大规模地采用了管理层收购,将国有企业出售给了经理阶层和职工。

[案例8—1] 金霸王电池的管理层收购

20世纪80年代发生了一起重要的管理层收购,导致企业从母公司剥离后获得重生,这才有了今日全球著名的电池行业巨头——金霸王电池(Duracell)。该管理层收购也是私募股权投资公司 KKR 历史上最成功的收购案例之一。

在收购前,金霸王电池的业务和管理层都非常不错,但它却仅仅是美国食品加工巨头卡夫食品(Kraft)公司的一个事业部,而且规模太小,与总公司的主营业务毫无关联。在母公司的体制下,电池业务管理层希望进行技术革新等雄心战略根本无法实施。

1988年,时年39岁的金霸王首席执行官鲍伯·坎德得知卡夫食品要将公司卖给柯达和吉列等战略性买主,他匆忙飞往纽约,向 KKR 等金融性买家咨询管理层收购的可能性。经过众多买家5个月的角逐,KKR 于1988年5月得到了金霸王电池。当时的分析普遍认为金霸王总值不超过12亿美元,但 KKR 出价18亿美元,至少高出竞争对手5亿美元,震惊了业界。KKR 的方案也十分有利于金霸王的管理层,公司的35位经理共投入630万美元购买股份(其中鲍伯·坎德投入100万美元),而 KKR 给每一股分配5份股票期权,这让他们拥有公司 9.85% 的股权。

金霸王的管理层没有辜负 KKR 的期望,买断后的第一年现金流就提高了 50%,以后每年以 17% 的速度增长。KKR 没有阻拦经理们扩张企业的冲劲。KKR 把并购后首席执行官坎德的资本投资权限从收购前的 25 万美元提高到 500 万美元的水平,同时把管理下级经理报酬的权力完全交给了他。

1991年5月,金霸王的 3 450 万股票公开上市,IPO 价格是每股 15 美元。1993年和1995年,金霸王又进行了二次配售股票。加上两年分红,KKR 在1996年的投资收益达13亿美元,并将收购金霸王时借贷的6亿美元债务偿清。

1996年9月,KKR 把金霸王卖给了吉列公司,金霸王被吉列公司吸收合并。每一股金霸王股票可得到1.8股吉列股票,总价值相当于72亿美元。1998年2月,KKR 公司将 2 000 万吉列股票以 10 亿美元价格出售;到2000年9月,KKR 仍拥有价值15亿美元的 5 100 万股吉列股票。金霸王的管理层也获利丰厚,1996年金霸王和吉列合并时,当年35名经理的持股价值翻了11倍。而 CEO 坎德早在1994年底就退休,靠着丰厚的回报,到酿酒业进行第二次创业了。

四、管理层收购的特征

(一)收购的主体是目标公司内部的管理人员

目标公司内部的管理人员对本公司非常了解,有很强的经营管理能力,并有较强的资本运作能力,有利于提高公司经营效率。在管理层收购中,他们通常会和外部的私募股权投资者一起设立一家新的公司(Newco),并以新公司的名义来收购目标公司。通过收购,他们的身份由单一的经营者角色变为所有者与经营者合一的双重身份。

(二)目标公司一般属于具有"潜在管理效率提升空间"的企业

由于股东与管理层之间客观存在着信息不对称的问题,管理层对目标公司是否存在"潜在管理效率空间"最为了解,因此收购完成后,通过管理层提升企业管理效率,可以增加企业价值,从而未来将股权转让或将公司上市,获得价值增值收益。

(三)目标公司可能由上市公司变成非上市公司

在西方国家,当管理层收购完成后,若目标公司原为上市公司,则通常情况下就退出股市,由上市公司转变为非上市公司(public to private,称为PTP交易[①])。待公司经营一段时间以后,再寻求成为一家新的上市公司,私募股权投资者和管理层的股权实现退出变现,投资者获得超常回报。

(四)一般通过组合融资方式解决收购的资金需求

管理层收购的融资结构中包括优先债、次级债与股权等。具体可参见专栏8-1的夹层基金内容。

五、融资方式

管理层收购的融资方式,可以划分为以下几种类型。

(一)以债权人为主导的美国融资模式

美国企业的管理层收购更多依靠债务融资实现,债权人不仅是融资的主体,并且同时持有目标企业的股份,参与收购后的重组工作,对管理层的经营进行监督,最终保障债务的安全。对于那些不能实现预期目标的经理人员,债权人可以利用所掌握的企业股份,罢免经理人员,重组管理层,对企业重组发挥关键作用。在美国模式下,管理层收购能够成功实施的关键是通过高负债获得收购资金来源。

美国企业的管理层收购资金来源中,由企业的管理层和接管专家们(私募股权投资机构)领导的收购集团提供20%或者更少的资金,作为新企业的权益基础。外部投资者提供资金的剩余部分。所需要资金的50%~60%通过以目标企业资产为抵押向银行申请抵押收购贷款。该贷款一般由数家商业银行组成辛迪加来提供。其他资金以各种级别的次级债券以及夹层基金等方式来筹措。

---

① PTP交易是将上市公司通过管理层收购下市,在20世纪80年代的杠杆收购/管理层收购浪潮时,占据主流。但20世纪90年代之后直至21世纪的第二次杠杆收购浪潮中,PTP交易的数量和规模不断下降,管理层收购主要是大型企业资产剥离、二次收购等。

专栏 8—1　管理层收购中的夹层基金

夹层基金(mezzanine[①] fund)是杠杆收购特别是管理层收购(MBO)中的一种融资来源,它提供的是介于股权与债权之间的资金,它的作用是填补一项收购在考虑了股权资金、普通债权资金之后仍然不足的收购资金缺口。在一项典型的MBO融资结构中,资金来源包括三个部分:(1)购买价格的10%由管理层团队提供,这部分资金形成了收购企业的股本资本;(2)购买价格的50%~60%由银行贷款提供,这部分资金形成了高级债权,有企业资产作抵押,一般是由多家银行组成的银团贷款;(3)其余30%~40%的购买资金由夹层基金提供。

夹层基金的本质是一种借贷资金,它提供资金和收回资金的方式与普通贷款是一致的,但在企业偿债顺序中位于银行贷款之后。因此在并购融资中,银行贷款等有抵押的融资方式属于高级债权,夹层基金则属于次级债权。在杠杆收购融资中非常著名的垃圾债券,也是一种提供次级债权资金的方式,和夹层基金的作用是一样的,不过由于20世纪90年代以后垃圾债券市场出现了信用危机,目前西方杠杆收购中次级债权资金主要来自于夹层基金。夹层基金的基本特征如下:

1. 基金的作用

夹层基金介入一项MBO交易,减少了交易融资对高级债权资金和股权资金的需求,并提高了银行贷款等高级债权资金的安全度,因为企业资产抵押系数(企业固定资产等抵押资产价值/银行贷款)提高了,使得MBO交易容易取得银行贷款。另外,夹层基金的介入也增加了MBO交易对股权资本提供者的吸引,因为夹层基金选择投资项目有其自身的内在收益率要求。相对于夹层基金来说,股权资本可以获得更高的投资收益率。

2. 基金的贷款利率

夹层基金一般提供的是无抵押担保的贷款,因此,贷款偿还主要依靠企业经营产生的现金流(有时也考虑企业资产出售带来的现金流),基金的贷款利率要求比银行贷款利率高。一般夹层基金贷款的利率是标准货币市场资金利率(如LIBOR)加上3%~5%。另外,如果在三五年后企业运行顺利,基金一般还要求获得一笔最终支付(这种支付是一种或有支付,也称为"成功费"(success fee)),这笔最终支付一般是由企业发行可认购普通股的认股权证给夹层基金。

[①]　Mezzanine 的英文含义是剧院中的一层楼和二层楼之间的包厢,即夹层,所以 mezzanine fund 就是借指介于股权和债权之间的融资方式。本书作者曾音译为"默择内基金"(李曜,2003),但现在国内已经普遍采用了"夹层融资"的译法。

3. 基金的投资收益率

在一项 MBO 完成一般 5 年以后,如果目标企业原先为上市公司,则企业此时经过了下市、重组和重新上市的过程;如果目标企业为非上市公司,则企业经过了重组并完成上市。此时,各资金提供者分别实现了退出:管理层出售股票、夹层基金和银行全部收回贷款本息。由于 MBO 各层次融资结构中不同资金承担的风险不同,不同资金的收益率要求也不同,并存在较大差别。一般股权资本提供者要求的内在收益率超过 40%,夹层基金要求的内在收益率介于 20%～30%之间,银行要求的内在收益率高于基准利率(如 LIBOR)2 个百分点。

4. 基金的组织结构

夹层基金的组织结构一般采用有限合伙制,有一个无限合伙人作为基金管理者(或称基金经理),提供 1%的资金,但需承担无限责任。其余资金提供者为有限合伙人,提供 99%的资金,但只需承担所提供资金份额内的有限责任。基金收益的 20%左右分配给基金管理者,其余分配给有限合伙人。夹层基金的基金经理人,也被称为杠杆收购专家,他们充当管理层的顾问,负责组织整个 MBO 的交易结构,特别是融资结构,并提供夹层基金融资,是一项 MBO 交易的灵魂。

(二)以权益投资者为主导的英国融资模式

与美国不同,英国管理层收购融资较少利用高财务杠杆,权益融资在外部融资中占有较大比例。权益融资主要包括管理层自有资金、私募股权投资基金等,这一部分所占比例一直保持在 30%～40%之间,大大高于其他国家管理层收购的权益融资比例。次级债券融资所占的比例较小,并在 20 世纪 90 年代后整体上呈下降趋势。银行等授予的贷款票据(一般为优先票据)在融资中也不占重要地位。在公司治理中,权益资本的出资者直接实施对企业经营的监督、控制,发挥着比债权人更大的作用。

(三)以银行主导的东欧、俄罗斯融资模式

在东欧和俄罗斯等市场经济转型国家,由国有银行转型而来的商业银行是管理层收购融资的主要提供者。在俄罗斯、捷克等国家,还有一些由商业银行成立的投资基金对管理层收购进行股权投资,这些基金类似于信托投资,与管理层共同出资收购目标企业,并参与重组工作。因为这些投资基金的主要股东还是国有商业银行,因此管理层收购融资可以概括为银行主导的融资模式。

(四)以政府推动的日本融资模式

兼并、收购在日本并不流行,只是到了 20 世纪 90 年代日本企业陷入经济危机时,在政府推动下,日本企业被迫进行了一系列重组。其中,管理层收购被认为是适合日本企业重组的一种方式。管理层收购融资主要依靠银行贷款、收购基金提供,而企业收购基金的成立是政府推动的结果。由于日本国内的并购市场并不发达,一些兼并、收购的融资工具并没有得到广泛采用。日本政府1999年出台了《产业活力再生特别措施法》,以推动并购市场的发展。日本金融界成立了专门为管理层收购提供融资的收购企业基金,收购基金在日本管理层收购的融资体系中产生了重要作用。[1]

六、管理层收购的理论解释

西方学术界对管理层收购的理论解释侧重于收购的动因,主要形成了以下三个基本假说。

(一)代理成本说

詹森(Jensen,1986,1989)是代理成本说的代表。[2] 这种理论认为,稳定发展的企业中留存的自由现金流量(free cash flow)使管理层有了进行多元化或对外实施并购的选择自由,任意使用自由现金流量是管理层代理成本的一个主要体现,因为自由现金流量本应是支付给股东的红利。这种代理成本的存在使企业具有了潜在的效率提升空间。通过杠杆收购的高度负债产生强制性的债务利息支出,缩小管理层自由支配自由现金流量的空间,抑制由自由现金流量而产生的代理成本,同时负债和破产压力也迫使管理层提高经营效率。高负债因此就成为降低管理层代理成本的控制手段。

这种理论主要集中在对管理层代理成本的防范和有效制止上,潜在的假设就是管理层总是在利用所掌握的控制权为自己谋取收益。而LBO机构(詹森当时称为LBO association,目前普遍采用"私募股权机构"的称法)作为外部力量,收购企业后利用债务杠杆减少管理层自由支配现金流量的空间,并给予管理层强大的股权激励以激发其为股东利益的最大化而努力。

(二)防御剥夺说

美国著名的并购学者威斯通(Weston,1998)总结了该理论假说。[3] 该理论认为,由于外部收购专属性人力资本被剥夺是导致管理层收购的根本原因。管理层在经营过程中,进行了专属于企业的人力投资,从而形成专属性人力资本,这种人力资本具有较高的退出障碍。管理层的收益强烈依赖于企业的整体绩效,因此其产生的准租金理论上应该归管理者。但在现实社会中,专属性人力资本的准租金容易遭受其他利害关

---

[1] [日]片庭浩久. 管理层收购(中译本)[M]. 中信出版社,2001.
[2] Jensen,Michael. Agency cost of free cash flow,corporate finance and takeover[J]. *American Economic Review*,1986(5):322~329.;Jensen,Michael. Active investors,LBOs,and the privatization of bankruptcy[J]. *Journal of Applied Corporate Finance*,Vol. 2,No. 1(Spring 1989):35~36。
[3] 威斯通. 兼并重组与公司控制(中译本)[M]. 北京:经济科学出版社,1998.

系人机会主义行为的剥夺,这些利害关系人主要包括股东、雇员、消费者等,他们往往是风险规避者。敌意接管者乘虚而入,掠夺准租金,甚至使管理者的人力资本丧失。结果经理层被迫通过增加股权以获取更多的控制权,来寻求相关租金的保护。管理层收购是管理层实现自我利益、防止专用投资被侵占的有效手段。因此当管理层收购发生时,目标公司通常完成从公众公司向私人公司的转变,公司下市的目的是保全经理层的专属性人力资源所形成的准租金不被剥夺。

(三) 企业家精神说

代理成本说和防御剥夺说的共同推论是:管理层收购应该多发生在成熟的、具有稳定现金流量的企业和行业中,但是当越来越多的高科技企业也进行了管理层收购时,就需要有理论创新了。莱特(Wright)教授等在发展前人理论的基础上提出了企业家精神说。[①]

这种理论认为,新形势下管理层收购的收益主要来源于实行管理层收购后管理层的企业家精神爆发。这种精神使企业发生了根本性改变,实现了战略创新,产生了巨大收益。在这个过程中,私募股权投资机构发挥了重要作用,而以前被詹森认为具有强烈控制功能的高负债作用显著下降。正是着重于管理层收购对企业家精神的培育,MBO 已经不再局限于成熟行业,而进入了以技术创新、产品创新为基础的高科技行业。MBO 的收益不仅仅体现为成本的节约和效率的增进,更主要体现在价值的创造上。

企业家精神是以下五个方面的有效整合:(1)创新。企业要致力和发展产出新产品、新服务和新技术流程的所有新观点、新创意、新实验和新流程。(2)先发制人。企业要积极寻求机遇,发现未来的需求趋势,领先竞争对手推出新产品,抢先淘汰落后做法。(3)主动竞争。企业要具备领先竞争对手的进攻态势。(4)承担风险。管理层要勇于进行规模大且风险高的投资决策。(5)自治。企业中的管理层团队和个人要有提出自己的观点并进行实施的自由。具有了企业家精神的管理层在 MBO 后能够将外部环境变化和企业内部的组织构造有机地结合起来,使企业实现战略转变。

莱特教授的企业家精神说特别适合解释大型企业进行资产剥离性质的 MBO。在一些大型企业的分支机构中,管理层具备了形成企业家精神的潜质,但这种内在企业家精神为作为母公司的大型企业所不容:大型企业的成熟性、程序决策和官僚体制与企业家精神的要求格格不入,这些分支机构的管理层受制于母公司的战略方向,无法

---

① Wright, M., and Hoskisson, R., Firm rebirth: buyouts as facilitators of strategic growth and entrepreneurship[J]. *the Academy of Management Executive*,2001(2):111~125. 魏建. 管理层收购的新解释:企业家精神说[J]. 证券市场导报,2003(4).

把握战略机遇,也没有进行投资的权力和机会。因此,那些具有潜在企业家精神的管理层所领导的大型企业分支机构,最容易成为管理层收购的对象。

第二节 我国的管理层收购背景和现状

一、背景

(一)"红帽子"企业现象与明晰产权的管理层收购

中国早期出现的管理层收购是以产权明晰为目的。在改革开放初期,一些民营企业为了能够顺利进行工商登记和自身发展,纷纷以集体企业、乡镇企业等公有制企业的身份进行工商登记注册,出现了所谓"戴红帽子"现象。这些企业利用借贷或者自有资金发展起来,但由于长期以来企业所有者身份不明确,致使企业创立者不是企业产权的合法拥有者。为了摘掉"红帽子",创业者群体进行了管理层收购,例如20世纪90年代后期,在江苏苏南和广东等乡镇企业发达地区,为了明晰产权进行摘"红帽子"的管理层收购相当普遍。2001年,广东美的电器公司作为我国第一家乡镇企业上市公司,率先在上市公司中实现了管理层收购。[①]。

(二)国有企业改组、改造过程中的管理层收购

1998年开始,国家确定了国有经济"有退有进、有所为有所不为"的改革方针,并鼓励利用改组、联合、租赁、承包、股份合作制等多种形式改造国有企业,国有企业开始从一般竞争性行业退出。在此过程中,一些规模小、负债率高、技术含量不高且处于高度竞争性行业的企业被卖给了原企业的员工和管理层,实施了管理层与员工的共同收购(EMBO)。这些企业在长期发展过程中形成了一个较强的领导集体和员工队伍,通过管理层和员工收购,实现了成功转制,有利于灵活应对市场,提高经营效率。另外,部分经营困难、面临破产的企业最终也被出售给了原企业的管理层。

(三)创业型管理者的企业家精神兴起

国有企业的经理通过上级任命产生,并不一定是企业家,但一些企业经理通过艰苦创业、不断开拓业务、创新内部组织结构,使企业由小到大、由弱变强,可称为创业型管理者。创业型的企业家在国有企业产权约束的情况下,依靠个人能力、高度的责任感、自信心和风险意识,具备了某些企业家精神的特征。这些企业的管理层对企业发展起到了至关重要的作用,但由于时代背景和分配机制的约束等,经理人员并没有得

---

① 李曜. 管理层收购后的中国上市公司治理问题[M]. 北京:世界图书出版公司,2011.

到企业股权等适当的激励,个人在企业的升迁得失也只能由上级部门裁定,这就促使他们通过管理层收购,成为企业的所有者。

二、特点

1. 行业分布相对集中,制造业企业居多。制造行业成为管理层收购多发领域的主要原因是我国制造业发展相对成熟,市场需求稳定。另外,国有资本逐步退出竞争性领域的基本政策,也是管理层收购能够在竞争性行业中顺利实施的关键性因素。

2. 大多数企业业绩较好,如果是上市公司,一般具备向资本市场再融资的能力。

3. 现金资产充足,普遍具有稳定现金流。

4. 实施管理层收购前的负债率偏低,有扩大负债比例的经营空间。

5. 管理层多为创业者,对公司控制力较强。以发生管理层收购的上市公司为例,如美的电器的何享健、杉杉股份的郑永刚、红豆股份的周耀庭等,都是企业的创业者。

6. 收购都是针对当时的非流通股,且多数是通过协议转让。

三、主要模式

我国企业管理层收购中涌现了诸多模式,具体划分如下:

1. 通过职工持股会创造一家平台公司或者壳公司来收购上市公司。如大众公用和美的电器。

2. 管理层自然人直接出资设立主体收购上市公司。如深方大、特变电工、洞庭水殖等。或者设立壳公司收购上市公司的母公司,实现间接控股,如宇通客车。

3. 对集团母公司的优质资产或子公司剥离进行管理层收购。如恒源祥的管理层收购案例。

4. 借助信托投资公司的信托计划进行融资实现收购等,如全兴集团。

以下通过案例进行说明。

[案例8—2]　宇通客车:通过司法拍卖股权实现MBO

宇通客车(股票代码600066)的MBO始于2001年6月15日,上海宇通(以宇通客车总经理汤玉祥为法人代表、主要出资人均系宇通客车员工)与郑州市国资局签署了《关于郑州宇通集团有限责任公司股权转让协议》和《股权委托管理协议》,由上海宇通受让郑州市国资局持有的宇通集团89.8%的股权。后郑州市国资局所持宇通集团股份划转给郑州市财政局。2001年8月,上海宇通向郑州市财政局支付了约定的全部股权转让款。2003年12月,上海宇通以郑州市财政局既没有向上海宇通转让约定股权,也没有返还股权转让款为由,向郑州市二七区人民法院提起诉讼,要求郑州市财政局返还股权转让款。上海宇通胜诉。2003年12月20日,郑州市二七区人民法院冻结了郑州市财政局持有宇通集团的100%股权并委托郑州拍卖总行公开拍卖。通过竞价,上海宇通以人民币1.485亿元的价格拍得宇通集团90%的股权,上海宇通的控股子公司宇通发展以人民币1 650万元的价格拍得宇通集团10%的股权。2003年12月30日,宇通集团办理了工商变更登记手续,股权结构变更为上海宇通持有90%的股权,宇通发展持有10%的股权,宇通集团的企业类型由国有独资变更为私营有限责任公司。

至此,宇通客车的管理层收购实际上已经完成,上海宇通通过控股宇通客车的母公司宇通集团而间接控股了上市公司。

[案例8—3] 恒源祥:从母公司进行资产剥离的管理层收购

"恒源祥"创建于1927年,为中国驰名商标。实施MBO前该商标的所有权归万象集团(股票代码600823,现更名为"世茂股份")所有。恒源祥的MBO分为以下两个阶段。第一阶段:世茂股份收购万象集团。2000年8月31日万象集团大股东上海黄浦区国资局将26.43%的股权转让给来自福建的民营企业上海世茂投资公司,后者成为万象的第一大股东,黄浦区国资局以16.14%的股权居第二位。第二阶段:恒源祥与万象分离。由于世茂集团是一家主营房地产开发的公司,其入主万象主要是借万象这一"壳资源"来达到进军上海市场,进而发展其商业地产事业的目的。2001年2月23日,万象集团以总价9 200万元向新世界集团转让"恒源祥"品牌及相关的七个子公司股权,而相关资产的账面价值为4 200万元,溢价超过100%。新世界为实施MBO计划的过渡方,2001年2月23日,恒源祥经理刘瑞旗与其战略合作伙伴发起成立"上海恒源祥投资发展有限公司",以原价受让新世界集团刚收购的上述资产。

恒源祥脱离万象,实现了"多赢"的局面:资产转让使万象股份获得一笔可观的现金,以弥补万象股份的部分亏损,有利于万象今后的发展;世茂股份在获得一大笔投资收益的同时,更明确了主营房产的定位;埋没于万象集团下的"恒源祥"品牌得以独立发扬光大,在管理层、股东合一(均为刘瑞旗)的公司背景下,获得更大的发展和实现其应有的品牌价值。

[案例8—4] 胜利股份:面对敌意收购完成的管理层收购

胜利股份(股票代码000407)原第一大股东胜利集团所持国家股被冻结拍卖,导致股权分散,民营企业广州通百惠服务有限公司于1999年12月10日通过竞拍获得3 000万股国家股,占胜利股份总额的13.77%,此时山东胜邦企业所持股份仅为6.98%。2000年3月双方展开股权争夺战,山东胜邦先后受让山东国资局、山东省广告公司、山东省文化实业总公司以及国泰君安证券公司所持有的胜利股份部分股权,使自己拥有的股权达到 15.34%,超过通百惠成为第一大股东。3 月中旬,通百惠再次以竞拍方式取得 2.89% 股权,而山东胜邦企业又以协议补偿方式受让山东东营银厦工程所持 0.67% 的股权,双方所持股权份额不相上下。①

2002 年 7 月 23 日,由胜利股份、胜利股份第一大股东胜邦企业投资集团和第三大股东胜利集团的中高级管理层 43 人发起设立胜利投资股份有限公司。9 月 17 日,胜利集团将代表山东省国有资产管理办公室持有的国家股 1 641 万股(占总股本的 6.85%)协议转让给胜利投资,胜利投资成为胜利股份第三大股东。11 月 10 日,胜邦集团与胜利投资签订股权转让协议,将其持有的胜利股份法人股 2 589 万股(占总股本的 10.8%)转让给后者。股权转让完成后,胜利投资持有胜利股份股权 4 229.71 万股(占总股本的 17.65%),成为胜利股份第一大股东,胜邦集团尚持有胜利股份流通股 1 559 万股(占总股本的 6.5%),成为第二大股东。

胜利股份的管理层收购,具有一箭双雕的作用。一方面,高层管理者实现了对公司的控股,使自身价值的财富最大化;另一方面,有助于今后反收购。对股权结构分散的胜利股份来说,MBO 在一定程度上起到了防御作用。

[案例 8—5]　全兴集团:通过信托产品融资实现管理层收购

2003 年 1 月 16 日,全兴集团与四川衡平信托投资有限公司公布了信托计划合作协议,向社会发行"全兴集团管理层收购融资信托计划",信托计划的收益来源是向全兴管理层提供贷款所获得的贷款利息,其年收益率为 4%。该信托计划总规模 2.7 亿元人民币,期限为 3 年,信托计划的发行对象是中国境内所有具有完全民事行为能力的自然人、法人及依法成立的社会组织。而募集资金以"信托贷款"方式向全兴集团管理层 18 人提供融资,用于收购全兴集团国有资本退出的部分股份。信托贷款本金由全兴集团管理层按年分期偿还,第一年期满偿还本金的 25%,第二年期满偿还本金的 35%,第三年期满偿还本金的 40%,同期以现金形式支付投资收益。

全兴集团管理层股权收购信托计划经过一个月的发行之后,衡平信托将成功募集的 2.7 亿元资金交付全兴集团管理层,用以收购该集团部分国有股份,并实现管理层持股 67.7%,达到控股全兴集团,而全兴集团持有 48.44% 的上市公司全兴股份(股票代码 600779,现更名为"水井坊"),是其第一大股东。

2007 年,全兴集团开始逐步转移股权给了帝亚吉欧——全球最大的洋酒公司。之后,公司更名为四川成都水井坊集团有限公司。最终管理层持股全部退出,2013 年 7 月,水井坊集团成为帝亚杰欧全资所有的外商独资企业。

---

① 胜利股份的股权之争以及之后的征集股东委托书竞争,参见本书第六章的案例 6—5。

四、现存问题

(一)收购主体

在我国已实施的上市公司 MBO 中,多数是通过设立壳公司间接实现控股上市的公司。但是设立壳公司间接收购,除了操作环节增加外,操作难度也大大增强。主要表现在以下几个方面:

1. 壳公司的股东人数受到限制。我国《公司法》第 20 条规定,有限责任公司由 2 个以上 50 个以下股东共同出资设立。但是在管理层与员工共同收购的情况下,参与人数就会超过 50 人上限,只能再采用信托持股或者内部委托持股的方式。

2. 设立壳公司收购,将面临双重征税问题。如果股权变现,则壳公司应缴纳公司所得税,而分配给个人股东时,个人还需缴纳个人所得税,个人所得税最高边际税率可以达到 45%,这将会大大降低股东的实际收益。

出于以上的种种限制,我国的 MBO 方案设计中开始更多出现了直接向管理层自然人转让的案例。例如 2004 年江苏吴中的管理层收购案中,集团公司及上市公司管理层陈雁南等 15 位自然人就受让了集团公司 51% 的股份。

(二)转让价格

转让价格是管理层收购中最敏感的问题之一。我国国资委 2003 年发布《关于规范国有企业改制工作意见的通知》中规定,国有股转让时一定要经过资产评估,转让价格由依照有关规定批准国有企业改制和转让国有产权的单位决定。底价的确定主要依据资产评估的结果,同时要考虑产权交易市场的供求状况、同类资产的市场价格、职工安置、引进先进技术等因素。上市公司国有股转让价格在不低于每股净资产的基础上,参考上市公司盈利能力和市场表现合理定价。

(三)融资结构安排

受法律环境和投资环境制约,我国的管理层收购迄今并没有专门为其提供融资的有效渠道。目前我国管理层收购中已采用的融资方式包括:

1. 在协议收购中争取较低的收购价格

较低的收购价格虽然并没有为管理层收购融入资金,但降低了收购资金的需要量,减轻了管理层的融资压力。在考虑到企业股权的平稳过渡、管理层历史贡献的货币化、企业历史包袱和保障就业等因素后,强有力的管理层能够在和政府议价的过程中争取获得相对较低的收购定价。

2. 引入战略投资者联合出资收购

西方战略投资者经常由专门从事 MBO 投资的机构投资者(即 KKR 之类的私募股权投资机构)充当。在引入战略投资者时,可考虑多种选择。选择与本企业业务往来较多、具有合作关系的企业,可以在一定程度上降低管理层与战略投资者之间的利益冲突和矛盾,企业与战略投资者就具有一定的共同利益,谈判过程中更易达成一致,合作容易实现。由资金实力雄厚的大企业充当 MBO 战略投资者,解决融资问题,能够大大加快管理层收购的步伐。

引入战略投资者融资的办法优点很多,加快 MBO 实施速度,还能对成为公司所有者的管理层施加一种外部监督和约束。但战略投资者参与企业 MBO 的动机在于获取收益,这将会使得 MBO 的成本有所上升。引入的战略投资者会对 MBO 完成后的长期股权安排提出要求。

3. 逐步获取股权或分期付款

管理层也可以选择分阶段逐步获取控股权的办法,或者争取以分期付款的方式支付股权款项,以缓解资金压力。分期还款资金可以通过经营分红、部分资产变现、部分股权转让、引入战略投资者等多种途径获得。迄今为止,分期付款方式中最广泛运用的是以未来分红偿还。在这种情况下,企业未来的利润和现金流将被作为分期付款的担保,同时也是支付余款的资金来源。

4. 信托解决方案

MBO 借助信托解决融资以及整体操作方案具有可行性,其中信托参与管理层收购的一种程序是[①]:(1)目标公司管理层与信托公司制定一个 MBO 信托计划,由信托公司利用此计划向商业银行或其他投资者进行融资,随后公司管理层与信托公司共同签订信托合同。(2)信托公司利用所融资金以自己的名义购买目标公司的股权,至此管理层收购已基本完成。管理层持有的股份可根据信托合同所约定的权限由信托公司持有、管理、运用和处分。(3)管理层按照信托计划将股权作为偿还本息的质押物,并通过信托公司以持股分红所得现金逐年偿还贷款,当贷款归还完毕后,信托公司将股权归还给信托合同指定的受益人。

信托避免了 MBO 融资中可能出现的法律风险,还在一定程度上拓宽融资来源渠道。另外,通过引入信托机制,可以解决 MBO 中主体资格、主体变更和集中管理等问题,尤其是在收购资金合法性、资产定价合理性、股权管理有效性等方面,由于引入金融机构的运作,增强了管理层收购的公平性和公正性。

5. 借助私募基金

私募基金在 MBO 融资中起到的作用相当于过桥贷款,在股权收购之初,私募基

---

① 此处信托公司受目标公司管理层委托,以自身的名义使用自有资金或外部融资资金去收购目标公司的股权,而受益人指定为目标公司管理层,信托公司和管理层之间是信托合同关系。国内 2004 年发生的伊利股份管理层郑俊怀等人通过浙江金信信托公司进行对伊利股份的管理层收购案例,就是一例。但根据《企业国有产权向管理层转让暂行规定》,国有企业的管理层收购不得采取信托方式,必须直接向管理层个人转让股权。

金帮助管理层摆脱资金困境,收购完成后,管理层通过质押股权或其他途径得到资金,先期归还私募基金。在此过程中基金充当一个临时贷款人的角色。

6. 采用股权质押办法获取银行贷款

目前《商业银行并购贷款风险管理指引》颁布之后,信贷资金已经可以用于管理层收购。之前实践中,MBO仍然有获得信贷资金支持的案例。例如,粤美在实施MBO的过程中就通过美托投资向当地的农村信用合作社申请股权质押贷款获得融资。目前管理层收购的并购贷款,可以通过商业银行进行办理。

五、完善我国的管理层收购

2005年4月,国务院国有资产监督管理委员会、财政部联合颁布了《企业国有产权向管理层转让暂行规定》(以下简称《暂行规定》),对企业国有产权向管理层转让提出了规范性要求,对管理层出资受让企业国有产权的条件、范围等进行了界定,并明确了相关各方的责任。

《暂行规定》的核心内容是对MBO的情况进行划分并予以区别对待:大型国有以及国有控股企业的国有产权不向管理层转让,大型国有及国有控股企业所属从事该大型企业主营业务的重要全资或控股企业的国有产权,也不向管理层转让;同时,中小型国有及国有控股企业的国有产权,可以向管理层转让(中小型工业企业的标准是职工人数2 000人以下,或销售额3亿元以下,或资产总额为4亿元以下。此标准以上则为大型企业)。由此,管理层收购大型国企所属上市公司、大型上市公司母公司和大型国企所属上市公司的重要子公司都在禁止范围内。

针对我国已实施管理层收购中出现的问题,《暂行规定》对中小型企业的MBO程序和方式做了详细规定:一是要对转让标的企业和参与受让企业国有产权的管理层进行审计;二是改制方案要由产权单位委托中介机构制定,管理层不得参与转让决策等重大事项;三是必须通过产权交易所进场交易,管理层应当与其他拟受让方平等竞买,并要对有关事项进行详细披露;四是不得将职工安置费等有关费用从净资产中抵扣(国家另有规定的除外),不得以各种名义压低国有产权转让价格;五是应当提供其受让资金来源的相关证明,不得向包括标的企业在内的国有及国有控股企业融资,不得向这些企业的国有产权或资产为管理层融资提供保证、抵押、质押、贴现等。

从规范企业法人治理结构和内部运作,维护包括国有资产出资人在内的所有投资者合法权益出发,《暂行规定》第八条明确规定,企业国有产权向管理层转让后仍保留国有产权的,参与受让企业国有产权的管理层不得作为改制后企业的国有股股东代表。这就避免了改制后个人股东与国有股代表的角色不同而导致的利益冲突。

由于信托收购或委托他人收购存在难以了解受让人的真实身份,难以了解受让方的资金来源,容易隐藏受让方的资信水平、资本实力,无法确定收购方的经济性质等一系列问题,《暂行规定》第九条规定,管理层不允许采取信托或委托等方式间接受让企业国有产权。

第三节 职工持股计划

一、ESOP 的背景及其发展

(一)职工持股的概念

职工持股计划(employee stock ownership plans,ESOP),在国外指由公司内部员工个人出资认购本公司股份,并委托公司职工持股会(或信托机构等中介组织)进行集中管理股份的产权组织形式。

ESOP 的内容包括职工持股操作上的文件,如谁有资格获得这些股票、获得多少、如何融资购买、股票如何进行投票、如何分红等。ESOP 一般有自己的章程,可以从事借贷业务,也可以去购买资产。一般 ESOP 计划内含有信托关系。委托人即职工持股计划委员会,其成员主要由公司的董事、管理层以及持股员工选举产生,它的职能是对职工持股受托人的行为进行指导。受托人可以由公司的董事进行委派,这些受托人在法律上代表资产的所有者,由受托人来管理基金。ESOP 是由美国国内税收部门所批准的一种合法组织,它可得到政府在税收上的减免。首先,ESOP 本身可以免除一些税收;其次,员工作为 ESOP 计划的受益人,可以延期支付税款。

职工持股计划具有如下特征:持股人或认购者必须是本企业职工;职工认购的股份不能转让、交易和继承;职工股份以二次利润分配参与公司利润分享;职工持股的资金来源可通过现金认购、金融机构贷款、公益金划转、奖励等方式实现。

> **专栏 8—2 职工持股计划在美国的发展**
>
> 职工持股计划(employee stock ownership plan,ESOP)起源于美国,并获得蓬勃发展。
>
> 职工持股计划的思想,最初由美国加州的一名律师路易斯·凯尔索(Louis Kelso)提出。凯尔索早在 1956 年就提出了职工持股计划的思想。凯尔索认为,为了让职工广泛持股,应设立职工信托(employee trust)。通过职工信托,获得债务融资,以购买企业原股东的股票或新发行的股票。职工信托用这些股本的收入

来偿还债务。凯尔索的思想在美国《1974年雇员退休收入保障法》颁布后成为现实。在这部法律中，职工持股计划被批准可以采用借款购股的方式，即杠杆化的职工持股计划（leveraged ESOP）正式获得了法律确认。之后《1986年税收改革法案》从税收角度对杠杆型的职工持股计划给予了众多的税收优惠。允许银行等贷款机构将对ESOP贷款利息收入的50%从应税收入中扣除，如果ESOP将收到的股息用于贷款本金的偿还，则支付股息的企业可以将相应金额作为税前支付。如果企业原股东将股权出售给ESOP，则出售后获得资金的50%可以从遗产价值中扣除。在诸多社会保障法和税收法的激励下，美国的职工持股计划在20世纪80年代以后迅猛发展，并形成职工持股浪潮。据美国国家雇员所有者中心的估计，在2018年底，全美有6 500个员工持股计划，参与员工1 400万人。①

职工持股计划的业务流程如图8—1所示。

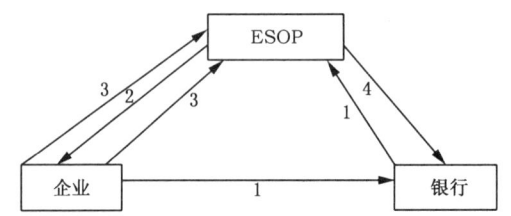

```
            ESOP
        ↗ ↙  ↘ ↖
      3  2  3   4
       ↙      ↓ ↑
                1
     企业 ──1──→ 银行
```

1. 银行提供贷款给ESOP，同时企业对贷款出具担保书。
2. ESOP用贷款资金从企业购买股票。
3. 企业分红派息给ESOP，同时企业按月向ESOP缴纳企业养老保险费。
4. ESOP归还银行贷款本息。

图8—1 职工持股计划的信托业务流程

上述融资机制描述的是杠杆型ESOP的典型情况。信托公司为企业设计一个ESOP，由ESOP向金融机构贷款，企业为贷款出具担保。ESOP从企业股东手中购买股权。由于企业负有担保责任，在担保的贷款被还清之前，它不会将股票真正转移到ESOP名下。一般，在ESOP中，设置两种账户：一种是个人股权账户（personal share account），记载职工所实际持有的股权，一种是悬置账户（suspended account）。记载职工还没有偿还贷款、没有真正拥有的股权。只有随着贷款本息的偿还，该企业才将股票逐渐转移到ESOP名下，并划入个人股权账户。偿还金融机构贷款本息的资金来自企业的股息分红以及企业的养老计划供款（contribution，即我国企业的养老保险缴费，因为美国的职工持股计划是有社会保障功能的，是从企业养老计划发展过来的，即职工持股计划和养老计划"合二为一"，形成了ESOP）。

---

① 美国国家雇员所有者中心（National Center for Employee Ownership）是一个行业协会类组织，网站：https://www.esop.org/。

因此，美国的 ESOP 实际是一个职工持股信托基金。在一个 ESOP 中，包括了职工持股过程中的资金信托、投资信托和管理信托。资金信托解决持股融资；投资信托解决资金的运用，即购买企业股权；管理信托，即代表职工管理股权，包括在股东大会上投票等。职工持股信托之所以在美国得到发展，既与职工持股的政策鼓励有关，也与信托法规的健全有关。职工持股的目的，主要是获取收益，所以通过信托方式搞员工持股计划，有助于职工作为受益人利益得到保障。

(二) 职工持股计划的理论基础

1. 两要素理论

美国著名公司法律师路易斯·凯尔索在《资本主义宣言》(1958)一书中，提出了 ESOP 的理论基础——两要素理论。该理论认为生产要素有两种：资本与劳动。在工业化过程中，就对生产的贡献而言，资本要素大于劳动要素，虽然传统资本主义制度能够创造出经济效率的奇迹，但缺乏公平。

凯尔索提出，需要建立起使资本主义所有权分散化的新机制，以便使所有的人都可以既享受劳动收入同时又分享资本收入，具体方案就是实行 ESOP。ESOP 能够在不剥夺、不侵犯原财产所有者利益的前提下，实现财富的重新分配，从而协调劳资关系，增加新的资本来源，提高劳动生产率，促进国民经济持续平稳发展。

2. 人力资本理论

职工持股计划的实质是人力资本参与分配。美国经济学家舒尔茨等人在解释美国经济成长时发现，在考虑了物质资本和劳动力增长后，仍有很大一部分经济增长无法解释。他们将这一无法解释的部分归功于人力资本。人力资本是指知识、技能、资历、经验、熟练程度、健康等的总称，代表人的能力和素质。人力资本是未来收入的源泉，应该在获得工资以外享受公司的利润。

(三) 适合采用 ESOP 的公司

ESOP 具有一定的适用对象，税款抵扣只对有应纳税所得的公司有效。像其他负债一样，ESOP 债务很沉重。如果股票未来不上市交易，员工未来退休时会将股票从 ESOP 信托计划中返还给公司，也就是由公司回购这部分股票，这会使未来年度公司的现金流出增加。公司给予员工的薪金水平以及养老金缴费水平必须足够高，用以支付 ESOP 偿还贷款，否则就会失去税款抵扣的机会。

如果公司没有其他的退休金计划，员工必须接受 ESOP 退休金，这实际上是将职工退休金购买了本企业的股票，而替代了退休基金更多样化、更安全的组合投资方式。员工可能不愿冒险将他们的退休金与本公司股票相挂钩，因为这极大地增大了员工的风险。

二、职工持股计划在我国的意义

(一)宏观意义

1. ESOP 作为一种福利计划,可以促进员工退休收入的长期提高。中国现在的多层次养老制度尚在健全之中,作为第二支柱的企业年金规模较小。以 ESOP 为代表的职工持股计划是缓解这一问题的有效方式。ESOP 通过企业提供资金来帮助职工持股的计划,使得员工不需要投入全部购股资金。而且由于政府提供一系列税收优惠,ESOP 比通常的现金福利计划更有吸引力。ESOP 可以把企业长期激励机制和退休养老保险计划结合起来。

2. ESOP 目前已被广泛应用于资产剥离、国有或集体企业改制中股权多元化等方面。杠杆化的 ESOP 可以使职工用企业未来的现金流来购买企业,这为国有股权在某些竞争性行业的退出找到了一条现实可行的路径。

(二)微观意义

1. 形成稳定的职工队伍、增强公司的凝聚力。由于职工持股计划对股份转让等有强制性约束,对稳定职工队伍、加强内部职工管理将起到积极的作用。职工的劳动不仅决定了工薪收入,还决定了股权收入,有助于增强公司的凝聚力,充分调动职工的积极性。

2. 增加职工的收入。职工通过持股分红,将获得一笔可观的收入。

3. 有利于企业反收购。职工持股有利于形成稳定的股东,防止企业被敌意收购。

4. 缓解公司职工认股出资难的问题。通过 ESOP 的特殊融资方式,职工购买公司股份解决了职工购股资金的难题。

5. 有利于不断增加职工持股比例以及吸引新的人才。通过陆续将积累的资金转化为公司股权,可以不断增加职工的持股比例,并且通过预留股份等制度设计,有利于吸引新的人才进入公司。

三、职工持股计划在我国的发展

在我国,以职工持股会作为收购的主体不受法律支持,职工持股会的性质缺乏明确的法律定位,职工持股会或工会等不能从事投资等营利性活动。[①]

目前,我国还没有针对职工持股的税收优惠,缺乏税收优惠激励下的职工持股会显得缺乏吸引力。我国一些公司的职工持股仍带有一些强制色彩。

---

① 历史上,我国的国有企业甚至上市企业中存在职工持股会。2000 年民政部明确发文(民办函〔2000〕110号),职工持股会属于单位内部团体,不再由民政部门登记管理。因此,职工持股会不再具有法人资格。中国证监会 2002 年明确规定,停止审批职工持股会及工会作为发起人或股东的公司的发行申请。

缺少融资渠道也是在中国企业推行职工持股计划的重要障碍之一。由于缺少相应的法规和税收优惠,金融机构对贷款的收益性、安全性甚至合法性都有怀疑。

但是自 2013 年以来,我国以上市公司、国有企业为代表的大量企业开始探索新时代的职工持股计划。

> **专栏 8—3　当前我国上市企业的员工持股计划**
>
> 2013 年党的十八届三中全会通过《关于全面深化改革若干重大问题的决定》明确提出:"允许混合所有制经济实行企业员工持股,形成资本所有者和劳动者利益共同体"。这是员工持股计划(ESOP)第一次出现在中央文件中,体现了我国大力支持员工持股计划的决心。之后,2014 年 6 月,证监会颁布了《关于上市公司实施员工持股计划试点的指导意见》,明确了上市公司实施员工持股计划的具体规定。在该文件中规定如下:
>
> 员工持股计划是指上市公司根据员工意愿,通过合法方式使员工获得本公司股票并长期持有,股份权益按约定分配给员工的制度安排。员工持股计划的参加对象为公司员工,包括管理层人员。员工持股计划遵循公司自主决定,员工自愿参加的原则。上市公司不得以摊派、强行分配等方式强制员工参加本公司的员工持股计划。
>
> 员工持股计划可以通过以下方式解决所需资金:(1)员工的合法薪酬;(2)法律、行政法规允许的其他方式。
>
> 员工持股计划可以通过以下方式解决股票来源:(1)上市公司回购本公司股票;(2)二级市场购买;(3)认购非公开发行股票;(4)股东自愿赠予;(5)法律、行政法规允许的其他方式。

员工持股计划的持股期限和持股计划的规模:1. 每期员工持股计划的持股期限不得低于 12 个月,以非公开发行方式实施员工持股计划的,持股期限不得低于 36 个月;上市公司应当在员工持股计划届满前 6 个月公告即将到期计划持有的股票数量。2. 上市公司全部员工持股计划所持有的有效股票总数累计不得超过公司股本总额的 10%,单个员工所获股份权益对应的股票总数累计不得超过公司股本总额的 1%。

上市公司可以自行管理本公司的员工持股计划,也可以将本公司员工持股计划委托给下列具有资产管理资质的机构管理:(1)信托公司。(2)保险资产管理公司。(3)证券公司。(4)基金管理公司。(5)其他符合条件的资产管理机构。上市公司委托资产管理机构管理本公司员工持股计划的,应当与资产管理机构签订资产管理协议。管理机构应当以员工持股计划的名义开立证券交易账户。

在上述政策支持之下，自 2014 年下半年以来，尝试员工持股计划的上市公司逐渐增加。从上市公司的方案来看，存在以下特征：

(1) 由员工筹集一定资金、交由券商采取集合理财计划/资产管理计划，直接在二级市场买入股票成为主流形式。

(2) 员工持股计划中股票来源最主要的方式为非公开发行、二级市场直接购买、二级市场带杠杆购买等。这三类方式占到了目前市场上的主流。此外也包括定向受让和无偿赠予等几种方式。

(3) 资金来源中员工自筹资金占到了绝大多数。少数带杠杆购买的持股计划主要是券商等资产机构提供了融资，这显然放大了员工持股计划的风险。

(4) 由于员工持股计划可能作为国企混改的标识之一，国有企业员工持股计划的二级市场表现影响更为显著。

(5) 若员工持股计划方案中带有"净利润承诺、需要通过支付代价来获得持股等"，员工持股计划相对更容易被市场所认可、公告后的股价走势更好。

[案例 8-6] 上海家化公司的首个员工持股计划

上海家化(沪市代码 600315)于 2015 年 12 月 9 日发布公告称：经公司临时股东大会审议通过了《2015 年员工持股计划(草案)》，同意由公司委托资产管理机构通过二级市场购买公司股票的方式实施员工持股计划。进展情况公告如下：

2015 年 12 月 7 日，公司通过委托资产管理机构华宝信托有限责任公司以二级市场买入的方式完成本次员工持股计划股票的购买，共购买公司股票 146 578 股(占公司总股本的比例为 0.022%)，购买均价 39.38 元/股，成交金额合计 577.22 万元。该计划所购买的股票锁定期为自购买之日起 36 个月。

之后，该公司于 2018 年 12 月 7 日发布《关于员工持股计划进展的公告》，称公司的员工持股计划锁定期为 36 个月，自公司发布标的股票登记至本期持股计划名下的公告之日(即 2015 年 12 月 9 日)起算。在锁定期届满后即自 2018 年 12 月 9 日起，员工持股计划可根据当时市场的情况决定何时卖出股票。

2019 年 5 月 29 日，公司发布关于员工持股计划即将届满的提示性公告，称 2015 年员工持股计划的总存续期为 48 个月，因此，员工持股计划将于 2019 年 12 月 9 日届满到期。根据《关于上市公司实施员工持股计划试点的指导意见》等要求，上市公司应当在员工持股计划届满前 6 个月公告到期计划持有的股票数量。现将相关情况公告如下：截至本公告日，公司 2015 年员工持股计划尚持有公司股票 77 578 股，约占公司总股本的 0.01%。

2015 年该公司的激励计划分为员工和高管的股权计划两个部分——针对普通员工的员工持股计划、针对高管骨干的股票期权与限制性股票激励计划。经营者和高管的激励对象涵盖333名公司董事、高级管理人员、公司核心人才等人员。而员工持股计划则覆盖其他经董事会确定的、与家化签订劳动合同的正式全职员工,参与人共计1 183人。

由于公司业绩的持续提升,2018年,公司制定了新的股权激励计划。

当前,员工持股计划作为国有企业混合所有制改革的重要手段,正在国企中推广。2015年9月国务院颁发《关于深化国有企业改革的指导意见》,明确指出混合所有制企业员工持股改革要坚持试点先行,优先支持在人才资本和技术要素贡献占比较高的转制科研院所、高新技术企业、科技服务型企业中开展员工持股试点,支持对企业经营业绩和持续发展有直接或较大影响的科研人员、经营管理人员和业务骨干等持股。2016年8月,国资委、财政部和证监会联合发布《关于国有控股混合所有制企业开展员工持股试点的意见》。员工持股继续在国有企业中进行推广。

总体看来,目前我国的员工持股计划,需要在以下方面进行改革:

第一,持股时间过短。上市公司员工持股的时间仅规定为至少3年。3年锁定期以后,员工即可变现退出,这没有达到长期激励的效果。

第二,在出资来源上,券商等资产管理机构通过自有资金提供融资,而券商的资金来源时间期限比较短,无疑放大了员工持股的风险,同时带来券商与上市公司管理层之间可能的道德风险。

第三,应将员工持股改造为企业养老计划,实现持股与保障的结合。美国的ESOP本质上是一个企业养老金计划,职工用持有的股份作为养老金。我国如果借鉴这种做法,一方面会有利于持股的长期性,真正发挥激励作用,在员工退休之前,不得将持股变现流通;另一方面可以利用税收优惠政策。我国政府明确提出建立多层次的社会保障体系,鼓励企业建立年金计划,对企业年金计划的缴费,给予较大的税收优惠。国家应鼓励利用企业年金计划的缴费建立职工持股计划。

第四,若采取贷款持股方式,应加强银行等融资机构的信贷风险管理。对于银行来说,一是要选择盈利能力强、分红回报好且成长稳定的企业;二是要建立风险防范对策。在贷款限制条件中,应明确规定,如果员工持股分红/年金出资等仍不能偿还贷款,必须动用员工个人奖金、工资收入等偿还,员工不能退出持股计划,即员工持股计划既有激励的一面,也有约束的一面。

本章小结

本章介绍了管理层收购(MBO)的起源和发展,对管理层收购的概念、理论解释、动因、特征和发展现状进行了详细阐述。同时介绍了我国以上市公司为代表的管理层收购背景以及我国管理层收购的运作模式和存在的问题。另外,对职工持股计划(ESOP)的概念、理论、以及发展现状进行了介绍,并对员工持股计划在我国的发展状况和问题给出了分析。

基本概念

管理层收购	夹层基金	代理成本说
防御剥夺说	企业家精神说	职工持股计划(ESOP)
两要素理论	人力资本理论	混合所有制

复习题

1. 请阐述管理层收购产生的三个理论解释。
2. 试比较西方提出的企业 MBO、MBI、IBO、EMBO 的不同之处。
3. 你认为目前我国企业的管理层收购中存在哪些问题?应如何进行解决?
4. 从实践来看,在中国什么样的公司适合采用职工持股计划(ESOP)?
5. 西方企业的员工持股计划融资模式的特征是什么?为什么它是一种养老计划和持股计划的结合?

实践性问题

1. 2015 年初,曾经的温州创业板第一股——金龙机电(创业板上市代码 300032),宣布成立了"成长 1 号"员工持股计划。成长 1 号资金来源为员工自筹资金 1 225 万元、公司控股股东金龙集团向员工出借 1 225 万元、长城证券(计划管理方)提供融资资金 7 350 万元。长城证券作为 7 350 万元人民币固定利息的收取方和标的股票浮动收益的支付方;成长 1 号是标的股票浮动收益的收取方和固定收益的支付方。成长 1 号计划于 2015 年 2 月 11 日通过大宗交易方式购入公司股票共计 364 万股,购买均价为 26.90 元/股。

2018 年 8 月 1 日晚间,公司公告称因受股票价格下跌影响,成长 1 号已触及强制平仓线,且其未能通过补缴资金等方式恢复协议约定的权益比率,长城证券按照协议规定对 728 万股股票进行了强制平仓处置。根据公告,成长 1 号在完成建仓时的买入成本共为 9 791.6 万元,被强制平仓后所获得的收入 3 335.5 万元,亏损幅度为 65.94%。由于大股东深陷债务危机,员工自筹的本金亦恐无法收回。

请分析该案例:(1)为什么员工持股计划成为短期对赌的工具?(2)从金龙机电的员工持股计划中,可以总结哪些经验教训?

2. 请登录 Wind 数据库,下载我国上市公司员工持股计划的样本。尝试运用事件研究法,分析员工持股计划公告信息的股票市场反映,看看哪些样本特征会带来股票市场的显著异常反应。

第九章 并购的财务会计政策与税收安排

第一节 并购中的会计处理方法

一、企业并购与会计主体变更

在企业并购的会计问题处理中,首先必须考虑会计主体的变更对会计信息的影响,否则会大大降低会计信息的准确性。会计主体是指会计信息所反映的特定组织或单位,它规定了会计工作的空间范围。会计主体变更是指会计工作的服务主体发生了根本性的变化,将为新的会计主体服务,而新主体完全独立于之前的会计主体。

(一)吸收合并与会计主体变更

吸收合并是指一个企业通过发行股票、发行债券等证券、支付现金等方式取得其他企业的资产、负债与人员等。吸收合并完成后,合并方仍保持原来的法律地位,被合并企业失去其原来的法人资格而成为合并后企业的一部分。例如,A公司通过吸收合并方式并购B公司,则A公司仍然以原来的法律地位继续经营,而B公司被注销。这种合并可用下式表示:

$$A+B=A$$

在这种合并方式中,A公司的利益范围扩大,但其会计主体本身没有变化。相反,B公司利益范围消除,会计主体也就中止了(见图9—1)。

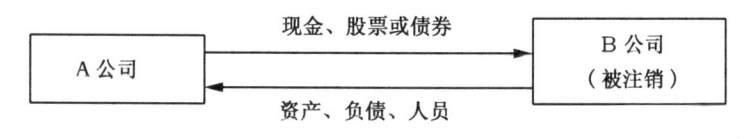

图9—1 吸收合并的会计主体变更

(二)新设合并与会计主体变更

新设合并是两个或两个以上的企业联合成立一个新的企业,用新企业的股份交换原来各公司的股份。新设合并结束后,原来的各企业均失去法人资格,而由新成立的企业统一从事生产经营活动。如果A、B两个公司采用新设合并的方式,新设立的公司为C公司,则这种合并可表示为:

$$A+B=C$$

在这种合并方式中,A公司和B公司的利益范围消除,会计主体均中止,而新设立的C公司作为新的会计主体,其利益范围涵盖原来的A公司和B公司(见图9-2)。

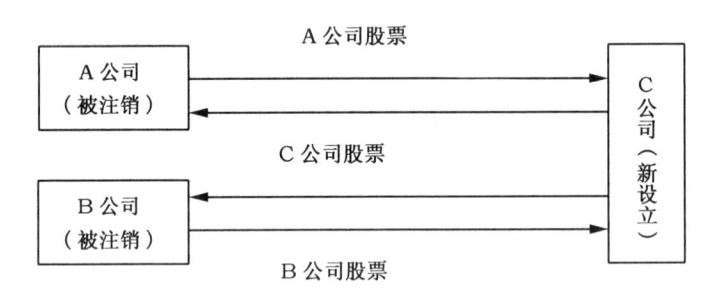

图9-2 新设合并的会计主体变更

(三)控股合并与会计主体变更

控股合并又称取得控制股权,是指一个企业通过支付现金、发行股票债券等证券的方式取得另一个企业全部或部分有表决权的股份。取得控制股权后,原来的企业仍然以各自独立的法律实体从事生产经营活动。在控股合并的情况下,控股企业称为母公司,被控股企业称为子公司。以母公司为中心,连同它所控股的子公司,被称为企业集团。假设A公司采用控股合并方式取得B公司的控股权,取得控制股权后关系可表述为:

$$A+B=\text{以A为母公司的企业集团}$$

合并后,A公司和B公司的法人实体仍然存在,各自的资源和经济活动保持不变。对于A公司来说,其利益范围包括了原来的A公司和新增加的B公司,会计主体扩大;对于B公司来说,其利益范围基本未变。在合并后的公司内部,存在着一个相对独立的子公司B,有可能在A集团公司内部新增一个会计主体,从而使会计主体呈现层次性(见图9-3)。

在控股合并中,会计主体不再局限于单个的独立企业,而是突破法律主体的界限,扩大为包括众多独立核算单位在内的整个经济实体,即合并会计主体。合并会计主体是指由控股公司(母公司)与纳入合并范围的被控股公司(子公司)组成的经济统一体。合并会计主体实质上是单一会计主体的延伸,扩大了传统会计主体的范围,使会计主体的作用和内部结构发生了变化。

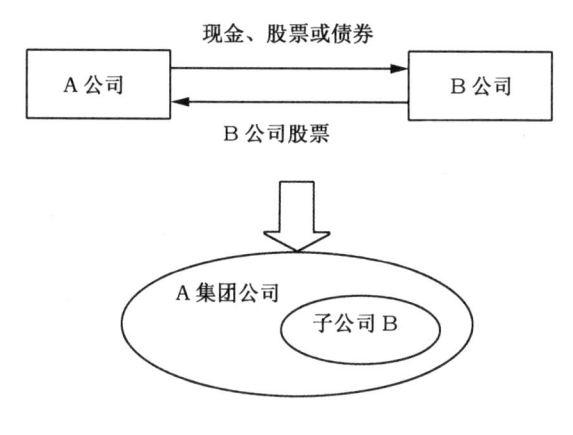

```
                现金、股票或债券
    ┌─────────┐ ─────────────→ ┌─────────┐
    │  A 公司  │                │  B 公司  │
    └─────────┘ ←───────────── └─────────┘
                   B 公司股票
                        ⇩
            ╭─────────────────────╮
           ╱   A 集团公司           ╲
          │              ╭──────╮  │
          │              │子公司B│  │
           ╲             ╰──────╯ ╱
            ╰─────────────────────╯
```

图 9—3　控股合并的会计主体变更

1. 合并会计主体突破了单一经济实体的界限,包括众多独立的核算实体。母公司与子公司从法律的角度看都是独立的,它们构成各自的经济实体,甚至子公司下面还有孙公司,孙公司与子公司也是独立的法律主体。而合并会计主体按照"实质重于形式"的原则,将母公司与其控制的子公司视为一个经济实体。

2. 合并会计主体体现了会计主体的相对性。会计主体假设的基本要求是区分企业的经济活动与投资者的经济活动、区分企业的经济活动与其他企业的经济活动。合并主体也同样体现了这样的要求。在合并主体下,要区分的是该企业集团与集团外企业的经济活动,集团公司内部发生的经济业务应予以抵消。

3. 合并会计主体体现了主体假设的多层次性。在合并主体假设下,当母、子公司形成一个企业集团时,对于母公司的股东和债权人来说,合并报表比单个报表更能全面反映母公司的财务状况和经营成果。但这并不是说,母公司及各子公司失去会计主体资格,不再编制其个别的会计报表了;相反,它们同样有必要以其各自主体的名义编制报表。

> **专栏 9—1　合并会计报表的范围与控制的关系**
>
> 合并会计报表(consolidated financial statements)简称合并报表,又称合并财务报表,是指用以综合反映以产权纽带关系而构成的企业集团某一期间或地点整体财务状况、经营成果和资金流转情况的会计报表。合并报表由企业集团中的控股公司(母公司)于会计年度终了编制,主要服务于母公司的股东和债权人。合并会计报表视企业集团为一个会计主体,反映其所控制的资产、承担的负债、实现的收入、及发生的费用等信息。我国企业集团不是纳税主体,合并会计报表也不是企业进行利润分配,包括缴纳所得税、分派股利的依据,它仅仅具有提供企业集团整体经营情况信息的作用。

为了编制合并会计报表,母公司应当统一与子公司的会计政策,会计报表决算日、会计期间和记账本位币;对境外子公司以外币表示的会计报表,需按照一定的汇率折算为以母公司的记账本位币表示的会计报表。母公司对子公司的权益性资本应采用权益法进行处理。

合并会计报表的作用主要表现在两个方面:

第一,合并会计报表能够对外提供反映由母子公司组成的企业集团整体经营情况的会计信息。

第二,合并报表将企业集团内部交易所产生的收入及利润予以抵消,使会计报表反映企业集团客观真实的财务和经营情况,有利于防止和避免控股公司人为地操纵利润,粉饰会计报表现象的发生。

合并会计报表有局限性表现在:

第一,母公司和子公司的债权人对企业的债权清偿权通常针对独立的法律主体,而不针对作为经济实体的企业集团,合并报表所反映的资产不能满足母、子公司债权人的清偿要求。

第二,合并会计报表将母公司及子公司的个别会计报表合并起来,子公司的少数股东难以从中直接得到他们所需的决策有用信息,如他们所投资的子公司资金运用的信息。

第三,利润分配包括向股东分派股利,要以个别会计报表为据,合并会计报表则不能为股东预测和评计报表为据,合并会计报表则不能为股东预测和评价母公司和所有子公司将来分派股利提供依据。

根据我国《企业会计准则第33号——合并财务报表》的规定,我国合并会计报表的范围具体如下:1.合并财务报表的合并范围应当以"控制"为基础予以确定。"控制"是指一个企业能够决定另一个企业的财务和经营政策,并能据以从另一个企业的经营活动中获取利益的权力。2.母公司直接或通过子公司间接拥有被投资单位半数以上的表决权资本,表明母公司能够控制被投资单位,应当将该被投资单位纳入合并财务报表的合并范围。但是有证据表明母公司不能控制被投资单位的除外。

二、会计处理方法

从世界范围来看,在企业并购的会计方法选择中主要有两种,即购买法与权益汇总法。这两种方法不仅会计处理过程不同,同时也会对并购后公司的财务状况产生不同的影响。

(一)购买法及其会计处理

1. 购买法的概念

购买法(purchasing method)是指并购方对并购活动进行会计处理时,将并购视为购买被并购方的净资产或股权,同时承担其债务。这在实质上与用一定的价款购买机器设备、厂房、存货等资产项目并无差异。购买法要求并购企业在并购日按公允价值反映被并购企业的资产负债表项目,将公允价值体现在并购企业的账户和合并后的资产负债表中,并购成交价格超过所确认的被并购企业可辨认[①]净资产公允价格的差额列作商誉(goodwill),在以后各期分摊,计入损益。商誉需要在以后各个会计报告期进行减值测试,如果经测试发生减值则计入损益。

2. 购买法中需注意的问题

由上述概念可知,购买法的关键问题在于并购交易价格(收购成本)的确定、并购获得可辨认净资产的计量,以及由此确定的商誉或负商誉及其会计处理。

(1)并购交易价格的确定。并购交易价格即是指收购方为并购所付出的代价,也就是并购的成本。并购方在支付并购价款时,可通过支付现金、其他有关资产项目或有价证券等形式,这里最关键的是确定"公允价值"(fair value)。所谓公允价值,是指资产或负债在公平交易中得以成交的价格。

在确定公允价值时,需要根据所支付资产形式的不同而采用不同的方法来确定。如果支付的是现金,可按其实际支付金额确定;而如果支付日在并购生效日之前或之后,还需要考虑时间价值。

若支付的为证券,则证券的公允价值应主要根据并购日该证券的市场价格来确定。为了消除证券价格短期波动性影响,这一价格通常可以取购买日至前一段时间(如10个工作日)内的平均价格;若证券无公开市价,则只有通过估计。在估计时应考虑该证券的未来现金流量贴现值、类似证券的价值、产生的红利和预期可比较证券的成长率及其他任何产生重大影响的因素。对可转换优先股还要考虑可转换权利的价值。对于其他货币性项目,基本以所支出的金额为其公允价值,同时必须考虑预期支付或收到的数额以及时间性问题;对于长期项目,还应考虑贴现值。

对于非货币性项目,公允价值的确定主要根据其市价、重置成本等。如果该非货

[①] 可辨认性(identifiable)有两条标准:一是可分性,即能够从实体中分离或划分出来,单独或者与相关的合同或资产或负债等一起出售、转让、注册、租赁;二是由于契约或其他法定权利而引起的。可辨认性概念主要是针对无形资产而言的,无形资产可划分为可辨认无形资产和不可辨认无形资产。企业的大多数无形资产如专利权、商标权、土地使用权等属于可辨认无形资产,而企业在合并过程中所产生的商誉则属于不可辨认无形资产。将企业的可辨认资产减去可辨认负债即等于可辨认净资产。

币性资产处于一个活跃的市场且有类似的资产,则可按市价,但大多数情况下按重置成本计价;存货可按现行市场价格、售价减预期追加成本;在建工程可按售价减未来完工成本等。

(2)所获得可辨认资产和承担负债的公允价值。在购买法下,对所获得目标公司的可辨认资产和承担的负债应按收购日的公允价值反映,这也是确定并购商誉的一个重要基础。

目标公司资产和负债的账面价值,如果从购买法来看,实际上反映的是二手资本的原始成本,必须采用公允价值,以给目标公司的资产和经营成果建立一个现实的起点。

(3)并购商誉及其处理。在实际并购活动中,并购成本往往大于目标企业可辨认净资产的公允价值,其差额常称作"商誉"。它与企业的内在商誉是有区别的。企业并购过程中形成的商誉是目标企业的内在商誉价值的市场化,通过企业并购体现出来,我们可称之为"并购商誉"。并购商誉的会计处理方法有多种,但通常将其作为一项资产,计入收购后的资产负债表,并在以后各会计期进行资产的减值测试,如果经测试发生减值,则计入当期损益。

3. 购买法下对吸收合并的账务处理

我们通过以例9—1来说明这个问题。

[**例9—1**] 2019年3月5日,A公司宣布吸收合并B公司。当天,B公司的资产负债表和评估结果表分别见表9—1、表9—2。经双方协商同意,A公司支付400万元取得B公司的全部资产,并承担其全部债务。并购时A还用支票支付了注册登记等其他相关费用5万元。合并后B公司不复存在。

表9—1　　　　　　　　　目标企业B公司资产负债表

2019年12月31日　　　　　　　　　　　　　　　　单位:元

资　产		负债及所有者权益	
货币资金	320 000	短期借款	400 000
应收账款	1 600 000	应付账款	1 200 000
减:备抵账款	20 000	其他应付款	200 000
应收账款净额	1 580 000	长期借款	800 000
存货	1 600 000	股本	3 200 000
长期投资	400 000	资本公积	280 000
固定资产原价	2 400 000	盈余公积	200 000
减:累计折旧	200 000	未分配利润	20 000

续表

资　产		负债及所有者权益	
固定资产净值	2 200 000		
递延资产	200 000		
合　计	6 300 000	合　计	6 300 000

表 9—2   **B 公司资产负债表账面价值与评估价值对照表**

2019 年 3 月 5 日   单位:元

项　目	账面价值	评估价值	差　异
货币资金	320 000	320 000	0
应收账款	1 600 000	1 580 000	−20 000
存货	1 600 000	1 400 000	−200 000
长期投资	400 000	440 000	40 000
固定资产净值	2 200 000	2 400 000	200 000
递延资产	200 000	200 000	0
短期借款	400 000	440 000	40 000
应付账款	1 200 000	1 000 000	−200 000
其他应付款	200 000	200 000	0
长期借款	800 000	880 000	80 000
净资产评估净增(减)值			100 000

在购买法下,合并企业应当按公允价格记录取得的资产和承担的负债,合并成本超过公允价格的部分记作商誉。此外在合并过程中,合并企业发生的与合并有关的费用如支付的咨询费、律师费、审计费等,应做适当的处理:

①与合并有关的直接费用,如律师费、审计费和佣金、注册登记费用等,应增加合并成本;

②登记和发行权益证券的费用,应减少证券的公允价值,即冲销资本公积;

③与合并有关的间接费用,应在发生时作为期间费用。

对于该并购过程,A 企业应编制会计分录如下:

(1)支付合并价款

  借:长期投资——B 公司   4 000 000

    贷:银行存款   4 000 000

(2)支付合并费用

| 借:长期投资——B公司 | 50 000 |
| 贷:银行存款 | 50 000 |

(3)将合并成本分摊到可辨认资产和负债,确认商誉。进行账务处理时,按资产的公允价值,借记所有涉及的资产科目;按并购成本(产权转让价格＋注册登记等其他交易费用)高于评估确认的净资产(即可辨认净资产的公允价值)的差额,借记"无形资产——商誉"科目;按负债的公允价值,贷记所有涉及的负债科目;按确定的合并成本,贷记"长期投资——B公司"科目。

借:货币资金	320 000
应收账款	1 580 000
存货	1 400 000
长期投资	440 000
固定资产	2 400 000
递延资产	200 000
无形资产——商誉	230 000
长期投资——B公司	4 050 000
贷:短期借款	440 000
应付账款	1 000 000
其他应付款	200 000
长期借款	880 000

该例中,确认并购商誉23万元。本例以上为A公司用现金收购,如果A公司通过发行2 000 000股(每股面值1元、公允价值2元)的普通股给B公司的股东来实现合并,则相关的会计分录如下:

借:长期投资——B公司	4 000 000
贷:股本	2 000 000
资本公积	2 000 000

若发行股票时发生股票发行成本,则冲减资本公积。

假定A公司以3 520 000元的价格兼并了B公司,并承担全部债务,则兼并价格低于其净资产公允价格的差额为—300 000元[1],在兼并时发生直接费用50 000元,予以抵消后仍有负商誉250 000元。按负商誉的一般处理方法,应记入合并当期损益。

依照上述分配结果,A公司可作会计分录如下:

---

[1] 根据表9—1和9—2的计算,该目标B公司的可辨认净资产为382万元。所以A公司以352万元收购B公司,产生商誉—30万元。

(1) 支付兼并价款及费用

借:长期投资——B公司　　　　　　　　　　　　3 570 000
　贷:银行存款　　　　　　　　　　　　　　　　　　3 570 000

(2) 将兼并成本分摊到可辨认资产和负债

借:货币资金　　　　　　　　　　　　　　　　　　320 000
　应收账款　　　　　　　　　　　　　　　　　　1 580 000
　存货　　　　　　　　　　　　　　　　　　　　1 400 000
　长期投资　　　　　　　　　　　　　　　　　　　440 000
　固定资产　　　　　　　　　　　　　　　　　　2 400 000
　递延资产　　　　　　　　　　　　　　　　　　　200 000
　长期投资——B公司　　　　　　　　　　　　　　3 570 000
　贷:短期借款　　　　　　　　　　　　　　　　　　440 000
　　应付账款　　　　　　　　　　　　　　　　　1 000 000
　　其他应付款　　　　　　　　　　　　　　　　　200 000
　　长期借款　　　　　　　　　　　　　　　　　　880 000
　　营业外收入　　　　　　　　　　　　　　　　　250 000

4. 购买法下对控股合并的账务处理

因为吸收合并后只涉及一个会计主体,并购的账务处理相对简单。而在控股合并中,并购公司和被并购公司在并购后仍维持原有的法律主体和会计主体,并独立地从事其经营活动,所以不能将被并购公司的资产和负债份额简单加总到并购公司有关资产、负债账户,而只能将并购所付价款直接记作"长期股权投资——子公司"。但是,根据"实质重于形式"的原则,并购公司与被并购公司组成一个经济实体,为反映整个经济实体的财务状况和经营成果,必须编制合并报表。因此,必然涉及"长期股权投资"如何计价、合并报表如何编制等问题。按购买法,自收购之日起,购买方在合并资产负债表中,应以被并购公司的可辨认资产和负债的公允价值并入,收购成本超过可辨认净资产公允价值的部分,确认为"并购商誉",并在以后期间进行减值测试;在合并损益表中,由于"购买"引起原有股东的权益发生变化,所以,合并利润仅包括目标公司在被收购日后取得的经营成果(在收购日只能编制合并资产负债表,不编制利润表)。

[例9-2]　仍按前例,如果A公司以400万元收购B公司80%的股权。若采用购买法,购买日的有关账务处理如下:

借:长期股权投资　　　　　　　　　　　　　　　4 000 000
　贷:银行存款　　　　　　　　　　　　　　　　　4 000 000

购买法在并购中的应用,主要体现在合并资产负债表的编制中。在购买日,采用购买法合并资产负债表的编制方法如下：合并时，母公司报表中"对子公司股权投资"项目和子公司报表中的股东权益属于母公司拥有的部分应予以抵消；在购买日，母公司付出的购买价格通常不等于子公司净资产的账面价值，因此在抵消前必须对子公司的有关资产、负债项目按购买日的公允价值重新估价，调整它们的账面价值，并相应地调整"对子公司股权投资"的账面价值，确认合并商誉。调整和抵消之后，就可以把母公司和子公司报表中相同的资产和负债项目分别合并。

被并购企业是否需要按评估后的价值调整资产的账面价值，应当根据具体情况而定。如果并购方购买被并购方企业的全部股权（100%股权），而被并购企业保留法人资格，被并购企业可以按照评估确定的价值调账；如果并购方购买被并购企业的部分股权（被并购企业保留法人资格），被并购企业应当保持原账面价值不变，不能按照评估确定的价值调整资产的账面价值。

(二)权益汇总法及其会计问题

1. 权益汇总法的含义

权益汇总法(pooling of interests)又称权益法，是指并购企业主要用自己的普通股票去交换被并购企业的普通股票，从而将其变成自己的子公司，将母子公司的股权按净资产账面价值联合在一起的一种会计处理方法。① 权益汇总法不像购买法是一家公司购买另一家公司的交易行为，而是两个或两个以上参与并购的企业主体，将其资产(资源)和权益融合到一起，并购被视为收购方与目标公司的权益的联合。因此，权益汇总法的并购不影响原有股权的变动，不存在对原有资产的清算，也不引起经济资源的流出。并购完成之后，所有者权益继续存在，以前的会计基础保持不变，资产和负债继续按原来的账面价值记录，不存在并购商誉的确定和摊销问题。并购发生时也可编制损益表，以反映截至收购日已实现的损益以及以前年度累积的留存收益，并购费用则一般作为管理费用或冲减资本公积。

2. 权益汇总法中需注意的问题

采用权益汇总法进行并购业务的账务处理，其难点在于所有者权益的合并。在该法下，资产和负债均按被并购方的账面价值记录。但是，对于被并购方的所有者权益，虽然总额不变，但其结构却要发生变化。因为并购公司在记录被并购方所有者权益时，并不是直接按被并购方的股本、资本公积等的账面数额记录，而是按换出股本的面值等记录的。这样，换出股本的面额与换入股本的面额的差额，就需要调整其他所有者权益账户的金额，以保证所有者权益总额不变。如果换出股本的面额超过换入股本

---

① 权益法的界定及其与购买法的区别，关键并不在于收购方支付的收购对价，而在于收购双方的股权关系。根据我国目前《企业会计准则第20号——企业合并》，权益汇总法主要适用于同一控制下的企业合并。

的面额,其差额应按以下顺序冲销有关所有者权益项目的金额,直到将其差额冲销至零为止:(1)被并购方的资本公积;(2)并购方的资本公积;(3)被并购方的盈余公积和未分配利润;(4)并购方盈余公积和未分配利润。如果换出股本的面额小于换入股本的面额的差额,则直接将其差额计入并购方的"资本公积"账户。并购方支付的其他相关费用可作为期间费用处理。

3. 权益汇总法下对吸收合并的账务处理

[例9—3] 沿用例9—1的有关背景资料。现假设A公司以发行股票2 000 000股(每股面值1元、每股市价2元)的普通股换取B公司的全部净资产,B公司的原有资本全部注销,法人资格消失。依照权益汇总法,A公司在记账时仍按B公司的原账面价值记录。应作会计分录如下:

借:银行存款	312 000
现金	8 000
应收账款	1 600 000
减:备抵坏账	(20 000)
存货	1 600 000
长期投资	400 000
固定资产原值	2 400 000
减:累计折旧	(200 000)
递延资产	200 000
贷:短期借款	400 000
应付账款	1 200 000
其他应收款	200 000
长期借款	800 000
股本	2 000 000
资本公积	1 480 000
盈余公积	200 000
未分配利润	20 000

并购企业在记录时并不按被并购企业实收资本(或股本)、资本公积等资本账户的账面数额记账,而是按收购方企业发行股票的面值和溢价收入记账。但是,被并购企业的盈余公积、未分配利润等留存收益项目,通常直接加计到并购企业的对应项目中。

权益汇总法将被并购企业在合并日的净资产分为两种来源,即由投入资本所提供的"初始"净资产和留存所提供的"附加"净资产。以股票交易所购得的"初始"净资产,在权益汇总法下应作会计分录如下:

借:被兼并企业"初始"净资产(等于其投入资本)
  贷:股本(面值)
    资本公积(余额)

在"购得"被并购企业"初始"净资产后实现利润所产生的"附加"净资产,因而属于并购后企业。应作会计分录如下:

借:被并购企业"附加"净资产
  贷:并购企业留存利润

将上述两笔分录合并如下:

借:被并购企业净资产
  贷:股本(面值)
    资本公积(余额)
    被并购企业留存利润

这就是权益汇总法记录所有者权益的基本分录。在上例中,B公司的所有者权益(净资产)为 3 700 000 元。其中,实收资本 3 200 000 元,资本公积 280 000 元,盈余公积 200 000 元,未分配利润 20 000 元。"初始"资本 3 480 000 元(3 200 000+280 000)应当保留,留存利润 220 000 元保持不变,因而合并后股本为 2 000 000 元,资本公积则为 1 480 000 元[(3 200 000-2 000 000)+280 000]。若发出股份的面值总和小于被并购企业账面股本额,其差额应增加资本公积,而不能增加盈余公积。

假定 A 公司发行 2 000 000 股,每股面值 2 元,市价 3 元,即交换对价为发出股份面值总和为 4 000 000 元,扣除 B 公司账上实收资本总和 3 200 000 元,尚有 800 000 元余额。依照上述程序,应先抵消 B 公司资本公积 280 000 元,另 520 000 元应抵消 A 公司账面资本公积,若还有未抵消部分,则再抵消 B 公司的留存利润,直至 A 公司的留存利润。

按照权益汇总法记录并购业务时必须注意:(1)权益汇总法要求按账面价值记账,但仍需对被并购企业的资产和负债加以确认,对账实不符的项目应做必要的调整,对待摊、递延和预提等项目加以分析确认。(2)在并购谈判时,应进行资产评估,考虑公允价格,以确定换股比例。(3)由于并购前各自的会计政策可能有所不同,合并后,有必要在会计准则规定的范围内,统一并购后双方企业的会计政策,因此,有可能涉及对以前账面记录做出调整。(4)在权益汇总法下,由于资产、负债仍按账面价值记账,发生的并购费用,无论是直接的还是间接的,都不能增加资产价值,而应作为管理费用或冲减资本公积。

4. 权益汇总法下对控股合并的账务处理

对控股合并来说,在收购日按权益汇总法进行会计处理所做的会计分录中,将被收购企业净资产的账面价值记作"长期股权投资——子公司",其他会计科目的处理同吸收合并。

[**例9—4**] 仍用例9—1的上述资料,被并购方(B公司)仍保留其法人资格。

(1)A公司发行3 200 000股、每股面值1元的股票交换B公司的全部股票,应作会计分录如下:

借:长期股权投资——B公司	3 700 000
贷:股本	3 200 000
资本公积	280 000
盈余公积	200 000
未分配利润	20 000

(2)若A公司发行2 000 000股、每股面值1元的股票,应作会计分录如下:

借:长期股权投资——B公司	3 700 000
贷:股本	2 000 000
资本公积	1 480 000
盈余公积	200 000
未分配利润	20 000

(3)若A公司发行4 000 000股、每股面值1元的股票,应作会计分录如下:

借:长期股权投资——B公司	3 700 000
资本公积①	520 000
贷:股本	4 000 000
盈余公积	200 000
未分配利润	20 000

(4)若A公司发行2 000 000股、每股面值1元的普通股,换取B公司80%的普通股,应作会计分录如下:

借:长期股权投资——B公司	2 960 000
贷:股本(换出股票面值)	2 000 000
资本公积	784 000
盈余公积(200 000元×80%)	160 000
未分配利润(20 000元×80%)	16 000

(三)购买法和权益汇总法的比较选择

1. 购买法与权益汇总法的比较

---

① 这里假设A公司原自身的账面资本公积大于520 000元。

从前面所做的分析可以看出,购买法与权益汇总法在会计处理上存在着一定的区别,并因此对并购行为产生一定的影响。

(1)资产负债的计价基础和商誉的处理不同。采用购买法时,并购方取得的资产和承担的负债,应按其公允价值记录(或在合并会计报表中反映),对取得成本超过被并购方可辨认净资产公允价值的差额,应在账上(或合并会计报表中)确认为商誉。采用权益汇总法时,并购方取得的资产和承担的负债,按被并购方的账面价值记录,在账上不确认商誉。

(2)并购价差的计算和处理不同。

采用购买法时,如果是吸收合并,以并购成本(或发出普通股的公允市价)超过取得的可辨认净资产公允价值之差额确认并购商誉;如果是收购股权,以并购方取得股权的成本超过被并购公司净资产的账面价值之差额作为并购价差,并在编制合并会计报表的抵消分录时,根据子公司资产负债的公允价值调整被并购方会计报表中有关项目的金额,并确认并购商誉;同时,相应调整并购方会计报表中长期股权投资的计价基础,使之与被并购方相应股权的账面价值一致。

采用权益汇总法时,如果是吸收合并(从而被并购方丧失法人地位),以换出股本的面额超过换入股本的面额的差额作为并购价差,并据此调整股东权益;如果是收购股权(从而被并购方仍保留其法人地位),按取得被并购方净资产的账面价值作为"长期股权投资"账户的入账价值,以被并购方净资产的账面价值低于换出股本的面额之差额作为并购价差,并据此调整并购方的股东权益。

(3)被并购方的盈余公积和未分配利润的处理不同。采用购买法时,由于将并购视为并购方的一项购买活动,因此被并购方的盈余公积和未分配利润应属于被并购方的原所有者,而不能成为并购方的一部分。采用权益汇总法时,由于将并购视为并购双方权益的集合,因此被并购方的盈余公积和未分配利润直接成为并购后公司的盈余公积和未分配利润的一部分。

(4)对未来利润的影响不同。采用购买法时,按公允价值记录的资产往往高于原账面价值的部分以及产生了并购商誉,在以后期间都会通过折旧或摊销减少并购企业的利润。不过,目前并购产生的商誉并不再采取折旧摊销政策,而是在会计报表日进行减值检测,若发生商誉资产的减值,才会减少当期利润,否则不会影响当期利润。采用权益汇总法时,由于并购方取得股权时,不必考虑被并购方资产负债的公允价值,也不必确认并购商誉,所以未来不存在资产评估增值额和商誉的折旧或减值问题。

(5)对并购当年被并购方的收入、费用和利润的处理不同。采用购买法时,并购公司当年净收益总额只包括被并购方在并购以后发生的收入、费用和利润。采用权益汇总法时,并购公司当年净收益总额应包括被并购方并购年度的全年收入、费用和利润。

(6)对并购时发生的有关产权交易费用(包括注册登记费用、证券发行费用、咨询费用等)的处理不同。采用购买法时,则应作为并购成本处理。采用权益汇总法时,可以将其作为当年的期间费用处理。

购买法下被并购方并购前的留存收益不能列入并购方的留存收益之中,而采用权益汇总法时,在并购日就可以将被并购方的留存收益并入并购方的留存收益中。因此采用权益汇总法可使并购后企业的财务状况表现得更好。正因为如此,并购企业往往乐于采用权益汇总法。① 权益结合法与购买法的会计处理差异如表9—3所示。

表9—3　　　　　　　　权益结合法与购买法的会计处理差异

项　目	权益结合法	购买法
初始计量	收购方在合并日以其应享有的被收购方账面净资产的份额确定	收购方按照被收购方可辨认净资产的公允价值入账
留存收益的处理	被收购方在合并日前的盈利(即留存收益)作为收购方利润的一部分并入河滨报表,不构成收购方的投资成本	被收购方企业合并前的留存收益作为购买成本的构成部分
商誉的确认	无	购买成本高出被收购方可辨认净资产公允价值的部分确认为商誉
对净资产收益率的影响	净资产收益率较高	净资产收益率较低

2. 购买法与权益汇总法的选择

从目前的会计实务看,权益汇总法的使用受到较为严格的限制,而购买法的应用较为普遍和广泛。采用权益汇总法的内在逻辑认为,参与合并的公司具有连续性,包括资产经营、管理控制等,并认为双方是处于平等地位,未明显地看出并购的任何一方占控制地位,同时权益汇总法是通过交换股权,双方相互转移风险和报酬,任何一方都未发生经济资源的流出。

2001年6月以后,美国财务会计准则委员会(FASB)要求所有的企业合并均应按照购买法。② FASB认为,应该采用购买法的主要原因是:

(1)购买法能更好地反映对于被收购主体的投资。购买法基于交换的价值记录企业合并,提供给信息使用者的是"为收购另一主体而支付的完全购买价格",有利于使用者对该项投资的持续业绩,做出更有意义的评价。

(2)购买法能提高所报告财务信息的可比性。所有企业合并均按单一方法核算,

---

① 特别是当收购方公司意图通过并购摆脱财务困境或者扭亏为盈、避免戴上ST帽子等情况下。
② 美国财务会计准则委员会FASB于2001年6月发布了《财务会计准则公告第141号(SFAS No.141)——企业合并》。此公告中要求所有的企业并购均须采取购买法进行会计记账。

使用者就能够逐个案例地比较参与合并主体的财务成果。无论支付的对价为何种性质，企业合并中获得的资产和承担的负债，均按同样的方式确认和计量。

（3）购买法能提供更为全面的财务信息。购买法明确了确认无形资产（包括商誉）在内的外在标准，增加了披露要求，从而提供给使用者更多的关于企业合并中获得的资产和承担负债的信息。这些信息便于投资者更好地理解收购取得的资源，提高他们评价合并主体未来盈利能力和现金流量的能力。

根据我国《企业会计准则第20号——企业合并》，我国对非同一控制下的企业合并采用购买法，而对同一控制①下的企业合并采用权益汇总法，这与我国现阶段的国情有关。

一方面采用购买法可以确认企业合并中购得的所有无形资产和商誉，向国际会计惯例靠拢；另一方面，由于我国集团企业普遍存在着金字塔控股结构，发生很多在同一企业集团内部、没有转让终极控制权的并购重组，且采用权益汇总法对并购后主体的财务指标更加有利、购买法需要发达的资产流通市场而我国目前尚不完全具备，使得公允价值难以取得等原因，因此权益汇总法仍有实际应用价值。

[案例9-1] 丽珠医药收购海滨制药的两种会计处理结果的差异

健康元公司（沪市代码600380）曾于2015年筹划旗下两家公司的吸收合并。健康元下属有一家控股的上市公司丽珠医药（深市代码000513），控股比例为46%。健康元还有一家全资子公司——深圳海滨制药。筹划的方案是丽珠医药进行重大资产重组，由丽珠医药向健康元定向发行股票，全额收购海滨制药。由于健康元同时控制了丽珠医药、海滨制药，两家企业属于共同控制关系，所以丽珠医药合并海滨制药适用于权益结合法。为演示权益合并法与购买法的差异，我们进行了会计模拟。

表9-4为模拟的并购会计处理结果。

表9-4 丽珠医药收购海滨制药的两张并购会计处理方法比较

项目	权益合并法	购买法
合并后净资产（亿元）	51.9	86.1
合并后商誉（亿元）	0	34.2
合并后净利润（亿元）	8.10	6.23
合并后EPS（元）	2.04	1.57
合并后净资产收益率	15.61%	7.23%

注：1. 购买法属于假设情形，即丽珠医药和海滨制药没有关联关系；2. 假设海滨制药按照20倍市盈率作价（以2015年净利润计）3. 表中数据时间节点为2015年12月31日。

---

① "同一控制"是指参与合并的各方企业在合并行为发生前后受同一方控制并且该控制并非暂时性。

权益结合法下不会产生商誉。即使支付的对价比被合并方的账面资产高,但差额不会作为商誉,因为在权益结合法下面,被合并方的资产不是以公允价值而是以账面价值来入账。采用权益结合法,丽珠医药合并海滨制药之后,它的净资产在2015年12月31日是51.9亿元。如果假设这两家公司没有关联关系,是非同一控制企业,丽珠医药用购买法的形式收购海滨制药,就会有商誉的产生,按购买法下丽珠医药合并后的净资产是86.1亿元,二者差额34.2亿,差额就是商誉。

权益结合法和购买法还有一个关键的区别,就是在权益结合法下,会产生瞬时利润。如果在2015年12月31日合并成功,海滨制药2015年1月1日到12月31日的利润,会被纳入丽珠医药的合并报表。而购买法下,丽珠医药只能把自己2015年1月1日至12月31日的合并利润放进去。在这两种不同的合并会计处理下,净利润差别非常大。模拟计算的情形是:按照权益结合法,丽珠医药2015年全年净利润有8.1亿元。按照购买法,丽珠医药的全年净利润有6.23亿元,中间差1.87亿元就是海滨制药2015年的全年净利润。

资料来源:本案例根据健康元集团副总经理钟山在微信"财道家塾"的分享内容整理,https://m.sohu.com/n/474557620/。

三、并购中的商誉

商誉(goodwill)不是因为并购而产生的,但却是因为并购才确认于会计报表,因此,并购中的商誉一直是会计和金融领域的热门话题。由于在企业并购中,并购商誉的数额越来越大,如何合理计量和处理并购商誉,便成为并购会计实务中无法回避的问题。

(一)商誉的特点

商誉反映了企业发展的良好信誉,构成企业整体价值的一个组成部分,是企业一项重要的无形资产。但它与一般的无形资产(如专利、商标权等)相比,又有一定的区别,主要表现在:

1. 不可确指性。商誉的不可确指性表现在三个方面:

(1)不可区分性。形成企业商誉价值的因素众多,不同因素对商誉价值的影响无法单独区分,商誉是各种因素综合影响的结果,而且不同的因素在不同的行业、同一行业的不同企业的作用方式是不同的。商誉与特定企业相联系,是特定企业在长期生产活动中逐渐积累形成的,无法分开出售、转让。

(2)价值不确定性。有助于形成商誉价值的个别因素并不能用任何方法或公式单独直接计价,商誉价值只有在把企业作为一个整体看待时,才能加以评定。

(3)不稳定性。商誉反映某一企业超过同行业一般企业正常获利的能力,而且这种能力的形成,无法确知其具体的因素,存在的期限也难以可靠估计。所以,商誉价值量难以评估确定,并且在企业的不同发展时期会因各种因素的影响而存在波动性。

2. 多样性。商誉的多样性主要是指其表现形式多种多样。商誉是与企业共存的,每一个企业都有商誉的存在。不过,各企业商誉价值不一定都是正数。当某一个企业有能力获得超越行业平均利润的情形下,这时商誉就表现为正数,即正商誉;反之则为负商誉。若所获得的正好是平均利润水平,则商誉值为零。

3. 风险性。商誉的风险性,是指其价值存在具有很大的不确定性。现实中影响企业收益进而商誉价值的各种主、客观因素是不断变化的。如企业管理者的更替、内部机制的变化、竞争者或潜在竞争者的行动等,都会对企业的商誉价值产生影响。

(二)并购商誉的形成和计量

商誉可以是由企业自己建立的,即企业内在商誉,也称为非购买商誉。与之相对应的是并购商誉也即购买商誉,它需通过企业兼并、收购等产权交易才表现出来的,反映的是企业内在商誉的市场化、交易性价值,只有并购商誉才能作为商誉进入会计报表。

有关商誉的会计处理还涉及负商誉。负商誉是正商誉的对称,在收购交易中,当取得被收购公司净资产的公允价值超过收购价格时,就出现负商誉。从表面看,负商誉的出现表明收购公司是便宜地购买了一家公司。这可能由于多种原因导致的。如相对收购方来说,卖方处于讨价还价的弱势;对收购方来说,所收购的资产对它也许具有特殊的价值,但这种价值未反映到收购价格中来;也许目标公司预期的经营成果不好,这意味着企业整体价值会少于按分项资产表示的企业价值。一般来说,并购中出现负商誉的情形较少。

在具体确认并购商誉时,因并购方式不同而有所区别:

1. 吸收合并下的商誉确认。在吸收合并方式下,当合并方企业支付的现金或发行股票等公允价值超过被合并企业可辨认净资产的公允价值时,超过的部分即确认为从被合并企业取得的购买商誉。

2. 新设合并下的商誉确认。在新设合并的方式下,由各企业账面记录的历史成本,已经随着这些企业的解散而消失了。新企业应以合并交易日发生的原始成本,即合并交易发生日各企业净资产的公允价值为新的会计计价基础。在确定新企业中各股东的股权比例时,除依据各自的可辨认净资产外,还要考虑到各自原有的商誉以及可为新企业接受的部分,使股权比例所对应的净资产包括投资入股的商誉。

3. 控股合并的商誉确认。在控股合并方式下,商誉的确认方法由于收购所采用的会计处理方法不同而不同:在采用购买法下,将收购成本超过所取得净资产公允价值的部分确认为商誉;而采用权益汇总法,由于仍按账面价值记录,故不用确认商誉。

(三)并购商誉的会计处理

企业在发生并购时,可能会确认并购商誉,但并购商誉如何入账、入账后如何进行会计处理,目前仍存在争议。归纳起来,主要有以下三类。

1. 分期摊销法

这种方法是把商誉单独确认为一项资产,在其预计的有效年限内加以分期摊销的方法。1993 年修订的《国际会计准则第 22 号——企业合并》(IAS22)认为,购买企业时发生的商誉所代表的是并购企业为了在以后若干年度取得未来经济利益而发生的支出,虽然它在形态上不同于其他资产,但本质上并无区别,符合资产确认的标准,因此将其确认为一项资产。该标准还规定,采用直线法或其他方法对商誉摊销时,采用一个超过 5 年但不超过 20 年的期限显得更为恰当,最长在 20 年的期限内摊销商誉。这种摊销体现了商誉资产的成本同商誉的预期未来经济利益之间的合理配比。美国对企业并购中出现的商誉也采用这种处理方法,而且要求在不超过 40 年的期限内摊销。我国财政部于 1998 年颁布的《股份有限公司会计制度》中要求,企业按不超过 10 年的期限平均摊销商誉。在 2007 年开始执行至今的《企业会计准则第 20 号——企业合并》和《第 8 号——资产减值》中,均规定企业合并形成的商誉资产,在每年会计年度终了进行减值测试,而不再进行折旧摊销。

商誉减值的会计处理如下:

借:资产减值损失
　　贷:商誉减值准备

资产减值损失将冲抵企业的会计利润。根据我国证监会的相关规定,上市公司因并购重组产生的商誉的减值与企业的其他长期资产如固定资产、无形资产等的减值性质相同,属于企业日常经营活动产生,应作为企业的经常性损益。商誉减值不属于会计利润上的"非经常性损益",因此商誉减值既影响实际利润,也影响"扣除非经常性损益后的净利润"。而且,商誉的减值一旦发生后续不得转回。

2. 立即注销法

立即注销法是在合并时把商誉直接减少所有者权益而注销的方法。这种方法认为,商誉价值具有较大的不确定性且不能单独存在,应谨慎对待合并后商誉的价值及其效用的存在和发挥;同时该方法认为,购买商誉是与产权交易结合在一起进行的,是资本交易所引起的价值差额,代表并购企业的资本损失。因此,应把商誉列为并购过程中支付的一项费用而直接冲减资本公积或其他准备。

不过立即注销法忽视了商誉的经济本质是能带来未来超额收益,在收购期内一次性记作费用,过度运用了稳健原则。

3. 永久保留法

永久保留法是把商誉作为一项资产，永久挂账而不予摊销或进行减值准备。这种方法认为，商誉是同企业整体不可分离的，它同企业相伴随，不仅不会在并购后的持续经营过程中被消耗，相反，未来的经营活动对购买商誉的价值有着不断维持甚至增加的作用，因此购买商誉的价值不会下降，不必摊销或者进行减值测试。

从各国情况来看，第一种方法应用较多，第二种方法主要是在英国使用，国际会计准则委员会在建议性准则中要求商誉在最长不超过20年的期限内摊销，美国、日本都采用第一种方法。

另外，对企业并购中，由于收购方出价小于目标企业股权公允价值的，可能由此形成"负商誉"的问题，在我国《企业会计准则第20号——企业合并》中规定，对于在"非同一控制下的企业合并"采取购买法时，当收购方的合并成本小于被购买方可辨认净资产公允价值的差额，即"负商誉"直接计入当期损益。

专栏9—2　我国上市公司的并购商誉以及商誉减值规模上升

伴随2013～2016年的并购数量和金额的增长，我国上市公司的商誉规模迅速积累。由于在会计准则中规定，非同一控制下企业合并中主并方应将并购对价大于可辨净资产公允价值的差额确认为商誉。2007年后我国上市公司的财务报表中开始单独列报商誉。截至2018年上半年，沪深两市上市公司整体商誉金额已达12 747.23亿元。2013～2018年整体商誉金额年均增速达51.27%。商誉占净资产比重从2012年底的1.18%猛增至2018年6月底的5.65%。具体如图9—4所示。

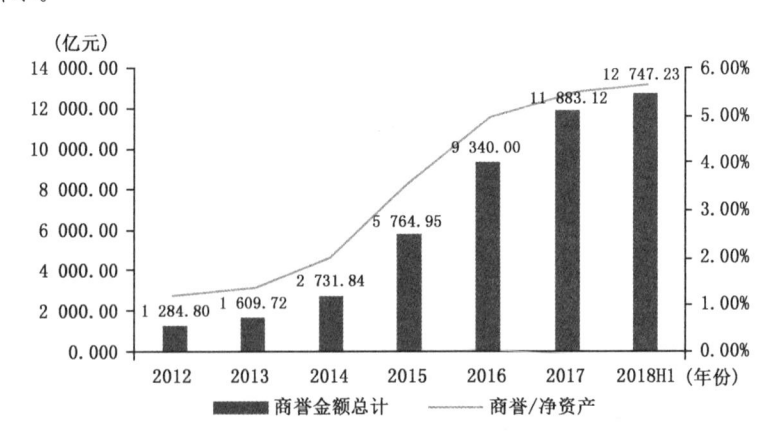

图9—4　沪深上市公司的商誉金额与规模占比（2012～2018一季度）

在会计准则上,商誉在后续计量中采用减值测试法。商誉减值准备一经确认,将直接抵减利润。因此将大大影响上市公司的当期业绩。从图9—5中不难看出,2014~2017年计提商誉减值损失的规模迅速增加,并且减值金额的算术平均值增长远快于中位数,这表明计提大额商誉减值的上市公司数量在增长。由于并购规模迅速增长,由此导致的商誉金额及其减值波动,将对上市公司的财务业绩造成较大影响,需要企业管理层和投资者对并购对价(包括业绩补偿等)进行谨慎处理。

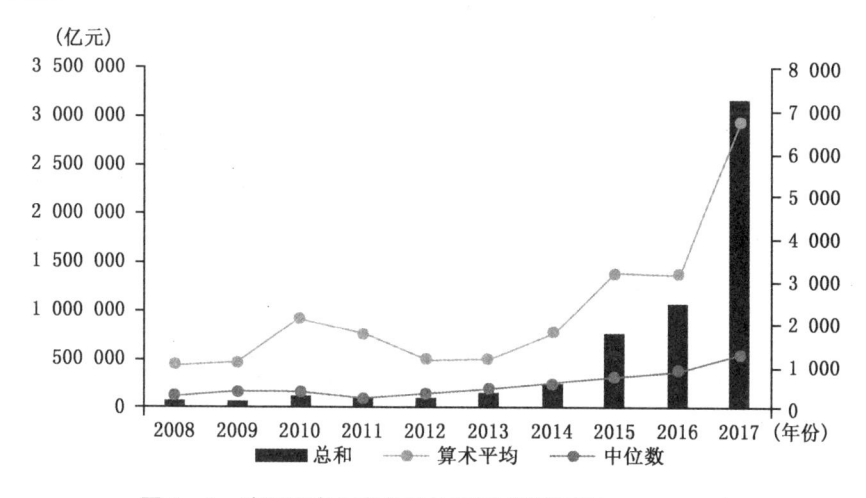

图9—5 沪深两市上市公司的商誉减值数据(2008~2017)

第二节 并购中的税负问题

一、并购交易中涉及的税收利益

并购活动中的纳税协同效应主要发生在所得税和资本利得税中,一些与之相关的税收利益可能来源于以下几个方面。

1. 税收优惠的承继

通过并购,目标企业原来享受的一些税收优惠政策可能会转移到主并企业中去,如未使用完或无法使用的净经营损失以及税收抵免等的结转。企业的净经营损失结转,是指允许一个企业的经营损失冲抵企业以前年度或以后年度的应纳税所得额。冲减企业以前年度的应纳税所得额,称为"后转",需要税务机关将以前年度企业缴纳的所得税退还给企业;冲抵以后年度的应纳税所得额则称为"前转"。大多数国家的税法中都有关于企业亏损结转的规定,但涉及并购活动中的结转只能是向前结转。这样,一个具有大量净经营损失累积的企业,就可能会因避税目的成为一个具有大量盈利企业的兼并目标。通过兼并,利用目标企业可用的亏损结转以规避部分所得税。

税收抵免的情况与上面相似。一般的税收抵免包括投资抵免和外国税收抵免。投资抵免是指允许企业用于固定资产的投资支出按一定比例冲抵企业的应纳税额。而外国税收抵免是指允许本国居民企业在国外缴纳的同类税收冲抵本国的应纳税额,这是为了减除企业在跨国经营活动中所产生的国际重复征税所使用的一项规范方法。现行各国的外国税收抵免通常采用限额抵免,但规定未使用完的抵免限额可以结转使用。这样,一些企业可能拥有自身无法使用的投资抵免或外国税收抵免额,合理地进行筹划对这些企业的兼并,就可以使这些税收抵免的价值得以利用。

不过在一般情况下,并购企业要继承税收优惠,必须满足"利益延续性"的条件要求,具体表现在:(1)投资者的延续性,通过公开发行股票来收购目标企业的股票,这时目标企业的股东在并购后的企业中同样拥有所有权。(2)公司的延续性,即并购完成后,目标公司的经营继续下去。当利益的延续性得到满足后,并购后的企业就可以合法避税,目标企业的纳税属性得以延续。

2. 可折旧资产的市场价值高于账面价值产生折旧避税

目标企业资产价值的改变是促使企业发生并购活动的一个强有力动机。资产折旧的提取可以作为税前扣除而减少企业利润,以此减少企业的纳税义务。按会计惯例,折旧的提取以资产的历史成本为依据,但如果资产当前的市场价值大大超过其历史成本,则通过并购交易将资产进行重新估值,在新的资产基础上计提折旧,就可产生出更大的税收节省额。收购方企业作为新的所有者,可享受到增加的税款节省利益,而目标企业的原所有者,通过并购企业所支付的并购价格可以获得资产溢价的收益。

3. 为并购进行融资产生利息节税效应

这种情况主要发生在杠杆收购(LBO)中。在杠杆收购中,购买价格主要是通过债务融资来支付,债务融资通常可以达到购买价格的50%或更多。而债务由被并购企业的资产来保证,一般通过经营产生的现金或出售目标企业的资产来偿还。在税收规定中,一般利息支出在税前扣除,所以利息也可以带来税款节省的利益。高的杠杆率会带来大量的税款节省利益。

由于利息支付会减少企业的纳税额,减少政府的税收收入,各国政府一般都采取了一定的限制性措施,主要是规定债务对权益资本的比例,超过比例的利息支出将被视为派送股息而征收预提所得税。即便如此,在持续通货膨胀的情况下,通过债务融资也会带来纳税的减少。因为一般债务利息的支付并不随通货膨胀调整,所以,物价上涨的同时,实际债务负担下降,企业可通过进一步增加财务杠杆来享受更多的利息所产生的税收利益。

4. 将现金收益转为资本利得

一个内部投资机会较少的成熟企业,收购一家成长型企业,从而用资本利得税来代替一般收入所得税。成长型企业没有或只有少量的股利支出,同时需要持续的资本性和流动资金支出。收购企业可以为目标企业提供必要的资金,否则这些资金就必须作为应税的股利支出。在未来收购企业将目标企业股权卖出时,实现资本利得,而未来的资本利得税支出小于当前的股利税收。

由于资本利得税率小于现金收益(工薪、股息等)所得税率,因此出于减税动机的并购具有了产生的基础。

二、并购交易方式的税收特点和选择

根据我国财政部、国家税务总局在 2009 年颁布的《关于企业重组业务企业所得税处理若干问题的通知》[①](以下简称《通知》)的规定,对所有的企业并购等重组行为的税收处理做出了具体规定。

在该规定中,企业重组是指企业在日常经营活动以外发生的法律结构或经济结构重大改变的交易,包括企业法律形式改变、债务重组、股权收购、资产收购、合并、分立等六种类型。同时按照重组的支付对价,可以分为股权支付和非股权支付两种。

企业重组的税务处理,按照不同条件分为适用一般性税务处理规定和特殊性税务处理规定两种。本书以股权收购、资产收购和企业合并三种企业重组为例,介绍两种主要的税务处理办法。

(一)一般性税务处理办法

对于企业股权收购、资产收购重组交易,应按以下规定处理:(1)被收购方应确认股权、资产转让所得或损失。(2)收购方取得股权或资产的计税基础应以公允价值为基础确定。(3)被收购企业的相关所得税事项原则上保持不变。

对于企业合并,按下列规定处理:(1)合并企业应按公允价值确定接受被合并企业各项资产和负债的计税基础。(2)被合并企业及其股东都应按清算进行所得税处理。(3)被合并企业的亏损不得在合并企业结转弥补。

1. 收购企业的税务处理

---

① 财政部、国家税务总局:《关于企业重组业务企业所得税处理若干问题的通知》(财税〔2009〕59 号)为目前我国企业并购重组领域税收的主要规定。

(1)支付对价涉及的所得税处理

当收购企业支付的对价包括固定资产、无形资产等非货币资产时,虽然《通知》未明确规定应确认所涉及非货币资产的转让所得或损失,但由于资产的所有权属发生了变化,因此收购企业以固定资产、无形资产等非货币资产进行支付的,应按税法规定确认资产的转让所得或损失。

(2)取得被收购企业股权计税基础的确定

由于收购企业支付的对价无论是股权支付还是非股权支付均是按公允价值支付的,依据《通知》的规定,收购企业应按公允价值确定被收购企业股权的计税基础。

2. 被收购企业股东的税务处理

(1)放弃被收购企业股权涉及的所得税处理

在股权收购过程中,被收购企业股东放弃被收购企业股权而取得收购企业支付的股权和非股权,依据《通知》的规定,被收购企业股东应确认股权转让所得或损失。

(2)取得股权支付和非股权支付计税基础的处理

由于被收购企业股东确认了放弃股权的转让所得或损失,因此,对其取得的股权支付和非股权支付均应按公允价值确定计税基础。

[例题9—1]

设A单位持有甲企业100%的股权,计税基础是200万元,公允价值为500万元。乙企业收购A单位的全部股权,支付的非股权支付金额为500万元。对股权转让所得应如何进行涉税分析?

[分析]

由于本案例中的股权转让没有涉及股权支付,只涉及非股权支付,则根据《通知》规定,企业股权收购、资产收购重组交易,相关交易应按以下规定处理:被收购方应确认股权、资产转让所得或损失;收购方取得股权或资产的计税基础应以公允价值为基础确定;被收购企业的相关所得税事项原则上保持不变,即应进行一般性税务处理。

因此,A单位的股东股权转让增值额就是300万元,需要缴纳企业所得税75万元(按企业所得税率25%计算)。乙企业收购甲企业股权的计税基础就是500万元。

(二)特殊性税务处理办法

在《通知》中规定,企业重组(包括收购股权和收购资产等)同时符合下列条件的,适用特殊性税务处理规定:

1. 具有合理的商业目的,且不以减少、免除或者推迟缴纳税款为主要目的。

2. 被收购、合并或分立部分的资产或股权比例符合本通知规定的比例。

3. 企业重组后的连续12个月内不改变重组资产原来的实质性经营活动。

4. 重组交易对价中涉及股权支付金额符合本通知规定比例①。

5. 企业重组中取得股权支付的原主要股东,在重组后连续12个月内,不得转让所取得的股权。

特殊性税务处理规定如下:

1. 被收购企业的股东取得收购企业股权的计税基础,以被收购股权的原有计税基础确定。

2. 收购企业取得被收购企业股权的计税基础,以被收购股权的原有计税基础确定。

3. 收购企业、被收购企业原有各项资产和负债的计税基础和其他相关所得税事项保持不变。

按照特殊性税务处理办法,主要分析收购方和被收购方的税务处理如下:

1. 收购企业涉及的税务处理

收购企业支付非股权对价涉及的所得税问题,同前面所述一般性处理规定。即根据《通知》的规定无论是一般性处理还是特殊性处理,凡收购企业支付对价涉及非股权等其他非货币性资产的,均应按税法规定确认其转让所得或损失。即对股权收购方而言,非股权支付对应的资产转让所得应该直接按照其公允价值扣除计税基础计算。

2. 被收购企业股东涉及的所得税处理

(1) 放弃被收购企业股权是否确认股权转让所得或损失

为支持企业进行重组,缓解纳税人在资金上的纳税困难,依据《通知》的规定,符合特殊处理条件的股权收购业务,被收购企业股东可暂不确认股权转让所得或损失。这里应注意,如果被收购企业股东除取得收购企业的股权外,还取得收购企业支付的非股权支付,被收购企业股东应确认非股权支付对应的股权转让所得或损失。公式如下:

非股权支付对应的资产转让所得或损失=(被转让资产的公允价值-被转让资产的计税基础)×(非股权支付金额÷被转让资产的公允价值)

[例题9—6]

甲公司以本企业20%的股权(公允价值为5 700万元)和300万元现金作为支付对价,收购乙公司持有的丙公司80%的股权(计税基础1 000万元,公允价值6 000万元)。由于甲公司收购丙公司股权的比例大于75%,股权支付占交易总额比例:5 700÷6 000=95%,大于85%,假定同时符合特殊处理的其他条件。虽然依据《通知》文件规定,乙公司可暂不确认转让丙公司股权的全部转让所得,但应确认取得非股权支付

---

① 即对目标企业的股权收购比例不低于75%,收购支付对价中的股份支付比例不低于总对价的85%。

额 300 万元现金对应的股权转让所得,即应确认股权转让所得:$(6\,000-1\,000)\times(300\div 6\,000)=250$(万元)。

(2)取得股权支付和非股权支付计税基础的确定。

根据《通知》的规定,被收购企业的股东取得收购企业股权的计税基础,以被收购股权的原有计税基础确定;收购企业取得被收购企业股权的计税基础,以被收购股权的原有计税基础确定;收购企业、被收购企业的原有各项资产和负债的计税基础和其他相关所得税事项保持不变。

[例题9-7]

A 单位持有甲企业 100% 的股权,计税基础是 200 万元,公允价为 500 万元。乙企业收购 A 单位持有甲单位的全部股权(转让股权超过了 75%),价款为 500 万元。以乙企业股权为 500 万元支付给 A 单位,股权支付比例达 100%(超过了 85%)。那么,股权增值的 300 万元可以暂时不纳税。因为不纳税,所以 A 单位取得乙企业新股的计税基础仍是原计税基础 200 万元,不是 500 万元。乙企业取得甲企业股权的计税基础,以被收购企业甲企业的原有计税基础 200 万元确定。

虽然《通知》文件规定,符合特殊处理条件的股权收购业务,在涉及非股权支付的情况下,应确认非股权支付对应的资产所得或损失,并调整相应资产的计税基础,但未明确应如何调整相应资产的计税基础。按照所得税对等理论,被收购企业股东应以被收购企业股权的原计税基础加上非股权支付额对应的股权转让所得,作为计税基础。其中,非股权支付额的计税基础应为公允价值。所以取得收购企业股权的计税基础应为被收购企业股权的原计税基础加上非股权支付额对应的股权转让所得减去非股权支付的公允价值。

仍以[例题9-2]说明:乙公司取得现金资产的计税基础应为 300 万元,取得甲公司股权的计税基础应为 $1\,000+250-300=950$(万元)。未来乙公司转让甲公司股权时允许扣除的计税基础为 950 万元,而不是初得时的公允价值 5 700 万元。可见,《通知》文件对股权收购特殊处理的规定,并不是让被收购企业的股东真正享受所得税的免税待遇,而是为支持企业并购重组,允许其递延缴纳企业所得税而已。

[案例9-2] **股权收购税收处理的案例分析**

2008 年 9 月,某上市公司 A 发布重大重组预案公告称,公司将通过定向增发,向该公司的实际控制人中国海外控股公司 B 公司(该 B 公司注册地在英属维尔京群岛)发行 36 809 万股 A 股股票,收购 B 公司持有的水泥有限公司 C 的 50% 股权,增发价 7.61 元/股。收购完成后,C 公司将成为 A 公司的控股子公司。C 公司成立时的注册资本为 856 839 300 元,其中建工建材总公司 D 公司的出资金额为 214 242 370 元,出资比例为 25%,B 公司的出资金额为 642 596 930 元,出资比例为 75%。根据法律法规,B公司本次认购的股票自发行结束之日起36个月内不上市交易或转让。

[分析]

1. 业务的性质

此项股权收购完成后,A公司将达到控制C公司的目的,因此,符合《通知》规定中的股权收购的定义。

2. 企业所得税政策的适用

尽管符合控股合并的条件,尽管所支付的对价均为上市公司的股权,但由于A公司只收购了水泥有限公司C公司的50%股权,没有达到75%的要求,因此应当适用一般性处理:

(1)被收购企业的股东:B公司,应确认股权转让所得。

股权转让所得＝取得对价的公允价值－原计税基础＝7.61×368 090 000－856 839 300×50%＝2 372 745 250(元)

由于B公司的注册地在英属维尔京群岛,属于非居民企业,因此其股权转让应纳的所得税为:2 372 745 250×10%＝237 274 525(元)。

(2)收购方:A公司取得(对C公司)股权的计税基础应以公允价值为基础确定,即2 801 164 900元(7.61×368 090 000)。

(3)被收购企业:C公司的相关所得税事项保持不变。

如果其他条件不变,B公司将转让的股权份额提高到75%,也就转让其持有的全部C公司的股权,那么由于此项交易同时符合《通知》规定的五个条件,因此可以选择特殊性税务处理:

(1)被收购企业的股东:B公司,暂不确认股权转让所得。

(2)收购方:A公司取得(对C公司)股权的计税基础应以被收购股权的原有计税基础确定,即642 629 475元(856 839 300×75%)。

(3)被收购企业:C公司的相关所得税事项保持不变。

可见,如果B公司采用后一种方式,转让C公司75%的股权,则可以在当期避免2.37亿元的所得税支出。

本章小结

本章介绍了企业并购中的会计处理和税负问题。并购中的会计处理的内容主要包括:企业并购后的会计主体变更、不同并购方式所采用的相应处理方法、并购商誉及其处理、并购后报表编制等问题。其中重点是会计处理中的两种基本方法——购买法和权益汇总法。本章讨论了两种方法在企业并购中的账务处理与应用,以及涉及的并购商誉的概念与计量等。

关于企业并购中的税负问题,本章介绍了并购中收购方和被收购方涉及的税收利益、采取股权支付和非股权支付等两种不同交易方式下的税收特点、当前我国有关企业并购的一般性和特殊性的两种税收处理方法。

基本概念

会计主体变更　　　　　　持续经营　　　　　　　　购买法
权益汇总法　　　　　　　可辨认净资产　　　　　　公允价值
并购商誉　　　　　　　　负商誉　　　　　　　　　一般性税务处理
特殊性税务处理

复习题

1. 购买法和权益汇总法的区别是什么?分别在何种情形下进行适用?
2. 为何不同会计方法(购买法和权益汇总法)的选择,会影响企业并购的后续经营结果?
3. 目前世界各国对于并购商誉的计量和会计处理有哪些主要方法?你认为哪种计量方法更合理,为什么?
4. 并购中税收利益的来源包括哪些方面?如何才能合理利用并购的税收利益?

实践性问题

1. 随着资本市场并购规模的不断扩大,我国A股市场上的并购商誉从2012年不足2 000亿元的水平,到2014年底接近4 000亿元,之后一路上升至2018年年底超过10 000亿元。其中传媒、医药生物、计算机、汽车等行业的商誉规模较高,占A股商誉值的比例接近40%。在2018年年报预告中就有295家上市公司直接声明存在商誉减值风险。商誉俨然成为A股市场上最大的"堰塞湖"。结合本章专栏9-2内容,讨论:

(1)我国并购商誉的产生和迅速上升的原因是什么?
(2)如何防范并购商誉"堰塞湖"崩塌的风险?

2. 2012年脸谱公司(Facebook)对价10亿美元收购无商业模式、无收入的即时电报公司(Instagram)的时候,业界一直不看好,"10亿美元买那个破坏你照片的玩意?"六年过去了,即时电报公司的收入占母公司广告收入28%,预计2020年达到40%。2006年谷歌(Google)耗资16.5亿美元收购优兔网(You Tube),之后4G的到来说明谷歌用很小的代价买到"视频版Google"。

你怎么理解新时代互联网行业中,并购的商誉价值?

第十章 并购的信息披露与监管

第一节 并购的信息披露制度

一、信息披露制度的主要内容

并购中的信息披露制度主要是针对上市公司并购,是指在上市公司并购过程中,并购当事人依法将与并购有关的信息及时、准确、真实地予以公开的法律制度。信息披露的根本目的在于建立一个及时、准确、真实的有法律保障的信息系统,使投资者在相对公开、公平的条件下了解收购的各方面情况,以确保进行正确的投资决策。

在上市公司并购过程中,因信息不对称而产生的内幕交易和市场操纵行为一直是各国证券市场监管的重点。并购的信息披露制度有利于保证收购过程中的信息对称性,保证市场公平竞争。因此信息披露历来被认为是防止和打击内幕交易、操纵市场的最有效措施,所谓"阳光是最好的消毒剂"。现今世界各国毫无例外,将信息披露制度作为并购立法的重心和进行并购监管的主要方式。

并购信息披露制度一般由持股披露制度、要约收购制度和目标公司董事会对收购所持意见公布制度等三部分组成。

(一)持股披露制度

持股披露制度的主要内容,是持股人直接或间接持有一个上市公司发行在外的股份达到一定比例以及达到该比例后的每增加或减少一定幅度,应依法予以披露。其核心是通过信息公开来避免当公司的控制权发生了变更或者处于争夺之中,而其他中小股东却处于不知情或者事后方才知情的情况。因此,大股东的持股信息披露制度,可以保护中小股东利益,让中小股东可以及时根据公司控制权争夺的情况做出自己的投资决定,并且使公司并购在尽可能公平的秩序下进行。

(二)要约收购制度

要约收购制度是指持股人持有一个上市公司发行在外的股份达到一定比例时,若继续进行收购,必须依法向该公司所有股东以特定价格和方式公开发出收购要约的制度。要约收购应以公开原则为基础。因收购要约是对不特定人发出的,为了使目标公司股东得到必要的情报而做出投资判断,要约人应就其要约条件、资金来源、收购价格、收购目的等予以公开披露,这体现了公开原则,可以保障股东权益。不过各国证券法都规定在特定条件下,免除某些投资主体的强制要约收购义务的条款,这也即要约收购的豁免制度。[①]

(三)目标公司董事会的信息披露

在上市公司并购中,虽然并购实际上是收购方与目标公司股东之间的股份交易,与目标公司的董事无关,但由于并购会导致目标公司控制权的转移,目标公司的董事/管理层很可能为了维护自己的利益而采取各种措施来促成或挫败并购,这直接影响股东的合法权益。同时,目标公司董事会的态度,往往会成为要约收购中中小股东是否接受要约的重要参考。

因此,一般并购的信息披露制度要求目标公司董事会应公开对并购所持的意见和理由,这既是对董事会/管理层成员的一种强有力监督方式,也是目标公司董事会代表公司与股东利益、忠实于公司与股东的职责的内在要求。

二、外国及我国香港地区的法律规定

外国及我国香港地区的法律,主要是对要约收购中收购方的强制性信息披露做出了明确规定。例如美国的《威廉姆斯法案》是法律强制性规则的典范,英国的《伦敦城收购与兼并准则》和中国香港证券及期货事务监管委员会颁布的《公司收购、合并及股份购回守则》是市场自律性规则的典范,这些法律规定对规范市场运作发挥了重要作用。

(一)美国关于公司并购信息披露制度的规定

1968年通过的《威廉姆斯法案》是美国有关上市公司收购信息披露制度的最早规定,之后将其补充进了美国《证券交易法》的13D及14D条款。《威廉姆斯法案》对通过证券交易所的逐步收购(creeping acquisition)、通告发出收购要约的一次性收购(take over)等,做了详细的规定,其目的不是对一项公开收购要约的价值做出判断,也不试图对有关的公司收购活动进行鼓励或限制,而是对要约收购保持一种中立的态度,力图贯彻信息公开和公平对待各方当事人的原则,为目标公司股东做出明智的投资决策创造一个良好的环境。

1. 持股披露制度

[①] 关于要约收购,可以参考本书第六章第二节内容。

《威廉姆斯法案》13D 条款要求,任何人在获得按本法第 12 条登记的或某些其他发行者如公众公司发行的某一级股份证券超过 5% 的收益所有权后,必须在 10 日内向美国证券交易委员会、证券交易所和公司备案。美国证监会为该备案制定了 13D 表格,表格的内容包括:(1)收购者的背景。(2)在收购中使用的资金数量和来源。(3)溢价收购的条件。(4)购买的目的。如果购买的目的是为了控制公司,还应包括针对目标公司的未来计划。(5)收购所有权股份数量和任何合伙人的详细情况。(6)与任何人在目标公司证券方面的任何合同、协约或非正式协议的详细情况。法案还规定购买了其他公司 5% 以上股票的任何人或公司也必须在 10 天内提交相同材料。在做了 13D 备案后,该收购人买入或卖出每 1% 以上该种股票或其持股意图有改变,都要及时(一般为 1 天内)向上述机构补充备案。

(1)收购要约。《威廉姆斯法案》中规定的要约收购要求,是指一个投资者向多个人发出收购股票的邀请并且收购价格比市场价格高,因此构成了要约收购。该投资者必须填报 14D-1 表格交美国证券交易委员会备案,并通知证交所和该上市公司。但是,《威廉姆斯法案》中没有强制股东发出收购要约的规定,即使股东所拥有的股份已达到公告临界点,也并不必然发生强制要约,他们可以选择 13G 表格,①表明自己并没有收购意图。

(2)要约期限。《威廉姆斯法案》要求要约的期限不得少于 20 个工作日。即使收购要约期限届满,只要要约人没有实际购买该股票,受要约人有权在要约开始后的 60 天内撤回其承诺。如果收购要约期间要约的主要条件发生变化,要约期限必须延长 10 个工作日以上。

(3)要约内容。14D-1 表格中必须公开下列信息:收购者的身份、背景、融资来源、收购目的、对目标公司的未来计划和建议。该表格必须在收购宣布前送达目标公司和目标公司股东。为了使来自收购方的信息更全面,要求任何向股东征询和发布与收购有关的劝告的其他人(包括目标公司董事会),填写表 14D-9,说明其与收购者的关系,并公开某些利益冲突的信息。

2. 目标公司董事会的信息披露制度

《威廉姆斯法案》14D-9 中的表格,规定了目标公司董事会所出具意见书的内容,

---

① 美国证券法规定,一些本来需要呈报 13D 表格的投资机构也可以运用 13G 的简短表格。美国《证券交易法》第 13D-1(b)规定,一个合格的投资机构为在正常经营范围内获取股份而不改变公司控制权的目的时,可以应用简易的 13G 表格进行披露。持股人只要在年底时将要拥有高于 5% 的股权,就必须在该营业年年底前的 45 天内以 13G 表格形式向证券交易委员会备案,如果持股人的直接或间接股权在第一个月底将超过 10%,该股东必须在该月底前的 10 天内登记额外的 13G 表格,此后,如果在其他月底时持股人的股权将浮动 5% 以上时,也必须在该月底前登记新的 13G 表格。因此,持股人可以根据自己是否有进一步收购的目的而选择填写哪一种表格,市场也比较容易通过表格区分持股人的意图。

主要包括:董事会向公司股东提出的接受或拒绝收购要约的建议,及其做出建议的理由;董事会与收购人之间是否就该次收购或行使目标公司表决权事项,达成任何和议或谅解;持有目标公司股份的董事就该次收购是否计划出售其所持股份;董事会正在或拟采取的措施;等等。

另外,《威廉姆斯法案》还规定在收购的信息公开中,下列行为是违法的:对重要事实做任何不实陈述;在公开信息中省略那些为了不引起人们误解而必须公开的事实;以及在公司收购中的任何欺诈、使人误解的行为和任何操纵行为。

(二)英国的相关法律规定

英国《伦敦城收购与兼并准则》规定:"股东必须给予充分的信息和建议,以使他们能够做出信息充分的决定……任何相关的信息都不应对股东隐瞒。"

1. 持股披露制度

英国《公司法》规定,任何人持有一个公司有投票权的股份超过30%时,必须在2个营业日内通知该股份的发行公司。英国1980年制定的《大宗股份买卖规则》规定,任何人以任何形式持有一个公司有投票权股份达到15%时,必须在下一个营业日向该公司公开;在购买的股份超过15%未达到30%时,禁止在任何一个7天内购买的股份超过10%。

2. 要约收购制度

英国《伦敦城收购与兼并准则》规定,任何人持有一个公司有投票权的股份超过30%时,即应承担强制要约收购义务。该准则第31条规定,要约有效期限最短为21天,最长不得超过60天。为了防止投资者在持股达到这一比例之前就趁人不备偷偷买进,法则规定:一个投资者欲7天之内购买某种股票达到该种股票总额的15%以上,或者在购买之前就已达15%,则他在这7天之内的股票购买就必须通过向其余股东发出收购要约进行。

(三)我国香港地区的有关规定

我国香港地区的《公司收购、合并及股份购回守则》(以下简称《守则》)一般原则第5条规定:"股东应当获得充足资料、意见及时间,让他们对要约做出有根据的决定。任何有关资料不应加以隐瞒。拟备有关收购及合并的文件及广告时应该极度审慎、尽职及准确。"第6条规定:"所有与收购及合并事宜有关的人应该迅速披露一切有关资料,并采取所有预防措施,防止制造或维持虚假市场。涉及要约的当事人必须避免做出可能误导股东或市场的声明。"第8条规定:"董事应为全体股东的利益着想,而不应追求本身利益或私人及家族关系带来的利益。"

1. 持股披露制度

股东持有一家公司10%或以上但少于35%的投票权,或其持有的股份由10%或以上减至10%以下,该股东必须在取得或处置日期的下一个交易日前,向该公司披露该项取得或处置事宜及其总持有量。

2. 要约收购制度

(1)强制要约。《守则》中规定,任何一个或以上的人取得或共同持有一家公司35%或以上的投票权时;或任何一个或以上持有一家公司不少于35%但不多于50%投票权的人,额外取得的投票权增加超过5%时,必须对该公司的全体股东做出要约。

(2)要约期限。要约在寄发日后必须维持最少21天可供接纳,如要约条件有修改,则其后该项要约维持可供接纳的期间不应少于14天。

(3)要约内容。《守则》规定必须对"要约或可能的要约"以及做出要约的确实意图发出公布,该份公布必须包括:①要约的条款;②最终要约人或最终持有控制权的股东的身份;③任何在当时持有受要约公司的投票权的详情;④要约或寄发要约所须遵守的所有条件;⑤与要约人或受要约公司的股份有关而可能对要约具有重大影响的任何安排详情。

(4)相关信息的披露。《守则》要求与收购或合并交易有关的所有当事人及其顾问,以及任何与他们任何一人一致行动的人在要约期内进行交易时,必须对本身的户口、全权代客投资户口以及重大交易安排等加以披露。如果在要约期内对任何一类有关证券拥有或控制5%或以上,也应予以披露。

3. 目标公司董事会的信息披露制度

董事局应为股东的利益着想,聘请独立的财务顾问,就该项要约是否公平及合理一事,向董事局提供书面意见。该等书面意见包括有关理由,应连同受要约公司的董事局就是否接纳该项要约而做出的建议,一并纳入受要约公司董事局的通告内,公开予股东知悉。受要约公司应于要约文件寄发后14天内,向股东发出一份文件,其中必须包括董事局对该项要约的意见、独立财务顾问提供的书面意见包括有关理由和资料。

三、我国法律的规定

中国证监会于2002年9月28日发布了《上市公司收购管理办法(以下简称《收购管理办法》),并在2008年、2014年对有关条款做了修订。为配合收购管理办法,证监会在信息披露方面颁布了配套法规,即公开发行证券的公司信息披露内容与格式准则第15号《权益变动报告书》、第16号《上市公司收购报告书》、第17号《要约收购报告书》、第18号《被收购公司董事会报告书》和第19号《豁免要约收购申请文件》等。

目前我国的《收购管理办法》及其关于信息披露的配套文件,针对我国以往上市公司收购中在信息披露方面存在的问题,对上市公司收购中信息披露主体、披露时机与内容等,进行了明确规定,同时还明晰了信息披露主体的法律责任,体现了监管者通过加大信息披露力度来规范收购市场的监管思想,在《证券法》的立法基础上,进一步完善了我国上市公司收购中的信息披露制度。

(一)持股信息披露制度

《收购管理办法》规定,投资者持有、控制一个上市公司已发行的股份达到5%,以及持股变动每达到5%时(增加或减少),应在该事实发生之日起3个工作日内提交权益变动报告书,同时在配套的信息披露规则中对权益变动报告书应载明的事项做了详细规定。

目前,持股信息披露制度分为简式和详式两种。与简式权益变动报告书相比,详式报告书主要增加了如下内容:

(1)投资者的控股股东、实际控制人及其股权控制关系结构图;(2)投资者取得相关股份的价格、所需资金额、资金来源;(3)投资者和目标公司是否存在同业竞争或者潜在的同业竞争,是否存在持续关联交易;(4)未来12个月内对目标上市公司资产、业务、人员、组织结构、公司章程等进行调整的后续计划;(5)前24个月内投资者与上市公司之间的重大交易。[①]

(二)要约收购制度

《收购管理办法》的第三章为要约收购规则,对要约收购的有关内容进行了明确约定,特别是提出了要约收购报告书应载明的事项,与《证券法》一起构成了完善的要约收购信息披露制度。

1. 强制要约。《收购管理办法》规定:通过证券交易所的证券交易,收购人持有一个上市公司的股份达到该公司已发行股份的30%时,继续增持股份的,应当采取要约方式进行,发出全面要约或者部分要约。

2. 要约期限。《收购管理办法》规定:收购要约的有效期不得少于30日,不得超过60日。在收购要约约定的承诺期限内,收购人不得撤回其收购要约。同时规定,收购人需要变更收购要约的,必须事先向中国证监会提出书面报告,同时抄报派出机构等,通知被收购公司。收购要约期限届满前15日内,收购人不得变更收购要约,但是出现竞争要约的除外。

3. 要约内容。《收购管理办法》第29条列示了要约收购报告书应载明的事项,并在配套的信息披露内容与格式的《要约收购报告书》中详细说明了各部分的内容,其中包括:收购人的基本情况;要约收购方案;收购人持股情况及前6个月内买卖挂牌交易

---

① 限于篇幅,此处没有附上详式权益变动报告书例子。读者可以参考有关案例。简式权益变动报告书的内容,参见本书第六章第一节。

股份的情况;收购资金来源;要约收购完成后的后续计划;与被收购公司之间的重大交易;专业机构报告;财务资料以及其他重大事项。

《收购管理办法》和五个配套信息披露准则的意义主要有以下几个方面。

(1)披露收购资金来源。收购资金来源和支付方式是判断收购人自身实力的重要标准之一。《要约收购报告书》第五节规定,收购人应当披露收购资金是否直接或者间接来源于被收购公司或者其关联方,是否直接或者间接来源于借贷,并对采用现金支付方式和证券支付方式做出相关声明。因此,投资者可以判断是否存在收购人入主后给上市公司带来额外负担的可能。

(2)明确后续计划。不少企业通过收购获得控股权后,由于种种原因未能及时开展行之有效的实质性重组,致使目标公司的经营状况每况愈下。鉴于此,《要约收购报告书》单独列出第六节"要约收购完成后的后续计划",要求收购人应当如实披露要约收购完成后的后续计划,包括:①是否计划继续购买上市公司股份,或者处置已持有的股份。②是否拟改变上市公司主营业务或者对上市公司主营业务做出重大调整。③是否更换上市公司董事会、经营层和对职工聘用进行重大变动等。这就要求收购人在实施收购行为前要对上市公司情况进行充分了解,并在收购之后切实履行其承诺。

(3)财务资料更加详尽。在此前进行的多数上市公司收购中,仅披露了收购人最近一年的财务报告,而且多是未经审计的。《要约收购报告书》将"收购人的财务资料"单独列为一节,要求:"收购人为法人或者其他组织的,收购人应当披露其最近3年的财务会计报表,注明是否经审计及审计意见的主要内容;其中最近一个会计年度财务会计报告应经审计"。

另外,《要约报告书》还要求收购人详细披露收购人持股情况及前6个月内买卖挂牌交易股份的情况、与被收购公司之间的重大交易、专业机构报告等。

(三)目标公司董事会的信息披露制度

《收购管理办法》规定,被收购公司董事会应当对收购人的主体资格、资信情况及收购意图进行调查,对要约条件进行分析,对股东是否接受要约提出建议,并聘请独立财务顾问提出专业意见。在收购人公告要约收购报告书后20日内,被收购公司董事会应当将被收购公司董事会报告书与独立财务顾问的专业意见报送中国证监会等,并予公告。

在《被收购公司董事会报告书》中,对于要约收购,被收购公司董事会应当就本次收购要约向股东提出接受要约或者不接受要约的建议;董事会确实无法依前款要求发表意见的,应当充分说明理由;披露董事会表决情况、持不同意见的董事姓名及其理由;独立董事应当就本次收购单独发表意见;董事会做出上述建议或者声明的理由。

对于管理层收购,被收购公司的独立董事应当就收购的资金来源、还款计划、管理层收购是否符合《收购办法》规定的条件和批准程序、收购条件是否公平合理、是否存在损害上市公司和其他股东利益的行为、对上市公司可能产生的影响等事项发表独立意见。

[案例 10—1] 武汉中商集团股份有限公司收购报告书摘要

上市公司名称：武汉中商集团股份有限公司

股票上市地点：深圳证券交易所

股票简称：武汉中商 股票代码：000785

收购人名称：汪林朋

住所：北京市海淀区世纪城观山园 通信地址：同

收购人名称：北京居然之家投资控股集团有限公司

住所：北京市朝阳区安外北四环东路65号 通信地址：同

收购人名称：霍尔果斯慧鑫达建材有限公司

住所：新疆伊犁州霍尔果斯经济开发区兵团分区开元大道创新创业孵化基地1号楼B—414—213室

通信地址：同上

签署日期：二〇一九年六月

收购人声明（略）

第一节 收购人及一致行动人介绍

一、收购人基本情况

本次收购人为汪林朋及其一致行动人居然控股和慧鑫达建材。

二、收购人其他事项说明（略）

三、一致行动关系

汪林朋为居然控股控股股东及实际控制人，居然控股持有慧鑫达建材100%股权，居然控股、慧鑫达建材为汪林朋的一致行动人。

第二节 收购决定及收购目的

一、本次收购的目的

通过本次交易，上市公司与居然新零售能够实现百货业态与家居零售业态的跨界融合，并结合阿里巴巴的新零售经验实现业态转型升级。上市公司将在原有零售业务的基础上，注入盈利能力较强、发展前景广阔的家居卖场、家居建材超市和家装等业务，实现上市公司主营百货业务与家居零售业务的融合，并且能改善公司的经营状况，提高公司的资产质量，增强公司的盈利能力和可持续发展能力，以实现上市公司股东利益最大化。此外，居然新零售与阿里巴巴在新零售领域的创新实践中，累积了丰富的经验。此次上市公司注入居然新零售资产，能够在其新零售经验下逐步实现门店改造与业态升级。

通过本次交易，上市公司将持有居然新零售100%的股权。2016年度、2017年度和2018年度，标的公司经审计的营业收入分别为649 791.33万元、738 934.90万元和836 944.82万元，净利润分别为82 919.17万元、112 594.56万元和196 161.24万元。通过本次交易，上市公司盈利能力将得到大幅提升，有利于保护全体股东尤其是中小股东的利益，实现利益相关方共赢的局面。居然新零售亦将实现同A股资本市场的对接，可进一步推动居然新零售的业务发展，提升其在行业中的综合竞争力，提升品牌影响力，实现上市公司股东利益最大化。

二、未来12个月内继续增持上市公司股份或处置已拥有权益的股份的计划

除本次交易外，截至本摘要签署日，收购人尚无在未来12个月内继续增持上市公司股份或处置其已拥有权益股份的计划。如收购人作出增持或减持上市公司股份的决定，将按照相关法律法规的要求及时履行信息披露义务。

三、本次收购决定所履行的相关程序及具体时间(略)

第三节　收购方式

一、收购人在上市公司拥有权益的情况

截至本摘要签署日，上市公司总股本为251 221 698股。按照本次交易方案，公司本次将发行5 768 608 403股A股股票用于购买居然新零售100%股权。本次交易完成前后收购人持有上市公司的股权结构如下：

股东名称	本次交易之前 持股数量(股)	本次交易之前 持股比例	本次发行股份数量(股)	本次交易之后 持股数量(股)	本次交易之后 持股比例
汪林朋	—	—	394 572 826	394 572 826	6.55%
居然控股	—	—	2 564 382 953	2 564 382 953	42.60%
惠鑫达建材	—	—	764 686 721	764 686 721	12.70%

本次交易完成后，上市公司的控股股东将变更为居然控股，持有上市公司42.60%的股份，上市公司实际控制人将变更为汪林朋，汪林朋及其一致行动人合计控制上市公司61.86%股份。

二、本次交易具体方案(略)

第四节　其他重大事项(略)

收购人声明

本人(以及本人所代表的机构)承诺本报告书摘要不存在虚假记载、误导性陈述或重大遗漏，并对其真实性、准确性、完整性承担个别和连带的法律责任。

收购人(签章、日期)

第二节　并购监管制度

公司并购就其实质而言,是公司之间权益的重新分配和组合过程,是一种正常的市场行为。但作为一种经济现象,公司并购中又会出现垄断、不正当竞争、市场操纵、内幕信息交易等违法违规和道德风险行为,在各国的证券市场中屡见不鲜。为了维护市场的自由竞争,保护投资者的利益、防止垄断和其他不正当行为的发生,各国都加强了对公司并购的监管。

一、美国对公司并购的监管

(一)反垄断法规

美国对公司并购的法律监管主要是从《反垄断法》开始的。美国经济的基本政策是促进和维护市场竞争,以实现市场对资源的有效配置。实施反垄断政策就是要保护竞争。它禁止企业通过兼并收购取得垄断地位,只要在兼并中收购公司所占市场的实际份额超过一定的标准,或并购的结果可能实质性地削弱竞争而造成垄断,就构成违法行为。美国历史上主要的反垄断法有《谢尔曼法》《联邦贸易委员会法》《克莱顿法》《塞勒—凯弗维尔法》《哈特—司考特—罗迪诺法》等。[①]

为了便于有效地实施反垄断法,美国司法部制定了具体实施的兼并准则。从1968年第一个兼并准则起,经过1982年和1984年的两次修订,最终形成了1992年兼并准则。

1.1968年准则。1968年的兼并准则规定了明确的标准,用以说明什么样的兼并得不到批准。标准用市场集中度(concentration,简写为CR)来表示,市场集中度是指某一行业或市场中4家最大企业所占市场份额之和。准则规定:

(1)当该行业或市场的CR4指标达到或超过75%时,此为高度集中市场,若有以下市场份额的两个企业的合并行为,一般不会被批准,如表10-1所示。

表10-1　　　　　　　　　市场集中度指标(一)

收购企业	被收购企业
市场份额≥4%	市场份额≥4%
市场份额≥10%	市场份额≥2%

---

① 美国的反垄断法并非一部法律,而是不断完善的。关于美国反垄断法的发展历史,读者可参阅帕特里克·高根著,顾苏秦等译:《兼并收购与公司重组》(原书第6版),中国人民大学出版社2017年版。

续表

收购企业	被收购企业
市场份额≥15%	市场份额≥1%

(2)当该行业或市场 CR4 指标低于 75% 时,此为非高度集中市场,占有下述市场份额的两个企业之间的兼并将得不到批准,如表 10-2 所示。

表 10-2　　　　　　　　　　　　市场集中度指标(二)

收购企业	被收购企业
市场份额≥5%	市场份额≥5%
市场份额≥10%	市场份额≥4%
市场份额≥15%	市场份额≥3%
市场份额≥20%	市场份额≥2%
市场份额≥25%	市场份额≥1%

(3)当市场上存在着巨大的集中趋势时,兼并也有可能受到干预。在兼并前,8 个最大企业的市场份额在 10 年间若增长 7% 以上,便认为集中趋势存在。这时,8 个最大企业中任何一个若兼并其他任意一个达到或超过 2% 以上市场份额企业的兼并行为,通常也得不到批准。

2. 1982 年准则。1982 年兼并准则仍然以针对横向兼并为主,但有两个主要改进:一是提出了新的划分市场范围的方法和规则,即哪些产品、哪些企业应划为同一市场;二是引进了新的方法来测定市场集中度,即赫芬达尔—赫尔希曼指数(Herfindahl-Hirschman Index,简称为 HHI 指数),以代替前四位或前八位企业的市场占有率指标。HHI 指数等于某一行业或市场中每个企业市场份额的平方之和。

由于 HHI 指数考虑到了企业规模分布和集中度两个方面,因而是对 CR 指标的一种改进。兼并准则根据 HHI 指数将市场集中度分为三类:(1)低集中度市场:HHI 低于 1 000;(2)中等集中度市场:HHI 在 1 000～1 800 之间;(3)高集中度市场:HHI 高于 1 800。兼并准则规定:在低集中度的市场内,不管兼并企业的市场份额是多少,一般都可以得到批准。在中等集中度市场中,如果兼并后使 HHI 上升 100 以上,就可能得不到批准;如果 HHI 上升小于 100,一般可以获准。在高度集中的市场里,任何兼并,如果使 HHI 上升 100 以上,不会得到批准;HHI 上升在 50～100 之间,有可能得不到批准;HHI 上升小于 50,一般会得到批准。

3. 1984 年准则。1984 年 6 月 14 日,美国司法部公布了修订后的兼并准则即 1984 年兼并准则。它是 1982 年准则的延伸,主要在以下方面做了改进:(1)对外国竞争者的处理。1982年准则提出了"5％规则",即如果价格提高5％,在一年内顾客将转向哪些供应商,或哪些生产者将开始生产这种产品,这些供应商或生产者就应当包括在这一市场之内。1984年兼并准则强调在运用"5％规则"时,外国供应商也应当包括在市场内。(2)考虑非数据因素。1984年兼并准则强调,是否批准某个特定的兼并方案,不能仅仅根据对HHI指数的数学计算,还要考虑一些非数据因素,如市场条件的变化、企业的财务状况、新企业进入的难易、众多小企业扩大产量的能力等。(3)经济效率。在一般情况下,应当允许企业通过与其他企业合并的方式改善其经济效率。在合并本应被禁止的情况下,如果参与合并的企业能够提供明确且有说服力的证据证明——合并将会显著地提高企业的经济效率,该合并也可以不受司法部的干预。

4. 1992年准则。1992年,美国司法部和联邦贸易委员会首次共同颁布了横向合并准则,进一步放宽了监管,其核心是承认事实合理的合并是美国自由企业制度的一个基本组成,它以有利于改善美国企业的竞争力和增加消费者福利为前提,实际监管对象以横向合并为主,对纵向合并和混合合并基本持不干预态度。其中提出横向合并分析方法,认为审查横向合并是否具有反竞争效果,应从以下方面加以分析:(1)合并是否能显著提高市场的集中度,从而导致出现一个集中化的市场;(2)根据市场集中度和其他有关的市场因素表明,合并是否会产生潜在的反竞争效果;(3)潜在的市场进入是否能及时地、可能地和充分地阻止或抵消合并的反竞争效果;(4)企业合并后的效率变化情况。

[案例10-2] 美国企业横向并购中反垄断法应用的两个著名案例

1. 波音与麦道的合并案

波音和麦道公司分别是美国航空制造业的老大和老二,是世界航空制造业的第1位和第3位。1996年底,波音公司用166亿美元兼并了麦道公司。在干线客机市场上,合并后的波音不仅成为全球最大的制造商,而且是美国市场唯一的供应商,占美国国内市场的份额几乎达百分之百。但是,美国政府不仅没有阻止波音兼并麦道,而且利用政府采购等措施促成了这一兼并活动。其主要原因是:首先,民用干线飞机制造业是全球性寡占垄断行业,虽然波音公司在美国国内市场保持垄断,但在全球市场上受到来自欧洲空中客车公司越来越强劲的挑战。面对空中客车公司的激烈竞争,波音与麦道的合并有利于维护美国的航空工业大国地位;其次,尽管美国只有波音公司一家干线民用飞机制造企业,但由于存在来自势均力敌的欧洲空中客车、以及支线飞机ERJ制造商巴西航空工业公司的强大竞争,波音公司不可能在美国和世界市场上形成绝对垄断地位。如果波音滥用市场地位提高价格,就相当于把市场拱手让给空中客车、巴西航空等。

由此可见,美国政府在监管企业购并时,不仅仅根据国内市场占有率来判断是否垄断,还要考虑在整个市场范围内是否能够形成垄断。对全球寡占垄断行业,需要分析全球市场的条件,而不局限于本国市场范围。同时,还要考虑国家整体产业竞争力。因此,在执行反垄断法时,美国政府还是以国家利益为重,为了提高美国企业在全球的竞争力,支持大型企业的重组和并购。

2. 文具连锁店的合并案

在进行并购案分析中,市场集中度只是一个参考指标,关键要看合并后企业对市场的操纵能力。1998年美国两大办公文具连锁店(Staples 与 Office Depot)的合并案就是一个很好的说明。文具市场是一个极具竞争性的市场,其中有成千上万的零售商。如果按照传统观点,监管机构对文具商店的合并不应存在疑问。但是,联邦贸易委员会的经济学家通过对这两个销售商的每一种商品的销售价格和销售数量进行非常细致的观测,发现在同一城市中,Staples 的价格要比 Office Depot 的价格低,但是,在没有 Office Depot 的城市里,Staples 的价格要贵一些。经济学家由此得到一个充分的证据:Staples 与 Office Depot 并购后,很可能提高价格。因此,法院没有批准这个合并案。美国司法部的一些人认为如果能够得到有关市场价格等类似的数据和信息,没有必要去定义市场,可以直接通过这些数据分析和预测并购行为可能对市场产生的影响。法院也接受了这个观点。

二、英国对公司并购的监管

英国对企业并购的监管主要包括自律管理和法律管理两方面。英国证券业自律监管系统分为两级:第一级由证券交易商协会、收购与合并问题专门小组、证券业理事会等组成,以上三个机构会同政府的贸易部、公司注册署共同对市场实施监督管理;第二级是证券交易所,证券交易所不受政府的直接控制,但须在贸易部、英格兰银行等的指导下进行自律。

(一)自律管理

1. 证券交易所对收购行为的管理。英国对收购的自律管理首先是一种证券业的自我管理。自律管理具体由证券交易所和收购与合并问题专门小组执行,两者都对证券业协会负责。英国的《证券法》自1985年1月1日起生效,同年英国证券业协会还公布了修订后的公司证券上市准入黄皮书。这些法规对收购方、被收购方或其母公司都是适用的。一旦证券在证券交易所挂牌交易,公司就有义务与其股东保持充分的联系。

2. 自律性规定。在英国,由自律监管机构制定的自律性规定主要有:《证券交易所监管条例和规则》《伦敦城收购与兼并准则》及证券业理事会制定的一些规定。

(1)《证券交易所监管条例和规则》。该规则由证券交易商协会制定,主要对上市公司交易、新股上市、持续信息公开、收购合并时公司财务资料公布及其他特殊情况做出规定。

(2)《伦敦城收购与兼并守则》(the City Code on Takeovers and Mergers)(以下简称伦敦城守则)。该守则是英国证券业协会根据议会的授权颁布的,由收购与合并问题专门小组具体执行,适用于上市公司,而对私人公司不适用。作为一个行业协会自律管理的法规,它不是立法文件,只是一种非正式的协定。一旦某个公司违反了该法则,它的证券市场资格可能会被取消,并仍需承担相应的法律责任。收购与合并问题专门小组对违反《伦敦城守则》的制裁得到了英国贸易部、英格兰银行、证券交易所及其他机构的全力支持,这使得该守则对上市公司具有相当的强制力。

修订后的《伦敦城守则》在1985年4月19日公布,它对英国上市公司收购兼并的办法做出了具体规定。法则可以分为两个部分:第一部分是一般原则,包括:①确保待遇与机会均等;②确保有充分的资料和意见;③禁止未经股东同意便采取阻碍行动;④维持市场秩序。第二部分是对有关的具体问题所做的规定,共有37条,由公司经理执行,股东或财务顾问若有异议,可以向收购与合并问题专门小组申诉,要求仲裁。具体规定中的一个突出特点就是有大量强制性收购的规定。强制性收购迫使有收购意图的股东以同一价格向其余所有股东收购某种股票,从而体现了英国证券监管机构对维护证券市场的公开、公平性的政策。

(3)证券业理事会制定的文件。英国证券业理事会是1978年成立的私人组织,在自律监管体系中处于中心地位。该组织成立后,对《伦敦城守则》和《公司法》中关于内幕交易和上市的规定进行了修改,并且负责制定、解释和监督实施《证券交易商行动准则》《基金经理人交易指导》《大规模收购股权准则》等规则。

(二)法律监管

对并购实行监管是英国政府有关竞争政策的一部分,旨在保持英国国内市场的有效竞争。英国规范上市公司收购的法规,主要有1958年《反投资舞弊法》、1965年《垄断与兼并法》、1973年《公平交易法》、1980年《竞争法》和《公司法》等。

1.《反投资舞弊法》。《反投资舞弊法》是英国反对欺诈、保护投资者利益的主要法规。就收购而言,《反投资舞弊法》的第13条和第14条最为重要。第13条规定,任何人为诱导他人买入或卖出证券而发布有误导的或不诚实信息的行为是非法的。第14条对有关投资信息的发布做了规定,任何整理、编写等涉及这些信息的人员,未经许可不得披露有关信息,否则属违法行为。

2.《垄断与兼并法》。1965年《垄断与兼并法》的出台,使得公司兼并问题成为英国政府有关竞争政策争论的焦点。这一法规采取由垄断和兼并委员会(Monopolies and Mergers Commission,MMC)对兼并活动用行政方法进行控制的方式,负责对兼并活动进行调查。MMC是一个独立的咨询顾问机构,由一位主席专职负责,该委员会包括多位兼职的委员,他们由商界人士、律师、经济学家、会计师和其他专家组成,其首要任务就是确定有关兼并是否应该接受调查,并利用一些标准来确定兼并是否在整体上或部分地损害了公众利益。MMC在调查后形成结论,作为政府贸易大臣裁决该并购是否违背公众利益的依据。

3.《公平贸易法》。《公平贸易法》是英国对并购活动进行控制的重要法律基础。该法确立并明确了对并购进行监管的管理体系,该体系分三个部分,涉及三个具有不同职责和权利的部门,即公平贸易局总局长、贸易大臣、垄断与兼并委员会,体现了权力制衡的特征。其相关的职责分工是,总局长有建议权、贸易大臣有裁决权、垄断与兼并委员会有调查和报告权。亦即总局长有义务随时了解可能需要调查的并购,并就应当采取的适当行为向贸易大臣提出建议,即一项并购行为是否应当提交垄断与兼并委员会进行调查;该并购是否可能违反公共利益;取得并购双方做出的有约束力的承诺,是否可以免去提交调查的必要;在垄断与兼并委员会做出不利裁定时应采取什么措施;等等。贸易大臣对并购进行裁决,他有权将拟议中的并购或已完成的并购,提交垄断与兼并委员会进行调查并做出报告。如果垄断与兼并委员会进行调查后,裁定该并购有损于或可能有损于公共利益,贸易大臣即有权采取措施,禁止该并购或弥补该并购所产生的不利后果。但如果垄断与兼并委员会不认为该并购会损害或可能损害公共利益,则贸易大臣无权采取行动。垄断与兼并委员会的调查工作,以公平贸易法所确定的框架以及其他各种行政法规为依据,其对未经贸易大臣提交的并购无权进行调查。

根据《公平交易法》设立的公平贸易局(the Office of Fair Trade, OFT)是对有关竞争活动进行监管的独立机构,对英国所有的兼并方案和活动进行监管。从对兼并计划进行初审开始,OFT就要决定MMC是否需要对兼并情况进行调查,《公平交易法》规定调查的界限是:(1)两家或更多的企业不再保持其独立性;(2)其中至少有一家是英国的或受英国控制的公司;(3)某一兼并活动已在提交裁决前六个月发生;(4)兼并后公司所占的市场份额超过25%,或被收购企业的账面资产总值超过7 000万英镑。

尽管由OFT来确定一家公司是否存在兼并情况,但并不是所有此类情况都会提交给MMC去裁决。OFT可以根据下列因素来评估所提出的兼并案的影响作用:(1)英国的市场竞争状况;(2)兼并公司的效率;(3)就业和产业的地区分布;(4)英国公司的国际竞争状况;(5)国家的战略利益;(6)并购公司的生存能力;(7)对目标公司的改变幅度。在考虑上述因素时,OFT还要考虑到政府的有关政策。并购公司并没有法定义务向OFT报告该公司的兼并情况,OFT对此类活动提议裁决也没有时间限制。然而在实际中,OFT努力尽快地进行评估。一般而言,贸易大臣会接受OFT的提议,然而,也有OFT的少数提议遭到拒绝的例子。

4.《竞争法》。《竞争法》对《公平交易法》的功能和对OFT的授权做了补充。根据《竞争法》规定,所谓垄断是指某个人、公司或内部关联的企业集团,在英国供应和购买1/4以上的某种产品或劳务,或者两个或两个以上能达到这一比例但不相关联的人或企业,以任何方式进行勾结,以阻碍、限制或扭曲竞争。在《竞争法》中的审查或调查只限于对那些阻碍、限制或扭曲竞争的公司的调查。这种只对某一方面的调查要比由MMC从事的全面调查更可行也更节省时间,特别是只限于对竞争的影响方面。《竞争法》授权OFT对是否存在反竞争行为进行初步调查,如果证实存在反竞争行为,OFT可以把它提交给MMC,以便做进一步的调查。一旦提交给MMC,OFT必须公布这一事实并通知贸易大臣,贸易大臣在两周内可以决定调查是否进行下去。

5.《公司法》。英国政府于1989年《公司法》中引入一种快速程序,它要求公司自觉公开宣布要进行收购的消息,事先通知OFT,并接受OFT对这一过程的限期监管。在这种快速程序之下,OFT必须在20个工作日内做出裁决建议。

总之,英国对上市公司收购监管突出的特色是强调"自律原则",证券市场虽没有专门的立法体系,却有较为完善的管理体系.

三、欧盟对公司并购的监管

(一)欧盟的反垄断法

欧盟的反垄断法主要是《罗马条约》。[①] 它特别强调在欧盟内保持竞争,防止欧盟市场内由于卡特尔及其对市场垄断的滥用而造成的竞争扭曲。《罗马条约》第85条是有关反卡特尔条例,它禁止:(1)承诺达成一致协议;(2)做出与该承诺有关的决定或采取一致行动,这种行动会妨碍、限制和扭曲市场内部的竞争,影响欧盟成员国之间的贸易。第86条是反控制条例,它禁止在共同市场内部滥用市场的控制地位,以至于影响到各成员国之间的贸易。

(二)欧盟的兼并法

1990年以来,欧盟内部的企业兼并受欧盟兼并法监管。兼并法采取事前控制的原则,规定凡是具有欧盟规模的兼并都应提前通知欧盟委员会,由委员会裁决。其结果是,现在欧盟国家出现双重兼并法:对欧盟范围内产生影响的大兼并案,接受欧委会的调查;而只对欧盟单个成员国造成影响的小兼并案,则只接受本国的反垄断法调查。

欧盟的兼并法规定其调整对象是具有欧盟规模的经营者集中行为。这种经营者

---

① 1957年3月25日,法国、西德、意大利、荷兰、比利时和卢森堡6国的政府首脑和外长在罗马签署《欧洲经济共同体条约》和《欧洲原子能共同体条约》,统称为《罗马条约》。条约标志着欧洲经济共同体正式成立。《罗马条约》的中心内容是建立关税同盟和农业共同市场。

集中行为包括:(1)两家或两家以上独立的企业合并在一起。(2)一家企业通过购买股权或其他方式进行收购,直接或间接地控制另一家企业。(3)已至少控制了一家企业的个人,直接或间接地控制了另一家企业。而欧盟集中的标准是:(1)所有涉及的公司在世界范围内的营业额达到 50 亿欧元以上。(2)至少两家公司中每家公司在欧盟的业务总额达 2.5 亿欧元以上。(3)每家相关公司在同一成员国的营业总额占欧盟营业总额的 2/3 以上。欧盟的兼并法还建立了欧委会进行审查的通知程序和时间表,此举旨在尽量减少欧盟和国家之间在反垄断法和程序上的重复交叉,克服了《罗马条约》没有提出一套有关对兼并进行井然有序的审查程序和时间表的缺陷。

四、我国法律对上市公司并购重组的监管

除前文提到的中国证监会《收购管理办法》及其配套规则之外,2008 年 4 月,中国证监会颁布了《上市公司重大资产重组管理办法》,对上市公司的重大资产重组行为进行规范和监管,并后续出台了关于重大资产重组的信息披露等 8 个文件。2016 年 9 月,重大资产重组管理办法进行了修订。

目前,我国关于上市公司并购重组的法律监管体系如图 10-1 所示:

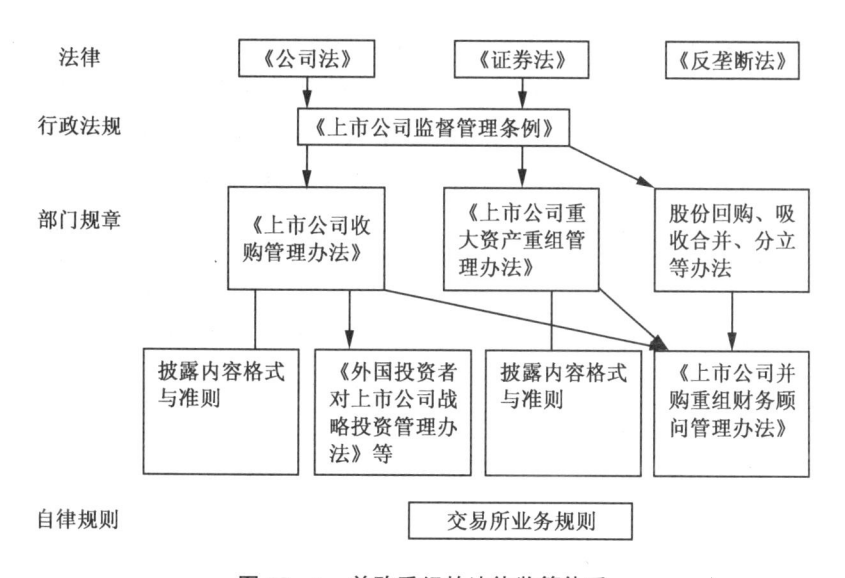

图 10-1 并购重组的法律监管体系

《收购管理办法》《重大资产重组管理办法》以及两个办法的配套信息披露文件,既是与《证券法》和《公司法》中有关收购重组的相关章节相互衔接,又对涉及上市公司收购及重组的相关重要法律问题做出了较为详细的规定。

《收购管理办法》和《重大资产重组管理办法》总结了我国近 25 年来上市公司并购重组方面的有益经验,较好地平衡了市场参与主体之间的利益,并强化诚信义务的要求,与《证券法》《公司法》和其他相关规定一起,初步构建了我国一个比较完整的上市公司收购重组的法律框架。

另外,2008年我国《反垄断法》正式实施。《反垄断法》的推出对于企业在并购重组中制止垄断行为,保护市场公平竞争,维护消费者和社会公共利益,具有重要意义。

[案例10—3] **我国商务部根据《反垄断法》执法否决可口可乐收购汇源果汁**

2008年9月3日,汇源宣布将被可口可乐收购。汇源公告称,荷银将代表可口可乐公司全资附属公司以约179.2亿港元收购汇源果汁集团有限公司股本中的全部已发行股份及全部未行使可换股债券,可口可乐提出每股现金作价为12.2港元。该案中,由于交易后可口可乐将取得汇源绝大部分甚至100%股权,从而取得汇源的控制权。

该交易符合集中的法定标准。可口可乐和汇源2007年在中国境内的营业额分别为12亿美元(约合91.2亿元人民币)和3.4亿美元(约合25.9亿元人民币),分别超过4亿元人民币,达到并超过了《国务院关于经营者集中申报标准的规定》的申报标准,因此此案必须接受相关审查。2008年9月,商务部收到了可口可乐公司递交的申报材料,可口可乐应商务部要求四次补充材料后,商务部于2008年11月20日对此立案审查。商务部完成第一阶段的审查之后,判定可口可乐会造成市场集中的垄断,并在第二阶段要求可口可乐提供能够消除限制竞争效果的解决方案。与可口可乐进行了进一步商谈之后,后者提出了最终方案。经再次评估,商务部认为,尽管对部分问题的救济方案有所改进,但仍不足以消除此项收购产生的不利影响。2009年3月18日,商务部正式宣布,根据 中华人民共和国反垄断法第28条规定禁止可口可乐收购汇源。同日,可口可乐公司宣布,由于中国商务部公布了不批准对汇源果汁业务建议收购的决定,因此可口可乐公司将不能继续有关收购行动。

商务部禁止可口可乐收购汇源的理由有三:第一,此项收购将对竞争产生不利影响。第二,既有品牌对市场进入的限制作用。第三,收购将挤压国内中小型果汁企业的生存空间,并给中国果汁饮料市场竞争格局造成不良影响。

本章小结

本章主要探讨上市公司并购重组中的信息披露制度和监管制度,详细介绍了国内外对上市公司并购中的有关信息披露制度的规定,侧重探讨了反垄断法、企业兼并准则等法规的形成过程与立法思路,并对我国上市公司收购重组的信息披露和监管制度的发展概况做了适当介绍。

基本概念

信息披露　　　　　　　　股东权益变动披露　　　　　　伦敦城收购与兼并守则
反垄断法　　　　　　　　CR4　　　　　　　　　　　　HHI 指数

复习题

1. 公司收购方面的信息披露制度一般具体包括哪些内容？
2. 外国和我国香港地区对公司并购的信息披露制度与我国的上市公司收购信息披露制度有何区别？对我国的信息披露制度完善有何借鉴意义？
3. 公司并购的监管制度一般包含哪些具体内容？
4. 请比较我国证监会对上市公司两个主要并购重组监管法律规定——《收购管理办法》和《重大资产重组管理办法》的联系与区别。

实践性问题

1. 上海开南投资发展有限公司及其一致行动人（以下简称"开南账户组"）于 2013 年分批买入沪市上市公司上海新梅（代码 600732）股票。截至 2013 年 11 月 27 日，合计持有上海新梅已发行股份的 14.86%，超过原控股股东持有的 11.19% 股份，成为上海新梅的第一大股东。由于开南账户组在持股分别达到 5%（2013 年 10 月 23 日，占 5.53%）及 10%（2013 年 11 月 1 日，占 10.02%）时，均未及时履行信息披露业务，中国证监会宁波证监局于 2015 年 1 月 20 日出具《行政处罚决定书》：责令开南账户组实际控制人改正违法行为，给予警告，并处以 50 万元的罚款。

2015 年 3 月，在上海新梅第一次临时股东大会前，开南账户组提交了更换财务及内控审计机构、独立董事等三个临时提案，上海新梅董事会随即作出不将三提案提交股东大会的决议；3 月 23 日，上海新梅召开临时股东大会，审议聘任财务及内控审计机构两项议案，开南账户组通过网络投票系统投出 7 384.46 万股反对票，上海新梅认定开南账户组的投票为无效，两项议案均获得通过；5 月，开南账户组提出召开临时股东大会，审议更换董事及选举监事的提案，上海新梅公告不接受开南账户组的提案。

与此同时，开南账户组向法院起诉，要求撤销上海新梅上述股东会决议、董事会决议并停止审计机构年度审计；而原控股股东则于 2015 年 2 月提起案由为证券欺诈责任纠纷的诉讼，请求法院判定开南账户组超过 5% 以上部分的买卖行为无效，同时判令其抛售上述超过 5% 的持股，获利部分赔偿上市公司。2015 年 4 月 29 日，上海新梅 A 股股票被上海证券交易所实施退市风险警示（股票简称由"上海新梅"变更为"ST*新梅"）。

请问：（1）你认为该并购中的信息披露违规和事后的公司控制权争议，法院应该如何判决？（2）在上市公司控制权争议中，原实际控制人与新收购方的权利应如何保护？

2. 2016年8月1日,滴滴出行和Uber(优步)中国业务宣布合并。滴滴收购优步中国的品牌、业务、数据等全部资产,并和Uber全球相互持股。Uber全球将持有滴滴5.89%的股权。两家创始人也将加入对方董事会。至此,在中国打得如火如荼的网约车大战告一段落,滴滴拿下中国近九成的网约车市场份额。

2016年9月,商务部新闻发言人表示,商务部正在根据《反垄断法》《国务院关于经营者集中申报标准的规定》《经营者集中申报办法》和《未依法申报经营者集中调查处理暂行办法》等有关法律法规,对滴滴优步中国的合并案依法进行调查。不过,这一调查至今并无进展公布,亦未公布结论。2018年随着机构改革调整,商务部反垄断局已划归国家市场监管总局。

随着补贴大战的熄火以及网约车恶性案件频发,外界开始重新审视:数年前的这场合并,是否导致了滴滴垄断了市场? 如今的滴滴是否涉及市场垄断?

请回答:根据我国《反垄断法》的经营者集中等条款规定,你认为国家执法机关(反垄断局)是否应该拒绝同意滴滴收购优步中国?

第十一章 反收购策略

第一节 概述

收购方在对目标公司进行收购时,可能会引起目标公司股东、董事会以及管理层的不同反应即同意或不同意被收购。若目标公司同意被收购,则称为善意收购。如果目标公司反对被收购,而收购方不顾目标公司的意愿,对其进行强行收购,那么这种收购称为恶意收购或敌意收购。在恶意收购的情况下,目标企业不同意收购的原因是多方面的,可能是管理人员认为他们掌握了许多企业未公开的、有利于企业价值的信息,这些信息的价值未被市场所反应,因此企业的价值被低估了;可能是因为他们相信反收购行动能提高收购者的出价;也可能是管理人员担心收购会导致现有职位的丧失等。不论何种原因,都会导致目标企业采取各种反收购策略。为了能全面、正确地理解反收购的含义,需要着重把握以下几点。

(一)反收购的核心在于防止公司控制权的转移

所谓公司控制权,是指通过掌握公司股票的投票权,实现对企业主要董事和管理人员的任免权、对重要经营管理活动的决策权和监督权。凭借这种权利,控制人可以使公司按照符合自己利益的方式经营,并从中获益。所以在收购与反收购斗争中,双方本质是对控制权的争夺。

控制权的价值体现在持有和转移过程中。一方面,在持有控制权的过程中,如果控制方热心于公司经营,并且具有卓越的经营管理能力,那么包括控制方在内的所有股东均会因此受益,控制方还会因为掌握控制权能够获得额外收益。另一方面,在控制权发生转移的过程中,控制人所持有的股权会得到比一般股权更高的价格(即控制权溢价),因为控制人出让的并非单纯的股票财产利益,还包括控制权收益。

在证券市场上,收购是潜在投资者获取公司优势股份进而掌握公司控制权的有效途径之一,而反收购则是目标公司董事/管理层防止公司控制权转移而采取的防御措施,以挫败收购者的行为。可见,反收购的核心在于防止公司控制权的转移。

(二)反收购是由目标公司董事会或管理层所主导实施的

一般恶意收购的完成将直接导致目标公司董事会、管理层的更替以及公司经营策略的变化,进而影响目标公司原有股东以及整个公司的利益。因此,在公司面临收购的情况下,目标公司董事会/管理层为维护原有股东的利益,保持自身对公司的控制权,会采取各种措施阻止收购的完成。

(三)反收购是针对恶意收购而采取的行动

一般情况下,善意收购不会损害目标公司股东的利益,反而会给目标公司带来新的机遇,对收购双方都是有利的。这种情况下,目标公司就没有必要采取反收购措施。相反,在恶意收购中,收购公司为了实现自身的利益,往往不顾目标公司董事会/管理层的意愿,甚至出现损害目标公司利益的行为。在这种情况下,目标公司只能采取反收购措施进行反击,维护自身的利益。因此,反收购往往是目标公司针对恶意收购而采取的反击行动。

我国上市公司的收购、反收购之争不断发生,涌现出许多反收购的经典案例,如资本市场发展早期发生的延中和宝安、方正科技和上海高清、爱使股份和大港油田等著名的反收购案例,引起了极大的市场震动。证监会于2002年12月发布了《上市公司收购管理办法》,该办法虽然没有明确提出反收购的概念,但其中隐含着对反收购行为的管制,对于规范上市公司的反收购行为无疑具有重要的意义。2012年以来,随着股票市场股份的全流通、产业转型升级、国家经济政策鼓励并购重组,上市公司控制权转让市场愈发活跃,在此情形下,一些上市公司采取了各种反收购措施。

一般而言,我们可以从法律和经济两个层面着手制定一系列反收购的措施。反收购的法律手段主要是通过提起诉讼的方式来进行。实践证明,以诉讼的方式作为反收购的主要手段,会取得不错的效果。反收购的经济手段,主要是通过提高收购者的收购成本,减少收购者的收购利益,或者预先修改公司章程等措施来进行防御等。本章将着重从这两个方面来进行阐述。

第二节 反收购的法律手段

诉讼法律是目标公司在并购防御中经常使用的策略。诉讼的目的通常包括:第一,逼迫收购方提高收购价格以免被起诉;第二,可以拖延时间,延缓对方的收购进度,以便另寻"白衣骑士";第三,在心理上重振目标公司管理层的士气。诉讼策略的第一步往往是目标公司请求法院禁止收购继续进行。收购方必须首先给出充足的理由证明目标公司的指控不成立,否则不能继续增加目标公司的股票。这就使目标公司有机会采取有效措施进一步抵御被收购。无论诉讼成功与否,都为目标公司争得了时间,这是该策略被广泛采用的主要原因。

目标公司提起诉讼必须有合理的理由。一般情况下,有三个方面理由:第一,反垄断。部分收购可能使收购方获得某一行业的垄断或接近垄断地位,触发了《反垄断法》,目标公司可以此作为诉讼理由。第二,信息披露不充分。目标公司认定收购方未按有关法律规定向公众及时、充分或准确地披露信息等。第三,收购过程中存在欺诈等犯罪行为,比如收购资金来源违规、收购过程中存在内幕交易行为等。若要以此作为诉讼的理由,目标公司必须掌握十分确凿的证据,否则难以获得成功。下面我们主要分析西方国家和我国的反收购法律体系。

一、西方国家反收购法律体系

(一)美国的反托拉斯法

为了维护市场的自由竞争,保护消费者的利益,防止垄断和其他不正当行为的发展,各发达国家都先后制定了反垄断法。作为企业兼并发生较早的国家,美国也是最早建立反托拉斯法的国家之一。反垄断法主要关于禁止各种非法垄断、限制性或不正当的商业行为的规则,其目的在于反对经济活动中的垄断行为,保护正当竞争,营造一个充分竞争的市场环境。美国的反垄断法律经过了一个漫长的发展过程,关于美国反垄断法的具体内容,本书第九章第二节已提及。

(二)美国的证券交易法

各国的证券交易法一般都规定了大股东持股披露制度和强制要约收购及其披露制度,旨在通过披露收购的相关信息,使收购尽可能在公开、公平和公正的秩序下进行。当敌意收购发生时,此类法规往往成为目标公司求助的对象。前文案例8—1的金霸王电池的管理层收购就是一个典型例子。

美国证券交易法第13(d)规定,任何人在获得某一家公司股份证券超过5%的受益所有权后,必须在10日内填具表格,并将其送给证券发行者、证券交易所和证券交易委员会。美国国会在1968年通过了《威廉姆斯法案》。虽然该法案并未明确规定"要约收购"的概念,但是当一个投资者以高于市场价格向多人发出收购的意思表示,就构成了要约收购,他必须向美国证监会备案,并通知证券交易所和该上市公司。[①]

(三)其他西方国家的反垄断、反收购立法

英国主要依靠行业自律性文件《伦敦城收购与兼并守则》并辅之以判例对目标公司反收购进行规制。该《守则》原则上禁止目标公司管理部门的反收购决策,反收购措

---

① 参见本书第十章第一节。

施的决策权归于目标公司的股东。该守则基本原则第 7 条规定:"无论何时,当一项善意的要约已被通知给受要约公司的董事,或目标公司的董事有理由认为一项善意的要约即将发生时,不经过股东大会的批准,目标公司的董事不可采取任何与公司事务有关的行为。其结果是有效地挫败了一项善意的收购,或对于股东来说,使他们失去了一次根据其价值做出决定的机会。"此外,英国判例法对目标公司管理层的反收购进行了规制。当然,目标公司的经营者也不是面对收购而不能有所作为,如"发行无投票权股""限制新股认购优先权"等都可以被目标公司经营者用来防止收购的发生。

法国 1977 年以前对产业集中一直采取鼓励的态度,因为政府认为大公司能更好地在国际市场上进行竞争,对兼并与收购的管理也仅限于企业垄断市场的行为。而 1977 年 7 月通过的《7－806 号法案》,改变了以前鼓励态度,对引起行业过度集中,建立非法卡特尔和滥用垄断地位的兼并行为进行管理。

德国 1957 年通过了《反竞争管制法》并分别于 1966 年、1973 年和 1980 年进行了修订。一般来说,只要在技术、经济方面做些调整,兼并是可以接受的,这样做的目的无非是为了保持竞争。倘若兼并会导致市场垄断,联邦卡特尔局可以在兼并完成前或接到通知 1 年内加以制止。

日本 1947 年通过了《反垄断法》,其目的就是为了消除不合理的贸易限制以促进自由公平竞争。另外,在日本进行收购和兼并是相当困难的。

二、我国反收购的立法

近年来,随着《公司法》《证券法》《反垄断法》的相继颁布实施,以及《上市公司收购管理办法》《关于外国投资者并购境内企业的规定》等法律法规的相继出台,我国反收购的立法也在不断完善中。

2008 年实施的我国《反垄断法》,为预防和制止垄断行为,保护市场公平竞争提供了法律依据。其中对垄断行为的内容及界定、涉嫌垄断行为的调查以及垄断的监管及执法机构及相应的法律责任都做了明确规定。《反垄断法》第四章"经营者集中"明确规定当收购行为达到经营集中申报标准的,必须向国务院反垄断执法机构申报,并接受审查。第 48 条对经营者违反规定实施集中承担的法律责任给出了具体规定。

2009 年修订的《关于外国投资者并购境内企业的规定》对外企并购我国境内企业做出了详细规定。

在《上市公司收购管理办法》中,规定在要约收购中,"收购人做出提示性公告后至要约收购完成前,未经股东大会批准,被收购公司董事会不得通过处置公司资产、对外投资、调整公司主要业务、担保、贷款等方式,对公司的资产、负债、权益或者经营成果造成重大影响"。在协议收购中,"自签订收购协议起至股份完成过户的过渡期内,被收购公司不得公开发行股份募集资金,不得进行重大购买、出售资产及重大投资行为或者与收购人及其关联方进行其他关联交易,等等"。这些规定均涉及目标公司可能采取的反收购措施。

第三节 反收购的经济策略

国际上企业经历了七次购并浪潮,企业收购数量和规模日益增加,收购和反收购斗争日益激烈,特别是在 20 世纪 80 年代的第四次并购浪潮中,产生了许多反收购对策。每一种对策对收购是否最终成功、最终的收购定价等都产生了重大的影响。上一节我们介绍了反收购的法律手段,这一节我们将介绍反收购的经济策略。目标企业进行反收购的经济策略有很多种,根据实施在收购企业发出收购要约的前后,把反收购对策分为两类:防御型和反击型。

一、防御性反收购对策

(一)修改公司章程——驱鲨剂

公司章程是一部契约性的法律,被认为是公司的宪法。目标公司可以通过对本企业章程的修改,使其中的某些条款较难被收购方所接受或提高接受的成本。在西方国家,对公司章程进行反收购修正被称为"驱鲨条款"(shark repellent)。这些条款主要包括以下内容。

1. 错层董事会

错层董事会(staggered board)又称分期分级董事会,是指在章程中规定:目标公司每年只能更换少量董事,且辞退董事必须具备合理的理由。这意味着即使收购者拥有公司绝对多数的股权,也难以立即通过更换董事,获得目标公司董事会的绝对多数。目前,美国标准普尔指数 500 家公司中一半以上采用这种反收购对策。我国法律在一定程度上鼓励董事会的稳定。《公司法》第 115 条"董事在任期届满前,股东大会不得无故解除其职务"。例如,2001 年 10 月 25 日,上海高清举牌方正科技,引发方正科技的股权之争。由于在方正科技的公司章程中规定董事的更换每年只能改选四分之一,这样收购者即使收购到足够的股权,也无法对董事会做出多数改组,无法立即入主董事会控制公司。

目前,错层董事会制度已经在我国上市公司章程中普遍应用。

2. 绝对多数条款

绝对多数条款(super-majority provision)是指在公司章程中规定,公司的合并需要获得绝对多数的股东投赞成票,这个比例通常为 3/4 或者更高。同时,对这一反收购条款的修改也需要绝对多数的股东同意才能生效。这样恶意收购者如想获得公司的控制权,通常需要持有公司很大比例的股权,这在一定程度上增加了收购的成本和收购难度。

我国现行法律鼓励绝对多数条款,规定公司合并、分立、解散及修改章程等决议,必须经 2/3 以上的表决权通过。有些上市公司在章程中更加规定:选举董事等需要股东大会 3/4 以上多数通过,由此构成反收购条款。

3. 董事任职资格审查制度

我国现有的法律法规在一定程度上鼓励董事会的稳定,非具备某些特定条件者不得担任公司董事。因此,通过授权董事会对董事任职资格进行审查,也可以作为反收购策略被采用。如伊利公司在 2006 年修订后的公司章程中规定:"董事长应在在职并连续三年以上任公司高级管理人员的董事中产生。""受聘总裁除不得有《公司法》第一百四十七条规定的情形外,还应具备如下条件:(1)公司现任董事;(2)在公司任高级管理职务三年以上;(3)具备在行业 10 年以上从业经历,具备行业专业资历、研究生学历;(4)四十五岁以下。"均属于董事/高管任职资格的限制性条款。

4. 限制股东表决权条款

为了更好保护中小股东,也为了限制收购者拥有过多权力,可以在公司章程中规定限制股东表决权的条款。股东的最高决策权实际上就体现为投票权,其中至关重要的是投票选举董事会、提出议案等表决权。限制表决权的办法通常有两种:

一是股东持股时间条款。即规定股东在取得股权并持有一定时间以后才能行使董事/监事提名权、提出股东大会议案权利等,以确保长期性质的股东才能干预公司的治理,以维持公司管理层和经营业务的稳定。如美的电器在 2006 年修订的公司章程中规定,"连续 180 日以上单独或者合并持有公司有表决权股份总数的 5% 以上的股东才可以提名董事、监事候选人"等。

二是采取累积投票制度,它不同于普通的简单投票制度。普通投票原则是一股一票,而且每一票只能投在一个候选人上。而采取累积投票法,投票人的每一股可以投等于候选人人数的票(如选举 9 位董事,股东的每一股票就有 9 份投票),并可能将所有的选票全部投给一人,累积投票法有利于保证中小股东能选出自己的董事。采取普通投票或累积投票的方式应于公司章程中规定。[①] 一般的普通投票法则是有利于大

[①] 在中国证监会颁布的《上市公司治理准则》中,规定"在董事的选举过程中,应充分反映中小股东的意见。股东大会在董事选举中应积极推行累积投票制度。控股股东控股比例在 30% 以上的上市公司,应当采用累积投票制"。而《公司法》规定,"股东大会选举董事、监事,可以根据公司章程的规定或者股东大会的决议,实行累积投票制"。深圳证券交易所《创业板上市规则》中规定:"创业板上市公司独立董事选举应当采用累积投票制。"

股东的,收购者只要控制了多数股权,就可按自己意愿彻底改组董事会。但如果采取累积投票法则或在章程中对大股东投票权进行限制,可以对收购者构成约束。

专栏 11-1　累积投票制度在反收购策略中真能保护中小股东利益吗

累积投票权制度(cumulative voting),是关于董事选举中的一种股东投票制度安排。在反收购策略中,被理解为保护中小股东利益的做法。

举一个简单的例子,Abigail 和 Randy 是一家名为 Simposonics 公司的股东,该公司总共有 100 股股份,Abigail 拥有 70%,Randy 拥有 30%。在董事选举的时候,假设前者提名了 Alicia,Adam 和 Allison(3 位 A 姓人士当然是 Abigail 先生所喜欢的)担任董事,而后者提名了 Rick,Rich 和 Robin(3 位 R 姓人士也是 Randy 的密友)担任董事。

那么,在简单多数投票制(majority voting)下,投票结果如下:

	Alicia	Rick	Adam	Rich	Allison	Robin
Abigail 的投票(70%持股)	70		70		70	
Randy 的投票(30%持股)		30		30		30
投票结果	胜者		胜者		胜者	

显然,Abigail 提名的三位董事轻松胜出,进入董事会。在累积投票制下,结果就不同了。Abigail 共有 210 票(70*3),Randy 共有 90 票(30*3)。他们都可以任意组合方式投出选票。这样可能的投票结果是:

	Alicia	Rick	Adam	Rich	Allison	Robin
Abigail 的投票(70%持股)	91		91		28	
Randy 的投票(30%持股)		90		0		0
投票结果	胜者	胜者	胜者			

由于 Randy 将她的选票集中到一名董事身上投出,而 Abigail 为了阻击对手,最多能在两名候选人身上投出超过 Randy 集中起来的选票,即每人投出 91 票,但是 Randy 的提名人还是以第 3 名的得票数进入了董事会。不管如何,在累积投票制度下,作为小股东的 Randy 就有了一名代言人,进入了董事会。

根据上面的例子,我们可以计算出在累积投票制度下,一名股东如果支持一名董事入选的最低股份数量是:$\frac{1}{n+1} \times s + 1$,其中 n 为董事席位,s 为股份总额,如果要推选多于 1 名董事假设为 d 名董事当选,则最少需要的股份数量是:$\frac{d}{n+1} \times s + 1$。如果一家上市企业要选举 11 名董事,则要保证能够成功推选一名董事的最少股权比例是 1/12,也即 8.33%(8.33% 乘以总股本后再加一股,即某股东拥有的股份数量,就能确保推选成功),如果需要推选 2 名董事的话,则需要 1/6 也即 16.67% 的股份比例。

现代上市企业的董事会人数一般在 5~19 名之间,所以在累积投票制度下,根据上述公式,能够保证选中支持者的股东最低持股比例是 5%~16.67% 之间。而这一条件对很多公司的股权结构来说,并不一定能满足。在股权更为分散的情形下,要使得小股东能够推选董事,累积投票制度是不够的。

关于累积投票制度的规定,美国各州公司法的规定并不相同,共有 4 类情况:

第一,不是默认的、可以选择性采纳(not default, may allow)。这种情形最多,共有 36 个州包括著名的公司注册州特拉华州、麻州、纽约州、首都华盛顿特区等。

第二,默认采用、但可以选择禁止(default, may prohibit)。这种情形次多,共有 8 个州其中有伊利诺伊、宾夕法尼亚、华盛顿州、俄亥俄州等,也属于比较重要的州。

第三,强制采用(mandatory to all)。共有 5 个州,分别是亚利桑那州、内布拉斯加州、南北达科他州、西弗吉尼亚州。

第四,对私有企业强制采用,其他可以选择(mandatory to private, others choose)采纳。只有两个州,分别是加利福尼亚州和夏威夷州。

因此,美国企业对于累积投票制度是以选择性实施为主,即由公司自己选择。而有趣的是上市公司中的财富 500 强大型企业,80% 左右都是采取简单多数投票制度,而没有采纳累积投票。

背后其实隐藏有一个重要的改革作法:在选举董事的时候,对于每一个席位,股东可以投出赞成、弃权、反对的 3 种意见。而改革之前的做法是:赞成或者不投(等同于放弃),就像上面的 Abigail 和 Randy 的投票例子,股东只有赞成票、而没有反对票的选票,只能把自己的赞成票数累积起来配置在董事身上。而现在美国上市企业的主流做法是,对每一个候选的董事进行投票,可以投:赞成、反对、不投,每一个董事的票数只有当赞成票超过反对票时,才能当选。那么,在上市公司股权分散的情况下,如果小股东不满意经大股东提名或现任董事会提名的候选董事,小股东们通过投出反对票,联合起来还是超过控股股东的,小股东关键是能够把自己不满意的董事选出去。

因此,累积投票制度并非美国上市公司的主流选择。分析下来,累积投票比较适合私人的非上市企业采纳。对于上市企业来说,在股权高度分散情形下,要解决的关键问题是:

首先,董事候选名单的产生。也就是董事提名权和提名的过程更重要。因此,董事提名的过程需要用制度加强明确,提名的人选名单一定要充分反映董事的专业特长、资源等,以有利于公司发展,而且提名的董事背景介绍,要尽可能地进行详尽披露,以说明该人当选的重要性和必要性。

其次,可以考虑在董事选举中,给予股东"赞成""反对""弃权"的三种选择。可以考虑在董事选举中,并不一定需要采取累积投票制度,但是给予股东"赞成""反对""弃权"的三种选择,在每一个董事候选人身上投出三种选票之一,按照赞成超过反对的候选人并且"净赞成"(赞成减去反对)的得票数顺序,确定董事会的人选构成。若选出人数不足的话,由提名委员会重新提名。

5. 订立公正价格条款

该条款要求收购人对所有股东支付相同的价格。溢价收购主要是企图吸引那些急于更换管理层的股东,而公正价格条款无疑阻碍了这种企图的实现。有时买方会使用"二阶段出价"(two tier offer),即以现金先购股51%,另外再用债券交换剩下的49%股票。目标公司股东因怕收到债券而会争先将股票低价卖出。1982年3月美国钢铁公司就以"二阶段出价"来收购马拉松石油公司股票。为避免买方使出此招分化目标公司股东,目标公司在章程中可加上公正价格条款,使股东在接受要约、出售股票时享受"同股同价"的好处。我国《证券法》第92条规定:收购要约中提出的各项收购条件,适用于被收购公司所有的股东。它表明"二阶段出价"在我国是不合法的。我国法律的规定旨在让目标公司的所有股东受到公平对待。

[案例11—1] 我国上市公司的驱鲨策略——爱使股份和大众公用两例

1998年我国资本市场上的爱使股份与大港油田之间的收购与反收购战,可以说是应用"驱鲨条款"的早期典型。爱使股份是我国当时股市上少有的"三无概念股"(无国家股、无法人股、无控股股东,股份全流通)。考虑到本身股权的特殊性,爱使股份在公司的章程中制定了反收购条款。章程67条规定:进入爱使股份董事会必须具备两个条件,一是合并持股比例不低于10%;二是持股时间不少于半年。其章程93条规定:董事会由13人组成,董事会任期届满前,股东大会不得无故解除其职务。

1998年上半年,爱使股份股权处于高度分散状况,天津大港油田及其关联企业选中了爱使股份作为目标企业,在二级市场购入其股票,合计持股达到5.0001%,成为爱使股份的第一大股东,但爱使股份的董事会以章程67条、93条之规定为由,拒绝大港油田等入主董事会。针对上述反收购条款的有效与无效,收购方和反收购方各持己见,最后双方相互妥协,大港油田入主爱使董事会,爱使原有董事保留职务。在天津和上海地方政府的直接干预下,一场收购大战以敌意收购开始,以友善收购结束。爱使股份反收购虽未全部成功,但其董事及高管人员得以保留。爱使股份的收购与反收购战成为当时证券市场上引人注目的焦点。

2006年股权分置改革完成后,我国上市公司开始应用驱鲨剂条款进行反收购防御。下面以大众公用(沪市代码600635)公司为例。2008年初,大众公用修订了公司章程,有近10处增设了驱鲨剂条款。

首先,设置回购条款。如果发生"单独或合并持有公司10%以上股份的股东继续收购公司股份的",公司可以立即收购本公司股份并将该收购股份定向转让给特定对象而无须另行取得许可或授权,但公司仍应当履行信息披露义务。由于这项反收购回购条款的触发条件相当低,上市公司管理层可以灵活地做出反应。更为重要的是,由于回购股份的行为主体是上市公司而非股东,因此此举不仅可以通过减少外在股份数量从而有效阻击收购方,而且还可以通过大量消耗上市公司资金从而降低公司对收购方的吸引力。

其次,设置金色降落伞条款。章程规定,当发生单独或合并持有公司10%以上股东继续收购公司股份并成为实际控制人的情况,"若因此导致公司中层以上管理人员主动或被动离职的,该股东应当向离职人员一次性支付额外遣散费用",章程中还设置了具体的遣散费的计算公式。模拟计算表明每位高管平均可获得954万元的遣散费,整个公司中层以上管理人员的遣散费总额加起来将超过亿元规模。对于收购方而言,仅此一项,就会动摇其收购的决心。

再次,设置绝对多数条款和董事轮换制。在有关特别决议的条款中,在"须由出席股东大会股东所持表决权2/3以上通过"原则外,还增加"并经单独持有公司20%以上股份股东的一致通过"。在大众公用第一大股东持股比例超过20%的情况下,此条规定将大大降低敌意收购方提案在股东大会获得特别决议通过的可能。在董事更换条款中,设置了分期董事制,即"每届董事会中除独立董事和职工代表董事以外的其他董事更换比例不得超过董事会中其他董事成员总数的1/5",该公司目前董事会成员9名,根据此款规定,新进股东最多只能更换1名董事。

除上述限制性条款外,大众公用对股东提案权条款、董事提名权条款、董事长选举和罢免条款、董事会特别决议条款、董事会的控制力条款等,都增加了缩小敌意收购方运作空间的限制性内容。

(二)"毒丸"计划

"毒丸"计划(poison pill)是由美国并购领域的律师马丁·利普顿于1983年首先提出并采用的,成为反收购的一种有效措施。

"毒丸"计划是指目标公司在章程中预先制定一些对敌意收购方极为不利的规定,这些规定称为"毒丸",它在主人手中可能安然无事,但一旦袭击者意图拥有目标公司控制权,其"毒性"马上起作用,通常有三个方面:一是稀释袭击者手中的股份;二是增加袭击者方的并购成本;三是目标企业的自我伤害。例如,目标公司在企业章程中作特别规定,规定一旦遭遇敌意收购者,收购者须向企业的各种利益主体包括原有的股东、债权人以及企业的高级管理者支付一笔可观的补偿金额,从而给收购设置极高的附加成本。常见的"毒丸"计划种类如表11—1所示。

表11—1　　　　　　　　　　　常见的"毒丸"计划

策略种类	作　　用
负债毒丸计划	目标公司在敌意收购威胁下大量增加自身负债,降低企业被收购的吸引力。例如,目标公司发行债券并约定在公司股权发生大规模转移时,债券持有人可要求立刻兑付债券,从而使收购公司在收购后立即面临巨额现金支出。
人员毒丸计划	目标公司全部或大部分高级管理人员共同签署协议,在目标公司被以不公平价格收购,并且这些人中只要有一人在收购后将被降职或革职时,全部管理人员将集体辞职。这一策略不仅保护了目标公司股东的利益,而且会使收购方慎重考虑收购后更换管理层对公司带来的巨大影响。
优先股计划	如果目标公司股权转换达到某一触发点,公司的优先股可以用过去一年的最高价格进行现金赎回;或可转换为普通股。
期权计划	如果目标公司股权转换达到触发点,公司发行在外的经理股票期权可以立即被行权,以稀释敌意收购方的股权比例。

[案例11—2]　新浪—盛大收购战中的"毒丸"计划

新浪(www.sina.com.cn)是中国最具影响力的门户网站之一,盛大是中国最大的网络游戏运营商,两家公司都注册于英属开曼群岛,并均于美国纳斯达克证券交易所上市。2005年2月19日上午,在历时一个月、利用四家关联公司出手购股后,盛大在其网站及纳斯达克官方网站同时发布声明,称截至2月10日,已经通过公开交易市场购买了新浪19.5%的股权,并根据美国相关法律规定,向美国证券交易委员会(SEC)提交了受益股权声明13—D文件。

盛大在13—D中明确表示,此次购买新浪股票的目的是一次战略性投资,可能进一步通过公开市场交易,以及私下交易或者正式要约收购和交换收购等方式增持新浪股票,并寻求获得或者影响新浪的控制权,可能手段包括派驻董事会代表。此外,盛大还表示,可能出售全部或部分所持的新浪股票。

针对盛大的敌意收购,摩根士丹利被新浪紧急聘为财务顾问,并迅速制定了购股权计划(俗称"毒丸"计划)的技术细节。该"毒丸"计划声称:对于3月7日记录在册的新浪股东,所持每一股股票,都能获得一份购股权。如果盛大继续增持新浪股票致使比例超过20%时或有某个股东持股超过10%时,这个购股权将被触发,而购股权依附于每股普通股票,不能单独交易。一旦购股权被触发,除盛大以外的股东们就可以凭着手中的购股权以半价购买新浪增发的股票。这个购股权的行使额度是150美元。也就是说,如果触发这个购股权计划,除盛大之外,一旦新浪董事会确定购股价格,每一份购股权就能以半价购买价值150美元的新浪股票。由于购股价格未能确定,因此购股股数也不能确定。

假设以2005年3月7日每股32美元计算,一半的价格就是16美元,新浪股东每股可以购买9.375股(150÷16)。新浪当时总股本为5048万股,除盛大所持的19.5%(984万股)外,能获得购股权的股数为4064万股,一旦触发购股权计划,那么新浪的总股本将变成43148万股(4064万股×9.375+4064万股+984万股)。这样,盛大持有的984万股(占原股本的19.5%)经稀释后就降低为2.28%。由此,"毒丸"稀释股权的作用得到充分显现。

当然,如果盛大停止收购,新浪董事会可以以极低的成本(每份购股权0.001美元或经调整的价格)赎回购股权,用几万美元支付这次反收购战斗的成本。2006年10月和2007年2月,盛大两次抛售新浪股份,持股比例降至3.9%,不再是新浪第一大股东。曾经轰动一时的盛大敌意收购新浪事件宣告结束。

(三)降落伞计划

一旦目标公司被收购,其高中层管理人员和员工都有可能被更换。为了维护他们的利益,使他们的基本权益得到保障,目标公司可以分别制定"金色降落伞"(golden parachute)、"银色降落伞"(silver parachute)和"灰色降落伞"等方案(pension parachute)。

1."金色降落伞"方案

"金色降落伞"又称"金保护伞"。该方案规定:一旦目标公司被收购后,高级管理人员失去职位,公司必须立即支付一笔巨额退休金。1986年,美国的戈德史密斯收购了克朗·塞勒巴克公司后,不得不在原公司16名高级职员离任时,支付给他们三年工资和全部退休金,总额达9200万美元,其中董事长克勒松一人就领取了2300万美元。目前,美国财富500强企业中有一半以上的董事会在公司章程里通过了"金色降落伞"议案,但其合法性仍存在争议。

2. "银色降落伞"方案

该方案规定:如果公司落入收购者之手,则公司有义务向中级管理人员支付一笔数额较大的补偿金。

3. "灰色降落伞"方案

"灰色降落伞"则主要是针对目标公司普通员工而制定的,该方案规定他们若在公司被收购后一段时间内被解雇,收购方必须提供一定的生活保障,支付员工的遣散费。①

以上三种方案实质上都是一种保护目标公司员工的方案。由于这三种方案增加了收购方的额外支出,无形中提高了收购方的收购成本,成为反收购的策略。

专栏 11—2　反收购条款与 G 指数

利用反收购条款进行实证研究,属于"法与金融"学科领域。在实证研究中,公司章程中反收购条款变量的选择和数据收集是一个不小的难题。Paul Gompers,Joy Ishii,Andrew Metrick(2003)有一篇经典论文,他们根据 20 世纪 90 年代的美国上市公司章程条款规定,对美国公司的治理情况进行分析,并提出了著名的 G 指数(governance index),即公司治理指数。美国上市公司章程中规定的反收购条款(1990～1998 年)如表 11—2 所示。

表 11—2　　美国上市公司章程中规定的反收购条款(1990～1998 年)

特　征	拥有以下治理条款的公司数量比例(%)	
	1990 年	1998 年
制造延迟转让控制权		
空头支票(任意推迟开会)	76.4	87.9
错层董事会	59.0	59.4
特殊会议安排	24.5	34.5
书面同意书	24.4	33.1
对董事高管的保护		
薪酬计划	44.7	62.4
合同条款	16.4	11.7
金色降落伞	53.1	56.6

---

① 在我国国有企业改制过程中,如果员工发生身份置换(即从国有企业职工变更为民营企业职工)或者员工被解雇,会产生金额不等的"经济补偿金",这种经济补偿金性质上与"灰色降落伞"十分相似。

特　征	拥有以下治理条款的公司数量比例(%)	
	1990年	1998年
补偿	40.9	24.4
责任赔偿	72.3	46.8
解雇补偿金	13.4	11.7
投票权规定		
公司管理合同	14.4	18.1
章程	3.2	3.0
累积投票	18.5	12.2
秘密投票	2.9	9.4
超级多数要求	38.8	34.1
不平等投票权	2.4	1.9
其他规定		
反绿色邮件	6.1	5.6
董事责任	6.5	6.7
公允定价	33.5	27.8
养老金降落伞	3.9	2.2
毒丸计划	53.9	55.3
银降落伞	4.1	2.3
公司样本数量	1 357	1 708

然后，Gompers等人根据每家企业的章程中对上述具体条款的规定(其中有合并)，共计设定了24个条款，发现某公司章程中每规定有一个条款即加一分，计算每家公司的得分。得分即为G指数值。G指数得分越高，表明公司治理越差；得分越低，表明公司治理越好。他们发现，G指数得分更低的企业拥有更高的公司价值、更好的利润和销售收入增长、更少进行并购。而且，他们发现，建立如下的投资策略：买入G指数得分最低的十分位企业股票、卖出G指数得分最高的十分位企业股票，如此的投资组合每年可以获得8.5%的异常超额收益。

很容易看出，Gompers等人(2003)提出的G指数计算的依据，实际上就是反收购条款的规定，24个条款中绝大部分都是本书内容介绍的反收购条款。

目前，我国尚没有针对上市公司章程条款设置的专门数据库。郑志刚、徐荣、徐向江、赵锡军(2011)采用人工采集数据的方法,查阅了所有上市公司的章程,通过对照比较整理出相应章程条款设立情况。他们以 Gompers 等(2003)的 24 项条款作为蓝本,对照我国《公司法》《证券法》和《上市公司章程指引》赋予公司自治权的相关规定,剔除 Gompers 等(2003)标准选择趋同化严重的条款,留下存在差异的"累积投票条款"和"董事责任险"等条款,进一步借鉴 LLSV(1998),增加了"提名董事权持股要求条款"和"增资程序条款"等存在差异性的章程条款。研究发现:

第一,我国公司层面法律规章的制定同样有助于投资者权力的保护。具体而言,董事责任险和增资程序条款的设立,有助于降低代理成本,提高代理效率;而提名董事权持股要求和累计投票制度条款的设立在我国公司治理实践中对投资者权力的保护作用有限。

第二,董事责任险和增资程序条款的设立与主要公司治理机制在降低代理成本过程中存在交互效应,因而上述公司章程条款的设立将加强和改善部分治理机制的公司治理作用。[①]

二、反击型的反收购对策

(一)回购股票

企业在受到并购威胁时常常会回购股票(stock repurchase),一方面使并购方不能获得足以掌握控制权的股票份额;另一方面目标公司回购价格较高,迫使收购方提高价格,增加收购成本。回购股票是一种消极的防卫,因为溢价回购本公司的股票必定急需大量的资金,而资金的来源可能有:一是大量举债;二是出售一些相对次要子公司的股权或分公司的资产,或出让部分业务部门,削减长期投资计划,以获得充裕的资金去回购股票。有时候袭击者只是一群风险套利商/对冲基金等,并非真正想并购目标企业获取公司控制权,他们只是利用收购作为佯攻,逼迫目标企业高价回购他们手中的股票,以赚取大量暴利,此方式被称为"绿色敲诈"或"绿色邮件"(greenmail)[②]。为了防止此种情况的发生,企业章程中应定有反绿色敲诈条款。

定向股票回购可以作为反收购的一个手段,它可以促使敌意收购者把股票出售给目标公司并赚取一定的利润,放弃进一步收购的计划。但是采取定向回购股票特别是溢价回购,会损害目标公司中小股东的利益。允许执行绿色邮件、定向回购敌意收购

[①] 有兴趣的读者可以进一步阅读:Gompers,Paul,Joy Ishii,and Andrew Metrick. Corporate governance and equity prices[J]. *The quarterly journal of economics*,118,No.1(2003):107-156.;郑志刚,许荣,徐向江,赵锡军. 公司章程条款的设立,法律对投资者权力保护和公司治理——基于我国 A 股上市公司的证据. 管理世界[J]. 2011(7)141-158.

[②] 由于美元纸钞的颜色为绿色,所谓绿色邮件即为勒索现金的敲诈信。即指敌意收购方收购了部分股票后,给目标公司董事会寄去勒索信,要求目标公司对敌意收购方持有的股票进行溢价回购。

方股票的行为,往往被认为是公司治理失败的表现。在我国,根据《公司法》以及《上市公司回购社会公众股份管理办法(试行)》等规定,公司股票回购的目的主要是为了减少公司注册资本或者在一定比例范围内实行员工股权激励、以及公司价值低估,为反收购目的的股票回购尚未有明确的法律支持。①

(二)寻找"白衣骑士"

"白衣骑士"(white knight)是相对于"黑衣骑士"而言,"黑衣骑士"(black knight)是指某些袭击者通过秘密地吸收目标企业分散在外的股票等手段,对目标企业形成包围之势,使之不得不接受苛刻的条件,把企业出售,从而实现企业控制权的转移,这些袭击者即称为"黑衣骑士"。当目标企业遭受到"黑衣骑士"攻击时,为了不使企业落入并购方的手中,而选择一家关系密切并且有实力的企业(即"白衣骑士"),以更优惠的条件达成善意并购。比如,1985年美国维克斯公司为了抵制联合利华的收购,选择宝洁公司作为"白衣骑士",授予宝洁公司"锁定选择权",具体内容为:如果因某种原因,他人取得维克斯公司过半数的股份时,宝洁就能获得以低价收购维克斯公司的"欧蕾"事业部的权利。"欧蕾"是维克斯公司的主导产品之一,这无疑使收购方知难而退放弃收购计划。

通常,如果敌意收购者的收购出价不是很高,目标公司被"白衣骑士"拯救的可能性就大;当然白衣骑士本身的出现,客观上有助于增加并购的价格竞争,迫使敌意收购者提高要约价格或收购出价,即使最终目标企业被敌意方并购,但目标企业的股东出售收益增加了。

[案例11-3] 万科引入"白衣骑士"最终化解了敌意收购危机

2015年,"野蛮人"来敲门了。民营资本宝能系通过二级市场增持股票、多次举牌我国最大的房地产上市公司深万科。2015年8月26日,宝能系第三次举牌万科A,首次超过华润成为万科A的第一大股东。宝能与华润相继增持,争夺第一大股东的位置。王石在公司内部讲话中公开表示"不欢迎宝能"之后,"万宝之争"更加激烈。

2015年12月18日,万科A宣布停牌筹划重大事项,万科管理层在资金方面处于劣势的情况下,开始谋求重组,试图引入"白衣骑士"。

万科于2016年6月发布重组预案,拟收购前海国际100%股权。交易后万科A将获得前海枢纽和安托山两个优质项目资源,深度介入深圳地铁集团的"轨道+物业"模式。

具体交易方案如下:

---

① 在2018年10月底我国修订后《公司法》中,增加了股份回购的动机,具体参见本书14章专栏14-2,但回购动机没有提及反收购。

标的:前海国际100%股权;交易对手:地铁集团;标的作价:456.13亿元;支付方式:100%股份支付;发行股份价格:15.88元/股;发行股份数量:2 872 355 163股;评估方法:资产基础法;业绩承诺:无。

交易后上市公司总股本将由110.39亿股上升为139.12亿股,新增发股份占发行后总股本的20.64%,第一大股东将由华润集团变为深圳地铁集团。交易前后万科A均无控股股东、实际控制人。但是2016年6月,作为第一大股东的宝能系与第二大股东的华润一同反对万科重组预案。这期间出现了第三方的多家收购者如恒大集团、安邦等。

2017年1月,华润将持有的16.9亿股万科股票,以每股价值22元作价371.71亿转让给深铁。2017年6月,恒大集团宣布恒大地产及其附属公司与深圳市地铁集团有限公司签订协议,以战略发展需要为由,将持有的近16亿股万科A股(占当日发行股本的14.07%)出售给深圳地铁集团。深圳地铁集团最终以白衣骑士的形象,赢得了这场对万科控制权的争夺战。

(三)资产收购和资产剥离

将目标公司的资产结构进行改变也可以作为反兼并措施之一,这种对策包括将收购者希望得到的资产——常被称为"皇冠上的明珠"(crown jewels),从公司剥离或出售,或者购入收购者不愿意得到的资产如某些可能会引起反垄断法或其他法律上麻烦的资产。例如,目标公司可以大量举债购买一些无利可图的资产,或进行一些很长时间才能见效的投资,使公司负债累累,资本收益率大幅度下降。这样,收购方即使收购成功也将得不偿失。

这些对策的目的在于减少目标公司在收购者心中的吸引力,并提高收购者付出的代价。这种措施通常会降低目标公司资产的质量和股票的价格。我国的《上市公司收购管理办法》禁止被收购方在收购人做出提示性公告后"处置、购买重大资产,调整公司主要业务",只有面临经营困难的公司例外。[①] 但该法规只是禁止在发出要约收购提示性公告之后或者签订协议转让之后的过渡期内,不得进行资产收购或剥离,若上市公司之前进行类似的资产调整,则并不禁止。

(四)员工持股计划

员工持股计划(ESOP)是由公司员工来购买自己公司的股票,一方面可以增加员工的参与意识,另一方面员工为自己的工作及前途考虑,往往和公司管理层保持一致,不会轻易出让自己手中握有的本公司的股票,而且现实中,员工往往和管理层一起持

---

① 我国《上市公司收购管理办法》第23条。

股。如果员工持股数额庞大,在敌意收购发生时,目标公司则可以保证安全。[①]

[案例11-4] 广发证券三招击退中信证券的敌意收购:员工持股、交叉持股、"白衣骑士"

2004年9月2日,中信证券股份有限公司在董事会会议上一致通过《关于收购广发证券股份有限公司部分股权的议案》,由此拉开了中信广发收购与反收购战的序幕。中信证券彼时总资产为137.46亿元,主要股东是中信集团、雅戈尔、中信国安集团、南京扬子石化炼化、中国粮油食品进出口集团、柳州两面针等。广发证券是中信证券上市时的主承销商。广发早先也曾谋求上市,目前其大股东是辽宁成大股份有限公司、中山公用实业集团有限公司、吉林敖东药业集团有限公司和广东珠江投资有限公司等。面对中信证券的收购,广发证券采取了以下三招反收购措施:

一招:成立员工持股公司。

2004年9月4日,深圳吉富创业投资股份有限公司成立,该公司由广发工会负责成立,注册资本2.48亿元。包括广发证券、广发华福、广发北方、广发基金与广发期货在内的五个公司的员工均可用自有资金自愿认购吉富公司的股份。也就是说,吉富公司是此次广发反收购战中通过员工持股计划成立的反收购公司。9月10日,云大科技将持有的广发证券3.83%股权以每股1.16元转让给吉富。9月15日,广东梅雁企业股份有限公司公告称,将公司共持有的8.4%广发证券股权全部转让深圳吉富。这样一周内,深圳吉富已持有广发证券12.23%的股份,成为其第四大股东。按照计划,广发工会将出让其持有的辽宁成大16.91%法人股给吉富,同时吉富还将收购其他股东持有的广发证券20%左右的股份。加上广发证券第一股东辽宁成大(持股25.58%)及第三股东吉林敖东(持股13.75%)早先旗帜鲜明地表示不出让股权,这样,广发近52%的股权暂时不会落入中信手中。

面对广发证券的反收购措施,9月16日,中信证券正式出击,向广发证券全体股东发出要约收购书,以1.25元/股的价格收购广发股权,使出让股东的股权在评估值基础上溢价10%~14%,以达到收购股权51%的目的。

二招:交叉持股捍卫相互利益。

广发证券与辽宁成大的相互持股关系,在广发证券反收购成功中起到了很重要的作用。广发证券工会是辽宁成大的第二大股东,持股16.91%。辽宁成大2004年初持有广发20%的股份,2月又从辽宁外贸物业发展公司收购了广发约2 538万股,约占1.3%,6月从辽宁万恒集团收购广发约8 624万股,约占4.3%,至此,辽宁成大持有广发的股份比率高达25.58%,成为广发的第一大股东。在中信证券发出收购消息

[①] 关于员工持股计划的内容,具体可参见本书第八章第三节。

之初,辽宁成大即表示要坚定持有广发的股权,并于9月28日受让美达股份所持有的广发证券1.72%的股权,至此辽宁成大共计持有广发证券27.3%的股权,继续保持第一大股东地位。这种态度给广发证券很大的信心支持。此时,辽宁成大、吉林敖东与深圳吉富共同持有广发证券66.67%的股权,三者构成的利益共同体的绝对控股地位已不可动摇。

三招:"白衣骑士"救护。

在本次反收购行动中,广发证券积极寻找"白衣骑士"也是反并购能够成功的最主要原因之一。深圳吉富在收购云大科技与梅雁股份所持有的广发股权之后,很快就面临着资金的短缺。吉林敖东在这次反收购活动中,就扮演了"白衣骑士"的角色。吉林敖东原本是广发证券的第三大股东,共持有广发证券14.98%的股权,在本次反收购过程中,吉林敖东不断增持广发证券的股权,有力地挫败了中信证券的收购行动。2004年9月17日,吉林敖东受让风华高科所持有2.16%广发证券股权,增持广发证券股权至17.14%,成为其第二大股东。9月28日,吉林敖东再次公告受让珠江投资所持广发证券10%股权,至此,吉林敖东持有广发共计27.14%的股权。

2004年10月14日,中信证券的要约收购无法达到51%的预期目标,要约收购因此解除。历时40多天的收购与反收购大战,以广发证券的成功结束。

该案例中,当初中信公告收购广发股权时,既没有与广发证券和广东省政府做充分沟通,亦没有充分估计到收购行为将遇到的各种阻力。在看到广发全体员工如此强烈抵制,一周内组建员工持股公司(深圳吉富)并迅速收购广发12%以上的股权,以及忽视了广发证券股权结构中原本存在的交叉持股、同时还面临"白衣骑士"的介入后,中信证券才发现收购广发证券远远没有原先想象得那么简单。

(五)"帕克门"战略

"帕克门"(pac-man)原是20世纪80年代初流行的一部电子游戏名称,在该游戏中,任何没有吞下敌手的一方遭到自我毁灭。这里指的是,当敌意收购发生时,目标公司针锋相对地对收购方发动进攻,也向收购方提出收购,使收购公司被迫转入防御,自己则处于可进可退的主动位置。反收购实践表明,"帕克门"战略是一场非常残酷的收购战,最后的胜利者往往是那些实力雄厚、融资渠道广泛的公司。如果收购战的双方实力相当,"帕克门"战略的结果很可能是两败俱伤。没有明确的研究结果表明收购双方股东能从中受益。

专栏 11－2　美国反收购领域的两个著名法院判决原则——Unocal 标准和 Revlon 责任

在美国的公司法领域,处于主导地位的特拉华州法院允许目标公司董事会比较自由地采取各种收购防御措施,有的州还以立法形式出台了反收购法条纳入该州的公司法中。美国的联邦政府对于收购防御的规制限于相关信息的充分披露。美国证监会(SEC)主张把保护普通投资者的权利放在至上地位,在敌意收购者和目标公司之间保持中立地位。但是 SEC 强烈反对所有州的反收购立法。

在 20 世纪 80 年代后,几乎所有的美国上市公司都采用了一种或者几种收购防御措施。

1985 年,特拉华州最高法院做出了两个重要的判决:Unocal Corp. v. Mesa Petroleum Co;(确定了 Unocal standard)Revlon Inc. v. MacAndrews& Forbes Holdings(确定了 Revlon duties)。在此之后,特拉华州法院通过解释和适用这两项判决原则,成为公司并购领域最活跃的监管者。

第一,尤努科标准(Unocal standard)又称经营判断规则(the business judgment rule)。经营判断规则是为了规范董事行为所建立的规则,要求董事行为必须是善意地、诚实地、以及合理地为公司谋利益。该规则的具体要件:这是一项商业决策,履行了注意、善意、以及不得滥用裁量权或浪费资产。在反收购领域,具体包括:

1. 合理性测试。董事会必须能够清楚地证明,如果考虑到敌意收购方可能采取的政策危险性,董事会的行为是合理的。

2. 一致性测试。董事会必须证明他们的反收购措施与他们意识到的政策危险性一致。合理而且适度(reasonable and proportionate in relation to the threat posed)。

一旦满足上述标准,关于董事行为的业务判断准则的假设就是成立的。在目标公司的董事会完成"合理性测试"和"一致性测试"等两项证明后,举证责任就转移到原告身上,由原告负责推翻经营判断原则下的假定。法院指出,在判定是否实际存在威胁时,董事会可以考虑的因素包括但不限于收购价格、收购性质和时间选择、收购合法性、收购对股东以外的其他利益群体(债权人、顾客、雇员甚至社区)的影响以及收购不能完成的风险等。

第二,露华浓责任(Revlon duties)。特拉华法院判定,对不同收购要约有所偏好的反收购措施是不合法的。董事应当为使股东利益最大化而促进竞标过程。但是当时 Revlon 公司采取的反收购措施——锁定期权(lockup option)和一对一交易(no-shop provision)妨碍而不是促进了竞标过程。因此,露华浓责任指出:

1. 妨碍竞价过程的反收购措施是非法的,董事会应确保股东得到最高的要约价格。

2. 如果董事会主动寻求将公司出售或重组,或者在面临敌意收购时寻求将公司出售给第三人,使得公司的解散或分拆不可避免(make dissolution or break-up inevitable)时,董事会的角色就从善意的管理人转变为公平的拍卖人,其义务也从维护公司的存续转变为将公司以最高可能的价格出售。在衡量出价的高低时,法院允许管理层超越价格本身,考察收购人的融资方式及其可能给目标公司造成的负担等因素,作出综合的判断。

不可否认的是,无论是 Unocal 还是 Revlon,都没有提供黑白分明的判断标准。什么是 Unocal 标准中所指的"威胁""合理"和"适度",什么又是 Revlon 责任中所指的"出售",都存在相当大的解释空间。

在当前的美国,不同于州公司法中大量存在的"择入条款"("opt in" provisions),反收购条款是所谓"择出条款"("opt out" provisions),即无须股东会批准即自动适用于在该州注册的公司,除非股东会通过修改章程明确拒绝其适用;尽管各州都声称其反收购立法是为了保护目标公司股东和其他利益群体免受敌意收购的损害,但这种说法并不能完全让人信服。事实上,股东对是否适用反收购条款往往没有选择余地,因为"择出"过程通常被董事会所控制。例如,根据特拉华州公司法,股东无权自行提议修改章程,这意味着除非董事会愿意,否则就不可能拒绝反收购立法的适用。

反对反收购措施的声音始终存在。最激烈的反对来自芝加哥法经济学派的学者们,他们从维护州之间自由竞争和实现资源最优配置的立场出发,主张禁止目标公司管理层采取任何反收购措施。

特拉华州法院对收购防御的主基调是宽容主义,同时保持自己对该问题的监管者角色。许多学者宣称 Unocal,Relvon 已经"死亡"了!对于特拉华州法院明显放纵和偏袒目标公司管理层的倾向,许多学者认为会对美国经济带来负面效应。[①]

---

① 本专栏主要参考了:张子学. 美国证监会在公司收购防御问题上的立场与作用[J]. 证券市场导报,2008(3).

本章小结

本章主要介绍了反收购的含义,以及目标企业在面临敌意接管威胁时采取的法律手段和经济手段。

根据目标企业董事会/管理层同意与否,可以将收购行为分为善意收购和恶意收购。如果目标企业同意被收购,就不存在反收购问题;如果不同意,则目标企业就会采取一系列措施,防止落入对方手里。目标公司在遭到恶意收购时,一般首先会运用法律手段如《反垄断法》《证券交易法》《上市公司收购管理办法》等法律法规进行诉讼。

目标企业除了可以利用法律手段进行反收购外,还可以利用经济策略。在收购发生前后采取不同的策略。防御型的反收购对策主要有:修改公司章程、"毒丸"计划、公司股东大会延期、错层董事会安排及各种降落伞计划等。反击型的对策主要有:回购目标公司的股票、寻找"白衣骑士"、资产收购和资产剥离、员工持股计划及"帕克门"战略等。

基本概念

反收购	错层董事会	绝对多数条款
累积投票权制度	公正价格条款	毒丸计划
金色降落伞	白衣骑士	帕克门战略
Unocal 标准	Revlon 责任	

复习题

1. 如何正确理解反收购的具体含义?反收购有哪些法律手段?
2. 常见的"毒丸"计划有几种?各自的作用是什么?你认为在公司反收购战中,"毒丸"计划有哪些利弊?
3. 什么是"尤努科标准"?为什么"尤努科标准"也就是"经营判断准则"在并购中的应用?
4. 什么是"露华浓责任"?在什么前提下,公司并购中适用"露华浓责任"?
5. 目标企业在遭到"黑衣骑士"(即敌意收购者)攻击时,通常会选择一家与自己关系密切的且有实力的公司,给予其更优惠的条件,达成收购意向。这一行为通常被称为寻找"白衣骑士"。公司经营的目的是追求股东价值最大化,那么相对于"黑衣骑士"而言,"白衣骑士"的更高出价可能偏离了其自身股东权益最大化的目标。请问你是如何看待这一问题的?

实践性问题

1. 对于反收购条款与公司价值的关系,最早进行全面分析的是 Gompers, Ishii and Metrick(

2003)(参见本章专栏11-2)。他们通过建立G指数,认为反收购条款数量较少的公司业绩表现更好,有更高的公司价值。在他们之后,Bebchuk,Cohen and Ferrell(2009)利用6个反收购作用较强的条款构造了"堑壕指数"(简称E指数),发现随着反收购条款的增多,公司价值显著下降。尽管之前的大多数学者认为反收购条款有损公司价值,但是Stráska和Waller(2010)的研究表明,反收购条款并不一定导致公司价值的降低。他们认为反收购条款在目标公司的谈判力增强和管理层保护两个方面发挥作用,发现对于谈判能力弱的公司,反收购条款的主要作用是提高公司的谈判能力,反收购条款与公司价值正相关。

陈玉罡、石芳(2014)利用中国数据对反收购条款对并购的影响进行了研究,发现当并购交易规模达到目标企业10%股权以上时,反收购条款能显著降低目标公司被并购的可能性;当交易规模低于10%时,反收购条款对并购概率没有显著影响。

请阅读以上有关文献,尝试用计量方法检验:中国上市公司的反收购条款规定与公司价值的关系。

2.2015~2016年我国"宝万之争"的并购战爆发后(参见本章案例11-3),在2016年以来出现过一次上市公司章程的修改浪潮,世联行、雅化股份、伊利股份、山东金泰、中国宝安等公司章程的修改成为媒体的焦点。

请查询以上公司的章程修改内容,思考回答以下问题:修改公司章程进行反收购,是保护上市公司中小股东利益的行为吗?任意修改公司章程的边界在哪里?

第十二章　并购后的整合

第一节　整合的风险与意义

整合(integration)，也称为"企业并购后整合"(Post-Merger Integration, PMI)，一般被定义为两个企业在生产经营、组织机构、企业文化等各方面进行协调与整顿，成功实现收购方与被收购方的全面融合，达到收购前所预期的效果。只有并购公司与被并购公司真正整合在一起融为一体，进入良性运转，基本达到并购战略所确定的目标，一项并购才称得上是一次完满或成功的并购。

一、整合风险

一般而言，企业并购过程中通常存在三种风险：外在风险、交易风险、整合风险。其中，整合风险是收购所面临的最主要风险。整合风险一般包括经营上的风险、资本市场的风险和文化冲突等。

经营上的风险主要是人员流失，特别是管理层流失和关键员工流失。尤其是在服务业，大多数客户是认人不认公司的，公司关键人员的离开会带走公司的客户。资本市场的风险主要来自以下几个方面：(1)没有让股东了解收购带来的好处和战略意义。(2)企业难以达到期待的协同效应。(3)股票市场上公司市值下降。

文化冲突在每一起失败并购案例的背后，都具有不可低估的作用。公司文化是一种无形的观念，它是构成公司管理风格的社会学基础。它是一种独特的混合物，包括价值观、传统、信仰以及处理问题的准则等。成熟的企业文化塑造了企业独特的管理风格和管理理念，依靠一套潜在的行为准则和不成文制度，指导着公司员工的行为。企业并购会造成不同文化的冲突，员工发现过去被推崇的行为现在不但得不到支持，甚至有可能受到处罚。当意识到公司的价值观和运行方式受到威胁的时候，公司的管理层开始抵制。

[案例 12—1] 戴姆勒与克莱斯勒的合并案

1998 年的戴姆勒—奔驰与克莱斯勒合并案被誉为"整个世界工业史上最大的行动"。巨型的合并计划从萌芽到瓜熟蒂落，前后只用了不到 4 个月的时间，合并后的新公司称为戴姆勒—克莱斯勒汽车公司。合并通过股票互换的方式进行。合并以后，戴姆勒—克莱斯勒汽车公司的实力咄咄逼人。以资本市场总市值排序，该公司名列行业的第二，仅排在丰田之后；以销售额排序，名列行业第三，年销售额为 1 330 亿美元，次于美国两大汽车商通用和福特。

合并之初，就有一种冷静的声音在提醒合并会带来的困难和隐忧。合并之前，克莱斯勒是美国第三大汽车制造商，但合并后，原克莱斯勒的业务却每况愈下，在 2001 年还出现了近 20 亿美元的巨额亏损。从"完美联姻"到"一大并购败笔"，究其原因，与合并后的整合存在很大关系。德、美两国存在很大的文化差异，美国人尽力推出价廉适用的新产品，德国人却对质量一丝不苟，甚至因此耽误新产品面世的时间。管理层因不断摩擦和内部冲突导致数名克莱斯勒关键的高层管理人员辞职或被解雇，他们的离开极大地影响了克莱斯勒员工的士气。

为止住克莱斯勒的流血，2000 年底，总公司派出 7 名成员组成"克莱斯勒救护队"，采取压缩供应商开支、削减克莱斯勒生产线、与三菱合作等一系列方案，使克莱斯勒重新走上良性发展的道路。具有讽刺意味的是，这支工作组(仅两名德国人)是戴姆勒—克莱斯勒公司第一个真正意义上的由德国人和美国人共同组成的管理队伍。其中的德国人——新的克莱斯勒首席执行官特尔·泽切和其助手贝恩哈德尽力和员工们打成一片，以消除员工对领导层中德国人的抵触情绪。

二、整合意义

由于并购是一项关系到企业长远发展的战略活动，并购协议签署以后的整合显得至关重要。著名的管理学家彼得·德鲁克对美国 20 世纪 80 年代的收购浪潮有这样一段评论："公司收购不仅仅只是一种财务活动，只有收购后能对公司进行整合发展，在业务上取得成功，才是一个成功的收购，否则只能在财务上进行操纵，将导致业务和财务上的双双失败。"[1]可见，整合对公司收购的最终成败具有十分重大的意义。通过对大量并购失败案例的分析，可以把制定并购整合战略的意义概括为以下四点：

（一）降低并购风险，成功实现并购的预期目标

整合是公司收购工作的最后阶段，该阶段对收购能否成功、实现预期目标至关重

---

[1] De Noble, Alex F. et al., Planning for post merger integration—eight lessons for merger success[J]. *Long Range Planning*, Vol. 21. 1988(4):82～85。

要。只有并购整合战略的顺利实施,母公司与被并购公司完全融合在一起,生产经营步入理想的轨道,并购才算取得成功。

(二)整合有利于重塑公司的形象

目标公司因为种种原因,常常存在着市场形象受损、员工信心受挫、管理上存在长久弊端等问题,而新的并购整合则给予公司重塑形象、重振员工信心的一次变革机会。在市场竞争的巨大压力下,并购的一方或双方迫切需要在管理和公司文化方面推陈出新,保持旺盛的竞争力。并购公司借助整合的良机,以较小的改革成本,对公司管理制度进行一次科学的梳理,以实现企业文化的转变和提升。

(三)整合有利于实现收购的协同效应

并购很重要的一个动因,就是能够带来积极的协同效应。协同效应是建立在预期的基础上,如果公司根本没有预期的整合计划,或者未按计划开展双方的资源整合,收购不仅不会创造协同效应,反而会出现"1+1<2"的不良后果。只有经过整合过程,收购双方在战略目标、管理制度、经营方式、企业文化等方面的融合,才能更有效地发挥收购的协同效应。

(四)缩短并购的融合期

制定并顺利实施科学、周密的整合战略计划,可以挽救一项当初策划不周的并购交易,也可以使一项认真设计的并购方案结出理想的硕果。大多数并购后的初期都存在着严重的合并创伤,尤其对被并购公司更是如此。

收购公司应当制定完整的整合计划,并且能实现整合计划各阶段的目标,向外界传达积极的整合信号。并购不仅仅是两个公司的优势互补,也是两个公司的问题相加,同时还会产生一些新问题。与旧问题的暴露和新问题产生相伴随的,则是生产的衰退和利润的下降,而整合战略的实施则是帮助公司走出衰退、进入良性运转阶段的有效方法。因此,科学、合理的整合计划以及确保计划的贯彻实施,对缩短并购融合期具有重要的意义。

第二节 整合的内容与方法

一、整合内容

并购整合的主要内容包括以下几个方面:战略整合、组织整合、人力资源整合、业务整合、资产整合、负债整合和文化整合等。

(一)战略整合

战略整合包括战略决策组织的一体化及各子系统战略目标、手段、步骤的一体化。它是指收购方在综合分析目标企业情况后,将目标企业纳入其发展战略内,使目标企业的各种资源服从收购方的总体战略及相关安排与调整,从而取得一种战略上的协同效应。同时,企业并购后又有诸多的不确定因素,因而战略整合也应根据并购后企业的业务实力、经营环境的变化加以调整。

(二)组织整合

组织整合主要包括组织结构和管理制度的整合两个方面。组织结构和管理制度是企业得以安全顺畅运转的基础,因此组织整合是关系到并购最终成败的关键。

1. 组织结构的整合

组织结构整合的实质,是在结构调整过程中寻求双方管理部门的协调和管理职能的再次匹配。组织机构的整合一般要达到以下的目标:一是形成一个开放性与自律性有机统一的组织系统,使整合后企业内的生产要素和资源更加运用自如并高效地结合;二是组织系统的扩张与收缩具有灵活性,能适应外部环境的变化;三是能形成企业内部物流、资金流和信息流顺畅流动的网络结构;四是部门间责权利分明,既相互协调又相互制约;五是机构精简高效,无冗余重复。

组织结构的整合一般有两种模式,一种是集权管理模式,另一种是分权管理模式。前者是指并购方把目标企业的全部资源纳入收购后的公司,对收购后的公司进行统一的经营管理;后者是指并购后目标公司在经营管理上继续保持一定的独立性。一般而言,在收购后,尽可能将被收购公司在组织上予以合并,以进行整体性的经营管理。但如果收购的目的在于多元化经营,则可把被收购方作为一个相对独立的整体加以管理。当然,不存在完全的分权与自治,在较大程度的分权中,母公司还是会保留对一些问题的决策权力。

2. 管理制度的整合

管理制度的整合是指收购方制定规范、完整的管理制度和规范代替原有的制度与规范,作为企业成员的行为准则和新秩序的保障。为了有利于沟通,更有效地控制目标企业,并购方企业一般都将自己良好的管理制度移植到目标企业中。对于那些组织完整、业绩优良、财务状况良好的目标企业,并购方企业通常不改变其管理制度,尽力保持制度的稳定性和连续性。在目标企业中,推行新的管理制度是一个渐进的过程。因此,收购方企业应深入了解原有企业的管理制度,逐步将并购方企业的管理制度引入并贯彻实施。

(三)人力资源整合

人力资源的整合相对于其他生产要素的整合而言,涉及的问题既多又复杂。并购的复杂性决定了它必然会给并购双方的经理人员及其员工,尤其是给目标企业员工的工作和生活带来较大的压力。这种压力主要包括工作安全感的丧失、人事与工作习惯的变动以及文化上的不协调等。多数目标企业的员工得知本企业被并购的消息后,难免忧心忡忡,影响工作;而一些优秀人才更是会去寻找退路,关注其他公司的招聘信息。因此,收购方如何能够稳住目标企业的人才,便成为人力资源整合的首要问题。人力资源整合一般包括以下的内容:

1. 高层管理人员的选择

选派具有专业管理才能、忠诚于并购方企业的高层管理人员,是进行企业整合、提高经济效益的有效途径。一般来说,并购后留用高层管理人员的情况比较多。在麦肯锡公司的一项调查中发现,将近有85%的并购留用了并购前的经理人员。对于并购方而言,首先,必须在并购协议签订前,就依据一定的标准确定应该挽留的目标公司的重要人员或是团队,并对他们的离职或加入竞争方给公司带来的潜在损失进行客观估计;其次,必须了解挽留对象的深层动机,如安全感、控制欲、在位参与感等;最后,针对他们的动机,制定一项可以获得实质支持的说服工作方案并尽快实施。

2. 加强沟通

沟通是一种解决员工思想问题、提高士气的重要方式。通过沟通可以获得全体员工的认可,而且只有通过沟通才能对企业内部人员的特性有相当的了解,才能更好地进行整合工作。一定要让员工清楚并了解整个并购的大致过程、理解并购活动对新企业的战略意义、企业发展前景与方向、接下来将发生什么以及某方面由谁来主管与负责等问题。

3. 裁员及人事调整

在两个企业并购中,由于合并部门、整合职能以及剔除某些机构等原因,经常出现人员过多的现象,公司合并的一个重要原因就是追求规模经济,这也意味着公司将尽可能地裁员。第一,如果员工对新公司没多大的贡献,不如让他们离职,可以减少人力成本;第二,向企业的全体员工传递这样的信号,即新股东不能容忍碌碌无为者留在公司里;第三,迅速辞退一些无能的领导者,会受到那些在被并购企业里工作业绩出色人士的大力欢迎,大大鼓舞他们的士气。

企业要利用并购整合的契机推行劳动人事方面的改革。企业的各部门和生产体系应具有开放性,使各层次、各级员工都有竞争上岗的机会。目标企业的员工在原有的生产经营中形成了必要的人力资本,有实际操作能力和经验,熟悉特定的工艺技术,尤其对于横向并购的企业来说,这些员工与已有的生产条件具有最大的兼容性,这将减少员工对整合的不适应性,节约新招员工所必需的教育培训费用,从而降低生产成本。

(四)业务整合

业务整合主要包括以下几个方面。

1. 经营业务整合

并购的实践表明,并购后进行经营业务整合是十分普遍而且必要的,如某产品生产线不符合并购后的整体发展需要,或并购方企业的设备和生产线重复,需要归并等都涉及经营业务整合问题。在我国,由于亏损企业被并购的较多,目标企业往往亏损严重,所以一般要从产品入手进行整合,砍掉不盈利的产品线或品种,增加盈利产品线或品种的投入,调整企业产品结构,提高企业的盈利能力。

2. 生产与技术整合

生产整合是指完全相同或相似的产品在生产上的整合。如果并购双方在技术、生产设备、工艺流程及员工技术素质等方面具有相似性,则生产整合较容易整合。对于以密集型发展战略为主追求规模经济效益的企业来说,并购后的生产整合问题十分必要。例如,伊莱克斯公司兼并了扎鲁斯公司以后,就采取了"单一产品——单一工厂"政策,即每个工厂要为整个欧洲市场提供单一产品,每个产品分部不仅全权负责产品的生产,还要负责产品的开发和内部营销。伊莱克斯在业务层面采取了充分使用现有生产能力、削减采购成本、重振销售等直接措施。

随着科学技术的不断进步,新技术、新工艺不断涌现,一个企业很难全面拥有各种先进技术,企业要想快速拥有和掌握这些新技术及人才,捷径就是通过并购,然后利用技术整合带动和提升企业的技术水平,提高经济效益。

(五)资产整合

整合双方企业的资产是并购后整合的重要内容。资产整合可以选择出售、购买、置换、托管、回购、承包经营等多种形式进行。对企业资产进行重新组合,增强企业核心竞争力,剥离非核心业务,处理低效率的资产或子公司,提高资产效率。对于经营业绩和财务状况欠佳的公司,并购后首先应处置不必要的资产,迅速停止获利能力低的生产线,从各种可能方面采取措施降低成本。

1. 固定资产的整合

应当根据企业自身的发展战略并结合实际情况,对固定资产中的各个项目围绕适用性和效率性进行分析,并在保持生产体系完整性和协调性的条件下,对固定资产进行吸收整合或者剥离出售。在企业制定并购计划时,应将吸收与剥离资产的界限明确,以便将需要剥离的资产从被收购方的全部资产中剔除出来,从而减少以后的工作量,节约整合成本。例如,青岛啤酒收购上海嘉士伯啤酒后,获取其精良的具有国际一流水平的生产设备,再对生产设备稍加改造和完善,就达到了年产 10 万吨啤酒的规模。

2. 长期投资的整合

长期投资整合的重点在于股权投资的整合。并购后的企业必须对目标企业的长期投资进行价值分析和质量评估,以形成长期投资整合的依据。对长期投资资产的质量进行评估时,应当关注长期投资资产价值的增减情况和以往各年投资收益的取得情况,如果这两者均处于不断的增长趋势之中,则说明该长期投资具有较好的投资价值,应当将其吸收进并购后的企业。反之,则可判断该投资为质量低劣的资产,可将其剥离出售或转让,以收回投资。

3. 流动资产的整合

流动资产包括现金、有价证券、应收账款、存货等。并购后企业流动资产总量增加,能够增强偿债能力,降低财务风险,但流动资产总量增加的同时,会导致总资产收益率的降低。因此,企业要根据生产经营规模和固定资产的投资总量,确定相匹配的流动资产数量,将多余的流动资产出售、置换或投资。由于流动资产的循环和周转速度决定了资产的周转速度,因此并购后企业通过对流动资产的整合,使整合后的流动资产周转速度加快。

4. 无形资产的整合

无形资产是并购后较易被忽视的资产,虽然它们不具有实物形态,但作为企业资产的一部分对企业有很大的价值。所以并购后应重视对无形资产的利用与整合。在整合的过程中,要对上述无形资产做全面的分析和系统的整合,特别是对其中的雇佣关系、企业文化与客户关系等方面均要作为整合的重点,以避免出现价值损失。

(六) 负债的整合

负债整合的目标在于改善财务状况,优化资本结构,增强企业偿债能力。如果收购方在并购中面临的未来偿债压力很大,可以将一部分债权转变为股权,使原来的债权人转变为股东,从而降低企业的资产负债率,实现资本结构的优化。也可以采用"负债随资产"的形式,这就要求企业在并购之后整合资产的同时,对资产一同转移过来的负债进行整合。例如,可以利用整合资产时将资产剥离所获得的变现收入来偿还债务,从而使资产和负债金额保持合理的比率。

(七) 文化整合

随着组织结构的转变,并购后企业的文化也面临着整合。企业文化是指企业在长期生产经营的实践中逐步形成的具有本企业特色的共有价值体系,包括企业成员共同认可的价值观、行为准则和仪式等。企业文化可以塑造企业的经营理念,形成企业的管理风格,有助于指导员工的行为方向,具有很大的作用。然而,企业文化的整合也是整个整合过程中最困难的一部分。一个表面上看起来能够带来并购协同效应的组织,可能潜在地存在着严重危害双方和睦共处的文化。例如,20世纪80年代日本索尼公司和松下电器分别收购了美国好莱坞的哥伦比亚公司和 MCA 公司。但日本文化的绝对服从观念与美国企业强调自我意识的价值取向格格不入,致使索尼公司投资损失达 30 亿美元,松下电器则把 MCA 公司卖给了西格拉姆公司。而同样面临差异巨大的法国和日本的企业文化,当 2001 年法国雷诺汽车公司并购了日本日产汽车公司后,通过引进具有挑战性、可衡量的"日产复兴计划",并将这一计划作为振兴员工和鼓励他们将文化分歧放在一边的最高目标,成功完成了文化整合。

并购企业必须认识到:对被并购企业的文化整合,并不仅仅是一个以并购企业文化替代被并购企业文化的简单过程。首先被并购企业的企业文化中可能存在适合其经营环境的合理成分,对于这些合理成分,应使其与并购方企业的文化相融并蓄,从而获得文化的协同作用。如广东三九集团在并购四川雅安制药厂后,向后者移植了"三九模式",但考虑到当地特殊的文化,三九将最高职位与最低职位之间的工资差额从 18∶1 缩小到 5∶1 左右,这一调整虽然与三九的企业文化有所冲突,却无疑更有利于被并购企业人心的稳定与长远发展。其次,对于企业文化的整合,一开始往往会遇到来自被并购企业员工的阻力,需要一些时间来找到一个切入点,以双方都能接受的方式,潜移默化地完成文化的整合。

[案例 12—2] **联想收购汉普后的企业整合**

2002 年 3 月 21 日,中国最大的 IT 制造企业联想集团宣布收购中国最大的管理咨询公司汉普国际。联想朝着 IT 服务转型的方向又迈进了坚实的一步。

汉普自 1997 年成立以来,业务收入以每年 300% 以上的速度飞速增长,在 2002 年最保守的估算也不会低于 100%,已经成为国内最具有影响力的管理咨询公司之一。汉普吸引联想的地方在于其不仅拥有一支已经享有盛誉的咨询团队,更重要的是丰富的大客户资源,是对联想 IT 服务业务的有力支持与补充。入主汉普不仅解决了联想在 IT 服务中的咨询环节,而且汉普带来的客户群解决了联想长久以来的大客户难题。而联想拥有的品牌优势、客户关系和资金优势,正好与汉普互补。但是如何成功地将汉普融入联想集团中,并不是件容易的事。联想把整个过程称之为融合,他们在这个过程中摸索出的经验,值得借鉴。

1. 融心最重要

联想在融合工作中的总体指导思想是"融心、融事、融文化",其中首要和最重要的则是融心。联想认为,单纯的业务整合根本解决不了两个公司完全合并到一起的问题,所有业务能够正常开展的前提,是人们有一个共同的目标和价值观,而这个问题的关键点在人心的融合上。

联想融事先融心的策略,带来的效果是在业务上的双向整合。比如尽管联想有很多优秀的管理流程,但在融合开始时没有主动引入到被融合的企业中,联想不希望大家产生一定要按照联想的规矩来做事情的想法。但是,经过组织全体员工开展拓展活动、春游,以及中秋、生病慰问等大量细致的"融心"工作以后,被融合企业往往会主动与联想沟通,他们会说联想知识管理流程很好,能不能把联想的流程结合自己的实际需要,然后逐步推广。

2. 业务和管理流程的融合

联想与子公司在业务和管理流程融合上的指导思想,是二者相遇取其长。联想发展历史较长,已经形成了正规化、高水平的管理模式,2002年联想宣布向服务转型,成立IT业务群组以后,对自身原有流程做出了很大修正,以符合IT服务本身的特色。联想投资的这些企业虽然在某些方面优势集中,但规模较小,而联想要做的工作就是如何把自己在管理运作上的核心思想拿来为他们所用。

随着工作的深入,联想逐渐总结了共同规律,形成了很多工作模块,把一个融合案例到底该如何一步一步做完,进行了流程上的规范。

3. 文化融合

尊重行业规律、正视管理现状、承认文化差异,是联想进行文化融合的指导思想。而联想在与被投资企业进行文化融合的过程中,也必将对联想自身的文化进行有益的补充。并购后联想提出"要创造包容多种文化的体制"。新汉普在公司内部上下提倡"包容"、"尊重"和"信任"的文化,例如,在办公区设置了一个宽松、开放的讨论区,在装满食物的冰箱上贴上"取货付款"的说明,而不是发布使用管理条例,或大力惩罚不自觉付费者,等等。

二、整合策略类型

企业并购后整合的成功,取决于两个企业间战略性能力的转移,而战略性能力的转移,又取决于并购双方战略性能力的相互依赖性。根据收购方与目标企业在战略依赖性与组织独立性需求上的不同,可将整合策略分为四种类型:完全整合、共存型整合、保护型整合和控股型整合。

(一)完全整合

完全整合又称吸收性整合。完全整合要求双方在战略和组织上都完全融合,整合意味着双方公司以往的经营、组织、人事和文化等方面的完全合并。实施完全整合的双方在战略上互相依赖,同时目标企业的组织独立性需求较低。在完全整合的情况下,企业需要共享资源以消除重复劳动并创造新的经济增长点,实现企业的战略目标。

(二)共存型整合

共存型整合的双方在战略上相互依赖程度较强,同时双方组织独立性的需求也较高。收购方与被收购方彼此共存,保持着双方各自的边界,但在生产经营上逐渐变得相互依赖,在边界上具有一定的可渗透性。以共存为基础的整合更多的是从战略的角度来考虑的,但要注意如果不能统一调配资源,形成整体效应,就有可能陷入支付过多的危机。共存型整合一般在生产领域进行,不会过多涉及组织、人事上的调整。

（三）保护型整合

在保护型整合战略中,被收购方拥有较大的自治权,而且对收购方的经济依赖性较低。这时收购方对目标公司的资源只能是谨慎而有限度的干预,比如财务控制方面,而且允许目标公司开发和利用自己的资源和能力。这种整合通常发生在两大企业之间的收购过程中。

（四）控股型整合

在控股型整合中,企业间战略依赖性不强,同时组织独立性也不强,这种情况一般用于单纯收购目标企业的资产或部门,实质上就是购入目标企业的资产为收购方所用。这种并购的着眼点,不在于和被收购企业联合以增强自己的核心优势,而在于通过控股获得其他产业的较高利润或降低整体经营风险。

对于以上四种整合的类型,收购方应该根据企业的长期发展战略和被收购方的现实情况,做出合适的选择。在完全整合中,双方资源必须集中统一起来,以减少重复浪费,为了缩减某些盈利少、前景不看好的产业生产能力,一般采取这种整合方式。在共存型整合中,没有发生组织机构和人事上的变动以及运营资源的统一使用,但一些与生产经营有关的技术、质量控制、产品研究开发等会逐渐转让。对于保守型的整合,只有整体管理技术可以转让,联合大企业式的收购一般采取这种整合方式。如果上市公司收购的目的是为了进入新行业创造条件,开拓多元化领域,着眼点不在于与被收购企业的联合来增加自己的核心优势,则一般采用控股型整合方式。无论采用哪一类型的整合方式,收购双方的整合程度如何,收购方都应按照公司的长期发展战略来考虑收购和整合的有关事宜。

三、整合过程

整合的主要过程大致如下:制订整合计划、成立专门的整合项目小组、进行有效的沟通、建立一个新的组织、制订员工安置计划、职能和部门的整合以及建立新的公司文化。

（一）制订整合计划

并购的目标公司确定以后,整合工作实际上已经开始,真正意义上的整合阶段可以从并购协议签署之日算起。制订一套完善的整合计划是启动整个整合工作的关键。事实上,在收购开始以前就应该着手制订整合计划。对目标公司进行调查和深入了解后,根据收购的目的和目标公司的具体情况,可以大致勾画出整合计划的框架和纲要,并在其后随着收购交易的推进而不断补充和修订。一个较完备的整合计划应该包括以下的内容：(1)整合的主要目标、具体任务和完成期限。(2)成立专门的整合项目小组。(3)整合所涉及的范围。(4)整合是否成功的衡量标准。

(二)成立专门的整合项目小组

作为公司发展战略的一种方式，并购活动带来的是一场革命而不是简单的改良。这就突出了整合工作的极端重要性。有了整合计划以后，必须成立一个专门的整合项目小组。该整合项目小组应该由收购方成员和非收购方成员组成，其负责人必须承担整合工作的许多重要职责，定期向公司高层汇报整合工作进展，向员工传递整合的信息。

(三)进行有效的沟通

在公告收购之前，收购公司应当准备一份沟通计划。计划应当由整合项目小组和公共关系部门或外聘的公共关系顾问来共同制定，它应当包括主要的信息以及详细规定目标公司利益相关者和传达信息的合适媒体。利益相关者群体包括员工、客户、供应商、投资者和社会大众，针对不同的利益相关者应采取各自适用的沟通方式。比如说，人力资源部门必须了解员工知道什么和想知道什么，现在流行的传言和员工认为什么是最令人感到不安的。惯例和薪酬的变化，被员工视为先前管理层对所做出的承诺的违背，会加速员工的流失。为了尽可能地减少这种可能性，人力资源部门必须真诚地、详细地解释为什么会有这种变化，如果这样的变化能够最终避免失业甚至破产，那么员工就更容易理解这种变化，员工对并购的恐惧心理也就大大减轻。

(四)建立一个新的组织

建立组织结构的有效起点，是从过去中汲取经验，并认清是公司的需要从而驱动组织结构。一般存在三种基本类型的组织结构：职能型、产品或服务型、部门型。职能型集权化程度最高，而部门型分散化程度最高。目前，部门型组织仍然是主要的组织结构形式，在这样的组织中，不同的产品被合并到独立的部门或"战略业务单元"。由于每一个部门能够独立存在，同时包含其他类型的组织结构，因此通常采用的是部门型组织结构。

(五)制订员工安置计划

在整合的过渡期内，由于出现大量的人员流动，以及普遍存在的人员重叠，有必要制订详细的员工安置计划。员工安置计划应当在整合流程中尽早地形成，这样可以提高留住那些具有关键技能和才干的人员，维持公司的连续性和建立团队的可能性。

在确定了公司员工的去留以后，应该制定一个合理的薪酬计划。总体薪酬是由基本工资、奖金或激励计划、福利和特殊契约协议组成。奖金或激励工资是用来鼓励员工达成事先确定的业绩目标。奖金的形式可以是一次付清现金或股票给达到或超过这些目标的员工。特殊契约协议是由非竞争协议组成,员工签署该协议以换取一笔已协定好的报酬,在其离开后不与新成立的公司竞争。特殊协议对新公司想留住的高级管理人员可以采用"金色降落伞"的形式,员工万一失业,退职协议可以补偿员工。

(六)职能和部门的整合

职能和部门整合的主要领域应是信息技术部、生产运作部、销售部、市场部、财务部、采购部、研发部和为这些部门配置的人员,并为这些部门整合目标设定预期的标准。比如为收购公司和被收购公司的生产部门、信息技术部门等重要职能部门设立基本行业标准。

1. 信息技术

如果收购方要独立经营目标公司,只要在两个公司的系统之间建立沟通联系,两家公司的信息系统就可以相互分离。然而如果收购方想要整合目标公司,那么整合的重点应是软件、硬件、通信能力、技术支持和现有系统的兼容性。研究表明,近70%的买方选择在交易结束之后立即合并他们的信息系统,几乎90%的收购者最终合并了这些部门。

2. 生产和运作

整合和合理化生产和运作,需要与目标公司的主要人员进行深入讨论和对所有设施进行实地考察。目的是重新评估总体生产能力,未来成本降低的可能性,设施的新旧程度和状况,维护预算的适当性和环境法律的遵守情况。对与买方目标公司的生产容量,公司应当仔细考虑。整合小组也需要判断目标公司的生产容量是否比收购方的要更加有效。

3. 销售

整合营销职能部门的最大挑战是确保客户在广告和促销活动中看到一个始终如一的形象。营销职能部门整合到什么程度,取决于公司的全球特性、产品线的多元化和独特性,以及市场变化的速度。在世界范围内都有业务的公司,通常倾向于将营销权力分散化,分散到当地的公司,以促进其提高对当地国家法律和文化模式的认识。如果一个产品或一组产品市场快速发生变化,那么应当使营销职能部门尽可能靠近客户,这就促进了将变化的客户需求融入产品的开发周期中,也促进了支持销售这些产品的广告和促销活动的变化。

4. 财务

如果新公司的目的是尽可能降低成本,公司会选择实施中央集权,将与财务相关的活动集中到总公司。而如果公司想要提高对客户的关注程度,新公司会选择在安置关键职能部门方面,尽可能地靠近客户。这意味着财务和会计部门应当分散化管理,转移至经营单位。在整合过程中,不能中断准确的财务信息流。

5. 采购和供应链

有效地管理并购后公司的采购部门和供应链，能够降低 10%～15% 的货物和服务的总购买成本。并购在双方的供应商之间产生了不确定性，这时供应商会提出削减成本来获得新的合作协议。新合并的公司可以选择通过减少供应商的数量来实现成本节约。

6. 研究和开发

在许多并购中，研究和开发是极其重要的价值来源。收购方和目标公司从事的研发项目有的完全相同，有的密切相关。因此，需要对研发部门进行合理的规划。负责管理整合研发活动的整合小组，需要规定研发协作的未来领域和优先项目。研发整合的障碍包括不同的项目需要不同的研究时间，所需的研究人员和时间也不同。

（七）建立新的公司文化

当不同文化的两家公司合并时，新成立的公司会容纳几乎完全不同的公司文化。一般而言，跨行业、跨国界的并购交易以及规模和成熟度方面存在显著差异的公司，在并购后往往存在文化融合的难题，需要重点进行文化整合。

在整合过程中，首先，应对并购双方的企业文化进行比较，发掘各自的优势和不足，分析整合的可行性；其次，采取有效的措施解析原有企业文化的不合理部分，进行初步整合；最后，通过前两个阶段的准备，选择适当的切入点和目标模式，重构融合各自优势并发展新企业文化。

四、整合中存在的常见问题

一般而言，收购前的期望通常必须根据实际情况进行修正与更改，因此收购之后的整合过程应该是非常灵活的。一般情况下，整合中存在的问题可能出自三个方面，即决定论、价值损失和领导真空。

（一）决定论

决定论是管理者的一个特点，他们相信收购蓝图不需修改，也不必根据实际情况进行贯彻执行。但是他们忘了，收购蓝图是建立在双方不完全了解的基础上，通常是为适应收购方的强制性决策而列出的一张设想草图。收购方案的执行过程，也是收购双方相互了解的过程之一，实际上也是双方相互适应的过程。决定论会导致制定僵化而不切实际的整合方案。当双方发现在整合过程中，产生一系列和原来设想不一致的情况时，双方的管理层之间就会产生一种不合作的态度，从而恶化公司资源整合的氛围。

因此，管理者应该意识到，随着整合的推进，应及时对整合方案做出适当的切合实际的修改。整合阶段是一个动态过程，在这一过程中，管理层需要表现出相当的灵活性。

(二) 价值损失

两个组织的管理者和其他人员在整合过程中,会发现整合的实际情况与他们原来所想象的相差甚远,甚至还会感到他们在这场收购中失去了很多。在人事方面,这一问题表现为收购的价值损失,这里所说的价值包括金钱方面和非金钱方面,以及管理者在收购前所享有的心理方面补偿。

价值损失体现为收购后薪酬降低、权力或公司地位丧失等。比如说,采取严厉的整合方式,会挫伤目标公司管理者的感情,阻碍双方间相互信任和合作氛围的发展。一旦出现这种价值损失,要实现公司并购后的顺利整合是不可能的。解决该问题的方法是让有离职意向的重要员工或暂时没有合适职位的优秀管理人员参加整合项目,使他们既有被委以重任的感觉,又更容易融入新组织的运营中。

(三) 领导真空

整合过程要求双方特别是收购方有强硬而贤明的高层管理者亲自参与。如果公司整合的任务交给两个公司的实际操作管理者去执行,高层管理者不亲自参与这一过程,整合过程就会变化为双方相互争吵和指责的过程,高级管理者必须亲自消除两个组织之间在整合过程中出现的摩擦,避免出现管理真空。

整合过程中,高层管理者应起到以下作用:强化员工对企业前景的认识,如阐述企业的总发展战略、介绍顾客与竞争对手的情况、分析企业实力等;激发员工的主动性与创造性,让员工参与到企业的日常经营活动中去;建立一支优秀的团队;确立企业的短期和长期目标,使企业上下都能朝这一目标努力。有了高层管理者的亲自参与,收购过程中经常出现的来自部门和个人的抵制现象,就会大大减轻。

[案例 12-3]　广西柳工成功整合波兰工程机械企业 HSW

2010 年初,广西柳工机械股份有限公司(沪市代码 000528,简称柳工)开始着手收购波兰 Huta Stalowa Wola 公司(简称 HSW)旗下的民用工程机械部门。起初,收购过程并非一帆风顺。HSW 企业工会对员工就业保障以及薪资水平提出了要求,谈判一度陷入僵持。然而,柳工并没有放弃收购努力,而是不断与工会接触、谈判,最后双方达成了共识,柳工将为员工提供未来 4 年半的就业保障期限,并涨薪 3%。在签订协议后的半年内,柳工将退回属于 HSW 的 280 人,达到减员增效的目的。其关键经理级别的人员全部保留,但所有人必须签订绩效考核合同,每年按照合同标准进行奖惩。并通过精益生产,三年后让其具备柳工的管理模式。五年后,让其达到每年绩效增长 40%的速度。在技术合作上,柳工其它子公司使用 HSW 技术,也要支付相应费用。

2012 年 2 月,柳工正式完成对 HSW 民用工程机械事业部全部资产及其 3 家海外子公司的收购,拥有其旗下品牌锐斯塔(Dressta)的全部知识产权和商标,并成立柳工锐斯塔机械有限责任公司(简称"柳工锐斯塔")。该项目成为第一个由中国企业参与的波兰国有资产私有化项目,也是迄今为止中国在波兰最大的投资项目。

作为柳工最大的海外投资项目,这次收购也是柳工全球化进程的一座里程碑。通过此次收购,柳工获得了包括底盘、传动件等一系列装载机制造的核心技术,并有效地补充了柳工的产品线和国际营销网络。2013年10月,柳工锐斯塔又全面收购了世界级传动系统制造商波兰 ZZN 公司。从此,柳工锐斯塔成为柳工在海外的"桥头堡",助力柳工产品突破壁垒迅速进入欧美高端市场。

HSW 公司大量熟练的技术工人及其"工匠精神"更是柳工收获的一笔宝贵财富。目前柳工锐斯塔共有1280名员工,平均年龄为50岁。"波兰工人朴实、诚恳,对待工作精益求精且富有合作精神。他们几十年如一日,练就了娴熟的技术,积累了丰富的经验,堪称波兰'工匠精神'的代表。"

而柳工长期以来秉承"以人为本"的理念,认为公司的核心竞争力是员工。柳工将多年来形成的先进生产管理经验和优秀的人力资源管理制度输入到波兰分公司,在保证产品质量的同时,有效地提升了生产效率。2014年,柳工锐斯塔荣获波兰最佳中国投资奖、波兰全国最佳雇主,并连续两年成为美国通用公司最佳供应商。

未来,柳工锐斯塔将升级为柳工欧洲区域总部,全面协调公司在欧洲的一切重要事务及资源,并计划成为欧美市场的研发制造中心及高端国际化人才培养基地。[①]

本章小结

企业并购后的过程中,整合风险是收购后乃至整个收购阶段面临的最主要风险。整合风险一般包括经营风险、资本市场风险和文化冲突等。并购协议签署以后,一定要根据事先的规划安排,有计划、有步骤地对并购后的企业进行整合。并购整合的主要内容包括以下几个方面:战略整合、组织整合、人力资源整合、业务整合、资产整合、负债整合和文化整合等。

企业并购后整合的成功,取决于并购双方战略性能力的相互依赖性。根据收购方与目标企业在战略依赖性与组织独立性需求上的不同,可将整合策略分为四种类型,即完全整合、共存型整合、保护型整合和控股型整合。整合的主要过程大致如下:制定整合计划、成立专门的整合项目小组、进行有效的沟通、建立一个新的组织、制定员工安置计划、职能和部门的整合以及建立新公司文化。

整合中存在的问题从理论上总结,出自三个方面:决定论、价值损失和领导真空。

---

① 根据慧聪工程机械网报道:"柳工收购 HSW 公司 扎根波兰有秘诀",发布时间:2016—06—20。

基本概念

并购后整合	战略整合	组织整合
人力资源整合	业务整合	资产整合
负债整合	文化整合	决定论
价值损失	领导真空	

复习题

1. 请阐述整合在企业并购的整个流程中的作用与意义。
2. 在企业整合中主要存在哪些风险?
3. 并购后整合的具体内容主要包括哪些?战略整合和文化整合是如何进行的?
4. 整合中存在的问题从理论上分析主要有哪些解释?

实践性问题

1. 吉姆·柯林斯在《从优秀到卓越》一书中指出,"卓越公司成功收购的关键在于,只有在突破实现以后才开始大量收购,为原本已经旋转得很快的飞轮加速积累动量。与此相反,那些对照的样本公司,常常通过大量误入歧途的收购行为来设法创造突破。在通常的情况下,这些公司的核心业务都处于窘困状态中,而他们不顾一切地投入到收购的大潮中以期待快速成长。"

请评述上述这段话。

2. 在一些国际著名的管理咨询公司、会计师事务所等,均有对并购后整合的各种分析报告。请登录互联网查阅:美世咨询《并购后整合——通过更加精确和严格的方式整合组织》,波士顿咨询集团《并购后整合——从交易中获取最大价值》、德勤会计师事务所《中国企业并购后文化整合调查报告》等,请研究这些咨询机构、会计师事务所的报告,对它们提到的 PMI 业务经验进行总结。

第十三章 跨国并购

第一节 跨国并购概述

跨国公司(transnational corporation)以直接投资方式进入外国市场主要通过两种方式：一种是所谓绿地投资(green field investment)，也叫新建投资(包括合资和独资)；另外一种就是跨国/跨境并购(cross border M&A)。随着经济全球化和贸易投资自由化、区域经济一体化进程的加速以及各国政府对外投资监管的日益放松，跨国并购已经取代了绿地投资，成为企业进行跨国直接投资(FDI)的主要方式。跨国并购的基本含义是，跨国公司通过一定渠道和支付手段将东道国企业的全部资产或者一定比例的股份买下来，从而达到对其生产经营权的控制。

全球跨国公司的成长发展史也可以说是跨国并购的历史。20世纪90年代后，西方发达国家为顺应经济全球化的加速发展，迎接新世纪的竞争挑战，对外加紧推行企业国际化战略。进入21世纪后，各国企业出于扩大规模控制市场，迎接国内外竞争挑战的目的，纷纷进行兼并重组活动，引发了新一轮全球的跨国并购浪潮。近些年，新兴发展中国家包括中国在内也开始通过跨国并购进入产业扩张阶段，跨国并购呈现出新的特征。

一、当前跨国并购的特征

(一)日益趋向全球化

历史上跨国并购以美、英等国家的企业为火车头，目前发展中国家的一些企业也加入了并购的行列。从发展趋势来看，发展中国家向发达国家"逆向并购"的规模正在不断扩大，而且并购领域也正在逐渐从传统行业、资源性行业向发达国家的高技术含量、高附加值行业渗透。这说明在市场经济价值规律的作用下，发展中国家某个部门或某个企业只要在资金、管理和技术等方面具有局部的或个别的相对优势，也有可能到国外去投资参与并购。比如2005年，我国联想集团正式宣布完成收购IBM全球

PC业务,合并后的新联想将以130亿美元的年销售额成为全球第三大PC制造商。在2008年席卷全球的金融危机之后,发展中国家(特别如中国)企业的跨国并购的规模、次数都在爆发性增长。

(二)21世纪以来跨国并购规模起伏较大、呈现浪潮化发展

经过20世纪90年代,全球跨国并购总体规模急剧放大,根据联合国贸发会议(NCTAD)统计资料显示:2000年全球跨国并购总额高达9 596亿美元,比1999年增长了近50%。随后开始降温,总体交易规模和单个并购事件交易规模呈下降趋势。但2004年跨国并购的规模又逐渐回升,并在2007年达到高峰,迎来又一轮全球并购高潮。2007年全球并购数量达到创纪录的12 044件,交易额达到1.03万亿美元。2008年全球金融危机爆发,跨国并购的规模和数量都有所下降。自2014年以后,跨国并购的交易金额和案例逐步恢复,但尚未达到2007年高峰时期的规模。

图13-1是对1990～2017年间全球跨国并购金额与数量的一个统计。从整体来看,这段时期全球跨国并购案件数量呈现出上升的趋势,但并购金额的波动性明显。整个27年期间,呈现出三次波浪式发展。

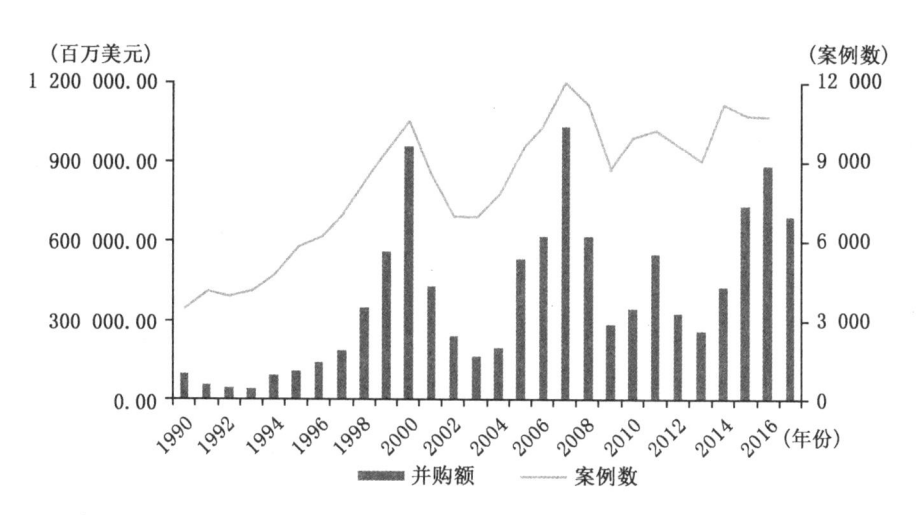

注:跨国并购的金额统计到2017年,案例数目统计到2016年。
资料来源:Wind数据库,原始数据出自联合国贸发会议组织。

图13-1 1990～2017年全球的跨国并购数据统计

(三)横向并购为主,行业领域集中

按照跨国并购的行业属性来分类,与一般的企业并购划分相同,也可以分为横向、纵向、混合三类。以往的并购活动,围绕着收购价格及收购和反收购之间的斗争十分激烈,而21世纪以来的跨国并购则多属于战略并购,恶意并购明显减少。同行业的横向并购成为当前跨国并购的一个显著特点。普遍实施横向并购战略,使两个或多个在

产品和服务相似但非处于直接竞争地位的企业合并,以图发挥行业特点,调整运行机制,减少竞争对手,扩大业务范围,求得相互支撑、实现优势互补。

横向跨国并购居于主体地位的主要原因在于:跨国公司经营战略重心的转移,跨国公司越来越倾向于培养和加强核心竞争力,由此推动了部门横向一体化的快速发展,抑制了纵向和混合跨国兼并的发展趋势。

全球同行业的横向并购几乎发生在所有行业,就行业分布来看,服务业领域的并购最多,大约占并购总额的70%。从具体行业来看,消费品、金融、医药、IT行业等成为跨国并购的主要领域。不论交易数量还是交易规模都大大高于其他行业。跨国并购从传统制造业向上述产业领域转移的倾向,表明了新科技革命和全球经济一体化进程对世界资源的合理配置和全球范围内的产业结构调整具有重要的影响。

(四)现金支付为主要支付方式

现金交易在跨国并购中仍然占据了主要的地位,但重要性有所下降,股权互换也是大型跨国并购普遍采用的融资方式之一。2013年至2017年间,全球并购交易中现金支付方式占比一直在70%以上;而完全股票支付占比略有下降,从14.9%下降至13%;"现金+股票"混合支付的方式从9.3%上升至14.6%[①]。并购市场完全股票支付的比重仍然较低,这表明在并购交易中,目标企业股东仍然偏好现金支付,以规避收购企业股价波动带来的风险。

(五)强强合并明显增多

发生在两个势均力敌的大巨头之间的跨国并购活动日益增多。跨国并购的双方都是行业中的佼佼者,在国际市场上有很强的竞争力,双方并购完成后,将在共同采购、分担巨额研究开发费用、提高市场份额等方面分享巨大的互补优势。20世纪末期,SBC Communication 收购 Ameritech,以626亿美元创下了电讯业的最高纪录。汽车行业的德国戴姆勒奔驰公司和美国的克莱斯勒公司合并,创下了汽车业并购的最高纪录。21世纪以来更是发生了一连串价值创纪录的强强合并案,2006年10月,俄罗斯铝业公司(Rusal)收购了西伯利亚乌拉尔铝业公司(Sual)和瑞士嘉能可国际公司,组成俄罗斯联合铝业公司,成为全球最大的电解铝生产企业。2006年12月,比利时优美科公司与澳大利亚金属矿业公司对下属的锌冶炼和合金制造进行合并,成为世界上最大的锌生产企业。2007年欧洲为基地的阿赛洛钢铁公司和以印度、美国等地为基地的米尔塔钢铁公司合并,成为全球第一大钢铁企业。2016年德国西门子花45亿美元收购美国自动化软件公司 Mentor Graphics,以提升公司在智能化生产上的能力。2017年中国化工集团支付430亿美元收购瑞士先正达公司100%股权,显示了中

---

① 原始数据来自美国 Factset 数据库,转引自摩根大通《2018年全球并购市场展望》。

国企业不断增强的国际竞争力。

(六)并购目标日趋多样化,科技并购特色突出

新一轮跨国并购浪潮主要有以下特征:

1. 调整产业结构型并购。一些国家的政府和企业,为迎接未来的挑战,进行企业改组和行业发展战略调整而进行的并购。

2. 争夺市场型并购。争夺市场的并购,从来都是企业并购的重要类型。目前的新特点是在飞机、机械制造、钢铁、能源、电讯等传统的寡头市场上,展开了重新争夺市场份额的企业并购。同时,有实力的跨国公司往往采用并购当地企业的方式,以期迅速进入东道国,占领市场。

3. 获取技术型并购。也称为科技并购。进行这种并购,能够使企业获得某项或某些特殊领域的技术与人才,或者掌握某种稳定的技术来源,提高自身的技术水准,增强技术开发和服务能力,巩固其市场竞争地位。进行并购的买家可以分为三类:第一类是买家依靠技术部门通过交叉销售,扩张新客户群体,扩大客户地区,寻求释放价值,实现价值增长。第二类是非科技领域的购买者,他们搜索自己新产品特性和核心产品的功能改进的技术。第三类是财务投资者尤其是私募股权投资公司,被科技公司的发展前景所吸引。

目前全球科技并购重点发生在以下领域:1. 工业 4.0。比如先进制造业公司抢购各种技术包括机器人、工厂自动化、3D 打印技术、物联网等。2. 云计算及其解决方案。云计算可以使软件、平台、基础设施等服务继续推动数字革命。云计算吸引了大量收购者的兴趣。自 2013 年以来,基于云计算的并购交易年增长率约为 30%。科技巨头公司和私募股权投资公司都非常需要云计算服务。3. 移动技术和软件应用供应商。

(七)并购扩张与资产剥离的双向发展

跨国并购发展的另一个特点是,并购扩张和剥离收缩存在双向发展的趋势。一方面,跨国公司通过并购使企业的规模越来越大,出现了一批特大型、巨型公司。另一方面,一些大企业特别是跨行业经营的多功能公司,通过拆卖非核心资产,增强核心竞争力。跨国公司在全球范围内从事竞争,必须将其经营资源和资本相对集中于一两种核心业务上。为了股东的利益,大型跨国公司不得不在进行跨国并购提高投资收益率的同时,拆卖一些边缘资产,以充分发挥核心产业的所有权优势,提高股东收益。

二、跨国并购的优点和缺点

跨国并购与绿地投资的区别在于,前者在并购之后不会立刻增加东道国的生产能力,但可能引起东道国对裁员、资源转移、垄断等的担忧,甚至担心跨国并购可能侵害

国家经济主权、知识产权被转移、损害民族工业发展等；而绿地投资恰恰相反，它会给东道国带来资本和技术、增加就业和财政收入，实际上更加有利于发展中国家。因此跨国并购的优点和缺点并存。

(一)跨国并购的优点

从跨国公司的角度来看，通过跨国并购对外扩张有如下的优点：

1. 迅速进入东道国市场并占有市场份额

跨国公司对外扩张的主要动机就是占领东道国市场，并购是占领东道国市场最快捷的方法。同绿地投资相比，并购有效地降低了进入新行业的壁垒。如果进行绿地投资，跨国公司通常要耗费大量的时间和财力来开拓和争夺东道国市场、寻求稳定的原料来源、建立销售网络。特别是对制造业而言，绿地投资要进行选择工厂地址、修建厂房、安装调试设备、招聘生产和管理人员、制定企业经营战略等一系列的工作。通常建立一家资本密集型的工厂需要两三年的时间。另外，东道国政府的有关法律也会影响到创建的速度，由此会导致更多的不确定性，更可能会丧失宝贵的市场进入时机。而通过并购方式进入东道国市场，可以利用原有企业的原料来源、销售渠道和已占有的市场，同时资本市场对原有企业也有一定了解，可以大幅度减少发展过程中的不确定性，降低风险和成本。

2. 有效利用被并购企业的相关经营资源

并购东道国企业有利于投资者获得以创建方式难以得到的各类经营资源，包括但不限于以下几种：(1)获取原有分销渠道。例如，日本的制药业严格限制外资进入，国外制药厂商难以进入日本市场。美国制药商默克(Merck)公司并购了日本的两家制药公司，利用其销售渠道，使默克公司的产品顺利进入日本市场。(2)获取被并购企业的技术。(3)获取被并购企业的商标，例如 2005 年我国联想集团收购美国 IBM 个人电脑业务，保留了 IBM 笔记本电脑 Thinkpad 的原有品牌。(4)利用原有的管理制度和人力资源。(5)利用企业特有资产。有时目标企业拥有跨国公司所需要的资源。例如，跨国公司为了确保原料供应，便通过并购方式来实现垂直一体化。如 2017 我国企业兖州煤业通过境外控股子公司兖煤澳洲收购力拓矿业集团持有的联合煤炭 100% 股权，使得兖煤澳洲成为澳大利亚最大的独立煤炭运营商，其煤炭储量、产量获得大幅提升。

3. 充分享有对外直接投资的融资便利

跨国公司为了进行国外直接投资常常要向资本市场获得资金融通。同创建方式相比，并购方式更容易争取到资金融通，因为并购方式具有较小的不确定性。其次，并购方式收益快，往往能更快地收回投资。跨国公司一旦拥有了目标企业后，就可以采取以下方法进行融资。(1)采用股权互换的方式进行融资；(2)以目标公司的实有资产和未来收益作抵押,在证券市场上发行公司债券等融资工具;(3)以目标公司的实有资产和未来收益作抵押,直接从金融机构融资。

4. 廉价购买资产

并购有时比创建便宜。[①] 跨国公司常常低价收购外国现有企业。这主要有三种情况。第一种情况是从事并购的企业,有时比目标企业更知道它所拥有的某项资产的实际价值。例如目标企业可能拥有宝贵的土地或按历史折旧成本计算的保留在会计账簿上的不动产,很可能低估了这项资产的现期重置价值,使得并购者廉价地买下了这家企业。第二种情况是低价收购不盈利或亏损企业,利用对方的困境压低价格。例如,原西德的赫斯特(Hoechst)化学公司自1953年来在美国市场上采取的策略,就是廉价买进美国企业不想经营或亏损的部门来实现产品多样化。第三种情况是利用股票价格暴跌乘机收购企业。2008年全球金融危机爆发后,企业跨境并购大幅度增长。

(二)跨国并购的缺点

任何事物都有利弊两个方面,跨国并购也不例外。

1. 价值评估的困难

在并购过程中所碰到的最复杂问题,是对于目标公司的价值评估,其复杂程度远甚于在创建企业时对所需资本的估算。主要原因有三:一是不同国家有不同的会计准则,大大增加了并购时价值评估的困难。二是国外市场信息较难收集,可靠性也较差。对并购后该企业在当地销售的潜力和远期利润的估计较难进行。三是目标企业无形资产的评估问题,这个问题在创建方式绿地投资中是不会碰到的。

2. 企业规模和选址上的问题

跨国公司可以通过创建方式选择适当的地点,并按照自己所希望的规模筹建新的企业。但是采用并购方式,往往难以找到一个规模和定位完全符合自己意愿的目标企业。

3. 并购后的整合工作难度大

并购的成功不仅仅是一种财务活动,更取决于并购后对公司整合工作的有效性程度。跨国并购整合中存在的双方管理体制、人事、企业文化的融合方面,由于并购者的"异国"身份会带来远比一般并购更大的整合难度,跨国整合中存在的传统、文化、语言障碍、制度差异等,使整合工作面临巨大困难。

4. 并购存在较高的失败率

据统计,在1951年到1975年间180家美国跨国公司通过并购外国公司而建立的5 914家国外子公司中,有22.5%被母公司在1975年前清理或出售,还有13%被并入

[①] 此即指托宾Q值小于1。

其他的子公司。在同期内这 180 家美国跨国公司通过创建而建立的 6 438 家国外子公司中,失败率为 25.6%,比并购的失败率(35.5%)低了 10%。[①]

跨国并购较高失败率的一个重要原因是被并购企业的原有管理制度不适合跨国公司的要求。习惯于原有经营管理方式的管理人员和工人,往往会对外来管理方式加以抵制。母公司在被并购企业内对新管理控制系统的推行,常常会成为一个困难而又缓慢的过程。

第二节 跨国并购的相关问题

当前跨国并购浪潮规模空前,不管是在广度还是在深度上都大大超过了历次并购浪潮。通过跨国并购实践,西方国家在法律、监管、融资、支付等问题上都形成了成熟的经验。

一、法律问题

对于增强在国际市场上的竞争和资源优化配置的跨国并购,政府通常持支持的态度,但是对形成垄断或可能危及一国经济健康发展的跨国并购,政府无疑会加以严格的控制。跨国并购可能导致潜在的市场份额集中或者市场垄断,有些东道国甚至担心跨国公司并购本国企业之后,会危害本国政府的产业政策、贸易政策、外汇政策等经济调控手段的实施,进而危害国家的经济主权。因此政府有义务更有必要在宏观层面上对跨国并购进行干预、引导。在世界各国的企业并购中,由于美国的企业并购不仅历史悠久,而且其规模和影响力远远超过其他国家。从并购目标企业所在国家来看,美国一直是全球并购市场的首要东道国。2017 年以美国公司为目标公司的并购交易占全球并购交易的 44%。[②] 表明美国仍然是全球资本的主要流入地,其资产对全球资本仍然具有极大的吸引力。

下面我们将以外国企业并购美国公司为例,介绍跨国并购的法律问题。

(一)被并购方的法律问题

1. 政府批准

美国的并购法律体系包括联邦反垄断法、联邦证券法和州一级的并购法律等。联邦反垄断法禁止任何可能导致竞争降低或产生垄断的兼并与收购行动。联邦证券法

---

① 资料来源:http://www.richlinkcapital.com/cn/ziliaoku/detail.asp? lngID=155。
② 数据来源:摩根大通《2018 年全球并购市场展望》(https://www.jpmorgan.com/jpmpdf/1320745105303.pdf)。

的立法目的在于确保有关并购的完整和真实资料可以公开获取,以保护双方股东的利益。美国对涉及国家安全的并购有其专门审查的标准,但对外汇管制很少。在美国没有批准、规范外国投资和外国并购的专门系统。然而,1988年多边贸易法案的《埃克森—弗洛里奥(Exon Florio)修正案》,授权总统对某些非美国企业的收购、兼并及接管美国公司的活动进行审查。如果总统有足够的证据证明外国人采取的行动可能威胁到美国的安全,他就有权中止或禁止这类并购活动,或者在并购完成后强令其放弃。总统将调查的任务委派给一个中间代理团体——美国外国投资委员会(CFIUS)。其中对国家安全概念的理解,可以从以下三方面进行解释。

(1)国内产品用于满足计划中的国防需要。

(2)满足国防需要的本国行业的能力,包括人力资源、产品、技术、原材料和其他供给和服务的有效性。

(3)被非美国公民控制的本国行业和商业活动,影响到美国满足国家安全需求的能力。

第三个方面可以解释为包括国防工业在内,甚至许多与国防工业无关的公司的收购活动,都要报告给美国外国投资委员会。

2. 限制性行业

(1)金融业

美国银行业受联邦和州的两级监管。一个外国银行只要接受联邦和各州的银行权力机关的检查并定期公布财务信息,就可以建立联邦和各州的分支机构,直接开展业务。虽然投资银行在美国受到严格的法规监管,但无论是收购一家投资银行还是外国人拥有投资银行,都不需要事先经政府批准。外国公司可在美国证券交易委员会(SEC)按经纪人交易商注册,并成为SEC和国家证券交易商协会(NASD)的一员。保险业大多受州一级的监管,收购一家保险公司通常需州政府的批准。

(2)通信和能源

外国公司和个人可以获准经营私人通信系统,但他们可能不会得到联邦通信委员会从事广播和电视播放业务的许可证。联邦通信委员会将该证只发给那些高级职员和董事会都是美国人的和外国人在公司控股不超过20%的美国公司,在电报行业中控股超过20%会受到同样的限制。联邦和各州对外国投资者参与拥有诸如报纸发行之类的其他通信业务没有任何限制。对于能源企业的并购,美国原子能法规定禁止外国公民、外国公司和外国政府参股或控制美国的原子能产业,否则不予发放原子能生产许可证,但是可以参股、控股水电类能源企业。

(3)运输

外国人被严格控制参与美国海上和航空运输,各州法律限制外国人参与铁路运输。在美国两个港口之间进行的水上运输,仅限于美国公民拥有的并在美国建造和注册的船舶。任何外国人不得参与这项业务。对于航空业,收购超过10%股权比例的本国航空公司,就要求获得联邦航空总署的批准,外国公司收购美国航空公司的股权上限是25%,而且董事会中的美国籍董事不能低于2/3。联邦法律没有对外国人的铁路所有权的限制,但很多州都禁止州外的铁路公司在州内开展业务。有些州还对铁路公司董事的国籍和居住地加以限制,有的还包括外国人的持股数。

(4)房地产

联邦法律对外国人拥有房地产没有限制,但有些州也有禁令。大多数这样的法律相当陈旧而且不太容易实施,一家外国公司可以通过适当构造其所有权来绕过这些法律,如通过一家美国公司来拥有土地。

实际上,不单是美国政府会限制上述行业并购,几乎所有的国家都密切关注和限制涉及国家安全的并购的发生,只是每个国家在管制的程度、审查的标准上有所差别。此外,有些国家根据本国的实际情况,对某些行业有特殊的规定。如法国政府认为,对于非欧盟的外国公司要控制法国农业经营公司或收购农业土地,必须得到法国经济部和当地政府农业主管部门的批准;澳大利亚的银行法和银行持股法规定,政府将对外国公司收购澳大利亚的银行对国家利益的影响程度进行个案审查。同时,一些发达国家已经就跨国并购的审查开展积极的双边合作,签署共同的法律协助条约,条约的内容主要是针对反托拉斯的调查合作。如美国政府与欧盟签署的反托拉斯合作协议,主要内容有:双方相互尊重对方在执行本辖区并购事件审查的利益,就涉及对方重大利益的并购事件,应当相互通报并进行积极磋商、协调。

(二)并购方的法律问题

美国的并购协议相当长,一份并购协议通常包括并购目标、价格、付款、承担债务、陈述和担保、保护条款、员工保障、过户等。并购协议中的陈述和担保,只涉及对购买者来说是最重要的法律和商业性问题。并购协议中所做的披露,将在一定程度上以并购方及其咨询机构的调查结果为基础。这种调查的效果,比外国购买者在本国所遇到的调查幅度和深度要大得多。

1. 公司的管理和组织

在美国,并购方及其中介机构将通过查看目标公司的账目和记录,以及其可供公开浏览的公共档案,来证实被并购企业陈述的可靠性。在一份股票收购协议中,应包含目标公司合理的组织结构的陈述。另外,关于被并购方的权力和组织,并购方还应提供被并购方法律中介机构的意见。

2. 财务报表

并购协议中,要求被并购方应将财务报表提供给并购方,并且这些报表应在保持会计原则一致的基础上，采用通用的会计准则。财务陈述甚至要包括财务报表是否由知名的会计公司审计。一般而言，财务陈述包括对某些资产的特别陈述如存货和应收账款。

3. 法律的遵守

并购方将继承任何存在于他所购买的资产之上环境问题的法律责任，无论交易的形式是资产收购、股票收购还是合并。环境问题对于本国购买者和外国购买者来说都是必须要考虑的问题之一。因此，并购方希望得到这类问题的全部披露。由于多数企业拥有政府执照和许可证，包括一般企业执照、建筑许可证及占用建筑物的证明材料等，虽然在资产收购中可以将这些执照和许可证转让给并购方，但更多的情况是收购方必须获得新的执照和许可证。此外，并购方还需要遵守一些其他的法律，比如联邦安全法及健康法等。这类守法问题可以是协议担保部分中的特殊条款，尽管出售方不可能就在某一方领域的守法问题做出绝对的保障，但他显然要为违法行为承担责任。

4. 雇员

收购方以股票收购的方式购买企业之后，原公司的雇员将成为新企业的雇员，而资产收购则要复杂一些。如果新的企业必须解雇雇员，那么收购方要提供一份终止雇佣合约的补偿。如果出售方保留员工的福利计划，那么收购方就必须要承担员工的养老金计划和相关的福利支出计划。

二、跨国并购中的融资与支付

在跨国公司并购的过程中，支付是完成交易的最后一个环节，也是影响一宗并购交易最终能否成功的重要因素之一。跨国公司的支付方式与国内企业的支付方式有许多相同的地方，如都可以通过现金、股权互换、发放债券等方式来完成并购。我们更多关注的是跨国并购中不同的支付方式。比如，如果用现金作为支付方式，那么就必须要考虑用本国货币还是用东道国货币来支付，必须考虑两国之间的汇率以及波动情况；如果通过股权互换作为支付方式，就必须考虑东道国政府对股东权益的保护程度、东道国资本市场的完善程度等。如果通过银行借款、发行债券等方式，就有可能涉及跨国融资的问题。至于具体选择哪一种支付方式，与公司自身的股权结构、财务状况、资本市场的融资能力、交易规模、交易双方的意愿有很大的关系。

（一）支付方式

国外的实证研究[1]认为，在东道国对股东权益保护程度不高的情况下，跨国并购

---

[1] Stefano Rossi, Paolo Volpin. Cross-Country Determinants of Mergers and Acquisitions[J]. *Journal of Financial Economics*, Vol. 74, 2004(2): 277~304。

的并购方比较倾向于用现金来完成交易。相反,如果东道国对股东权益保障程度高,并购的活跃程度与并购费用同时会增加,跨国并购也可以使用股权收购来完成并购。

当并购方决定使用现金完成交易时,如果母国的货币相对于东道国的货币处于强势地位,那么并购方用东道国的货币支付交易就有利;反之则不利。在使用现金支付交易的同时,需要考虑两国之间的汇率变动可能带来的风险,这种汇率风险可以通过在远期外汇市场上进行套期保值来规避。

(二)融资方式

跨国并购常常会涉及巨额资金的筹措问题,并购交易往往涉及两个或者两个以上不同的国家,跨国公司为了降低融资成本并规避国际金融风险,除了可以在本国资本市场或银行融资外,通常还需要在国际资本市场上进行融资。融资方式主要有国际银团贷款、发行国际债券和国际股票。在进行融资的初期,跨国公司通常会聘请知名的投资银行作为融资顾问,跨国公司和投资银行磋商后决定准备筹资的金额、权益融资和债务融资的分配、融资期限、融资成本等细节问题,同时还要全面考虑融资与税收、外汇方面的问题,才能最终决定融资方案。

1. 国际银团贷款

银团贷款是一种被跨国公司广泛采用的融资方式,其主要做法是:由一家或几家银行牵头,发起组织一批银行,按相同的贷款条件对一个借款户进行放款。银团贷款的特点是:贷款数额大,可高达几亿、几十亿美元;期限长,一般为7~10年,有的可长达20年;参与银行多,组成银团的银行可以是几家、十几家,甚至是几十家。另外,银团贷款的成本也比较高;除此之外,借款人还需承担其他借款费用。

2. 国际债券

当前全球金融自由化大大促进了国际资本市场的发展,跨国公司更加倾向于通过资本市场融资,而不是银团贷款。国际债券主要有外国债券和欧洲债券两种类型。外国债券是指外国借款人在某国发行的,以该国货币表示面值的债券。如外国人在美国发行的美元债券被称为"扬基债券"(Yankee Bonds),在日本发行的日元债券被称为"武士债券"(Samurai Bonds)等。欧洲债券是指在某货币发行国以外,以该国货币为面值发行的债券。欧洲债券市场不受任何来自政府机构的管制,并且投资者可以匿名持有债券,因此,欧洲债券市场发展迅速。

3. 国际股票

所谓国际股票,是指由国际投资银行承销、对发行公司所在国家以外的投资者销售的股票。它是各国股票市场自身不断发展并走向国际化的一种必然结果。国际股票上市和交易是伴随着跨国公司的迅速发展而发展的。目前各国股票市场上的国际筹资和投资日益活跃。

当跨国公司并购一些发展中国家企业后,出于对东道国政治风险、法律法规体系不健全、资本市场发育不全的考虑,通常希望东道国政府能在并购交易中提供风险担保。这里介绍一下海外私人投资公司(OPIC)和国际金融公司(IFC)。前者是美国的一个政府部门,提供政治风险保险并为美国公司在新兴市场投资融资,最终目的是要创造美国出口和就业。OPIC 的融资项目提供中长期贷款担保或者直接贷款,其融资业务通常是提供长期、有限追索权的杠杠融资。而 IFC 则是世界银行集团的一个成员,IFC 为项目提供债务或股票融资,盘活其他金融机构的资产,并就投资的相关事宜为企业和政府部门提供咨询和服务。

三、跨国并购后的整合

本书第十二章讨论的一般企业并购后整合也适用于跨国并购。然而,跨国并购后的整合通常是更加复杂的事情,并且经常出现一些难以克服的困难。一般而言,外国收购公司需要东道国被并购公司的现任管理层继续留任,因为没有他们,就不会保持公司管理的连续性。然而在基于战略转变的并购情况下,业绩不佳的目标公司管理层仍将很快被免职,并且建立一个新的管理班子。在实行合理化改革和裁员计划时,必须了解和执行当地的就业法。

在跨国并购后整合中,存在着一种著名的轻触模式(light touch)。所谓轻触模式,是指企业被并购后依旧保持独立性,原管理层掌控公司运营,拥有较多的自主权,保留核心技术人员,最大可能降低裁员人数。轻触模式的核心是在企业运营上要倚仗原有的团队但不能放任,要建立严格而高效的考核、汇报以及沟通机制。①

[**案例 13—1**] **伊莱克多鲁克茨公司整合赞努西公司**

瑞典的伊莱克多鲁克茨公司(简称 E)是一个家庭用具制造商,1985 年该公司并购了意大利的赞努西公司(简称 Z 公司),并对其进行整合。Z 公司也是一个家庭用具制造商,但并购之前经营业绩不佳。并购后,E 公司采取了若干步骤对 Z 公司进行整合,使之能有效地经营:

(1)聘用一些新的受尊敬的意大利高层经理。(2)E 公司对 Z 公司清楚地表达了它的目标,按照 E 公司的目标,Z 公司可保持良好的前景。(3)快速制定并贯彻整合计划。(4)新的高级管理层引入了基于瑞典职业道德的新文化。(5)E 公司通过向其客户提供竞争性的信用条款使 Z 公司稳定下来。新管理层商定了金融机构与供货商都赞同的条款,这些条款也得到了现在是 E 公司一部分的 Z 公司的支持。(6)开始实施

---

① 与轻触模式对立的是所谓的"重手模式"(heavy hand),代表企业是美国的通用电气公司。通用电气在并购后整合中推行"重手模式",即在自身管理团队能力很强的前提下,让自己的管理人员去接管被收购企业,以快速融入通用电气体系。

战略能力的相互转换,例如技术和经营资源的分享。(7)会计与财务的控制迅速到位。由 E 公司和 Z 公司双方经理层组成的特别工作组为实施计划设定了最后期限;制定严格的财务目标等。

贯彻整合计划具有一些强烈的象征性步骤:例如谈判公开;E 公司的高层经理定期访问 Z 公司;Z 公司工会领导访问 E 公司等。瑞典管理层的积极形象给他们留下了深刻的印象。在整合中,Z 公司经理层得到了相当的自主权;一些重要的功能保留在意大利,从而消除了并购前 Z 公司管理层与职工的恐惧感。

由于 E 公司与 Z 公司之间能相互理解,所以创造出了一种积极的整合氛围。

资料来源:P. S. 萨德沙纳姆著,《兼并与收购》,中信出版社、西蒙与舒斯特国际出版公司 2005 年版,第 344~345 页。

第三节 外资并购我国企业

从宏观上,外资并购被认为有助于实现三大目标:完成 WTO 的承诺、实现国有股部分减持或者进行混合所有制推进国有企业改革、国有经济宏观布局的调整。从微观上看,外资并购可以改善公司的治理结构,有助于提升资产重组的质量,使公司具备较强的竞争力。虽然外资并购占我国外国直接投资的份额较小,但是可以预见,在今后的一段时间内,外资在中国这个新兴市场中将会谋求更大的发展。

一、特点

随着中国对外开放程度的进一步提高,以及我国加入世贸组织后的承诺,外资并购正在全方位地得到发展。外资更加倾向于并购一些资产结构优良、品牌价值高的上市公司或民营企业。当前外资并购的特点有以下几点。

首先,当前外资并购的领域进一步拓宽。外资偏好于成长性好、垄断性较强的国内企业。从 2000 年全球第一大电信运营商沃达丰收购中国电信 2% 股权;到 2001 年,法国阿尔卡特公司以 50% 加 1 股的股权结构控股合资公司上海贝尔阿尔卡特公司;到 2004 年 5 月,美国新桥投资以每股 3.55 元人民币的收购价,斥资 12.35 亿元购买深发展 17.89% 的股份,从而成为深发展的第一大股东;2008 年 2 月,瑞士国际水泥巨头霍尔钦(Holchin)公司通过向华新水泥定向增发成为上市公司的控股股东等。上述的并购事件表明,我国的一些重要行业领域正在逐渐向外资放开。

其次,并购类型中横向并购占主要地位,并购定价机制国际化。目前发生的制造、食品、电信、银行等行业中表现活跃的外资并购方,往往是与其处于同一产业或产业链的企业,也就是所谓的横向并购。在并购的定价上,外资并购更多地要求采用国际通行的现金流量法和未来收益折现法。

再次,外资并购的操作手段更为广泛,并购形式不断创新。一些新的并购模式,如与上市公司合资并控股,进而通过合资公司反向收购上市公司的核心资产、国内投资机构的替代性收购、换股收购等不断创新。

最后,外资并购看重品牌控制。凭借资本和技术等方面的优势,外资收购方往往要求并购后的企业使用外来品牌或新创品牌,而将国内企业已有一定市场信誉的名牌商标搁置不用。在洗涤用品、化妆品、摄像器材、移动通信、饮料、啤酒等行业,都发生过外方控制并搁置国内品牌的现象。

二、相关政策分析

我国外资并购的相关政策主要包括:外资并购上市公司的政策、与外资并购相关的政策解释和中西部优惠政策等。

(一)外资并购我国公司的法规政策

以前国内没有专门规范外资并购活动的法律法规,在认识到外资并购的重大意义之后,我国一系列相关政策开始相继出台。这些法规颁布的背景和演变过程如下:

1. 1995年9月,国务院发文规定:在国家有关上市公司国家股和法人股管理办法颁布之前,任何单位一律不准向外商转让上市公司的国家股和法人股。由于外资也被禁入A股流通股市场。

2. 1999年8月,国家经贸委制定颁布的《外商收购国有企业的暂行规定》虽然明确了外商可以参与并购国有企业,但并没有具体、可操作性的措施,审批之复杂令并购困难重重。外商投资企业受让境内上市公司非流通股,应按《外商投资企业境内投资的暂行规定》规定的程序和要求办理有关手续。暂不允许外商投资性公司受让上市公司非流通股。

3. 2001年11月5日,外经贸部和证监会联合发布《关于上市公司涉及外商投资有关问题的若干意见》,允许外商投资股份有限公司发行A股或B股和允许外商投资企业受让上市公司非流通股。2001年11月22日,外经贸部和工商总局联合发布《关于外商投资企业合并和分立的决定》,对外商投资企业的合并或者分立做了原则性的规定。

4. 2002年6月5日颁布《外资参股证券公司的设立规则》和《外资参股基金管理公司的设立规则》,2002年7月1日颁布了《外商投资民用航空业规定》。

2002年11月4日,证监会、财政部和国家经贸委联合发布《关于向外商转让上市公司国有股和法人股有关问题的通知》(以下简称《通知》),《通知》规定:向外商转让上市公司国有股和法人股,应当符合《外商投资产业指导目录》的要求。凡禁止外商投资的,其国有股和法人股不得向外商转让;必须由中方控股或相对控股的,转让后应保持中方控股或相对控股地位。《通知》指出,向外商转让上市公司国有股和法人股,涉及产业政策和企业改组的,由国家经贸委负责审核;涉及国有股权管理的,由财政部负责审核;重大事项报国务院批准。向外商转让国有股和法人股必须符合中国证监会关于上市公司收购的信息披露等规定。《通知》还指出,向外商转让上市公司国有股和法人股原则上采取公开竞价方式。上市公司国有股和法人股向外商转让后,上市公司仍然执行原有关政策,不享受外商投资企业待遇。

5. 2005年12月31日,商务部、中国证监会、国家税务总局等五部委联合发布了《外国投资者对上市公司战略投资管理办法》。详细规定了外资对上市公司通过协议转让和定向增发等方式进行战略投资的原则、方法及程序,明确了对战略投资者的要求和相关义务。

6. 2006年8月8日,商务部、国资委和国家税务总局等六部委联合出台了《关于外国投资者并购境内企业的规定》,2009年6月,为保证与《反垄断法》和《国务院关于经营者集中申报标准的规定》等法规一致,商务部对该法规做了进一步的修订,重新颁布。该法规是对外资收购境内企业的基本制度、审批与登记、并购方式等都做了明确具体的规定,并首次明文承认并规范了外资股权并购方式。该规定是外资并购领域最全面的一个法规。

7. 2017年5月23日,中央全面深化改革领导小组要求按负面清单模式,推进重点领域开放,放宽外资准入,提高服务业、制造业、采矿业等对外开放水平。同年6月,我国发改委联合商务部公布了《外商投资产业指导目录(2017修订)》,该目录于2017年7月28日生效。

(二)与外资并购相关的政策解释

1. 关于收购主体

这里所称的外资,既包括在中国境内依法设立采取有限责任公司形式的中外合资经营企业、中外合作经营企业和外资企业以及外商投资股份有限公司等采取中国法人形式的投资人,也包括外商投资性公司等采用非中国法人形式的外国投资者。

2. 行业限制

目前指导外资并购国内企业的行业法规主要是:2002年2月21日颁布的《指导外商投资方向规定》(国务院346号令)及《外商投资产业指导目录》(以下简称目录),后者为前者的配套政策,自2002年4月1日起实施,之后国家发改委和商务部多次重新修订过《目录》。

《目录》在内容上的特点是:一是重视能源节约,资源保护,配合国家产业政策的调整。对我国稀缺或不可再生的重要矿产资源,不再鼓励外商投资。一些不可再生的重要矿产资源不再允许外商投资勘查开采,并严格限制外商投资高耗能、高污染、低水平产业。二是不鼓励外商投资建设普通住宅。三是轨道交通运输设备将向外资全面开放,鼓励类目录中还新增了"高速铁路、铁路客运专线、城际铁路基础设施综合维修",但规定投资中必须中方控股。四是电网建设经营可引进外资。

如前文所述,我国目前执行的是2017版目录,不再延续之前对产业按鼓励类、限制类和禁止类进行划分,而是调整为"鼓励外商投资产业目录"和"外商投资准入特别管理措施(即负面清单)"两类。其中,负面清单进一步细分为限制外商投资产业目录和禁止外商投资产业目录。内外资一致的限制性措施及不属于准入范畴的限制性措施,不列入负面清单。2017版目录的结构调整,实现了国家层面的统一的负面清单,进一步完善了"准入前国民待遇+负面清单"的管理模式,也为进一步推行外资并购备案制度准备了条件。

3. 股权的再转让和流通

《收购管理办法》规定,外商所受让的股权12个月之后才允许再次转让,主要是为了贯彻"吸引中长期投资,防止短期炒作"的目标。

4. 关于外资并购境内企业从审核制改为备案制

2017年以后,对备案范围内的外国投资者并购境内企业、外国投资者战略投资上市公司,从审核制改为适用备案制。对于外国投资者并购境内企业及外国投资者战略投资上市公司,如不涉及2017版目录中外商投资准入特别管理措施及关联并购的,应适用备案制。

关联并购仍须经商务部审批。所谓关联并购即指"境内公司、企业或自然人以其在境外合法设立或控制的公司名义并购与其有关联关系的境内的公司"[①]。

(三)西部优惠政策

为了鼓励外资并购和投资中西部地区企业,国家将给予政策优惠(见《关于当前进一步鼓励外商投资的意见》和《中西部各省、自治区、直辖市外商投资优势产业目录》)。具体的措施有以下四条:

第一,放宽中西部地区吸收外商投资领域和设立外商投资企业条件,放宽中西部地区设立外商投资企业外商持股比例限制。

第二,对设在中西部地区的国家鼓励类外商投资企业,在现行税收优惠政策执行期满后的3年内,可以减按15%的税率征收企业所得税。

---

① 这里的所谓关联并购,实际针对的是"假外资",即国内资本到境外注册企业,然后返回境内收购,从而享受外资收购的政策优惠措施。

第三,外商投资企业到中西部地区再投资的项目,凡外资比例达到25%以上的,均可享受外商投资企业待遇。

第四,允许沿海地区的外商投资企业,到中西部地区承包经营管理外商投资企业和内资企业。

总的说来,未来的政策趋向是日益放松,各种外资并购的法律与政策环境都在不断完善。

三、外资并购的主要途径方式

目前外资并购国内上市公司的途径方式,主要有以下四种:一是受让、收购股权;二是共同成立合资公司;三是技术或其他合作;四是成为发起法人股东。采取成立合资公司方式的多为传统行业例如化工、机械制造和零售业。合资的对象将是国内规模较大的龙头企业。采取技术合作方式的多为我国目前相对薄弱的高科技领域例如电子元器件、通信设备以及医药制造业。目前外资并购常常采用五种方式(见表13—1)。

表13—1　　　　　　　　　　外资并购国内上市公司的五种途径

方　式	代表案例	评　价
股权转让协议	北旅汽车、赛格三星、深发展	一旦相关法律法规完备,这种外资并购方式使用范围最广泛。
定向增发A、B股	江铃汽车、华新水泥	没有太多法律障碍,历史上主要是定向增发B股,使用范围有限。目前定向增发A股也可行。
与上市公司合资,然后逐步由该合资公司控股上市公司	轮胎橡胶	可以绕过收购上市公司股权所要面临的复杂的审判程序,首先控制核心资产,政策放开后,直接控股上市公司。
收购上市公司母公司	上海贝尔	这种方式要求上市公司大股东的资产简单清晰。
要约收购上市公司股票	水井坊、贝因美	上市公司股权相对分散,股价低估。

从并购方法上看,协议转让方式被较多采用,但从长期来看,要约收购更有可能逐渐兴起,特别是对于产业并购和战略性并购。因为要约收购是国际资本市场上成熟的主流并购方式,与协议收购相比,要约收购更能体现公开、公平竞争的原则和产业并购的本质,也能最大限度减少协议转让所存在的内幕交易、价格操纵等不公平现象。

[案例13—2]　华新水泥A股定向增发向外资转让控制权

2008年2月18日,华新水泥以每股26.95元的价格,完成了向境外战略投资者霍尔钦公司发行7 520万股A股的定向增发工作,募集资金人民币202 664万元。再融资完成后,霍尔钦公司合计持有华新水泥股份16 096.13万股,持股比例为

39.88%,成为华新水泥的控股股东。该案例是依据2005年12月31日商务部、中国证监会等五部委发布的《外国投资者对上市公司战略投资管理办法》,首例通过定向增发A股引入境外战略投资者、并实现境外战略投资者控股国内上市企业的案例。

华新水泥是一家生产和销售水泥及其相关制品的专业化公司,是我国水泥行业最早的企业之一,被誉为中国水泥工业的摇篮。1993年由原华新水泥厂等8家企业以募集方式设立,并于1994年1月3日在上海证券交易所上市,是中国建材行业第一家A、B股上市公司。

霍尔西姆间接持有霍尔钦公司100%的股权,为霍尔钦公司的最终控制方。霍尔西姆于1912年在瑞士设立,其总部位于瑞士苏黎世,是全球领先的水泥、混凝料以及混凝土生产商之一,其业务遍布世界各大洲70多个国家,员工人数超过85 000人。截至2008年12月31日,霍尔西姆在全球拥有151家水泥厂,年装机水泥生产能力达19 440万吨;直接或间接持有415家混凝料生产企业、1 342家混凝土搅拌厂和沥青生产企业。

霍尔钦公司是一家于1998年6月16日在荷兰阿姆斯特丹注册设立的私人有限责任公司,其发行资本为20 000欧元,主要经营范围为设立公司和其他企业,收购、管理、监督、转让等。霍尔钦公司于1999年就通过认购定向增发华新水泥B股,持股华新水泥,2007年通过B股大宗交易,进一步增持股权。2008年通过本次A股定向增发,成为华新水泥第一大股东。

一、本案例发生的背景和原因

1. 上市公司自有资金的短缺,已成为制约快速发展的瓶颈

新型干法的工艺特征,决定了水泥工业是一个资金密集型的行业,资金对于水泥企业的发展至关重要。在公司于2006年3月提出向境外战略投资者定向发行A股方案之前,2005年公司的资产负债率为68.42%,资产负债率一直居高不下,财务负担重,已制约了公司债务融资的能力。公司如不能通过增资发股,公司的资产结构将长期得不到改善,也将使公司的竞争能力和战略布局得不到进一步的加强和巩固。

2. 华新水泥同霍尔西姆已建立起了相互信任的关系

1999年,霍尔西姆通过霍尔钦公司认购公司定向增发的B股成为公司的第二大股东,在此后的几年里,双方在技术、生产、财务、人力资源、发展战略、IT及其他重要领域开展了卓有成效的合作。合作中霍尔西姆表现出的良好信誉和对公司的实质帮助,使得双方建立起了互信的良好合作关系。在实施本次再融资之前,双方都有进一步深化合作的愿望。

3. 国家新的投资政策的出台,为上市公司的再融资提供了重要的选择机会

在2006年以前,上市公司通过发行股份进行再融资依据的主要政策规定,上市公

司通过配股方式发行新股,最近三个会计年度加权平均净资产收益率平均不低于6%,通过增发方式发行新股,最近三个会计年度加权平均净资产收益率平均不低于10%,且最近一个会计年度加权平均净资产收益率不低于10%。

2003~2005年,华新水泥的净资产收益率分别为8.46%、12.74%、6.40%,显然,华新水泥如果要进行再融资,只能通过配股的方式来进行。但配股所能募集到的资金量,相对于其快速发展所需的资金量而言,是远远不够的。

4. 通过增资引进世界水泥巨头,有助于华新水泥提升在管理和技术方面的综合竞争力

基于以上原因的考虑,华新水泥依据《外国投资者对上市公司战略投资管理办法》,提出了再次向境外战略投资者霍尔钦公司定向增发A股,进一步深化合作的再融资方案。

二、华新水泥再融资引入境外战略投资者案例对相关方的影响

(一)对华新水泥的影响

1. 对公司持续经营的影响

华新水泥通过本次再融资,一次性募集资金20亿元,对于公司做大做强水泥主业规模,进一步巩固和扩大在湖北市场的核心地位,增强涵盖资源控制和市场占有的核心竞争优势,实现公司长期规划目标,具有重要的意义。

随着募集资金投资项目的建成,华新水泥新增约530万吨熟料年产能和约950万吨水泥年产能,这也为企业从容应对新型干法层面的行业竞争、抵御行业周期所固有的经营风险和保持持续稳健的发展奠定了必要的基础。

此外,霍尔西姆做出的"不改变华新水泥现行的发展战略、在中国内地将不会直接或间接地投资、拥有、控制和运营除华新水泥及其附属公司之外的任何因其位置所在而与华新水泥及其附属公司的业务存在竞争的其他建材企业、维持华新水泥管理层的稳定、不改变华新水泥的公司名称或其产品商标"承诺,也使得华新水泥的发展并未因控股股东的变更而产生波动。

2. 本次再融资后对公司财务状况的影响

公司本次再融资于2008年2月18日完成,短期来看,再融资后公司的每股收益及净资产收益率会有所摊薄,但是公司股本得以扩大,偿债风险大大降低,每股净资产大幅提高,资本结构更加合理。对公司资产负债率影响为:2007年12月31日公司资产负债率为71.78%,2008年3月31日资产负债率为53.75%,下降18个百分点。

(二)对中国证券市场的影响

华新水泥本次引入境外战略投资者的再融资行为,是国内证券市场第一单通过定向增发方式实现控制权转移的跨国并购案例,对市场产生了较大的影响。

(三)外国战略投资者的反响

在华新水泥这次再融资过程中,由于再融资方案调整的次数前后达三次之多,导致投资成本大幅提高,但外国战略投资者对中国政府出于对经济安全的考虑而采取的一些监管表示理解,同时对华新水泥持股比例超过30%的战略投资进入机会也十分珍惜,且认为时机是得当的。

[**案例13-3**]　**新西兰恒天然集团要约收购贝因美成为外资战略投资者**

2015年2月11日,贝因美公司(深市代码002570)发布要约收购报告书,新西兰恒天然集团拟通过下属全资子公司恒天然香港,以要约方式收购贝因美不高于20 450.40万股股份,占公司总股本的20%,要约收购期限为30个自然日,期限自2015年2月12日至2015年3月13日,要约价格为18元,公司当时最新股价为16.10元。同时规定,净预受要约股数不得少于1.12亿股,否则该要约收购将不得生效。同时,控股股东贝因美集团表示,如果要约收购期限倒数第二个交易日的净预受要约股数低于1.12亿股,贝因美集团将补充差额部分以促成要约收购的顺利实施。贝因美集团还签订了一个在收购期限前5个交易日内提供至少8 180.16万股给收购人收购的意向性协议。由此可见,贝因美引入外资战略投资者的急切心态。

恒天然表示,此次要约收购旨在通过成为贝因美的战略投资者,建立与贝因美的可持续发展的战略合作伙伴关系,实现双方全球资源的整合,创造更大的商业价值。

外资收购的背景是:1. 恒天然成功入驻贝因美,将形成上下游良性循环。在三鹿事件之后,中国对进口奶粉依赖度较高,进口奶粉占牛奶消费量的15%左右,而进口奶粉中的80%来自新西兰。恒天然拥有新西兰89%的牛奶加工市场,是全球最大的乳制品出口商,年产200万吨乳品,股东为新西兰奶农,拥有上游原料优势。根据要约收购协议,在收购完成后,贝因美与恒天然将在澳大利亚组建合资公司。收购之后,贝因美将获得稳定的上游资源和海外开拓机会。2. 根据合作协议,贝因美将获得恒天然的婴儿奶粉品牌"安满"的国内总经销权,相当于获得了一个原装进口品牌。贝因美的渠道优势能够有效提高"安满"这一品牌的推广和销售。

2015年3月,恒天然成功完成对贝因美的要约收购,成为贝因美第二大股东,收购后持股占比18.8%。

但是,在外资收购成功后2年多时间的合作后,2018年1月,恒天然首次公开表示对贝因美业绩"极度失望"。直指其内控体系和财务管理缺陷,并对贝因美出售子公司投以反对票。与此同时,贝因美写给监管部门的投诉信中,则称与恒天然已到了无法达成共识、严重影响公司经营发展的地步。

2016年和2017年贝因美公司连续两年亏损,并于2018年戴上ST帽子。原先预想的并购协同效应并没有产生。

第四节　中国企业的海外并购

一、中国企业海外并购的历程

中国对外直接投资起步较晚。20世纪80年代，投资方式以新建为主，海外工程承包和劳务输出为投资的主要形式。进入90年代，中国对外直接投资迅速发展，海外并购逐渐成为中国企业对外投资的重要方式。我们可以把中国企业海外并购的发展过程分为三个阶段，对应着中国对外直接投资发展的三个高峰期。

1992～2000年出现了第一个对外投资的高峰。这一阶段主要以设立窗口公司为主，而且集中于一些能够在当地市场受到欢迎的行业和产品，如机电产品、纺织产品。从区域来看，这个阶段的投资分布主要集中在与中国有贸易往来的东南亚和非洲国家。总的来讲，对外投资主要是尝试性的，并购的规模并不大。

以2001年加入WTO为转折，中国企业对外投资开始了第二个高峰。对外投资总额从2000年的20多亿美元激增到2001年的70多亿美元。在第二次高峰中，中国企业已经开始到美国、澳大利亚、欧洲等发达国家寻求收购目标，而且目光也不再局限于当地的小企业。在时机合适的时候，中国企业的海外并购也开始出现了小鱼吃大鱼的例子，如京东方收购韩国现代显示器公司的TET LCD业务，虽然京东方的业务收入只有现代显示的一半左右。除规模增长之外，另一个特点是大中型项目增多，技术含量提高。例如，华立集团巨资收购飞利浦公司的CDMA移动通信部门、中国网通收购亚洲环球电讯等。

在2007年全球金融危机之后，中国资本在国际市场上的活跃程度不断增加。第三次高峰出现在2016年前后。我国企业跨国并购的动力是由企业内在发展要求以及中国与世界经济的结构性互补决定的。2012年以来我国经济处在寻找新常态的一个过程中，所谓新常态是由稳定的经济转型升级完成的。2013年10月国家主席习近平在出访中亚和东南亚国家期间首次提出"一带一路"倡议，大幅促进了我国企业海外并购交易量尤其是在"一带一路"沿线国家和地区。

当前，中国企业跨境并购的大趋势，即以供给侧结构性改革为主线，以"一带一路"建设为统领，监管层进一步引导和规范企业境外投资方向，促进企业合理有序开展境外投资活动，防范和应对境外投资风险，推动境外投资持续健康发展，实现投资目的国与东道国互利共赢和共同发展。

2017年12月，国家发改委颁布《企业境外投资管理办法》新规，从事前监管变为事中和事后监管。一方面扩大了监管范围,一方面提高了中国企业跨境并购审批流程的便利和确定性,以推动我国企业的跨境并购。

二、中国企业海外并购特征

中国企业掀起的海外并购浪潮特征主要体现在以下三个方面。

第一,产业特征。当前中国企业的海外并购具有鲜明的产业分布特征,即多数跨国并购案例集中于资源、采掘和技术密集型产业。比如中石化以 3.9 亿美元在阿尔及利亚收购油田,中石油以 2.6 亿美元从美国戴文石油公司手中收购在印度尼西亚的六项油田资产,TCL 斥资 820 万欧元收购德国施耐德公司的电子产品部门,以及联想收购 IBM 的 PC 业务等。这些并购案例的收购方都是我国国内能源、油气开发、家电、通信和 IT 等行业巨头和高技术行业的领头羊,被并购的目标企业也都同属于这些产业。不过第三次跨境并购浪潮中,我国企业已经进入了房地产、金融服务、化学产业等行业,并购对象更为多元化。我国企业需要通过寻找先进技术和品牌迅速提升自身实力,预期有望产生并购交易的热门行业包括先进制造、消费品牌、生命科学技术等。

第二,指向特征。指向特征是指并购行为发生的国别方向、区域方向等,主要是向发达国家并购还是向次发达国家并购。西方国家的并购史表明历史上跨国并购是以发达国家企业并购发展中国家企业为主。然而中国企业海外并购浪潮中资源型并购以发展中国家为主但也涉及如澳大利亚等发达国家,技术密集型企业的海外并购都指向了美国、欧洲、日本等主要发达国家和地区。

第三,战略特征。中国企业目前的海外并购体现了并购战略上的一致性,即是以横向并购为主。比如京东方先后三次的海外并购,都是紧紧围绕液晶显示面板的制造和销售这一领域展开。另以海尔为例,2011 年收购了日本的三洋白色家电业务、洗衣机品牌 AQUA,2012 年收购了新西兰家电品牌斐雪派克,2016 年以 54 亿美元收购美国通用电气的家电业务资产,整个收购路线一直遵循最初的全球化目标,围绕家电产品线,战略非常清晰明确。

三、海外并购的风险防范

中国企业海外并购面临的风险多种多样。例如,有的企业对并购双方实力估计错误;并购价格过高;人员安排不当;债务负担过重;管理层过度自信、盲目扩张;并购目标选择错误;并购策划不够完整;企业组织互不相容;企业文化差异;行业差异;宏观法律环境差异等。这些风险大多与企业并购的可行性研究不周有关。概括起来四种风险主要是:目标企业选择风险、资产评估风险、资金风险和文化冲突。

(一) 目标企业选择

为了降低目标企业选择上的风险,企业进行海外并购时应注意考虑以下几点:第一,应从企业发展战略出发,通过对企业面临的外部环境和内部条件研究,分析企业资源的优势和劣势、能力的长处和短处,确定海外并购的时机。概括而言,企业实施海外并购的动机可以分为4类:市场指向型、资源指向型、绕过贸易壁垒型和战略发展型。只有明确企业进行海外并购的目的,据此确定目标企业以及发展方向,才是企业避免并购风险、实现并购战略的有效措施。

第二,应尽可能在所熟悉的行业里寻求海外并购目标。企业进行海外并购,首先要对自己的管理能力有一个准确的估计,即是否能够通过改进被并购企业的经营管理而显著增加被并购企业的价值、并产生协同利益。研究表明,西方国家大型企业跨国并购同行企业的成功率较高,因为这些企业有丰富的经验和管理能力,并购后的整合易于成功。

第三,对目标企业进行全面的调查研究,对被选企业进行综合评价。在通过各种途径和渠道寻找到目标企业后,还应搜集每个目标企业有关生产经营方面的信息,并依据这些信息对目标企业进行评价和对比。

[案例13-4] 跨国收购选择目标的比较:腾中重工与吉利汽车

2009年6月2日,即美国通用汽车宣布破产后的第二天,我国四川民营企业腾中重工发布公告称已与通用就出售旗下子公司悍马汽车的有关事宜达成初步协议。一时间,腾中重工声名鹊起。10月9日,双方签署最终协议,但仍需等待监管部门审批。然而,此项交易在2010年2月24日宣布中止,通用汽车宣称的原因是:四川腾中无法在拟议的交易时间里获得中国政府监管部门的许可。但中国商务部称并没有收到腾中重工收购悍马的相关申请。

我们无从知道该项海外收购失败的具体原因,但腾中重工收购悍马这一案例就目标选择来看,存在极大的风险:首先,资金的问题。腾中重工成立于2005年,最初注册资本为2 100万元,经过多次增资扩股和股权变更,在宣布收购悍马时,注册资本为3亿元。但工商注册资料显示,腾中注册资本中货币仅为2 100万元,其余2.79亿元为实物出资,包括该公司收购的原新津筑路机械厂净资产和钢材等其他实物。而收购悍马所需资金巨大,腾中无法解决巨额的收购资金。其次,主营业务的差距。腾中重工以生产搅拌机等筑路机械为主业,并不具备汽车生产资质。而悍马却是一个陷入困境的国外高端越野车品牌。从汽车生产资质获得的难度上,更勿论从汽车行业生产经验上分析,腾中重工都并不具备收购悍马的实力。

另一个同样是收购海外汽车公司的案例中,我国浙江民营企业吉利汽车却成功了。2010年3月28日吉利汽车正式与美国福特公司签约,以18亿美元成功获得福特汽车旗下的沃尔沃轿车公司100%的股权以及相关资产,成为目前为止中国汽车厂家最大的海外收购案。在目标的选择上,吉利汽车显得更加有备而来:

首先,吉利汽车做足了收购准备,两年前吉利就启动了并购沃尔沃项目,并组建了包括国际知名投行、会计师事务所、律师事务所在内的庞大团队。两年间,项目团队与福特进行了大量的信息交换,建立了完整的财务预测模型,对各类潜在风险进行了定性和定量分析,并在此基础上确定了收购后的运营管理计划。

其次,作为中国汽车行业十强企业的吉利汽车,一直致力于转型,努力从生产廉价车转为生产高端品牌、具附加值的产品。而沃尔沃轿车是全球知名的豪华车品牌,故此次收购有助于吉利集团实现战略目标。

2010年8月2日,吉利收购沃尔沃的签约仪式在伦敦举行,最终股权定价为15亿美元,其中2亿美元为吉利集团票据支付,13亿美元为现金支付。收购资金来自吉利控股集团、中资机构以及国际资本市场[①]。此最终交易价格是根据收购协议针对沃尔沃的员工养老金义务和运营资本等因素做出调整的结果。吉利汽车的创始人李书福表示,真正的挑战是在收购完成之后。未来沃尔沃的产品研发、人才队伍建设、项目落地、配套工厂、市场营销等一系列难题等待新沃尔沃团队去攻克。

(二)资产评估

为了防范并购过程中资产评估可能出现的风险,并购企业在对目标企业的资产进行评估时,应坚持和采用如下准则。

第一,目标企业的资产必须具有可用性。我国企业在进行海外并购时,应采用资产可用性原则,以避免并购目标企业过时的、附加值低的资产。为此,并购企业可采取如下措施:对目标企业资产进行详细分析;看目标企业的资产能否为自己确定的经营方向、产品策略、技术开发等提供服务、发挥效用。同时,对能发挥效用的有价值资产进行可用性程度的鉴定。

第二,必须对目标企业资产进行成本收益分析。关键是对目标企业资产的成本支出和收益回报的测算。

第三,对目标企业商标等无形资产评估要适度,尽可能防止因目标企业的商标等无形资产被夸大评估而产生的资产损失风险。

第四,对目标企业的债权债务情况进行有效性分析。

(三)资金风险

资金风险主要是指在我国企业在海外并购活动中可能出现的资金超支现象。第一,严格制定并购资金需要量及支出预算。我国并购企业在实施海外并购活动前,首

---

① 可参考本书第七章的案例7—1。

先应对并购各环节的资金需要量进行核算,并据此制定出资金数量预算。并购企业还应根据并购资金的支出时间,制定出并购资金支出程序和支出数量。第二,主动与债权人达成偿还债务协议,避免并购后企业因不能按时偿还债务而使其正常生产经营活动陷入困境。第三,采用灵活的并购方式,减少现金支出。

(四)文化冲突

对跨国并购而言,并购企业与目标企业的企业文化更是有相当大的互异性,而且比国内并购更加上了民族性的特征。因此,在对海外企业进行并购的过程中,能否进行合理有效的文化管理,就成了决定并购成败的重要因素。要成功克服并购过程中的文化冲突,关键在于对这种冲突的事前考虑和事后反应。在此过程中,企业应特别关注一些涉及民族、宗教等无法调和而只能适应的差异性,任何对这些差异的忽视都可能导致致命的后果。

另外,地缘政治风险及东道国对中资企业投资的审慎态度,也将增加交易的不确定性。

[案例13-5] 中国化工集团并购瑞士先正达公司

2016年3月,中国化工集团发出对全球第一大农业化学公司、第三大种子公司——先正达公司(Syngenta)的要约收购,报价每股480瑞郎(约合465美元),并向先正达股东派发每股5瑞士法郎的股息。该收购提议对先正达的估值超过430亿美元,是中国企业有史以来最大的海外并购交易。

一、并购的双方

1. 并购方:中国化工

中国化工集团有限公司成立于2004年,系在原中国蓝星集团总公司和中国昊华化工集团总公司的基础上重新组建而成,是国资委控股的大型国有企业,有16家子公司,控股7家上市公司。它也是我国仅次于中石油、中石化、和中海油的第四大化工集团,但中国化工的业务范围则相对广泛,产品链条完整,避开了与上述三家公司的竞争,是国内唯一的大型综合型化工集团公司。

2. 标的方:先正达

先正达是一家从事农作物保护和种子业务的农业企业,具有两百多年的历史,总部位于瑞士巴塞尔。2000年11月,诺华和捷利康合并旗下农业部门,成立了先正达公司,是第一家专注于农业领域的全球化集团。目前,先正达是世界领先的农业科技公司,2016年农药和种子分别占全球市场份额的20%和8%。先正达拥有员工约28 700人,业务遍及全球90多个国家和地区。

二、并购的动因

1. 行业层面

我国只有全球6.5%的耕地,要养活全球22%的人口。种子和农药企业整体上规模小、技术水平较低。据统计,原创农药企业每年投入研发费用较高,一般占总销售额的9%~13%,平均每个新品种研发需要8~10年时间,平均耗资达到1.3亿美元。我国作为世界第一大农药生产国、世界第二大种子市场,大多数农药企业研发投入仅占销售额的1%~2%;在育种方面,国内绝大多数企业以"代繁"为主,原创研发能力亟待加强。

先正达作为世界领先的农业科技企业,拥有先进的生物育种技术,在传统育种杂交水稻和杂交小麦等主要粮食作物上处于领先地位,每年研发投入占销售收入10%左右,在全球拥有专利超过13 000件,研发能力强,一定程度上能补上中国原创研发能力不够的短板。

2014年以来,受大宗商品价格走低,以及美元走强影响,农化行业步入低谷期,企业业绩压力增加,行业整合潮正在上演。如拜耳宣布收购孟山都、陶氏化学与杜邦合并等,使得世界农化行业格局发生巨变,行业集中度进一步提高。

2. 公司层面

一方面,收购先正达可帮助中国化工扩展种业新业务。中国化工农化公司的主要业务集中在农药、化肥等农化领域,而并未涉及育种生物技术和种业开发等业务门类,而先正达强大的生物育种核心技术和农药原研发优势,恰能填补中国化工在专利农药和种子领域的空白,并有助于其减少对石油和石油产品的依赖,优化产业布局。

另一方面,中国化工自2006年开始国际化经营以来,先后收购了法、英、德、意、以色列等国9家行业领先企业,其中包括轮胎龙头企业倍耐力。2011年收购以色列安稻麦公司,成为全球最大的非专利农药企业。先正达在全世界90多个国家和地区拥有销售网络,市场能力强大,有助于中国化工迅速打开国际市场。

近年来,农药行业的整体萎缩拖累了先正达的盈利水平。2011~2015年,该公司利润增长率持续下滑,2014年其全球裁员1 000人削减开支,2015年营收同比下降8.8%,2016年首季继续下降达7%,公司经营状况未获得有效改善。

多年来,北美地区一直是先正达最大的市场,但随着拉丁美洲和亚太等新兴国家的兴起,北美地区份额由2009年的46%降为2014年的33%,而拉美和亚太份额由2009年的17%升为2014年的27%。而中国的种子和农药市场规模达到106亿美元,但先正达的市场份额仅为3%~4%。若能借助中国化工现有渠道,有利于先正达迅速拓展中国市场。

2015年初,美国孟山都、杜邦以及德国巴斯夫等多家跨国巨头,先后表示出收购先正达的意向。对此,先正达集团董事长米歇尔·戴瑞莫表示,与孟山都合并会使先正达在未来逐渐消失,而中国化工将会保留先正达的价值和文化。

三、交易结果

2017年6月,中国化工集团宣布完成对位于瑞士先正达公司的收购,拥有了先正达94.7%股份,成功跻身全球农化行业第一梯队,形成美国、欧盟和中国三足鼎立的全球农化行业格局。

先正达现有管理层将继续管理公司。交割后,董事会由10人组成,中国化工的任建新将担任先正达的董事长,先正达公司的原董事长将担任副董事长及牵头独立董事,现有董事会成员中4人将进入新的董事会并担任独立董事,现任CEO仍将继续担任CEO。

先正达总部将仍然留在瑞士,雇员将得到保留,其发展计划、资产组合和地域存在均将得到保留。未来先正达将在交易完成后择机重新上市。

本章小结

本章主要介绍了跨国并购理论、外国公司并购我国企业以及我国企业海外并购的理论与实践。

跨国公司对外扩张主要通过两种方式:一种是绿地投资,另一种是跨国并购。目前跨国并购已经取代了绿地投资,成为跨国企业进行直接投资的主要方式。当前跨国并购浪潮的特点主要有:并购行为日益趋向全球化;横向并购占主体地位,并购发生的行业集中;现金收购是跨国并购主要的支付对价;强强合并明显增多;主要为战略并购;并购扩张与资产剥离收缩双向发展等。

随着我国对外开放的不断深入,外资并购在我国的领域不断拓宽,并购手段和形式更加广泛,并购的定价机制越来越国际化。并购途径主要有受让收购股权、共同成立合资公司、进行技术或其他合作、成为发起人股股东、通过要约收购成为战略投资者等。

在经济全球化进程中,我国企业正积极走出去,进行海外并购。中国企业海外并购的发展过程可以分为改革开放初期、加入WTO后、2008年国际金融危机之后等三个阶段。目前随着经济新常态发展、产业转型、一带一路倡议提出等,我国企业走出去的力度在增大。在产业上,我国企业的海外并购大多集中于资源密集型和技术密集型产业;在战略特征上,体现了并购战略的一致性,以横向并购为主。

基本概念

绿地投资　　　　　　　跨国并购　　　　　　　横向跨国并购
轻触型整合　　　　　　外商投资产业指导目录　　负面清单
一带一路倡议

复习题

1. 跨国公司对外直接投资主要有哪两种方式？这两种方式各有什么优缺点？
2. 结合并购浪潮的学术理论，说明当前跨国并购浪潮的背景和原因。
3. 外资并购我国企业主要通过哪些方式和途径？请分别以上市公司举例加以说明。
4. 在当前"逆全球化"思潮的背景下，我国企业实施走出去战略进行海外并购，会产生哪些风险？请分别以成功和失败的案例进行阐述。
5. 一种流行的观点认为：中国企业跨境并购完成之后，企业的整合管理就应该由国内的重手模式转变为海外的轻触模式。请你查阅有关资料并回答：
   (1) 分析跨国并购中的重手模式和轻触模式的特征。
   (2) 你认为这种观点对吗？

实践性问题

1. 国际著名的管理咨询公司麦肯锡公司于 2017 年在线发表《中企跨境并购袖珍指南》的报告（下载地址 https://www.mckinsey.com.cn/），就中国企业的跨境并购提到了"五大迷思"——充足的廉价资本、政府的隐形之手、转移资产的捷径、猜不透的中国买家、不重视并购后整合，并认为从这五大迷思来看，中企跨境并购尚处于长期增长通道的初级阶段。

   请阅读麦肯锡报告，就"五大迷思"发表你的观点。

2. 以本章案例 13-3 的恒天然收购贝因美的事件为例，为什么该案例中外资收购国内企业没有产生预想的协同收益呢？联系之前国内"达能-娃哈哈"的外资收购案例，也曾发生过外资方与国内控股股东/管理层的激烈冲突，甚至上诉法院。请查阅资料，分析外资收购我国国内企业失败的原因。

第十四章　公司资产与权益重组

广义公司重组的形式包括最初的兼并收购以及公司股权、债务、资产等的重组,重组的方式和手段层出不穷,诸如资产注入、资产剥离、整体上市、股份回购、债务展期、债务转股权等。随着我国市场经济和资本市场的发展,公司重组受到越来越广泛的重视,上市公司越来越娴熟运用各种重组的资本运营手段,进行着公司战略转移,实现公司价值和市值的增长。

第一节　公司重组概述

一、公司重组

重组(restructuring,又称 reorganization),东西方学者并没有严格的定义。许多公司尤其是高度分散化的大型组织,常常考虑是否能够通过改变资产结构、负债结构、运营模式等来提高股东价值,这些有可能提高股东价值的方法就是我们常说的重组战略。

在西方,"公司重组"更多被认为是一个与"兼并收购"相并列的概念,它是指通过联合、合并、分离、出售、置换等方式,实现资产主体的重新选择和组合、优化企业资产结构、资本结构等,具体包括出售资产、资产剥离、公司分立、股票回购、股票互换、财务重组等。[①]

在我国,公司重组是一个更为广泛的概念。它是指运用经济、行政、法律等手段,对公司原有的各类生产要素等进行重新组合,从而提高资源利用效率,增强企业竞争力,实现企业价值最大化。除了兼并、收购的对外扩张手段之外,凡是涉及公司负债、权益资本等在内的一切公司的生产资源、人力资源和组织资源等的重新配置,都属于

---

① 关于西方理解的公司重组概念内涵,读者可参阅西方权威的并购重组教材:帕特里特·高根的《兼并、收购与公司重组》(第六版)和 J. 弗雷德·威斯通等的《接管、重组与公司治理》(第四版)等。

公司重组的范围。因此,我国实务界理解和学术界定义的公司重组实际上包含了西方学者所研究的公司并购和公司重组两个部分。

在中国证监会2008年4月颁布的《上市公司重大资产重组管理办法》[①]中,对重大资产重组的定义为:"上市公司及其控股或者控制的公司在日常经营活动之外购买、出售资产或者通过其他方式进行资产交易达到规定的比例,导致上市公司的主营业务、资产、收入发生重大变化的资产交易行为,称为重大资产重组。"该定义仅指资产重组,不包括债务重组等,因此仅属于公司重组的一个组成部分。

本文采用西方学者界定的广义公司重组概念范围,将它看成与并购相并列的概念进行分析讨论。下面我们首先介绍公司重组的战略。

二、重组一般框架

现代企业重组方式大致可分为两种:战略性重组和财务性重组。图14—1给出了公司重组的一般框架。

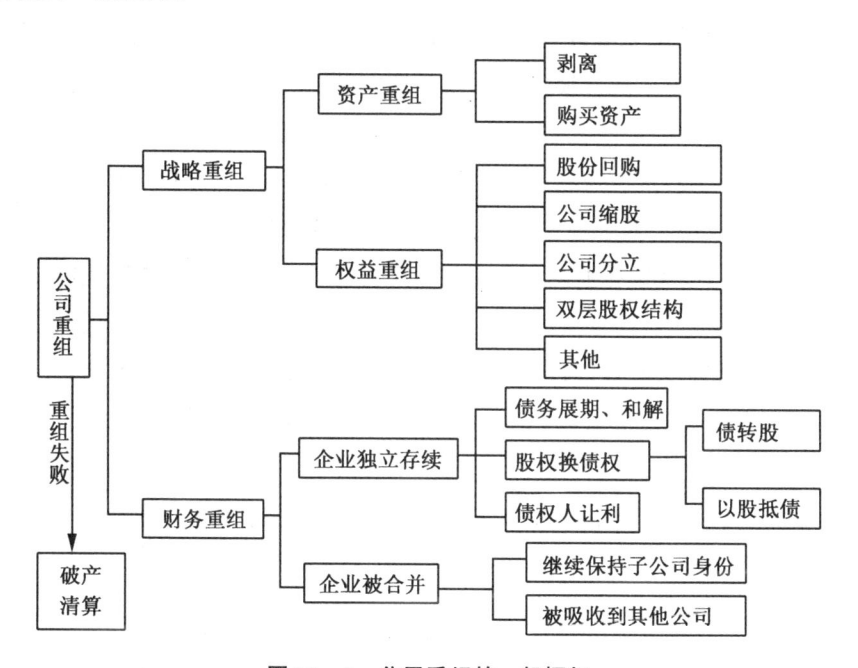

图14—1 公司重组的一般框架

战略性公司重组是指运用各种财务方法,通过优化企业业务组合和资本结构,寻求公司价值的最大化。常用的战略性重组方式包括资产剥离、资产购买、公司分立、分

[①] 在本书编写的时候,我国执行的《上市公司重大资产重组管理办法》为2016年9月颁布的修订版本,该版本中无对重大资产重组的定义。但是具体界定的标准和这里引用的定义是一致的。

拆上市、股票回购、双层股权结构、合资、战略联盟等。

财务性重组是指企业出现财务危机、达到破产边界时，对企业实施的各种抢救。通过这种抢救，使企业摆脱破产的厄运，走上继续发展之路。财务性重组的主要方式有债务展期与和解、债转股、以股抵债、重整等。

当企业在战略性重组和财务性重组之后仍然无法改善当前的状态，债权人的债务到期得不到清偿，则债权人可以经申请让企业破产。通过对企业的破产清算，偿还部分或全部债权人的利益，企业不再存在。

三、公司重组动因

在全球性竞争日益激烈的环境下，企业试图通过重组来实现自身的资源整合，提高竞争力。但是不同公司所处环境、面临问题不一样，公司重组具体动因也各不相同，具体来说有下面几种：

1. 公司战略调整

当企业所在的行业竞争环境发生变化，例如从政策性垄断行业变成完全竞争行业，或从产品开发期进入成熟期之后，行业利润率呈现下降趋势，企业通过资产剥离和出售可以实现战略收缩，并转而投资新兴产业和利润更高的产业。当企业在所投资的领域不具备竞争优势、资产盈利能力低下的情况下，为避免资源浪费和被淘汰出局，出售和剥离资产可以使企业掌握主动，及早实现产业战略转型。

[案例14－1] 快递行业的借壳上市等于被借壳公司的重大资产重组

2015年12月，申通快递抛出借壳上市方案，即作价169亿元借壳艾迪西（上市代码002468）实现上市。此后，圆通、顺丰、韵达三家快递企业也不甘落后，纷纷将上市日程提前，加速推进借壳上市。2016年1月圆通速递借壳大杨创世（上市代码600233），5月顺丰控股借壳鼎泰新材（上市代码002352）后，7月韵达借壳新海股份（上市代码002120）。而2016年7月，申通快递也向美国证券交易委员会申请IPO。这意味着民营快递的顺丰及"三通一达"都走向了上市之路。

快递行业是一个竞争非常激烈的行业，而进入资本市场融资可以给快递企业的后续竞争提供充足的动力，比如建仓库、买飞机、设网点等。另外，当前国内IPO的流程非常慢，一般需要1年半到2年的时间，复杂的企业需要3年的时间。与IPO相比，通过借壳的方式上市速度会更快。而且申通在2015年底已经抢先申报借壳上市，其他几家企业自然也不甘示弱。快递业作为国家大力支持、促进经济发展和解决就业的行业，借壳风险极小，快递企业借壳上市的进程持续催化快递概念板块，推动了相关股票股价上行。2016年9月14日，大杨创世发布公告称，圆通速递借壳上市获证监会核准批复，圆通将成为内地快递第一股。该利好消息一出，大杨创世的股价当日即以涨停板开盘。10月11日晚间,顺丰速运借壳公司鼎泰新材发布公告称,证监会并购重组委对顺丰控股借壳鼎泰新材给予有条件通过。鼎泰新材在10月12日复牌后即涨停。从这4只股票2016年以来截至10月底的市场表现来看,鼎泰新材、大杨创世和新海股份的股价累计涨幅更是分别高达196.41%、174.00%和121.05%。

对于被借壳的企业来说,就是旧资产剥离、注入新资产的过程。为了购买新资产,公司进行大规模增发股票、市值也急剧增长。企业实现了战略转型。

2. 整合内部资源,构建企业合理的业务重心和组织框架

一些公司具有丰富的企业资源,但是由于配置不合理,资源利用效率低下,甚至导致部门分割。为了能发挥最大的组织效用,公司对内部各种物质资源、人力资源、组织资源进行重组,最大限度发挥公司资源的优势,构建合理的企业和组织结构。在此过程中,涉及企业资产的调整、出售、合并、吸收等重组手段,如集团公司母子公司的业务划分、总公司与分公司的体制设置、产业及产品事业部以及地区的组织等。总之,原有的公司组织机构、组织形式要按照新公司的框架重组。不管采用何种方式,企业重组后都必须以发挥整体优势、综合优势、提高运作效率作为目标。

[案例14—2] 美的电器的小家电业务重组

美的电器(股票代码000527)是我国家电行业最为著名的企业之一,公司于2005年5月19日,将所持有的下属子公司日用电器集团85%的股权,以24 886.92万元的价格转让给上市公司的母公司美的集团,转让价格以2005年3月31日的日用电器公司净资产加上15%的溢价确定,从而实现了母公司美的集团接手小家电业务,而上市公司美的电器整合旗下的大型白色电器业务。通过此次重组,上市公司美的电器剥离了历史上公司赖以起步的小家电业务(这些业务的发展前景、盈利能力都不乐观),实现专业化经营和精细化管理,使得美的电器主营大家电的业务布局更为合理。

3. 优化企业资本结构,改善公司金融管理

企业资本结构包括资产负债结构、股权结构等,资产负债结构是公司金融管理的重要内容。企业负债太高则风险增大,负债太低则无法发挥债务融资的优势,因此可以通过重组来实现最佳的资本结构。例如,通过回购股票、配股、发行可转换债券等改变资本结构。或者通过权益重组对公司的股权结构和分布进行调整,避免股权过度集中导致制衡机制的削弱,或者股权过度分散带来所有者缺位等问题。

4. 改善企业的财务状况,增强企业的盈利能力

通过公司资产和债权的转移和出售等,资产出让方可以获得一笔流动资金,增强了企业的再投资功能。当企业存量资产大量沉淀或者存在大量非经营资产时,剥离这些资产更加有助于企业放下包袱、轻装上阵,集中资源优势,培养核心竞争力。

另外,历史上我国上市公司的主体大部分是由国有企业部分资产改制上市,其控

股股东往往还在上市公司体外保留了部分相关资产,与上市公司之间还存在着一定程度的关联交易和同业竞争。通过重大资产重组,将集团公司的关联性资产注入上市公司,可以解决集团和上市公司之间的关联交易和同业竞争问题。

[案例14-3] 中国船舶通过定向增发实现资产整体上市

2007年,中船集团公司通过旗下的上市公司沪东重机(股票代码600150,现更名为中国船舶)定向发行股票,成功将大型民用船舶制造业务、修船业务和船用大功率柴油机制造业务整合,中国船舶也一跃成为中船集团民营造船资产的上市平台,成为当年中国资本市场重组整合的典型案例。

中国船舶工业股份有限公司控股股东中国船舶工业集团公司(以下简称中船集团)组建于1999年7月1日,是中央直接管理的特大型企业集团,国家授权投资机构。经过大量的基础性工作与筛选后,中船集团最终选择了原沪东重机股份有限公司(简称沪东重机)、上海外高桥造船有限公司(简称外高桥造船)、中船澄西船舶修造有限公司(简称中船澄西)、广州中船文冲远航船舶工程有限公司(简称远航文冲)四个核心民品主业的企业作为重组整合对象。

2007年1月29日,经过近一年的酝酿和筹备,沪东重机发布公告称公司将以30元/股的价格向特定对象定向增发4亿A股。定向发行对象为不超过十家的机构投资者。包括控股股东中国船舶工业集团公司,宝钢集团有限公司及上海电气(集团)总公司和中国人寿股份有限公司、中船财务有限责任公司、中国中信集团公司等国有大型企业。

认购方式分为资产认购和现金认购两部分。其中控股股东中船集团、宝钢集团、上海电气以资产认购,包括外高桥100%的股权、中船澄西100%的股权以及集团所持远航文冲54%的股权。其余部分由中国人寿、中船财务、宝钢集团、中信集团等国有大型企业以现金认购。募集现金30亿元左右,用于沪东重机、外高桥、澄西船舶等公司的技改项目。重组上市完成后,原上市公司"沪东重机"名称变更为"中国船舶工业股份有限公司",总股本由2.625 5亿股增至6.625 5亿股。本次非公开发行的股份,在发行完毕后,投资者认购的股份在发行结束之日起36个月内不得转让。

沪东重机通过定向增发整合中船集团核心民品主业,使大型民用船舶制造业务、修船业务和船用大功率柴油机制造业务建立起完整的产业链,形成一个完整独立的业务运作主体。重组后的上市公司将拥有独立的管理、运营和财务体系,拥有独立的采购、生产、销售功能及产品品牌。公司的产能得到持续发展,外高桥造船的二期、三期工程通过募集资金的使用将达到300万吨以上的造船能力,修船及柴油机业务也得以扩展;公司的生产效率迅速提高,毛利率稳步提升,未来的资本运作空间得以加大。

整体上市不仅可以从根本上减少关联交易、同业竞争,也可进一步提升上市公司的资产质量,有利于上市公司做大做强,从而更好地维护各方股东利益。

5. 挽救上市公司被摘牌、退市的危险

上市公司在经营困难、带上 ST 帽子甚至面临破产的危险情况下,重组就是保住壳资源、改善公司形象的重要手段。由于改制不彻底、经营不规范、市场环境变化等原因,许多上市公司的生产经营陷入困境,面临摘牌下市的危险。通过资产重组将不良资产剥离出去,同时将优质资产注入上市公司,可以改变上市公司的资产结构和经营业绩,走出困境。

[案例 14—4] 长油航运的资产剥离与退市后重生

ST 长油航运(上市代码 600087)是国内一家内河航运公司中较早走向远洋的企业,主营沿海及远洋航线的石油运输业务。1997 年在上交所上市。石油运输量很大,但由于石油行业本身是个强周期性行业,油价波动很大,这就直接影响到石油运输价格的稳定。ST 长油在石油价格处于高峰期时,购置了一批超大型油轮,但这部分运力形成时,石油价格下跌,运输价格也随即下调,导致经营出现亏损。尤其是那些借款购买的超大型油轮,成为公司最大的亏损源。ST 长油在 2010~2012 连续三年亏损,2013 年被暂停上市,由于 2013 年没有扭亏,在 2014 年被退市,股票转入了全国中小企业股份转让系统(即新三板)交易。这是我国股市首个央企退市案例。

分析 ST 长油亏损的原因,最主要的还是决策失误,运能的扩大与运量的变化不同步,特别是引进了昂贵的超级油轮却因为运价低而产生不了利润,相反却极大地增加了公司的财务负担。不可否认宏观大环境对企业经营的影响,但公司在战略决策方面的确存在严重失误。

下市之后,ST 长油剥离了亏损的超级油轮资产,变卖 6 艘 VLCC 油轮总计获得 3.8 亿美元,并且进行了包括债转股在内的大规模资产重组,从而有效地减轻了负担。在经营管理方面进一步压缩各项费用开支,管理费用同比压缩了 10% 以上、岸基人员精减了 20% 以上。同时也得益于宏观环境的好转,公司从 2015 年开始实现了连续盈利,其中 2017 年的扣非净利润是 3.8 亿元,2018 年是 2.94 亿元。

2019 年 1 月 8 日,长油航运挂牌上交所,新代码为 601975,公司名称现为招商南油,成为我国资本市场上经历了"上市——退市——重新上市"流程的第一股。

随着全球经济一体化的不断深入,调整经济结构、产业结构的迫切性愈加强烈,由传统产业向新兴产业过渡已势不可挡。信息产业、生物工程、新材料等作为未来新经济的主导产业,已成为传统产业的重组目标。许多传统行业上市公司如商业、化纤、纺织等由于经营环境的恶化,收益率持续下降,已无法在二级市场上进行再融资。这些上市公司通过股权转让、兼并收购等重组方式进军信息技术、生物医药、新材料等行业,改变主营业务,实现产业升级。另外,在我国具体的政策和市场经营环境下,上市公司重组还有着许多特殊动因,例如提高公司净资产收益率,确保公司增发和配股等再融资资格;挽救面临摘牌危险等。

然而,不管企业重组是出于何种动因,要想获得重组的成功,企业在重组之后必须要实现两点转变:一是能提高资源的利用效率,将资源转移到能发挥最大效用的环境中;二是优化企业的组织结构,降低财务和运营成本,提高运营管理效率,最大限度发挥人员的积极性和创造能力。

第二节　资产剥离

资产剥离并非像过去人们所认为的那样,是公司经营失败的标志,而是公司发展的一项合理战略选择。通过剥离不适合公司长期战略、没有成长潜力或影响公司整体发展的业务,可以使公司集中于更具战略性意义的重点业务,使资源达到更有效配置和利用,从而具备更强的竞争力。

我国公司的资产剥离几乎是与并购活动同时展开的。1993年我国开始了国有企业股份制改造的进程,对企业非生产经营性资产进行剥离,以减轻其社会负担。此后,许多非改制的国有企业也把剥离非经营性资产作为搞活企业的重要手段。随着社会主义市场经济的发展,资产剥离已经摆脱了特定历史时期的含义,成为如今我国企业重组的一项重要手段。在收缩性的资本运营中,资产剥离运用最为广泛。

一、资产剥离的概念

资产剥离(divestiture 或 divestment)是指公司将其拥有的子公司、部门、产品生产线、固定资产等出售给其他公司,并取得现金、有价证券等作为对价的一种商业行为。

公司资产包括实物资产、无形资产(商誉、土地、专利技术或其使用权)、金融资产(股票、债权等),所以公司资产剥离可以分为两种形式:一是有价证券等金融资产的转让剥离;另一个是实物资产和无形资产的出售和转让。具体的转让出售方式包括协议转让、拍卖、出售等。

资产剥离可以理解为与兼并收购的扩张行为相反的收缩型资本运作手段,但资产剥离和扩张并购并非完全对立,而是相辅相成。首先,资产剥离是并购扩张的必要准备和补充。例如,在兼并和收购完成之前,公司通过剥离出缺乏战略意义的资产,为收购筹备资金;或者为了避免法律法规的约束,通过剥离公司原有的资产或业务,使之达到反垄断要求;在兼并收购之后,收购方公司采用剥离的方式出售被收购公司的部分资产或业务以偿还并购融资(如同大部分的杠杆收购后伴随资产剥离行为);另外,公司还通过资产剥离的方式来纠正草率甚至是错误的收购行为。其次,资产剥离在反收购策略中也扮演着重要的角色。当公司受到来自袭击者的收购威胁时,可以通过剥离转移优质资产即所谓"皇冠上的明珠"的方式,来抵制收购方的意图。因此,虽然剥离和并购是相反方向上的商业行为,但是二者是互补而非排斥的关系。

二、资产剥离的动因

20世纪80年代西方的公司资产剥离、分立浪潮正是对之前(60年代)过度扩张并购浪潮的反省和回归。但公司资产剥离、分立绝不是简单的收购、兼并的相反过程,公司资产剥离通常有着特殊的动因。

西方学者林恩和罗塞弗(Linn,Scott C. & Michael S. Rozeff,1984)[1]分析了剥离的各种动机,认为出售资产是为了增加营运资本及偿还债务,资产剥离是因为该项业务正发生亏损。但是史密斯(Smith,Clifford W.,1986a,1987b)[2]分析表明,通过剥离公司资产来融资以增加营运资本及偿还债务,并不是最优的融资方式。资产剥离并没有增加公司的价值,也不会显著增加买方股票的价格。对于正在亏损的业务,剥离业务的价值已经反映在公司当前的股票价格当中,除非这些业务以超出现值的价格出售(即对买方而言价值更大),否则剥离不会产生盈利。综合起来,西方学者一般认为促成公司资产剥离的真正原因只有两个:

(1)资产作为买方企业的资源比作为卖方企业的资源更具价值。

(2)资产明显干扰卖方企业其他业务组合的运营。

第一个原因可以使资产剥离方企业获得额外价值,由于同样的资产对不同的使用者具有不同的价值,当买方企业对该资产的评估价值超过卖方企业实际使用该资产的价值时,双方都可以从该资产的买卖中获得收益,从而促成资产剥离的完成。第二个原因是在于资产剥离可以减少卖方公司的损失,从而提高卖方企业其他资产的效益。

上述从经济理论上总结的两个原因,在我国公司重组的实践中有不同的具体表现形式,下面以我国发生的一些重组案例来说明。

(1)回归主业。公司由于业务过度多元化,各业务之间的协同效应较低,难以实现有效的经营控制,公司不得不出售与核心业务没有关系的部门,集中资源强化主营业

---

[1] Linn,Scott C. & Michael S. Rozeff. The Corporate Sell-off[J]. *Midland Corporate Finance Journal*,1984(2):17~26.

[2] Smith,Clifford W.,Jr. Investment Banking and Captial Acquisiton Process[J]. *Journal of Financial Economics*,Janural/February 1986a(1/2):3~29;Raising Captial:Theory and Evidence[J]. *Midland Corporate Finance Journal*,1987(4):6~22.

务和核心业务,以确保主营业务的竞争优势。例如,ST白云山(股票代码000522)于2001年6月剥离它的从事土地开发、房地产经营的全资子公司银山公司,彻底剥离房地产业务,同时通过资产置换换入广州广药集团属下的天心药业等六家制药企业,将精力集中在医药业上。

(2)调整主业。由于外部经济环境的变化以及企业生命周期等非自身所能决定因素的存在,企业适时进行经营战略调整,通过剥离部分资产来实现战略转移,及时将企业重心转移到具有较好发展潜力和前景的业务中去。例如,2017年8月,科林环保(上市代码002499)宣布剥离旗下控股100%的子公司——"科林技术"公司。科林科技是科林环保的核心资产,这家子公司在2016年末的总资产占到上市公司总资产的99.6%,实现营业收入占其总收入的64.41%。转让价格为7.17亿元,以全现金方式转让。买方为公司目前的第二大股东、前任实际控股人宋七棣先生等,该交易构成关联交易。通过资产转让,科林环保将剥离发展受限和经营绩效较差的"袋式除尘业务",获取相关现金对价以支持公司光伏电站业务的进一步快速发展。自2014年以来,科林环保主营业务"袋式除尘设备"的营业收入连续三年下滑,近两年扣除非经常性损益后净利润连续亏损。

(3)减轻债务负担,满足公司现金需要,改善财务状况,优化资本结构。这类公司一般是经营严重亏损或者负债比例过高的企业。为了减轻财务负担,改变资产的流动性和获利能力,公司通过剥离质量差、效益低或者闲置资产(如闲置的土地、停产的生产线等)获得收益。例如,四川省上市公司全兴股份(股票代码600779)2004年通过剥离亏损的四川制药、减少九兴印刷的股权等,进行了一系列资产剥离活动,当年公司资产负债率由50%降至30%,短期借款由7.5亿元降到3.18亿元,各项费用也明显下降。剥离资产后,公司财务状况明显改善。

(4)从收购的目标公司中剔除不合适的业务。目标公司的资产不一定全部符合收购方的战略要求,在收购完成后,收购公司可以通过剥离这部分资产完成对目标公司的重组。这种剥离可能是由于收购公司发现该资产对其他买者具有更高的价值,从而在收购之前就谋划好的。例如,美国花旗银行2005年先后剥离其收购来的旅行者寿险集团以及其他国际保险业务部门,并出售了旗下大部分资产管理业务,因为这些业务部门的利润减少,不利于花旗集团的整体业务发展,而这些资产剥离给专业的保险服务公司,可以发挥更大的价值。

(5)满足法律法规的要求。剥离资产是获得政府法律对合并许可的一种通常要求。例如,2005年1月美国宝洁公司和吉列公司合并以后,二者在价值6.5亿美元的电动牙刷市场占据主导地位,市场份额之和达到50.5%。在面临竞争厂商的反垄断法律控诉的情况下,为了避免欧盟委员会的调查,两个公司决定剥离各自的牙齿护理业务，从而达到反垄断条例的要求。

(6) 避免被接管。通过剥离出优质资产，尤其是收购方希望得到的资产——所谓的"皇冠上的明珠"，从而起到一种接管防范的作用。一个明显的例子是1982年美国白伦司维克公司(Brunswick Corp.)面临惠特克(Whittaker)公司的接管威胁时，把其优质资产医疗业务出售给美国家庭用品(American Home Products)公司，出售资产带来的收入比惠特克公司的报价还高。资产剥离以后，收购者的企图自然消失。

实践中企业剥离资产各有不同的动机，但是都可以归结为剥离资产获得收益、减少资产对主营业务的干扰，这是公司资产剥离成功的两个根本因素。

三、资产剥离的方式和特征

目前国内外资产剥离的方式主要有三种。

1. 向控股股东(或者母公司)出售资产，这是上市公司的控股集团内部进行资产调整最常用的手段，在国内上市公司中这种资产剥离最为普遍。一是因为上市公司与控股股东之间的交易容易达成；二是价格和支付方式可以比较灵活；三是售出的资产和业务对上市公司的竞争威胁，比出售给竞争对手小。例如1997年上海广电股份进行资产剥离，先后向控股股东上海广电集团出售全资子公司无线电四厂、无线电十八厂和上海录音器材厂。这样，1997年在主营业务亏损7 128万元的情况下，由于出售资产获得巨额收益使上市公司当年净利润实现9 655万元，同时又避免了将资产剥离给竞争对手带来的潜在威胁。

2. 向非关联公司出售资产，即将资产出售给无关联关系的其他企业。一般情况下，企业在经营不善、决定退出该行业或者领域的经营时，会采取这种资产剥离方式。

3. 运用管理层收购(MBO)剥离资产，即将资产剥离给子公司的管理层。这种资产剥离方式在国外运用较多，是管理层收购的一种重要类型。被剥离的子公司管理层成为所在企业的所有者，从而彻底摆脱集团母公司的各种限制，激发管理层的创业精神，发展管理层自身的战略。对出售企业来讲，卖给管理层比卖给竞争对手更加安全。[①]

四、资产剥离的效应

西方学者对资产剥离的效应进行了大量的研究。克雷恩(Klein,1986)对公司是否事先宣布出售价格分析了宣布效应。如果事先不宣布出售价格，卖方股票价格就没

---

① 关于资产剥离中的管理层收购，参见本书第八章的案例8－1"金霸王电池的管理层收购"和案例8－3"恒源祥管理层收购案例"。

有显著的效应;如果事先宣布价格,那么效应大小依赖于宣布出售的价格与前一个月最后一天的股票市价之比。另外,资产剥离的效应还跟剥离资产所占总公司资产的比例有关,当资产出售比例小于10%时,没有明显的价格效应;当出售比例在10%～50%之间时,卖方的(-2,0)窗口期超常收益平均为正2.53%;当出售比例大于50%时,超常收益为8.09%。[1]

布莱克和戈兰菲斯特(Black & Grundfest,1988)的研究表明:在1981～1986年期间美国公司资产剥离的案例中,把卖方从资产剥离中的超常收益加总,其获得的价值增值超过276亿美元。[2]

卡普兰和维斯巴赫(Kaplan & Weisbach,1992)对剥离进行了深入的研究。美国1971～1982年间发生的1亿美元以上(以1982年美元价格计算)的271宗收购样本,到1989年为止,在7年后,有119宗目标公司已被剥离。当初并购发生时,与目标企业不是紧密联系的收购中几乎有60%发生了剥离;而业务紧密联系的收购中被剥离的比例低于20%。在这些资产剥离的案例中,只有44%的企业报告了损失。[3]

朗(Lang)、鲍尔森(Poulsen)、斯图尔兹(Stulz)(LPS,1995)研究了美国1984～1989年间包括93例大额资产出售的样本。这些企业被分为支付式资产出售(40例)和再投资式资产出售(53例)。支付式资产出售是指企业将资产剥离的收入分发给股东,再投资式资产出售是指企业资产剥离的收入进行再投资。结果表明支付式企业在宣告前一天到宣告日得到大约2%的正超常收益;再投资式企业在同样的期间发生大约0.5%的负收益。其原因在于市场极为关注管理层对资金的支配,担心经理人员将其用于不明智的多样化经营。[4]

总的来说,企业资产剥离具有一定的财富效应,大部分公司股东都能在资产剥离中获得超常的正收益。因此,企业的资产剥离优化了资源配置,提高了资源的使用效率,发挥了重要的经济功能。

我国对资产剥离的研究相对较少。罗良忠等(2003)选取了1998～2002年间在上海证券交易所上市的公布资产剥离的、不存在关联交易并且剥离资产价值在1 000万元以上的45家上市公司,采用事件研究方法发现:在资产剥离前后20天内积累的平

---

[1] Klein, A.. The Timing and Substance of Divestiture Announcements: Individual, Simultaneous and Cumulative Effects[J]. *Journal of Finace*,1986(41):685～697.

[2] Black,Gailen and Joseph A. Grundfest. Shareholder Gains from Takeovers and Restructurings Between 1981 and 1986: $162 Billion Is a Lot of Money[J]. *Journal of Applied Corporate Finance*,1988(1):5～15.

[3] Kaplan,Steven N. and Michael S. Weisbach. The Success of Acquisitions: Evidence from Divestures[J]. *Journal of Finance*,1992(3):107～138.

[4] Lang,Larry,Annette Poulsen and Rene Stulz. Asset Sales,Firm Performance,and the Agency Costs of Managerial Discretion[J]. *Journal of Financial Economics*,1995(1):3～37.

均超常收益为-4.92%,且有不断下降的趋势。在资产剥离前后一天内以及资产剥离后7天内,股票积累的超常收益为正,分别为0.7%和0.93%。由此可见,在短期内公司资产剥离能够给股东带来超常收益,增加股东的财富。[①]

另外,学者的研究还发现我国上市公司的资产剥离具有明显的年末效应,即在资产剥离的时间分布上,发生在10~12月的数量要明显大于其他月份。原因主要是经营不佳的公司企图通过出售资产来增加利润,以满足财务报表增加利润的需要,一些经营亏损的公司为了避免被戴上"ST"帽子、暂停交易甚至摘牌的危急局面,也常常采用通过剥离资产来提高财务业绩。

[案例14—5] 华润创业280亿港元向母公司华润集团出售非啤酒业务

2015年4月8日,华润创业(香港上市代码00291.HK)发布复牌和重大资产重组公告称,将以约280亿港元向母公司华润集团出售非啤酒业务,华润集团将以现金和承兑票据支付,其中拟以现金支付136亿港元。这意味着,华润创业将由零售、饮料、食品、啤酒四大业务主导的多元化企业瘦身为一家专业化啤酒制造商。

在华润集团的架构中,华润创业具有独特的地位。一方面,作为上市旗舰,华润创业充当着"孵化器"的作用,华润置地即脱壳于此。另一方面,基于"总部多元化、利润中心专业化"的定位,华润集团建立了地产、水泥、燃气等7大战略业务单元。作为消费品业务的运营主体,华润创业同时承载着零售业务,相比华润水泥、华润燃气等利润中心,业务构成并不清晰。华润创业在2014年报中披露,零售业务在整合期间业绩表现产生了负面影响,导致其上市公司的盈利能力受到不利影响。

2015年4月21日,资产剥离的重组公告发布后,停牌两周后的华润创业股价复牌后,当天收盘相比停牌前股价上涨了58%。

这种剥离亏损性资产、聚焦核心业务的重组,有利于改善上市公司业绩状况,得到了资本市场投资者的支持。

第三节 股票回购和公司缩股

股票回购(share repurchase),是指上市公司以一定的价格购回公司已经发行在外的股份。它是国外成熟证券市场上上市公司为实现反收购、优化资本结构、进行利润分配、实现员工持股计划等目的而常用的一种资本运作方式。

公司缩股(也可称为反向拆股,reverse stock split),是上市公司按一定的比例合

---

① 罗良忠,朱荣林,范永进. 我国上市公司资产剥离实证研究. 证券市场导报[J]. 2003(12):66~71.

并股票,从而达到提高股价的目的。在我国证券市场解决股票分置的全流通改革过程中,公司缩股曾发挥了重要的作用。

股票回购和公司缩股具有一些相似的特征,两者都减少了上市公司流通在外的股票数量,提高了股票价格。所不同的是,股票回购使得公司流通在外的股份总价值减少,改变了公司的股份结构,而公司缩股则没有改变股份总价值和股份结构。并且,股份回购是更为常见的一种资本收缩方法。

一、股票回购的理论依据

据国外实证研究的结果,在股票回购的要约中,出让股票的股东平均得到超出市场股价20%以上的溢价,在要约收购到期时,股价仍高出回购价格的10%以上。事实表明,股份回购会使公司普通股的市场价格长期增长。那么,如何解释这种现象呢?

(一)替代现金股息和个人纳税假说

由于现金股息要按照普通收入所得税率纳税,而股份回购只需要股东缴纳较低的资本利得税[1],并且只有回购价格超过股东购买价格的情况下,股东在股票回购中所得到的现金才需纳税。另外,股份回购的交易费用远远低于现金股息的交易费用。另一个方面,股利政策理论的研究表明:大部分公司都采用相对稳定的股利发放政策,为了实现长时期内股利的稳定增长,就必须防止股利短期内的过快增长。在这种情况下,公司采用股票回购的方式代替现金股利,作为一种调节机制,可以起到稳定现金股利水平的作用。

根据企业生命周期理论,当一家公司进入稳定阶段或成熟阶段,经营性净现金流入造成现金储备规模大大超过为股东创造价值的投资机会所需资金,从股东价值最大化的原则出发,应把富余资金分配给股东,同时又要避免股利的过快增长。为此,股票回购很好地满足了两个方面的要求。例如,20世纪五六十年代,IBM公司经历了高速成长阶段,从70年代中期开始,公司开始出现大量的现金盈余。在股利发放的过程中,IBM大量使用了股票回购手段,在1986~1989年的三年中,公司用于回购股票的资金达56.6亿美元,共购回4 700万股。

[案例14—6] 微软公司的股利政策变迁

从1986年上市以来,微软持续高速发展,成为电脑软件业的"印钞机"。然而,微软却始终拒绝向股东派发现金股息,自1986年上市以来直到2003年的长达17年的

---

[1] 比如美国本地居民的合格股息收入税率在0~20%之间,非合格股息税率在10%~39.6%之间,而资本利得税的区间在5%~15%之间,历史上股息所得税率远高于资本利得税率。目前我国的股息所得税率为20%,实际根据持有时间和税收优惠政策,有效税率为10%,资本利得免税。总体上,资本利得税率低于现金股息税率。

时间里,从未向股东支付一分钱现金股息。其间,由于营收及获利成长实在太快,微软上市后股价一路大涨。为避免每股股价过高影响股票的流通性,在1987~2006年间,微软一共进行了七次"1股变成2股"的股票分割(split),以及两次"2股变成3股"的股票分割。具体地说,如果你在微软初次上市时持有它1股的股票,那么到2006年年底时,1股会变成288股。

2003年1月16日,微软公司终于宣布,将首次派发年度股息每股8美分,共发放8.64亿美元现金股息,但这只是它账面库存现金的2%。

2004年7月,微软持有现金560亿美元。2004年7月20日,其发布震撼性声明:支付每股3美元的特别股利,总计320亿美元。并且,宣布未来的股利计划:从2004年度起,现金股利翻番,每股0.32美元,连续4年,总计140亿美元;在未来4年回购300亿美元的股票,这项计划总共花费约760亿美元。盖茨宣称,2004年以后,微软重点是增加对股东的现金股利支付,同时保证公司前景乐观,所有重大投资项目不会受到股利发放的影响。

(二)杠杆假说

股票回购增加了债务/权益比率,不管是用过剩的现金或者借债来回购股票,都能显著提高公司长期负债和权益的比率,而通过借债回购股票对提高财务杠杆的效果尤为突出。在杠杆率增加的同时,借债回购也增加了抵税的利息支付数量,达到资本结构优化的目的。经典的权衡理论认为,公司存在一个最优的资本结构,公司需要在负债和权益资本之间寻找到一个最佳的比例。为此,一些竞争地位相当强、经营稳定但是长期负债率较低的公司,就可以采用股票回购的方式来实现最佳资本结构的目的。

实证研究的结果也证实了这种观点,马苏里斯(Masulis,1980)[1]选择了138个股票回购的样本,分为债务融资超过50%(45个)和低于50%(93个)的两组,结果发现较大杠杆率的公司股票回购宣布期的收益是21.9%,而杠杆率较低的公司股票回购的收益只有17.1%。这个结果与负债的避税假设完全一致。例如,2004年美国美林证券公司宣布了20亿美元股票回购计划,声称旨在调整公司的资本结构,进行积极的资本管理,以保持公司高水平的业绩。当天美林公司股价上涨了72美分,至58.45美元,涨幅为1.25%。[2]

(三)信号假说

公司宣布要进行股票回购计划时,实际上给投资者提供了一个信号,信号具有两个方面的导向作用。一方面,宣布利用现金回购股份,投资者可能认为管理者找不到

---

[1] Masulis, Ronald W.. Stock Repurchase by Tender Offer: An Analysis of the Cause of Common Stock Price Changes. *Journal of Finance*, 35, 1980, pp. 305~319。

[2] 中金在线财经资讯,http://news.stock888.net/040212/101,1317,484099,00.shtml。

有利的投资,公司前景并不明朗;另一方面,当公司愿意用高于市场价格的溢价回购股份时,表明管理者认为公司的股票被市场低估。在许多股票回购宣布的报告中,管理层都宣称他们认为投资于自己的股票是最有利的交易。到底公司股票回购传递的是正面抑或负面的信息?这需要根据两方面作用的强弱来权衡判断,一般来讲,股份回购向市场传达的正面信息要大于负面信息。

西方著名的股票回购研究专家威尔麦伦(Vermaelen,1981)[①]对信号假说进行了细致的研究,以寻求财富效应的大小。他认为在解释股票回购的财富效应中,正面的信号效应更为重要。例如,2002年世界最大的网络设备制造商美国思科公司宣布其将有一项80亿美元的股票回购计划出台,超出以前宣布的30亿美元的计划,使得该公司股票价格上升了9%。[②]

[案例14-7] 借助同行业公司股票上市、发布股份回购信号

2011年3月30日,奇虎360(QIHU.NYSE)公司在美国纽约证交所正式上市,首日收盘价报在每股34美元,当日涨幅134.48%,成为截至当时中国公司在美国最成功的IPO案例之一。预计中国的网络、科技概念股将再次在美国资本市场受到追捧。而有趣的是,在奇虎360上市之前,8家在美上市的中资概念股公司纷纷推出了各自的股票回购计划,无不与此相关。

2011年3月份,易居中国、航美传媒等8家在美上市中国公司相继宣布股票回购计划(Share Repurchase Plan)。证券分析师普遍认为,时值奇虎360登陆纽交所前夕,此举可能使相关的中国网络、科技股的股价短期内有所反弹(之前这些公司的股价长期下跌),从而使得股东获益,但公司的中长期股价表现仍将需要通过业绩来支撑。

(四)股东间的财富转移

财富转移可能发生于出让股份的股东与未出让股份的股东之间。由于不同的股东可能存在不同的约束和成本限制,从而产生不同的行为。威尔麦伦(1981)认为,财富效应最大的一份应归于未出让股票的股东。这是因为到期股票价格要比股票回购前的价格高出10%以上,使他们的受益更为显著。另外从实践来看,拥有大额股份的内部人员不参与收购,这似乎表明他们预期股票在更长远的未来时期将比要约有效期的到期价格更高。用信息理论对有利的财富转移进行解释,所得的结论也是一致的。

(五)防范外部接管

如果内部人认为企业价值被低估,那么他们就会担心受到溢价相对较小的接管报

---

① Vermaelen, Theo. Common Stock Repurchases and Market Signaling: An Empirical Study. *Journal of Financial Economics*, 9, 1981, pp.139~183.

② 新华网, http://www.jjckb.xinhua.org/www/Article/12907-1.shtml.

价威胁。威尔麦伦(1984)[①]的研究认为,1962~1977年期间宣布接管报价与回购要约数量之间存在很强的相关关系。他认为这可能出于保护股东利益。回购要约中较大的溢价可能向外部投资者传递一个信号,即股票价值至少与溢价所表现的价值一样高,并且在将来有可能更高。这可能会提醒市场,如果接管报价要想成功,它提供的溢价必须比20%的平均溢价水平高,或者至少达到回购要约溢价水平。比如,2003~2004年持续了17个月的甲骨文(Orcal)和仁科(Peoplesoft)之间的收购和反收购之战中,虽然甲骨文公司最终完成了收购的目标,但是仁科通过斥资8亿美元进行多次股票回购,迫使甲骨文公司四次调整收购价格,从最初的每股16美元到完成收购的每股26.5美元,让甲骨文公司付出了103亿美元的代价。[②]

(六)自由现金流假说

詹森(Jensen,1986,1988)提出了自由现金流假说,认为公司过量的现金流会增加管理层和股东之间的代理成本,因为管理层会从个人私利出发,将这些现金投放到次优的投资项目或进行无效率的收购活动,达到分散自己所承担的投资风险或扩大所控制的权力范围的目的。为了降低自由现金流带来的代理成本,股东通过股票回购减少企业的自由现金流量。因此,股票回购被认为是基于这一目的发放现金的行为。

(七)盈余管理假说

由于上市公司的每股收益是华尔街金融投资者最为关注的指标,所以企业管理层有动机进行盈余管理,以满足投资者的盈利预测,使得每股收益与金融投资者、分析师等预测的数据相差不远。由于股份回购可以提高每股收益(由于回购导致了流通在外股本减少),因此成为管理层进行盈余管理的手段。但是,通过股份回购进行盈余管理的时候,会引起公司投资、员工雇佣等的减少,可能会危及公司未来的成长性。Almedia,Fos,and Kronlund(2016)等进行了研究,论证了盈余管理假说可以解释一些企业的股份回购行为[③]。

综合以上的各种假说,可以说个人纳税、杠杆、信号、防范接管、自由现金流量、盈余管理等假说在解释股票回购中的财富效应都显示出显著的解释力。

二、股票回购方式

股票回购一般采用四种主要类型:(1)固定价格要约收购;(2)荷兰式拍卖;(3)认

[①] Vermaelen, Theo. Repurchase Tender Offers, Signaling and Managerial Incentives [J]. *Journal of Financial and Quantitative Analysis*, 1984(19):163~181.

[②] 资料来自 http://info.it.hc360.com/html/001/001/001/59812.htm。

[③] Almeida, Heitor, Vyacheslav Fos, and Mathias Kronlund. The real effects of share repurchases[J]. *Journal of Financial Economics*. 2016(1):168~185.

沽期权;(4)公开市场回购。其中,在资本市场实践中应用最多的是固定价格要约和公开市场回购两种方式。

(一)固定价格要约收购

固定价格要约收购(fixed price tender offers,FPTOs),是公司在特定时间发出的、以高出股票当前市场价格的水平(平均大约高出20%),回购既定数量股票的要约。实践中大多数固定价格收购要约都能成功。如果愿意出售量超过要约量,企业按照比例购回预定的股份,或者以约定的价格购回全部愿意出让的股份。如果愿意出售量少于要约收购量,企业可以把要约展期,以求在更长的时间内满足要约收购的数量。在要约具有最低接受条款的情况下,企业可以取消要约,或者企业只购回实际收购的股份数量或比例。一般情况下,要约收购不允许回购公司管理层和董事的股份。

专栏 14—1 要约收购股票回购模型

为理解股票回购给股东带来的财富效应,我们考虑一个关于固定要约股票回购的模型。它是威尔麦伦(1981)在如下的假设基础上给出的:

(1)市场价格是有效的,在任何时候市场价格都反映所有影响股票价格的公开信息。

(2)市场在信息上是有效的,信息无成本并且被所有市场个体同时获得。

(3)证券市场中的竞争是完全的(pure competition),意味着个体投资者是价格接受者并且不能影响股票回购要约的结果。

(4)在考虑过纳税和交易成本后,投资者寻求财富数量的最大化。

(5)在宣布日之后,投资者对股票回购产生的价值变动和愿意出让的比例以及公司购买的比例有相同的预期。

(6)要约是有上限的。如果要约得到的供应量不足,企业将收购所有供应的股票,如果要约供给过量,公司将收购所有供应的股票或按比例从供应股东那里购回股票。

根据前面的假设和需要,我们假设如下变量:

$P_0 =$ 宣布前股票的市场价格

$P_F =$ 要约收购的价格

$P_E =$ 要约到期后股票价格

$N_0 =$ 宣布前流通在外的股票量

$N_E =$ 回购后流通在外的股票量

W＝股票回购产生的股东财富效应

F_P＝购回股票的比例＝$(N_0-N_E)/N_0$

在股票回购完成后，发行在外的股票的价值应该等于要约回购之前存有的股票价值减去购回的股票价值，再加上要约回购给股东带来的财富效应，即：

$$P_E N_E = P_0 N_0 - P_F(N_0-N_E) + W \qquad (14.1)$$

对上式进行整理，我们可以得到财富效应的组成

$$W = P_E N_E - P_0 N_0 + P_F(N_0-N_E) = N_0 \cdot \left[P_F\left(\frac{N_0-N_E}{N_0}\right) + P_E\left(\frac{N_E}{N_0}-P_0\right)\right]$$

即：

$$W = (P_F-N_0)F_P N_0 + (P_E-P_0)(1-F_P)N_0 \qquad (14.2)$$

$$W/P_0 N_0 = F_P \frac{P_F-P_0}{P_0} + (1-F_P)\frac{P_E-P_0}{P_0} \qquad (14.3)$$

公式(14.2)揭示了要约回购产生收益的两个组成部分。前一部分是出让股份的股东得到的财富效应，等于出让股票的价格差额乘以出让股票的数量（$F_P N_0$）；后一部分为未出让股份的股东得到的财富效应，等于未出让股票在要约前后的价格差额乘以未出让股票的数量（$(1-F_P)N_0$）。

丹恩(Dann,1981)[①]收集了1962~1976年期间143个公开市场股票回购的公司,股票回购的平均比例为20%,股东财富效应(即宣布回购后股价立即上升带来的股东总市值的增加)是15%,要约收购的初始溢价为23%。由此我们可以解出要约结束之后的股票溢价,即：

$$15\% = 20\% \times 23\% + 80\% \times \frac{P_E-P_0}{P_0}$$

解得：$\frac{P_E-P_0}{P_0} = 13\%$

所以在股票回购中,4.6%(0.2×23%)的财富流向了愿意出让股份的股东,10.4%(0.8×13%)的财富流向了未出让股份的股东,这验证了财富转移效应的假说。

(二)荷兰式拍卖

荷兰式拍卖(Dutch auctions,DAs),区别于固定价格要约股票回购,只规定了一

---

① Dann,Larry. Common Stock Repurchases:An Analysis of Returns to Bondholders and Stockholders[J]. *Journal of Financial Economics*. 1981(9):113~138.

个价格范围而不是一个单一价格,投资者可以在这个范围内选择股票出让价格。

荷兰式拍卖回购的程序一般是:(1)公司首先详细说明计划回购的股票数量,并制定回购价格的区间,一般最低价格稍高于现行市场价格;(2)股东进行招标,由股东向公司提出他们愿意出售的股票数量,以及在设定的价格范围内股东能够接受的最低价格;(3)公司在接到股东的报价后,将所有股东提交的价格和数量按价格从低到高的顺序进行排列,如果低于某个价格水平的股票数量等于公司计划回购数量,则此价格被定为回购价格;(4)确定是否回购,如果报价低于或等于回购价格的股票数量多于公司事先确定的回购数量,公司按比例购买,如果股东提供的股票数量太少,公司或者取消回购或者设定更高的购买价格。若公司决定回购,对所有股东的购买价格都是上述第三步确定好的回购价格,而不是股东自己的报价。

我们从股东对股票供给量同回购价格关系的角度,分析荷兰式拍卖股票回购的财富效应。一般情况下,回购价格越高,愿意出让股票的股份也就越多,股份回购的供给和回购价格之间存在正向关系。

美国学者巴格威尔(Bagwell,1992)[①]在对 1981~1988 年间使用荷兰式拍卖的 32 家企业数据进行分析的过程中,从企业给定的回购价格与股票回购数量的关系上,发现二者之间的数量关系。他给出了所研究的案例中股票供给(即股东愿意出让的股票数量)与股票回购价格之间的数量关系式,我们借用他的案例,来研究荷兰式拍卖股票回购给股东带来的财富效应:

$$P_{N_D}=80+0.04N_D \tag{14.4}$$

其中,P_{N_D}——在回购价格区间内的某只股票回购的价格;

N_D——在 P_{N_D} 价格水平下股东愿意出让的股票数量(以万股为单位)。

用图形表示公式(14.4)中的关系可知,股东对荷兰式拍卖的出让意愿为一条倾斜向上的供给曲线,如图 14-2 所示。

公式中 80 代表回购前股票的市场价格为 80 美元,假设公司发行在外的股票数量为 1 000 万股,当公司需要回购 N_D 的股票数量时,回购最后一股要求的价格为 P_{N_D}(也可称为保留价格)。例如,当公司打算回购 200 万股时,第 1 万股回购股票的要求价格为 80+0.04×1=80.04(美元),第 200 万股回购股票的价格为 80+0.04×200=88(美元),等等。回购价格低于 80 美元时,将没有股东愿意出售股票;回购价格高于 88 美元时,愿意出售股票的数量将超过 200 万股。

假设企业想要回购 20%发行在外的普通股票,在此案例中即为 200 万股,公司设

[①] Bagwell, Laurie Simon. Dutch Aution Repurchases: An Analysis of Shareholder Heterogeneity [J]. *Journal of Finance*, 1992(3):71~105.

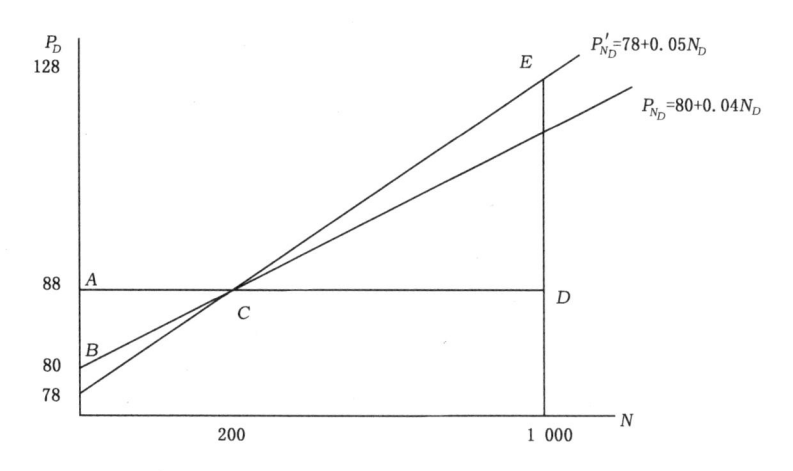

图 14—2 荷兰式拍卖股份回购图示

定股票回购的价格范围为 84～90 美元。根据公式(14.4)我们可以计算出该荷兰式拍卖股票回购的保留价格为 88 美元。

$$R_{N_D}=80+0.04\times 200=88(美元)$$

出让股东的财富效应为超出股东愿意出售股票的价格总额部分,即图中三角形 ABC 所代表的财富[①]:

$$0.5\times(88-80)\times 200=800(万美元)$$

因为收购要约之前股票的市场价格为 80 美元,所以这 200 万股的市场价格为 16 000 万美元,因此出让股票的股东的平均收益率为 5%(800/16 000)。

未出让股票股东的情况稍微复杂一些,其估价曲线跟转让股东的估价曲线不同。可以根据公司前后估价不变,推导出未出让股东估价曲线。由于公司估价前后不变,我们可以得到如下关系式:

$$800P'_{N_D}+88\times 200=(80+0.04N_D)\times 1\ 000$$

其中,P'_N——未出让股票股东的保留价格。

经过变形,我们可以得到如下关系式:

$$P'_{N_D}=(80+0.04N_D)/0.8-88\times 200/800=0.05N_D+78 \quad (14.5)$$

上式我们也可以从对未出让股东的补偿角度来理解,即估价曲线减去对出让股票股东的支付价格,正好是对未出让股票股东的补偿。未出让股份股东的财富效应为股东心目中超过回购价格的股票的财富,即图 14—2 中三角形 CDE 所代表的财富:

$$0.5\times(128-88)\times 800=16\ 000(万美元)$$

[①] 此处由于按照荷兰式拍卖原则,所有接受回购股东的价格都是一样的,而大于其自身愿意出售股票的价格,因此构成了类似微观经济学中的生产者剩余或消费者剩余的概念。

要约收购完成后股票的价格为88美元,所以未出让股份股东的平均财富效应为23%[16 000/(800×88)]。

从公式(14.5)可以看出,未出让股东的供给曲线的截距变小,但斜率更陡。这个更陡的供给曲线在实践中尤为重要,它充分说明了股票回购作为防范接管手段的作用。相对于初始80美元的价格水平而言,股票回购后边际股东的保留价格略超过88美元,最后一只股票的保留价格达到128美元(0.05×1 000+78)。所以,为了同股票回购竞争,敌意接管者支付的溢价必须超过未出让股票股东的保留价格,这将比初始供给价格所要求的溢价要高得多,[①]从而股份回购有力地发挥了反收购的作用。

(三)认沽期权

认沽期权(Transferable put rights,TPRs)是根据股东持股数量而按比例分配给股东的选择权,它赋予股东在一定期限内以规定的价格向公司出售其持有股票的权利。这种出售权一旦形成,就可以同依附的股票相分离,而且分离后可在市场上自由买卖。

认沽期权的实质是一种看跌期权,如果该看跌价格对现行市价有很高的溢价,那么该期权就很可能被执行。实行股票回购的公司向其股东发行认沽期权,愿意出售股票的股东在规定期限内,以认沽期权规定的价格向公司转让股票;而不愿出售股票的股东可以单独出售认沽权证,将出售股票的权力转让给其他股东。由于认沽权证的发行数量限制了股东向公司出售股票的数量,因此认沽期权的单独交易可以满足双方对出售股票的需求。

认沽期权具有很多方面的优势:

首先,发行认沽期权可以解决由于股东愿意出售股票过多而出现按比例回购的情况。在固定价格要约回购中,由于有按比例购回的可能性,股东对他们愿意出让的股票被购回的比例没有把握,为了确保自己的股票被购回,他们通常向套利者出售来规避这个风险,后者掌握大量待出售的股票,从而得到有利的谈判地位,尤其是在形成接管和控制权竞争的情况下。公司在发行认沽期权的情况下,愿意出售股票的股东明确知道自己能够出售的股票数量,他想要出售更多的股票只会通过在市场上购买认沽期权来实现,而不会将股票转让给套利者,更加有利于公司股票的顺利回购。

为了出售股票,股东需要首先购买一个认沽期权。因此,对于出售股东来说,认沽期权的价格以及股东的保留价格之和必须小于出售权规定的回购价格。对于未出售股东来说,出售权的价格必须大于其规定的价格与他心目中的保留价格之差。因此,要使交易成功。出售权的价格必须满足如下两个关系:

---

① 因为股票回购以后,未出让股票的股东的供给曲线斜率更大。

$$V+P_{N_D} \leqslant P_T$$
$$P_T - P'_{N_D} \leqslant V$$

其中,V——认沽期权的价值;

P_{N_D}——股东愿意转让 N_D 股份时的保留价格(等同于荷兰式拍卖中的保留价格);

P'_{N_D}——不愿出售股票的股东的保留价格;

P_T——认沽期权规定的回购价格。

所以,认沽期权的价值必然存在如下关系:

$$P_T - P'_{N_D} \leqslant V \leqslant P_T - P_{N_D}$$

其次,发行认沽期权有利于巩固控制集团的地位。认沽期权之所以能加强控制集团的控制地位,主要原因是当股东行使认沽期权时,等于是公司回购注销了股票,缩小了公司的股本总额,而且公司较高的回购溢价,成功地阻止了敌意收购者获得更多的股份,甚至诱使一部分支持敌意收购者的股东卖出股份,最终增强控股股东的控股地位。

最后,认沽期权还为我国的证券市场全流通改革提供了可借鉴的方案。赋予流通股股东认沽期权,也成为一种对价支付方式。流通股东持有认沽期权,拥有可以既定的价格未来出售股票的权利,从而锁定流通股股东收益水平,避免全流通后股票价格下跌给流通股股东带来的损失。比如深圳交易所上市公司农产品的股权分置改革正采用了认沽权证的方案。[①]

[案例14-8] 农产品公司股权分置改革方案中使用了认沽期权

2005年8月,我国资本市场第二批股权分置改革试点公司农产品(股票代码000061)公司通过了股权分置改革的方案,核心内容是公司控股股东深圳市国资委承诺,在股权分置改革实施之日起的第12个月的最后5个交易日内,所有流通股股东有权以4.25元/股的价格将持有的农产品流通股票出售给深圳市国资委。同时承诺在国家股获得上市流通权之日起三年内不出售所持有的股份,在获得上市流通权之日起一年内不得转让,其后两年内如确需减持时,也将通过大宗交易、战略配售等方式进行,且减持的价格不低于承诺的购买价格。

该方案等同于每股流通股派发1股欧式认沽权证,权证有效期限为一年,执行价格为4.25元。相比6月17日公司股票停牌除息后的股价3.35元,该回售价格保证其最低26.87%的溢价收益,可以防止股权分置改革引起流通股价格下降给流通股股东带来的损失。

[①] 本案例是由非流通股大股东签发给流通股股东的认沽期权,并非上市公司签发。因此,当流通股东行权时,并不会产生上市公司的股份回购行为,而是大股东购买股票。从权证的理论分类上看,这不是一个股本权证,而是相当于备兑权证。只有是股本权证,才会产生股份回购行为。

预计在股权分置改革顺利完成一年后,股市将进入良性发展的轨道,对于一只净资产在3.68元的股票来说,股价在4.25元以上的可能性是非常大的,认沽期权很有可能不被实施,从而非流通股股东不需要支付对价。

(四)公开市场股票回购

公开市场股票回购(open market repurchases,OMRs),是指上市公司在证券市场上按照公司股票当前的撮合竞价市场价格回购股份。这种股票回购方式的实际使用数量,远远超过了前三种股票回购方式。

公开市场回购方式的特点是比较简单,直接在二级市场上买卖。但是,当回购股份数额较大时,容易推高股价,增加回购成本,从而降低回购成功的可能。美国学者埃尔温和米勒(Erwin & Miller,1998)[①]的一份研究指出:在美国公开市场股票回购中,1993年宣布公开市场股票回购的股票数量到1995年3月只完成了15%;而1994年宣布公开市场回购的股票价值为650亿美元,到1995年3月,实际回购完成的股票价值不到30亿美元。所以,公开市场股票回购通常用于回购股份数量较少的情况,如为了实施股票期权计划、职工持股计划、可转换证券转股等特殊用途,或者在股票市场表现不佳时,小规模回购股票。

总之,股票回购可以帮助企业实现预期的目的,维护公司合理的股价水平、合理避税、优化资本结构、成功避免接管等。在我国,除了公开市场股票回购,还有定向股份回购,回购的主要是国家股和法人股,股份回购是作为国有股减持的手段[②]。

当然,股票回购大量占用公司资金,影响公司资产的流动性和后继发展能力,公司回购必须以雄厚的资金实力为前提。另外,在回购中,公司应当根据各种股票回购的特点,使用适合的股票回购方法,将回购成本降低到最小,最终还是要服务于股东财富最大化的目的。

三、我国股票回购的规定和实践

随着我国资本市场发展的需要,股份回购作为一种公司重组的手段将发挥积极作用。2005年6月,我国颁布了《上市公司回购社会公众股份管理办法(试行)》(下称《办法》),以及2006年开始实施修订后的《公司法》,对我国上市公司进行股份回购进行了规定。除允许上市公司因减少注册资本或者与持有本公司股票的其他公司合并

---

① Erwin,G. and J. M. Miller. The Intra-industry Effects of Open Market Share Repurchases:Contagion or Competitive? [J]. *The Journal of Financial Research*,1998,21(4):389~406.

② 在2005年前,我国资本市场上的股份回购只有针对非流通股的协议回购,发生过"云天化"和"申能股份"两家公司定向回购国家股案例。可参见王伟:"国有法人股回购的信息内涵及市场识别——"云天化"和"申能股份"公司回购国有法人股的实证研究. 管理世界[J]. 2000(6)109-117.

时进行股票回购外,还增加了两条回购股票的情况:(1)将股份奖励给本公司职工。(2)股东因股东大会做出合并、分立决议持有异议,可要求公司收购其股份。

《办法》另对进行股份回购的上市公司需要满足的条件进行了规定。同时,《办法》还根据我国证券市场的实际情况,规定了上市公司股票回购的方式:主要有集中竞价交易、要约回购以及证监会认可的其他方式。

2008年10月9日,中国证监会颁布了《关于上市公司以集中竞价交易方式回购股份的补充规定》[①],规定上市公司可以根据市场情况进行及时回购,从事前的审核制改为事后的备案制。

2015年8月,证监会等四部委联合发布《关于鼓励上市公司兼并重组、现金分红及回购股份的通知》,提出"公司选择适当时机进行回购,不仅有利于调整资本结构,也是回报投资者的重要方式。"监管机构鼓励上市公司适时回购,当股票价格低于每股净资产或者市盈率、市净率等任一指标低于同行业上市公司平均水平达到预设幅度时,就可以主动回购股份;上市公司可以预先设定好触发回购的指标阈值,同时可以选择多种工具融资为回购筹集资金。

2018年10月,我国专门针对股份回购条款,修订了《公司法》的具体规定,增加了股权激励、可转债转股、公司出于价值低估而进行的主动回购。随后,证监会、财政部、国资委也联合发布了《关于支持上市公司回购股份的意见》政策。具体见专栏14-2。

专栏14-2 《公司法》修订专门针对股份回购

2018年10月26日,第十三届全国人大常委会第六次会议审议通过了《关于修改〈中华人民共和国公司法〉的决定》,对《公司法》第一百四十二条有关公司股份回购的规定进行了专项修改。此次公司法的修订主要聚焦上市公司股份回购层面,修订内容包括三个方面:

一是补充完善允许股份回购的情形。将现行规定中"将股份奖励给本公司职工"这一情形修改为"将股份用于员工持股计划或者股权激励",增加"将股份用于转换上市公司发行的可转换为股票的公司债券"和"上市公司为避免公司遭受重大损害,维护公司价值及股东权益所必需"等两种情形,以及"法律、行政法规规定的其他情形"的兜底性规定。

---

① 中国证监会文件《上市公司回购社会公众股份管理办法(试行)》(2005年6月16日,证监发[2005]51号)和《关于上市公司以集中竞价交易方式回购股份的补充规定》(2008年10月9日,证监发[2008]39号)。

二是适当简化股份回购的决策程序,提高公司持有本公司股份的数额上限,延长公司持有所回购股份的期限。规定公司应将股份用于员工持股计划或者股权激励(回购目的第3项)、用于转换上市公司发行的可转换为股票的公司债券(回购目的第5项),以及上市公司为避免公司遭受重大损害、维护公司价值及股东权益所必需而收购本公司股份的(回购目的第6项),可以依照公司章程的规定或者股东大会的授权,经三分之二以上董事出席的董事会会议决议,不必经过股东大会决定。属于第3、5、6项情形的,公司合计持有的本公司股份数不得超过本公司已发行股份总额的百分之十,并应当在三年内转让或者注销。

三是补充上市公司股份回购的规范要求。为防止上市公司滥用股份回购制度,引发操纵市场、内幕交易等利益输送行为,增加规定上市公司收购本公司股份应当依照证券法的规定履行信息披露义务,除国家另有规定外,上市公司收购本公司股份应当通过公开的集中交易方式进行。

此外,根据实际情况和需要,删去了现行公司法中"关于公司回购本公司股份用于奖励职工""用于回购的资金应当从公司的税后利润中支出"等规定。

由于新的《公司法》规定上市公司可以在价值低估项下主动进行股份回购及注销,一方面可以提高每股收益水平,提升上市公司的投资价值;另一方面可以向市场传递"公司股票价值被严重低估"的信息,增强投资者信心。2018年10月28日晚间,当人大通过修订《公司法》的信息公布后,共有41家上市公司股份回购、提议或最新进展公告等,回购成为市场热点。

2018年11月9日,中国证监会、财政部及国资委联合发布《关于支持上市公司回购股份的意见》,对上市公司股份回购制度进行进一步完善并推出了多项鼓励政策。

在2005年我国证券市场正式允许上市公司股份回购后不久,就有上市公司出台了股票回购的方案。

[案例14—9] 华电能源的股份回购

华电能源股份有限公司(股票代码600726)于1996年在上海证券交易所上市,主要从事电力行业的生产和销售。2005年以来,由于受到电煤价格大幅度上涨造成的行业困难和证券市场低迷的双重压力,公司股价持续下跌。

电力行业属于资本密集型行业,建设电厂的投资巨大,受到资金、技术、自然条件、国家审批等方面的制约,进入壁垒较高,这就决定了电力上市公司的重置价值较高。当二级市场股价严重偏低、流通市值远远低于公司的重置价值时,将突显出公司的并购价值(托宾Q值小于1),引发二级市场的并购机会。公司董事会认为公司股票的市场表现与公司的长期内在价值不相符,流通股价格在较长时间内低于每股净资产,投资价值被低估。因此,董事会希望通过回购部分社会公众股,向市场传递反映真实投资价值的信息。

2005年8月董事会宣告股票回购的方案,决定在未来6个月内使用自有资金通过上海证券交易所,以集中竞价交易方式回购本公司社会公众股份;回购价格参照国内证券市场和电力类上市公司整体市盈率水平,并结合公司财务状况和每股净资产值,确定为每股不超过3.5元,回购数量不超过10 000万股,占总股本的8.88%,占流通A股的51.4%。

此次拟回购资金预计不超过3.5亿元,约占公司近三年经营活动产生的现金流量净额均值的59.93%,占2005年中期公司货币资金余额的比重为39.37%。回购资金所占比例均在公司可以承受的范围内,回购完成后公司仍然保持良好的流动性,可以满足正常的生产经营活动,也不会对公司未来的发展造成不利影响。

按照上述方案回购股票,公司的每股收益和净资产收益率将得到提高,流动比率、速动比率有所下降,但对公司债权人利益不会造成损害。同时,由于回购后每股收益提高,在市盈率水平一定的条件下,公司股价将有一定幅度的上升,这为2004年12月发行的可转债持有人行使转股权利提供了有利条件。

专栏14—3 股份回购宣告的信息含量

股份回购的动因研究历来是一个核心问题。学术界对此众说纷纭、莫衷一是(Dittmar,2000)。但有趣的是,在现实中,绝大部分上市公司股份回购的公开声明原因,都宣称回购是因为公司价值低估,也即股份回购是内部人对证券市场进行信号传递(signaling)。理论上争执不下、现实中简单归一。在不同的股份回购案例中,回购企业各具特征,回购股份的规模、资金来源等不尽相同;特别是在回购公告公布之后长达半年的有效时间里,上市公司的实际行为也即是否真实进行了回购存在很大区别,有些公司大量购回股票,而有些公司回购甚少甚至一股也未购回。

李曜、何帅(2010)[①]研究了自2005年6月至2009年6月我国A股市场已经发生的11起公开市场股份回购。他们认为上市公司在回购时的宣告动因与其真实动因并不完全一致,有些上市公司存在隐藏动因,因此将上市公司的回购分为

---

① 李曜,何帅.上市公司公开市场股份回购宣告动因的真与假——基于公司财务与市场识别的研究[J].经济管理,2010(5).

真回购和假回购两类：一类是宣告动因即真实动因，而且进行了真实的股份购回行动，这类公司表里如一、言行一致，回购公告中的信息含量符合价值低估假说、财务灵活性假说和自由现金流假说等；而另一类公司的回购宣告动因不全面，存在隐藏动因，甚至宣告动因本身并不真实，当初的公告实际上是在释放虚假回购信号，这类公司表里不一、言不由衷，回购公告中并没有真正的信息含量。假回购公司主要迫于发行在外的可转换债券的偿还压力而借宣布回购信号推高股价、推动债转股。就资本市场对两类公司真假回购公告的股价反应，从长期看存在一定的差异，真回购公司的股票价格表现更好，这说明证券市场已经具备了较强的识别能力和一定的有效性。

公开市场股份回购宣告动因并不一定具有真实性这样一个命题，在西方早就存在。西方学者发现美国85%的公开市场股票回购也并不会公布其动因，公布回购动因的公司绝大部分也是以股价低估为理由。对于"价值型股票"(value stock)来说，确实如此，宣告后的4年长期超额收益达45.3%，而对于"炫耀性股票"(glamour stock)来说，则并不尽然，宣告后长期持有股票没有显著的超额收益。(Ikenberry, Lakonishok, Vermaelen, 1995)。

具体如表14-1所示。

表14-1　　　　我国上市公司股份回购宣告与执行的差异及期间可转债转股数量表(2005～2009年)

公司名称	回购真实动因	实际回购使用金额与宣告回购金额上限比	实际回购股份数量与宣告回购数量上限比	回购股份数量(股)	可转债转股数量(股)*	回购有效期间转股的转债/转债总规模(金额)*
邯郸钢铁	(3)	6.86%	12.50%	7 498 816	527 003 920	90.11%
华菱钢铁	(3)	0.00%	0.00%	0	430 554 404	95.30%
银基发展	(1)	0.00%	0.00%	0	0	
山鹰纸业	(3)	0.00%	0.00%	0	10 610 460	14.10%
华电能源	(3)	0.00%	0.00%	0	214 138 634	83.22%
华海药业	(1)	33.38%	38.26%	3 825 947	0	
江苏阳光	(1)	0.00%	0.00%	0	0	
九芝堂	(1)	43.56%	38.46%	13 845 471	0	
宇通客车	(1)(2)	0.00%	0.00%	0	0	
天音控股	(1)(2)	17.01%	17.94%	3 588 900	0	
海马股份	(3)(4)	0.00%	0.00%	0	161 850 141	99.57%

注：(1)=传递价值低估信息；(2)=有效利用自有现金流量，作为现金分红的替代形式；(3)=规避可转换债券回售风险；(4)=大股东套现。

* 统计区间为股份回购公告前的第一个季度末至回购期限截止后的第一个季度末。因为上市公司只在季报中披露转债转股数量和金额等数据。

四、公司缩股

"缩股"就是"拆股"的反向操作,上市公司按一定比例合并股票(譬如将两股或多股合并成一股),从而达到提高股价的目的。公司缩股除了改变公司流通在外的总股数和每股价格以外,其他均保持不变。比如在一个 2∶1 缩股方案(即每 2 股折合成 1 股)中,如果某股东原持有 200 股,每股 1 美元,则缩股之后该股东持有 100 股,每股 2 美元;公司总股份数量减半,股价加倍,而股份价值总额不变。可见公司缩股既能达到提高股价的目的,又不占用企业资金。理论上讲,公司股价提高的比例和股份减少的比例相等,由于每个股东所持的股票都按比例缩减,所以单个股东占总股本的比例也不变,公司的控制权也就不发生变化。

在美国,公司缩股的目的是为了提高股价、避免被摘牌的危险。根据美国股票市场准则,每股价格在 5 美元以下的股票,被称之为垃圾股;如果跌入 1 美元以下并持续 3 个月,该股票就会被摘牌。为了防止股票出局,这些公司纷纷采用缩股的办法,人为地将股票拉高至 1 美元以上。20 世纪 90 年代,美国股市一片繁荣景象,资本市场充满了令人眼花缭乱的"拆股"行为。而在 2001 年后,纳斯达克市场上的高科技股泡沫破灭,大量公司的股价低于 1 美元,约占纳斯达克上市公司总数的 15%。尤其在 2001 年"9·11"事件之后,股价低于 1 美元的公司比例急剧上升,结果美国股市中出现了与拆股相反的"缩股"高潮。比较著名的案例有 2002 年美国电话电报公司 5 股合 1 股、PLAM 手持电脑公司 20 股合 1 股等。但是研究表明,"缩股"短期内对公司是有利的,但长期未必。"缩股"的初衷是以时间换取生存的空间,但是随着时间推移,这些公司的生存空间并没有得到拓展。大多数公司终究是回天乏术,真正能够起死回生者并不多见。

在我国股权分置改革中,曾出现公司缩股的方案,就是非流通股股东根据一定的缩股比例相应减少其持有的公司股份,而流通股股份保持原有的数量和价格不变,公司相应减少注册资本并将对应股份予以注销。非流通股股东因缩股而使得权益相应增加的部分计入公司资本公积金,由全体股东共享。缩股流通是在我国特定的市场环境背景下产生的,是支付流通股东对价的一种特殊方法。

[案例 14-10] **吉林敖东的缩股减持**

吉林敖东是我国股权分置改革中第一家采用缩股流通改革的上市公司。公司全体非流通股股东,以其持有的非流通股份按照 1∶0.6074 的缩股比例进行缩股,从而获得所持股份的流通权,缩股后非流通股股东所持股份转换为流通股,根据有关政策的规定进行流通。同时,公司向全体股东每 10 股派现金 1.07 元,非流通股股东将其应得股利全部支付给流通股股东,流通股股东因此得到现金补偿为每 10 股派 0.93

元,现金所得总计为每 10 股 2 元(含税)。

吉林敖东表示,公司会因缩股减少注册资本。实施缩股前,非流通股股东持有 16 255.20 万股公司股份,按照 1∶0.607 4 的缩股比例缩减为 9 873.408 5 万股后,公司总股本变为 28 667.898 5 万股。公司注册资本由 35 049.69 万元变为 28 667.898 5 万元,总股本减少为原来的 81.8%。流通股占总股本的比例由 53.62% 增长为 65.56%,在公司的权益比重增长了 22.27%。

第四节 公司分立

这一节我们将详细讨论有关公司分立的内容,包括分立的概念、动机以及分立过程中对债权人的保护等,最后对我国公司分立的概况作简单介绍。

在美国,公司分立的发展速度是很快的。从 1985～1996 年间,公司分立交易的金额总体呈上升趋势。如果排除 1982～1983 年间发生的 AT&T 分立案例,1980～1984 年间美国的公司分立,年平均交易金额只有 11 亿美元;而到了 1985～1989 年间,年平均分立金额就上涨了 5 倍,达到 61 亿美元;到 1990～1994 年间,这一数字跳跃至 148 亿美元;1995 年和 1996 年更是分别达到 766 亿美元和 853 亿美元。

美国学者斯皮尔和史密斯(Schipper & Smith,1983)[1]研究发现分立交易公告日母公司股票会有 2.84% 的超常收益,海特和欧沃斯(Hite & Owers,1983)[2]的研究发现分立交易可以给公司带来 3.8% 的超常收益,卡塞提斯、迈尔斯和伍勒瑞茨(Cusatis,Miles,Woolridge,1993)[3]的研究发现分立交易三年后,公司股票的平均收益达到 76%。

一、公司分立概述

公司分立(spin off)是指一个母公司将其在某子公司中所拥有的股份,按在母公司中的持股比例分配给现有母公司的股东,从而在法律上和组织上将子公司从母公司的经营中分离出去,形成一个与母公司有着相同股东和持股结构的新公司。

在公司分立过程中,不存在股权和控制权向母公司股东之外第三者转移的情况,

---

[1] Schipper Katherine and Abbie Smith. Effects of Reconstracting on Shareholder Wealth[J]. *Journal of Financial Economics*,1983(12):437～467.

[2] Hite Gailen & James E. Owers. Security Price Reactions around Corporate Spin-off Announcements[J]. *Journal of Financial Economics*,1983(12):409～436.

[3] Cusatis Patrick J., James A. Miles, and J. Randall Woolridge. Restructuring Through Spin-offs[J]. *Journal of Financial Economics*,1993(33),293～311.

因为现有股东对母公司和分立出来的子公司同样保持着他们的权利。公司股权结构的变化见图14-3,母公司可以根据业务重组的需要对子公司进行分立。

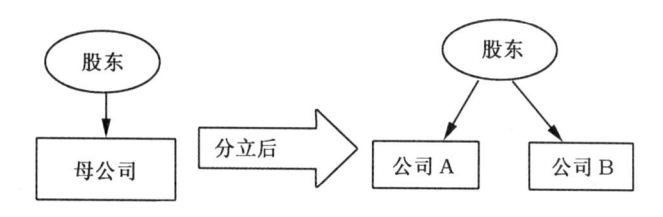

图14-3 公司分立股权结构变化示意

根据原公司是否存续,可将公司的分立行为分成两种形式,即存续分立和解散分立。

存续分立(也叫派生分立),即一个公司将原公司的一部分(包括财产、业务等)分出成立新的公司,原公司继续存续,只是在股东人数、注册资本等方面发生变化。存续分立中新设立公司的法人资格的取得不以原公司法人资格的消失为前提。公司分立后原公司就发生变化的注册事项向登记机关办理变更登记,新设立的公司应向登记机关依法办理设立登记。

解散分立(也叫新设分立),即将一个具有法人资格的公司分割成两个或两个以上的具有法人资格的公司,解散分立以原公司的法人资格消失为前提。这种情况下,母公司将子公司的控制权移交给它的股东,母公司解体,被解散的公司应到公司登记机关办理注销登记,分立出来的公司应到公司登记机关依法办理设立登记。

除标准的分立形式外,公司分立还有其他多种变化形式,其中最主要的是换股分立。换股分立中,母公司将其在子公司中占有的股份分配给母公司的一些股东(而不是全部股东),交换其在母公司中的股份。换股分立不同于纯粹的分立。

首先,在换股分立中,两个公司的所有权比例会发生变化,母公司的股东在换股以后甚至不能对子公司行使间接的控制权。其次,换股分立不像纯粹的分立那样经常发生,因为它需要一部分母公司的股东愿意放弃其在母公司中的利益,转投资于子公司。最后,换股分立实际上可被看成一种股份回购,即母公司以下属子公司的股份向部分母公司股东回购其持有的母公司股份,因此换股分立后母公司的股本减少,而在纯粹的分立后,母公司的股本没有变化。

二、公司分立的动机

当企业主要产品的市场需求量明显萎缩、甚至已经不复存在时,或者企业生产经营所需的资源条件已经不足以维持现有经营规模等情况发生时,企业可以通过分立来缩减生产经营规模,增强经营活力。比如采油、采矿、森林砍伐等行业,只要出现资源不足就必须缩减企业原有的经营规模。但是,缩小公司经营规模和获取经营利益并不是公司分立的唯一动机,在许多情况下,公司分立是为了获取财务方面的利益。在以获取财务利益为基本目标的公司分立中,公司分立的结果往往不是生产经营规模的缩小,而是生产经营规模的扩大。一般来说,公司分立具有以下的优点:

1. 可以解放企业家的能力

从激励机制来分析,公司分立能够更好地把管理人员与股东的利益结合起来。分立出来的公司管理人员可以通过签订协议,使其薪酬等直接与分立后公司的股票价格或者业绩绩效相联系,而不是与母公司的股票价格相联系。管理层相比在一个较大公司的一个部门工作时有了更大的自主权和责任感,更能发挥企业家才能。因此公司分立有利于企业家精神的释放。

2. 股票市场有积极反应

上市公司在宣布实施公司分立计划后,二级市场对此信息的反应一般较好,公司股价在分立消息宣布后会有一定幅度的上扬。这反映出投资者对主业清晰公司的偏好。投资者对通过公司分立使得主业清晰的公司给予较高的价值评估。

3. 获取税收优惠

在西方,公司分立与资产剥离等紧缩方式相比有一个明显的优点就是税收优惠。公司分立对公司和股东都是免税的,而资产剥离则可能带来巨大的税收负担。公司在资产剥离中得到的任何收益都要纳税。

4. 股东可以继续保留在分立后公司的股份

经验数据表明,被分立的子公司和母公司在公司分立以后的几年内,通常会在财务业绩上超过市场平均水平。所以,股东应继续保留两家公司的股份从而继续获利。

5. 换股分立能减轻股票价格的压力

股东在交换他们的股票时具有选择权,因此不太可能在交换后立即出售。一般在实施之前先采用分拆上市的方法,为子公司创造出一个交易价格,再与母公司价值进行比较,从而确定交换比率。从母公司的角度看,这种做法还可以提高每股收益,因为它与股份回购在这方面的作用类似,减少了母公司流通股票的数量。

6. 分立有时也是一种反收购的手段

当一个公司的下属子公司被收购方看中,收购方要收购整个企业时,母公司通过把该子公司分立出去就可以避免被整体收购的厄运。

当然,公司分立在给企业带来各种有利因素的同时,也带来了很多的争议。

首先,公司分立只不过是一种资产契约的转移,这是它最容易受到的指责。除非在管理方面的改进也同步实现,否则它不会明显增加股东的价值。公司分立可能是公司变革的催化剂,但其本身并不能使经营业绩得到根本性改观。

其次,公司分立使规模带来的成本节约随之消失,被分立的公司需要设置新的管理部门,可能会增加管理成本。同样,母公司如果对原有机构不发生变动,管理人员所管理的公司规模已经缩小,相应的成本就会上升。因此,为使公司分立的正面效果达到最大,必须对母公司的管理结构进行调整。

最后,完成公司分立活动要经过复杂的税收和法律程序,这是执行过程中的最大障碍。即使在美国也是如此,比如公司分立对原公司免税条件的继承问题、业务改变所带来的税收条件变化等,都需要得到美国国家税务总署的批准。由于未取得免税待遇的公司分立后果极为严重,所以在未得到预先批准的情况下,公司分立是很难进行下去的。税务总署的批准不仅包含着很高的法律和会计成本,还会有时间成本,其他有关法律问题进一步增加了它的成本和复杂程度。

三、公司分立中的权责关系

分立后的各公司不仅继承了原有公司的各种权利(资产),还应当主动合理负担公司的义务(负债),尤其应该关注公司分立过程对债权人的保护。

由于债权人在公司分立中处于外部地位,其知情权不可避免地受到限制和制约,因此加强对债权人的保护是至关重要的。原因是公司分立中可能出现的非公平的分配方案,将导致对债权人利益的直接损害,如剥离债务归分立后的某一个公司承担、形式上的公平、实质上的不公平,等等。如果债权人的债权因此受损,则涉及债权救济问题,根据协议承担债务的公司应全部清偿;否则,就由分立后的各公司对原公司债务承担连带责任,以保证债权人的债权不因公司分立而受损。[1]

我国公司法对债权人保护的措施有明确法律规定,"公司分立,应当编制资产负债表及财产清单。公司应当自做出分立决议之日起10日内通知债权人,并于30日内在报纸上公告。公司分立前的债务由分立后的公司承担连带责任。但是,公司在分立前与债权人就债务清偿达成的书面协议另有约定的除外"。我国合同法也有这样的规定,"当事人订立合同后分立的,除债权人和债务人另有约定的以外,由分立的法人或者其他组织对合同的权利和义务享有连带债权,承担连带债务。"[2]

---

[1] 公司分立使得债权人利益受损的一个著名案例是1992～1993年期间美国万豪(Marriott)酒店的公司分立案。该案例中,万豪酒店(母公司)保留了旅店的固定资产和大部分债务,而将酒店管理业务分立出来成立了一家新企业万豪国际。分立中,公司原债权人的债权价值发生了大幅下降。参见:Parrino, Robert. Spinoffs and wealth transfers: the Marriott case[J]. *Journal of Financial Economics*,1997(43):241～274.

[2] 我国《合同法》第90条和第176条。

四、我国企业应用公司分立的现状

从我国公司分立的现实来看,我国大多数公司分立的基本目的并不是为了缩小经营规模,相反是为了筹集更多资金来扩大经营规模。因此,以获取财务利益为目的,是我国公司分立的主要特征,集中表现为我国资本市场上国有企业分立上市的模式,曾长期居主导地位。

比如,一家效益比较低下达不到上市要求的国有企业,可以先将一部分优质资产从原国有企业中分立出来,成立一家受原有企业控制者所控制的效益较好的新公司,然后再以新公司的名义对外发行股票筹措资金,从而使分立出来的新公司改制成为一家上市的股份有限公司。在新设立的股份有限公司中,原公司成为母公司,处于绝对控股地位,并可能凭借控制权优势,产生一些对于上市公司并不公正的关联交易:或以借款的名义将上市公司筹集的资金据为己有,或通过上市公司对母公司的债务提供担保,或通过内部的关联交易,将母公司本来难以变现的资产出售给所控制的上市公司,从而实现了资产变现等。[①]

以逃避债务和回避税负为目的的公司分立也常常出现。比如,一家企业为了逃避债务,常常会通过分立的方式成立一家新公司,或者运用各种方法逐渐将分立出来的公司资产转移,等到子公司资产转移完毕之后,就宣告母公司破产;或者利用子公司对母公司的债务进行担保,等到母公司将资产转移之后,由子公司去承担连带赔偿责任,从而逃避了应该承担的债务。比如深圳交易所上市公司猴王A对母公司猴王集团8.9亿元和2.44亿元的债务进行担保,在猴王集团申请破产后,使只有9.34亿元总资产的猴王A资不抵债,最终被摘牌下市。

在新时期,公司分立逐步成为我国企业清晰业务、战略转型、完善公司治理、调整资产负债结构等的有力工具。比如发生在2009~2010年的东北高速分立是我国上市公司分立的首次试点,也是上市公司利用资本市场进行并购重组的一种创新方式。该公司的分立是以市场化方式解决了历史遗留问题,化解了资本市场和社会稳定的风险。东北高速是在特定历史时期按照当时"限报家数"的证券发行管理体制,将黑龙江、吉林两省高速公路捆绑上市形成的产物。分立重组涉及的公路收费权变更获得了两省道路交通管理部门的批准,大股东相关股权的互相无偿划转获得了国资监管部门的核准,分立成两个新上市公司上市得到了证监会的核准。

[①] 在英语中,分立上市/分拆上市模式称为 carve out listing,由于我国国有企业存在大量非经营性资产、企业办社会等现象,导致长期以来分立上市是我国国有企业上市的主体模式。与此相对应的,则是整体上市模式。分立上市由于产生了关联交易、同业竞争等可能损害上市公司利益的治理问题,目前已经不再是资本市场主流的上市模式。相反,通过资产注入等重组方式,将原分立上市的国有企业实现整体上市成为目前政策鼓励的对象。

经过本次分立后公司股权结构清晰,从而有利于获得当地政府的支持,增强公司的盈利能力。黑龙江、吉林两省政府分别承诺注入符合上市条件的优质资产,以利于分立公司后续发展,维护中小股东的合法权益。

[案例14-11] 著名的AT&T分立行动

20世纪90年代中期,AT&T是美国第五大企业,也是美国最大的电信企业。公司自从1984年被政府反垄断机构分解后,一直通过多元化经营,避免在单一的业务领域形成过高集中度。20世纪90年代初,AT&T进行了几项大手笔的并购举措:1993年出资126亿美元并购麦考无线电话公司(移动通信公司);1995年其属下的大西洋贝尔电话电报公司宣布以260亿美元并购电讯传播公司。公司原有的规模再加上这几起重大并购,使得AT&T成为一个步履艰难的庞大机构。

庞大的规模和产品多样化的确能创造公司优势,但由于各部门都只关注和强调自身的发展,相互之间时有冲突,协调越来越困难,而且需要耗费大量的时间、精力和金钱。这些都致使AT&T的核心业务——通信服务——无法重点发展,限制了新技术的应用效益。例如,其长途电话业务同电话设备销售发生抵触;设备部门的顾客正是电话业务部门的竞争对手,将先进的电话技术设备供给对手,无疑是壮大对手的实力;而其他一些电话公司进行投资扩张时,又不愿从AT&T公司的下属部门来购买设备,以防它们的投资计划泄露给AT&T这个强劲的竞争对手。另一方面,在全球电讯联合作战的大潮中,AT&T公司因其庞大而无法使其他公司与之联合,因此公司通过紧缩聚焦,才有利于其他公司进一步联合。

基于以上的原因,1995年9月2日该公司推出"战略性重组计划",使公司自我分解成三家相互独立的全球性公司,公司的业务也做出相应的调整:现有的美国电话电报公司主营美国长途电话、移动电话服务业务及信用卡业务,年营业额约490亿美元;电信设备公司主要从事电信网络交换机,光纤电缆和公用电话系统等通信设备,年营业额约200亿美元;环球资讯公司(GTS)的业务调整方向是停产个人电脑,改为专门负责电脑运算业务,重点是开发金融、零售和通信行业的科技产品。

经过分立重组之后,公司至少达到了三个效果:一是经过分立重组,公司业务相互独立出来,各分公司之间主业清晰,容易被外界投资者和客户了解、接受,也有利于形成合作与竞争的局面;二是通过分立,解决了公司机构冗余、膨胀的问题,给公司带来了活力;三是适应了全球电话业务的大环境,有利于形成行业之间的联合。在美国电话电报公司宣布"一分为三"的消息传出后,其股票价格当天迅即上涨11%,反映出资本市场对该举动的普通认同。

[案例14-12] 上海信托借分立实现公司重组

2014年8月6日,上海国际信托有限公司(下称"上海信托")发布公告称经股东会决议,上海信托(注册资本和实收资本均为人民币25亿元)拟进行存续分立:分立新设"上海上国投资产管理有限公司"(下称"新设公司"),注册资本和实收资本均为人民币5 000万元;上海信托继续存续(下称"存续公司"),注册资本和实收资本均减少至人民币24.5亿元。分立申请尚待中国银行业监督管理委员会最终审核批准。

分立后,新设公司和存续公司将按分立取得的资产承继分立前债务。上海信托分立前的债务,由分立后的新设公司和存续公司承担连带责任。上海信托债权人可自公告发布之日起四十五日内,要求上海信托清偿债务或提供相应的担保,并以书面形式函告上海信托。公告期满后,上海信托将按照法定程序实施分立。

上海信托为什么选择分立?

根据上海信托2013年报披露的信息显示(上海信托并非上市企业,而是在银行间市场发行债务工具而披露了财务报表),其纳入合并财务报表范围的子公司就有三家,分别为上投摩根基金(持股51%)、上海国利货币经纪公司(持股67%)、上信资产管理公司(持股100%)。上海信托还持有上海证券33.33%、香港申联投资发展公司16.50%、浦发银行5.32%、国泰君安证券1.31%的股权,以及爱建股份等多家上海本地上市公司的股票。

2014年11月25日,浦发银行公布了收购上海国际信托(分立后的存续公司)的方案思路,整个方案主要包括分立、收购存续公司股权两个步骤。浦发银行与上海国际集团、上海久事公司、上海锦江国际投资管理公司、上海地产(集团)分别签署《关于上海国际信托有限公司之附条件生效的股权转让协议》。各方约定在上海信托分立完成后,上海国际集团有限公司、上海久事公司、上海锦江国际投资管理有限公司、上海地产(集团)有限公司拟向浦发银行分别出让其所持有的上海信托分立完成后的存续公司66.332%、20.000%、1.334%和0.667%的股权。浦发银行则准备以向上海国际集团等非公开发行股票的方式购买分立完成后存续的上海信托的股权。2014年11月26日,浦发银行的股价上涨2.17%。

上海信托的分立模式,是为了理顺上海国际集团、上海信托和浦发银行之间较为特殊的股权结构,以及重组上海信托旗下除信托业务外的其他资产。分立后的上海信托将成为一家独立的完全从事信托业务的企业,新设的上国投资产管理公司成为一家股权投资管理企业管理之前的非信托业务,浦发银行通过股权协议转让,从之前的上海信托的子公司变为新设的上海信托公司的控股股东,从而使得信托公司获得了银行的有力支持、可以更好地发展信托业务。

第五节　双层股权结构化[①]

双层股权结构也是一种资本重组的方法。在瑞典、丹麦、意大利等欧洲国家以及以色列、加拿大等国,普遍存在着双层股权结构的上市公司,在 20 世纪八九十年代的美国,也出现了少量采用双层资本结构的上市公司。21 世纪以来,美国成为全球最主要允许双层股权结构公司存在的资本市场所在地,大量科技类企业上市时采用了双层股权结构制度。

一、双层股权结构

普通股的投票权有两种基本的划分:一种是所有普通股投票权平等,即一股一票制;另一种就是非一股一票制,这种根据对投票权不平等的安排,将普通股划分为两种类型的资本制度称为双层股权结构(dual-class recapitalization)。相对地,只存在一种普通股的资本制度称为单层资本结构。[②]

二、双层股权结构化的市场效应

李兹(Lease)、麦克康奈尔(McConnell)、米科尔森(Mikklson)(1984)[③]检验了市场对双层股权结构化的反应。企业宣布双层股权结构化前 90 天期间的超常收益是超过 6% 的正值,在宣布双层股权结构化前后两三天的时间内,市场反应为大约 1% 的显著正收益,从计划宣布到取得股东一致同意的股东大会召开为止期间累计收益为负,但并不显著小于零。由此得出了一个结论:股东财富没有受到采用双层股权结构化措施的不利影响。

但是,德安杰罗(DeAngelo,1985)[④]的研究发现,在企业被接管时,具有优先投票权股票的股东比次级投票权股票的股东获得高得多的支付。梅恩斯(Maynes,1996)[⑤]发现优先投票权股票存在着接管溢价。研究者的一致意见认为:优先投票权股票在市

[①] 本节主要内容节参考了李曜:"上市公司的双层资本结构——加拿大经验及对中国的启示",《证券市场导报》,2003 年 6 月。

[②] 本书第一章专栏 1—1。

[③] Lease R., J. McConnell and W. Mikkelson. The Market Value of Control in Publicly Traded Corporations [J]. *Journal of Financial Economics*,1983(11):439~472.

[④] DeAngelo, Harry and Linda DeAngelo. Managerial Ownership of Voting Rights: A Study of Public Corporations with Dual Classes of Common Stock[J]. *Journal of Financial Economics*,1985(14):237~240.

[⑤] Maynes Elizabeth. Takeover Tights and the Value of Restricted Shares[J]. *The Journal of Financial Research*,1996(19):157~173.

场上以溢价出售,主要是因为他们在接管中会得到更多的收购溢价。

三、双层股权结构化的动因

我们以加拿大为例。加拿大上市公司采用双层股权结构可谓历史久远。早在1925年,加拿大电力公司作为第一家双层股权结构的公司在多伦多证券交易所上市。二十世纪七八十年代,采用双层股权结构的上市公司超过60家,比例达到16.7%;到二十世纪末该证券交易所上市的加拿大公司中,采用双层结构的公司多达148家,占上市公司的10.2%。为什么加拿大有如此多的上市公司采用双层股权结构呢?其原因主要有以下几个方面。

第一,以家族关系或长期商业关系联系在一起的少数控股股东,为保持对公司的控制而采用这种股权结构。采用双层股权结构的控股股东掌握大量的优先投票权股票,拥有任命家族成员担任企业高级管理人员的权利,并且通过双层股权结构所具有的强大反并购功能的保护,使得这种权力可以在家族内部代代传承。另外,双层股权结构制度可以保持家族对企业活动的影响,延续企业创始人的一些创业精神或企业文化遗产等。加拿大很多著名的企业如庞巴迪(Bombardier)、莫尔森(Molsons)、施耐德(Achneider)等上市公司都采取双层结构,都是由家族控制,并且公司是用家族的姓氏命名的。

第二,为满足加拿大联邦政府对特定行业的监管规定,上市公司采取双层股权结构以保持国家对这些行业的控股权。比如加拿大联邦政府规定在自然资源、通信、广播、航空、公用事业、金融服务等行业,政府通过税收、最低持股比例等政策鼓励本国企业和居民持股。这样,上市公司采用双层股权结构既可以向外国发行股票融资,又不丧失对这些行业的控制。

第三,加拿大对双层股权结构上市公司的法律限制和监管较为宽松,这是促成上市公司采用双层结构的外部环境。加拿大企业可以自主决定采用单层股权结构还是双层股权结构,而对双层结构上市公司的法律监管只有多伦多证券交易所上市条件和招股说明书中的燕尾条款(coattail)[①]有所规定。该条款的核心内容是当公司受到收购威胁时,要求公司保证平等对待所有类别的股东,具体规定:当收购方收购的优先级股票超过50%时,必须以相同的价格要约其他类别的股东。而安大略省证券委员会的豁免条款和该规定本身的漏洞,使得很少有公司触动燕尾条款。

---

① 又称"衣尾效应""裙摆效应",在美国政治术语中,通常表示"拉抬候选人声势"。如果某位候选人尤其是总统候选人票房魅力十足,那么大选年时,他前往各州巡回造势,与他同党派的参、众议员候选人就会同台造势,也会获益。其实的含义就是裙带效应。这里是指在规定了双层股权结构之后,必须在招股说明书等处拥有附带解释性的条款。

另外,很多学者研究认为双层股权结构可以作为一种反敌意收购的防范机制,至少可以发挥控制收购进程的作用,增加收购方的竞争,抬高收购的价值,最终有利于企业控制股东。

四、双层股权结构化存在的问题

上市公司双层股权结构给资本市场以及上市公司治理带来了很大的挑战,表现为优级股票和限制级股票之间的价格差异,以及控股股东和其他股东之间的利益矛盾。

(一)优级股票和限制股票价格的差异

首先可以从优级股票和限制股票的投票权、股息、流通性的差异来讨论二者之间的价差。影响两种股票价格差异的主要因素是他们在投票权上的不同。如果公司未来被要约收购,而且对优级股票的要约报价比对限制股票的要约报价更高,此时优级股票的价值就高于限制股票了。因此,当前市场上两种股票价格的差价并不仅仅体现当前两种股票对决策权影响的不同,而且更是未来收购要约中两种股票价格差价的贴现值。

另外,两种股票的股息可能对股价差异也有一定影响。比如,有些公司在股息安排方面给予限制股票优先索取权或者更高的股息。但是事实上,绝大部分公司对两种股票要么都不付股息,要么两种股票的股息之差很小。因此,在解释两种股票价格差异方面,股息的解释作用比较小。

而在股票流动性上,由于优级股票主要是为获取公司控制权而被持有,所以其流动性远比限制股票差,甚至有一些公司选择只将限制股票上市(这种现象越来越多见)。优级股票流动性较差的事实,实际上缩小了它与限制股票之间的价格差距。

总的来说,优级股票和限制股票在投票权上的差异决定了它们价格上的差异。

(二)公司治理上的矛盾

双层股权结构公司的治理问题,核心是控股股东和其他股东之间的利益矛盾,这集中体现在公司面临被收购的情况下。Grossman 和 Hart(1988)[①]认为双层股权结构制度会使得收购方为获得控制权而支付给优级股票更高的价格,或者只收购部分优级股票。这些情况都损害了限制股票股东和非控股股东的优级股票股东。以加拿大为例,由于上市公司有燕尾条款,而燕尾条款要求收购方对所有股东支付同样的价格,要求收购方必须购买同样比例的优级股票和限制股票,所以购并中的不公正问题、道德风险问题等有望得以减轻。

然而,历史上加拿大双层股权结构上市公司在购并中还是发生过一些引起利益冲

---

① Sanford Grossman, Oliver Hart. One Share-one Vote and the Market for Corporate Control[J]. *Journal of Financial Economics*, Vol. 20, 1988(1~3):175~202.

突的案例。利益冲突主要发生在控股股东(拥有大量优级股票)和机构投资者(拥有大量限制股票)之间。

第一,公司被收购时或者转变为单层股权结构公司时,控股股东拥有的优级股票获得了相对于限制股票和其他优级股票的溢价。最早在1979年,威瑞卓公司协议收购多伦多证交所上市公司电报资本公司,收购方对3家控股股东的投票权股票报价为每股46加元,而对公众的无投票权股票报价仅为每股5.5加元。虽然公众股东向安大略省证券委员会抗议收购要约报价不平等,但是没有任何结果。1987年,发生了交易者集团(多伦多证交所上市公司)案例,中央资本公司从交易者集团的优级股票控股股东手中收购了88%的优级股票,每股价格为322.5加元,而随后向所有的优级股票和无投票权股票持有者发出收购要约,两种股票均为每股67加元。该报价遭到了其他优级股票持有者的强烈反对,最后中央资本公司的收购报价为优级股票每股322.5加元,无投票权股票每股70加元(交易者集团公司没有燕尾条款)。

第二,燕尾条款并不能实现对控股股东和外部公众股东的一致对待。如前所述,燕尾条款有例外情况。1988年莱德劳公司控股股东将47.2%的投票权股票一次性地卖给了加拿大太平洋公司,价格溢价刚好在市场均价的15%以内。这样,根据安大略省证券法的92(1)(c)条款,对优级股票持有股东和无投票权股票持有股东的全面要约收购都获得了豁免。虽然其他股东意见很大,却没有作用。结果是公司的控制权发生了变化,而并没有触发燕尾条款,没有发出全面收购要约。除了利用安大略省证券法的豁免条款之外,还可以利用燕尾条款本身的漏洞,使得燕尾条款不被触发。如1998年西部国际通信公司的案例。西部国际通信公司创始人的遗孀将公司49.96%的优级股票出售给了肖通信公司,同时将其他的优级股票出售给了持有公司优级股票的一家少数股东卡森控股公司,使得卡森控股公司拥有的投票权比例上升为49.89%,而西部通信公司的燕尾条款规定只有某股东获得50%以上投票权股票的时候,才触发燕尾条款,所以,虽然家族股东的股票出售行为受到了最大的非投票权股东肯威斯特公司的反对和起诉,并且肯威斯特公司还提出了对非投票权股票的收购要约,但是法院认为西部通信公司的燕尾条款是合法的,在该事件中不被触发,肯威斯特公司只能让它的收购要约过期失效。

第三,控股股东锁定收购方,损害公司整体利益。在一些双层结构公司中,控制性家族股东和其友好的特定收购方签订锁定协议,将优级股票出售给对方,这种锁定协议排除了其他收购竞争对手,也排除了收购竞价。这种情况受到了其他优级股票股东和限制股票股东、特别是机构投资者的反对。

需要指出的是,从总体上说,双层股权结构公司中因对两种类型股东区别对待而产生矛盾的案例非常少见,上述的案例只是仅见的几个。在公司发生涉及股东利益的重大事件时,对于两种类型股东都能够平等对待。

在21世纪以来,双层股权结构公司也在不断改革。比如规定:(1)超级投票的B类股票不能转让,一旦转让——即使由父亲传给儿子/女儿——就会丧失超级投票权,也即自动转为A类,以此说明双层股权结构制度是对创业者天才能力的肯定,即只将控制权给创始人。(2)超级投票股份的特权规定一个期限比如7年等,在此年限之后,超级投票的B类股票自动转换为普通投票或低级投票的A类股票,这种年限规定被称为"日落条款"(sunset clause)。

专栏14-4　指数公司宣布不考虑纳入新的双层股权公司

2017年7月底,世界著名的证券指数公司——美国标准普尔公司明确宣布:将采取双层投票权(dual class shares)股权结构的上市企业排除在未来的指数样本考虑范围之外,自2017年8月1日起生效。原来已经纳入指数的企业既往不咎。

目前全球有2.2万亿美元的资产是跟踪标普500指数的共同基金或ETF,还有超过7.8万亿美元的资金以标普500指数作为业绩的比较基准(benchmark)。那么,标普公司此番举动的含义是什么?

采取双层投票权结构,有利于企业特别是创始人和原始股东掌握对公司的控制权,从长期战略出发形成公司决策,而且有利于防范敌意并购。而对于普通投资者来说,由于持有的是低投票权的股票,在股东大会上举手投票,"举手"表达意见的作用有限,因为"举手"并不能影响公司决策,在这样的情况下,二级市场购买低投票权类股票的投资者,若对公司发展战略、公司治理等不满意,唯有"用脚投票"。这样的公司治理局面,不适合长期投资者,因为"用脚投票"不属于长期持有类投资者的做法。所以,对于机构投资者来说,他们一般不愿意购买双层投票权结构的股票,特别是采取消极投资策略的指数基金更是如此。美国三大最知名指数基金投资公司领航(Vanguard)、黑岩(blackrock)、道富(State Street)很早一直在说:只支持一股一票的企业!

近年来,硅谷等地的新兴科创企业最喜好采取双层投票权结构。此番标准普尔的这一举动,意义显然针对硅谷公司,也牵扯到中国等新兴市场国家考虑赴美上市的新经济企业。为什么指数公司敢于站出来,得罪硅谷的创新企业呢?

对于华尔街来说,从股票市场的供给和需求来说,历来分为两派力量。一方面,对于股票的供给方,是企业、以及帮助企业上市的承销商投资银行及其他中介机构如会计师事务所、律师事务所等等,它们属于利益的一方,以及证券交易所也依赖于上市企业支付费用,根本上也属于这一利益集团,所以它们当然支持企业采取双层投票权结构。

另一方面,对于股票的需求方,是投资者包括个人和机构如基金等。在双层股权结构公司中,公司的决策权全部属于创始人等拥有超级投票权的股东,万一创始人发生利益侵占等代理成本、道德风险甚至某种独特个人风险(学术上称为"异质性风险"),则普通投资者没有任何力量来改变公司的治理结构。如果说中小投资者属于"无信息的投资者",他们心甘情愿地拱手让出投票权,但机构投资者则不同了,他们属于"有信息的投资者",他们可需要"用手投票"！像领航(Vanguard)这样的共同基金公司,拥有数万亿美元的管理资产,他们可是标普等指数公司最大的客户,因为他们使用的是标准普尔500等各类指数,要付费给指数公司。因此,在资本市场的力量制衡中,指数公司站到了投资者这一方,成为他们的利益代言人。

在资本市场的机制设计上,除了证监会等监管机构之外,华尔街其实设置了很多"看门人"(gatekeeper),包括证券交易所、评级机构、审计机构等,目的是为了保护中小投资者的利益。可是,从历次金融危机以及近年来的实践看,并没有起到有效的作用,比如在2008年的次贷危机中,评级机构都站在了发行证券的企业/银行等一方。在2001~2002年的公司财务造假丑闻中,审计机构也站在了企业一方,协同造假。因为,根据上面的分析,本质上,这些守门人实际上是和上市企业同属一个利益集团,因为他们的利益更多的或者更直接的是来自于上市企业而非投资者。

关于双层投票权企业,美国学术界的主流其实一直是持有批判性的态度,但是,学术界没有行动力。这次标准普尔等指数公司站了出来。在标准普尔表态之后不久,2017年8月份,罗素指数公司也公开表示,要求上市公司的股票必须有至少5%的投票权掌握在公众投资者手中。这些声音是在为机构投资者说话、客观上也为中小投资者说了话。

指数公司等于将双层投票权公司关在了门外,客观上起到了公司治理的作用。

五、双层股权结构对中国上市公司的启示

双层股权结构公司在西方国家长期存在,是有其必然原因的。这种公司股本制度在加拿大等国家积累了近80年的发展经验,这些经验对我国上市公司以及资本市场制度建设,是有一些有益启迪的。

首先,我国在推动一些国家重点控制的行业进行股份制改革和上市进程中,遇到融资带来的控制权稀释问题时,双层股权结构的经验是一种可以借鉴的解决方法。如果我们考虑将部分国家需要保持控制权的上市公司的国有股设置为优级股,而其他股票变为限制股,这样可以使国家资本的所有权摆脱在融资与控制之间的两难选择。

其次,一些科技创新型企业需要保持创始人的控制权,又需要引进资本,这时通过双层股权结构的设计就可以解决这个问题。

最后,国外发展双层股权结构中的一些具体做法也值得借鉴。比如,优先股票和限制股票的区别只在于投票权,而采取相同的股息政策;在双层股权结构类型中,选择一股多票和一股一票的类型为主,同时高级投票权股票和次级投票权股票的杠杆比例控制在 10∶1 以内;仅允许企业在首发上市时采取双层股权结构,在上市以后不允许由单层股权结构变更为双层股权结构;对于高级投票权股票规定"日落条款";加强民事法院对有关股东利益冲突案件的法律审理和法律依据等等。这些规定都可以保护限制股票股东的利益。

[案例 14—13] **Snap 公司采用三层股权结构实现上市**

Snap 即"阅后即焚"社交媒体公司,在 2017 年 3 月在纽约交易所上市,成为第一家拥有三层投票权股票的公司。其中 A 类股票通过 IPO 向公众发售,这些股份发行时没有投票权,以后也没有;B 类股票为每股一票投票权,可转换为 A 类股票,由上市前的投资者和员工持有;C 类股票为每股 10 票投票权,可以转换成 B 类股票,由二位联合创始人持有。

这样,二位联合创始人通过持有超级投票权的 C 类股票实现了对公司的完全控制。也就是说,公司二位联合创始人在上市之后继续控制着公司约 74% 的投票权,上市发行新股不会稀释创始人上市前控制的投票权,这开创了一个先例。即虽然是普通股上市公司,但主要流通在外的股票没有投票权,等于是取消了理论上的"公司控制权市场",因为通过二级市场的股票交易机制,没法改变公司的控制权。资本市场资源配置机制对这家企业无效。上市时的两位创始人为 26 岁的埃文·斯皮格尔(Evan Spiegel)和 28 岁的鲍比·墨菲(Bobby Murphy)实在是太年轻了,由这两位"90 后"掌握公司控制权的时间将会是十分漫长。不过,上市以后 Snap 的股价持续下跌,表明资本市场并不认同这样的股权结构安排。

本章小结

公司重组是通过调整企业的资产负债和各项权益资本,从而达到优化企业资源配置,提高企业运营效率,增强企业竞争力的目的。常用的资产和权益重组的手段有资产剥离、股票回购、缩股、公司分立以及双层股权结构化等。

资产剥离是公司资产重组最常见的手段,通过向关联企业、管理层和职工或者其他企业剥离不具有战略意义的资产,从而理清企业的业务关系,调整和强化主业,同时还能够优化企业的资本结构,改善财务状况,实现企业的战略调整。

股份回购是公司权益重组的主要手段之一,企业通过固定价格要约收购、公开市场回购等方式购回企业流通在外的普通股票。它既可以作为替代股利现金发放的一种手段,又能明显调整公司的资本结构,防范企业接管。同时还向投资者传达了企业经营状况的信息。公司缩股是公司权益重组的另一种手段,企业通过股票的合并达到提升股价的目的。

公司分立涉及企业的资产、负债、权益资本的各个方面,在企业精细化经营要求越来越高的今天,分立给企业进一步发展提供了机会。通过分立带来经营管理的改进,为股东创造了价值增值。

双层股权结构化是西方国家资本市场比较常见的一种资本制度,它的典型特征是在一个企业普通股本内部创造出投票权不同的两类股票。双层股权结构制度使得企业不仅可以实现对外融资,还可以有效保持创始人股东对企业的控制权。

基本概念

公司重组	战略重组	财务重组
资产剥离	股票回购	固定价格要约回购
荷兰式拍卖	公开市场股票回购	公司分立
存续分立	解散分立	双层股权结构
优级股票	限制级股票	燕尾条款
日落条款		

复习题

1. 简述公司重组及其战略框架。
2. 公司资产剥离与并购的关系是什么?
3. 简要介绍股票回购的各种方式,并探讨各自的优点和缺点。
4. 试分析股票回购的财富效应,并结合案例14—3分析股份回购的财富效应的来源。为什么我国关于上市公司股份回购的政策总是不断改变?这些改变的时机选择、趋势特征是什么?
5. 你认为在公司分立为什么能够实现公司战略调整?请以美国万豪酒店集团分立案例或者本章案例14—11的上海信托公司分立为例进行分析。
6. 什么是双层股权结构?采用双层股权结构具有哪些优势,又存在哪些缺陷?为什么机构投资者会反对投资于双层股权结构的股票?

实践性问题

1. 美股上市公司回购股票始于 20 世纪 80 年代，但真正流行起来则是最近 20 年的事情。比如 2009 年金融危机见底以来，美股上市公司回购股票的热情持续升温。在 2013 年，美股月均股票回购达到 560 亿美元，创下金融危机以来最高水平。2014 年以来我国证券监管机构也积极鼓励推动 A 股公司通过回购等手段进行市值管理（见本章股份回购章节）。特别是 2018 年 11 月我国"回购新政"发布以来，多家上市公司发布预案，拟使用自有资金或自筹资金回购本公司部分股票注销以减少公司注册资本。

请通过 Wind 数据库整理 2014～2019（或至今）的我国上市公司股份回购样本，对回购公司特征如行业、市值规模、盈利能力、成长性、Tobin Q 值等进行样本统计描述，并选择一些典型个案进行分析回购的动因和效果。

注：可选择的回购案例如贝因美（2019）、新湖中宝（2019）、通化东宝（2018）、科伦药业（2017）、宝钢（2012）等，括号中为宣告回购年份。

2. 2017 年 12 月，我国香港交易所表示：经过长期的公开咨询后，香港市场已经就完善上市规则、拥抱新经济达成了积极的共识，探明了市场改革的大方向。作为香港市场近二十多年来最重大的一次上市改革，它从一开始就面对前所未有的争议，尤其是是否接纳不同投票权架构、未盈利公司上市等议题，在全世界任何一个市场都是不容易抉择的监管选择题。香港交易所决定：(1) 接受同股不同权企业上市；(2) 允许尚未盈利或者没有收入的生物科技公司来香港上市。此外还将修改第二上市的相关规则，方便更多已在主要国际市场上市的公司来港进行第二上市。

"不同投票权架构""同股不同权"，也就是本章中所指的双层股权结构。2018 年 7 月 9 日，作为港交所"同股不同权"新规实施后的第一股小米集团（1810.HK）正式在香港交易所上市。小米集团上市首日破发，新股发行价为 17 港元，收盘价为 16.8 港元，相比发行价下跌 1.18%，成交额为 76.824 亿港元，总市值为 3 759 亿港元（约 479 亿美元）。2018 年全年香港交易所接受了 2 家同股不同权的公司上市（另一家是美团点评）。

请回答：(1) 为什么香港交易所做出此次改革？其动机和影响如何？(2) 结合小米的案例，分析双层股权结构公司的治理和估值。（可参考香港交易所 2015 年 6 月的《不同投票权架构的概念文件》[①]）

---

① 该咨询文件可下载于香港交易所网站：https://www.hkex.com.hk/News/Market-Consultations/2011-to-2015。

第十五章　公司债务重组

第一节　公司财务困境与预警

一、公司失败与财务困境

根据公司失败的性质和原因,可分为经济性失败和财务性失败。经济性失败(economic failure)是指公司生产经营所产生的收入不足以弥补生产成本,投资收益低于资本成本,从而使公司处于亏损状态而走向失败。对于公司出现的经济性失败,应设法进行挽救,挽救无效,则只能转入清算。财务性失败(financial failure)又称财务困境(financial distress),是指一家公司出现经营性现金流量不足以支付现有到期债务的境况,公司无力履行对债权人的契约责任,所以又称契约性失败。随着失败程度的不断加深,依次表现为违约、无偿债能力或破产。

现代公司失败一般都首先表现为财务性失败,具体表现为现金流不足、周转不灵、利润急剧下降甚至亏损、股利减少伴随着股价大幅度下跌、公司裁员以及高级管理层辞职等。公司陷入财务困境的原因很多,总结起来可以分为两类:一类是外部原因,主要是指存在于公司外部的社会、政治、经济、自然等环境对公司经营产生不利影响,如行业疲软、经济危机等,又如战争、自然灾害等不可抗力。内部原因主要是指公司自身经营管理的原因,如经营不善、决策失误、债务负担过重等。

陷入财务困境的企业一般有两条路可走:一种是消极办法,企业变卖资产,或者诉诸法律,进行破产清算,从此宣告结束;另一种是积极办法,企业通过财务重整,调整负债结构,获得新的再生机会。对于前一种办法,企业是在走投无路的情况下不得已而为之的选择,我们将在下一章进行讨论;对于财务重整,企业可以选择出让控制权被合并到其他企业实现重整,也可在保持自身独立的情况下获得机会,前者我们在并购中已经进行了深入讨论,这一章我们详细介绍企业保持自身独立情况下的财务重整。

二、公司财务预警

(一)概念

为了防止企业陷入财务失败的困境,企业必须对财务危机征兆发出警告,并寻找原因、提出相应解决措施,从而形成一种预警机制,此即公司财务失败预警。它可以给企业提供重要的财务信息,发现并防范企业可能发生的财务危机。

(二)企业财务预警系统

财务预警系统主要是以财务报表、经营计划及其他相关的财务资料为依据,利用会计、金融、企业管理、市场营销等理论,采用指标分析、数学模型等方法,确定预警指标及其相应标准,以发现企业存在的风险,并向经营者示警。常见的财务预警系统有以下三种:

1. 现金流量分析系统

缺乏足够的现金是企业财务失败的主要原因,所以现金流量分析是判断企业财务失败的一种有效方法。现金流量由三大部分构成:经营活动现金流量、投资活动现金流量和筹资活动现金流量。财务状况健康的企业一般具有平衡且稳定的现金流量,而当企业管理不善、销售下降、效益下滑时,经营活动现金流入就会急剧减少,引起现金流量失衡、现金短缺,企业管理当局必然会通过各种手段来重新获得平衡。此时企业管理当局会做出种种努力,如增发股票、增加借款、减少股利、变卖资产、不履行合同、拖欠贷款偿付等。问题严重的企业会出现对外筹资能力大幅下降,债权人和投资者都希望能尽快收回债权和投资,以免在将来遭受更大的损失,故筹资活动流出远多于流入,企业处于负筹资状态,此时经营活动和筹资活动的现金流量也均为负,企业生产经营难以为继。

总之,因财务状况恶化而引起财务失败的企业,其现金流量变动趋势往往是不正常的,通常有:(1)经营活动现金净流量较少或急剧下降。(2)筹资活动没有现金流入。(3)投资活动很少有投资收益性质的现金流入。以上迹象就是企业财务失败的征兆和警示,出现这些情况时,企业应当提高警惕。

2. 传统的单一比率预警系统

该系统是通过单个财务风险指标的趋势恶化来预测、监控财务危机的大小。单一比率预警系统主要选取反映企业经营三个方面的指标,主要有:

(1)反映企业偿债能力的指标

①流动比率=流动资产/流动负债。这一比率是衡量短期偿债能力最常用的比率,根据经验,流动比率的安全下限为2倍。

②速动比率=速动资产/流动负债。反映企业短期内可变现资产偿还短期内到期

债务的能力,一般认为其安全下限为1倍。

③现金债务保障率=现金收益/债务总额。反映企业的现金收入偿还企业债务的能力,一般来说,比率越高,企业的经营越稳定。

④利息保障倍数=息税前利润/利息费用。反映企业用经营所得支付债务利息的能力,一般来说其下限为1倍。

⑤资产负债率=负债总额/资产总额。反映企业的长期偿债能力,适合各企业的资产负债率水平随着行业不同而有所差异,但是一般情况该指标上限为2/3。

⑥资金安全率=资产变现率①－资产负债率。它主要用来衡量企业总资产变现偿还债务后剩余系数的大小。系数越大,资产越安全,财务风险越小。

(2)反映企业盈利能力的指标

资产收益率=净利润/资产总量。该指标反映企业运用资产的效率,比率越高,反映企业获取利润的能力越强,企业财务风险越小。

(3)反映企业成长能力的指标

主营业务收入增长率=(本年主营业务收入－上年主营业务收入)/上年主营业务收入。该指标反映企业发展前景和成长潜力,当指标不断下降甚至出现负值时,应当引起企业的高度重视。

另外,这些指标并不是单一的、静止的。企业应当运用横向、纵向的比较来综合考察。

3. 多变量统计预警系统:Z模型

该预警系统是美国纽约大学教授爱德华·阿特曼在20世纪60年代提出,用以计量企业破产可能性的模型。他选取了反映企业经营状况的5个指标,并根据各个指标值和企业财务风险的关系,再加上经验数据,赋予各指标破产风险的权数,然后计算出综合反映企业财务危机的统计量,称为Z值,模型如下[②]:

$$Z = 1.2x_1 + 1.4x_2 + 3.3x_3 + 0.6x_4 + 0.99x_5$$

其中,x_1、x_2、x_3、x_4、x_5代表5个财务指标,分别为:

x_1——营运资金比率,等于营运资金/资产总额;

x_2——留存收益比率,等于留存收益/资产总额;

x_3——息税前资产利润率,等于息税前利润/资产总额;

---

① 资产变现率=资产变现金额/资产账面金额。

② 这里为针对各行业上市公司财务危机的预警模型,来源 Edward I. Altman, The Prediction of Corporate Bankruptcy: A Discriminant Analysis. *Journal of Finance*, Vol. 23, No. 1, 1968(3): pp. 193~194. 后来阿特曼教授又根据非上市企业、制造业等产业提出了两个修正的Z值模型。可参见:Altman, Edward I., Edith Hotchkiss, and Wei Wang. *Corporate Financial Distress, Restructuring, and Bankruptcy: Analyze Leveraged Finance, Distressed Debt, and Bankruptcy*[M]. Wiley, 2019。

x_4——权益负债比率,等于所有者权益市场价值/负债账面价值;

x_5——总资产周转率,等于销售收入/资产总额。

该模型实际上是通过5个变量,将反映企业偿债能力的指标(x_1,x_4),获利能力的指标(x_2,x_3)和营运能力的指标(x_5)有机联系起来,从而综合评价企业的财务失败的风险。

Z值越低,企业破产的可能性就越大。在这一系统模型中,阿特曼同时提出了判断企业破产的临界值:如果企业的Z值大于2.99,则表明企业的财务状况良好,发生破产的可能性较小;若Z值小于1.81,则表明企业存在很大的破产风险;如果Z值处于1.81和2.99之间,则表明企业进入了财务极不稳定的"灰色地带"。

企业可以运用这一模型建立适合自己的财务失败预警系统。一般来讲,x_1、x_2、x_3、x_4、x_5都可以直接根据企业年终财务报表提供的数据分析计算得出。当然企业还可以根据规模、行业、地域、国别等特点,选择更加适合自己的财务指标,根据实际情况赋予企业自身的财务指标风险权数,设定适宜的Z值区间,从而建立适合自己的财务预警系统。

专栏15—1 我国信用债券违约的财务预警

2014年3月4日,"11超日债"正式违约,就此改写了我国债券市场之前"零违约"记录。通过信用债券的违约事件,我们可以观察企业的财务困境。信用债券的发行完全依靠于发行人自身的信用资质水平及其在债券市场上被投资者的认可程度,存在一定的违约风险。我国信用债券市场的首例违约事件是"11超日债"的违约,发行人上海超日太阳能科技股份有限公司[①]正式宣告无法全额兑付8 980万元利息。自超日债之后,截至2018年末,共有105个主体发行的257只债券发生了违约,涉及违约的债券本金规模达1 816.28亿元。具体如表15—1所示。

---

① 现更名为协鑫集成科技股份公司。

表 15—1　　　我国债券市场上违约债券的统计（2014～2018）

按年份划分	2014 年	2015 年	2016 年	2017 年	2018 年	合计
	6	27	79	51	165	328
按违约债券品种划分	中期票据	企业债	公司债	短期融资券	私募债	合计
	55	19	49	66	63	252
按主体评级分布划分	AAA	AA+	AA	AA—	A	合计
	8	65	152	30	9	264
按债项评级	AAA	AA+	AA	AA—		合计
	4	27	117	5		153
企业属性	央企	国企	民企	外商独资	中外合资	合计
	18	39	220	17	16	310
担保类型	有担保		无担保			合计
	63		265			328
偿付情况	全额偿付	部分偿付	未偿付			合计
	13	5	310			328

数据来源：Wind 咨讯。

利用 Altman Z 值模型，我们可以对这些违约企业进行财务预警模型计算它们的违约风险。可以发现，该模型对信用债券违约风险具有显著的预测作用，可以较好地揭示企业财务状况及预测信用违约风险，各个分项可以清晰展现企业财务的风险点[①]。

第二节　债务展期与和解

一、债务展期与和解

（一）债务展期

债务展期（debt extension）是指债权人自愿同意延长偿还债务的时间，以便给债

[①] 感兴趣的同学可以利用 Wind 数据库下载信用债券违约企业的财务报表，计算违约前 1～2 年的 Z 值，看看是否符合 Altman 模型的预警范围区间。

务人重整时间,使其摆脱困境,偿还全部债务。一般来说,破产程序要支付较高的法律费用和管理费用,使破产公司遭受一定的财产损失。因此,公司破产使得债权人一般只能得到部分偿还。如果债权人认为债务人公司还有一定的经营前景,通过重整可以如数偿还欠款,就会自愿延长偿还期限,以便得到全部清偿。

债务展期通常以债权人的让步为前提,债务人企业为了争取债权人同意延期清偿,一般允许债权人在债务延期期间对企业进行干预。例如,限制股利支付和产品赊销,或由债务人企业让渡部分资产作为债权保障。如果债权人认为债务人企业不能到期偿债,是由于经营管理不善,债权人会议可要求企业更换管理人员,改善经营管理,增收节支,以保证到期能还清债务。

(二)债务和解

债务和解(composition)是指债权人以收获部分现金的形式与债务人解除契约,即所有未还债务按一定的百分比,由债务人用现金支付给所有债权人后,便视同全部清偿。减少债务人的债务具体包括同意减少债务人偿还本金数额、同意降低利率、同意将一部分债权转为股权,或将上述几种选择混合使用。例如,某企业向银行以 10% 的利率借款 100 万元,期限为两年,现已到期,由于种种原因,企业无法按期如数偿还。银行与企业达成私下和解协议,银行同意企业将偿还本金额减少为 80 万元,贷款利率降为 8%。这样该企业只要支付 96 万元($80+100\times 8\% \times 2$)现金,即可清算此项贷款。无论是私下和解还是正式破产制度中的和解,债务的展期与和解都是和解协议的主要形式。

二、正式和解的程序

在我国,正式的债务和解是指在人民法院受理破产案件后,债务人与债权人之间就延期偿还和减免债务问题达成协议,是中止破产程序的一种方法。一般情况下,由债务人提出,在人民法院的审理下按步骤完成:

1. 和解申请的提出。和解申请一般都是由债务人向法院提出,他可以直接向人民法院申请和解;也可以在人民法院受理破产申请后、宣告债务人破产前,向人民法院申请和解。债务人提出和解申请时,需向法院提交和解申请书。

2. 提交和解协议草案。和解协议草案应当包含以下内容:清偿债务的财产来源;清偿债务的办法;清偿债务的期限;请求减少债务的数额或比例等。

3. 法院对和解申请的审理和审查。主要是审查和解申请程序、手续的合法性和经济的合理性。对于和解申请的程序和手续,法院主要审查申请人是否有申请权、法院是否具有管辖权以及和解的原因;对于经济的合理性,法院主要审查和解有无经济上的必要性,只有那些在和解后能够良好经营,偿还债务的企业才能达到和解的目的。

4. 通过和解协议。法院审查具备和解条件的和解协议,需经债权人会议讨论。当出席会议的有表决权的债权人(有担保物权的债权人对和解不具有表决权)过半数同意,并且其所代表的债权占无财产担保债权总额的三分之二以上时,和解协议才经债权人会议通过。和解协议经法院认可后,即具有法律效应,然后由法院公告,中止破产程序。

以下是我国2007年6月《企业破产法》实施以来第一例上市公司破产和解的案例。

[案例15—1] 中辽国际的破产和解

中国辽宁国际合作(集团)股份有限公司(简称中辽国际,深市代码000638)是一家上市公司,因2001~2003年连续三年亏损,被深圳证券交易所于2004年4月29日起暂停上市。根据中辽国际公开披露的2006年年报,中辽国际截至2006年12月31日的净资产为负3.57亿元,折合每股净资产负2.307元/股,已处于严重资不抵债的境地。如果2007年年底的宽限期内不能完成重组,将导致该股票退市。

哈尔滨鼎讯科技发展有限公司作为中辽国际的债权人,于2007年2月向沈阳中级人民法院提出了对中辽国际实施破产还债的申请。基于中辽国际当时的财务状况,如果直接破产,一般债权人将基本无收益。京万方源房地产开发有限公司(简称万方源公司)作为中辽国际的重组方介入。该公司协议收购中辽国际的大股东巨田证券的全部股权(占总股本的42.86%),重组方还买断了其他公司债权,买断或取得配合意向的债权总金额超过了总债权金额的三分之二。万方源公司拟在成为中辽国际的大股东后,将其旗下的房地产开发公司的资产、土地储备等注入上市公司;中辽国际拟以现金方式与债权人达成和解,重组方万方源公司出具承诺函,担保和解协议的履行。

法院在依法履行完审批程序后,于2007年10月11日受理了哈尔滨鼎讯科技发展有限公司申请中辽国际破产一案。在法院受理破产申请并公告后,2007年11月5日,中辽国际向法院申请和解,并提交了详细的破产清算方案和重组减债的和解方案。合议庭经审查、评议,认为中辽国际提出的减债后以现金方式偿还债权人的和解方案与破产清算方案相比,更有利于保护债权人的合法权益,符合和解制度的宗旨,同时和解资金有重组方担保,履行和解协议有保障。2007年11月5日,沈阳中院裁定准予申请人中辽国际的和解请求。2007年11月16日召开债权人会议。经记名投票,债权人会议在确认债权登记情况后,代表82.7%债权额的债权人同意通过按5%的比例以现金方式给付债权人的和解减债方案。2007年11月20日,沈阳中院裁定认可和解方案,终结和解程序并予以公告。这标志着我国新破产法实施后第一例上市公司破产和解案件获得成功。

三、私下和解的程序

(一)私下和解的概念

私下和解是指债务人与债权人为了避免进入正式破产的繁琐程序,私下达成和解协议,重新安排履行债务的时间和方式。私下和解协议的方式多种多样,如债转股协议、担保重建债务协议、损失分担协议以及维持原状协议等。

(二)私下和解的程序

私下和解不像正式和解那样正规,但也有特定的程序:

1. 和解的提出。当公司出现不能及时清偿到期债务时,可由公司或债权人提出和解。

2. 召开债权人会议。私下和解提出后,要召开债权人会议,研究债务人的具体情况,讨论决定是否采用私下和解来解决。如认为可行,则成立相应的调查委员会,对债务人的情况进行调查,并制定出债权调整的计划,就债务的展期或债务的和解做出具体的安排。如认为私下和解不适宜,则应移交法院通过正式法律程序来解决。

3. 签署和解协议。召开债务人与债权人会议,对调查委员会提出的债务展期、和解或兼而有之的财务安排进行讨论,达成最后协议。

4. 实施和解协议。和解协议签订后,债务人要按和解协议规定的条件,对公司进行整顿,继续经营,并于规定的时间清偿债务。在债务展期或债务和解后至还款的这段时间内,可能会出现各种问题损害债权人的利益,因此必须切实采取措施对债务人进行控制。比如,坚持实行某种资产转让或由第三者代管;要求债务人公司股东转让其股票到第三者代管账户,直至欠款还清为止;债务人公司的所有支票应由债权人委员会签字,以保持回流现金用于还清欠款。

(三)私下和解与正式和解的比较

私下和解具有很多优点,在实践中越来越受到重视。比如私下和解的成本低,可节省巨额的诉讼费和律师费,减少财产损失;耗费时间短;方式灵活,协商空间大;程序简便,不易延误重整时机;对公司的股票和债权的市场价格影响小。

但是与正式和解相比也有不足:私下和解协议的达成要求所有债权人全体同意,如果债权人很多,私下谈判往往很难达成一致,谈判任务艰巨;没有法院参与,缺乏法律保障,容易因为个别债权人的反对而破裂。因此,在实践中大量的和解是通过法院正式进行的。

第三节 债转股

一、概念

所谓债转股,是指企业债权人和股东经过协商,将债权人的全部或部分债权转换为股权的过程。对于债权人来讲,他将放弃拥有的债权以换取债务企业或者下属子公司的股权,从企业的债权人变成股东;对于企业原股东而言,将稀释他们在企业中所占的份额,并有可能失去对企业的控制权。债权转股权是企业重组的一种重要方式,是企业债权人和股东在各自利益面临威胁的情况下,为最大限度地避免和减少损失而达成的妥协。经典意义上的债转股,是银行不良资产的处置方式之一,在"催收、一般性重组、债务重组、债转股、破产诉讼"等按预期回收率从高到低排序的处置方式中,债转股意味着常规回收手段难以奏效,而破产清盘又可能损失偏大,是一种"比破产清盘可能合算一点"的处置方式(周小川,1999)[①]

具体来说,债转股具有广泛的外延。从理论角度讲,它是债务重组的一种方式。"债转股"的债权人可以是法人,也可以是自然人。债权的载体既可以是货币债权、实物债权,也可以是知识债权和行为债权。债权的契约关系既可以是合同债权(主要是指因借贷、购销、承发包等各种合同关系而产生的债权债务关系),也可以是非合同债权(是指因发生特定的法律事实而产生,需要司法程序方可确定是否存在及确切金额)。而债权的期限既可以是到期债权,也可以是未到期债权。既可以是银行的不良资产,也可以是正常贷款。在现实中,一个国家大规模的债转股一般包含了国家政策的内容,一般都是在特定的历史时期,国家为了解决银行系统的风险或者企业的财务风险而采用的特殊政策。

债转股有诸多具体运作方式。从债转股的转股对象来看有两种:一种是通过增加原债务企业注册资本的方式,直接将债权人的债权转变为原有企业的股权,不过这种模式实践中很少采用,一般都是选择原债务企业的下属优质资产作为入股的对象;另一种是债权人和债务人共同出资新设立公司,将债权转为新设公司的股权。从股权的受托者来看,也有两种形式,即所谓的直接转股和间接转股。直接转股是债权直接转为股权,原债权人成为股东;间接转股是债权人将债权转让给第三方的资产管理公司、

[①] 有一种说法是将债转股称作重组中最后的解决措施(the last resort),也有人从债权回收的角度将债转股称为倒数第二招(the second last resort),而破产清盘是最后的一招。(周小川,1999)。

不良资产投资基金/有限合伙基金等,第三方公司/基金等成为股东。

二、债转股的模式

从世界范围来看,债转股是在特定的历史条件下产生的一种处理不良资产的手段。由于历史背景不同,各国实施债转股的方式也各有特色,主要有以下几种模式:

(一)美国的破产式债转股

破产式债转股,就是对欠银行贷款的企业依法申请破产,然后由所有债权人协商决定企业是进入清算程序予以破产,还是将债权转化为对企业的所有权,从而对企业实施重组。在这个过程中,所有债权人的债权都可以转化为赔偿要求权,赔偿要求权代表企业的剩余资产索取权,可以在市场上自由流通。一些对企业重组有信心的债权人甚至是债权人之外的战略投资者,可以在流通市场上购买其他债权人的赔偿要求权,然后将赔偿要求权转化为对企业资产的股权,并对企业实施重组。

20世纪80年代以后,美国银行体系中遭受了严重的储蓄信贷机构(S&L)倒闭风潮的袭击,给美国经济造成了重大的打击。在这种背景下,美国政府决定取得破产储贷机构的经营权并进行"债转股",以救活卷入债务危机的企业。于是,美国国会于1989年8月通过了有关法律,专门成立了负责承接和处理破产金融机构资产的托管公司(Resolution Trust Corporation,简称 RTC)。该公司通过债权回收、资产出售、债转股等措施,在4年多的时间内共处置了3 852亿美元的资产,回收了3 476亿美元,占账面价值的90%。在2008年金融危机中,美国三大汽车企业通用、福特和克莱斯勒均已资不抵债,陷入困境。2009年5月和6月,克莱斯勒和通用汽车先后申请破产保护,进入美国《破产法》第十一章法定程序。美国政府收购了金融机构对汽车企业的债权并将它们转化为对通用汽车60%、克莱斯勒6.6%的股份。同时政府还出台了促进汽车行业改进的方案,要求三大车企各自制定发展计划并接受政府监督、支持私募基金参与三大车企的重组等。最终,美国政府先后向汽车及其相关行业提供约800亿美元资助,转股后政府持有了三大车企的企业股份,后来在资本市场上实现了退出。

破产式债转股的关键在于建立了不良信贷资产市场定价转让的机制,由于赔偿要求权可以流通和交易,使得投资者可以自主收购信贷资产并参与债转股的过程,从而有可能形成新的大股东,顺利实现重组而不是简单的清算破产。因此,美国的债转股是一个破产程序中可选择的行动,它通过赔偿要求权/即债权的流通,将可能的战略投资者的范围扩大到包括原债权人以及之外的所有投资者,从而为重组创造了更多的条件。

(二)苏联和东欧国家的分散式债转股

苏联和东欧国家,都曾面临从计划体制向市场体制的转轨。历史的积累使这些国家的银行面临不良债务问题,若单纯地采用财政资金注入银行的办法来化解呆滞账问题,不涉及企业和银行的资金运用体系和风险控制机制,只能是浪费有限的财政资金,呆坏账问题很可能会再次发生。在这种背景下,这些国家采用了分散式债转股,对企业的不良资产进行重组。

分散式的债转股,就是政府制定一个政策框架,积极鼓励债权银行与企业配合,实施债权转股权,由银行去重组陷入困境的企业。在债转股的过程中,改变了政府过多介入的做法,代之以债权银行同负债企业的合作。当然,在债转股开始的时候,国家向债权银行注资是必要的,但注资多少是在开始时通过审计和协商决定的。一旦确定下来,便不能改变。由于财政注资是一次性和预先确定的,银行需自己承担重组企业的风险和收益,因此银行就有了重组好企业的积极性。

分散式债转股的关键在于政府必须制定一个能够激励银行有效处理不良资产的激励机制,将银行的收益和努力程度联系起来,让银行承担债转股的后果。另外,这些国家并不是对所有的企业实施债转股,在银行与政府的协商中,就已经剔除一部分无法救活的企业,让其破产。

三、债转股在我国的发展

历史上,我国存在着两次大规模的债转股,分别是1999~2002年的"政策性债转股"和2016年启动后进展至今的"市场化债转股"。在前一轮债转股中,由于当时的国有商业银行尚未进行股份制改造,资本不足,大量国企占用的贷款形成不良资产,导致银行账面技术性破产(戴相龙,2018),所以债转股主要通过成立中央财政全资所有的四大资产管理公司,剥离四大国有银行的不良贷款,信达、华融、长城、东方四家资产管理公司分别接管处理中国建设银行、中国工商银行、中国农业银行、中国银行的不良资产。资产管理公司是具有独立法人资格的国有独资金融企业,与四大银行是相互独立的法人实体。国家给予资产管理公司政策性融资来源,包括财政注入资本金、更多资金来源于央行再贷款和发行金融债券等。所有的债转股项目都是通过当时的国家经贸委牵头予以审核[①],体现了高度的政策性。

所以,第一轮债转股的第一要务在于解决国有银行的问题,剥离不良资产后,形成"好银行(存续银行)、坏银行(承接不良资产的四大资产管理公司)"模式,为国有银行的股份制改造、后续上市融资打下了坚实基础。第二要务在于解决国有企业的亏损问

[①] 由原国家经济贸易委员会(国家经贸委)结合有关部门的意见提出初步的企业名单,并经过调查了解后向资产管理公司AMC提出债转股建议企业名单;AMC对建议名单内的企业进行独立评审,确认实施债转股的企业名单。国家经贸委、财政部、中国人民银行等再联合审核AMC确认债转股企业名单、条件及方案,报国务院批准实施。

题,债转股减负以后,大量国有企业扭亏为盈,但是后续一些国企后又被重组、关闭、破产,最终债转股资产的退出率并无公布数据,但整体不良资产的回收率并不高。据2006年银监会数据显示,四大AMC累计处理不良资产1.21万亿元,占接收总额的83.5%,累计回收现金约2110亿元,回收率约17.4%。其中采取债转股处理方式的不良资产为4051亿元。因此,首轮债转股的意义在于"救银行优于救企业",并被称为政策性债转股。

第二轮债转股于2016年启动,[①]任务顺序上正好相反,第一要务是解决企业特别是国有企业的高负债问题,化解企业的财务负担,降低企业杠杆率,第二要务才是解决银行的不良贷款。"救企业优于救银行"。本轮债转股中,商业银行不良贷款的化解压力远小于降低企业杠杆率、调整产业结构、转型升级的压力,甚至转股的贷款也不一定是不良资产(可以是潜在不良资产),也可以是银行的关注类、正常类贷款。在转股对象上,新一轮债转股的主要目标是具有良好发展前景、但现阶段暂时处于财务困境的优质企业,[②]在操作机制上,强调市场化的选择与法制化的安排。因此,第二轮债转股的意义在"救企业",并被称为市场化债转股。

市场化的债转股,一方面是作为完成宏观降杠杆目标任务的主要手段,体现"债转股——降低企业杠杆率——供给侧结构性改革"的逻辑。另一方面微观上还能实现两个机制。第一,市场化债转股协议实施后,有利于化解对象企业资金链断裂风险,降低企业财务负担,提振企业发展信心。第二,国有企业混合所有制改革引入多元化股权投资,债转股既降低了资产负债率,又可推动企业治理结构完善。目前我国国有企业的杠杆率较高。为降低企业杠杆率而推进债转股,重点是化解国有企业的债务风险,[③]并有利于推动国有企业的混合所有制改革。

总之,市场化的债转股并非传统意义上作为解决企业债务危机、处置银行不良资产的手段,而是作为降低企业过高的负债率、推动企业完善现代法人治理、促进国有企业建立混合所有制的手段。实行债转股后,金融资产管理公司将成为企业的股东,对企业持股或控股,派员参加企业董事会、监事会,参与企业重大决策,从而带来一系列债权关系以及公司治理结构的变化。

---

① 2016年9月国务院颁布《关于积极稳妥降低企业杠杆率的意见》(国发〔2016〕54号)及其附件文件《关于市场化银行债权转股权的指导意见》,标志着债转股政策的启动,也是债转股的具体指导文件。

② 由于市场化债转股的政策文件,只是提出原则性的鼓励和禁止范围,鼓励的对象都涉及高负债、存在债务支付困难,其他标准主要是周期性行业中可逆转、产能过剩行业中的战略性关键性企业、战略新兴行业中的成长型企业等。而禁止的范围主要是扭亏无望的僵尸企业、助长产能过剩企业、恶意逃废债企业等。由于这些标准基本属于描述性的质性标准,缺乏量化指标。

③ 政府降低杠杆率的政策主要目标重点是针对国有企业。如2018年8月国务院办公厅发布《关于加强国有企业资产负债约束的指导意见》,明确要求国有企业通过实施市场化债转股、依法破产等方式降低债务水平,实现国有企业平均资产负债率到2020年末较2017年末下降2个百分点。

[案例15—2] 我国政策性债准股的第一家企业——北京水泥厂债转股

北京水泥厂是国有大型骨干企业,属于国家"八五"重点建设工程,自投产以来已累计生产水泥228.8万吨,产品在北京市场的占有率近20%。但是,由于国内建材行业不景气,水泥价格逐年下降,原材料成本加大,加上北京水泥厂项目的自有资金偏少,只占整个投资的不到20%,而银行贷款的数量较大,利率较高,导致北京水泥厂产品的成本加大,竞争力下降,负债率过高,财务费用过大。截至1999年6月,北京水泥厂欠中国建设银行的长期贷款本息达9.7亿元,短期贷款本息3 435万元,欠其他金融机构本息5 140万元。经评估,北京水泥厂资产总额为9.67亿元,负债总额为11.35亿元,负债率为117.4%,已资不抵债。在北京市政府的大力支持下,经中国信达资产管理公司与北京水泥厂的母公司北京建材集团协商,制定了切实可行的债转股和资产重组方案,同时北京水泥厂被确定为全国第一批债转股试点企业。

1999年9月2日,北京水泥厂和信达资产管理公司签订债转股协议,制定了债转股的具体方案:第一步,先将北京水泥厂欠中国建设银行的长期贷款本息6.7亿元转为信达资产管理公司持有对北京水泥厂的股份。北京建材集团以其在北京水泥厂的所有者权益3.03亿元作为出资,成立由上述两家企业为股东的有限责任公司,并对企业进行改革。第二步,帮助北京建材集团上市融资,由北京建材集团将5家公司的优质资产组成并发起成立北京金隅股份有限公司,并上市融资。第三步,三年内北京建材集团回购信达公司的股份。届时若不能回购的,将由信达资产管理公司自行处置其股权。债转股以后北京水泥厂的负债率将由117%变为32.8%,1999年当年就实现扭亏为盈。并且实施改革后,该企业主营业务的职工人数为国内同类型企业人数最少,从而提高了劳动生产率。

总结一下债转股的实施,给北京水泥厂带来了以下的优势:(1)债转股后,企业负债率大幅下降,资本结构趋于合理,利息费用大幅减少。(2)通过成立有限责任公司,改善经营和管理,建立现代企业制度和法人治理结构,企业实现了扭亏为盈。转股前每年亏损1.1亿元以上,转股后,企业财务费用大幅度降低的同时提高了工作效率,债转股后当年就扭亏为盈,实现了2 000万元的利润。(3)银行甩掉了对北京水泥厂的债务负担。债转股前,9亿多元不良资产实际上是一笔死账。债转股后,随着企业盈利的增加,建材集团通过上市融资等,回购信达资产管理公司的股权,使银行收回了不良资产。

[案例15—3] 2016年我国启动的市场化债转股——建设银行对云南锡业债转股

2016年10月16日,云南锡业集团公司(控股两家境内上市公司锡业股份、贵研铂业等)与中国建设银行在北京签署了包括市场化债转股在内的系列合作协议,签约规模50亿元,包括三个子项目:(1)2016年11月由建行募集社会资本以成立降本增效基金(名为红河春雨有限合伙基金)22.5亿元,基金以信托贷款的方式将资金注入云南锡业,利息率6.5%,用于置换云南锡业原加权资金成本7.8%左右的高息债务,节约利息近3 000万元。(2)2017年8月由建信人寿保险公司牵头,联合农银汇理等基金资管和券商资管等7家金融机构通过认购锡业股份(云南锡业的二级上市子公司)定向增发的股票,注入资金24亿元。(3)具体的债转股方案。

债转股的实施采用设立基金的模式。建行和云南锡业共同发起成立有限合伙型基金,由建行下属金融资管公司与云南锡业下属基金公司共同担任GP,LP由建行自有资金、保险资管、私人银行理财、建行养老金子公司等多渠道募集社会资金,LP内部根据风险和收益率不同划分为不同优先级,预期年化收益率在5%~15%之间。

有限合伙基金将募集的资金对云南锡业下属的三级子公司(华联锌铟)进行投资,入股的是该公司股权。华联锌铟是一家以锌、锡、铜为主的多金属采选工业企业,铟、锡金属储量均居全球第一,属于云南锡业旗下的优质企业。在股权定价方面,华联锌铟为非上市公司,按照经过评估的市场价值转股,增资方式为现金增资。华联锌铟再抵偿母公司借款或者提供资金的方式将资金传递到祖辈企业,云南锡业则利用所获资金偿还成本较高、抵押条件苛刻或期限结构不匹配的银行贷款,这些贷款属于非建设银行的正常贷款。2018年12月27日,债转股资金实际到位,华联锌铟共收到现金增资额约8亿元,增资完成后有限合伙基金对华联锌铟的持股比例为9.49%。

有限合伙基金作为投资人占华联锌铟的董事席位一席,拥有投票权。此外,根据《投资意向书》约定,投资人增资华联锌铟设定了系列条件:(1)华联锌铟推进采矿工程扩建,需保持主要生产经营技术指标稳定,加快完成"十三五"发展规划。(2)华联锌铟每年向股东现金分红的金额不应低于当年净利润的10%。(3)投资人在增资交割期满三年时拥有出售选择权,其持股可由上市公司锡业股份进行股份回购。2016年以来市场化债转股中我国五大商业银行新成立的银行系AMC机构,如表15-2所示。

表15-2　2016年以来市场化债转股中我国五大商业银行新成立的银行系AMC机构

商业银行	具体债转股实施机构	注册资本	开业时间
建设银行	建信金融资产投资有限公司	120亿元	2017年8月
农业银行	农银金融资产投资有限公司	100亿元	2017年8月
工商银行	工银金融资产投资有限公司	120亿元	2017年9月
中国银行	中银金融资产投资有限公司	100亿元	2017年11月
交通银行	交银金融资产投资有限公司	100亿元	2018年2月

但是,在本轮市场化我国债转股过程中也出现了不少问题,比如,在债权转股权的

具体实施过程中,如何确定转股中收购债权的定价、入股股权资产的定价;市场化债转股中的社会资金来源;金融资产管理公司如何对企业进行重组、提高企业的盈利能力和竞争力;在债转股实现之后,金融资产管理公司又如何能够顺利退出;以及债转股过程中如何控制可能发生的道德风险等。

四、以股抵债

所谓以股抵债,是指上市公司以其控股股东侵占上市公司的资金作为对价,冲减控股股东所持有的上市公司股份,被冲减的股份依法注销。从某种意义上,以股抵债相当于法院对于欠债者的强制执行,其目的有两个:一是为缺乏现金清偿能力的大股东提供一个现实的还债途径;二是逐步根除再次发生资金占用的可能性。

在我国资本市场发展初期,上市公司中较多存在大股东或关联方侵占资金的现象,很多公司不堪重负,被"掏空"到亏损甚至退市的地步。在连续两年亏损的上市公司中,70%存在控股股东侵占资金行为,一些退市的上市公司中,经营失败的重要原因之一就是大股东的侵占资金行为。

为了积极稳妥地解决控股股东侵占上市公司资金行为等证券市场中的历史遗留问题,中国证监会与国资委等主导通过了采用"以股抵债"方式解决资金侵占问题的方案。当然,要顺利实施"以股抵债"解决大股东侵占资金的问题,在实施过程中,需要注意以下几点。

(1)定价问题。由于以股抵债的定价基础不同于一般的股权转让,应当考虑纠正侵占过错的特殊性,上市公司应在中介机构专业意见的基础上,合理形成以股抵债的价格。

(2)信息及时披露问题。为切实保护股东、债权人等利益相关者的合法权益,要求有关公司在实施以股抵债中,及时、完整、准确披露相关信息。

(3)股东表决问题。在股东大会表决时,要由非关联股东或其代理人的三分之二以上表决通过。同时,为鼓励和支持中小股东行使表决权,独立董事可以向社会公众股东公开征集投票权。

(4)对流通股股东的赔偿问题。一种观点认为应增加"因大股东侵占行为损害公司及流通股股东利益时,公司及流通股股东应获得赔偿"的有关条款。但目前这种主张因难以操作实施,并没有成为现实方案。

本章小结

公司失败按性质和原因可以分为经济性失败和财务性失败。财务性失败又称财务困境,是指一个公司出现经营性现金流量不足以支付现有到期债务的境况下无力履行对债权人的契约责任，所以又称契约性失败。随着失败程度的不断加深，依次表现为违约、无偿债能力或破产。现代公司失败一般都表现为财务性失败。

财务重整的主要方式为债务的展期与和解、债转股和以股抵债。债务展期与和解是债权人和债务人之间达成债务和解协议，债务人可以赢得时间，对公司重组获得发展的空间；而债权人通过债务和解可以尽最大可能地收回部分甚至全部债权，从而获得双赢局面。债务重组分正式债务重组和非正式债务重组。

债转股是指企业债权人和企业股东经过协商，将债权人的全部或部分债权转换为股权的过程。债转股在我国是解决国有银行不良资产、推进国有企业改革、降低宏观杠杆率的重要手段，经历过政策性债转股和市场化法制化债转股的两轮过程，目前是企业债务重组的主要方式之一。

以股抵债是我国在解决大股东或关联方侵占上市公司资金的问题中产生的，以大股东在公司的股份偿还其所欠上市公司的债务，同时达到改善上市公司股权结构、资产结构以及治理结构的目的。

基本概念

公司失败	财务困境	经济性失败
财务性失败	财务失败预警系统	Z 模型
债务展期	债务和解	债转股
以股抵债		

复习题

1. 试比较公司经济性失败和财务性失败。企业应当如何区别对待经济性失败和财务性失败呢？
2. 如果公司运用债务展期与和解进行财务重整，公司债权人可以采用何种措施保护自己的利益？
3. 债转股在中国发生了 1999～2002 年和 2016 年至今较大规模的两轮，请比较两轮债转股，为什么前一轮称为政策性债转股、目前一轮称为市场化债转股？它们的区别在哪些方面？
4. 请结合本书案例 15—4，分析债转股的成功需要哪些条件？
5. 什么是以股抵债？为什么我国上市公司的以股抵债是一个公司治理的问题？

实践性问题

1. 根据 Wind 数据的统计，自 2014 年来我国发生公募债券违约的企业一共 105 家，其中民营企业75家,呈现上升趋势,2018年新增债券违约主体42家,其中民营企业33家,违约集中在民营企业。

请:(1)利用Wind数据库下载债券违约企业的样本,并利用Altman Z值模型对公募债券的主体违约风险进行预测。(提示:之前的研究发现"盈利能力不足、流动性短缺和营运能力较低"是企业出现债券违约的重要财务因素。请检验核实)

(2)2018年7月5日,发行规模15亿元的17永泰能源CP004(一年期企业债券)发生实质性违约,到期利息本金未能支付。请分析永泰能源债务违约的原因?Z值模型能够预警吗?后续处理进展如何?

2.2016年11月14日,山东省国资委、山东能源集团与中国建设银行股份有限公司在济南签署了市场化债转股框架合作协议以及山东能源集团市场化债转股项目第一阶段融资方案。根据合作协议,由建设银行发起分阶段设立三只总规模为210亿元的基金,分别为第一阶段150亿元的"山东能源转型发展基金"、第二阶段30亿元的"医疗并购重组基金"和第三阶段30亿元的"资本结构优化基金"。第一阶段基金的运作是:31.25亿元以债权方式投放给山东能源集团有限公司,期限为3年;118.75亿元以股权方式增资山东能源集团下属二级子公司(新矿集团、枣矿集团、临矿集团),持股期限为7年。

请分析:债转股的成功需要哪些条件?其中的难点在哪里?(提示:可以结合本章案例15-4进行讨论)

第十六章　公司破产与清算

第一节　公司破产

企业破产是市场经济中不可避免的现象。对于无法适应竞争、面临淘汰的企业，及时宣布破产既可以减少企业股东、债权人的损失，也有利于社会资源的重新分配和合理利用。因此公司破产对企业和社会来说不一定是坏事，[①]研究公司破产行为也是极具现实意义的。

一、公司破产概述

(一)破产概念

破产(bankruptcy)一词源于拉丁语 falletux，其原意为失败，中文含义为倾家荡产。就其法律内涵而言，破产是指债务人(企业)不能清偿到期债务，经破产申请人申请，由法院强制执行全部财产，公平清算全部对债权人债务的经济现象。因此，构成破产必须具备以下条件：第一，债务人不能到期清偿债务。不管债务人的全部财产是否足以清偿其债务，只要他无法按时完成还款义务，他就面临着破产的可能。第二，多数债权人向债务人主张债权。对资不抵债、无力清偿的债务人，如果债权人不向其主张债权或者只有少数债权人主张，也不构成破产。第三，须由法定机关受理、清算。一般都是由法院清算债务人的全部财产，按法定的顺序清偿债权人的债务。

一般情况下，企业存在两种可能的破产情况，即存量破产和流量破产。所谓存量破产是指企业资产价值少于负债价值，公司出现资不抵债的局面。流量破产是指企业经营现金流少于企业现有的到期债务，公司无力支付其债务，此时公司资产可能超过企业负债，但是如果债权人坚持要求，企业也不得不进入破产程序。

[①] 破产也可以认为是经济体的新陈代谢机制。著名经济学家熊彼特所称的创造性毁灭(creative destruction)也是指这个含义。

(二)破产法

破产法又称破产还债法,是确定破产范围、破产原则并以破产程序为主体的法律规范的总称。其内容既有实体法的规范(如和解、整顿),又有程序法的规范(如破产宣告、清偿顺序),还涉及行政责任与刑事责任的条款(如破产责任),但主要是程序性的规范。破产法与民事诉讼法是特别法和一般法的关系,法院审理破产案件,首先适用破产法的规定,破产法没有规定的,则适用民事诉讼法的有关规定,即贯彻特别法优先一般法的原则。在破产立法体例上,有的国家将破产法归入民法或商法,如法国、意大利;有的国家将破产法列入民事诉讼法,如葡萄牙;也有的将破产单独立法,如英国、美国、日本等。

我国第一部专门的破产法《中华人民共和国企业破产法》自2007年6月1日起施行,该法适用于所有的企业法人,包括国有企业与法人型私营企业、"三资"企业、上市公司与非上市公司、有限责任公司与股份制有限公司,甚至金融机构,打破了之前全民所有制的企业法人和非全民所有制的企业法人分别适用不同破产法律的做法。[①]

(三)破产界限

破产法必须对债务人破产设定破产界限,即国际上所称的破产原因。一般有两种方式:一种是列举法,即在法律中规定若干种表明债务人丧失清偿能力的具体行为,凡是实施行为之一者便认定达到破产边界;一种是概括方式,即对破产界限作抽象性的规定,它着眼于破产发生的一般原因,而不是具体行为。通常有三种概括:不能清偿或无力支付;债务超过资产,即资不抵债;停止支付。目前大多数国家均采用概括方式来规定破产界限。

我国《企业破产法》第二条中对破产界限有明确规定,"企业法人不能清偿到期债务,并且资产不足以清偿全部债务或者明显缺乏清偿能力的,依照本法规定清理债务。企业法人有前款规定情形,或者有明显丧失清偿能力可能的,可以依照本法规定进行重整"。该条规定的破产原因包含以下两种情况:第一,债务人不能清偿到期债务,并且资产不足以清偿全部债务,主要适用于债务人提出破产申请且其资不抵债易于判断的情况;第二,债务人不能清偿到期债务,并且明显缺乏清偿能力,主要适用于债权人提出破产申请和债务人提出破产申请且其资不抵债状况不易判断的情况。我国破产法对破产界限的规定主要采用概括方式,但是列举方式也散见于各有关条文中。

[①] 在2007年《企业破产法》实施之前,我国的企业破产采取区别适用法律。其中,《中华人民共和国企业破产法(试行)》适用于一切全民所有制企业,《中华人民共和国民事诉讼法》第十九章"企业法人破产还债程序"适用于其他非全民所有制企业。2007年之后,统一适用企业破产法。

二、破产程序

虽然世界各国破产法的具体规定各不相同,但是破产程序基本是相同的,大多可分为破产申请与受理、破产宣告、破产清算和破产终结,其中还有重要的债权人会议、重整与和解等环节。破产流程见图 16—1。

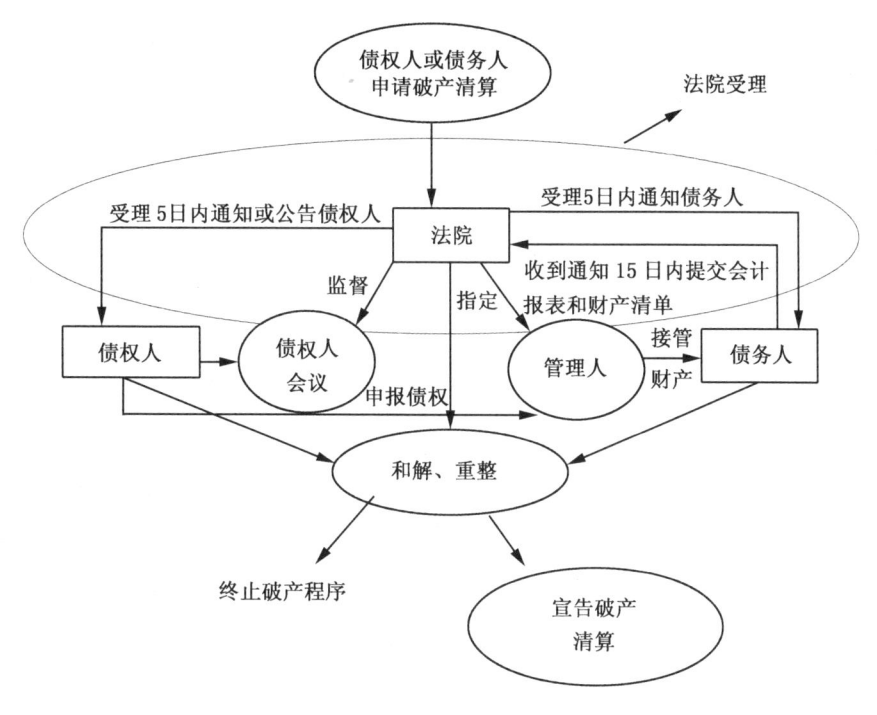

图 16—1 破产流程

(一)破产申请的提出

公司债权人和公司都有权提出破产申请,破产申请应采用书面形式,向对案件有管辖权的人民法院提出。《企业破产法》中将当事人提起破产清算、和解与重整这三个程序的申请统一规定于一个章节中,虽然在有的法律条款中仅使用"破产申请"的概念。根据法律规定,债务人发生破产原因,可以向人民法院提出重整、和解或者破产清算申请。债务人不能清偿到期债务,债权人可以向人民法院提出对债务人进行重整或者破产清算的申请。

1. 债权人提出破产申请

债权人申请破产,又称非自愿破产。公司的债权人分为有财产担保债权人和无财产担保债权人,不同国家的立法对这两种债权人在破产申请权方面也有一定的区别。

因无财产担保的债权是针对债务人设立的,以债务人的全部财产为清偿对象,须依赖债务人的清偿行为实现。该种债权无优先受偿权利,只能通过破产程序受偿,故各国法律均规定无财产担保的债权人须享有破产申请权。有的国家对债权人行使破产申请权规定了申请人数或代表债额的限制,以防债权人滥用破产申请权。如英国1914年破产法规定,一名债权人单独提出破产申请,其无担保的债权必须超过50英镑,否则必须与其他债权人共同提出申请。美国破产法规定,债权人总数在12人以上的,必须有3名以上债权人,其无担保的债权总额在5 000美元以上时,才可提出破产申请。目前,我国破产法律无此方面的限制,故原则上无财产担保的债权人只要一人,且无论债额多少,均可提出破产申请。

有财产担保的债权人不属于破产债权人,一些国家法律规定其不享有破产申请权。一般而言,债务人破产时,有财产担保的债权人通过对担保物的执行就可使其债权得到实现,无须费时费力去提出破产申请。但在债权人放弃优先受偿权,或担保物的价款可能不足以清偿所担保的债权时,有财产担保的债权人便不得不行使破产申请权,以维护其权利。我国现行破产立法对此未做明文规定,但从债权人申报债权时,应当书面说明债权有无财产担保,并提交有关证据[①]的规定看,有财产担保的债权人也享有破产申请权。不过在实践中,有财产担保的债权人很少申请债务人破产,只有在担保物权不能满足其债权时,才有可能发生由其提出破产申请的问题。

我国《企业破产法》规定债权人向法院提出宣告公司破产,必须具备两个条件:其一是债权人的债权已到清偿期;其二是债务人确有不能清偿到期债务的事实。债权人提出破产申请,应当向人民法院提交破产申请书和有关证据。

破产申请书应当载明下列事项:

(1) 申请人、被申请人的基本情况;

(2) 申请目的;

(3) 申请的事实和理由;

(4) 人民法院认为应当载明的其他事项。

2. 公司提出破产申请

即债务人申请破产,也称自愿破产。债权人申请破产是其权利,而债务人申请破产,一些国家法律规定,既是其权利,也是其义务。从权利角度看,申请破产可为债务人带来破产清偿后的免责等利益,从义务角度看,在法定情况下要求债务人必须提出破产申请,可以防止债务人隐瞒破产情况,恶意膨胀债务,加重损害债权人的利益,影响社会经济秩序。为此,这些国家的法律规定,债务人不能清偿债务时必须主动申请破产,违反者则给予处罚。如法国1967年破产法规定,债务人停止支付时,有义务申

[①] 《中华人民共和国企业破产法》第四十九条。

请破产。德国1877年破产法规定,公司在无力清偿债务时有义务申请破产。我国现行破产立法中未规定债务人申请破产的义务。

我国《企业破产法》规定,债务人享有提出破产申请的权利。

债务人提出破产申请除需提交破产申请书和有关证据外,还应提交以下材料:

(1)企业亏损情况说明;

(2)有关财务会计报表;

(3)职工安置预案以及职工工资的支付和社会保险费用的缴纳情况;

(4)债权清册和债务清册,包括债权人和债务人的名单、住所、开户银行,债权债务发生的时间、数额等。

3. 对企业负有清算责任的人

对企业负有清算责任的人理论上又称为准债务人,许多国家和地区的破产立法都允许准债务人提出破产申请。我国《企业破产法》第7条第3款规定:"企业法人已解散但未清算或者未清算完毕,资产不足以清偿债务的,依法负有清算责任的人应当向人民法院申请破产清算。"同时,《公司法》第188条规定:"清算组在清理公司财产、编制资产负债表和财产清单后,发现公司财产不足清偿债务的,应当依法向人民法院申请宣告破产。"两者是一致的。可见,在我国准债务人提出破产申请既是一项权利,也是一项法定义务。值得注意的是,准债务人在一定条件下才具有破产申请权,即在企业解散清算过程中发现资产不足清偿债务时才能提出。

对准债务人提出破产申请时所提交的破产申请书和有关材料的规定应与债权人的一致。

(二)破产申请的管辖与受理

对破产案件行使管辖权的是债务人所在地的人民法院,即公司住所地的人民法院。人民法院接到破产申请后即进行受理与否的审查、鉴定。审查内容一般包括:申请是否是向具有管辖权的人民法院提出;申请人是否符合法律的规定;申请是否符合法律规定的条件;等等。

法院在受理案件后,应将破产案件已受理的法律事实和有关事项告知利害关系人。如果破产是由债权人提出,人民法院应当自裁定作出之日起5日内送达申请人和债务人。债务人应当自裁定送达之日起15日内,向人民法院提交财产状况说明、债务清册、债权清册、有关财务会计报告以及职工工资的支付和社会保险费用的缴纳情况。如果是公司自行申请破产的案件,人民法院应该受理案件5日内向其发出通知。人民法院应当自裁定受理债权人或债务人破产申请之日起25日内通知已知债权人,并予以公告。

公告的内容,除告知受理事实外,还规定召开第一次债权人会议的日期,通知债权人申报债权。债权人申报债权的期限由人民法院确定,自人民法院发布受理破产申请公告之日起计算,最短不得少于30日,最长不得超过3个月。债权人应在规定期限内向人民法院申报债权,说明债权的数额和有无财产担保,并且提交有关证明材料。在债权申报期届满后,由人民法院对申报的债权,按债权性质分别登记。逾期未申报债权的,可以在破产财产最后分配前补充申报;但是,此前已进行的分配,不再对其补充分配。

(三)管理人制度

管理人有狭义和广义之分。狭义的管理人是指破产管理人,即破产宣告后成立的、全面接管破产企业并负责破产财产的保管、清理、估价、处理和分配等破产清算事务的专门机构。而广义的管理人则还在和解、重整程序中承担管理和监督工作。我国《企业破产法》中的管理人采用的是广义概念,管理人的工作自案件受理开始就横贯于三个程序。

管理人由人民法院指定,有随机、竞争、接受推荐三种方式。鉴于国有企业的政策性破产在一定时间内还要继续沿用,清算组也可以担任管理人。

《企业破产法》第25条对管理人的职责做出了如下规定:(1)接管债务人的财产、印章和账簿、文书等资料。(2)调查债务人财产状况,制作财产状况报告。(3)决定债务人的内部管理事务。(4)决定债务人的日常开支和其他必要开支。(5)在第一次债权人会议召开之前,决定继续或者停止债务人的营业。(6)管理和处分债务人的财产。(7)代表债务人参加诉讼、仲裁或者其他法律程序。(8)提前召开债权人会议。(9)人民法院认为管理人应当履行的其他职责。

(四)债权人会议和债权人委员会

债权人会议是由公司全体债权人组成,以维护债权人共同利益为目的,表达债权人意愿的破产机构,是债权人行使破产参与权的场所。我国《企业破产法》第61条中对债权人会议的职权做出了以下规定:(1)核查债权。(2)申请人民法院更换管理人,审查管理人的费用和报酬。(3)监督管理人。(4)选任和更换债权人委员会成员。(5)决定继续或者停止债务人的营业。(6)通过重整计划。(7)通过和解协议。(8)通过债务人财产的管理方案。(9)通过破产财产的变价方案。(10)通过破产财产的分配方案。(11)人民法院认为应当由债权人会议行使的其他职权。

债权人会议设主席一人,由人民法院在享有表决权的债权人中指定。根据《企业破产法》第59条规定,能参加债权人会议并享有表决权的公司债权人应包括三种:(1)普通债权人,即无财产担保的债权人,依法都可以成为债权人会议的成员,享有表决权。(2)有财产担保的债权人,若未放弃优先受偿,则对和解协议和破产财产的分配方案不享有表决权。(3)受债权人委托的代理人,享有投票权,但代理人应当向人民法院或者债权人会议主席提交债权人的授权委托书。

人民法院在向债权人、债务人的通知和公告中,应明确第一次召开的日期,一般在债权申报期满后 15 日内,由人民法院召集召开第一次债权人会议。以后债权人会议的召开取决于以下几种情况:(1)人民法院认为有必要时。(2)管理人认为有必要时。(3)占债权总额 1/4 以上的债权人要求时。(4)债权人委员会提议召开时。

对于一般事项,需由出席债权人会议的半数以上的有表决权的债权人同意,并且这些债权人所代表的债权总额应占到无财产担保债权总额的半数以上;和解协议的通过,必须由出席会议的有表决权的债权人过半数同意,其所代表的债权总额,需占无财产担保债权总额的 2/3 以上。

债权人委员会是遵循债权人的共同意志,代表债权人会议监督管理人行为以及破产程序的合法、公正进行,处理破产程序中的有关事项的常设监督机构。根据《企业破产法》规定,债权人委员会为破产程序中的选任机构,由债权人会议根据案件具体情况决定是否设置。债权人委员会最多不超过 9 人,出任成员应经人民法院书面认可,其中债权人代表由债权人会议选任、罢免,并至少应有一名职工代表或工会代表。

根据《企业破产法》第 68 条规定,债权人委员会行使下列职权:(1)监督债务人财产的管理和处分。(2)监督破产财产分配。(3)提议召开债权人会议。(4)债权人会议委托的其他职能。管理人、债务人的有关人员拒绝监督的,债权人委员会有权请求人民法院作出决定,强制施行。

在破产程序中设立债权人委员会具有重要的意义,有助于保护全体债权人的利益,保障债权人会议职能的有效执行,并在债权人会议闭会期间对破产程序进行日常必要的监督。

(五)重整

重整(reorganization)是指对可能或已经发生破产原因但又有挽救希望的法人企业,通过对各方利害关系人的利益协调,借助法律强制进行营业重组与债务清理,以避免破产、获得新生的法律制度。我国重整制度的适用范围为企业法人,由于其程序复杂、费用高昂、耗时很长,故实践中主要适用于大型企业,中小型企业往往采用更为简化的和解程序。

经人民法院裁定批准的重整计划,对债务人和全体债权人均有约束力。债务人不能执行或者不执行重整计划的,人民法院经管理人或者利害关系人请求,应当裁定终止重整计划的执行,并宣告债务人破产。

（六）和解[①]

所谓和解，是指在破产原因发生时，债务人与债权人之间就延期偿还和减免债务问题达成协议，终止破产程序的一种方法。和重整一样，和解也是预防债务人破产的法律制度之一。和解是一种特殊的法律行为，与一般的法律行为不同。一般的双方法律行为以双方当事人的意思表示一致为条件，而这种法律行为不仅需要债权人会议与债务人意思表示一致，而且要经过人民法院的裁定认可，前者为和解协议生效的实质要件，后者为和解协议生效的形式要件，两者缺一不可。

和解申请只能由债务人一方提出，可以在破产原因发生时直接向人民法院申请和解，也可以在人民法院受理破产申请后、宣告破产前，向人民法院申请和解，提出和解协议草案。

和解协议是债权人与债务人之间所达成的履行义务的一种特殊民事合同，一旦达成并经人民法院认可，便将产生一定的法律后果。和解协议生效后，产生两个方面的法律后果：一是终止一般民事执行程序及破产程序；二是债务人和全体债权人都必须遵守协议内容，不得擅自变更。在债权人会议与债务人达成和解协议并经人民法院裁定认可的，人民法院宣告终止破产程序。债务人不履行或者不能履行和解协议的，经和解债权人申请，人民法院应当裁定终止和解协议，并宣告债务人破产。

（七）破产宣告和清算

破产宣告是指法院依申请或者依职权，在确认债务人具有无法消除的破产原因时所做出的对债务人进行破产清算的裁定或者命令。我国破产法采用的是大破产的概念，即当事人可向人民法院提出重整、和解或者破产清算的申请。可见，当事人可以不向人民法院提起传统的"破产宣告"的申请，而是提起重整或和解的申请。法院在受理破产申请后，若发现存在法律规定的情形，应当裁定中止重整或和解程序，并宣告债务人破产。

破产宣告是由破产申请通向破产清算的转折点，使破产案件不可逆转地进入破产清算程序、债务人不可挽回地陷入破产倒闭的标志。债务人被宣告破产后，当事人的称谓也发生变化，债务人称为破产人，债务人财产称为破产财产，人民法院受理破产申请时对债务人享有的债权称为破产债权。公司被依法宣告破产后，丧失对本公司财产的管理处分权，由管理人接管公司；对公司未履行的合同，由管理人决定解除或继续履行。管理人在人民法院的指导下进行工作，接管破产企业，清理破产企业的财产，编制财产明细表和资产负债表，组织破产财产的评估、回收，依法提出并执行破产财产的处

[①] 参见本书第十五章第二节。此处参考了汤维建主编：《新企业破产法解读与适用》，中国法制出版社，2006年版。

理和分配方案,最后注销企业。具体的清算过程我们将在公司清算一节中详细介绍。

(八)破产程序终结

我国《企业破产法》在第43条、第105条、第108条和第120条规定了不同情况下的破产终结制度:(1)破产财产不足以清偿破产费用而终结。(2)债务人与全体债权人就债权债务的处理自行达成协议而终结。(3)第三人提供担保或代为清偿或者债务人全部清偿而终结。(4)破产人无财产可供分配而终结。(5)破产财产分配完结而终结。管理人应及时向人民法院提出终结破产程序的请求,人民法院作出是否终结破产程序的裁定。管理人应当自破产程序终结之日起10日内,持人民法院终结破产程序的裁定,向破产人的原登记机关办理注销登记。清算程序结束后,未得到清偿的债权,除有追回财产追加分配以外,不再受偿。

专栏16—1 美国破产法的运行和破产的溢出效应

美国《破产法》的运行,一般都是由企业即债务人向法院申请破产,也就是说先由企业来选择是申请第7章(清算,liquidation)还是第11章(重整,reorganization)破产,由法院的破产法官来审理并作出判决。美国的破产法庭分布在全国共有94个破产区域(district)、276个分支办公室(divisional office)。每个企业必须选择向其中的一个分支办公室的破产法庭提出申请,然后由该法庭随机指派一名法官来进行判决。企业可以在以下三个不同地址的法庭中进行选择:①公司注册地。②总部所在地。③主要业务所在地等。由于纽约南区破产法庭覆盖了纽约曼哈顿地区、同时处理破产案例最多、经验最丰富,所以成为大型企业首选的申请破产法庭。(当然有笑话说,偏远地区类似俄克拉荷马州的破产法庭法官恐怕并不了解企业经济运行、也缺乏财经法律基础知识,会被企业牵着鼻子走,所以企业为了获得有利于自己的结果,可以选择将公司注册到俄克拉荷马州)由于法官的倾向性不同,譬如有的法官知识视野所限,或者天生心慈手软、价值观信奉"给人生路更好",更多偏向于判决破产保护(即第11章);有的法官价值观信奉市场资源配置机制,相信自然选择和"创造性毁灭",就会更多偏向于判决破产清算(即第7章)。由于破产法庭内部是随机分配的判案法官,可以避免进行法官的人为选择。

正是因为美国企业的破产是由法官(法官本身是随机指派的)决定执行第7章(死)或者第11章(生),因此一个申请破产的企业最终是被清算还是重整,是死还是苟活,本身是由外部条件决定的。特别是当企业申请予"生"而被法官改判为"死"的情况下,更加可以排除一些内部的因素如市场萧条、需求不足等的影响,因为若市场萧条、企业无法盈利的这种情形下,企业本身就会申请清算。那么,在企业认为自身可以整顿经营、但被法官判决为清算的情况下,我们可以观察一个企业的破产对周边经济的影响。

美国学者伯恩斯坦等2018年发表于《金融经济学》期刊上论文研究了企业破产的溢出效应[①]。他们发现一个地区大型企业的破产,对当地现有企业的就业会产生负面影响,同时对新生企业的进入也有不利影响。也就是说企业清算破产对地方经济产生了负面的溢出效应,即经济学上所称的外部性。他们论文的标题就是"破产的溢出效应",具体而言:第一,溢出效应的地理范围。对当地而言,影响最大的是在人口普查的区块(block),一般是600~3 000户家庭组成一个人口普查区块,一个区块类似于我国城市的一个街道。而上一层的区块组如相邻的几个街道,负面影响就递减了,而对于更上一层的区域(tract),对应拥有1 000~8 000户家庭,类似于我国的市区,这种影响就基本没有了。

第二,溢出效应的产业特征。对于不同的产业来说,一般分为三类:非贸易部门(典型的是餐饮、零售等)、可贸易部门(典型是制造业)、服务业(如律师、会计师等各类职业中介机构等),对此三类产业发现:非贸易部门的破产会负面影响当地的非贸易部门、服务业的破产会负面影响当地的服务业,但可贸易部门不受影响。在一个人口调查的街区,一个破产清算企业的雇员直接减少该区域内1.9个就业人口,也就是说一家清算企业的就业消失,会几乎造成2倍于自身员工人数就业人口的减少。这种负面的溢出效应主要发生在餐饮、零售、律师、会计师等行业,而制造业不受波及影响。

第三,从微观上看,清算破产会对地方就业和经济增长产生负的外部性,但是在宏观上看,也即一国经济的整体上看,这种负外部性就不存在了。

如何理解上述破产的溢出效应?这种效应背后的逻辑机制是:企业清算破产,减少了当地的顾客人流量,减少了企业之间的知识溢出效应(比如服务业)。因此,传统上的经济学研究从进入角度,论证了产业具有集聚效应比如知识溢出、降低成本、需求集中等,伯恩斯坦等的研究是从退出角度,反向论证了产业具有集聚效应。

[①] Bernstein, S., Colonnelli, E., Giroud, X. and Iverson, B., 2018. Bankruptcy spillovers. *Journal of Financial Economics*. forthcoming.

[案例 16-1] 广东国际信托投资公司的破产案

广东国际信托投资公司(简称广东国投)成立于1980年,是国家指定的允许对外借贷和发债的地方级窗口公司。从1983年开始,广东国投先后与日、美、英、法等国数十家银行签订了贷款协议,信贷额度超过3亿美元。在国际债券市场上,广东国投先后于1986年、1987年和1988年向中国香港及欧洲等地发行大额债券。进入20世纪90年代后,享有政策先机的广东国投,先后获得了美国穆迪公司和标准普尔公司的债信评级,继续站在海外融资的潮头。长期的过度举债,却缺乏有效的管理和监督,再加上大量的违规经营,给广东国投埋下了巨大的支付风险。经过亚洲金融风暴之后,1999年1月广东国投向广东省人民法院提交了破产申请。

1998年,当中国人民银行宣布关闭清算广东国投时,广东国投资产总额为214.71亿元,负债361.65亿元,资产负债率168.23%,资不抵债146.94亿元。

首先,是依法成立清算组开展破产财产清算。1999年1月,该案一进入破产程序,广东高院和广州、深圳两个中院就及时依法指定成立了四个清算组。立案后的第四天,清算组就在法院合议庭的带领下进驻破产企业,接管破产企业财产,开展清算工作。同时,还参照国际惯例创造性地设立了债权人主席委员会,由债权数额最大的九家债权人组成(其中六家为境外债权人),职责是由债权人主席委员会成员轮流主持债权人会议,并不定期召开主席委员会例会,反映债权人的意见和要求,保持与清算组的联系与沟通。在法院的监督指导下,清算组先后组织召开了17次债权人会议,向所有债权人详细公布破产事项,确保了破产程序的公开、公正、公平,有效防止了破产财产的流失。

其次,债权申报与确认。广东人民法院先后经过四次债权申报工作,确认债权人共200家,其中境外、国外债权人为96家,申报债权387.8亿元;确认债权金额人民币202.2亿元,占申报债权总金额的52%。因债权人行使抵消权或因主债务人履行债务,担保债权相应减少,否认债权金额为人民币185.6亿多元,占申报债权总金额的48%,从而完成了该案债权确认的工作。

再次,破产财产的范围已经界定。通过诉讼程序,在确认对广东国际大厦实业公司100%的股权和江湾新城75%的股权后,通过四年的破产清算,查清广东国投的资产负债:其账面资产总计209.4亿元,可回收金额为49.4亿元,亏损达152.8亿元。并通过拍卖方式,尽量提高资产的变现水平。

最后,按照法定程序确定债权债务,依法分配破产财产,最大限度地保护债权人的合法权益。由于广东国投及其全资子公司广企公司、广租公司、广东国投深圳公司一起进入破产程序,最终四者的债权受偿率分别达到12.52%、28%、11.5%和19.48%,远远高于国内破产企业平均8%的受偿率水平。

三、我国公司破产存在的问题

公司破产虽然是企业的无奈选择,但是通过破产,企业可以停止亏损状态,如果能在破产之后重整成功,甚至还能改变亏损的现状。但是在实际操作过程中,我国公司破产存在着很多的问题,主要包括以下几个方面。

1. 怕破产。现在我国有些地方的行政部门仍视企业破产为禁区,采用许多非市场因素的手段,让一些在经营方面已步履维艰的企业"顽强"地生存着。其原因一方面是因为企业破产会产生一定的社会震荡,行政部门领导担心有损自身政绩,职工失业后生活保障问题难以解决等。在这种情况下,政府往往运用行政手段,为维持亏损企业的生产而要求银行继续提供资金支撑。另一方面,这些企业的存在,还能使地方企业产值以及流转税增加,给地方行政部门带来虚幻的利益。

2. 假破产。欠债还钱本是天经地义的事,破产者必须承担拍卖资产,偿付债务等责任。然而,当前有些申请破产的企业,看重的却是破产法律中合法避债的规定,不惜以逃债、赖账等手段损害债权人利益。这主要有两种情况:一是申请破产的企业往往另立企业,转移资产,"悬空债务",再宣告原企业破产,从而把一堆"干骨头"留给债权人去啃[1];二是有些地方政府与法院联合,由法院宣告企业破产,而实际上企业根本没有破产,工厂在,职工也在,却把银行的债务给抵消了。

3. 破产法律制度不健全。[2] 目前我国的《企业破产法》还存在一些缺陷。比如,引入的管理人制度存在一些不足。(1)管理人选任制度不完善。我国采用法院选任模式,即"管理人由人民法院指定"。这种方式的主要弊端在于国家公权力的干涉程度太高,对债权人的自治构成了一定程度的抑制,不利于债权人共同意志的充分体现,难以充分保护债权人的利益;同时,也可能导致法院权力寻租,滋生贪污受贿等司法腐败行为。(2)在2007年的破产法中,又看到清算组的影子。《企业破产法》第24条规定:"管理人可以由有关部门、机构的人员组成的清算组或者依法设立的律师事务所、会计师事务所、破产清算事务所等社会中介机构担任。"过去近20年的破产实践,充分证明了清算组成员由政府有关工作部门派人组成存在着种种弊端。例如,清算组成员专业性无法律保障;清算组工作缺乏独立性,很难保障债权人的利益;政府工作人员兼任清算工作,工作时间无保障,工作效率低下。(3)管理人选任时间不合理。按照国际通行做法,破产管理人应当在破产程序开始时起接管债务人财产。但是,我国破产法未明确规定债务人何时向管理人移交财产。并且根据破产法,破产财产在破产申请受理后一定时间内仍处于债务人的

---

[1] 这种现象曾形象地被称为"大船搁浅、舢板逃生"。
[2] 李琴. 新破产法中破产管理人制度的缺陷与完善[J]. 求索,2008(5). 徐晶晶,张远航. 浅谈三鹿破产案的不合法性[J]. 法商论丛,2009(2).

直接控制下。法院限于人力、物力以及精力,不可能对债务人进行有效的监督,这样极易出现债务人转移、隐匿财产等情形,不利于维护债权人的团体利益。

另外,破产法在企业重整的制度设计方面也存在着缺陷。首先,对重整制度的目标仅规定了再生型重整,没有规定清算型重整。国际上比较成熟的破产重整制度一般有两种重整程序,若再生型重整不成功,就可以转换为清算型重整。其次,破产法规定的门槛过于宽松,债务人和债权人都可以申请。在比较成熟的破产法中,一般会要求债权人达到一定比例,才能提出重整申请。而且还会要求对重整申请举行一个听证会,以确定是否有必要启动重整程序。但是我国的破产法规定法院在接到申请15天之内就做出是否受理的裁定,过于仓促。最后,对重整期间债务人的权利没有进行限制。对进入破产重整状态的企业,法律应该对自行管理和经营的债务人进行必要的限制,甚至做出一些禁止性规定。

四、完善我国公司破产制度

破产法中新增的管理人和重整制度,在我国都属于新鲜事物,在设计方面可能还存在着一定缺陷,我们可以适时参考西方国家成熟的相关制度,并在实践中使我国《企业破产法》中关于管理人和重整制度的规定更加具体和易操作化。

1. 建立专业化的破产法官和管理人队伍。从实体处理上说,破产案件中的破产债权、破产财产的确认,别除权[①]、取回权、抵消权、优先权等的确认,债务合同的解除,利息的计算,到期债权、附条件债权、或然债权的计算等知识,对审理破产案件的法官提出了很高要求。破产清算是破产程序中的重要阶段,只有通过清算,才能明确破产财产的范围,而破产分配又关系到债权人的利益能够在多大范围内得到保护。

而管理人是破产程序中最为重要的机构,它的好坏会直接影响到破产程序的成败,因此要求破产管理行业队伍具备独立性、专业性以及统一的职业道德规范。

2. 正确处理破产宣告中行政、司法、立法的关系。就破产宣告的性质而言,它是法院独立行使国家审判权的司法裁判行为。但是,基于我国现实的社会经济基础和复杂的社会背景,破产宣告尚缺少司法权单独有效运作的法制环境。破产宣告中的行政干预特别是政策性破产,是新旧体制转轨过程中的历史必然。但是,这种行政干预的范围是特定而有限的。

首先,它应当主要局限于破产程序启动之前,并且只能针对政策性破产,应当避免针对个案审理程序中的行政干预。其次,对这类案件既要考虑适用政府优惠政策的特殊性,又要兼顾适用破产法律规范方面的一般性,前者不能替代后者。再次,承认和正

---

① 别除权是指债权人有财产担保,债权人不依破产程序,而由破产财产中的特定财产单独优先受偿的权利。

视政策性破产的弊端,切实避免利用破产逃避债务、地方保护主义等现象的发生。

总的原则是不能以牺牲司法权的独立性和权威性为代价来适应国有企业破产的特殊性,否则有悖于法律平等保护的司法原则。

3. 完善社会保障制度,做好破产企业职工的安置工作。为使破产工作无后顾之忧,必须完善社会保障制度。切实解决社会保障方面的突出问题(如基本养老基金收缴较低,支出缺口较大);认真落实国有企业下岗职工基本生活保障政策,强化失业保险基金的保障能力;规范城市最低生活保障制度,覆盖到城镇各类人员。

专栏 16—2 我国的破产法庭建设

2018~2019 年,深圳、北京、上海先后宣告设立独立运作的破产法庭,明确目的是为了营造市场化、国际化、法治化营商环境,更好运用市场化、法治化手段积极稳妥地处置"僵尸企业",为保持经济持续健康发展提供强有力的司法服务和保障。

破产重整案件的审理,被形象地称为"办案与办事的结合、开庭与开会的结合、裁判与谈判的结合",对法官的综合素质要求极高,需要专业审判队伍作保障。

在 2007《企业破产法》颁布实施之后,全国各级法院普遍没有设立专门的破产审判机构,而是交由各地人民法院的民商庭法官兼理破产案件,这就造成长期存在破产案件立案受理难、审判队伍专业化欠缺、破产审判职能混乱、案件考核机制不合理等问题。加之民商事案件呈爆炸式增长,案多人少的矛盾愈发突出,很多法院都将有限的审判力量全部投入到普通案件的审理中,未建立专门破产审判组织。

2016 年 6 月,最高人民法院下发了《关于在中级人民法院设立清算与破产审判庭的工作方案》,要求直辖市、省会城市、副省级城市所在地中级人民法院应当设立清算与破产审判庭。根据最高人民法院的通报,截至 2017 年底,全国共有 97 家法院设立了清算与破产审判庭,包括 3 个高级人民法院、63 个中级人民法院、31 个基层人民法院。在人民法院下设置清算与破产法庭,对于增强破产审判力量、提高破产审判质量具有重要意义。

现在,深圳、北京、上海设立了三家独立破产法庭,在其建制与管辖中,均提到了跨境破产案件,展现了我国在国际跨境破产背景下深入探索破产审判应对策略的决心。独立破产法庭的成立,将进一步健全优胜劣汰市场化退出机制,有利于强化破产审判的专业性和体系完备性,提高破产办理水平,增强破产办理的便捷性,推动营商环境不断优化。也有利于完善我国市场经济体系,以破产法治建设助推经济高质量发展。

第二节　公司重整

一、财务重整

财务重整是对已经达到破产边界企业的抢救措施。通过这种抢救,使企业摆脱破产的厄运,走上继续发展的道路。一般情况下,财务重整有非正式财务重整和正式财务重整两种。财务重整也可以简称为重整。

(一)非正式重整

非正式重整又称私下和解,是指在破产法律程序之外,债务人与债权人或主要债权人团体之间,以达成重建为目的,经过协商达成和解协议,从而避免因进入正式法律程序而发生的庞大费用和冗长的诉讼时间。非正式重整方式包括债务重组和准改组。

债务重组是指债务人和债权人之间就债务问题所做的调整和重新安排,它的前提必须建立在3个基本条件之上,即:(1)债务人有一定的信誉;(2)债务人有能力扭转当前困难;(3)一般经济状况有利于企业恢复元气。通过债务人与债权人的协商,组建债权人委员会,包括几个最大债权人和一些小债权人。债权人委员会通过深入的调查,了解企业当前状况,并与债务人达成具体债务重组的条件和方式,一般有以下几种:

(1)以非现金资产清偿债务。即债务人转让其资产给债权人以清偿债务。这里的资产是指存货、对外投资、固定资产、无形资产等。这种方式可把债务人的非营运资产剥离出去,使债务企业得以轻装上阵,同时又在一定程度上符合了债权人的要求。

(2)债务转为资本。债务转为资本实质上是增加债务人的资本金,债权人因而增加长期股权投资。以债务转为资本用来清偿债务,使债务人没有了偿债的压力,债权人也不会发生短期利益损失。这也就是前一章所讨论的债转股。

(3)债务展期与和解。债务展期即推迟到期债务要求付款的日期,债务和解即债权人自愿同意减免债务人的债务,包括减免本金、利息或混合使用。这种方式能够为发生财务困难的企业赢得时间,使其调整财务结构,继续经营并避免法律费用。

一般情况下,债权人比较喜欢采用债务展期的方式,这样可以获得全部清偿。对债务人来说,债务展期意味着公司可以展期偿还过去的债务余额。在某些情况下,债权人可能不但同意债务展期,而且同意将旧债务附加到新债务之中。债权人相信债务人解决问题的能力,但是由于不确定因素,债权人也会在偿还期内要求对债务人实施控制权。

准改组,也称庭外重组,是一种企业自救的方式。它是在企业长期发生严重亏损时,征得债权人和股东同意后,通过减资消除大量亏损,并采取一些成功经营措施的重整方式。这种方式既不需要法院参与,也不改变债权人的利益,只要得到债权人和股东同意,不立即向债权人支付债务和向股东发放股利,便可有效地实施重整。庭外重组可以理解为一种自发的重整行为。但由于重组方案不会经过法院批准确认,因此缺乏强制力,实施起来完全依靠协商各方的自觉。

非正式重整可为债务人和债权人双方都带来一定的好处。首先,这种做法避免了履行正式法律手续所需发生的大量费用,使重整费用降至最低点。其次,可以减少重整所需的时间,使债务企业在较短的时间内重新进入正常的经营状态。再次,使谈判有更大的灵活性,更易达成协议。但非正式重整也存在着一些弊端。当债权人很多时,可能难以达成一致。没有法院的正式参与,协议的执行缺乏法律保障。

(二)正式重整

正式重整是将上述非正式重整的做法按照规范化的方式进行。它是通过一定的法律程序改变企业的资本结构,合理地解决所欠债务,以使企业摆脱财务困境并继续维持经营的做法。它是在法院受理债权人申请破产案件的一定时期内,经债务人及其委托人申请,与债权人达成和解协议,对企业进行重组的一种制度。在正式重整中,法院起着重要的作用,特别是要对协议中重整计划的公正性和可行性做出判断。严格来说,正式财务重整应属破产程序的一部分。[①]

重整计划一般应包括以下四项内容:

(1)估算重整企业的价值。常用的方法是收益现值法,即预测企业未来的收益与现金流量,根据事先确定的合理贴现率,对未来的现金流入量进行贴现,估算出企业的价值。

(2)优化资本结构,降低财务负担。即调整企业的资本结构,削减债务负担和利息支出,为企业继续经营创造一个合理的财务状况。为达到这一目的,需要对某些债务展期,或将某些债务转换为优先股、普通股等其他证券。

(3)进行资本结构转换。新资本结构确定后,用新的证券替换旧的证券,实现资本结构的转换。为此,要将企业各类债权人和所有者按照求偿权的优先级别分类统计。优先级别在前的债权人或所有者得到妥善安排之后,优先级别在后的才能得到安置。

(4)重整计划还应包括以下措施:①管理人员的调整。淘汰不称职的管理者,选择有能力的管理人员。②确定企业资产的当前价值。对存货及其他资产进行分析,对已贬值资产的价值进行调整,确定资产的当前价值。③提高企业的工作效率。改进供、

[①] 正式财务重组,本书理解为企业重整计划的构成内容。在2007年6月1日我国《企业破产法》实施后,"重整"已经拥有正式的法律程序。

产、销等环节工作,改善经营管理方法,提高各环节、各职能部门之间的有效运转和协调配合。④必要时还需制定新产品开发和设备更新计划,提高生产能力。

在正式重整中,法院起着重要的作用,特别是要对公司重整计划的公平性和可行性做出判断。重整计划经过法院批准后,对企业、债权人及股东均有约束力。为了使重整可行,必须经债权人会议讨论同意重整,并愿意帮助债务人重建财务基础。

二、重整的财务决策

重整的财务决策是指当企业出现偿还能力不足的问题时,必须决定是通过清算来解散企业还是通过重整来重新经营。这一决策基本取决于企业重整后的价值与公司清算价值的比较。如果企业重整后持续经营的价值减去重整费用,高于清算价值减去清算费用,那么企业就应该进行重整。

重整价值,是指公司经过重整后再进行持续经营时所能恢复的价值。衡量企业重整价值的方法,与评估一般企业价值的方法并没有其他的差别,常用的有成本法、市场比较法、收益现值法、现金流贴现法,具体的评价方法在本书第四～五章已经详细介绍过。

清算价值,是指公司在清算时把公司实物资产逐个分离而单独出售所获得的总价值。计算公司清算价值的具体做法,是对公司的各项资产进行清点,评估它们可能出售的价格,将各项资产的价格相加得出公司的清算价值。

如果重整价值高于清算价值,那么企业就会迫使债权人进行重整,即使多数当事人都觉得重整计划尚未受到公平对待也是如此。法院必须确定重整计划的公平性和可行性。

1. 公平性标准

公平性标准是对各求偿权必须按其法律或者契约上的先后次序来承认。具体而言,需要通过以下步骤来体现:

(1)必须估计未来的销售额。

(2)必须分析营运状态,以便预测未来的销售盈利水平。

(3)必须确定运用于未来盈余的资本化利率。

(4)必须利用资本化利率将预估的未来盈余折算成现值。

(5)必须决定分配给请求人的方式。

2. 可行性标准

可行性标准的基本思路是预测公司的盈亏平衡点,确保重整后的营业收入能够至少抵补变动成本,同时重整后的利润必须足够支付重整费用。通常提高盈余和降低费用双管齐下才可行,可以采用以下方法:

(1)延长负债到期日,部分负债转为权益。
(2)如果有管理不善的情况,则调整管理人员。
(3)如果存货有过时和耗尽的情况,则必须重置。
(4)为了使企业有足够的竞争能力,厂房和设备必须予以现代化,以降低成本。
(5)必须改善生产、经销、广告和其他职能。
(6)必须开发新产品和新市场,企业转向增长有潜力的领域。

三、重整的实施

公司重整一般是在法院的监督之下,由公司股东、债权人向法院申请重整的裁定,调整公司债权人、股东和其他利害关系人的权利义务。我国的《企业破产法》中对重整程序进行了规范:

(一)提出重整申请

债务人或者债权人可以依照法律规定,直接向人民法院申请对债务人进行重整。债权人申请对债务人进行破产清算的,在人民法院受理破产申请后、宣告债务人破产前,债务人或者出资额占债务人注册资本十分之一以上的出资人,可以向人民法院申请重整。[①]

(二)做出重整裁定

公司所在地法院接到申请后,根据审查和调查的情况,对是否能允许公司重整做出裁定。

(三)确定重整人选

一般情况下,由人民法院指定管理人行使重整人的职权。但在重整期间,经债务人申请,人民法院批准,债务人可以在管理人的监督下自行管理财产和营业事务。

(四)编制重整计划

重整计划由重整人提出,一般包含以下内容:

(1)债务人的经营方案,包括企业的经营方式转变和资金的筹措等。

(2)债权分类。根据法律规定,可以分为:对债务人的特定财产享有担保权的债权;企业所欠职工的工资和基本社会保险费用,以及法律、行政法规规定应当支付给职工的补偿金;企业所欠税款;普通债权等。

(3)债权调整方案。所谓债权的调整,是指为了再建企业,重整计划所规定的债权人需要做出的各种让步,包括某组债权人只能得到某一比例的清偿或完全得不到任何清偿(包括有担保物权的债权人);将债权延期偿还;免除债权利息;将债权作价入股以

[①] 《企业破产法》第七十条。

及债权其他条件的变更。

(4)债权受偿方案。包括清偿数额、清偿顺位、清偿期限等。

(5)重整计划的执行期限。重整的性质决定了重整不能无限期延长,因此重整计划的执行期限应当在计划中设定。

(6)重整计划执行的监督期限。

(7)有利于债务人重整的其他方案。重整企业可运用多种重整措施,达到恢复经营能力、清偿债务、避免破产的目的,除延期或减免偿还债务外,还可采取核减或增加注册资本,向特定对象定向发行新股或债券,将债权转为股份,转让营业资产等方法。

(五)债权人会议通过

重整计划必须经过由各类债权人组成的、重整期间公司最高权力机关——债权人会议——通过方能实施。债权人依据债权的类型,对重整计划进行表决。每一表决组通过计划草案的条件是:出席会议的同一表决组的债权人过半数同意重整计划草案,并且其所代表的债权额占该组已确定债权总额的三分之二以上。当各表决组均通过重整计划草案时,重整计划通过,这标志着重整计划的成立。但需进一步经法院认可后,重整计划才具有法律效力。

(六)重整计划的执行

值得注意的是,重整计划是由债务人负责执行的。自人民法院裁定批准重整计划之日起,在重整计划规定的监督期内,债务人应当向管理人报告重整计划执行情况和债务人财务状况。监督期届满时,管理人应当向人民法院提交监督报告。

(七)重整计划终止执行

重整计划得到关系人会议或法院认可,但不能或不执行时,法院要裁定重整终止,并宣告债务人破产。对于债权人而言,重整计划终止执行有如下效力:(1)债权人因重整计划实施所受的清偿仍然有效。债权未受偿的部分,作为破产债权行使权力。接受了部分清偿的债权人,只有在其他债权人所受的清偿达到同一比例时,才能继续接受分配。(2)债权人在重整计划中做出的让步失去效力。(3)为重整计划执行提供的担保,在重整计划规定的担保范围内继续有效。

[案例16—2] **重庆钢铁股份有限公司的破产重整案**[①]

(一)基本背景

重庆钢铁股份有限公司(以下简称重庆钢铁)于1997年8月11日登记注册,主要从事钢铁生产、加工和销售,其股票分别在香港联合交易所和上海证券交易所挂牌交

---

① 可参考我国企业破产重整案件信息网(https://pccz.court.gov.cn/pcajxxw/pcdxal/dxal)以及有关网络报道。

易。截至2016年12月31日,重庆钢铁合并报表资产总额为364.38亿元,负债总额为365.45亿元,净资产为-1.07亿元。因连续两年亏损,重庆钢铁股票于2017年4月5日被上交所实施退市风险警示。经债权人申请,重庆市第一中级人民法院于2017年7月3日依法裁定受理重庆钢铁重整一案。

(二)审理情况

在法院的监督指导下,管理人以市场化为手段,立足于依托主营业务,优化企业内涵,化解债务危机,提升盈利能力的思路制定了重整计划草案。该重整计划通过控股股东全部让渡所持股份,引入我国第一支"钢铁产业结构调整基金"作为重组方;针对企业病因制定从根本上重塑其产业竞争力的经营方案;处置无效低效资产所得收益用于债务清偿、资本公积金转增股份抵偿债务等措施,维护重庆钢铁1万余名职工、2 700余户债权人(其中申报债权人1 400余户)、17万余户中小股东,以及企业自身等多方利益。重整计划草案最终获得各表决组的高票通过。

(三)具体方案

具体方案是:以重庆钢铁现有A股总股本为基数,按每10股转增11.50股的比例实施资本公积金转增股票,共计转增约44.83亿股A股股票,上述转增股票不向股东分配,全部由管理人根据重整计划的规定进行分配并支付相关费用。

重组方为宝武系背景的产业基金,名为四源合基金,受让条件包括:(1)重组方向上市公司提供1亿元流动资金作为受让重庆钢铁集团20.97亿股股票的现金条件。(2)重组方承诺以不低于39亿元资金用于购买管理人通过公开程序拍卖的资产。(3)重组方提出经营方案,对重庆钢铁实施生产技术改造升级,提升重庆钢铁的管理水平及产品价值,确保重庆钢铁恢复持续盈利能力。为贯彻实施上述经营方案,保障公司恢复可持续健康发展能力,增强各方对公司未来发展的信心,重组方承诺,自重整计划执行完毕之日起五年内,不得向除中国宝武钢铁集团有限公司或其控股子公司之外的第三方转让其所持有的上市公司控股权。(4)在重整计划执行期间,由重组方向重庆钢铁提供3年利率不超过6%的借款,以供重庆钢铁执行重整计划。

2017年11月20日,重庆第一中级人民法院裁定批准重整计划并终止重整程序;12月29日,裁定确认重整计划执行完毕。据重庆钢铁发布的2017年年度报告显示,通过成功实施重整计划,其2017年度获得归属于上市公司股东的净利润为3.2亿元,已实现扭亏为盈。

(四)典型意义

重庆钢铁重整案是以市场化、法治化方式化解企业债务危机,从根本上实现企业提质增效的典型案例。该案是目前全国涉及资产及债务规模最大的国有控股上市公司重整、首例股票同时在上交所和香港联交所挂牌交易的"A+H"股上市公司重整、首家钢铁行业上市公司重整,而被认为属于"特别重大且无先例"。

该案例中,各方以市场化方式成功剥离企业低效无效资产,引入中国宝武钢铁公司背景的产业结构调整基金,利用资本市场配合企业重组,实现了企业治理结构、资产结构、产品结构、工艺流程、管理制度等的全面优化。另外,该案例的重整程序中上交所首次调整资本公积金转增除权参考价格计算公式、联交所首次对召开类别股东大会进行豁免、第三方担保问题成功并案解决,既维护了社会和谐稳定,又实现了各方利益共赢,为上市公司重整提供了可复制的范例。

第三节 公司清算

一、公司清算概述

(一)概念

公司清算是指在公司面临终止的情况下,负有公司清算义务的主体按照法律规定的方式、程序对公司的资产、负债、股东权益等做全面的清理和处置,使得公司与其他社会主体之间产生的权利和义务归于消灭,从而为公司的终止提供合理依据的行为。公司出现以下情形之一,应当进行清算:

(1)公司章程规定的营业期满或公司章程规定的其他解散事由出现(如经营目的已达到而不需继续经营,或目的无法达到且公司无发展前途)。

(2)公司股东大会决定解散。

(3)公司合并或分立需要解散。

(4)依法被吊销营业执照、责令关闭或者被撤销。

(5)公司经营管理发生严重困难,继续存续会使股东利益受到重大损失,通过其他途径不能解决的,持有公司全部股东表决权10%以上的股东,可以请求人民法院解散公司。

(6)公司被依法宣布破产。

具体来说,公司清算首先是基于公司面临终止的情况。包括上述1~3条规定的公司自愿解散和4~5条强制解散以及第6条公司破产的情形,只有公司终止的行为发生,公司清算的条件才具备。其次,公司的清算为负有公司清算义务的主体按照法律规定的方式、程序而为的行为。公司的清算主体应是法律基于对公司的资产享有的权益或者对公司的重大管理权限而确定的、在公司清算时组织公司清算义务的主体,清算组不是清算主体,它只是清算主体任命或者选定具体操作公司清算事宜的临时性组织。由于公司的清算涉及股东、债权人、债务人、担保人、公司职员以及一些社会公共利益,公司清算必须以科学的程序和法律法规为基础,公正、客观地反映公司实际情况,公正处理相关的利益纠纷。再次,公司清算的范围为公司的出资、资产、债权、债务的审查,重点应当清查公司资产包括债权、债务并分析债权债务的性质、清偿和收回的合理性依据。为公司偿还债务、股东分配剩余财产提供合理的依据。最后,公司清算的目的,在于使得公司与其他社会主体之间产生的权利和义务归于消灭,从而为公司的终止提供合理依据的行为。公司要终止,必须对相关权利义务予以处置和解决,然后公司才能"寿终正寝"。

(二)类型

根据导致清算的原因,可以将公司清算分为:解散清算和破产清算。当发生上述第1~5项情形时,公司进入解散清算程序;当发生第6项情形时,公司进入破产清算程序。

根据清算是否自行组织,可以将公司清算分为:普通清算和特别清算。普通清算是指公司自行组织的清算;特别清算是指公司以法院的命令开始,并且自始至终都在法院的严格监督之下进行清算。公司不能清偿到期债务,存在资不抵债的嫌疑;或者公司无力自行组织清算工作,公司董事会对清算事务达不成一致意见;或者由债权人、股东、董事会中有任何一方申请时,应采取特别清算程序。对普通清算和特别清算,公司并无选择的权利。公司解散后,应立即进行普通清算,在普通清算过程中,公司资产超过负债有不实之嫌,即形式上公司资产超过负债,但实际上是否真正超过负债尚有嫌疑或者公司实行普通清算遇到明显障碍时,法院可命令公司实行特别清算。

二、公司清算的程序

依我国公司法、企业破产法等规定,公司清算的程序包括成立清算组,清算组接管破产公司,制定并执行清算方案,清算终结,注销登记。清算流程见图16—2。

(一)成立清算组

公司解散时应依法组成清算组,接管公司,负责企业财产的保管、清理、评估和分配,同时还可依法进行必要的民事活动,比如决定合同的履行和终结等。

根据公司法规定,公司应在公布解散的15天之内成立清算组,当由自愿原因导致解散清算时,有限责任公司由股东组成清算组,股份有限公司由股东大会确定清算组成员。如果公司逾期没有设立清算组,债权人可申请人民法院指定有关人员成立清算组。当由强制原因导致解散清算时,由人民法院指定有关人员成立清算组。清算组成员可以从下列人员或机构中产生:(1)公司股东、董事、监事、高级管理人员。(2)依法设立的律师事务所、会计师事务所、破产清算事务所等社会中介机构。(3)依法设立的

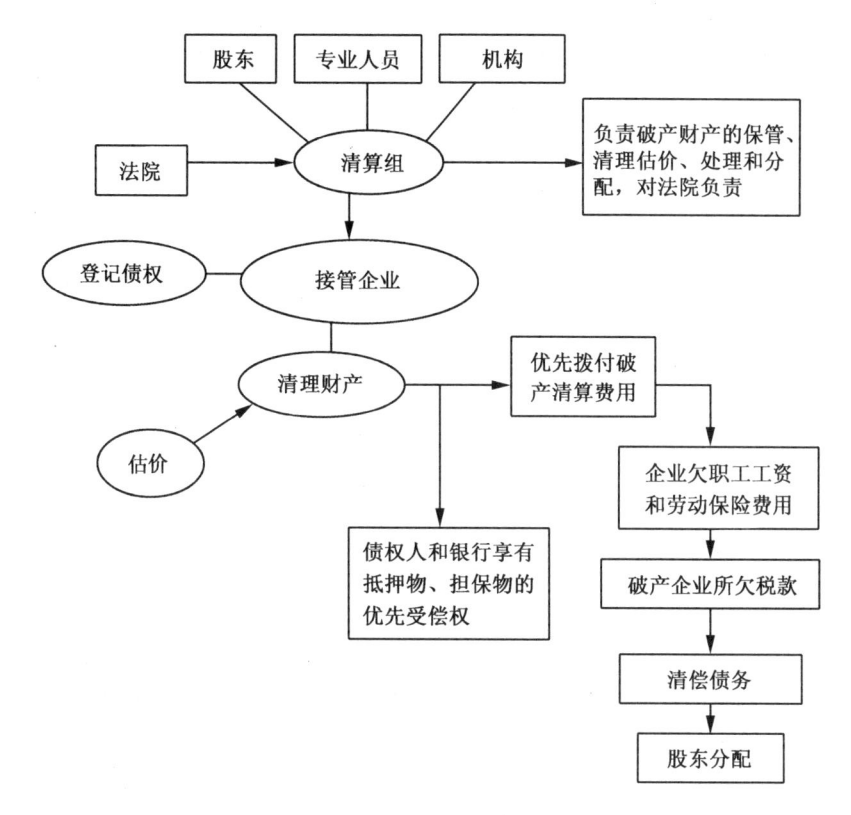

图 16-2 公司清算流程

律师事务所、会计师事务所、破产清算事务所等社会中介机构中具备相关专业知识并取得执业资格的人员。而在破产清算中,由破产管理人行使清算组的职能。

(二)清算组接管清算公司

清算组成立之后,即在人民法院的指导和监督下接管清算公司,负责清算公司的最后工作,主要完成债权登记和公司财产的清理。

1. 登记债权。清算组在成立的一定期限内,通知债权人进行债权申报,要求其在规定的期限内对债权的数额及其有无财产担保进行申请,并提供证明材料,以便清算组进行债权登记。《公司法》第 185 条规定,"清算组应当自成立之日起 10 日内通知债权人,并于 60 日内在报纸上公告。债权人应当自接到通知书之日起 30 日内,未接到通知书的自第一次公告之日起 45 日内,向清算组申报债权,并提供有关债权的证明材料。债权人申报其债权,应当说明债权有关的事项,即数额、性质、清偿期限等情况,并提供证明材料"。清算组在接收到债权申报后进行登记。为保证申报债权的真实性,维护债权人和公司以及公司股东的利益,清算组应当对申报的债权及证明材料进行审查。

2. 清理公司财产。清算组对公司财产进行清理,编制资产负债表和财产清单。公司财产是指公司所有的财产中,可供分配给债权人的所有财产,其范围包括:

(1)宣告清算时公司拥有的法人所有权的全部财产,包括固定资产和流动资产。

(2)清算开始到清算程序终结前所得的财产,如收回的应收款等。

(3)作为担保物的财产,其价格超过所担保债权数额,超过部分,作为清算财产。

(4)公司拥有的其他财产权利,包括债权、股权、专利权、商标权等财产权。

清算组在清理公司财产后,发现公司财产不足清偿债务的,应当立即向人民法院申请宣告破产。公司经人民法院裁定破产后,清算组应当将清算事务移交人民法院。

(三)制定和执行清算方案

清算组在完成对公司财产清算的基础上,对公司资产进行估价,制定清算方案。包括清算的程序和步骤、财产定价方法和估价结果、债权收回和财产变卖的具体方案、债务的清偿顺序、剩余财产的分配以及对公司遗留问题的处理。清算方案应报经股东会、股东大会或者人民法院确认。

1. 清算财产作价。对于清算组清理的财产,可以通过出售、公开拍卖等方式回收资金或者直接以原形式作价还给债权人和分配给股东。一般情况下,清算财产的作价方法有三种:账面净值法、重新估价法和可变现净值法。

(1)账面净值法。账面净值是反映按企业清算前财产的账面原值扣除账面损耗后的余值。账面净值法遵循历史成本原则的计算方法。这一方法简单明了,但易于受到一些人为因素的影响而有偏差,变得不完全符合实际。故此,该种方法很少使用。只是合营企业经营期满自动解散,采取产权转让方式进行清算,且账面价值又比较符合实际价值的,可以采用账面净值计价。

(2)重新估价法。重新估价法有现行市场价值法和收益现值法两种。现行市场价值法,是指企业资产价值确定是以现行市场上这类资产的价值为基础减去折旧;收益现值法,是通过估算财产的未来预期收益,并按照市场投资收益算出现值,借以确定价值的一种作价方法。

(3)可变现净值法。可变现净值是指将清算财产投放到相应市场上变卖,将得到的变现价值再扣除财产清理费用后的净值。这一方法的现实操作性很强,因而被广泛使用。

2. 确定清算损益。公司清算中发生的财产盘盈、财产变价净收入、因债权人原因确实无法归还的债务,以及清算期间的经营收益等作为清算收益;发生财产盘亏、确实无法收回的债权,以及清算期间的经营损失等作为清算损失;发生的清算费用优先从现有财产中支付;清算终了,清算收益大于清算损失和清算费用的部分,依法缴纳所得税,然后按顺序分配给相关利益主体。

3. 确定债务清偿及顺序。清算债务是指经清算组确认的至公司宣告破产或解散时止的清算公司各项债务。公司清算财产首先用于支付清算费用,即公司清算过程中的各项支出。一般情况下,清算费用随时发生随时支付,清算财产不足以支付清算费用时,清算程序应终结,未清偿的债务不再清偿。公司的财产支付清算费用后,按照系列次序清偿债务:应付未付的职工工资、劳动保险等;应缴未缴国家税金;尚未偿付的债务;相同顺序不足清偿的,按比例清偿。

4. 分配剩余财产。公司清偿债务后的剩余财产的分配,按照合同、章程的有关条款处理,充分体现公平、对等,照顾各方利益的原则。除公司章程有规定外,有限责任公司按投资各方出资比例分配;股份有限公司按照优先股股份面值对优先股股东分配,剩余部分按普通股股东的股份比例进行分配。

(四)清算终结和注销登记

公司清算结束后,清算组应当制作清算报告,报股东会、股东大会或者人民法院确认,并报送公司登记机关,申请注销公司登记,公告公司终止。

三、我国公司清算存在的问题

(一)清算组成员的任职资格及清算机构的法律地位不明确

公司解散后即开始清算过程,而清算是由清算人或清算机构负责进行。各国立法规定,清算人与公司解散前的董事地位相仿,需具有相应的任职资格,并拥有相应的权利、承担相应的义务。而我国公司法并没有对清算人的任职资格及职务的解除、报酬权、具体责任等重要问题做出规定,这既不利于公司清算的顺利进行,还可能为一些人滥用职权、牟取私利提供机会。此外,由于公司种类不同、规模大小、资金多少、股东众寡、业务繁简等存在差异,各国立法并没有统一规定清算机构的组成,既可以由一个清算人担任,也可以由两个以上的清算人组成,具体人数由公司或法院视情况而定,以求最低成本完成清算。但我国公司法排除了一人清算机构的可能性,即无论公司自愿解散还是强制解散,都必须以"清算组"的形式开展工作。[①] 这无形中强制增加了许多小公司的清算成本,并由此加重了公司股东甚至债权人的负担,不符合最大限度地保护投资人及债权人利益的原则,也导致了实务中许多企业因惧怕承担清算费用而非法解散的案件。

就法律地位而言,我国清算组法律地位不明确。主要表现在清算组与公司内部各机构的关系特别是与公司董事会的关系上。按国际上的一般做法,清算组上任后即取代董事会,接管董事会的全部权力,对外代表清算公司表示意思,对内执行清算事务,

---

① 《公司法》第183条和第184条。

与公司解散前的董事会地位基本相同,董事、经理的职权随清算组织成立而解除。但我国现行公司法却未对董事会的职权终止做出明确规定,这就导致清算中的公司出现董事会、清算组两个机构并存、权力相争、职责不清的现象。另外,我国公司法也没有规定公司在清算时,其他公司机构如经理、监事会等的法律地位。由于清算组和公司各机构之间的关系不是很明确,导致在清算的过程中,清算组不得不花费大量的精力处理与上述方面的关系,从而使清算组的工作效率低下,从而无形中增加清算成本,加重了债权人的负担。

(二)特别清算制度空缺

特别清算制度是各国公司清算制度中的重要组成部分。它是在公司普通清算发生显著障碍时,或公司资产超过负债有不实之嫌时,由法院依请求或依职权命令公司开始特别清算的制度,是一种介于普通清算与破产清算之间的清算制度。缺少这一制度,会造成实践中大量实行普通清算有困难的已解散公司或解而不散,或算而不清,从而造成不必要的经济纠纷,影响社会经济秩序的稳定。

(三)对清算组的清算行为缺乏法律监督

对于清算组的清算不规范、清算中的违法行为如何监督,缺乏应有的机制,尽管《公司法》第189条规定,"清算组成员应当忠于职守,依法履行清算义务,清算组成员不得利用职权收受贿赂或者其他非法收入,不得侵占公司财产,清算组成员因故意或者重大过失给公司或者债权人造成损失的,应当承担赔偿责任"等,但由谁来监督没有做出明确规定,这为清算组为职不廉、监守自盗或者与公司串通一气、损害债权人利益等开了方便之门。比如清算过程中,随意处理清算财产,损害债权人利益的行为时有发生。

[案例16-3] 公司解散后的股东清算责任

2005年,我国的一家国有风险投资公司——深圳市国成科技投资有限公司(简称"国成")向深圳协雅精密工业制品有限公司(简称"深圳协雅")投资了61万美元,深圳协雅是一家被协雅国际工业有限公司(简称"协雅国际")100%持股的外商独资企业。投资交割后,国成成为持有深圳协雅约15%股权的少数股东,其有权向深圳协雅董事会任命一名董事。遗憾的是,国成的投资很快就被证明是令人失望的。并且深圳协雅卷入了一宗与上海东洋碳素有限公司(简称"上海东洋")的诉讼中。根据深圳协雅与上海东洋达成的一份和解协议,深圳协雅确认其欠付上海东洋155.4万元人民币。然而,深圳协雅未能根据和解协议向上海东洋支付上述款项。

由于深圳协雅积累了大量债务,经营情况持续恶化,管理层及其大股东——协雅国际也不知所踪。继而深圳协雅的经营于2008年停止。由于未能通过年检程序,当地的公司登记部门(即深圳市市场监督管理局)于2009年吊销了深圳协雅的营业执照。深圳协雅由此解散。

由于深圳协雅已无任何财产偿还尚欠上海东洋的债务，上海东洋于是在2012年5月针对国成提起诉讼，要求国成支付25万美元债务。上海东洋诉称由于国成怠于履行股东清算责任，未能在深圳协雅解散后清算深圳协雅，导致深圳协雅的主要财产、账册均已灭失，无法进行清算，上海东洋的利益遭到严重损害。因此，国成应当对深圳协雅拖欠的25万美元债务承担连带责任。一审和二审法院均支持了上海东洋的诉请，判决国成代深圳协雅向上海东洋支付25万美元及其利息。

根据我国《公司法》规定，如果一家有限责任公司因某些情况（比如营业执照被吊销）的发生而被解散，股东应在公司解散后15天内组成一个清算组。清算组负责实施法律要求的行动去清算公司，其中包括确认、计算和评估公司的剩余资产；通知并登记公司的债权人；回收债权并偿还债务。如公司的剩余财产不足以清偿公司的债务，清算程序将被终结，公司将依据我国《企业破产法》转入破产程序。在此情况下，依照《公司法》下的有限责任原则，除已为公司投入的注册资本外，股东将无须为公司的债务承担额外责任。

实践中，一些股东不愿履行清算程序，而仅仅让当地公司登记机关根据法律关闭公司。为了解决这一状况并保障债权人有机会实现其在待清算公司中的债权，最高人民法院于2008年5月颁布了有关规定，重申了股东适当清算其投资的公司的义务。根据该规定，在发生下列情形时，股东（无论其为多数股东还是少数股东）将对其投资的公司的债务承担责任：

1. 股东未在法定期限内成立清算组开始清算，导致公司财产贬值、流失、毁损或者灭失。

2. 股东因怠于履行义务，导致公司主要财产、账册、重要文件等灭失，无法进行清算。

3. 股东在公司解散后，恶意处置公司财产给债权人造成损失；或公司未经清算即办理注销登记；或提交虚假的清算报告以办理注销登记。

在适用上述规定时，并不区分多数股东和少数股东。

四、完善我国公司清算制度

（一）明确规定清算机构的法律地位及其权利、义务和责任

首先，用"清算机构"来取代现行法中的"清算组"这一称呼，并允许公司能以实际情况决定清算机构的规模，即允许清算机构仅由一名"清算人"或由两名以上"清算人"以"清算委员会"的形式构成。同时，可参照对董事、经理任职资格的规定，直接对清算人的任职资格做出明确要求。同时，还应规定：清算人因死亡、丧失行为能力、丧失任职资格、辞任等原因而解任。对不合法定任职条件或不称职的在任"清算人",可由任命人解任。

其次,清算机构成立后即代董事会,并接管董事会的全部权力,公司董事会应随清算机构的成立而解散。公司监事会有权监督整个清算过程,对清算人执行职务时的违法行为及损害公司股东、债权人利益的行为,有权加以制止。

关于清算机构的权力、义务可做出如下规定,清算机构的权力是:处理公司未了结业务,清缴公司所欠税款;收取公司债权,清偿公司债务;为清偿公司债务或分配剩余资产的需要而变卖、处理公司资产,代表公司起诉或应诉;依法获取报酬。清算机构的义务是:就任后,毫不迟延地调查公司的财产状况,并据此编制财产清单及资产负债表;在法定期限内,通知、公告债权人申报债权,对债权人申报的债权进行登记;妥善保管和处理公司资产,若有股东请求,应随时报告清算情况,或提供有关条件,以保证股东的知情权在清算期间仍能实现。清算机构成员与公司之间是委任关系,故对公司负有忠实义务及善良管理人的注意义务。清算机构成员因故意或过失给公司、股东和债权人利益造成损失的,应承担损害赔偿责任。

(二)增设特别清算制度

如前所述,特别清算是一种既不同于破产清算又不同于普通清算的清算程序。但作为一种清算方式,在拥有其特殊性的同时,它与普通清算仍有一些共性。因此,我国立法在增设特别清算制度时,并不需要对那些共性的内容做出重复规定,而只需增补仅适用于特别清算程序的一些特别规定。主要包括特别清算的原因、适用范围以及中止、终止的程序等。

(三)强化监督管理体制

在我国破产立法及实践中的清算组,从严格意义上说并不等同于外国公司法中处于中立地位的财产管理人或信托人。清算组成员往往由各类专业人员和企业主管部门组成,与企业之间存在着千丝万缕的联系,而这已经成为清算实践中越来越严峻的问题。清算组协助被清算公司"假清算、真逃债"之风愈演愈烈,造成银行等债权人的合法资产流失。针对这种情况,必须对清算组的清算行为依法进行严格监督,法律应当规定除了人民法院享有监督权外,还应将监督权赋予债权人会议、清算公司的主管部门;设立专门清算检查委员会或监督委员会,对清算工作进行检查、监督,由此构成多元化的清算组监督主体。

[案例16—4] 河北三鹿集团破产

曾经是中国的乳制品企业巨头三鹿集团从因涉嫌生产销售伪劣产品被责令停止生产销售,2009年2月被法院正式宣告破产。

2008年8月,三鹿牌婴幼儿配方奶粉发生举国震惊的重大食品安全事故,石家庄三鹿集团股份有限公司遭受沉重打击。2008年12月18日,石家庄市中级人民法院根据债权人石家庄市商业银行的申请,裁定受理对三鹿集团的破产清算申请。同时指定石家庄三鹿清算组为破产管理人。管理人下面设置了债权登记审查部、对外权益清收与诉讼部、安全保卫部等部门。截至2008年10月31日,财务审计和资产评估,三鹿集团资产总额为15.61亿元,总负债17.62亿元,净资产－2.01亿元,三鹿集团又借款9.02亿元付给全国奶协,用于支付患病婴幼儿的治疗和赔偿费用。三鹿集团净资产为－11.03亿元。

2009年2月12日,石家庄市中级人民法院发出民事裁定书,正式宣布石家庄市三鹿集团股份有限公司破产。该日法院召集三鹿集团债权人举行第一次债权人会议,法院合议庭当场宣读了三鹿集团破产的有关法律文书,发出三鹿集团破产民事裁定书,被申请人三鹿集团因不能清偿到期债务,并且资产不足以清偿全部债务,符合法定破产条件,被依法宣布破产。其财产采取拍卖的方式进行处理。在2009年3月4日三鹿集团第一批破产资产拍卖中,北京三元集团有限责任公司与河北三元食品有限公司组成的联合竞拍体以61 650万元人民币的价格竞拍成功,获得三鹿集团核心资产。

三鹿破产作为我国2007年《企业破产法》实施后首个具有全国性重大影响的案例,具有多方面的意义。

1. 破产管理人的选择

《企业破产法》规定破产管理人可以从"清算组、律师事务所、会计师事务所、破产清算事务所以及具备相关专业知识并取得执业资格的个人"这个范围中选择。这条规定可以说是对我国新、旧破产制度关于管理人制度约定的衔接。但从世界通行的破产管理人选定上来看,选择律师事务所、会计师事务所或破产事务所等社会中介机构参与破产是通用模式,更能体现公开、透明、公正的原则,更能充分地保障债权人的利益。石家庄市中级人民法院最终选择了我国原破产法制度中通行的"清算组"模式。

2. 债权人的债权转让与集中

在三鹿集团破产清算案件第一次债权人会议召开前,三鹿集团向一些普通债权人(主要是三鹿供货商)发出了《债权转让协议书》和《授权委托协议》。根据协议,河北国信资产运营有限公司提出愿意以20%的清偿比例,收购三鹿债权。河北国信资产运营公司为河北国信投资控股集团旗下公司,主要股东之一为石家庄国资委,注册资金1 000万元。经过慎重考虑,一些债权人答应了河北国信开出的条件,于是河北国信作为较大的债权人参加了第一次债权人会议,会议上另一家比较大的三鹿债权人则是石家庄商业银行。按照《劳动合同法》的规定,三鹿集团破产后将优先清偿职工工资和基本保险费用,最后清偿的才是普通债权。三鹿供货商如果坚持不转让债权,最后有可能一分钱都拿不到。三鹿破产中的债权转让是各方在市场经济下利益博弈的结果,能最大限度地满足各方需求。河北国信和石家庄商业银行掌握了三鹿债权的主动权后,三鹿破产后的财产变价方案、资产管理方案都得以顺利通过,为既快又平稳地解决问题清除了障碍。

3. 破产后职工的安置

三鹿破产后,不管由哪个企业接手重组,其庞大的职工队伍如何安置都是令人头疼的难题。以2008年12月31日在册职工人数为准,三鹿集团在岗职工4 332人,内退职工26人,退休人员454人等。2009年2月17日,三鹿集团职工代表大会在原三鹿集团总部召开,三鹿集团破产管理人向与会人员通报了《依法破产职工安置方案》,三鹿集团破产职工安置将与破产重组同步进行。凡与原三鹿集团签订劳动合同的职工,自愿参加重组的,由重组方承诺全员聘用。未与原三鹿集团签订劳动合同的职工,由重组方与职工实行双向选择。离开企业的职工将办理终止劳动合同手续。

4. 消费者巨额赔偿问题

如果按照破产法规定,破产人在优先清偿破产费用(包括破产案件的诉讼费用、管理人执行职务的费用和聘用费用等)后,首先需要清偿的是破产人所欠职工的工资和医疗保险、养老保险等费用,其次是普通债权。三鹿事件中的代理商和供货商欠款以及问题奶粉造成的患儿医疗费等都应属于普通债权。但是三鹿被提请破产前,其对患儿的赔偿责任没有流入普通债权人之列,而是在法院受理其破产前,提前由政府拨款给三鹿集团用于支付赔偿,体现了政府和企业的责任。由地方政府出面主导企业的相关赔偿问题,在关系消费者利益层面的欠款方面做出了优先赔付的先例。

本章小结

公司重整是通过一定的法律程序改变企业的资本结构,合理地解决所欠债务,以使企业摆脱财务困难并继续维持经营的做法。在正式的公司重整中,法院起着重要的作用,特别是要对协议中重整计划的公正性和可行性做出判断。严格来说,正式的公司重整应属破产程序的一部分。我国的《企业破产法》中对重整制度进行了规范。

破产是指债务人不能清偿到期债务,经破产申请人申请,由法院强制执行全部财产,公平清算全部对债权人债务的经济现象。构成破产必须具备以下条件:第一,债务人不能到期清偿债务。第二,多数债权人向债务人主张债权。第三,须由法定机关受理清算。

破产的法律法规对破产的条件、程序作了严格的规定,一般通过债权债务人提申请,在人民法院的受理下,召开债权人会议,在和解、整顿无望的情况下进入破产、清算。企业清算是在企业面临终止的情况下,对公司的资产、负债、股东权益等做出的全面清理和处置。公司清算的程序是首先成立清算组;在人民法院的指导和监督之下接管清算公司,清理公司财产并登记债权;同时制定和执行清算方案;在清算终了时注销公司税务登记等。

我国《企业破产法》统一了国有企业、私营企业、外资企业等各类企业,为我国企业破产清算提供了统一、全面的依据。

基本概念

重整	重整价值	清算价值
重整计划	非正式重整	正式重整
公司破产	存量破产	流量破产
清算小组	自愿性破产	非自愿性破产
和解	解散清算	破产清算

复习题

1. 为什么破产可以理解为"创造性毁灭"? 结合破产的溢出效应(本章专栏16—1),谈谈你对破产的看法。

2. 为什么《公司法》和《企业破产法》,均规定有公司重整制度? 公司重整的流程是如何的?

3. 结合案例16—2,重庆钢铁集团的破产重整,谈谈公司在什么情况下应该重整、什么情况下应该清算?

4. ,简要论述公司破产清算的法律程序。公司破产清算的主体是什么? 清算组和清算主体之间有何关系?

5. 结合案例16—4三鹿集团破产清算案例,分析我国目前的企业破产清算存在哪些问题? 如何从法律制度方面解决上述问题?

6. 在公司终止其经营活动时,是进行解散清算还是进行破产清算,公司有充分的选择权,这种说法是否正确? 为什么?

实践性问题

1. "僵尸企业"是一个形象的用语,指自身无盈利生存能力、依靠银行和政府财政等不断输血生存的企业。近年来,我国经济中产能过剩、金融风险逐步增大等原因与僵尸企业不无关系。大量"僵尸企业"存在,僵而不死、占用资源,没有让市场起到淘汰过剩产能的作用,反而对社会资源产生逆淘汰效应,导致产能升级无法进行。请阅读:Caballero等(2008)、谭语嫣等(2017)、李霄阳、瞿强(2017)、何帆(2016)、王永钦等(2018)文献,讨论:(1)如何界定僵尸企业? (2)中国的僵尸企业问题如何解决?

2. 我国每年行政注销的企业数量远大于破产清算的企业数量。例如,据吴晓灵等(2016)的研究报告,2014年全国企业注销数量为505 866户,而全国法院审结的破产案件为2 059件,适用破产程序的企业占所有退出市场企业的比例的不足0.4%,意味着在所有退出市场的企业中,有99.96%的企业的资产大于负债,这不符合市场经济的运行规律。为什么我国企业破产(包括重整、清算)的数量少?请阅读吴晓灵等《加强破产法实施,依法促进市场出清》的研究报告[①],并给出阅读评论。

---

① 参见清华大学五道口金融学院研究报告(http://www.pbcsf.tsinghua.edu.cn/Upload/file/20160623/20160623072921_9862.pdf)。

第十七章　并购重组与公司价值研究

第一节　并购重组创造公司价值的研究方法

企业并购重组是否创造了价值,关键是看并购重组给企业带来的价值增值。其判断的标准有两个:一是从投资者的角度,考察投资者是否通过并购重组交易得到超额收益,即超过正常情况下所获得收益的部分,也就是不存在并购重组机会时,超出同等风险情况下所能获得的收益;二是从企业本身来看,并购重组是否提高了效率,给企业带来更大的盈利能力,是否改善了企业的财务业绩。最终,并购重组对企业价值的影响,将归结到并购重组的价值增值效率,也将反映在股票价格的短期和长期变化上。本节叙述并购重组与企业价值增值效率之间关系的研究方法。

一、方法概述

事件研究法和会计研究法是研究并购重组创造价值的两种主要方法。研究并购重组创造价值的方法很多,它们通过考察企业并购前后的股票价格、收益指标以及企业经营管理上的变化来反映创造的价值,不同之处主要反映在对指标数据的处理上。主要研究方法有平均股价法、累计平均收益率法、累计平均超额收益率法(事件研究法)、财务指标法(会计研究法)、案例分析法等(见表17-1)。我们重点讨论理论上比较严谨的事件研究法和会计研究法。

表 17-1　　　　　　　　并购重组创造价值的研究方法比较[①]

研究方法	优　点	缺　点
平均股价分析法	简单、直观	(1)理论上不够严谨 (2)不能消除股票价格之间的差异，会增强高价股的影响，削弱低价股的影响
累计平均收益率分析法	简单、直观	理论上不够严谨
事件研究法	(1)理论框架严谨； (2)直接度量给投资者带来的价值增值； (3)具有前瞻性，股价是预期未来的现金流现值	(1)模型复杂，条件比较苛刻，比如CAPM的前提假设，市场有效性，套利机制的存在等 (2)如何对应所研究事件与股价变化的关系，完全剔除其他事件的影响困难
会计研究法	简单清晰，不涉及复杂的理论模型；且财务报表被广泛用来评价公司业绩和投资价值；具有良好的分析基础	(1)财务数据的可信度不够，报表式重组普遍存在 (2)财务数据可比性不强，跨国比较也难以展开
个案研究法	客观、详细、深入	(1)观察样本少，不适合统计分析 (2)研究报告可能很特殊，缺乏一般性的代表意义

二、平均股价分析法

通过计算并购重组前后每个交易日样本企业平均股票价格，试图直接从平均股价的走势来判断并购重组的影响。从理论上讲，股票的价格变化反映了投资者的预期：如果股价上涨，说明投资者认为并购事件会为股东带来价值，是利好消息，否则即是利空。考察期内并购重组公司的平均股价，计算公式如下：

$$P_t = \frac{\sum_{i=1}^{N} P_{it}}{N}$$

$$R_t = \frac{P_t - P_0}{P_0}$$

其中，N——样本数量；

P_{it}——公司 i 股票在时间 t 的价格；

R_t——在并购宣布日 t 天内股票溢价收益；

（$t=0$ 表示公司宣布并购重组的日期）

[①] 本表内容参考了张新主持的南开大学课题组："并购重组是否创造价值"，上海证券交易所联合研究课题，2003 年，http://222.73.229.10/cs/zhs/xxfw/research/plan/plan20030701f.pdf。

三、累计平均收益率分析法

平均股价分析虽然比较简单,但是不能消除各样本公司股票价格之间的差异,会增强高价股的影响而削弱低价股的影响,不能真实反映二级市场上并购重组的价值效应。为了弥补该绝对指标的缺陷,我们可以采用累计平均收益率来考察二级市场上并购重组的价值效应。例如,不同股票的价值可能很大,有的股价高达 40 元以上,有的却在 4 元以下,如果用算术平均值,低价股的影响则被削弱;而收益率作为相对指标,则可以避免这个问题。累计平均收益率(cumulative returns,CR)的计算公式如下:

$$CR_t = \bar{r}_t + CR_{t-1}$$

其中, $\bar{r}_t = \dfrac{\sum\limits_{i=1}^{N} r_{it}}{N}$;

$r_{it} = \dfrac{P_{it} - P_{i,t-1}}{P_{it}}$;

N——样本数量;

P_{it}——公司 i 股票在时间 t 的收盘价格。

($t = 0$ 表示公司宣布并购重组的日期)

使用包含有并购重组发生日前后的一段时间的累计平均收益率进行研究仍然存在问题,它无法将并购重组事件与公司的累计收益率进行对应。也就是说,它不能保证公司股价收益率的变化就是由于并购重组的事件引起的。如何剔除并购重组以外其他因素的干扰,就成为下面介绍的研究方法(也即事件研究法)的主要改进。

四、事件研究法

事件研究(event study)又称累计平均超额收益分析法(cumulative average abnormal return,简称 CAR 方法)。它是根据某一事件发生前后时期的既定统计信息采用一些特定技术测量该事件影响的一种定量分析方法。由于金融市场上经常会有各种政策、信息等事件的发生,而事件的影响又会很快在资产价格上反映出来,因此,事件研究法是金融市场研究中一种广泛应用的实证分析方法。在并购重组中,它通过考察并购重组前后这段时间内股东的超额收益率——即股价超过正常(理论预期)收益率的差额部分来揭示重组的效应。

首先采用事件研究方法的应该是詹姆士·杜利(James Dolley),他在 1933 年发表的"普通股分拆的特征与程序"论文中,通过研究股票分拆期间股价的正常变化,探讨了股票分拆的价格效应。

从 20 世纪 30 年代初期至 60 年代末期,事件研究的内容逐渐复杂。约翰·梅尔斯和阿其·贝凯(Mayers & Bakay,1948)、奥斯汀·巴克(Barker,1956)以及约翰·艾希利(Ashley,1962)便是这时期事件研究的佼佼者。他们在研究上的改进包括剔除股价变动的总体因素,剥离混淆事件的影响。雷·波尔与菲利浦·布朗(Ball & Brown,1968)以及尤金·法玛(Fama,1969)在 60 年代后期进行的富有启发性的研究中,就引入了与现在基本相同的研究方法。其中,波尔与布朗研究盈利的信息内容,而法玛则探讨了在剔除股利增加产生的同步影响之外的股票分拆的影响。[①]

在此之后,事件研究经历了一系列的修正与改进。比如关于突破早期研究中使用的统计假设所产生的复杂性、在事件研究方法的设计上进行调整以适应更为细分的假说。斯蒂芬·布朗与杰罗德·华纳(Brown & Warner)于 1980 年和 1985 年发表的论文便是典型。前者考虑了月区间取样(sample data monthly interval)的数据问题,而后者则运用了每日的数据。

总结他们的研究方法,可以发现一个完整的事件研究法可以分成五个步骤:

1. 定义事件,确定事件研究期间

即对所要研究的事件进行定义,并确定涉及该事件影响的考察时期,称这个时期为"事件期间"或"观察窗口期"(window period)(见图 17-1)。例如,假设我们利用每日数据来研究盈利公布的信息内容,则事件就是盈利公布,事件期间为盈利公布日前后的若干天,具体期间长短,根据研究的需要来确定,但是事件公布日一定要包含在事件的期间内。

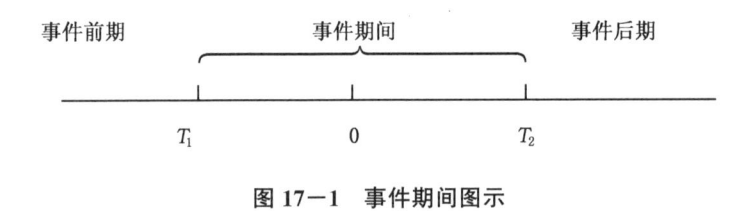

图 17-1 事件期间图示

另外,研究的期间可以选择事件公布当天及之前的一段时间,例如,在研究盈利公布时,市场可能在实际公布前已获取盈利的信息(即存在信息提前泄露),因此,我们可以通过研究"事前"超额收益来探讨是否存在这种可能性。

2. 确定选择标准

即确定进行事件研究时对所需样本的选取标准。具体而言,就是从大量上市公司

[①] 关于事件研究法,可参考综述文献:(1)Craig Mackinla,Event Studies in Economics and Finance,*Journal of Economic Literature*,March 1997,pp.13~39。(2)陈汉文、陈向民:"证券价格的事件性反应",《经济研究》2002 年第 1 期。目前事件研究法在异常收益显著性的统计检验上,仍存在争议。而且事件研究法只能在考察短期事件窗口期的异常收益,而在揭示样本公司股票收益率的长期异常变化上,存在很大不足。

的股价中如何选取一个与该事件有关的样本,以便分析事件对股价的影响。当然,取样标准可能会受到诸多条件的限制,比如上市公司数据可获性的限制,也可能受特殊产业之类的限制。在此阶段,还需要归纳出一些样本特征(如公司总市值、行业代表、事件发布的时间分布等),并且要注明选取样本的特征可能导致的任何倾向性结果。

3. 确定正常收益和非正常收益

为了评价事件的影响,需要对事件窗内的正常收益和非正常收益进行测量。正常收益是指事件未发生时的期望收益,而非正常收益是用事件期间的实际收益减去事件期间的正常受益。因此,正常收益的计算成为准确确定事件价值的关键因素。从历史经验中,常用来衡量正常收益的方法主要有三种:市场调整法、均值调整法和市场模型法。

市场调整法(market adjusted returns)。这是最简单的一种衡量正常收益的方法,它假设市场指数的收益率就是每只股票在事件期当天的正常收益率。该方法虽简单、直观,但是存在一定的问题。比如,公司本身正常情况下的收益率就超过市场指数的收益率,此时,即使事件期内公司收益率超过股票指数,也不能肯定是由于事件引起的。

均值调整法(mean adjusted returns)。在均值调整法中,首先选择一个不受事件影响的时期(可称为"清洁期",clean period),清洁期可以在事件期之前,也可以在事件期之后,但是不能包括事件期间。然后估计清洁期内股票的日平均收益率,并把它作为正常的收益率。

市场模型法(market model returns)。市场模型法是根据证券资产定价理论(例如 CAPM)来计算正常收益率。该方法理论比较完整,目前各国学者的学术研究也多采用此法。具体来讲,通过市场模型法计算累计超额平均收益率(CAR)的步骤如下:

(1)计算每只股票事件期间的实际日收益率:

$$R_{it} = \frac{P_{it}}{P_{i,t-1}} - 1$$

(2)计算每只股票的正常/理论预期收益率(如根据 CAPM):

$$\widetilde{R}_{it} = R_{ft} + \beta_i (R_{mt} - R_{ft})$$

其中,R_{ft}——时间 t 的无风险利率,此次 t 为事件期间;

R_{mt}——时间 t 的市场收益率;

β_i——股票 i 的贝塔系数。

(3)计算每只股票的每日超额收益率:

$$AR_{it} = R_{it} - \widetilde{R}_{it}$$

(4)计算所有样本股票的每日平均超额收益率:

$$AAR_t = \frac{\sum_{i=1}^{N} AR_{it}}{N}$$

其中，N 为股票样本数。

（5）计算所有样本股票的期间累积超额收益率：

$$CAR_t = \sum_{T_1}^{T_2} AAR_t$$

CAR 表示事件对股票价格的影响（$t=0$ 表示公司宣布并购重组的日期）。

4. 数据估计和检验

确定正常收益模型之后，对事件期间的观察数据进行处理后，运用统计和计量的方法，对 AAR 和 CAR 进行参数有效性检验（AAR 和 CAR 均服从均值为零的近似正态分布，经标准化处理后服从（0,1）正态分布），确认异常收益从统计意义上是否显著异于零。[①]

5. 解释和结论

即对实证结果进行合理的解释。理想的检验结果应该为事件的影响机理、作用等相关理论提供实证支持，但有时也会出现检验结果与理论或预期相悖的情况，此时需要提出新的理论解释，或对模型和数据的不足进行分析。

另外，近年来事件研究法还拓展到对事件发生前后的股票交易量的变化进行研究[②]。相对于股票的价格异常收益率，异常交易量也可以反应资本市场投资者对该事件信息的理解。交易量反应投资者的交易活跃程度变化，将股票的异常收益率和异常交易量结合在一起研究，以反应事件给股东带来的冲击变化。

五、会计研究法

会计研究法立足于公司的财务报表，考察上市公司的盈利、成长、偿债能力等各种财务指标在并购重组前后的走势。

当然会计报表可能存在造假、可信度不够的问题，严重影响了会计研究方法的准确性。另外，使用会计研究法财务数据的可比性不强，主要原因有两个：（1）由于我国会计制度的变革，公司自身的财务做法存在时间上的不一致；（2）我国会计制度与国外会计制度的差别，使得国际间的比较研究难以展开。（3）会计指标是属于较长时间的

[①] 关于事件研究法中的统计检验，各主要统计量的理论分布的严格证明，可参阅 MacKinlay 等(1997)。不过统计检验方法中仍存在争议，可参见前文脚注文献，另可参阅：袁显平、柯大钢："事件研究方法及其在金融经济研究中的应用"，《统计研究》2006 年第 10 期。

[②] 邵新建，巫和懋. 中国 IPO 中的机构投资者配售、锁定制度研究[J]. 管理世界，2009(10)：28～41.

财务计量指标,具有一定的滞后性,而且会计指标的变化与并购重组事件的关系也值得探讨。

在我国资本市场还不完善的情况下,尤其是股票价格会受到二级市场操纵、内幕交易等行为依然时有发生,限制了事件研究法的有效性。例如在并购重组发生时,无论上市公司价值是否有所提升,投资者可能认为股价会被操纵上升从而采取跟庄的策略。在此情况下,可采用会计研究方法作为事件研究方法的补充。

总之,上述方法各有优缺点,我们应当根据研究的内容和要求选择最适合的研究方法。最重要的是这些研究方法并不是独立的,我们可以综合采用各种方法,相互检验和补充,提高研究的质量。

第二节 国外研究成果

一、并购重组创造价值的国外研究综述

国际上有大量的关于并购重组价值效应的研究,大多采用事件研究法和会计研究法,但是研究结果却并不一致,有时甚至相互矛盾。这是与并购重组本身的内涵与范围比较广泛也有关系。

从理论上讲,支持并购重组改善公司业绩、提高公司价值的研究认为:首先,收购是制约经营者的有效工具,如果管理层失败或者不尽职,从而使得公司的股票价格低于其内在水平,就难逃被收购的厄运。新管理层的进入将使公司资产得到更加高效的利用,从而提升被收购公司的价值。同时,由于存在被收购和接管的潜在威胁,公司现有的经营管理层也不得不尽力改善公司经营。其次,并购重组作为一个价值发现和再创造的过程,能够在很大程度上提高公司的内在价值。重组能够更加合理配置资源,更加有效地使用资源,使资源转移到能最大限度发挥其效用的股东手里,从而可以提高公司的价值。最后,国外的研究认为,兼并收购因规模效应而产生协同效应,包括财务协同效应和经营协同效应等,能提高公司运营效率,提高公司价值。

相反的观点则认为,收购不能有效改善公司的业绩。这种观点认为,成熟资本市场的有效性较强,股票的现行价格基本上反映了公司真实的内在价值,收购者在这样的市场里很难发现价值被低估的上市公司,所以不可能通过收购创造价值。有的学者还认为,收购是管理人员私利或自大心理的表现,他们为了扩大自己权力控制的范围,为了满足自己的虚荣心而进行的收购,并不是为了股东利益的最大化,并购的结果只能是以股东的价值损失换取个人利益的提高。

实证研究的结论也不一致,差别主要来源于研究角度、方法和样本的差异。Bruner(2002)[1]对1971～2001年间以西方国家为主的130篇文献研究进行了很全面的汇总,在此我们借鉴他汇总的结果之外,还总结了2002～2009年的研究情况,并分别讨论并购重组给目标公司股东、收购公司股东、双方整体带来的收益,以及并购重组给收购公司经营业绩带来的变化。

二、对目标公司股东收益的研究

各项研究的结果都表明,并购重组为目标公司股东带来了丰厚的收益。表17-2汇总了国外22项研究的结果,虽然各项研究中目标公司股东的收益因所处的年代、交易类型以及观察期不同而有所起伏,当时他们的研究结果都无一例外地表明目标公司股东都获得了超额的收益,而且收益相当可观。一般来说,目标公司股东的平均收益率超过10%,最高的接近50%,如Loughram与Vijh(1997)研究要约收购在5年后的综合收益率达到47.9%,大部分在20%～30%之间。Jensen与Ruback(1993)的研究认为要约收购中目标公司股东的超额收益率为30%,而在兼并中则为20%。Datta等人(1992)则认为超额收益率是21.8%。

表17-2　　　　　　　　　国外对目标公司股东收益的研究文献

研究项目	累计超额收益	样本期间	样本大小	事件期间	备注
Langetieg(1978)	+10.63%	1929～1969	149	(-120,0)	兼并,以交易生效日为事件日
Bradley,Desai,Kim(1988)	+31.77%	1963～1984	236	(-5,5)	仅是要约收购
Dennis,McConnell(1986)	+8.56%	1962～1980	76	(-1,0)	
Jarrell,Poulsen(1989)	+28.99%	1963～1986	526	(-20,10)	仅是要约收购
Lang,Stulz,Walkling(1989)	+40.3%	1968～1986	87	(-5,5)	仅是要约收购
Franks,Harris,Titman(1991)	+28.04%	1975～1984	399	(-5,5)	合并与要约收购
Servaes(1991)	+23.64%	1972～1987	704	(-1,并购完成)**	合并与要约收购
Bannerjee,Owers(1992)	+$137.1/一笔交易*	1978～1987	33	(-1,0)	白衣骑士竞价
Healy,Palepu,Ruback(1992)	+45.6%	1979～1984	50	(-5,5)	这段时间美国最大的合并
Kaplan,Weisbach(1992)	+26.9%	1971～1982	209	(-5,5)	合并与要约收购
Berkovitch,Narayanan(1993)	+$130.1/一笔交易*	1963～1988	330	(-5,5)	要约收购
Smith,Kim(1994)	+30.9% +15.84%	1980～1986	177	(-5,5) (-1,0)	成功与失败的要约收购

---

[1] Bruner,Robert F. Does M&A pay? A survey of evidence for the decision-maker[J]. *Journal of applied Finance*. 2002(1):48～68.

续表

研究项目	累计超额收益	样本期间	样本大小	事件期间	备注
Schwert(1996)	+26.3%	1975~1991	666	(−42,126)	合并与要约收购
Loughram,Vijh(1997)	+26.9合并 126.9%要约 47.9%综合	1970~1989	419 135	(−2,1 250)	收购后5年的收益
Maquieira,Megginson,Nail (1998)	+41.65% 混合 +30.08% 非混合 1963~1996		47 55	(−60,60)	混合型和非混合型换股并购
Eckbo,Thorburn(2000)	+7.45%	1964~1983	332	(−40,0)	仅是加拿大的目标公司
Leeth,Borg(2000)	+13.27%	1919~1930	72	(−40,0)	
Mulherin(2000)	+10.14%	1962~1997	202	(−1,0)	为完成收购的样本
Delong(2001)	+10.61%	1988~1995	280	(−10,1)	至少有交易一方是银行
Houston 等(2001)	+15.58% (1985~1990) +24.6% (1991~1996) +20.8% (全部)	1985~1990 1991~1996 综合	27 37 64	(−4,1)	交易双方都为银行
Timothy A. Kruse, Hun Y. Park, Kwan gwoo Park, Kazunori Suzuki(2004)	+7.02%	1969~1997	56	并购5年内	日本交易所上市公司
Ahmad Ismail(2009)	+21.00% (正收益) −7.11% (负收益) 17.27% (全部)	1985~2003	1 663 289 1 952	(−2,2)	为完成收购的样本

* 每笔交易的收益金额单位为百万美元。

** 并购重组宣布前一日到并购重组完成的事件期间。

三、对收购公司股东收益的研究

有关收购公司股东收益的研究比较多,但是并没有统一的结论。汇总见表17-3,其中包含了并购重组对收购公司股东收益短期和长期的影响,短期内收益的研究期间最短为事件当天,长期事件期间达到1 250天。在这些研究中,反映并购重组给收购公司股东带来正收益的有29项,结论为负收益的项目有32项。其中正收益一般不超过10%,结论在1%~3%之间较多;而负收益的很少低于−10%,在−3%~−1%之间的占多数,当然还有一部分研究结果表明收购公司股东的收益为0。

表 17-3　　国外对收购公司股东收益的研究文献

研究项目	累计超额收益	样本期间	样本大小	事件期间	备注
Mandelker(1974)	-1.32%	1941~1963	241	(0,365)	仅为成功的合并
Dodd, Ruback(1977)	-132%成功 -1.6%失败*	1958~1978	124 48	(0,365)	仅为要约收购
Langetieg(1978)	-1.61% -6.59%	1929~1969	149	(-120,0) (0,365)	兼并,以交易生效日为事件日
Dodd(1980)	-1.09%成功 -1.24%失败*	1970~1977	60 66	(-1,0)	仅为合并
Asquith(1983)	-7.2%成功 -9.6%失败*	1962~1976	196 89	(0,240)	仅为合并
Bradley, Desai, Kim(1983)	-7.85%	1962~1980	94	(0,365)	仅为失败要约收购
Malatesta(1983)	-2.90% -13.7% -7.7%	1969~1974	121 75 59	(0,365)	样本整体 1970年后 竞争小企业
Asquith, Bruner, Mullins(1987)	-0.85%	1973~1983	343	(-1,0)	
Varaiya, Ferris(1989)	-2.15% -3.9%	1974~1983	96	(-1,0) (-20,80)	仅是要约收购
Morck, Shleifer, Vishny(1990)	-0.7%	1975~1987	326	(-1,1)	
Franks, Harris, Titman(1991)	-1.45%	1975~1984	399	(-5,5)	合并与要约收购
Servaes(1991)	-1.07%	1972~1987	704	(-1,完成)	合并与要约收购
Jeanings, Mazzeo(1991)	-0.8%	1979~1985	352	(-1,0)	
Bannerjee, Owers(1992)	-3.3%	1978~1987	33	(-1,0)	白衣骑士竞价
Byrd, Hickman(1992)	-1.2%	1980~1987	128	(-1,0)	
Healy, Palepu, Ruback(1992)	-2.2%	1979~1984	50	(-5,5)	1979~1984年间美国最大的50起合并
Kaplan, Weisbach(1992)	-1.49%	1971~1982	209	(-5,5)	合并与要约收购
Agrawal, Jaffe, Mandekler(1992)	-10.26%	1955~1987	765	(0,1 205)	仅为合并
Berkovitch, Narayanan(1993)	-$10/一笔交易**	1963~1988	330	(-5,5)	要约收购
Sirower(1994)	-2.3%	1979~1990	168	(-1,1)	
Gregory(1997)	-12%~-18%	1984~1992	452	(0,500)	
Loughram, Vijh(1997)	-14.2% +61.3% -0.1%	1970~1989	434 100	(1,1 250)	合并 要约 整体

续表

研究项目	累计超额收益	样本期间	样本大小	事件期间	备 注
Rau,Vermaelen(1998)	−4% +9%	1980～1991	3 968 348	(0,36个月)	合并
Eckbo,Thorburn(2000)	−0.3%	1964～1983	332 534	(−40,0)	仅是加拿大的目标公司
Mulherin,Boone(2000)	−0.37%	1990～1999	281	(−1,1)	
Mitchell,Stafford(2000)	−0.14% −0.07%	1961～1993	366	(−1,0)	Fama 与 French 的三因素模型
Walker(2000)	−0.84%	1980～1996	278	(−2,2)	
Delong(2001)	−1.68%	1988～1995	280	(−10,1)	至少有交易一方是银行
Houston 等(2001)	−4.64% −2.61% −3.47%	1985～1990 1991～1996 综合	27 37 64	(−4,1)	交易双方都为银行
Timothy A. Kruse, Hun Y. Park, Kwan Gwoo Park, Kazunori Suzuki(2004)	−0.21%	1969～1997	56	并购5年内	日本交易所上市公司
Dong 等(2006)	−0.2%	1978～2000	3 137	(−1,1)	兼并和要约收购
Betton,Eckbo Thorburn(2007,2008b)	−1.9% +0.3%	1973～2002	7 076 3 730	(−1,1)	兼并 要约收购
Savor(2006)	−3.5% +1.0%	1990～2000	976 359	(−1,1)	成功的权益交易 成功的现金交易
Hackbarth,Morellec(2008)	−0.5%	1985～2002	1 086	(−1,1)	已完成的收购
Dodd,Ruback(1977)	+2.83%成功 +0.58%失败*	1958～1978	124 48	(0,0)	仅为要约收购
Kummer,Hoffmeister(1978)	+5.2%成功*	1956～1970	17	(0,0)	仅为要约收购
Bradley(1980)	+4.36%成功 −2.96%失败*	1962～1977	88 46	(−20,20)	仅为要约收购
Jarrell,Bradley(1980)	+6.66	1962～1977	88	(−40,20)	仅为要约收购
Bradley,Desai,Kim(1982)	+2.53%	1962～1980	161	(−10,10)	仅为要约收购
Asquith(1983)	+0.2%成功 +0.5%失败*	1962～1976	196 89	(−1,0)	仅为合并
Asquith,Bruner,Mullins(1983)	+3.48%成功 +0.7%失败*	1963～1979	170 40	(−20,1)	仅为合并
Eckbo(1983)	+0.07%成功 +1.2%失败*	1963～1978	102 57	(−1,0)	仅为合并
Malatesta(1983)	+0.9%	1969～1974	256	(0,0)	仅为成功合并
Wier(1983)	+3.99%	1962～79	16	(−10,取消日)	仅为失败合并

续表

研究项目	累计超额收益	样本期间	样本大小	事件期间	备注
Dennis,McConnell(1986)	−0.12% +3.99%	1962~1980	90	(−1,0) (−6,6)	
Jarrell,Brickley,Netter(1987)	+1.14%	1962~1985	440	(−10,5)	仅为要约收购
Bradley,Desai,Kim(1989)	+1%	1963~1984	236	(−5,5)	仅为要约收购
Jerrell,Poulsen(1989)	+0.92%	1963~1986	461	(−5,0)	仅为要约收购
Lang,Stulz,Walkling(1990)	0%	1968~1986	87	(−5,5)	仅为要约收购
Loderer,Martin(1990)	+1.72% +0.57% −0.07%	1966~1968 1969~1980 1991~1984	970 3 401 801	(−5,0)	仅为要约收购
Loderer,Martin(1992)	+1.5%	1966~1986	1298	(0,1 250)	合并与要约收购
Smith,Kim(1994)	+0.5% −0.23%	1980~1986	177	(−5,5) (−1,0)	包括成功和失败的要约收购
Schwert(1996)	+1.4%	1975~1996	666	(−42,126)	合并和要约收购
Maquieira 等(1998)	+6.14% −4.79$	1963~1996	55 47	(−60,60)	非综合性企业 综合性企业
Lyroudi, Lazardis, Subeniotis(1999)	0%	1989~1991	50	(−5,5)	欧洲、日本的国际收购
Eckbl,Thorburn(2000)	+1.71%	1964~1983	1261	(−40,0)	加拿大企业收购
Leeth,Borg(2000)	+3.12%	1919~1930	466	(−40,0)	
Mulherin(2000)	+0.85%	1962~1997	161	(−1,0)	未完成的收购样本
Kohers(2000)	+1.37% +1.09% +1.26%	1987~1996	961 673 1 634	(0,1)	现金交易 股票 总体
Jong soo Choi,Jeffrey S. Russell(2004)	+2.41%	1980~2000	171	(−20,20)	兼并收购
Moeller, Schlingemann, Stulz(2004,2005)	+1.1%	1980~2001	12 023	(−1,1)	收购,最低交易值为100万美元,占目标公司资产的1%
Bradley,Sundaram(2006)	+1.4%	1990~2000	12 476	(−2,2)	已完成的收购样本
Savor(2006)	−3.5% +1.0%	1990~2000	976 359	(−1,1)	成功的权益交易 成功的现金交易

* "成功"表示并购重组成功公司的样本期收益,"失败"表示并购重组失败公司的样本期收益。

** 表示每笔交易的样本期间收益金额。

总而言之,研究结果分布是相当均匀的,平均起来收购公司股东从并购重组中获得的超额收益约等于0。值得注意的是,目标公司与收购公司之间规模的差异很大,由于收购公司要大得多,即使合并带来的收益在二者之间平分,收购公司股东的超额收益率也要比目标公司股东小得多。Asquith,Bruner,Mullins(1983)的研究与此规模效应一致。例如,在合并中目标公司市值等于或大于收购公司市值的10%,收购公司超额收益率为4.1%;如果目标公司市值小于收购公司的10%,收购公司的超额收益率仅为1.7%。表17-3中的文献综述来自Bruner研究论文中的两个表格,表格分成两部分:前一部分是认为收购方股东收益为负的研究文献,按时间排列;后一部分是认为收购方股东收益为0或正的研究文献,也是按时间顺序排列。

对目标公司与收购公司综合收益的研究发现:既然目标公司的超额收益为正,从平均的研究结果来看,收购公司股东又没有亏损,那么并购重组应该能给双方股东带来正的综合收益。但是,如果收购公司比目标公司大得多,目标公司股东较高的收益率可能会被收购公司较小的负收益抵消,从而净收益可能为负。很多研究处理这个问题的方法是,先构建一个目标公司与收购公司的组合,再考察该组合的加权平均收益(以两公司市值规模大小为权重)或者考虑绝对超额收益的美元金额。几乎所有的研究都表明双方股东的综合收益为正。

四、对并购后公司财务绩效的研究

并购重组对公司财务业绩的影响,主要采用会计研究方法,即考察企业会计报表中反映的利润率、资产增长率、总资产收益率、净资产收益率等财务指标在并购前后的变化。Bruner(2002)在表17-4中汇总了14项研究成果。其中4项研究显示收购后的业绩有显著的提高,而另2项研究显示收购后公司业绩显著下降。其他研究虽表明公司收购后业绩下降,但是都不显著。Bruner(2002)认为有以下研究值得一提。

表17-4　　　　　　　　国外对并购重组公司经营业绩的影响

研究项目 (作者,样本期间,样本大小)	研究结果
Meeks(1977),1964~1972,233宗合并购交易	在英国,收购公司合并后的ROA(净资产收益率)持续下降
Salter,Weinhold(1979),16个收购方,样本期间未知	收购公司的平均ROE(股本收益率)比纽约股票交易所平均的ROE低44%,而ROA则低75%
Mueller(1980),1962~1977,287宗合并交易	以ROE、ROA、ROS(销售收益率)等尺度来衡量,美国参与合并的企业比同类可比企业的业绩差;在典型的欧洲国家结论类似
Mueller(1985),1950~1992,100家进行合并的企业	美国进行合并的最大100家企业的市场份额受到重创

续表

研究项目 （作者，样本期间，样本大小）	研究结果
Ravenscraft,Scherer(1987),1950~1977,471宗合并交易	企业的营运ROA与发出要约收购活动显著负相关；在其他条件相同的情况下，要约收购活动的企业利润率比没有要约收购活动的企业低3.1%；在汇总利益会计处理法下，目标公司ROA每年平均下降0.5%
Herman, Lowenstein (1988),1975~1983,56次恶意接管	1975~1978年，要约收购合并后ROC(资本收益率)从14.7%上升到19.6%，而在1981~1983年有所下降
Seth(1990),1962~1979,102宗要约收购	以模型中的股权价值为尺度，收购活动使股权价值上升，其收益率为9.3%；经营协同效应带来的回报为12.9%，而财务协同效应带来的回报是−3.6%
Healy,Palepu,Ruback(1992),1979~1984,50宗合并	在这50宗美国最大的合并交易中，合并后企业的资产生产率有显著的大幅度提高，但是营运现金流没有大幅度提高
Chatterjee,Meeks(1996),1997~1990,144宗合并	在1985年之前，英国合并企业的盈利水平在合并后没有显著提高；在1985~2000年间，合并的会计盈利水平显著提高(13%~22%)
Dickerson, Gibson, Tsakalotos(1997),1948~1977,613宗合并	收购公司在收购后的5年内的ROA比未进行收购公司低2%
Healy,Palepu,Ruback(1997),1982~1987,50宗合并	合并带来的营运现金流增长补偿了、但是未超过付给目标公司的溢价，因此并购是净现值为0的活动；并购公告时的股价变化与收购后的现金流无关
Parrino, Harris (1999, 2001),1982~1987,197宗合并	收购后的合并公司营运现金流的回报显著增长了2.1%，如果收购公司能发挥对方的技术优势，则合并后的收益率有显著提高
Ghosh(2001),1981~1995,315宗合并	收购后主并公司的资产收益率与一个对照组没有区别，但是合并交易如果用现金支付，则合并后的现金流有显著增长；而在换股收购后，现金流却下降了
Yener Altunbas,David Marques,1992~2001,262宗欧洲银行领域的合并	银行的跨国并购使得合并后的实体ROE平均上涨了2.5%，ROE中位数上涨了1.5%。而银行的国内并购会使其有1.2%的业绩改善

Meeks(1977)研究了1964~1971年英国的233个合并交易，结果表明交易后收购公司的总资产收益率(ROA)呈递减趋势，并在交易后第五年达到最低点。同时，有将近2/3的收购公司业绩低于行业平均水平。总的来讲，合并使收购公司盈利水平轻度下降。

Mueller(1980)汇总了英美等7个西方发达国家并购绩效的研究。该研究与Meeks的研究结果相一致，Mueller发现收购公司比目标公司规模显著要大，收购公司相比同类企业及目标公司，收入增长一直较快，负债率也较高。在盈利水平上，收购公司与它们的区别并不明显。Mueller 研究的重要结论是：收购公司在收购后的会计业绩比未收购的对手企业差,但是这些差距在统计上并不显著。

Ravenscraft 与 Scherer(1987)研究了 1950～1977 年之间的 471 家收购公司。该研究的不同之处在于,其使用的是美国联邦交易委员会维护的一个特别行业数据库,这使得该研究比前面的研究在对照组的选择上自由度更大,并能够更仔细地评估资产价值与会计方法选择的影响。它们主要的研究结果是收购公司的盈利水平要低于对照样本 1～2 个百分点,且这些差异在统计上是显著的。

Healy,Palepu 与 Ruback(1992)提出了相反的发现,他们研究了 1979～1984 年这段时间内美国最大的 50 宗合并交易后的会计数据,并使用行业业绩作为基准来检验收购方的业绩。结果,收购后收购公司的资产收益有显著的提高,导致其比未进行收购的同类企业获得了更高的营运现金流入。收购公司维持了与行业水平大体相当的资本性支出与研发开支比率,这表明业绩的改善不是以削减基础投资为代价的。最重要的是,企业合并股票的公告收益与合并后营运业绩的改善显著相关,这表明合并公告时的股价运动是由预期的业绩改善所驱动的。

第三节　我国研究成果

一、国内对并购重组价值效应的实证研究概况

相比于国外丰富的并购重组理论和系统的实证检验研究,国内对公司并购重组尤其是对并购重组价值效应的研究就显得尚在成长中。不过,随着国内公司并购重组活动的日益频繁,我国学者相关的研究成果也越来越多。总的来说,国内学者对公司并购重组活动的研究从无到有,比较深入的实证研究正在不断增加,表 17－5 汇总了国内对并购重组价值效应研究的部分代表性成果。

表 17－5　　　　　　　　我国对并购重组价值效应的研究

研究项目	研究结果
檀向球(1998)对 1997 年沪市 146 家上市公司进行的 198 起重组案例进行分析	股权转让模式、资产剥离与股权出售模式以及资产置换模式对提高上市公司经营状况有明显效果,而对外并购扩张并没有明显改善上市公司经营状况
原红旗、吴星宇(1998)采用会计研究考察了 1997 年重组的上市公司	重组公司当年的业绩较重组前一年有所上升,一些会计指标变动幅度与重组方式和重组各方的关联关系有关

续表

研究项目	研究结果
郭来生(1999)对1998年深、沪两市233家重组公司进行研究	采用不同重组方式的公司之间以及处于不同行业的公司之间的重组绩效差异明显
陈信元、张田余(1999)考察了1997年沪市有重组活动的公司	股权转让、资产剥离和资产置换类公司的股价在公告前呈上升趋势,随后逐渐下降;而市场对兼并收购类的公司重组则没有明显的反应
高见、陈歆玮(2000)考察了1998年深、沪两市发生资产重组的上市公司	资产重组在公告前被视为利好消息,公告后则迅速大幅消化;平均而言,在公告前或公告后的较长时期里,目标公司比非目标公司的超额报酬率略高,但统计上并不存在显著的差异
万潮领、储诚忠、李翔、袁国良(2001)考察1997~1999年的并购重组事件	公司业绩在重组当年或重组后次年出现正相变化,但随后即呈下降趋势,并购重组并没有给公司价值带来持续增长
冯根福、吴林江(2001)采用会计研究法考察了1995~1998年间的201个并购事件	上市公司并购绩效从整体上呈现先升后降的过程,不同类型的并购在并购后的不同时期内业绩表现不相一致
李善民、陈玉罡(2002)采用事件研究法对1999~2000年间深、沪两市349起并购进行研究	并购能够给收购公司的股东带来显著的财富增加,而对目标公司股东财富的影响不显著;不同类型的并购有不同的财务效应:国有股法人股比例大的收购公司股东财富增加明显
章文璋、顾慧慧(2002)采用事件研究和主成分综合评价法对1996~2000年间的248并购重组公司进行研究	总体上,60.8%的并购公司经营业绩得到改善,其他39.2%的公司没有得到改善甚至恶化,以股权无偿转划类居多;市场对并购事件做出了积极的反应,尤其是对资本置换类的并购事件
益智(2003)采用事件研究考察了1991~2002年11月发生的17例MBO	MBO发生的当年和前一年,公司绩效的各项指标均有较大上升,但是后一年这些指标却大幅下挫;管理层收购对公司业绩产生了负面影响
张林、马向阳、赵桂娇、吴琎(2003)考察了1997年、1999年间429家重组公司	短时间内,市场股价和成交量对重组公司有异常反应,投资者可以获得超常收益;大多数的重组并未对公司产生较长时期实质性的影响
魏兴耘(2003)采用事件研究考察了19家上市公司MBO前1年至后2年的变化	公司总资产、净资产、每股经营活动现金净流量、净资产收益率显著增长,MBO带来了公司管理效率、业绩的提高;MBO后股票价格没有明显变化
张新等(2003)运用事件研究和会计研究对1993~2002年间并购重组进行了系统的研究	并购重组为目标公司创造了价值,目标公司股票溢价达29.05%;而收购公司股东受益和财务绩效确有一定的负面影响,股票溢价为-16.67%
余力、刘英(2004)采用会计研究和事件研究法对1999年、2002年的85起、55起资产重组并购的绩效进行分析	并购重组给目标企业带来了收益,其短期超额累计收益率为24.502%,超过20%的国际水平,而收购企业收益不大且缺乏持续性
李曜(2004)采用个案分析法对美的电器的MBO进行了研究	管理层收购后,目标公司的企业经营利润、经营利润率得到了大幅度提高,并提出MBO的"自由控制资产假说"

续表

研究项目	研究结果
于永达、张森、吴金希、高佃恭(2004)考察了1997～2001年间深圳的192家上市公司	相当大的一部分重组公司未能真正给其带来长远的发展,重组绩效较差。一般情况下,重组当年绩效很明显,而之后公司的业绩又恢复到原来的状况,甚至进一步恶化
杜兴强、聂志萍(2007)对1998～2003年间2128起中国上市公司的并购交易进行了分析	全样本并购活动会引起显著的短期财富效应变动。分类研究发现,部分子样本在短期的事件期内取得显著为正的超额收益,但累计超额收益均不超过3%
翟桂梅、温辉(2007)研究了1999～2004年沪、深股市中10家金融板块公司的40起并购事件	并购企业、目标企业和整体样本都没有真正的创造价值。在事件宣布前后各5天的期间内存在明显的累计超额平均收益,并且跨国并购和累计超额平均收益存在明显的正相关。政府的出现会对并购产生负面影响
徐丽萍、李庆华(2008)考察了2003～2005年进行并购交易活动的296个上市公司	只有58.1%的目标公司在并购活动之后经营业绩得到了改善
刘笑萍、黄晓薇、郭红玉(2009)选取1998年到2004年发生的749个上市公司并购样本	企业并购绩效的优劣不仅取决于并购类型,而且还与并购双方的产业周期有关,从而部分解答了企业多样化并购溢价之谜。
黄旭、李卫民(2012)研究了2008～2010年510家中国A股上市企业的并购重组	运用结构方程模型探讨企业并购重组对员工就业质量、员工薪酬与企业绩效的影响,发现企业战略并购重组次数越多,规模越大,员工薪酬越好,企业绩效就越好
王艳(2016)以广东省地方国企"瀚蓝环境"三次并购活动为案例研究对象	收购方具有原始创新能力,收购方与目标公司知识互补是并购前提条件,国有企业以混合所有制与创新能力为"二元"动机实施并购,能够实现创新驱动发展
王艳、李善民(2017)以企业并购事件为研究对象,检验了我国上市公司所在地区非正式制度社会信任对并购交易主体价值创造能力的影响。	主并公司所在地区社会信任程度越高,越有助于并购交易主体之间通过信任与互惠降低机会主义和免费搭车行为,提高并购价值创造能力。在民营企业和地区法律水平较低的地区作为更为显著。在对并购绩效的影响方面,法律制度和社会信任之间存在着替代关系
徐业坤、杨帅、李维安(2017)以2000-2013年上市公司并购数据为样本,检验了地方官员政治晋升对企业并购的影响和经济后果	市委书记政治晋升会加剧当地企业并购交易,地方国有企业和民营企业当年实施并完成并购交易的可能性显著增加、并购交易时间显著缩短。官员晋升推动的企业并购加速能够获得更多的政府补贴和银行贷款
李沁洋、刘向强、杨华领(2017)以我国A股上市公司2009～2014年聘请了财务顾问的并购事件为样本,探讨具有不同关系的财务顾问对并购经济后果的影响。	有"关系"的财务顾问参与公司并购能显著提高并购绩效,短期平均为公司增加了1.3亿元的股东价值,长期平均为公司增加了1.8%的净资产收益率,并且"关系"越紧密,并购绩效越好。
刘白璐、吕长江(2018)对比分析家族企业与非家族企业的并购活动	相比较非家族企业,家族企业的并购动机具有长期价值导向,并购意愿更强且并购绩效更好

续表

研究项目	研究结果
宋贺、段军山(2019)研究创业板企业并购中的财务顾问及其异质性特征对企业并购绩效的影响效应	财务顾问与并购方之间存在利益冲突,聘请财务顾问将降低并购方并购绩效。但是关系型财务顾问的"关系租金"和高声誉财务顾问的"声誉鉴证"功能可以缓解其与并购方的利益冲突,发挥专业服务功能,进而提升并购绩效

从表17-5的汇总可以看出,国内对并购重组价值效应的研究也没有统一的结果,主要有三种观点:第一种观点认为并购重组给股东带来超额收益,并带来了公司经营业绩的上升,如余力、刘英(2004)对1999年和2002年的85起、55起资产重组并购的绩效分析的结果认为:并购重组给目标企业带来了收益,其超额累计收益率为24.502%,超过20%的国际水平。孙艺林、何学杰对1997年、1999年上市公司重组绩效评价中,通过对不同方式重组的上市公司净资产收益率等指标的统计对比,得出并购重组对上市公司存在正效应。

第二种观点认为公司并购重组并没有带来企业业绩的上升,相反却浪费了股东的财富。例如于永达、张淼、吴金希、高佃恭(2004)考察了1997~2001年间深圳的192家上市公司,发现相当大的一部分重组公司未能真正给其带来长远的发展,重组绩效较差。

第三种观点认为并购重组短期内给股东带来了超额收益和公司经营业绩的增长,但是企业并没有获得长远的发展甚至出现恶化情况。例如,万潮领、储诚忠、李翔、袁国良(2001)研究了1997~1999年的并购重组事件,发现公司业绩在重组当年或重组后次年出现正向变化,但随后即呈下降趋势,并购重组并没有给公司价值带来持续增长。张林、马向阳、赵桂娇、吴琎(2003)对1997~1999年间429家重组公司的研究也认为短时间内,市场股价和成交量对重组公司有异常反应,投资者可以获得超常收益,但是大多数的重组并未对公司产生较长时期实质性的影响。

在这些研究当中,本书选取张新主持的南开大学课题组2003年的一个课题成果作为专栏介绍如下。

专栏17—1 南开大学课题组的"并购重组是否创造价值"研究[①]

南开大学课题组在总结国内外研究成果的基础上,提出了适合中国国情的"并购交易的动因和决策机制共同决定价值创造程度"的新理论,并通过事件研究法和会计研究法,对1993~2002年间的1 216个并购重组样本进行全面严谨的实证分析,其中包含1 194个上市公司作为目标公司的收购、重组案例和22个上市公司作为收购公司的吸收合并案例,样本几乎覆盖了我国证券市场的整个历史,是认识我国资本市场发展最初十年并购重组与企业价值关系的最为系统的研究。

事件研究法对并购重组进行实证分析的结果表明,全部样本在(-17,30)日区间有显著的超额收益率,股权收购类在(-36,30)日区间有显著的超额收益率,资产重组类在(0,10)日区间有显著收益率,吸收合并没有统计显著的超额收益率。由此得出的结论是:对于目标公司(股权收购类、资产重组类),并购重组为股东带来了益处;对于收购公司(吸收合并),并购重组对股东是利空消息;对于目标公司和收购公司二者综合(全部样本),并购重组为股东带来了益处(见图17—2)。

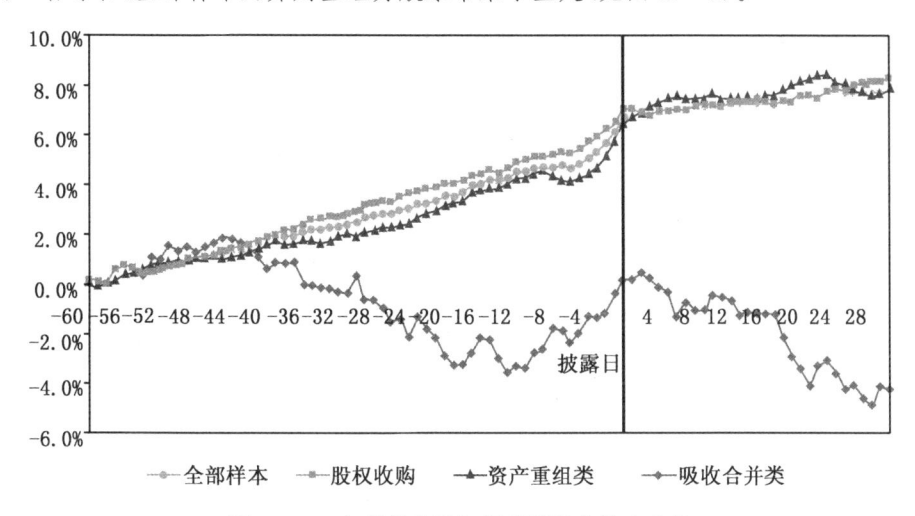

图17—2 各类并购重组超额累计收益率走势

会计研究法结果表明目标公司与总体样本在并购重组前经营业绩恶化,并购重组后业绩转好,并购重组前3年到并购重组前1年,平均每股收益从0.203 8下降到0.109 8,平均净资产收益率从2.65%下降到-12.23%,平均主业利润率

[①] 张新主持南开大学课题小组:"并购重组是否创造价值",上海证券交易所联合研究课题,2003年。后该报告公开发表:张新.并购重组是否创造价值"经济研究[J].2003(6):20~29.

> 从23.19%下降到18.23%。并购绩效改善持续性不足,在并购重组当年和第二年各财务指标都有所上升,但是从并购重组后第2年开始,业绩增长不明显,甚至出现下滑。而吸收合并对收购公司的财务绩效有负面影响,吸收合并没有给收购公司创造价值,表现为在并购重组披露后,净资产收益率和主业利润率有明显下降。

该课题组得出如下结论:

(1) 并购重组为目标公司创造了价值。这体现在以下两个方面。首先,并购重组为股东带来了溢价收益。具体地说,从并购重组事件披露前60个交易日到披露当天,目标公司股价超额收益率达到了6.667%,转化为一年的超额收益率为29.05%,且超过20%的国际平均溢价水平。其次,从我国发生并购重组的目标公司在并购重组前后各5年的财务表现可以看出,在并购重组前,这些公司的财务状况逐年恶化,并购重组后,财务状况有明显改观。

(2) 收购公司股东价值有受损的迹象。作为收购公司样本的上市公司在吸收合并其他企业时,股价有不同程度的下降,也就是说,收购公司股东收益为负,从并购重组事件披露前60个交易日到披露当天,收购公司股价超额收益率为−4%,转化为一年的超额收益率为−16.76%;同样,收购公司在吸收合并后的财务业绩也有恶化的趋势,所以,样本内的并购活动给收购方带来了负面影响。但由于样本太少(吸收合并仅22例),在推广这一研究结论时要谨慎。

(3) 目标公司与收购公司的综合收益不清晰。虽然上述将目标公司与收购公司合在一个样本的研究表明,目标公司与收购公司的综合收益为正;但是由于收购公司样本太少,上述结果为目标公司样本所左右,[①]所以严格地讲,这一研究结论不具有可推广性。

(4) 并购重组为证券市场创造了巨大价值,但对整个社会的效益有一定不确定性。课题组的研究认为,我国目前并购重组仍以ST公司等绩差上市公司的重组为代表,这样的重组为现有收购方和重组方、债权银行、地方政府和监管机构、中小股东等各方面都带来了一定价值。至少在短期内,重组可以稳定社会,活跃市场,提高上市公司的质量。但是,这种对证券市场的短期利益能否长期化,则取决于被并购重组的公司能否改善经营管理、发挥财务协同效应等提高业绩、产生增量效益,否则并购重组只是一场价值再分配的游戏,证券市场资源配置的功能不能实现,并购产生的净社会收益为

---

① 该研究中,上市公司作为目标公司的样本为1 194个,而作为收购方仅22个。

零甚至为负。

实证表明,并购后企业的绩效有所改善,但改善的持续性不足,虽然并购重组当年的财务指标有所上升,但从并购重组后第二年开始,业绩增长不明显,这表明并购重组的社会效益有一定的不确定性。

四、国内对并购重组价值效应研究存在的问题

国内对公司并购重组的研究主要存在下面几个问题:

第一,缺乏理论分析,没有说明我国公司并购重组"创造或毁灭价值"的理论依据。由于我国经济体制改革处于转型的制度环境下,上市公司的主体是国有企业改制的产物,股权结构、资本结构、融资制度、管理体制都有特殊性,所以不能完全照搬国外并购重组的理论来分析中国的实际问题。另外,近年来并购重组领域出现重大转变。因此,寻找中国公司并购重组的价值效应的理论依据,将一直是该领域研究的一个重要问题。

第二,研究不够系统。国外对并购重组的研究不仅关注目标公司股东、收购公司股东,还研究了对并购重组双方的综合影响。而我国研究大多是对并购重组目标公司的影响,而忽略了对收购公司的研究,对并购重组双方的综合研究几乎为零,使得我们无法判断并购对社会的整体价值创造。

第三,由于我国证券市场有关制度以及公司法律制度、会计制度等都在不断地改变,从而使得选择样本数据缺乏统一的标准,甚至研究中使用的同一个指标都具有不同的含义,最终导致研究结果的不一致。这也是我国并购重组研究面临的特殊难题。

第四,研究方法和研究视角过于单一。目前应用事件研究法对以上市公司为代表的并购重组效率的研究比较突出,但仅仅研究股票价格收益率、成交量等变化,不足以反映并购重组的真正效果。而从税收、就业、劳动生产率、技术进步、企业家精神变化等角度进行的研究太少。关于并购重组带来企业价值变化的课题,从金融财务学科进行的研究较多,从管理学、法学、社会学、甚至心理学等其他学科进行的研究相对较少。并购重组的研究需要放大样本、放长考察期间、进行多学科、多角度的考察和论证。

本章小结

西方学术界对并购重组与公司价值关系做了大量的研究,从理论探讨到实证检验和研究方法不断创新、深入,主要有事件研究法、会计研究法、个案研究法等。目前最普遍的研究方法是事件研究法和会计研究法,二者相互补充、相互检验。具体的研究内容包括并购重组给目标公司股东、收购公司股东以及双方综合带来的财富效应;以及并购重组带来的公司经营业绩的变化等。

我国对并购重组的研究也在不断丰富中,主要表现在理论缺乏,没有形成适合自身的并购重组

理论;其次是研究内容不够系统,研究方法和视角都较为单一。尽管如此,其中还是有许多对并购重组研究有价值的文献。

东西方学者在并购重组与企业价值增长效应关系的研究,都并没有得到统一的结论。一部分学者研究表明并购重组给企业带来了价值增值,给股东带来了财富;而另一部分学者的研究则表明并购重组后公司经营业绩下降,给股东带来了财富损失。这主要是由于并购重组的内涵、范围、期限等均较不一致导致的。

基本概念

平均股价分析法　　　　　事件研究法　　　　　　会计研究法
个案研究法　　　　　　　累计平均收益率分析法　　事件期间
市场调整收益　　　　　　均值调整收益　　　　　　市场模型收益
累积异常收益率(CAR)

复习题

1. 简述并购重组与公司价值关系的几种研究方法,并比较各自的优点和缺点。

2. 作为研究并购重组绩效最广泛使用的方法——事件研究法,其原理是什么?步骤如何进行?请阅读本章脚注提到的参考文献 MacKinlay 等(1997)、陈汉文、陈向民(2002)、袁显平、柯大钢(2006)等,关注事件研究法的缺陷和尚存争议的问题。

3. 几乎所有的研究文献都支持并购重组给目标公司股东带来了财富效应,但对收购方股东的财富效应存在极大争议。请结合本书第2、4、5章的内容,解释目标公司股东财富效应的来源,以及收购方股东财富效应为何存在争议。

4. 关于并购重组的绩效,有很多种研究视角。你认为从经济学、管理学、社会学、心理学等方面,如何建立一个有效的逻辑分析框架?

实践性问题

1. 请选择当前一个并购重组的案例或者根据最近一年的十大并购重组案例等从中选择一个,运用事件研究法和财务指标法进行分析并购绩效,并尝试解释其绩效背后的原因。

2. 根据本章表17-5的研究并购重组绩效的文献,请选择感兴趣的一篇论文,进行数据复盘演练,看看能否做出同样的结果。

参考文献

英文论文和著作

1. Acharya, Viral V., Oliver F. Gottschalg, Moritz Hahn, and Conor Kehoe. Corporate governance and value creation: Evidence from private equity[J]. *The Review of Financial Studies* 26, no. 2 (2012):368~402.

2. Altman, Edward I. The prediction of corporate bankruptcy: A discriminant analysis[J]. *Journal of Finance* 23, no. 1 (1968):193~194.

3. Altman, Edward I., Edith Hotchkiss, and Wei Wang. *Corporate Financial Distress, Restructuring, and Bankruptcy: Analyze Leveraged Finance, Distressed Debt, and Bankruptcy.* Wiley, 2019.

4. Andrade, Gregor, Mark Mitchell, and Erik Stafford. New evidence and perspectives on mergers[J]. *Journal of Economic Perspectives* 15, no. 2 (2001):103~120.

5. Andrade, Gregor, and Steven N. Kaplan. How costly is financial (not economic) distress? Evidence from highly leveraged transactions that became distressed[J]. *Journal of Finance* 53, no. 5 (1998):1443~1493.

6. Bagwell, Laurie Simon. Dutch Aution Repurchases: An Analysis of Shareholder Heterogeneity[J]. *Journal of Finance*, 47, March(1992):71~105.

7. Black, Gailen and Joseph A. Grundfest. Shareholder Gains from Takeovers and Restructurings Between 1981 and 1986: $162 Billion Is a Lot of Money[J]. *Journal of Applied Corporate Finance*, 1988(1):5~15.

8. Bruner, Robert F. Does M&A pay? A survey of evidence for the decision-maker[J]. *Journal of Applied Finance* 12, No. 1 (2002):48~68.

9. Cumming, Douglas, Donald S. Siegel, and Mike Wright. Private equity, leveraged buyouts and governance[J]. *Journal of Corporate Finance* 13, no. 4 (2007):439~460.

10. Cusatis Patrick J., James A. Miles, and J. Randall Woolridge. Restructuring Through Spin-offs[J]. *Journal of Financial Economics*, 1993(33):293~311.

11. Dann, Larry. Common stock repurchases: An analysis of returns to bondholders and stockholders[J]. *Journal of Financial Economics*, 1981(9):113~138.

12. DeAngelo, Harry and Linda DeAngelo. Managerial Ownership of Voting Rights: A Study of

Public Corporations With Dual Classes of Common Stock[J]. *Journal of Financial Economics*, 1985(14):237~240.

13. Denis, David J. Organizational form and the consequences of highly leveraged transactions: Kroger's recapitalization and Safeway's LBO[J]. *Journal of Financial Economics* 36, no. 2 (1994): 193~224.

14. Erwin, G and J M Miller. The intra-industry effects of open market share repurchases: contagion or competitive? [J]. *The Journal of Financial Research*, 21(4), 1998:389~406.

15. Gompers, Paul, Joy Ishii, and Andrew Metrick. "Corporate governance and equity prices." *The Quarterly Journal of Economics* 118, no. 1 (2003):107~156.

16. Grossman, Sanford J., and Oliver D. Hart. The costs and benefits of ownership: A theory of vertical and lateral integration[J]. *Journal of Political Economy* 94, no. 4 (1986):691~719.

17. Guo, Shourun, Edith S. Hotchkiss, and Weihong Song. Do buyouts (still) create value? [J]. *Journal of Finance* 66, no. 2 (2011):479~517.

18. Healy, Paul M., Krishna G. Palepu, and Richard S. Ruback. Does corporate performance improve after mergers? [J]. *Journal of Financial Economics* 31, no. 2 (1992):135~175.

19. Hite Gailen & James E. Owers. Security Price Reactions around Corporate Spin-off Announcements[J]. *Journal of Financial Economics*, 1983(12):409~436.

20. Holmstrom, Bengt, and Steven N. Kaplan. Corporate governance and merger activity in the United States: Making sense of the 1980s and 1990s[J]. *Journal of Economic Perspectives* 15, no. 2 (2001):121~144.

21. Jensen, Michael C. Agency costs of free cash flow, corporate finance, and takeovers[J]. *The American Economic Review* 76, no. 2 (1986):323~329.

22. Jensen, M., and W. Meckling. Theory of the Firm: Management Behavior, Agency Costs and Ownership Structure[J]. *Journal of Financial Economics* 3, (1976):305~360.

23. Kaplan, Steven N. and Michael S. Weisbach. The Success of Acquisitions: Evidence from Divestures[J]. *Journal of Finance*, 47(1), March 1992, pp. 107~138.

24. Klein, A.. The Timing and Substance of Divestiture Announcements: Individual, Simultaneous and Cumulative Effects[J]. *Journal of Finace*, 1986(41):685~697.

25. Lang, Larry, Annette Poulsen and Rene Stulz. Asset Sales, Firm Performance, and the Agency Costs of Managerial Discretion[J]. *Journal of Financial Economics*, 37(1), 1995(1):3~37.

26. Lease R., J. McConnell and W. Mikkelson. The Market Value of Control in Publicly Traded Corporations[J]. *Journal of Financial Economics*, 1983(11):439~472.

27. Linn, Scott C & Michael S. Rozeff. The Corporate Sell-off[J]. *Midland Corporate Finance Journal*, 1984(2):17~26; Raising Captial: Theory and Evidence[J]. *Midland Corporate Finance Journal*, 1987b(4):6~22.

28. Masulis, Ronald W.. Stock Repurchase by Tender Offer: An Analysis of the Cause of

Common Stock Price Changes[J]. *Journal of Finance*,1980(35):305~319.

29. Maynes Elizabeth. Takeover Tights and the Value of Restricted Shares[J]. *Journal of Financial Research*,1996(19):157~173.

30. Eckbo, B. Espen, and Karin S. Thorburn. Corporate restructuring[J]. *Foundations and Trends in Finance 7*,no. 3 (2013):159~288.

31. Sanford Grossman,Oliver Hart. One share-one vote and the market for corporate control[J]. *Journal of Financial Economics*,Vol. 20,1988(13):175~202.

32. Shleifer,Andrei,and Robert W. Vishny. A survey of corporate governance[J]. *The Journal of Finance 52*,no. 2 (1997):737~783.

33. Shleifer,Andrei, and Robert W. Vishny. Stock market driven acquisitions[J]. *Journal of Financial Economics 70*,no. 3 (2003):295~311.

34. Smith,Clifford W. ,Jr. Investment Banking and Captial Acquisiton Process[J]. *Journal of Financial Economics*,1986a(1/2):3~29.

35. Vermaelen, Theo. Common Stock Repurchases and Market Signaling:An Empirical Study [J]. *Journal of Financial Economics*,1981(9):139~183.

36. Vermaelen, Theo. Repurchase Tender Offers, Signaling and Managerial Incentives [J]. *Journal of Financial and Quantitative Analysis*,1984(19):163~181.

37. Wright, Mike, Robert E. Hoskisson, and Lowell W. Busenitz. Firm rebirth:Buyouts as facilitators of strategic growth and entrepreneurship[J]. *Academy of Management Perspectives*,15, no. 1 (2001):111~125.

38. Wright, Mike, Kevin Amess, Nick Bacon, and Donald Siegel, eds. *The Routledge Companion to Management Buyouts*. Routledge,2018.

39. Yener Altunbas,David Marqués. Mergers and acquisitions and bank performance in Europe: The role of strategic similarities[J]. *Journal of Economics & Business*,2007(2):204~222.

中文图书

1.[美]J. 弗雷德·威斯通. 兼并、重组与公司控制[M]. 北京:经济科学出版社,1998(原书第1版). 大连:东北财经大学出版社,2000(原书第2版). 北京:北京大学出版社,2006(原书第4版).

2.[美]帕特里克·高根. 兼并、收购与公司重组[M]. 北京:中国人民大学出版社 2017(原书第6版).

3.[美]罗伯特.J. 博尔盖塞,保罗·F. 博尔杰塞. 并购——从计划到整合[M]. 北京:机械工业出版社,2004.

4.[美]迈克尔·E. S. 弗兰克尔. 并购原理:收购、剥离和投资[M]. 大连:东北财经大学出版社,2009.

5.[美]格雷格·格雷戈里奥. 企业并购:逻辑与趋势[M]. 北京:北京大学出版社,2009.

6. 黄嵩,李昕旸. 兼并与收购[M]. 北京:中国发展出版社,2008.

7. 蒋泽中．企业收购与兼并[M]．北京:中国人民大学出版社,2004.

8. 李融荣．并购重组——企业发展的必由之路[M]．北京:中国财政经济出版社,2004.

9. 李曜．2018金融发展报告——中国并购重组市场概览[M]．上海:上海财经大学出版社,2018.

10. 李月平．企业并购分析[M]．北京:经济科学出版社,2002.

11. 凌涛．股权投资基金在中国——兴起原因与未来发展[M]．上海:上海三联书店,2009.

12. 刘兰娟．经济管理中的计算机应用[M]．北京:清华大学出版社,2006.

13. 刘文纲．企业并购中的竞争优势转移研究[M]．北京:经济科学出版社,2004.

14. 梅君．重组并购案例[M]．北京:中国人民大学出版社,2003.

15. 齐树洁．破产法[M]．厦门:厦门大学出版社,2007.

16. 全球并购研究中心、全国工商联经济技术委员会．并购手册[M]．北京:中国时代经济出版社,2002.

17. 汤维建．新企业破产法解读与适用[M]．北京:中国法制出版社,2006.

18. 王东,张秋生．企业兼并与收购案例[M]．北京:清华大学出版社、北京交通大学出版社,2004.

19. 王铁锋．中国企业并购分析及价值创造[M]．北京:经济科学出版社,2004.

20. 郑琰．中国上市公司收购监管[M]．北京:北京大学出版社,2004.

21. 朱宝宪．公司并购与重组[M]．北京:清华大学出版社,2006.

22. 中国证监会．中国上市公司并购重组发展报告[M]．北京:中国经济出版社,2009.

中文论文

1. 陈青,周伟．中国上市公司的要约收购制度[J]．经济管理,2004(1).

2. 陈仕华,姜广省,卢昌崇．董事联结、目标公司选择与并购绩效——基于并购双方之间信息不对称的研究视角[J]．管理世界,2013(12).

3. 陈信元,叶鹏飞,陈冬华．机会主义资产重组与刚性管制[J]．经济研究,2003(5).

4. 陈玉罡,石芳．反收购条款、并购概率与公司价值[J]．会计研究,2014(2).

5. 冯根福,吴林江．中国上市公司并购绩效的实证研究[J]．经济研究,2001(1).

6. 何旭强,周业安．上市公司破产和重整的选择机制、经济效率及法律基础[J]．管理世界,2006(7).

7. 李善民,陈玉罡．上市公司兼并与收购的财富效应[J]．经济研究,2002(11).

8. 李善民,周小春．并购价值创造的影响因素研究[J]．管理世界,2008(5).

9. 李善民,朱滔．多元化并购能给股东创造价值吗?——兼论影响多元化并购长期绩效的因素[J]．管理世界,2006(3).

10. 李善民．上市公司并购绩效及其影响因素研究[J]．世界经济,2004(9).

11. 李曜,何帅．上市公司公开市场股份回购宣告动因的真与假——基于公司财务与市场识别的研究[J]．经济管理,2010(5).

12. 李曜. 私募股权基金投资浪潮及其前沿问题[J]. 证券市场导报,2010(6).

13. 陆瑶. 激活公司控制权市场对中国上市公司价值的影响研究[J]. 金融研究,2010(7).

14. 米咏梅. 企业融资中的对赌协议:激励与风险分析[J]. 经济研究导刊,2009(36).

15. 潘红波,余明桂. 支持之手、掠夺之手与异地并购[J]. 经济研究,2011(9).

16. 上海证券交易所. 第八届中国公司治理论坛——控制权市场与公司治理会议论文集,2009—12.

17. 王红领、李稻葵、雷鼎鸣:政府为什么会放弃国有企业的产权[J]. 经济研究,2001(8).

18. 王艳,阚铄. 企业文化与并购绩效[J]. 管理世界,2014(11).

19. 魏建. 管理层收购的新解释:企业家精神说[J]. 证券市场导报,2003(4).

20. 余力,刘英. 中国上市公司并购绩效的实证分析[J]. 当代经济科学,2004(7).

21. 于永达. 中国上市公司重组绩效评价[J]. 清华大学学报,2004(1).

22. 翟进步,贾宁,李丹. 中国上市公司收购兼并的市场预期绩效实现了吗[J]. 金融研究,2010(5).

23. 张新(南开大学课题小组):并购重组是否创造价值,上海证券交易所联合研究课题,2003年,后发表于《经济研究》,2003年第6期。

24. 张媛春,邹东海. 国有股东的控股地位和控制权市场竞争——基于"鄂武商事件"的案例研究[J]. 经济管理,2012(8).

25. 郑志刚,许荣,徐向江,赵锡军. 公司章程条款的设立、法律对投资者权力保护和公司治理—基于我国A股上市公司的证据[J]. 管理世界,2011(11).26. 周勤业,林勇峰. 权益集合法与购买法:吸收合并案例分析[J]. 证券市场导报,2005(5).